English Grammar Encyclopedia

실용 영문법 백과사전

English Grammar Encyclopedia

실용 영문법 백과사전 2nd Edition

저자 | 최인철
초판 1쇄 발행 | 2008년 3월 24일
개정 1쇄 발행 | 2010년 10월 1일
개정 6쇄 발행 | 2022년 3월 25일

발행인 | 박효상
편집장 | 김현
기획 · 편집 | 장경희, 하나래
디자인 | 임정현
마케팅 | 이태호, 이전희
관리 | 김태옥

종이 | 월드페이퍼
인쇄 · 제본 | 예림인쇄 · 바인딩
출판등록 | 제10-1835호
발행처 | 사람in
주소 | 04034 서울시 마포구 양화로11길 14-10(서교동) 3F
전화 | 02) 338-3555(代)   팩스 | 02) 338-3545
E-mail | saramin@netsgo.com
Website | www.saramin.com

::책값은 뒤표지에 있습니다.
::파본은 바꾸어 드립니다.

ⓒ 최인철 2008
ISBN 978-89-6049-176-2 13740
우아한 실사구시, 기민한 지적만보 사람in

English
Grammar
Encyclopedia

최인철 지음

실용 영문법 백과사전

2nd
Edition

English
Grammar
Encyclopedia

사람in
saram
in.com

머리말

필자는 대학생들에게 영어 회화를 다년간 지도해 오면서 학생들이 말하는 영어 표현 중에 나타나는 오류에 일관성이 있음을 발견했다. 이 오류를 분석해 본 결과, 적지 않은 부분이 우리나라 중·고등학생들이 많이 보는 영문법 참고서나 방송에서 강조한 어색한 표현이거나 잘못된 문법 구문인 것을 보고 그 문제의 심각성을 인식하게 되었다. 또한 기존 영문법 참고서들의 어색한 표현이나 잘못된 문법 설명이 책마다 거의 천편일률적인 것에 놀라지 않을 수 없었다. 여러 책에서 의미 있는 좋은 예문 한두 가지가 우연히 일치할 수 있을지는 모르겠지만, 잘못된 예문 내용까지 일치하는 것은 우리나라 중등 영어 교육에 심각한 문제가 아닐 수 없다. 의미를 외면한 채 문법 설명에 짜맞춘 어색한 영어 표현을 통해서는 진정한 의사소통 능력을 배양하기 어렵다는 사실은 이미 언어 습득에 관한 여러 연구에 의해 잘 알려진 바이다.

이렇게 기존 영문법 참고서의 잘못된 문법 설명이 우리나라 학생들의 의사소통 능력에 끼치는 역기능을 지적함과 동시에 그에 따른 해결책을 제시하고자 본서를 쓰게 되었다. 본서에서는 영문법 권위서 (Greenbaum & Quirk, 1990)와 원어민 영어 교수들의 어/문법 통찰력을 근거로, 기존 영문법 참고서의 오류 내용을 지적하고 동시에 실제 회화에서 많이 사용되는 살아 있는 영어 표현 및 구문을 의미 중심으로 가능한 한 많이 제시함으로써 실용 영어 어법 및 문법서가 되도록 하였다. 또한, 일상생활에서 실용 영어의 규칙에 대한 궁금증이 있을 때에 쉽게 참고할 수 있도록 실용 영문법(구문 및 품사)을 포함해서 이중언어 습득 모델에 근거한 영어 구문/표현, 어휘, 발음, 문화 등 영어 규칙에 관한 모든 내용을 총망라함으로써 실용 영문법의 백과사전의 면모를 갖추도록 하였다.

아무쪼록 본서가 우리나라 학생들의 영어 의사소통 능력 배양에 조금이나마 도움이 되기를 바라면서, 항상 지혜를 충만하게 주시는 하나님께 영광을 돌리며, 본서를 집필하는 데 필요한 조언과 격려를 아끼지 않으신 국제영어대학원대학교 총장이신 박남식 교수님, 고려대 영어교육과 김충배 명예교수님 외 여러 영어 원어민 교수님들과 선생님들께 감사드린다. 또한, 사랑으로 돌보아 주신 부모님과 묵묵히 기도로 도와준 아내와 윤성, 윤실에게도 고마운 마음을 전한다.

목차 CONTENTS

머리말
이 책의 목적
이 책의 내용 및 구성
문법학습에서의 의미 중요성
영어 습득 전략

SECTION 01 구문편 Sentential Structure

Chapter 01 문장의 종류 Sentence Types & Discourse Functions — 28
- 01 평서문 Statements: Positive/Negative — 28
- 02 의문문 Interrogatives — 29
- 03 명령문 Directives — 36
- 04 감탄문 Exclamations — 37
- 05 기원문 Optatives — 42

Chapter 02 동사: 술부의 핵심 Verb: Quintessence of Predicate — 45
- 01 문장 유형이라는 것 — 45
- 02 동사별 기본 문형 Basic Verb-based Structures — 46
- 03 특수 동사 Specialverbs — 67
- 04 동사의 시제 Tense & Aspect — 81
- 05 조동사 Modal Verbs/Auxiliaries — 95

Chapter 03 준동사 Verbals — 114
- 01 to부정사 to Infinitive — 114
- 02 동명사 Gerund — 125
- 03 분사 Participle — 133
- 04 분사구문 Participial Clause — 137

Chapter 04 법: 화자의 심리 또는 태도 Mood: Tone/Attitude — 146
- 01 직설법 Indicative — 146
- 02 명령법 Imperative — 146
- 03 가정법 Subjunctive — 147
- 04 문장 형태와 의사소통 기능 (Form vs. Function) — 157

Chapter 05 수동태: 객체의 주체화   Passive Voice: Subject ← Object   164

    01 태 변화 Passivization　164
    02 다양한 목적어 Varied Object Forms　164
    03 사역동사 Causative Verbs, 지각동사 Perceptual Verbs　166
    04 명령문 Directives　166
    05 의문문 Interrogatives　167
    06 관용적 표현 Formulaic Expressions　168

Chapter 06 일치 및 화법 Agreement & Narration   179

    01 시제 일치 Tense Agreement　179
    02 화법 Narration　179

Chapter 07 관계사: 형용사절
Relatives: Linking Antecedents with Modifying Clause   182

    01 관계대명사 Relative Pronouns　182
    02 관계형용사 Relative Adjectives　191
    03 관계부사 Relative Adverbs　192

Chapter 08 접속사: 구/절 연결 Conjuctions: Linking Phrases/Clauses 196

    01 의미 중심 분류 Meaning-based Categorization　196
    02 상관접속사 Correlative Conjuctions　207
    03 명사절 접속사 Noun Clause Conjuctions　209
    04 접속사 생략 Ellipsis　211
    05 병렬 Parallelism　212

Chapter 09 특수 구문 Structural Variations   218

    01 도치 Inversion　218
    02 강조 Emphasis　224
    03 생략 Ellipsis　227
    04 삽입 Insertion　237
    05 불필요한 중복 표현 redundancy　239
    06 비논리적인 표현　240
    07 방송 영어의 예　241

SECTION 02 품사편 Part of Speech

Chapter 01 명사 및 관사 Nouns & Articles — 250
- 01 명사의 종류와 수 Types & Numbers — 250
- 02 명사의 기타 용법 Possessive, Plural, Gender, etc. — 259
- 03 관사 Articles — 264

Chapter 02 대명사 Pronouns — 280
- 01 인칭 대명사 Personal Pronouns — 280
- 02 다양한 기능을 하는 곳 Versatile It — 284
- 03 지시대명사 Demonstrative Pronouns — 288
- 04 부정대명사 Indefinite Pronouns — 290
- 05 재귀대명사 Reflexive Pronouns — 295
- 06 후응적 지시관계 Cataphoric Reference — 297

Chapter 03 형용사 및 부사 Adjectives & Adverbs — 302
- 01 형용사 Adjectives — 302
- 02 부사 Adverbs — 311
- 03 비교 Comparison — 325

Chapter 04 전치사 Prepositions & Prepositional Phrases — 335
- 01 전치사와 부사 Preposition & Adverbs — 335
- 02 의미 중심 분류 Meaning-based Categorization — 336
- 03 전치사 생략 Ellipsis — 351
- 04 전치사 + 부사 — 352
- 05 동사 생략 후 전치사만 남는 표현 — 353

SECTION 03 EFL 이중언어 모델 Dual Language Model

01 이중언어 교육	360
02 인지과정	361
03 자연스러운 의역의 중요성	361
04 자연스러운 L1에 근거한 이중언어 습득 모델	362
05 자연스러운 의역에 근거한 핵심구문·표현 한영사전	364

SECTION 04 어휘편 Vocabulary

Chapter 01 파생어 Derivation — 400

01 접두사 Prefixes	400
02 어근 Roots	411
03 접미사 Suffixes	424
04 분사파생어 Participial Derivatives	428

Chapter 02 혼동하기 쉬운 어휘 Confusing Vocabulary — 444

01 품사의 전이 Shift of Parts of Speech	444
02 다의어 Polysemy	460
03 혼동하기 쉬운 단어군 Confusing Group of Words	513
04 줄임말 Clipped Words	541
05 잘못쓰고 있는 외래어 Broken English Borrowings	548

Chapter 03 관용 표현 Idiomatic Expressions — 554

01 연어 連語: Collocation	554
02 필수 숙어 Idiomatic Expressions	562

Chapter 04 미식영어와 영식영어의 차이 American English vs. British English — 588

01 철자법 Spelling	588
02 어휘 Words	589

SECTION 05 발음편 Pronunciation

Chapter 01 문자-발음 규칙 Sound-spelling Correspondence 594

Chapter 02 빠른 발음 변이 현상 Fast Speech Phenomena: Sandhi 599
    01 살아 있는 영어 발음 Authentic English Pronunciation 599
    02 Sandhi 규칙 600

Chapter 03 억양과 강세 Intonation & Stress 608
    01 억양 Intonation 608
    02 강세 Stress 609

Chapter 04 발음 혼동에 주의할 어휘 611
    01 동음이의어 Homonyms 611
    02 기타 발음 혼동 어휘 623
    03 발음 주의해야 할 단어 Dangerous Words 627

정답과 해설 632
참고문헌 664
색인 667

참고: 본서에서는 편의상 다음과 같은 기호를 사용하였다.

✚	의사소통에 매우 중요한 구문 및 표현에 관한 설명 (주로 기존 영문법 참고서에서 다루지 않는 내용)
(?)	어법상 어색한 문장
(×)	어법상 잘못된 문장
(○)	어법상 맞는 문장
ref.	참고 내용
cf.	비교 내용
Tip	알아두면 유용한 내용
ex.	실제로 사용된 말이나 글의 예문

○○○ 이 책의 목적

영어 회화 능력이 그 어느 때보다도 절실히 요구되는 요즈음 '10년 영어 교육, 벙어리 교육'이라는 한국의 영어 교육에 대한 냉소적인 이야기를 많이 듣는다. 이렇게 회화가 중요시 되는 분위기 속에서는 마치 문법은 거추장스러운 것으로 일축되기 쉽다. 그러나, 우리나라와 같은 EFL (English as a Foreign Language: 외국어로서의 영어 교육) 상황에서 영어를 효과적으로 습득하기 위해서는 문법/어법이 반드시 필요하다. 연역적인 사고를 하는 청소년기 이후의 성인들이라면 문법 지식이 언어 습득에 많은 도움을 준다. 단, 그 문법 지식이 의미있는 상황에서 사용되는 살아 있는 언어를 통해 습득될 때 의사소통 능력에 밑바탕이 되는 진정한 문법 능력이 된다. 올바른 영어를 구사하기 위해서는 영어 구문에 관한 지식이 도움이 될 뿐만 아니라, 그런 구문이 포함된 관용적인 필수 표현을 기억하여 응용하면서 활용하면 곧 훌륭한 회화의 밑거름이 된다.

많은 사람들이 중등 영어 교육을 통해 영문법과 독해만을 공부했기 때문에 영어 회화를 잘 못한다고들 생각하는 듯하다. 그러나, 사실은 살아 있는 영어를 통해 문법을 배우지 못함으로 인해서 문법 실력도 변변치 못한 경우가 많다. 우리나라의 영어 교육 현장에서는 의사소통 능력을 무시한 채 '문법만을 위한 문법(linguistic knowledge)'을 교육하다보니, 문법이 말/글의 의사소통 능력(communicative competence) 배양에 별로 도움이 되지 못하게 되었다. 독해 학습 측면에서도 교과서나 참고서의 글감 정도만을 읽고 문제 풀이 위주로 교육하는지라 진정한 의미의 독서 능력도 배양하지 못한 경우가 많다. 진정한 독서 능력의 배양은 즐거움과 정보를 얻기 위한 목적으로 많은 글을 읽음으로써만이 가능하기 때문이다. 대화가 많이 나오는 재미있는 소설이나 신문, 잡지의 살아 있는 글을 많이 접하다 보면 고급 회화에 기본이 되는 많은 구문과 표현을 익힐 수 있다. 이런 점에서, 본서는 현대 영어의 글과 말에서 많이 활용되는 어법을 어휘, 발음, 구문에 걸쳐서 체계적인 설명과 함께 제시하였으며, 신문, 잡지, 방송에서 나온 살아 있는 (authentic) 예문을 함께 제시함으로써 '의사소통을 위한 어법' 교재가 되도록 노력하였다.

이와 함께, 본서는 대부분의 학습자들이 이제까지 기존 영문법 참고서를 통해 잘못 배운 문법 지식을 시정하고자 하는 목적을 갖고 있다. 그 목적의 중요성을 잠깐 생각해 보기로 하자.

외국어로 영어를 배우는 데 있어 교사의 역할이 중요함은 이론의 여지가 없으나 우리나라와 같은 EFL 상황에서는 그 역할만큼 중요한 것이 교재이다. 가장 바람직한 교재는 외국어 학습 효과를 증진시키고 그 학습 목적을 달성하는 데 절대적인 영향을 준다. 그러나 우리나라의 영어 교육 현장에서 많이 사용되는 영문법 교재는 그 역할을 다하지 못하고 있다는 지적이 많다. 즉, 기존의 영문법 참고서에는 어법을 잘못 설명한 것이 여러 군데 발견되고 있다.

문제점을 크게 세 가지로 분류할 수 있다고 본다. 가장 큰 문제점은 실제 의사소통에서 사용되지도 않는 구문을 아직까지도 우리나라 기존 영문법 참고서에서는 중요시하여 학습자로 하여금 잘못된 구문을 익히게 한다는 것이다. 다른 문제점은 실제 의사소통 상황에서 사용되지도 않을 의미없는 문장을 사용하여 문법을 설명하므로 언어 습득에 도움을 전혀 주지 못하는 데 있다. 마지막 문제점은 첫 번째 문제점과 정반대되는 것으로서, 실제로 교육받은 원어민도 의사소통 상황에서 많이 사용하는 구문이나 표현을 틀렸다고 설명하는 영문법 참고서가 아직도 많다. 개인별 취향이나 문체(stylistics)상의 문제에 불과한 내용을 대단한 문법 내용이라도 되는 듯이 침소봉대함으로써 학생들에게 살아 있는 영어와 괴리된 문법을 강요하는 결과를 초래할 수 있다.

이런 문제점들에 대한 예 몇 가지를 들어보면 다음과 같다. There is no rule but has exceptions. 혹은 There is no one but loves his own country.란 상투적인 예문 등을 통해서 의사관계대명사 'but = that …not'이라고 강조하는 교사의 설명을 열심히 외우는 학생들이 아직도 부지기수로 많을 것이다. 또한, What a foolish person he is!를 'so/as/too/how/however 다음에는 형+관+명'이란 공식을 활용하여 How foolish a person he is!로 문장 전환하는 것이 중요하다고 가르치고 배우는 이들이 지금도 결코 적지 않을 것이다. 그러나, 실제로 현대 영어에서는 How foolish a person he is!란 표현은 전혀 사용되지 않는 데 문제의 심각성이 있다.

개인별 취향이나 문체(stylistics)상 표현의 차이에서 오는 문제라면 특별히 문제될 것이 없다. 그러나, 현대 영어에서 사용되지도 않는 죽은 구문에 대한 문법 지식을 가르치고 배우는 것은 반드시 지양해야 할 것이다. 죽은 영어에 근거한 문법 지식은 의사소통 능력에 무익한 것이 아니라, 오히려 의사소통 능력을 심각히 방해할 수 있기 때문이다. 만일 어떤 학생이 영어로 말할 때 '예외없는 규칙은 없다.'라고 하기 위해서 'There is no rule but has exceptions.'라고 한다면, 영어가 모국어인 상대방 화자는 잘 이해가 안된다는 표정을 지으며 'What? Sorry?'라고 물어볼 것이고, 이쪽에서는 '그런 쉬운 표현도 모르는가?' 하고 상대 원어민을 깔보든가 아니면 '내 발음이 잘못되어서 상대방이 못알아 듣나?' 이런 저런 의혹과 함께 자신이 한 말에 대해 어렵게 다시 설명하면서 진땀을 흘릴 것이다. 그러면서 그 학생은 의사소통에서 통하지 않는 몇 가지 잘못된 문법 지식 때문에 자신이 배운 모든 영문법 지식에 회의를 갖게 됨으로써 영문법은 회화에 도움이 되지 못한다는 잘못된 속단을 하게 될 수 있다. 몇 가지 잘못된 영문법 설명 때문에 잘 배워온 다른 올바른 영문법 지식마저 못믿게 되어 영문법을 잘 활용하지 못하게 되든가, 아니면 구문 능력의 상실(attrition)로 이어질 위험도 있다. 더 나아가서 언어 습득에 가장 중요하게 작용하는 정의적인 요소, 즉, 자신의 영어 실력에 대한 자신감에 문제가 생길 우려가 높다.

이렇게 잘못된 문법 설명뿐만 아니라, 문맥이 결여된 인위적으로 구성된 문장들을 통하여 문법을 설명하는 예도 적지 않은 문제를 야기한다. 문법적으로 옳은 용법이라 해도 문맥과 괴리된 문법은 영어 학습의 효과를 매우 저하시킬 뿐만 아니라, 학습자의 의사 전달 활동에 별 도움도 주지 못한다. 예컨대, I found the book interesting.을 수동태로 고치면 The book was found interesting by me.가 된다고 가장 기본적인 영문법 참고서에 설명되어 있다. 그런데, 도대체 The book was found interesting by me.란 말을 어떤 상황에서 쓸 수 있는지 알 수가 없다. 자연스러운 의사소통 상황에서 사용되는 좋은 표현이 얼마든지 많은데, 문맥이 결여된 인위적인 표현들이 영문법을 설명할 때 많이 나오는 것은 참으로 딱한 일이다. 평생 한번도 읽어보거나 들어보지도 못할 문장을 문법책에서 사용하는 이유를 이해할 수가 없다.

또한, 문체(stylistic)상 혹은 개인별 언어 취향(idiolect)상 원어민조차 각기 다른 의견을 보이는 미시적인 문법 내용을 마치 대단한 문법 규정이나 되는 것처럼 침소봉대하여 학생들로 하여금 지엽적인 문법 지식에 집착하게 하는 문제가 있다. Tom is my older brother.라고 하면 아직도 대부분의 우리나라 일선 중등학교에서는 틀린 문장이라고 한다(p. 329참조). older가 아니라 elder로 해야 한다는 것이다. 그러나, 실제 교육 받은 원어민들도 보통 elder보다 older를 사용하고 있으며, older brother를 영문법학자들도 틀렸다고 하지 않는 것을 왜 우리가 굳이 틀렸다고 고집해야 하는지를 모르겠다. 이런 불필요한 규정 문법 지식을 외움으로써 시간과 노력을 낭비하는 것보다 살아 있는 관용표현을 하나 더 습득하는 것이 훨씬 바람직한 어학 학습일 것이다. 기존의 영문법 참고서에는 잘못된 문법 설명과 아울러 실생활에 사용되지도 않는 어색한 표현이 많았기 때문에 그 많은 표현을 외웠어도 정작 회화에 곧바로 활용할 수 있는 표현은 많지 않다. 이러한 잘못된 영문법 학습의 문제점은 반드시 시정되어야 할 것이다.

어떤 기존 영문법 참고서의 중요구문 정리에는 틀린 문장이 많은데도 불구하고 붉은 인쇄체로 '읽고, 반복하고, 암기하라!'라고 명령하고 있으니 그 명령대로 열심히 틀린 문장을 외울 학생들을 생각하면 참으로 안타까운 심정이다. 요즈음 대학수학능력 시험에서는 명시적/기계적 문법 문제가 나오지 않음에도 불구하고, TV/Cable 방송을 통한 영어 수업 현장을 보면 독해의 기본인 문법 공부를 한다는 명분하에 실제로 쓰이지도 않는 틀렸거나 어색한 문법 구문 등을 학교 시험과 본고사 운운하면서 아직도 강조하고 있음을 알수 있다. 실제 영어에서 쓰이지도 않는 구문을 강조함으로써 수많은 학습자들이 잘못된 구문 표현을 외우도록 오도하는 것은 외국어 능력 향상에 큰 저해 요소이다. 이런 식의 수업 방식이 계속된다면, 우리나라 학생들은 대학에 진학한 후 중등교육에서 암기한 수많은 구문이 회화에 별로 도움이 되지 않음을 깨닫고는, 회화 공부를 처음부터 다시 시작해야 하는 악순환이 계속될 것이며, 이는 국가적으로 볼 때 큰 경제 낭비가 아닐 수 없다.

결국, 이런 문제를 근본적으로 해결하기 위해서는, 실제로 사용되는(authentic) 말과 글을 많이 접함으로써 필수 문법 사항과 함께 중요 구문 및 표현을 학습하는 것이 가장 중요하다고 본다. 이런 문법에 관한 문제점을 해결하는 대안을 제시하기 위해서 본서는 기존 영문법 참고서의 잘못된 문법 설명과 의미와 괴리된 문법 설명하는 어색한 표현 등을 지적하는 동시에, 실제 의사소통 상황에서 사용되는 살아 있는 영어에 대한 어법 설명과 그에 해당되는 의미있는 예문을 제시함으로써 진정한 영어 의사소통 능력의 밑거름이 되는 어법 지침서가 되도록 노력하였다.

○○○ 이 책의 내용 및 구성

S종합/기본영문법, M 영문법이나 N 고교영어영문법, D 독해로 이어지는 영문법 등 또는 최근에 출간된 TOEIC/TOEFL 대비 영문법 수험서 마저도 거의 잘못된 문법 설명에 관해서는 아직까지도 대동소이한 점을 발견하였다. 기존 영문법 참고서를 통해 영어를 공부하는 우리나라 학습자들은 잘못된 문법 설명에 계속 노출된다는 사실이 안타까운 현실이다. 이런 점에서 본서는 관용적 회화 표현이 들어 있는 예문을 많이 제시함으로써 의사소통 능력 배양에 필수적인 영어 어법에 대해 설명했으며, 관련된 문법 항목에 기존 영문법 참고서에서 잘못 설명한 부분을 아울러 지적했다.

서론에서는 의미있는 문법 학습의 중요성에 대해 설명했으며,

SECTION1　구문편에서는 기본 문장 구성에 관련된 어법, 특히, 동사를 중심으로 한 어법에 초점을 맞추어, 준동사, 법, 태, 일치 및 화법, 관계사, 접속사, 특수 구문을 다루었다.

SECTION2　품사편에서는 명사 및 관사, 대명사, 형용사 및 부사, 전치사를 다루었다.

SECTION3　EFL 이중언어 모델 편에서는 이중언어 교육의 가능성을 다루었다.

SECTION4　어휘편에서는 어휘 능력을 배양하는 데 필수적인 파생어와 기타 품사의 전이, Collocation, 필수 숙어 등 의사소통 능력에 직결되는 어휘에 관련된 표현들을 망라했다.

SECTION5　발음편에서는 문자-발음 규칙과 우리나라 학습자들이 특히 약한 자연스러운 빠른 발음 현상(Sandhi)에 대한 설명과, 발음 주의 단어들과 억양과 강세의 규칙 등을 제시하였다.

이렇게 어휘, 품사, 구문과 의미 등 문자언어에 관한 규칙과 아울러 음성언어에 관한 규칙도 제시함으로써 종합적인 실용 영어 어법서가 되도록 노력하였다.

기존 영문법책의 잘못된 문법 설명이나 예문의 문법성 판단은 모국어 사용자 Brian Stokes(고려대 영어교육과 교수), Richard Lynch(고려대 교육학습개발원), Carlton Brice(서울대 어학연구소 교수), Larry Mcquire(성신여대 영문과 교수)와 Michell K. Potts(외국어학원 강사), David L. Leach(외국어학원 강사), Leona Formand(외국어학원 강사)의 영어에 대한 원어민 통찰력에 근거하였으며, 기존 영문법 참고서들에 소개되지 않았으나 영문법(Descriptive

Grammar) 권위서 *"Greenbaum & Quirk(1990)"*의 *A Student's Grammar of the English Language*에서 다룬 중요한 문법을 비교하여 제시하였다.

또한 실제 활용되는 상황과 그 예를 제시하고자 하여 *Time*잡지와 영자 신문 *The Korea Herald*, *The Korea Times*와 영화대본, AFN(American Forces Network)의 방송자료 등 기타 실제 쓰이고 있는 영어자료들과 최근에 출판된 *Collins Cobuild English Grammar (1993)*와 *Collins Cobuild English Language Dictionary(1993)* 및 *Longman Dictionary of English Language and Culture(1993)* 등 실제 쓰이고 있는 영어자료들을 제시함으로써 문법의 실용성을 극대화하고자 했다.

○○○ 문법학습에서의 의미 중요성

본론에 들어가기 전에, 이제까지 기존 영문법책에 만연되어 있는 문법 학습의 문제점을 알아보고, 진정한 의사소통 능력을 배양하기 위해 필요한 바람직한 문법 학습 방법을 생각해 보도록 하자.

5형식 문법의 한계

여러분이 이미 잘 알다시피, 기존 영문법책들은 Onion의 5형식만을 고집하여 다음과 같은 5가지 예문을 통하여 5형식을 설명하고 있다.

① SV: I go to church on Sundays.
② SVC: He is a priest.
③ SVO: We love flowers.
④ SVOO: I gave him some money.
⑤ SVOC: I think the boy very honest. (참고로, 이 표현은 어색하며 보통은 목적절로 표현하여 I think the boy is very honest.로 쓴다.)

필자는 5형식 문법이 한국 사람의 영어 실력에 도움을 주기도 했다고 보지만 가르치는 방법상에 문제가 있어서 순기능보다 역기능이 더 컸다고 믿는다. 어떤 강사는 영어의 모든 문장은 5형식으로 분석되므로 5형식만 알면 영어를 완전 정복할 수 있다고 장담한다. 중학교 기본 문법 이상을 배운 사람이라면 아마도 5형식을 모르는 사람은 없을 것이다. 그 강사의 말이 정말 사실이라면, 5형식을 그렇게도 잘 아는 한국 사람들의 영어 실력은 왜 전 세계적으로 밑바닥을 헤매고 있는 것인가? 문형을 잘 파악하지 못해서인가?

이런 문법 지식과 의사소통 능력간의 심각한 괴리는 다름아닌 문법에 접근하는 태도가 크게 잘못되었기 때문이다. 다시 말해서, 많은 학습자들이 5형식을 포함한 모든 문법 내용을 공부할 때 언어의 의미를 음미하지 않고 그저 형태만을 기계적으로 외웠기 때문이다.

우리가 의미를 생각하지 않고 어떻게 기계적으로 구문을 공부했는지를 지금부터 5형식 문형을 통해서 입증해 보이겠다. 예컨대, Paul stayed. He put the book.과 같은 문장을 학생들에게 5형식 중 몇 형식에 분류가 되냐고 하면 서슴치 않고 1형식, 3형식이라고 대답한다. 그러나, 이 예문들은 모두 말의 뜻이 통하지 않는 비문법적인 문장이다. 동사의 의미 때문에 장소를 나타내는 부사구가 반드시 와서 Paul stayed in bed. He put the book on the table. 등의 문장이 되어야 비로서 의미가 통하는 문법적인 문장이 된다. He put the book.이 5형식 중 3형식이라고 기존 영문법책에서나 영어 교육 현장에서 가르칠지 모르지만, 그런 말은 이미 살아 있는 언어가 아니다. 문법 지식을 기계적으로 외우며 의사소통 상황과 유리된 죽은 언어를 분석하면서 문법 공부를 하면 의사소통 능력이 배양될 수 없다.

7형식과 의미를 중시하는 문법 학습

이렇게 Onion의 5형식에 내재된 문제를 보완하기 위해서 *Quirk and Greenbaum*의 7형식, *Stageberg*의 9형식 문형, *Lester*의 9가지 유형의 동사 보충어(complements)에 기초한 문형, *Hornby*의 25문형 등 다양한 문형 분류 방법이 제시되었다. 위에서 말한 1형식 3형식의 문제를 해결하기 위해서, 전통 문법에 바탕을 두면서 구조주의와 변형 문법의 절충이론도 가미하여 부사구의 성분을 중시한 *Quirk and Greenbaum*의 다음과 같은 7형식을 제시한다. (*A Student's Grammar of the English Language*, p.204; 이하 *SGEL*로 표시함)

① SV: The sun is shining.
② SVO: That lecture bored me.
③ SVC: Your dinner seems ready.
④ SVA: My office is in the next building.
⑤ SVOO: I sent my parents an anniversary card.
⑥ SVOC: Most students have found her reasonably helpful.
⑦ SVOA: You can put the dish on the table.

이렇게 문장 구조를 형태에만 매달려 분석하는 것이 아니라 내용을 음미하면서 분석하는 것이 절대적으로 중요하다. 몇 형식의 문법 체제를 공부하느냐가 중요한 것이 아니고, 구문의 의미를 생각하는 데 도움이 되는 형식을 공부하는 것이 중요한 것이다. 여기서 제시된 7형식이 일반 학습자에게 큰 어려움 없이 영어의 구문을 소화하는 데 도움이 될 것으로 사료되어 제시한 것이다. 결론적으로, 문법을 학습할 때는 의사소통 상황을 (우뇌를 사용하여) 생각하면서 살아 있는 표현을 음미해야만 비로소 의사소통 능력의 초석이되는 진정한 문법 능력이 배양될 것이다 [p. 18 문법-번역식 교수법 참조]. 기계적인 학습은 진정한 의사소통에 도움은커녕 머리속의 엉터리 감시장치(monitor)만을 작동시켜 오히려 방해가 되는 것이다.

문법-번역식 교수법

외국어 교수법의 발달사를 보면, 라틴어 같은 죽은 언어의 문장을 가지고 문법적으로 분석하는 (난도질하는) 교수 방법이 문법-번역식(Grammar Translation) 교육 방법인데 이는 서구에서 이미 오래전에 포기한 교수법이다. 이 교수법이 외국어 습득에 효과가 없는 이유는 여러 가지가 있지만, 가장 큰 이유는 언어 습득에 필요한 신경인지 과정을 활용하지 않기 때문이다.

신경인지 과정을 간단히 설명하면, 우리의 좌뇌는 언어, 수리, 논리 등을 관장한다고 하며, 우뇌는 상상, 예술적, 직관 등을 관장한다고 한다. 혹자는 언어중추는 왼쪽에 있기 때문에 왼쪽 뇌만 잘 사용하면 언어 습득 및 사용을 잘 할 수 있다고 믿고 있다. 뇌출혈로 쓰러진 환자중 좌뇌에 손상을 입어서 오른쪽 신체가 마비된 사람들은 언어중추도 다치게 되어 말을 못하는 것은 사실이다. 그러나, 우뇌에 손상을 입으면 언어중추는 다치지 않았더라도 우뇌의 손상으로 인해 감정이 동하지 않기 때문에 말을 잘 안하게 되고 결국은 잘못하게 된다. 즉, 언어의 습득 및 사용 능력은 좌뇌에만 있다는 생각은 언어의 의사소통 기능을 잘못 이해한 데 기인한 틀린 생각이다. 최근의 많은 연구에 의하면, 오른쪽 뇌가 매우 중요하다는 것이 밝혀지고 있다. 영어에서 '외운다'를 learn by mind(지적인 마음: 좌뇌)라고 하지 않고 learn by heart(감정적인 마음: 우뇌)라는 하는 데, 이는 신경·인지적인 언어 습득 과정 이론에 비추어 볼 때 우뇌의 역할을 중시한 매우 타당한 표현이다. (이 표현을 처음 생각해낸 사람의 통찰력이 놀라울 뿐이다.) 아무리 지적인 사고 능력이 뛰어나도 감정적인 마음에 안정이 없다면 영어의 수많은 표현을 기억하고 사용하는 것은 어렵다.

우리 나라 영어 문법 교육의 심각한 문제 중의 하나는 구문에 대한 언어학적인 설명을 어린 학습자들에게 공식으로 암기할 것을 강요하는 데 있다고 본다. 예컨대, 가정법 과거완료는 had+p.p., should/would/could/might+have+p.p.이고, 진행형 수동태는 be+being+p.p.이요, 감탄문은 What a+형+명+주+동, so/as/too/how/however+형+관+명, 동명사를 취하는 동사는 MEGAPEF(Mind, Enjoy, Give up, Avoid, Practice, Escape, Finish) 등 주술 같은 여러 공식 등이 많이 있다. 물론 이렇게 외운 공식은 문제 풀이 시간을 오래주는 문법 시험에서는 실력이 있는 것처럼 나타날 것이다. 그러나, MEGAPEF란 것을 외운 아이가 실제 회화 상황에서 'MEGAPEF는 Mind, Enjoy, Give up, Avoid ..., 그러니까 내가 말할 단어에 동명사를 붙여야 하나, 아니면 to부정사를 붙여야 하나? …' 등의 선택을 생각하면서 영어로 말할 수 있는 여유는 없다.

또한, 품사나 단어의 나열 공식은 문법 설명에는 편리하지만, 공식의 기계적인 암기는 마치 임의의 전화번호를 외우는 것처럼 어려울 뿐 아니라, 일단 기억하였다고 해도 그 속에 의미가 없기 때문에 오래 기억되지 못한다.

필자의 친척 고등학생이 다니는 학교에서 수동태를 가르치는 영어 수업에서 다음과 같은 문장 변형 연습을 한다는 것을 듣고는 안타까운 마음이 들었다. 내용인즉, That made me doubt whether he can do it or not.을 수동태로 고치라는 문제이다. 능동 문장은 자연스럽게 사용할 수 있는 영어인데. 이를 수동태로 고쳐서 I was made to doubt by that whether it can be done or not by him.이라고 한다. 여기서 중요한 것은 '원형동사를 취하는 사역동사가 수동태가 되면 to가 살아난다'란 것이다. 문제는 과연 이런 수동태 문장이 자연스러운 언어인가하는 점이다. 도대체, 의사소통을 생각하지도 않는 문법 공부가 무슨 소용이 있단 말인가? 말이 생기고 나서 문법이 있는 것이지, 문법이 있고 나서 말이 생긴 것이 아니란 사실은 자명한 이치이다. 만일, 수동태를 가르치려면, 수동태가 반드시 사용되는 상황의 표현을 통해서 문법을 가르치고 배워야 할 것이다. 예컨대, 식당에서 주문을 받기 위해 waiter/waitress가 묻는 표현 중에 반드시 진행 수동태를 사용하는 Are you being served/helped/waited on? 등의 표현이 좋은 예일 것이다.
이렇듯이 문법-번역식 교수법은 의사소통 상황은 무시한 채 죽은 언어를 논리적으로만 분석하게 함으로써 학습자의 우뇌 사용을 억제하여 언어 습득에 큰 효과를 얻지 못하게 되었다. 아직까지도 기존 영문법책 교육 현장에서는 애용되고 있는 것이 안타까운 현실이다. 세계화 시대에 걸맞는 외국어 교육을 하기 위해서는 우리 모두 겸허한 자세로 의사소통 능력 배양을 위한 바람직한 교수/학습법이 무엇인지를 생각해 봐야 할 것이다.

○○○ 영어 습득 전략

어떤 지식이나 기술을 습득할 때에 사람들은 자신들의 인지 스타일에 맞게 저마다 다른 전략을 구사한다. 영어 습득에서도 여러 전략이 있는데, 자연스러운 영어 의사소통 상황이 부족한 우리나라와 같이 외국어로서 영어를 학습하는 EFL(English as a Foreign Language) 상황에서는 최소한의 노력으로 최대한의 효과를 얻기 위해서 바람직한 습득 전략에 대한 이해가 더욱 더 중요하다. 언어 습득의 여러 연구를 통해서 외국어 습득에 성공한 학습자들이 공통적으로 구사하는 바람직한 습득 전략을 제시하고 있는데, 필자의 경험과 이론에 근거하여 가장 효과적인 전략 7가지를 제시하고자 한다. 독자 여러분도 잘 참조하면 큰 도움이 되리라 믿고 아래의 전략들을 잘 활용하기를 강력히 추천한다.

영어 교육/학습 대전제

언어 능력은 목적과 난이도 수준 차원에서 크게 기초 회화 능력(BICS: Basic Interpersonal Communicative Skills)과 인지적 언어 능력(CALP: Cognitive Academic Language Proficiency)로 나눌 수 있다. "영어는 미국 거지도 잘한다."는 말은 BICS에 관해서 그렇다는 말이지, CALP는 그렇지 않다. 우리나라에서 영어 교육의 목적에 대해서 잘 생각해 볼 필요가 있다. 대부분 우리나라 사람들이 영어를 통해서 외국인들과 피상적인 관계(예: 해외여행)에서 필요한 일상 회화만을 위해서 영어를 배운다면, BICS의 여러 의사소통 상황별(인사하기, 물건사기, 사과하기 등) 표현만을 교육하고 학습하면 된다.

그러나, 자원이 없는 우리나라의 국가 경쟁력 제고를 위해서는, 기술과 무역에 의존할 수밖에 없고, 따라서 그런 목적의 CALP 영어가 필요하다고 본다. 즉, 21세기의 정보화 시대에서 인터넷을 통해서 홍수처럼 밀려오는 영어로 된 정보를 신속 정확하게 처리하고, 외국인들과 영어로 정보 교환의 목적을 달성하고 대화를 할 수 있는 거의 이중언어적 영어 능력을 배양해야 할 것이다.

우리나라와 같은 EFL 상황에서 이중언어로서의 영어 습득은 쉽지 않다. 그러나, 많은 토종 영어 달인들을 볼 때에 열심히 노력하면 불가능한 것도 아니다. 모국어를 기반으로해서 국제어로서의 영어를 이중언어로 습득한다면, 업무를 위한 도구로서뿐만 아니라 인지 발달, 창의성 개발 등 여러 면에서 투자한 노력에 비해서 얻는 이익이 훨씬 클 것이다. 모두 완벽한 경지에 도달할 수는 없더라도 어느 정도의 이중언어로서의 영어 학습을 목표로 하면 큰 성과를 거둘 수 있을 것이다.

다음에 제안하는 전략은 BICS와 같이 간단한 능력이 아니라, 진정한 이중언어로서의 CALP 능력 배양을 위한 (이해나 표출이 아닌) 학습/습득 전략임을 밝힌다.

전제 0: 독해가 아닌 독서를 통해서 새로운 표현을 습득한다.
많은 사람들은 말하기 위해서는 무조건 회화책만을 봐야 한다고 생각하는데, BICS 영어는 그렇지만, CALP 배양을 위해서는 읽기를 통해서 많은 표현을 습득해야 한다. 영어 방송이나 영화를 듣기만 할 때에는 모르는 표현은 일단 지나가 버리므로 새로운 표현을 습득할 기회를 놓치기 쉽다. (물론, 읽기에서 많은 표현을 습득하면서 방송을 꾸준히 청취하면서 받아쓰기와 대본을 확인하는 과정을 통해서 청해력을 배양하는 것은 중요하다.) 그러나, 신문 잡지를 정기적으로 읽으면서 사전 등을 참고하면서 방대한 표현/구문을 습득하는 것이 필수적이다.

전략 1: (구문: 구문 습득: Sentence-based Acquisition)
문장을 순간 이해할 수 없으면 문장 구조를 반드시 이해하고 나서 문장을 통채로 외워야 한다.
교육을 받은 영어 원어민들은 신문을 보면서 전문적 어휘는 모를 수 있으나 구문을 모르는 경우는 없다. 이는 일반인들이 어렸을 때에 여러 과목의 내용을 공부하면서 문장을 많이 외우고 쓰면서 습득했기 때문이다. 외국어로서 영어 구문을 정복하기 위해서도, 영어 신문에 나오는 글에서 구문이 한번에 이해가 되지 않을 때에 그 문장은 반드시 이해하고 외워야 한다. 이해는 되지만 좀 낯선 구문이라도 그 문장 구조를 이해한 후에 문장 전체를 외우는 것이 매우 중요하다. 그렇게 외우는 과정에서 구문을 구성하는 어휘의 연결(chaining)이 자연스럽게 되어서 암시적 구문(implicit syntactic structures)이 습득/내재화된다.

전략 2: (어휘: 표현/구문 습득: Lexical Approach)
표현은 가능한 의미 단락으로 습득하고, 그 단락을 점점 길게 습득한다.
최근에 각광을 받는 어휘/표현 학습법(Lexical Approach)에 의하면 유창성을 배양하기 위해서는 의미 단락의 덩어리/뭉치를 가능한 길게 습득해야 한다. 연어(collocation)와 다의어(polysemy)를 가능한 많이 습득해야 한다. 예컨대, '판단을 하다', '응급 처리를 하다', '투표를 하다' 처럼 우리말에서는 동사가 모두 '하다' 이지만 영어에서는 상이한 동사를 쓴다. 즉, pass judgment, administer first aid, cast a vote 등처럼, 명사와 동사 조합을 한 단어로 외워야 한다. 또한 'water the plant', 'My mouth is watering' 등 여러 가지 뜻을 가진 어휘(다의어)를 의미있는 문장을 통해서 습득하는 것이 중요하다. (본책 어휘편 연어 참조)

또한, 필수 구문을 많이 습득해야 한다. 예컨대, How much do you think it cost me to …? (내가 …하는 데 돈이 얼마나 들었을 것 같아요?), How long do you think it took me to ..? (하는 데 시간이 얼마나 걸렸을 것 같아요?)는 하나의 의미 단락으로서 영어의 유창성을 배양하기 위해서는 한꺼번에 외워야 하는 필수 구문이다. 우리말에서 '얼마나 돈이' 그 다음에는 '걸렸다' 고 하면 이상하게 들리는데, 바로 이것이 하나의 의미단락이기 때문이다. 영어에서도 How much와 How long에서 much와 cost는 하나의 뭉치/덩어리로 움직이므로 한꺼번에 습득해야 한다. (본책 구문편 참조)

결국, 문장 암기를 통해서 문장 요소인 어휘, 품사, 구문의 기본이 연결되어 살아 있는 언어 능력이 배양된다. 수많은 연구를 통해서 어휘, 문법의 규칙을 따로 외우는 것은 시험 볼 때에 도움이 되는 언어학적 지식은 되지만, 살아 있는 언어 능력이 되지 못한다.

전략 3: (의미: 동의 표현을 통한 습득 강화: Paraphrasing)
새로운 표현을 대체할 기존에 습득한 표현을 생각해 본다.

전략 1에서 언급한 낯선 문장을 외울 때에는, 이런 의미를 달리 표현할 방식(paraphrasing)은 없을지 생각하면서 이제까지 자신이 습득한 여러 표현/구문을 생각해 보고 관련지어 보는 것이 필요하다. 모든 기억의 핵심은 연관(association)이므로, 기존의 표현과 연관시키는 인지 과정을 통해서 습득이 강화된다. 영어에서는 같은 표현과 구문을 계속 반복적으로 쓰는 것을 지양한다. 직접 신문이나 잡지를 통해서 한 표현이 다음에 어떻게 다르게 표현되는지 잘 살펴보면서 paraphrasing의 중요성을 확인하기 바란다. (본책 어휘편 참조)

전략 4: (의미: 모국어를 통한 습득 강화 전략: Bilingualism)
이중언어 습득을 목표로 모국어를 적극 활용한다.

전략 1에서 언급한 영어 구문/표현을 우리말로는 어떻게 말할지 생각해 보고, 자연스러운 우리말과 연계시켜서 영어 표현을 외우는 것이 바람직하다. 그러면, 나중에 어떤 생각을 말할 때에 모국어인 우리말이 생각날 것이고 연계된 영어 표현이 쉽게 생각나고 살아 있는 영어 표현 능력이 배양될 수 있다. 그런 표현을 말하는 기회가 여러 번 반복되면, 나중에는 우리말을 거치지 않고, 직접 영어로 생각이 나고 표현할 수 있게 된다. 모국어를 기반으로 하는 이중언어로서의 영어 실력을 키울 때에 두 언어의 상승작용이 있다. 우리나라와 같은 EFL 상황에서는 몰입교육은 현실적으로 어렵기 때문에, '몰입교육'에 몰두하는 것보다는, 모국어를 기반으로하는 이중언어로서의 영어 교육이 훨씬 효과적이라고 본다. (본책 이중언어 모델편 참조)

전략 5: (활용: 상황을 통한 습득 강화 : Covert Rehearsal)
의사소통 상황을 머릿속에 그리면서 실전에서 말하듯이 연습한다.

외운 표현을 마치 실전에서 말하듯이 상황을 머리속에 그리면서 연습하는 것이 매우 중요하다. 외국어뿐만 아니라 모국어를 잘 하기 위해서 모든 사람들은 이런 사전 리허설(covert rehearsal)을 하는 것으로 밝혀졌다. 예컨대, 우리말로 입시 면접을 할 때도 면접에서 잘 대답하기 위해서는 사전에 여러번 반복 연습을 하는 것과 같은 이치이다. 외국어를 정복한 사람들이 가장 중요시하는 전략이다. 의미를 생각하지 않고 단순히 기계적으로 외운 표현은 쉽게 잊게 되므로, 반드시 머리(우뇌; right hemisphere)속에 그림을 그리면서 마치 실전에서 말을 하듯이 연습하는 것이 필수적이다.

전략 6: (발음: 부단한 반복 훈련: Psychomotor skills)
혀가 자연스럽게 느껴질 때까지 발음 연습한다.

혀로 여러 번 반복해서 습득해야 한다. 새로운 표현을 발음할 때에 왠지 어색하게 느껴진다면 그 표현은 아직 완전히 습득이 되지 않은 것이다. 따라서, 새로운 표현을 습득할 때에는 발음이 자연스럽게 느껴질 때까지 계속 연습하는 것이 중요하다. 발음을 의식하면서 구문이나 표현 등 의미를 창의적으로 생각하기 어렵기 때문에, 유창성 배양을 위해서는 발음은 자동화시키는 것이 필수적이다.

언어는 지식이라기보다 기술적인 면이 강하다. 특히 발음은 2-300개의 발성기관의 근육이 합쳐서 발성을 하게 되므로, 더욱 더 부단한 연습이 필요하다. 원어민 아이들도 거의 완벽한 발음 습득을 위해서는 7년 정도 걸린다는 사실을 보면, 좋은 발음을 위한 노력이 얼마나 필요한지 알 수 있다. 물론 대부분의 외국인들이 영어 원어민 같이 완벽한 발음을 습득할 필요도 없을 것이다. 그러나, 그들의 빠른 발음을 이해하기 위해서는 자연스러운 빠른 발음 현상에 대한 이해는 반드시 필수적이다. (본책 발음편 참조)

전략 7: (받아쓰기를 통한 음성 언어와 문자 언어의 통합적 습득)
받아쓰기로 통합적 언어 습득을 한다.

영어의 수행 평가 방법으로서 받아쓰기(dictation)는 어휘, 발음, 구문 등의 전반적 언어 능력을 평가할 수 있어서 신뢰성과 타당성이 매우 높은 방법으로 인정되고 있다. 이처럼 받아쓰기는 모든 언어 능력의 총화라고 볼 수 있는데, 학습 효과가 매우 높은 방법이므로 적극 추천한다. 들은 내용을 단어 단위로 받아 쓰는 것은 언어 습득에 별로 효과가 없으며, 문장 단위(끊어지는/휴지로 나뉘어지는 어구 단위나 최소한 의미 단락 단위)로 받아써야 효과적이다. 받아쓰기의 장점을 몇 가지만 정리하면 다음과 같다. 우선, 들은 문장을 구성하는 발음, 어휘, 구문과 의미를 '동시에' 생각하면서 문장을 다시 표출하는 과정을 통해서 통합적 언어 능력을 습득하게 된다. 발음, 어휘, 구문, 의미를 동시에 생각하면서 듣기와 쓰기를 함께 함으로써 문자 그대로 통합적 언어 습득(Whole Language Approach) 방법을 쓰게 된다. 둘째로, 자연스러운 발음으로 녹음된 내용을 청취하는 과정을 통해서, 눈으로 보는 문자와 살아 있는 발음을 연계하면서 습득하게 된다. 눈으로만 외국어를 학습한 사람들은 전혀 예상치 못한 연음 등 빠른 발음 현상(sandhi)을 깨달으면서 살아 있는 소리 이미지(auditory image)를 습득하게 된다. (본책 발음편 참조) 마지막으로 받아쓰기를 통해서 집중력을 향상시킬 수 있다. 인간의 모든 활동에 집중력은 필수적인 전제 조건이며, 고급 수준의 언어 활동도 예외는 아니다. 받아쓰기를 하려면 자신도 모르게 들은 소리를 기억해서 써야 하므로 집중력이 향상된다.

필자도 어렸을 때에 AFN을 청취하고 녹음해서 받아쓰기(transcribing)를 하면서 엄청난 실력을 배양했다. 수년간 꾸준히 받아쓰기 활동을 하면서 읽기와 듣기 능력을 키우면 이중언어 습득의 기본이 확실히 갖추어진다고 단언할 수 있다. 이런 이중언어 능력의 기본 위에 말하기와 쓰기를 통해서 활용 능력을 키우면 목표하는 이중언어 능력을 습득할 수 있을 것이다.

한 언어는 그 언어를 사용하는 사람들의 삶과 문화, 정신 세계를 이해하고 표현하는 핵심적인 도구로서 결코 간단한 학습 대상이 아니다. 운동을 잘 배우기 위해서는 한번은 미쳐야 한다고 한다. (영어에서도 "being crazy about the sport"라는 표현은 미치도록 좋아한다는 의미임) 언어는 어떤 운동보다도 고도의 지식과 기술이 요구되는 능력이므로, 아마도 단단히 미쳐야(?) 습득할 수 있을 것이다. 단기간 완성이라는 상업적 농간에 현혹되지 말고, 목표하는 언어 수준에 따라서 다년간의 노력을 경주할 필요가 있다. 이중언어를 구사하는 멋진 자신의 모습을 머리속에 그리면서 꾸준히 정진하는 내적 동기(intrinsic motivation)와 적극적인 태도가 가장 중요한 성공 전략일 것이다.

SECTION 01

구문편

Sentential Structure

SECTION 01 구문편

01_ 문장의 종류
Sentence Types & Discourse Functions

문장의 종류는 평서문, 의문문, 명령문, 감탄문, 기원문 등으로 나눈다. 이런 언어학적 지식보다는, 이러한 문장의 종류들이 사용되는 의미 있는 상황을 음미하며 곧바로 회화에 사용될 수 있는 기본 구문을 익히는 것이 무엇보다 중요하다.

01 평서문 (Statements: Positive/Negative)

사실을 있는 그대로 평범하게 서술하는 긍정문과 부정문을 의미한다.

●●● 부정문을 만드는 규칙

부정문을 만들 때는 다음 규칙을 적용한다.

❶ 긍정문의 조동사(be동사/have조동사 포함)군(群)의 첫 번째 조동사 다음에 not을 붙여서 부정문을 만든다.

He is a scholar. - He is not a scholar.
He will have finished the job by noon. - He will not have finished the job by noon.

❷ 조동사(be동사/have조동사 포함)가 없으면 don't[doesn't/didn't]를 원형 본동사 앞에 삽입하여 부정문을 만든다.

I like him. - I don't like him.

❸ 사고/인지동사의 주절과 종속절
I think he is not honest.처럼 종속절의 부정보다는 I don't think he is honest.처럼 주절에 부정하는 구문을 선호한다.

✚ **I don't think...** I think he is not honest.가 틀렸다고 단정적으로 설명하는 사람이나 문법책이 있는데, 반드시 그렇지는 않다. 일반적인 경우에는 어떤 사실적 판단에 대한 주장을 다소 약화시키는 어조로 자연스럽게 들리는 I don't think (that)... 구문을 관용적으로 많이 사용하지만, 종속절의 부정 의미를 강조할 때는 I think~ not...처럼 표현할 수도 있다.
'…한 것 같지 않아.' → I don't think...

ex. *I don't think that's such a good idea.* (TV Sitcom: Three's A Crowd)

단, hope나 wish는 주절에 부정을 표시하지 않고 종속절에 부정을 표시한다.

I don't hope he recognizes me. (?) → I hope he doesn't recognize me. (○)

I don't wish (that) he would do that. (?) → I wish he wouldn't do that. (○)

••• 부분부정과 전체부정

❶ not all – none
Not all of them are supportive of the proposal.　그 제안에 대해 그들 모두 다 지지한 것은 아니다.
None of them are supportive of the proposal.　그 제안에 대해 그들 중 누구도 지지하지 않는다.

❷ not every – not any
You cannot satisfy everybody here.　네가 여기 모든 사람을 다 만족시킬 수 있는 것은 아니다.
You cannot satisfy anybody here.　너는 여기 어떤 사람도 만족시킬 수 없다.

❸ not both – neither
Both are not correct.　둘 다 맞는 것은 아니다. (하나만 맞다.)
Neither is correct.　둘 다 틀리다.

✚ **부분 부정의 의미**　not+every/all/both/necessarily/always 등의 구문을 회화에서 구사하기 쉽지 않으므로 내재화시키기 위한 많은 노력이 필요하다.
That's not necessarily the case.　그게 반드시 사실은 아니다.
또한, 보통 not은 부분 부정하려는 단어 앞에 위치한다.
Every bird cannot sing. (?) → Not every bird can sing.

02 의문문 (Interrogatives)

의문문은 Yes/No 의문문과 의문사 의문문으로 나눌 수 있다. Yes/No의문문에는 긍정 의문문, 부정 의문문이 있고 의문사 의문문은 Wh의문문(5W1H)이 포함되며 When, Where, Who, What, How, Why로 시작하는 의문문이다.

••• Yes/No의문문

◐ 긍정 의문문의 형성 규칙

❶ 조동사(be동사/have조동사 포함)군(群)의 첫 번째 조동사와 주어의 순서를 바꾼다.
Are you happy? – Yes, I am. / No, I'm not.

❷ be동사나 조동사가 없을 때 do[does/did]를 주어 앞에 위치시킨다.

✚◐ **평서문 형태의 의문문**
친근한 회화체에서 매우 자주 사용되는 구문으로서 평서문의 형태를 끝만 억양을 올리면 의문문이 된다. A Student's Grammar of the English Language의 17장 문장의 통사적인 유형과 담화의 기능 관계에 대하여 한 단원에 걸쳐 설명하고 있으나 우리나라 문법책에서는 다루지 않고 있다. 문장의 통사적 유형과 담화의 기능

사이에는 보통 직접적인 연관성이 있으나 두 가지가 언제나 일치하는 것은 아니다. 즉, You're hungry?는 통사적으로는 평서문이나 의미면에서는 의문문이 된다.

You're hungry? 배고프니?
You want a drink? = You want something to drink? 뭐 좀 마실래?
You want some? 좀 줄까?

◐ 부정 의문문의 형태

부정 의문문은 '조동사+not'의 축약형만이 주어 앞에 갈 수 있다.
Didn't he...? (Did he not...?은 다소 딱딱한(bookish) 구문)

◐ 부정 의문문 형태의 감탄문

기존 문법책에는 설명이 없지만, 회화에서 많이 사용하는 감탄문 형태이다. 의미상 의문문이 아니므로 끝을 올려서 발음하지 않는다는 점에 유의한다.

ex. *Haven't you grown into a handsome young man!* 너 참 멋진 신사가 다 됐구나!
(TV Sitcom: *Three's A Crowd*)

◐ 부정 의문문의 대답

상대방이 부정으로 물을 때 우리말의 영향으로 Yes, I'm not. 또는 No, I am.이라고 대답하는 실수를 범하기 쉬운데, 대답의 내용이 긍정이면 무조건 Yes, ..., 부정이면 무조건 No, ...라고 대답하면 된다.

Aren't you hungry? 너 배고프지 않니?
- Yes, I am. 아니, 배고파.
- No, I'm not. 응, 배고프지 않아.

••• Wh의문문

5W1H : When, Where, Who, What, How, Why로 시작하는 의문문이다.

◐ When

언제 : 시간의 개념

◐ Where

어디 : 공간 / 장소의 개념으로 추상적인 개념도 있다.

Where are we? 여기가 어디입니까? (Where is here?란 말은 틀림)
Where was I? 내가 어디까지 이야기하다 말았지? (말이 끊겼다가 다시 시작할 때)
Where were we? 우리가 어디까지 이야기하다 말았지? / 진도 어디까지 나갔지?
Where did you go to school? = What/Which school did you go to?
어디서 학교를 다녔습니까? (어느 학교를 다녔습니까?)

❍ Who

누구 : 주어나 목적어

Who's in charge? 누가 책임자입니까?
Who(m) do you like most? (Who = Whom)

❍ What

무엇 : 주어나 목적어

What's she like? (What is sb like?는 어떤 (인격의) 사람인가?)
cf. *How is sb?* …의 건강[능력]이 어떤가?

What dose she look like? 외모가 어떻게 생겼나?
What did you do that for? = Why did you do that? (What… for? = Why…?)
What makes you happy? = Why are you happy? (p. 69 '물주구문의 기본 동사 참조')

❍ Why

왜 : 이유, 원인의 개념

Why are you so sad?

❍ How + 부사

어떻게 : 방법, 과정, 수단의 개념

How와 함께 사용되는 부사는 다양한 의미를 나타내며 회화에서 매우 요긴한 표현이므로 관용표현처럼 기억하는 것이 좋다.

How many[much/long/wide/deep/heavy]…?
How much does it cost to…? …하는 데 비용이 얼마나 듭니까?
How much is it? / How much does the bill come to? 계산이 얼마 나왔습니까?
How long does it take to…? …하는 데 시간이 얼마나 걸립니까?
How long have you been going out with him? 그와 사귄 지 얼마나 되었나요?
How often do you eat out? 얼마나 자주 외식합니까?
How soon is it going to start? 얼마나 있어야 시작합니까?
How late are you open? 몇 시까지 영업합니까?
How far is it from here? 여기서 얼마나 멉니까?
How many times do I have to tell you? 얼마나 여러 번 이야기해야 하니?

✚ How come + 평서문 어순?
'어째서… 인가?'의 뜻으로 회화에서 매우 자주 사용되는 구문이다.

How come you called me yesterday? 어쩐 일로 어제 전화했니?
= What did you call me for yesterday? 무엇 때문에 어제 전화했니?
= Why did you call me yesterday?

➕ **어떻게…? → What…?** 우리말의 '어떻게'를 영어에서는 보통 what으로 표현한다.
What do you think about this? 이것을 어떻게 생각합니까?
How do you think about this?(×)란 표현은 없다. 어떻게 생각하느냐는 말은 What do you think about…? 또는 How do you feel about…?으로 표현한다. 즉, 생각이나 느낌을 말할 때 think는 what과 함께 feel은 how와 함께 사용된다.
What are you going to do with this? 이것을 어떻게 할 겁니까?
What am I supposed to do now? 이제 어떻게 해야 하지?

cf. 왜…? → What…?
What's the rush[hurry]? 왜 이렇게 서둘러?

◐ What/Which

양자택일처럼 선택이 제한될 때는 보통 what 대신에 which를 사용한다.

What would you like to have?
Which would you like to have: tea or coffee?

◐ 사람을 지칭할 수 있는 Which

우리나라 학생들은 which가 사람을 지칭할 수 있다는 사실을 잘 모르고 있으나, 실제 회화에서는 매우 많이 활용된다.

Which is her husband? - The man sitting beside the window?
Which doctor are you talking about? - The man by the window or by the door?

➕ **What과 Which**
What school : 한정되지 않은 대상 학교 중 어느 한 학교
Which school : 한정된 몇 개 학교 중에 어느 한 학교

➕ **Which와 What kind of…**
Which : 같은 종류나 부류의 것을 대상으로 하는 말
What kind[sort/type] of… : 다른 종류나 부류의 것을 대상으로 하는 말
Which month[season] do you like best? 어떤 달[계절]이 가장 좋습니까?
What kind of month do you like best? (×)
어떤 종류의 달이 좋습니까? (우리말로도 어색하며, month는 같은 종류이므로 틀린 표현이다.)
What kind of computer do you have? - I have an Apple computer.
무슨 종류의 컴퓨터를 갖고 있습니까? - 애플 호환 기종을 갖고 있습니다.
Which computer do you have?
어느 컴퓨터가 당신 겁니까? (말하는 사람 앞에 여러 대의 컴퓨터가 놓여 있는 상황이라면 말이 된다. 무슨 종류의 컴퓨터란 의미로는 쓸 수 없다.)

••• 간접 의문문

◐ Wh의문문이 일반동사의 목적절

의문문이 목적절이 될 때는 평서문 어순이 된다.
Do you know? + Who is the girl? → Do you know who the girl is?

➕ **의문사 어순 고집** 간접 의문문의 목적절에서는 주어가 길면 '의문사+be동사+주어'의 순서로 평서문의 어순이 아닌 의문문의 어순이 되는 경향이 강하다.
I asked her. + Who was he? → I asked her who he was.

I asked her. + What was the matter with him? → I asked her what the matter with him was. (?)   (어색할 뿐만 아니라 틀렸다고 말하는 원어민이 많다.)
→ I asked her what was the matter with him.

⊙ 주절의 동사: 사고동사, 전달동사

주절의 동사가 인지/사고 및 전달동사일 경우에는 Wh의문사를 문두로 보낸다.
5W1H 의문사+do you think[believe/guess/suppose/imagine/say]+절?

✚ **Wh의문사+do you think...?를 하나의 의미 단락으로** 서로 의견을 피력할 때 매우 요긴한 구문이므로 …의 내용을 생각하면서 말하는 것이지 Wh의 처음부터 생각하며 구문을 만들면서 말할 겨를이 없으므로 하나의 의미 단락으로 한꺼번에 입에서 나오도록 자동화시키는 것이 회화 실력을 키우는 현명한 방법이다.

When do you believe you can finish the job?
Where did you say he lived?
Who do you think you are? My boss or something?   (상대방이 이래라저래라 할 때 불평하는 말)
Who do you think I am? Your slave or something?   (상대방이 이래라저래라 할 때 불평하는 말)
Who shall I say is calling?   누구시라고 할까요?
= May I ask who's calling, please?
Who did you say you were?   누구시라고 했지요?
What do you suppose made her mad?
Why did you say he missed the class?
How long do you think it took me to finish this work?
How much do you suppose it cost me to buy this stuff?

⊙ Yes/No 의문문이 일반동사의 목적절

접속사 if를 사용하여 연결한 후 의문문을 평서문 어순으로 한다.

Ask him. + Would he like to join us? → Ask him if he'd like to join us.

✚ **... if...** 실제 회화 상황에서는 if가 매우 약하게 발음되고 앞뒤의 단어와 연음되어 잘 들리지 않으므로 주의해야 한다. AFN 등에 나오는 살아 있는 표현을 들을 수 있으려면 아래와 같은 표현을 연음하여 발음 연습을 하는 것이 바람직하다.

I doubt if he can.   (doubt if의 t를 약화시킨 후 [daurif]처럼 연음됨)
I don't know if she's still alive.
I don't care if he comes or not.
It doesn't matter if it rains or not.
Let me check and see if it's in.   (see if는 [si:f]로 거의 항상 연음됨. it's in은 '물건이 들어오다, 입고되다')
How about if we go on a picnic this Saturday? (= How about -ing?)

••• 부가 의문문

⊙ 평서문

본동사일 때는, 'do조동사+not'을 사용하고, be동사/have동사/조동사일 경우에는 'be/have/조동사+not'을 사용한다.

✚ 격식을 차리지 않은 구어체 미국 영어에서 ain't는 am not, is not, are not, have not, has not의 축약형으로 매우 빈번하게 사용된다. 격식을 차린 영어에서는 의문형 am I not의 단축인 ain't I가 허용되고 있으나 보통 비표준(substandard)으로 간주된다. 격식을 차린 영어에서는 am I not은 aren't I가 표준적인 표현으로 간주된다. I'm smart, ain't I?(비표준) / I'm smart, aren't I?(표준)

그러나, Reagan 대통령의 의회 연설과 같이 매우 격식을 차린 상황에서도 ain't가 수사적으로 사용되는 경우가 있다.

ex. *have not*
You **ain't** seen nothing yet. (= You haven't seen anything yet. 관용표현)
'이건 약과입니다.'의 뜻으로서, Reagan 미국 전(前) 대통령이 연설 도중에 사용해서 유명해진 표현이다. 부정(ain't)의 이중 부정(nothing)은 긍정이지만, 비격식 구어체에서는 강한 부정의 뜻으로 통한다.(중세 영어에서는 '부정+부정=강한 부정'이었음)

ex. *be not*
Jerry : I know what you mean. Sometimes he here, sometime he not. Right now... He here.... You never know. You might get stuck dumb with religious faith. **Ain't** in the touch, anyhow. It's in the taste. This little pill is made by Mr. Johnson and Johnson. They God's true representative on Earth. It **ain't** the churches or synagogues or the Pope. That's just propaganda. It's the pharmaceutical companies....
Jerry : That **ain't** a crime....
Jerry : Maybe you **ain't** schizophrenic. Maybe you're a saint....
Jerry : Go ahead. Start again. It's just anxiety. **Ain't** schizophrenia. Nothing will snatch you away from yourself.... (영화 The Saint of Fort Washington)

명령문/감탄문

명령할 때는 보통 청유의 목적으로 부가 의문문 형태를 사용하며, 상대방에게 명령이나 부탁하는 경우 will you?, Let's는 shall we?라고 한다. 감탄문에서는 평서문과 같은 규칙이 적용된다.

Turn down the volume, will you?
Don't make any noise, will you?
Let's get down to business, shall we?
(get down to business 본론으로 들어가다 **cf.** get to the bottom of things 문제, 근본적인 원인 등을 조사하다)
What a beautiful picture it is, isn't it?

..., huh?

Give me a break, huh? 왜들 이러니. 좀 봐줘. / 살려줘, 어? (huh는 끝을 올리며 격식 없이 말할 때 많이 활용하는 표현)

선택 의문문

Would you like (to have) coffee or tea?
- coffee(↗) or tea(↘) 식으로 올렸다 내려서 발음하면 선택을 묻는 질문이다.
- coffee or tea(↗) 식으로 끝만 올려서 발음하면 coffee 또는 tea 등의 음료를 원하느냐는(마실 것을 권하는) 질문이 된다.

수사 의문문

설의법을 나타내는 관용표현이다.

Who knows? = God only knows. = Nobody knows.

Who doesn't know about it? = Everybody knows about it.
Who cares? = Nobody cares about it.
How should I know? 내가 어떻게 알아?
What does it matter? = It doesn't matter at all. = It doesn't make any difference.
What difference does it make?

ex. 다음은 미국의 유명한 *Oprah Winfrey Talk Show*의 방송 내용으로 여러 인명 구출 이야기를 하나의 설의법 문장(수사 의문문)으로 말한 것이다. 이런 긴 문장의 흐름을 따라가며 자연스럽게 이해하기 위해서는 상당한 독해력이 요구된다.

> *Oprah : Who could forget the joy we all felt across this country when 18-month-old baby Jessica McClure was lifted to safety two and a half days after she plunged 20 feet down an abandoned water well in Texas or the sheer heroism of rescue workers 10 years ago in Washington when they pulled survivors from the frigid waters of the Potomac River after an Air Florida 737 crashed into a bridge seconds after taking off in a snowstorm?*

부정 의문문

상대방에게 긍정의 답을 구하거나 따지는 투의 표현이다.

Isn't that obvious? 그거 뻔한 얘기 아니야? / 분명하잖아?
= Do I have to spell it out for you? (spell out 자세히 설명하다)
Don't you think so? (Yes, I think so.라는 긍정 대답을 구함)
Don't you think you should['d better]...? 너 …해야 한다고 생각하지 않니?
Didn't I tell you? 그러길래 내가 뭐라 그랬니?
Don't you know? 모릅니까?
Can't you see? 모르겠습니까?
Wouldn't it be great if...? …한다면 좋지 않겠니? (자신이 무엇을 하겠다고 할 때나 상대방에게 제안할 때 사용하는 중요한 구문)
Why don't I...? = Let me... 제가 …하겠습니다.
Why don't you...? = Please... …하시지 그러세요?
Why don't we...? = Let's... 우리 …합시다.

메아리 의문문(Echo Question)

✚ 자연스러운 대화를 이끌어가는 훌륭한 기술 중 하나가 상대방이 하는 말을 잘 듣고 있다는 표시로 방금 한 말의 끝을 연결하여 물어보는 것이다. 또한, 상대방이 전한 정보를 분명히 이해하기 위해서 다시 명확히 요청(clarification)하는 방법으로도 메아리 의문문의 형태를 많이 사용하므로 잘 활용하기 바란다.

I'll pay for it. - You'll WHAT?
She sat there and ratiocinated. - She sat there and WHAT?
Jack killed his dog. - WHO killed WHAT?

03 명령문 (Directives)

•••직접 명령

문두를 동사로 시작하여 명령하는 구문으로, 보통 주어 you를 생략하고 동사원형을 쓴다.

Watch out for the car! 자동차 조심해!

✚ 기존 문법책에 나오지 않는 내용으로서, 특정한 상대가 없이 일반적인 경우에는 someone, nobody 등을 써서 말한다. *(Quirk, et al. 1985)*

Someone get the light! 누군가 불 좀 봐줘[꺼줘]!
(Surprise Party(깜짝 파티) 할 때 주인공이 등장하기 전에 누군가 불을 꺼달라고 말하는 경우에 쓰는 말)

Nobody move! 아무도 움직이지 마!

- 강조할 때는 동사 앞에 강조의 조동사 do를 사용하기도 한다.

  Do be quiet! 조용히 해!

- 격식을 차리지 않는 상황에서 강한 명령조로 말할 때 you를 동사 앞에 사용하기도 한다.

  You shut up! 조용히 해!

- 부정 명령은 동사 앞에 Don't를 쓰며, 강조할 때는 never를 사용하고, 더 강조할 때는 Don't 다음에 you를 첨가한다.

  Don't give up! / Never give up! / Don't you (ever) give up!

✚ 회화체에서 많이 사용되는 관용적인 표현
다음 예문을 통해 보듯이 회화에서는 명령의 뜻이 아닌데도 명령형 구조를 자주 활용한다.

Tell me. 참, 그런데 말이지요. ('말해라!'가 아니라 상대방에게 뭔가를 물어보며 말을 시작할 때 사용하는 표현이다.)
Talk about...! …을 말해 봐라. / …라니, 아니 그럴 수가!
Talk about a transformation! 사람이 저렇게 변할 수가!
Don't tell me... …라고 말하지 마라. / 설마 …는 아니겠지.
Don't tell me you forgot about our appointment. 설마 약속을 잊은 것은 아니겠지.
Come to think of it. 생각해 보니까 말이에요.
Forget it! = Never mind! 됐어!
Don't bother. 신경쓰지 마!
= Think nothing of it. 별거 아닙니다.
Be my guest. 어서 쓰세요. (어떤 물건의 사용을 허락할 때)
Feel free to ask me if you need any help. 주저말고 어서 부탁하세요.
= Don't hesitate to ask me if you need any help.
Go ahead. 어서 하세요.
Say! / Look! / Listen! 있잖아! (상대방의 주의를 환기시킬 때)
cf. ..., say, ... 예를 들어서 ('말해라'가 아니라 제안하면서 예를 들 때 자주 사용하는 표현)

Why don't we get together sometime this week, say, this Saturday? 이번 주 토요일이나 언제쯤 함께 보는 거 어때?

What time shall we meet? Say, five thirty? 몇 시에 만날까? 한… 5시 반 어때?

Speak of the devil! 호랑이도 제 말하면 온다더니! (기존 영문법책에 나오는 Talk of the devil, and he will appear.라 는 문장은 미식영어에서는 사용되지 않는다.)

••• 간접 명령

목적어 앞에 Let을 사용하는 구문이다.

- Let's는 가장 일반적인 청유의 표현으로서, 부가 의문문은 shall we?이다.

  A : Let's go to the movies, shall we?
  B : Yes, let's. / No, let's not.

- Let us는 매우 격식을 차린 연설 같은 공식적인 상황에서 선동할 때 많이 사용되는 구문이다.

  Let us be united! 뭉칩시다!
  Let us help prevent starvation!

- Let me…는 공손히 자신이 무엇을 하겠다고 말할 때 매우 빈도 높게 사용되는 요긴한 구문이다.

  Let me see. = Let me think. 글쎄요, 어디 좀 봅시다.
  Let me know the results as soon as possible. 가능한 한 빨리 결과를 알려 주세요.
  cf. I'll let you know how things are going. 상황이 어떤지 알려 드리겠습니다.
  Let me ask you a question. 제가 질문을 좀 하겠습니다.
  Let me finish. = Hear me out. 제 말을 끝까지 다 들어 보세요.
  Let me handle it. 제가 해 보겠습니다.
  Let me take a look (at it). 좀 보여 주세요.
  Let me give it a try. 제가 한번 해 보겠습니다.
  Let me put it this way. 이렇게 다시 말씀드리겠습니다.
  Let me tell you something[what]. = You know something[what]? 있잖아요? (제안의 표현)
  Here, let me give you a hand. 자, 제가 좀 도와드리죠.
  Don't let me disturb you. 저 때문에 신경쓰지 마세요.

04 감탄문 (Exclamations)

••• 구조

'What a+형용사+명사+주어+동사'의 어순이며 동사가 be동사일 경우에는 보통 '주어+동사'는 생략된다.

What a beautiful house (that is)!

What a beautiful house you have!
How beautiful a house you have! (×)

> **Tip How+형용사+a+명사+주어+동사!**
>
> 기존의 영문법 참고서, 심지어 TOEFL/TOEIC 영문법책에서도 How good an idea!(×)나 How beautiful a house you have!(×) 등의 예문을 통해 'so/as/too/how/however+형용사+부정관사+명사' 의 어순을 적용하여 How로 시작하는 감탄문에서 명사를 취할 때도 'How+형용사+a+명사+주어+동사!'란 공식을 따른다고 설명하고 있는데 이는 틀린 것이다. 현대 영어의 감탄문 형태에서 관사와 명사를 써야 할 때는 What 구문을 사용하며, How 구문은 의문문일 경우에 가능하다.
>
> What a beautiful[lovely] flower you have! (○) 네가 가진 꽃이 정말 아름답구나!
> How big a bag did you lose? (○) 얼마나 큰 가방을 잃어버렸습니까?

••• 의문문 형태의 감탄문

✚ 의문문 형식을 빌어서 감탄의 뜻을 나타내는 구문으로 기존 문법책에는 설명이 없지만 회화에서 많이 사용된다. 의미상 의문문이 아니므로 끝을 올려서 발음하지 않는다는 점에 유의해야 한다.

Am I hungry! 아이고, 배고프구나! (보통 Boy, am I tired!처럼 boy 등의 간투사와 함께 사용한다.)
Has she grown! 그 여자아이 많이 컸구나!
Well, what do you know! = Who would have thought? 이것 좀 봐! / 아니 이렇게 될 줄이야! (그렇게 나

쁜 일이 아니지만 기대하지 않은 일이 일어났을 때 사용되는 표현이다.)
Well, how about that! 아니 이럴 수가!
Isn't that something[great]! 대단하잖아! / 멋있잖아!
= It's incredible[unbelievable].
What the heck! 아니 뭐야!

what 종속절의 감탄문/의문문

목적어 기능을 하는 what 의문사로 시작하는 종속절은 감탄문과 의문문의 해석이 둘 다 가능하다는 사실(ambiguity)을 염두에 둘 필요가 있다.

You can't imagine what difficulties I've had with my project.
→ ① You can't imagine the great difficulties I've had with my project.
→ ② You can't imagine the kinds of difficulties I've had with my project.

간투사(Interjection)

▶ 실망

Oh, no! 안 돼! (크게 실망스러운 일을 당했을 때)
Uh oh! 아이 이런! (Oh, no!보다는 약한 느낌의 표현으로 일상생활에서 실망스러운 일이 발생했을 때 사용한다. 발음에 주의하자. Uh는 딱 끊으면서 올렸다가, oh는 내려서 발음한다. Uh|oh!)
Oh, shoot! 이런!
Oh, darn it! 이런!
Good grief! 아이, 맙소사! (어처구니없이 실망스러운 일을 당했을 때)

▶ 놀람

Oh, my goodness[god/gosh]! 하나님 맙소사!
Oh, my! 아이고, 이런!
Gee, thanks! (Gee는 Jesus의 앞소리만 따온 말)
Holy smoke[cow/mackerel]! = I can't believe this! 세상에!
Boy! 아이고! (요즘 가장 많이 사용되는 간투사)
What the heck! 아니, 뭐야!
(Wh)Oops! 아이쿠! (간단한 실수를 했을 때)
Why! 아이! / 어머! (뜻밖의 일을 발견하거나 승인할 때 등의 발성으로 보통 계속 말이 이어진다.)
Why, I'll be damned. 야, 이거 놀랐는데. (뜻밖의 사람을 만났을 때)
Why, thank you! 아이, 고마워라!
Why, it's you! 아, 당신이군요!
Wow! 와우! (멋지고 좋다는 환성)
Hooray! 와! / 야! (신난다는 뜻의 환성으로 미식영어)
Hurrah! 와! / 야! (신난다는 뜻의 환성으로 영식영어)

Whoopee! 와! (환성, 야단법석)
Hoot! 우! (야유하는 소리)
Ta da! 자잔! (무언가 멋진 것을 보여 주며 하는 말)

◯ 동의/이의

Uh huh   huh를 올려 발음하면 Yes의 뜻이며, huh를 낮추어 발음하면 No의 뜻이 되는 표현, 격식 없는 대화에서 많이 사용
Mm hmm   Uh huh를 입을 다물고 발음할 때 나는 소리를 표기한 것
Yeah.   친한 사이에서 일반적으로 많이 사용되는 Yes의 표현
Yep.   격식 없는 상황에서 Yes를 경쾌하게 강조하는 표현
Nope.   격식 없는 상황에서 No를 강조하는 표현
Naw! / Nah!   매우 격식 없이 No를 강조하는 표현
Okey doke(y)   Okay의 경쾌한 느낌의 표현

◯ 인사

Ciao! [tʃáu]   영어화된 이탈리아 작별인사
Howdy!   How are you?의 속어
Toodleoo [tù:dlú:]   안녕히! (영식영어)

◯ 완곡 표현 (Euphemism)

영어의 완곡표현은 발음을 변화시키거나 어휘를 다른 단어를 사용한 두가지 경우가 있다. 발음의 변화를 주는 완곡 표현은 기본적으로 우리말에는 없는 표현 기법이다.

❶ 발음
발음을 달리하여 다소 약한 뜻을 나타내는 표현이다.

〈직설적 표현〉 → 〈완곡한 표현〉

shit (ˈ씨ˈ욕) → shoot   Shit! - Shoot!
damn (저주하다) → darn / dang   Damn it! - Darn it!
hell (지옥) → heck   What the hell are you talking about?
     What the heck are you talking about?

the Old Boy (devil) - boy   Boy! (devil/Satan을 완곡하게 의미했던 표현 the Old Boy에서 Boy!가 유래함.)

God (하나님) → golly, gosh, goodness; Oh, my goodness!
Jesus (예수님) → Gee(s) (하나님/예수님을 함부로 부르는 것은 불경 (blasphemy))
Okay (좋다) → Okey doke(y) (경쾌한 느낌의 표현)

❷ 표현
원색적인 느낌의 단어를 간접적으로 부드럽게 나타내는 대표적인 표현 예는 다음과 같다.

- 어휘/숙어 -

garbage collector (쓰레기 청소부) → sanitation worker (환경 미화원)
American Indians → American natives

soldier → serviceman (군복무자)
adultery (간통) → infidelity (부정)
cf. *fidelity:* 충실도   *Hi Fi:* (스테레오 시스템) 원음의 높은 충실도 = *High Fidelity*
rape (강간) → sexual assault (성 폭행)
rapist (강간범) → sex offender (성 범죄자)
john (속어)/toilet (변소/변기) → restroom/bathroom; ladies'room/men's room (화장실)
take a piss/leak (오줌누다) → urinate (소변보다) urine sample (소변샘플) Nature calls. (화장실 가야겠다. - 완곡표현)
take a shit/crap/dump (똥누다) → defecate (배변하다) - stool (변샘플)
fart (방귀뀌다) → pass gas
Did you take a crap[shit]? (똥쌌니?) → Did you move your bowels? 혹은 Did you have a bowel movement? (화장실 갔었습니까?) 보통 의사가 환자에게 묻는 표현으로, Did you take a crap [shit]?이라고 묻는 사람은 없다.
menses (월경) - period (생리기간) sanitary belt (생리대) sanitary bag (처리하는 비닐봉투)
pro-abortion (낙태찬성) - pro-choice (선택지지; 여자의 선택권에 찬성한다는 의미)
anti-abortion (낙태반대) - pro-life (생명지지)
four-letter words (욕설) - 욕설에서 많이 나오는 fuck, damn, hell, suck등이 4글자 단어이므로. verbal abuse (말의 남용, 즉, 욕설);
   cf. *call sb names* (욕하다) *give sb a bad name*   …를 욕되게 하다
      A guy like Mr. Jackson gives America a bad name. (Mr. Jackson같은 사람은 미국을 욕먹이는 사람이다.)

- 문장 -
bad/not good → interesting: '좀 이상하다' 는 뜻으로 완곡하게 표현할 때 자주 사용한다.
different/peculiar/unusual과 함께 완곡한 부드러운 표현으로 많이 사용된다.
This food is not good. → This food is interesting/different/peculiar/unusual. (특이하다)
예를 들어, 상대방의 불쾌한 말 때문에 상한 자신의 기분을 표현할 때에 자신의 태도에 따라서 다음과 같이 도전적으로 표현하거나, 직선적으로 표현할 수도 있고, 좀더 세련되게 들리도록 완곡한 표현을 사용하기도 한다.

(도전적/호전적 표현)
How dare you say such a thing? You're trying my patience. (당신이 내 인내를 시험하고 있다.)
Enough is enough. I can't stand your rude behavior any more.
I've had it with you! = I'm fed up with you!
I'm sick and tired of you.
(직선적 표현: 그렇게 말하는게 싫다. 그렇게 말하니 기분나쁘다.)
I hate it when you say such a thing. 혹은
I resent your saying such a thing.
(다소 정중한/ 완곡 표현: 그런 말씀은 듣기 거북하군요.)
I don't appreciate your saying that. 혹은
I find that kind of language offensive. (offensive 불쾌한)
I take exception to that kind of language. (take exception to 이의를 제기하다)

05 기원문 (Optatives)

May로 시작하는 평서문 어순으로서 동사원형을 사용하는 구문이 기원문의 형태이지만, 보통 May를 생략하는 경향이 강하다.

(May) God bless you! 하나님의 은총이 함께 하시길! (상대방이 재채기를 할 때 흔히 Bless you.라고 하기도 하고 영어화된 독어인 Gesundheit!(= Good health!)라고도 한다.)
(May) Peace be with you! 평화가 함께 하시길!
May you have a long life! 오래 사십시오.

CHAPTER 01 문장의 종류

연습문제 EXERCISE

빈칸에 알맞은 표현을 고르시오.

1. Let's get down to business, _____?
   (A) shall we   (B) will we   (C) let us   (D) do we

2. Many people are surprised to find _____ the sloppy-looking man owns.
   (A) how beautiful house
   (B) what beautiful house
   (C) how beautiful a house
   (D) what a beautiful house

3. A: Aunt Laura! Long time, no see.
   B: Joseph! _____ into a handsome young man!
   (A) Did you grow
   (B) Didn't you grow
   (C) Have you grown
   (D) Haven't you grown

4. A: _____ last night?
   B: I had something important to tell you.
   (A) How come did you drop by my office
   (B) Why do you drop by my office
   (C) What did you drop by my office for
   (D) How did you drop by my office for

5. A: _____ supposed to do now?
   B: Calm down! There may be a way out for you.
   (A) What am I   (B) How am I   (C) What I am   (D) How I am

6. A: _____ to buy this stuff?
   B: Well, about 500 dollars?
   (A) Do you suppose how much did it cost me
   (B) Do you suppose how much it cost me
   (C) How much do you suppose it cost me
   (D) How much do you suppose did it cost me

7. A: _____ going to start?
   B: In about five minutes.
   (A) How soon is it   (B) How is soon it   (C) How it is soon   (D) How is it soon

연습문제 | EXERCISE

8 A: _____ me a call last night?
B: Oh, sorry. I forgot.
(A) How came you gave
(B) How came did you not give
(C) How come you didn't give
(D) How come did you not give

다음 중 적절하지 못한 부분을 고르시오.

9 (A) It may not be easy (B) to imagine (C) what difficulties have they had (D) with the challenging task.

10 (A) People have (B) different ideas about (C) what kinds of seasons (D) they like best.

11 (A) How long do you think (B) did it take me (C) to get this work (D) completed?

12 (A) Not of them all are (B) fully supportive (C) of the proposal (D) we submitted.

13 (A) Who do you think (B) are you? (C) My boss (D) or something?

14 Many students are (A) curious to know (B) what the newcomer (C) in my class is (D) liked?

SECTION 01 구문편

02 _ 동사: 술부의 핵심
Verb: Quintessence of Predicate

영어의 동사 verb는 원래 라틴어에서 (written or spoken) words의 의미이며, 준동사 verbal이 '말의'를 의미한다는 것을 봐도 동사어구가 언어에서 차지하는 중요성을 잘 알 수 있다. 영어에서 문장의 의미와 문형을 결정하는 가장 중요한 품사가 동사이므로 필수적인 관용표현 위주로 학습하면서 동사에 관한 유용한 구문을 습득하는 것이 회화 실력을 키우는 가장 바람직한 방법이다.

01 소위 문형이라는 것

우리가 소위 5형식이라고 부르는 언어학 지식의 한계에 대해서는 습득 이론에 근거하여 앞에서 설명하였다. 우리가 5형식을 잘 몰라서 영어 독해와 회화를 못하는 것이 아니라는 사실은 이론뿐 아니라 우리의 경험이 잘 입증해 주고 있다. 영어 공부를 시작할 때부터 기계적으로 5형식을 암기했지만, 독해하기 어려운 단어가 나오거나 특수한 구문이 나오면 5형식이 별 도움을 주지 못한다는 것이 그 예이다. 문장 형식만 완벽히 꿰뚫으면 말과 글이 마음대로 줄줄 나오는 것이 아니라, 기본 동사를 통한 필수구문과 표현을 많이 습득하고 나서야 비로소 말과 글이 나오기도 하며 문장 형식을 정리할 능력이 생기는 것이다. 의미를 무시한 이런 문장 형식의 암기보다는, 기본 동사에 근거한 필수표현과 구문을 습득하고 난 후, 살아 있고 재미있는 말과 글을 많이 접하는 것이 진정한 의사소통 능력 배양의 정도(正道)이다. 따라서 여기서는 의사소통 능력에 기본이 되는 중요 동사별로 중요한 구문과 표현을 많이 제시하였으므로 잘 익히기 바란다.

앞에서 설명한 바 있는 *Greenbaum & Quirk(1990)*의 필수 7가지 문장 형식을 다시 한번 참고로 제시한다. 아래의 예문에서 보듯이 get이라는 하나의 동사가 6가지의 문형을 이룰 수 있는 것을 보면 get이 얼마나 다양하게 사용되는지 알 수 있다. 이렇게 중요한 기본 동사의 의미를 잘 습득하는 것이 말과 글을 비롯한 모든 의사소통 능력의 초석이 되는 것을 인식하기 바란다.

S : 주어(Subject)   **V** : 동사(Verb)   **O** : 목적어(Object)
C : 보어(Complement)   **A** : 부사어(Adverbial)

1형식 _ **SV** : I can swim. (We made toward the island. (×)) (p.46 참조)
2형식 _ **SVO** : You got it? - Yeah, I got it.
3형식 _ **SVC** : She got upset.
4형식 _ **SVA** : When did you get here? (When did you get? (×))

5형식 _ **SVOO** : Let me get you something to drink.
6형식 _ **SVOC** : Let's get that job done.
7형식 _ **SVOA** : He got himself into trouble. (He got himself. (×)

사실, 영어의 기본 문형에 대한 이해는 그리 어렵지 않은데, 그렇다고 다양한 문형을 자유자재로 활용하는 것이 쉬운 것은 아니다. 모든 구문이 다 어려운 것은 아니며, 특히 혼동하기 쉬운 기본 동사와 예외적인 구문을 잘 익혀야만 영어의 문형을 자유자재로 구사할 수 있다. 다음에 설명할 동사별 기본 문형은 우리나라 학생들이 회화에서 잘 활용하지 못하거나 문법 시험에서 잘 틀리는 구문들이므로 중점적으로 학습하면 많은 도움이 될 것이다.

> **Tip** **We made toward the island.의 형식은?**
>
> 기존 영문법책에서 소위 1형식 SV문형으로 분류하는 We made toward the island.는 SV문형이라고 할 수 없다. 만일 이 문장에서 toward the island라는 부사구가 기본 성분의 역할을 하지 않는다면 그 부사구가 없어도 말이 되어야 한다. 그러나 We made.(×)라는 말은 문법적인 영어 문장이 아니다. 부사구 toward the island는 공간의 개념을 나타내므로 기본 성분으로 간주해야 한다. 따라서 We made toward the island.라는 문장은 기본 성분이 주어와 동사로 구성된 SV문형이 아니라 부사구가 첨가된 SVA문형으로 간주해야 한다.

02 동사별 기본 문형 (Verb-based Basic Structures)

●●● SV : 타동사로만 알기 쉬운 자동사

I can swim.과 같이 가장 기본적인 '주어+동사'로 구성된 SV문형은 활용하기가 그리 어렵지 않다. 문제는 타동사로만 알았다가는 낭패를 보기 쉬운 동사들이 있는데, 이를 잘 정복해야만 SV문형을 정복하는 것이다. 다음은 타동사로만 알기 쉬운 자동사들로서 보어가 필요 없는 SV문형을 취한다. 의미를 잘 음미하고 숙어 표현처럼 기억하는 것이 바람직하다.

❶ count = have value

That's what counts. 중요한 건 (바로) 그겁니다.
That's not what counts. 중요한 건 그게 아닙니다.
cf. *matter = be important = make a difference*
 What does it matter? 그게 뭐가 그리 중요합니까?
 = What difference does it make?

That doesn't count. 그건 치는 것 아니다.
cf. *count A as B = regard A as B* A를 B로 간주하다 (타동사)

Count me in. 나를 끼워줘.
Count me out. 나를 빼줘. / 나는 빠질래.

❷ do = be good enough

　　Will this do?　이 정도면 되겠습니까?
　　It won't do.　이 정도로는 안되겠는데.

❸ help = be of help

　　Every little bit helps.　조금씩 합하면 도움이 된다. / 십시일반이다.
　　It didn't help at all.　전혀 도움이 안됐다.

❹ hurt = be harmful

　　It won't hurt to go ask for some help.　가서 도움을 요청한다고 해서 손해볼 거 없을 것이다. (단정적)
　　It wouldn't hurt to go ask for some help.　가서 도움을 요청한다고 해서 손해볼 거 없지 않겠습니까? (가정법 would를 사용해서 말하는 사람의 주장이 약함)

❺ pay = be profitable = be worthwhile

　　It pays to enrich your word power.　어휘력을 키우는 것은 가치 있는 일이다.
　　Shoplifting won't pay.　가게에서 물건 훔치는 것은 결국 손해가 될 겁니다.
　　Crime doesn't pay.　범죄를 저지르는 것은 이익이 되지 않는다. (AFN의 공익 광고)

❻ wait : 늦게 해도 괜찮다 (자동사로서 '기다리다' 외의 뜻)

　　This job can't wait.　이 일은 기다릴 수 없다. (이 일은 늦으면 안 된다.)
　　It can wait.　천천히 해도 괜찮다.

SVO : 혼동하기 쉬운 자동사/타동사

▶ 전치사가 필요 없는 타동사

I like apples.처럼 SVO의 문형도 이해하고 활용하기에 그리 어려운 구문 형태는 아니다. 다만, 우리말 영향 때문에 자동사로 착각하여 (목적어를 취하기 위한) 전치사를 무의식적으로 쓰기 쉬운 타동사들이 있으므로 주의해야 한다. 다음은 전치사 없이 목적어를 곧바로 취하는 SVO문형의 타동사들이다. 이런 동사들은 불필요한 전치사를 문장에 첨가한 후 그 오류를 지적하게 하는 시험 유형에서 많이 다루어지므로 동사와 목적어를 한꺼번에 기억하는 것이 바람직하다.

❶ address (about ×)

　　Let us address this sensitive issue.　(sensitive 민감한)

❷ answer (to ×)

　　He answered the question correctly.　**cf.** *an answer to the problem* (명사일 때는 *to* 동반)

❸ approach (to ×)

　　A bunch of guys approached me.　**cf.** *an approach to the problem* (명사일 때는 *to* 동반)

❹ attend (to ×)

　　We attended the meeting.

❺ discuss (about ✕)

　Let's discuss the problem.　**cf.** *discussion about the new driving laws*

❻ enter (into ✕)

　I entered the office quietly.　**cf.** *enter into business* 사업에 투신하다

❼ mention (about ✕)

　They mentioned the problem to me.

❽ greet (with ✕)

　All you have to do is just greet that man.

❾ marry (with ✕)

　Will you marry me?　**cf.** *get married to* …와 결혼하다

❿ reach (at ✕) 장소

　We have reached the island.

⓫ resemble (with ✕)

　This animal resembles that one. (= take after)

⓬ resent (about ✕) : …에 대해 분개하다, …을 괘씸하게 생각하다

　I resent his being too arrogant. 그의 건방진 행동에 대해 몹시 기분 나쁘게 생각한다.

⓭ survive (from ✕)

　Fortunately, all of them survived the accident. (survive …에서 살아남다)
　The woman survived her husband. (survive = outlive = live longer than …보다 오래 살다)

⓮ win (in ✕) : …에서 이기다 (p. 50 참조)

　We won the game.
　The country finally won a gold medal at the Olympics.

◯ 타동사 → 자동사

타동사뿐만 아니라 개념이 비슷한 자동사로도 많이 사용되는 동사의 예는 다음과 같다.

❶ dress, change

기존 문법책에서는 타동사로만 설명되어 있으나 실제 회화에서는 자동사로 많이 사용된다.

　vt : She dressed herself with care.　=　vi : She dressed with care.
　vt : She dressed him with care.　(*A Student's Grammar of the English Language, p.116*)

vt	vi
Go get dressed.	Let me go dress.
She's dressed up.	She likes to dress up. (dress up 정장하다)
Go get changed.	Let me go change. (change 옷을 갈아입다)

❷ engage

✚ 기존 영문법책에서는 engage oneself in = be engaged in(…에 종사하다, 전념하다)이라고만 설명하고 있어서 vi 형태를 틀렸다고 생각하는 사람들이 많다. 그러나 실제로 '…에 참여하다, 착수하다'의 뜻으로는 vi 형태인 engage in을 빈도 높게 사용하며, vt의 수동태형인 be engaged in은 '… 때문에 바쁘게 시간을 보내다, 전념하다'의 뜻으로 쓰인다.

ex. Improbably and thanks to U.S. diplomacy, North Korea apologized – and now South Korea remains reluctant, insisting that the North **engage in** face-to-face diplomacy.
(The Washington Post: Feb. 9, 1997)

Politicians should not **engage in** business affairs that might affect their political judgment.
(Longman Dictionary of English Language and Culture)

The company **is engaged in** a legal dispute with one of its suppliers.
(Longman Dictionary of English Language and Culture)

❸ gather

vt : We're gathered here to commemorate... 우리는 …을 기념하기 위해서 여기에 모였습니다. (격식을 갖춘 표현)

vi : The 1,200 members gather for their annual meeting. (일반적인 표현)

❹ head

타동사로서 '이끌다, 향하게 하다'의 뜻 외에도 자동사로 '향하다'의 뜻이 있다.

vt : Where are you headed (for)? 어디로 향하십니까?

vi : Where are you haeding (for)?

❺ hurt

vt : I'm hurt. 마음에 상처를 받았다. (마음)
vi : It hurts. 마음이 아파. (마음)

vt : I'm fine. I'm not hurt. 다치지 않았어. (육체)
vi : Where does it hurt? 어디가 아프니? (육체)

❻ starve

be starved to death라는 숙어만 잘 알려져 있어서 starve를 타동사로만 알고 있으나, '배고파 죽겠다'는 표현은 자동사로 I'm starving.이라고 한다.

vt : 아사시키다
be starved to death 아사하다
vi : 매우 배고프다

I'm starving. = I'm famished. 배고프다. (I'm starved.(×))

❼ turn

vt : We can turn water into ice at 0°C. (turn A into B A를 B로 변화시키다)

vi : Water turns into ice at 0°C. (turn into A A로 변하다)

❽ win

vt :

…에서 이기다
win a game[war] 경기[전쟁]에서 이기다   win an election 선거에서 승리하다

…을 차지하다, …을 따다
win first[second/third] place 1등[2등/3등]을 차지하다
win a prize 상을 타다 **(cf. 등수를 의미할 때 부정관사를 생략한다.)**
win a gold[silver/bronze] medal 금[은/동]메달을 따다

…을 얻다 (추상적 개념)
win one's heart …의 마음을 사로잡다   win one's love …의 사랑을 차지하다
win one's favor …의 동의를 얻다   win a seat in congress 의원의 지위를 얻다

vi : 이기다
win at cards[tennis] 카드[테니스 경기]에서 이기다

❾ worry

vt : 걱정시키다
I'm worried about it. (자신이 걱정한다고 할 때는 보통 수동태로 표현함)
I worry about it. (×)

vi : 걱정하다
Don't worry. (상대방에게 걱정하지 말라고 위로할 때는 보통 자동사로 표현함)

✪ 자동사 → 타동사

자동사로만 알기 쉬우나 개념이 비슷한 타동사로도 많이 사용되는 동사의 예는 다음과 같다.

❶ fly

vi : 날다
I flew to New York. 나는 뉴욕으로 날아갔다. (I went to New York by plane.보다 자연스러운 표현)

vt : 날리다
I flew a kite. 연을 날렸다.

❷ consult

vi : 상담하다
consult with an expert 전문가와 상담하다

vt : 진찰을 받다
consult a doctor 의사의 진찰을 받다 (구어체에서는 see a doctor를 사용함)

> **Tip** **a doctor consults a patient (×)**
> consult를 '진찰하다'라고 기계적으로 잘못 외우기 쉬운데, '의사의 진찰을 받다'란 의미이므로 a doctor consults a patient(×)라는 말은 없다. (doctor를 주어로 하려면 a doctor counsels a patient라고 함) consult a doctor가 하나의 의미 단락이므로 한꺼번에 기억해야 한다.

❸ **fail**

vi : 실패하다
I tried hard, but I failed.
My grandmother never fails to phone me on my birthday. (never fail to do 반드시 …하다)

vt : 실패하다, 저버리다
I failed my driving test. (현대 영어에서는 fail in the test(×)라고 하지 않음)
His friends failed him when he most needed them. (fail = desert)
When I think of all this waste, words fail me. 이 모든 쓰레기들을 생각하면 말이 나오지 않는다.

❹ **fight**

✚ 기존 영문법책에서는 for/against의 대조를 보이는 표현으로서 fight for[against]를 많이 제시하기 때문에, 학생들은 fight하면 fight for와 fight against로만 쓰인다고 알고 실제 영어에서 fight가 vt로 나오면 이상하게 생각하는 경우가 많다.
실제로, '…에 대항해서 싸우다'의 뜻일 때에는 fight[protest] against보다는 보통 vt로 쓰이며, '…을 위해 싸우다'의 뜻일 때는 vi로 쓰여서 fight for의 표현을 쓴다.

The labor union is determined to fight[protest] new legislation.
cf. *Stop fighting with your brother.* (fight with …와 싸우다)

❺ **pay**

vi : …을 사기 위해 돈을 지불하다
pay for sth …을 위해 돈을 지불하다

vt : (청구서, 계산서)에 따라 지불하다
pay the bill 청구서[계산서]에 따라 지불하다 (bill을 사는 것이 아니므로 pay for the bill(×)이란 표현은 말이 되지 않는다.)

❻ **search**

vi : 찾다
search for sth/sb …을 찾다
vt : …을 수색하다
search the house 집을 수색하다

❼ **sit** 아기나 집 등을 봐주다
baby-sitting 아기 봐주기   baby-sitter 아기 봐주는 사람
house-sitting 집 봐주기   house-sitter 집 봐주는 사람

❽ **walk** (사람을) 안내하고 다니다, (같이 걸어서) 바래다 주다, (말 따위를) 걷게 하다
Why don't I walk you to the station?
Let me walk you home. 집까지 바래다 드리지요.
cf. *Let me take[drive] you home.* 집까지 바래다 드리지요. / 차로 모셔다 드리지요.
He always walks his dog in the park. 그는 항상 공원에서 강아지를 데리고 걷는다.

❾ **work** '일하다' 외의 중요한 뜻
vi : 작동되다, 효험이 있다, 잘되다, 운영되다
This machine is not working properly. 이 기계가 잘 작동하지 않습니다.
I took this medicine, but it didn't work. 이 약을 먹었는데 효험이 없었다.
Is it going to work? 잘 작동될까? / 잘 될까?
Do you know how the banking system works? 은행 시스템이 어떻게 운영되는지 아십니까?

vt : 작동하다, 효과를 나타내다
I don't know how to work this machine. (work = operate)
This medicine works wonders/miracles. (work wonders[miracles] 놀라운[기적같은] 효과가 있다)

◎ 타동사 의미 ≠ 자동사 의미

타동사로 쓰일 때와 자동사로 쓰일 때 의미의 차이가 있는 동사의 예는 다음과 같다.

❶ **become** 어울리다(= befit 격식 있는 말)
Sarcasm doesn't become you. 비꼬는 말투는 너에게 어울리지 않는다.
This sort of behavior hardly becomes a person in your position.

❷ **run의 다양한 의미**
run은 자동사 '뛰다' 이외에 다음과 같은 중요한 뜻을 가지고 있다. 거듭 강조하지만, 기본 동사들의 여러 가지 의미에 대한 철저한 이해와 습득이 영어 의사소통 능력을 배양하는 데 가장 중요하다.
vi :
작동되다
This machine is running smoothly.

운영되다
The company runs better than last year.

진행되다
The meeting ran late. 회의가 늦게까지 진행되었다.

운행되다
The buses run ten times a day.

(길, 강 등이) 뻗어 있다
The highway runs through the town.

(추상적) 뻗어나다, 이어지다
Runs in the family. 집안 내력이구나.

생각이 떠오르다
The memories keep running through my mind.

vt :

작동하다(= operate)
I don't know how to run this machine.

운영하다(= manage)
run a company 회사를 운영하다   a state-run company 국영기업

(회의, 수업 등을) 진행하다(= chair, conduct)
run a meeting[class]

(말, 차 등을) 달리게 하다, 운행시키다
run a bus

(열이) 나다
run a fever

발표하다 (언론 상황)
run a story 기사를 보도하다

❸ play

vi : 놀다
play with a doll[computer] 인형을[컴퓨터를] 가지고 놀다
play outside 밖에서 놀다 cf. *play house* 소꿉놀이 하다
play sick 꾀병을 부리다

vt : (구기 종목의 경기를) 하다, (악기를) 연주하다
play soccer/football/baseball (swimming, skiing, boxing, wrestling, judo 등 비구기 경기는 제외된다. 비구기 종목으로 -ing로 끝나는 단어는 주로 동사 go와 함께 표현한다. go swimming/skiing/bowling/fishing/hunting 또한 비구기 종목 중 두 명이 힘을 겨루는 종목은 보통 동사 do와 함께 사용된다. do boxing/wrestling/judo/taekwondo)

play the piano/violin/guitar 피아노/바이올린/기타를 연주하다
play Hamlet 햄릿 역을 하다
play a record 레코드를 틀다
play devil's advocate (토론 전개의 목적상) 반대를 위한 반대 입장을 취하다
play a joke[trick] on …에게 장난을 치다

❹ stand

stand에는 '참다(= tolerate)'의 뜻이 있고 stand up에는 '바람맞히다'의 뜻이 있다.

I can't stand it any more.　　　　　He stood me up.

❺ work out (말이나 글에서 사용 빈도가 매우 높은 숙어)

vi :

일이 잘 되어가다
Is it going to work out? - Yes. Everything's going to work out fine.

운동을 하다(= exercise)
How can you keep in such good shape? - I work out a lot.

vt :

강구해내다, 생각해내다(= come up with)
work out a solution[plan/policy/strategy]　해결책[계획/정책/전략]을 강구하다

해결하다(= solve)
work out a problem　문제를 해결하다
We'll have to work it[this] out.　(work it[this] out은 항상 연음함)

work out은 '(문제를) 해결하다'와 '(해결책을) 강구하다'에서 볼 수 있듯이 문제와 해결을 모두 목적어로 취하는 재미있는 동사 숙어이다.

◎ 기타 중요 타동사/자동사＋전치사

❶ look (at/for/to/on)

look 다음에 전치사 at이나 for만 따르는 것이 아니라 다음과 같은 표현도 많이 사용된다.

vt :
Look who's here!　아니, 이게 누군가!
He looked me in the face.　그는 내 얼굴을 정면으로 응시했다.

vi :
Let's look to the future.　미래에 대한 꿈을 갖자. / 기대하자.
look up words in the dictionary ＝ refer to the dictionary　사전을 찾아보다
Try to look on the bright side of things.　긍정적으로 생각하도록 노력해라.
cf. *look on the dark side of things*　부정적으로 생각하다

He looked the other way.　(look the other way 눈을 돌리다, 무시하다)

> **Tip**　우리나라 영한사전에 나오는 어색한 예문
>
> 기존 영문법책에 나오는 다음 예문은 비록 사전에 나오기는 하지만, 어색한 표현이므로 잘 쓰지 않는다.
>
> He looked me out of countenance. (?)　그는 나를 뚫어지게 보아 당황케 했다.
> She looked him to shame. (?)　그녀는 그를 노려보아 무안케 했다.

❷ **reach (for)**

보통 reach는 vt로서 전치사가 필요 없다고만 알고 있는데, 어느 방향을 지향한다는 의미로는 전치사 for를 사용한다.

reach for the ceiling 천장을 향해 팔[손]을 뻗다 (구체적 개념)
reach (out) for the sky 하늘을 향해 꿈을 펼치다 (추상적 개념)
reach for the stars 이상[꿈]을 펼치다, 최선을 다하다 (reach for the sky와 비슷한 의미)

❸ **listen for/in**

listen은 전치사 to 외에도 for나 in을 취하기도 한다.

listen for …을 기대하고 귀를 기울이다
listen in (라디오 등을) 청취하다
listen in on = eavesdrop = wire-tap = bug
listen in on a telephone conversation 전화 대화를 도청하다

❹ **help sb with sth** …에게 ~을 도와주다

help는 사물을 직접목적어로 사용할 수 없으며, 사람을 직접목적어로 취한다.

Could you help me with my homework? (help my homework(×)라는 표현은 없음)
Is there anything I can help you with? 도와드릴 일이 없을까요?

*cf. appreciate*이 '감사하다'의 뜻으로 쓰일 때는 사람을 직접목적어로 취할 수 없으며, 사물/개념을 직접목적어로 취한다. (p. 461 참조)

I appreciate it[your help].

❺ **work on** 열심히 하다

A : **What are you working on?** 뭘 그렇게 열심히 하세요?
B : **I'm working on a new book.** 새 책을 쓰고 있습니다.

A : **How is the repair job going?** 수선하는 일 어떻게 되고 있습니까?
B : **I'm still working on it.** 아직 열심히 하고 있습니다.

◯ put을 활용한 타동사 구문

✚ put은 여러 자동사(come, go, get, be) 구문을 타동사 구문으로 간단히 바꿀 수 있어서 회화에서 매우 요긴한 동사이다.

vi : …하다 (come/go/get/be) → vt : …하게 하다 (put sb...)

❶ **go to bed** 잠자다 → **put sb to bed** 잠 재우다

Put them to bed.

❷ **get on the bus/train** 버스/기차에 타다 → **put sb on the bus/train** 버스/기차에 태우다

Put them on the bus.

❸ **go through** 겪다 → **put sb through** 겪게 하다

I know what you've been going through.
나는 네가 겪고 있는 것을 알아. / 네가 얼마나 어려운 상황인지 알아.

I don't want to put you through what I've gone through.
내가 겪은 일을 너에게 겪게 하고 싶지 않다.

❹ **get together** 모이다 → **put sth together** 모으다

Let's get together some time this week.
Put the pieces together. (= assemble 조립하다)

❺ **A comes before B** A가 B보다 중요하다 → **put A before B** A를 B보다 중요시하다

She always puts money before everything else.

❻ **feel down** 우울한 느낌이다 → **put sb down** 낙담시키다

I'm feelng down.
Don't put yourself down.

❼ **be under pressure** 스트레스 받다 → **put sb under pressure** 스트레스 받게 하다

The course is putting me under a lot of pressure.

❽ **be on the waiting list** 대기자 명단에 있다
→ **put sb on the waiting list** 대기자 명단에 올리다

Put me on the waiting list.

❾ **come to a stop** 끝이 나다 → **put a stop to sth** …을 끝장내다

I'll put a stop to this once and for all.

❿ **come into use** 쓰이게 되다 → **put sth into use** …을 사용하도록 하다

Why don't we put the new machine into use?

⓫ **be behind the wheel** 운전대 뒤에 있다, 운전하다
→ **put sb behind the wheel** 운전하게 하다

Don't put yourself behind the wheel when you are drunk.

⓬ **be behind bars** 창살 뒤에 있다, 감옥에 갇히다 → **put sb behind bars** …를 투옥시키다

The prosecutor finally put the criminal behind bars.

⓭ **be in one's place[shoes]** …의 입장이다
→ **put oneself in another's place[shoes]** …의 입장이 되어 보다

Put yourself in my place/shoes. 제 입장도 생각해 보세요. (언쟁할 때)

⓮ **be in charge of** …을 책임지다 → **put sb in charge of** …를 책임자 자리에 앉히다

I'm thinking of putting him in charge of the sales department.

⓯ be in jail 수감 생활하다 → put sb in jail 투옥시키다

The president's anti-corruption drive put predecessors Chun and Roh into jail.

⓰ be aside from the question 문제가 되지 않다 → put sth aside 문제시하지 않다
   ex. *According to all available indications, famine is stalking North Korea. For political reasons, the United States thus far is reluctant to feed the hungry. It should **put** those politics **aside** and offer help.* (The Washington Post: Feb. 9, 1997)

⓱ be under surveillance 감시받다 → put sth under surveillance 감시받게 하다
   ex. *They have decided to **put** Scientology under federal **surveillance** and concluded there is no evidence that the church has committed criminal acts.* (Time: Feb. 10, 1977) (scientology 독일에서 시작된 사이비 종교)

• • • SVC : 보어가 필요한 자동사(Copula: 불완전 자동사; 계사)

I am hungry.처럼 주어와 주어의 보어를 연결해 주는, 즉 S=C의 관계성을 나타내는 동사로서 가장 대표적인 동사가 be동사이다. 그런데 be/become 동사 외에도 이런 류의 동사가 많이 있는데 반해, 우리말에는 정확히 대구가 되는 어휘가 없어서 잘 생각나질 않아서 SVC문형을 활용하기가 어렵다는 문제가 있다. 다음에 제시하는 동사들은 SVC문형을 취하는 동사들로서, 동사와 수식어가 관용표현으로 연결되어 사용되므로 숙어처럼 기억하고 활용하는 것이 좋다.

◯ 상태 유지 : remain, stay, keep, lie, stand 등

❶ remain : (여전히) …하다, …이다

   He remained silent/calm/seated/single.
   You have the right to remain silent. 묵비권을 행사할 수 있다.
   cf. *remain to be p.p.*   …되어야 하다 (문어체)
       It remains to be seen.   결과를 두고 봐야 한다.

   remain problematic as to : …에 관해 논란이 많다
   It remains problematic as to who is in charge of the program.

❷ stay : (계속) …한 상태이다

   I stayed awake all night.
   Stay put!   여기 가만히 있어!
   Stay tuned. = Stick around. = Don't go away. We'll be right back.
   주파수를 맞춘 상태에서 있어라. / 채널 바꾸지 마십시오. (광고 나가기 전에 MC가 하는 상투적인 표현이다.)

❸ keep : (계속) …한 상태이다(= stay)

   You should keep healthy. = You should keep in shape.   건강을 유지해라.

❹ lie : …한 상태로 누워[놓여] 있다

   He lay dead on the floor.   그는 마루에 죽어 있었다.
   A great challenge lies ahead in the future.   큰 도전이 미래에 놓여 있다.

❺ **stand** : …한 상태로 서 있다, 높이가 …이다

   The house stands undisturbed on the hill.　(stand undisturbed 목적인 분위기를 표현함)
   The wall stands 10 feet tall.　그 담은 10피트 높이이다.

❻ **run** : …한 상태로 계속 (진행)되다, 흐르다

   That container was running dry.　컨테이너가 마르고 있었다.
   Inflation has been running extremely high.　인플레가 치솟고 있다.
   Still waters run deep.　조용한 물은 깊이 흐른다. (격언)
   cf. *Empty vessels make the greatest sound.*　빈수레가 요란하다.

❼ **drop** : 떨어져[쓰러져] …하게 되다

   The beggar dropped dead on the street.　(drop dead 급사하다)

❽ **hold** : …한 상태를 유지하다

   The contract still holds good.　계약은 아직도 유효하다 (hold good = be valid)

❾ **constitute** : …을 구성하다, …이다 (문어체)

   Their attitude constitutes a direct challenge to the president's authority.

○ **변화** : **get, go, grow, turn, fall**

❶ **get** : '…하게 하다'의 가장 일반적인 표현

   Let's get ready for the race.
   On your mark. Get set. Go!　출발선에 서세요. 준비하고, 출발!

❷ **go** : …하게 되다

   He went hungry[naked/crazy/broke/out of business].
   (go out of business = go bankrupt)
   The doctor's warning went unheeded.　의사의 경고는 무시된 채 지나갔다. (무시되었다.)
   A good deed never goes unpaid.　좋은 행위에는 반드시 보답이 따른다.

❸ **grow** : 점점 …하게 되다 (비교급과 자주 같이 쓰임)

   As you grow older, you become wiser.　사람은 나이가 듦에 따라 더 지혜로워진다.
   His heart grew heavy at the gloomy news.　그 침울한 소식에 마음이 무거워졌다.

   ex. *Nobody **grows old** by merely living a number of years. People **grow old** only by deserting their ideals. Years may wrinkle the skin, but to give up interest wrinkles the soul.*　(Douglas MacArthur)

❹ **turn** : 막 나이가 …세가 되다, (색깔 또는 상태가) …로 변하다

   I just turned 30.　나는 막 서른이 되었다.
   The leaves turn red.　나뭇잎이 붉게 물들었다.
   His hair turned grey.　그는 백발이 되었다.

He turned red with anger. 그는 화가 나서 얼굴이 붉어졌다.

기존 영문법책을 보면 같은 의미로 He went red with anger.란 문장이 있는데 여기서는 go가 아니라 turn을 써야 올바른 표현임을 알아두자.

The milk in this bottle turned sour. (turn sour 시게 되다)

ex. Rangoon **turns tense** as youthful protesters hold Burma's first big street rallies in eight years and the generals try to keep Aung San Suu Kyi away from the action. *(Time: Dec. 16, 1996)*

❺ fall : …하게 되어 버리다

She fell asleep. (fall asleep 잠들다)
She fell in love with him. 그녀는 그와 사랑에 빠졌다.
The organization is falling apart. 그 조직은 산산조각 나고 있다.
fall short (of) (…에) 못미치다; 부족하다 **cf.** *run out of* 다 써 버리다
He fell short of the mark[base/line/target]. 그는 목표에 못미쳤다.
She fell short of our expectations. 그녀는 기대에 못미쳤다.
She fell short on qualifications[ability]. 그녀는 능력이 부족했다.

감각 : seem, look, sound, feel, taste, smell

5가지 감각기관에 관련된 동사는 모두 이런 류의 동사이다.

❶ seem, appear : …처럼 보이다

He seems[appears] quite old.
I just can't seem to concentrate. 단지 집중이 잘 안되는 것 같아.

❷ look : 모습이 …하다

You look upset. 당신은 화난 것 같습니다.
It looks good on you. 그것은 당신에게 잘 어울립니다.

❸ sound : 말투가 …하다

You sound bitter. 당신 말투는 적개심이 가득 차 있는 것 같군요.
How does… sound to you? …가 어떻겠습니까? (제안하는 표현으로 좋다고 대답할 때는: Sounds good to me. / Fine with me.)

❹ feel : 느낌이 …하다 (감촉, 추상적인 개념)

The cloth feels very soft. 천 감촉이 매우 부드럽습니다.
This deal doesn't feel right. 이 거래는 올바른 것 같지 않다.
(It) Feels strange being all alone. 홀로 있으니 기분이 이상하다. (It = being all alone)

❺ taste : 맛이 …하다

This ice cream tastes great.

❻ **smell** : 냄새가 …하다 (후각, 추상적인 개념)

This food smells good[funny].

This deal smells fishy. (fishy = suspicious)

cf. 감각동사+like+명사 : 사용 빈도가 높은 구문으로 like 다음에 명사가 올 수도 있고 구어체에서는 like를 접속사로 사용하여 절이 올 수도 있다. (p. 200 참조)
   (It) Seems like only yesterday. 마치 어제 같다.
   (It) Looks like rain. 비가 올 것 같다.
   (It) Sounds like fun. 재미있을 것 같다.
   (It) Feels like satin. 비단 같은 느낌이다. (satin[sǽtən] 비단 cf. Satan[séitən] 사탄)
   (It) Tastes like garlic. 마늘 맛이 난다.
   (It) Smells like toothpaste. 치약 냄새가 난다.

ex. When history delivers something that **looks like** a miracle (the fall of the Berlin Wall, for example, or the collapse of Soviet communism), the mind experiences a kind of electricity, the thrill of beginning, of seeing a new world. That was what it **felt like** last week to watch South Africa. Here was a spectacle of true transformation.
(what it feels like to …처럼 느껴지는 것, it = to 이하) (Time: May 9, 1994)

◯ 관용적 표현

❶ **come true** : 실현되다

My dream came true after all.

참고로, come true는 vi로서 come true my dream(×)과 같이 vt로 쓰는 표현은 없으며 '실현시키다' 란 의미의 vt는 realize이다.

❷ **make + 보어** : …가 되다

I bet you'll make a good teacher. (I bet = I'm sure)

✚ 회화에서 많이 사용하므로 잘 알아두자.

❸ **prove (to be)** : …로 판명나다

The rumor proved to be false/true.

❹ **die/marry** : … 상태에서 죽다/결혼하다

The genius died young. = The genius was young when he died.
The woman married young.

❺ **read** : …라고 적혀/쓰여 있다 (p. 170 참조)

The sign reads, "Danger!"
His letter reads as follows: 그의 편지에는 다음과 같이 쓰여 있다.

SVA/SVOA : 부사어가 필수적인 동사

필수 성분의 역할을 하는 부사구는 주로 장소나 방향 등의 공간적인 개념을 의미한다. *(A Student's Grammar of the English Language p.206)*

○ SVA

주어의 보어 역할을 하는 부사구(subject-oriented adverbial)가 반드시 있어야 의미가 통하는 동사들의 예는 다음과 같다.

I'm. (?) → I'm **home**. 집에 왔습니다.
I stayed. (?) → I stayed **in bed**.
She stood. (?) → She stood **up**.
She sat. (?) → She sat **down**.
He is. (?) → He's **without a job**.

○ SVOA

목적어의 보어 역할을 하는 부사구(object-oriented adverbial)가 반드시 있어야 의미가 통하는 동사의 예는 다음과 같다.

She put her children. (?) → She put her children **to bed**. 그녀는 아이들을 재웠다.
He put his bag. (?) → He put his bag **on the desk**.
My mother kept me. (?) → My mother kept me **in bed**.
We kept him. (?) → We kept him **off cigarettes**.
They treated me. (?) → They treated me **kindly**.

SVOO : 2개의 목적어를 취하는 동사

I gave him some money.에서 give 동사는 '…에게(간접목적어: O_I = Indirect Object) …을(직접목적어: O_D = Direct Object)' 주는 행위를 묘사하는 소위 수여동사라고 불리는 동사로서 SVO_IO_D의 구문을 취한다. 이 구문에서는 대부분 간접목적어와 직접목적어의 위치가 바뀔 수 있으며 이때 고유한 전치사가 사용되는 데 유의해야 한다. 다시 말하지만, 동사 목록과 상응하는 전치사를 기계적으로 외우는 것은 지양해야 하며 문장을 익힘으로써 동사와 함께 다니는 전치사 구문을 습득하는 것이 효과적이다.

○ 직접목적어 + 전치사 + 간접목적어

● to : give류 동사 tell, lend, show, pay, teach, offer, etc.

Let me give you the book. ↔ Let me give the book to you.
He offered me a good price. ↔ He offered a good price to me.
I owe you many thanks. ↔ I owe many thanks to you. 신세 많이 졌습니다.
I owe you an apology. 사과를 해야겠습니다.
= You deserve my apology. (사용 빈도가 낮은 표현)
How much do I owe you? 얼마를 드려야 하지요? (가게에서 물건값을 지불할 때 값을 묻는 표현)

❷ **for : buy류 동사 make, get, find** (p. 63 '이중의 의미가 있는 동사' 참조)

I'll buy you the book. ↔ I'll buy the book for you.
I'll get you some medicine. ↔ I'll get some medicine for you.
I found her a good partner. ↔ I found a good partner for her.

❸ **of : ask**

Let me ask you a favor. ↔ Let me ask a favor of you.

○ 간접·직접목적어의 위치가 변하지 않는 동사

SVO_1O_D 문형에서 간접·직접목적어의 위치를 바꿀 수 없는 구문이 있는데 이런 구문의 주요 동사는 다음과 같다.

❶ **cost A B** : A에게 B의 대가나 희생을 요구하다 (물주구문)

It cost me a lot of money to fix my car.

❷ **save A B** : A로 하여금 B를 절약시켜 주다 (물주구문)

That will save you a lot of time, money, and energy.

✚ 기존 영문법책에는 envy, excuse, save, forgive, cost 등은 두 개의 직접목적어를 취하는 동사(수여동사라 명명)로, 이때의 두 목적어는 전치사를 사용하여 순서를 바꿀 수 없다고 설명하고 있다. 그러나 *A Student's Grammar of the English Language*의 p. 345에서는 다음과 같이 설명하고 있다.

> A few other verbs(eg: envy, excuse, forgive) have a prepositional object (introduced by for) that is equivalent to the direct object:
> Matthew envied me my video-recorder. → Matthew envied me for my video-recorder.

또한 실제로 현대영어에서 원어민들도 envy의 경우 envy sb sth의 구조는 어색한 표현이라고 생각하며 envy sth 또는 envy sb for sth의 구문을 더 즐겨 쓴다.

I envy you your good fortune. (?) → I envy your good fortune.
All my friends envy me my trip to Hawaii. (?) → All my friends envy my trip to Hawaii.
cf. *I envy you.* 네가 부럽다. (관용표현으로 반드시 직접목적어를 쓰는 것은 아님)

forgive나 excuse의 경우에도 마찬가지로, sb sth의 구조보다는 for를 삽입하여 sb for sth이라고 하든지 아니면 간단히 sth만을 취하는 구문을 사용한다.

Please forgive[excuse] me my rude behavior. (?)
→ Please forgive[excuse] me for my rude behavior.
→ Please forgive[excuse] my rude behavior.

단, cost, save는 sb sth의 구문을 취한다. 즉, It cost me $100 to buy this machine.이나 That will save me a lot of trouble.은 자연스러운 구문이다.

> **Tip be denied... : …을 받지 못하다**
>
> refuse to give or allow(주지 않다)의 뜻으로 자주 사용되는 고급 표현이다.
>
> It's a shame that our students'll be denied the quality education you've given them.
> 당신이 베푼 좋은 교육을 앞으로 학생들이 받지 못하게 되어 참 아쉽습니다. (선생이 떠날 때 아쉬워하는 말임)
> I was denied the chance of going to the university when my father went out of business.
> ('…를 얻지 못했다'의 뜻으로 보통 수동태로 표현함)

◯ 이중의 의미가 있는 동사 : find

✚ 기존 영문법 참고서에는 find가 수여동사의 의미로 쓰이는 중요한 용법에 대해 언급하지 않고 있는데, find는 간접목적어와 직접목적어를 취하는 동사로 자주 사용된다.

Let me find you another (piece of) candy.(다른 사탕 하나 찾아 줄게.)를 Let me find your another candy.(×)라고 이해하면 안 된다. 소유격과 another 같은 한정사는 함께 사용할 수 없으므로(p. 257 '이중소유격' 참조) your another는 틀린 표현이며, 만일 '너의 사탕 중에 다른 것'을 의미한다면 another candy of yours로 표현해야 한다. 따라서 I found her a good partner.는 애매모호한 (ambiguous) 문장으로 다음과 같은 두 가지 뜻으로 해석이 가능하다.

❶ 「목적어+목적보어」를 취하는 find로서의 의미

  I found her (to be) a good partner. = I found that she was a good partner.

❷ 2개의 목적어를 취하는 find로서의 의미

  I found a good partner for her.

> **Tip find와 find out의 차이**
>
> find : (사물을) 발견하다 – 공간적인 개념이다.
>   Finally I found my bag.
>   …라고 생각하다 – 견해를 피력할 때 매우 많이 사용하는 표현이다.
>   I find it interesting to learn how to use my computer.
>
> find out : (사실, 정보를) 알게 되다, 알아내다
>   How did you find out about that? 그거 어떻게 알게 됐어요?
>   숙어적인 표현으로서 한 문장이 하나의 의미 단락이며 한 단어처럼 발음한다. '…에 대해 알아내다'를 뜻하는 find out 다음에는 반드시 about이 오며, find out about은 한 단어처럼 항상 연음한다.

••• SVO + to + O : 수여동사로 착각하기 쉬운 타동사

동사의 성격상 SVO_IO_D의 구문을 취하지 못하고 SVO_D+to+O_I(직접목적어+to+간접목적어) 형태만 취하는 동사는 introduce, explain, announce, admit, state, indicate, suggest 등이다. 이 동사들도 의미 있는 문장을 기억함으로써 특수한 구문을 습득하는 것이 현명하다.

Why don't you introduce our audience yourself? (×)
→ Why don't you introduce yourself to our audience? (○)
Let me introduce you myself. (×) → Let me introduce myself (to you). (보통은 to you를 생략함)
He suggested us a good plan. (×) → He suggested a good plan to us. (○)

✚ 직접목적어가 대명사일 때 직접목적어를 간접목적어 뒤에 쓰면 틀린 문장이 된다.

Give this to him. (○)　Give him this. (×)
When did you lend it to her? (○)　When did you lend her it? (×)

••• SVOC : 목적보어가 필요한 타동사

◐ 목적보어가 필요한 일반동사

That made me happy.처럼 목적어와 목적보어를 연결해 주는, 즉 O = C의 관계성을 나타내는 SVOC 구문을 취하는 동사들이 있다. 이런 동사들은 이해하기가 그다지 어렵지 않지만 아래의 예와 같이 우리말의 의미가 쉽게 SVOC로 떠오르지 않는 동사들이 있으므로 동사와 목적보어를 연결하여 기억하지 않으면 회화에서 활용하기 어려운 구문이다. 또한, 앞에서 설명한 대로 I found her a good partner.처럼 SVOO인지 SVOC인지 애매한 문장이 있으므로 의미 파악에 주의해야 한다.

❶ **leave** : …해 놓다, …한 상태로 내버려두다

Who left the gas on?　누가 가스 켜 놨어?
Please leave the door open.　문을 열어 놓으세요.
Leave me alone. = Let me alone.　날 내버려둬요.
We left no stone unturned.　뒤집어 놓지 않은 돌이 없다. (모든 수단을 총 동원했다.)
= No stone was left unturned.
Leave well enough alone. = Play it safe. = Don't ask for trouble.　긁어 부스럼 내지 말라. (격언)
leave them on　신고/쓰고/입고 있는 상태로 놔두다

　　ex. When a woman shakes hands with a man, should she take off her gloves or **leave them on**? - A woman does not remove her gloves when she shakes hands. They are considered part of her costume, the same as her hat.　(Dear Ann Landers)

✚ **leave... on/off**　'누가 가스 켜 놨어?'를 막상 영어로 말하려면 쉽지 않을 것이다. '놓다'의 과거 의미 '놨어?'니까 put이란 동사를 써야 하냐라고 생각하면 참으로 영어회화가 막막해진다. '…해 놓다(…한 상태로 놓다)'는 개념을 영어로 표현하려면 반드시 leave란 동사를 활용해야 하는데, 이런 표현들을 관용표현으로 한꺼번에 기억하지 않으면 영어는 정복하기 어렵다.

❷ **keep** : 계속 …해 놓다, …한 상태로 유지하다 (계속의 뜻이 강함)

Keep it locked all the time.　항상 잠궈 놓으세요.
Keep it simple.

❸ **find** : …라고 생각하다

'…을 …라고 생각하다' 라고 자신의 의견을 피력하는 상황에서는 반드시 사용하게 되는 매우 요긴한 동사가 find이다.

I find the book quite interesting.
또한 find는 격식을 차린 문어체에서도 많이 사용된다.

ex. *We, the jury in the above entitled action,* ***find*** *the defendant, Orenthal James Simpson, not guilty of the crime of murder...* *(Time: Oct. 16, 1995) (find sb not guilty of...* (배심원들의 판결) ⋯의 혐의에 대해 무죄로 생각하다)

❹ make : ⋯하게 하다, ⋯한 상태를 만들다

They managed to make him the president.

❺ make : ~ 때문에 ⋯하게 되다 (p.68 '물주구문의 기본 동사' 참조)

That should make things a lot easier. 그렇게 하면 일이 훨씬 쉬워지겠는데.

❻ bring : ~ 때문에 ⋯로 오게 되다

What has brought you here? 어쩐 일로 오셨습니까?

❼ get : ⋯한 상태로 하다

You got me wrong. 날 오해했습니다.
Don't get me wrong. 날 오해하지 마세요.

> **Tip** KISS
>
> KISS는 컴퓨터 프로그램을 짤 때나 글을 쓸 때 지켜야할 점으로서 Keep it short and simple!(짧고 간단히 할 것!)의 머리글자를 따서 만든 약어(acronym)이다. 길고 복잡하게 글을 쓰는 것은 바람직하지 않으므로 단순하고 쉽게 쓰고 계속 그렇게 유지하라는 재미있는 약어이다.

◎ SVOC와 SVCO

영어에서는 길면 뒤로 보내는 경향이 있다. 목적어가 길 때는 보어와 위치를 바꿔서 SVOC가 SVCO의 구문이 되는데, 글을 보거나 말을 듣는 순간 쉽게 이해가 되지 않으므로 주의해야 하는 구문이다.

❶ make Long-Obj possible → make possible Long-Obj

Her donation has made the long-awaited construction of the annex building possible. (?)
(문장 중간의 긴 목적어 the long-waited... building 때문에 어색한 문장)

→ Her donation has made possible the long-awaited construction of the annex building. (○)

❷ leave Long-Obj behind → leave behind Long-Obj

He left his hometown he loved so dearly behind. (?)
(문장 중간의 긴 목적어 his... dearly 때문에 어색한 문장)

→ He left behind his hometown he loved so dearly. (○)

ex. South Korea's rapid growth in industry has **left behind** an ecological nightmare, like this mountain of industrial waste adjacent to a schoolyard. *(Time: June 26, 1995)*

left an ecological nightmare... behind (?) → left behind an ecological nightmare... (○)

❸ tear Long-Obj open → tear open Long-Obj

She tore that letter she awaited for such a long time open. (?)

(문장 중간의 긴 목적어 that... time 때문에 어색한 문장)

→ She tore open that letter she awaited for such a long time. (○)

❹ add Long-Obj to... → add to... Long-Obj

ex. In the past century, without much thought about the consequences, we have removed billions of tons of living creatures from the sea and **added to** it billions of tons of toxic substances. *(Time: Oct. 28, 1996)*

added billions of tons of toxic substances to it (?) 긴 목적어를 뒤로 보내면

→ *added to it billions of tons of toxic substances. (○)*

◯ SVOC 관용적 표현의 예

I drink coffee black. = I take my coffee black. 크림을 타지 않고 커피를 마신다.
They painted the house white. 집을 하얗게 칠했다.
I pulled the string tight. 줄을 탄탄하게 잡아당겼다.
They threw[flung] the door open. 문을 활짝 열어 제쳤다.
All men[people] are created equal. = God created all men[people] equal.
만인은 평등하게 태어났다. (Declaration of Independence 미 독립선언)

02 특수 동사 (Special Verbs)

우리말과 큰 차이를 보이는 특별한 구문을 지배하는 동사이므로 우리나라 학생들이 잘 활용하지 못하는 부분이 많다. 시험에도 자주 출제될 뿐만 아니라 회화에서도 매우 유용한 구문이므로 잘 숙지하여야 한다.

✚••• 사역동사(Causative Verbs)

✚⊙ make와 let의 명백한 의미 차이

make : …하게 만들다 (…하도록 하게 하는 사람의 의지가 강함)
let : …하도록 하다, …하게 내버려 두다 (허락의 의미가 강함)

I'm going to make him work hard from now on.
I'm going to let him do whatever he wants to.

⊙ have/get/help

'have+원형부정사' 또는 'get+to부정사' 라는 식으로 기계적으로 외우면 안 된다.

❶ get : 원형부정사를 제외한 세 가지 동사 형태가 올 수 있다.

to부정사 (일반적으로 능동의 의미) : Get him to finish the work.
현재분사 (진행의 뜻이 강함) : Get the machine working.
과거분사 (수동의 의미) : Get the job done. 일이 되도록 해라.
　　　　　　　　　　　　How often do you get your hair cut?
　　　　　　　　　　　　= How often do you get a haircut?
　　　　　　　　　　　　You've got it made. 성공은 보장된 거야. (make it의 수동형)

❷ have : to부정사를 제외한 세 가지 동사 형태가 올 수 있다.

원형부정사 (일반적으로 능동의 의미) : Have him finish the work.
현재분사 (진행의 뜻이 강함) : I had the machine working.
과거분사 (수동의 의미) : I had my car fixed.

❸ help : 소위 준사역동사로서 to부정사보다는 원형부정사를 더 자주 취한다. 또한 목적어가 일반 대명사일 때는 흔히 생략하고 곧바로 원형부정사를 취하는데 이런 구문을 기존 영문법책에서는 잘 다루고 있지 않기 때문에 우리나라 학생들은 어색하게 느끼지만 사용 빈도가 매우 높으므로 잘 이해해야 한다.

Please help me (to) finish this work.
This device is designed to help control the heat of this engine.
Ginseng helps keep blood pressure under control. (ginseng 인삼)
Help prevent starvation. 기아를 막는 것을 도웁시다. (AFN 공익 광고)
Help prevent crimes. 범죄를 막는 것을 도웁시다. (AFN 공익광고)

⊙ 지각동사(Perceptual Verbs)

see, watch, hear, listen to, feel

I saw him run[running] away. (-ing: 진행의 의미)

I felt myself touched. (-ed: 수동의 의미)

물주(무생물 주어: Inanimate Subject)구문의 동사

✚ 소위 물주(무생물주어)구문은 우리말과 큰 차이를 보이는 영어식 발상의 특수 구문으로서 이해하기는 그다지 어렵지 않지만 표현하기는 매우 어려운 구문이므로 진정한 의사소통 능력을 배양하기 위해서는 물주구문을 잘 습득해야 한다. 영어의 물주구문을 우리말로 번역할 때는 부사절로 바꾼다. 따라서 우리말의 부사절을 영어로 옮길 때는 적절한 물주구문이 없는지 생각해 보는 것이 현명하다. 또한, 물주구문에서는 동사가 가장 중요하므로 다음과 같은 주요 동사들을 중심으로 표현을 익히는 것이 가장 효과적이다.

대조 분석(Contrastive Analysis)적으로 볼 때 우리말과 발상의 차이가 커서 회화를 할 때 잘 생각나지 않는 구문 및 표현을 아래에 정리했으므로, 반드시 활용해 보겠다는 마음을 갖고 습득하여서 (표현 기능을 담당하는 뇌(Broca area)에 자동화시켜 저장함으로써) 회화에서 유창하게 활용하기 바란다. 물론, 아래에 제시한 필수 동사 표현 이외에도 다양한 물주구문의 동사 표현을 실용적인 말이나 글을 계속 접함으로써 습득할 필요가 있다.

◯ 감정 표현의 타동사

감정을 나타내는 동사들은 거의 다 타동사(vt)로서, 모두 물주구문으로 표현되는 필수 동사들이다.

❶ **surprise**(놀라게 하다: alarm, astonish, astound, amaze), **appall**(경악케 하다, 소름끼치게 하다), **stun**(졸도시키다), **startle**(깜짝 놀라게 하다), **petrify**(대경실색케 하다: flabbergast)

The news really surprised me.
You startled me! 아이, 깜짝이야!

❷ **scare**(무섭게 하다: frighten)

That spooky noise scared me. 그 유령 같은 소리 때문에 무서웠다.

❸ **embarrass**(창피하게 하다, 당황시키다: confuse, perplex, puzzle, bewilder)

His rude behavior embarrassed his parents. 그의 무례한 행동 때문에 그의 부모는 창피했다.

❹ **impress**(감동시키다: touch, move)

His eloquent speech impressed me.

❺ **bother**(성가시게 하다: annoy, irritate, vex, bug), **upset**(짜증나게 하다: disturb, peeve)

Doesn't that bother you? 그거 신경쓰이지 않니?

❻ **anger**(화나게 하다: outrage, enrage, infuriate, tick sb off)

Her rude behavior really angered me.

❼ **disappoint**(실망시키다: depress, dismay, deject), **frustrate**(좌절시키다: baffle), **devastate**(마음을 찢어지게 하다, 유린시키다)

The poor quality disappointed me. 질이 낮아서 실망했다.

❽ please(기쁘게 하다: excite, thrill), satisfy(만족시키다: content)

　　The well-written report pleased the professor.

❾ interest(흥미를 끌다), concern(관심을 끌다)

　　That doesn't interest me at all.　그건 내 관심 밖이다.
　　That doesn't concern you.　그건 네가 상관할 바 아니야.
　　= It's none of your business.

❿ threaten(위협하다: intimidate), sadden(슬프게 하다)

　　His loud voice intimidated the child.

○ 사용 빈도가 높은 물주구문의 기본 동사

❶ make : ~ 때문에 …하게 되다

　　That should make things[life] a lot easier.
　　그러면 일이 훨씬 쉬워지겠는데. (일의 개선에 관한 이야기를 나누면서 사용하는 관용표현)
　　What makes you think so?　왜 그렇게 생각합니까?
　　What makes you say so?　왜 그렇게 말합니까?
　　cf. 매우 강한 감정을 표현하는 *drive*
　　That noise is driving me crazy.　그 소음이 나를 미치게 만든다.
　　She is driving me nuts. (nuts = crazy)

❷ give : ~ 때문에 …을 갖게 되다

　　What gave you such an idea?　왜 그런 생각을 했습니까?
　　That'll give me a chance[an opportunity] to…　그렇게 하면 …할 기회가 생기겠다.
　　That'll give you some[a rough/a general] idea about…
　　그렇게 하면 …에 대해 좀[대략/전반적으로] 알게 될 것이다.
　　This'll give you the ability[possibility/potential] to…　이렇게 하면 …할 능력[가능성/잠재력]이 생긴다.
　　It gives me a lot of pleasure to see the beautiful scenery.　아름다운 풍경을 보면 매우 기쁘다.

❸ take : ~ 때문에 …이 걸리다, ~하기 위해서 …이 필요하다

　　What took you so long?　왜 이렇게 오래 걸렸습니까?
　　It takes two to tango.
　　탱고춤을 추려면 둘이 필요하다. (격언: 둘 사이에 문제가 생겼다면 둘 다 책임이 있는 것이다. take = require)
　　They did whatever it took to enter the college they applied to.
　　그들은 지원한 대학에 입학하기 위해 필요한 무슨 일이든 했다.

❹ bring : ~ 때문에 …로 오게 되다

　　What brought[has brought, brings] you here?　어쩐 일로 오셨습니까?
　　December brings not only beautiful snow but also harsh winter storms.
　　12월이 되면 아름다운 눈뿐만 아니라 겨울 폭풍이 찾아온다.
　　The demonstration brought the authoritarian rule to an end.

ex. *1979 military coup **brought** Chun to power of directing bloody military operations against dissidents in the city of Kwangju in 1980.* 1979년 쿠데타로 인해 전(두환)은 권력을 잡게 되었다. *(Time: Jan. 6, 1997)*

❺ keep : ~ 때문에 계속 …하게 되다

What keeps[What's keeping] you so busy? 왜 그렇게 바쁘니?
This project is keeping me very busy.
The thunderstorm kept many people up all night. (keep… up 계속 잠자지 못하게 하다)
Worrying about the exam kept me awake all night.

❻ keep/stop/prevent/prohibit/bar/deter/hinder sb from -ing : ~ 때문에 … 못하다

The heavy snow kept the children from going to school.
폭설이 내렸기 때문에, 아이들은 학교를 가지 못했다. (회화에서는 keep, stop을 주로 사용하며 bar, deter, hinder는 문어체 단어)

❼ enable/allow/make it possible for sb to do sth : ~ 때문에 …할 수 있다

The new technology has made it possible for us to learn foreign languages easily.
새로운 기술 때문에 우리는 외국어를 쉽게 배울 수 있게 되었다.

❽ force(가장 많이 씀)/oblige/compel sb to do sth : ~ 때문에 …할 수밖에 없다

His father's sudden bankruptcy forced him to quit school.
그의 아버지가 갑자기 파산했기 때문에, 그는 학교를 그만 둘 수밖에 없었다.

❾ cause/invite/create/produce/prompt/lead to : ~ 때문에 …이 생기다

What causes ulcers, anyway? 하여튼 어떻게 해서 위궤양이 생기는 겁니까?
What motivated you to choose this major? 무엇 때문에 이 전공을 선택하게 되었습니까?

ex. *Live from Lima: The hostage drama **prompted** self-criticism from Japanese leaders and became a national obsession.* *(Time: Dec. 30, 1996)*

❿ cost, claim : ~ 때문에 …을 빼앗기다, …에 얼마가 들다

The accident cost three lives. 그 사고로 세 명이 죽었다.
It cost me five dollars to buy this book.

⓫ leave : ~ 때문에 결국 …되다

The fire left many people homeless and penniless.
그 화재 때문에 많은 사람이 집을 잃고 무일푼이 되었다.
That leaves A, B, and C. 그러고 나면 A, B, C가 남습니다.
This plan leaves something to be desired. 이 계획은 개선의 여지가 있다.

⓬ ~ drive… into…, ~ throw… into… : ~ 때문에 (…이) …상태로 빠지다

ex. *Yet Yeltsin's current disability has **thrown** Russia **into** a state of paralysis and gloom even worse than that produced last fall when the extent of his heart problems became known.* *(Time: Jan. 6. 1997)*

❸ save : …을 줄일 수 있게 되다

That'll save us a lot of trouble. 그렇게 하면, 많은 수고를 덜게 된다.

❹ show, reveal, suggest, indicate, illustrate, demonstrate, disclose, unfold, uncover, expose, divulge : (도표 등) ~을 보면 …을 알 수 있다

This table shows that the global economy is going through recession.
이 표를 보면 세계 경기가 침체에 있다는 것을 알 수 있다.

❺ include, contain : (나열할 때) ~에 …이 있다

My job responsibilities included A, B and C. 내 일은 A, B, C이다.
That book contains many pictures. 그 책에는 많은 그림이 있다.

❻ witness, see : (과거의 언제)에 …일이 있었다

The last decade has witnessed the miracle on the Han River.

❼ mark : (언제)에 …일이 있다

Today marks the beginning of WTO. 오늘은 WTO 체제의 출범이 시작되는 날이다.

❽ find : (언제 누구에게) …일이 있다

I hope this message finds you in good health.
이 편지가 건강한 당신을 발견하기 바란다. ('건강하신지요./별일 없으시겠지요.'라는 뜻으로 편지글에서 많이 쓰이는 서간 문체)
Every Sunday finds him on the street. 매주 일요일 그는 거리에 나온다.

❾ tell : (뭔가) … 느낌이 들다

Something[My hunch] tells me that… (hunch는 '육감, 왠지 … 생각이 들다'이며 My hunch is that…은 '나는 …라는 생각이 든다'라는 의미로 많이 쓰는 구문)

❿ teach : ~에 의하면 …을 알 수 있다

History teaches us that foolish people don't learn from their past experience.
My experience has taught me that nothing is more valuable than life.

⓫ justify : 합리화시키다

That still doesn't justify his rude behavior. (don't justify 그래도, …은 말이 안 된다)

⓬ answer : …에 답이 되다

Does that answer your question? 질문에 답이 됐습니까?

⓭ remind : 아, 참! 그러니까 …가 생각나다

That reminds me! 그러니까 생각나네!
That reminds me of…

⓮ kill : ~ 때문에 아파 죽겠다

My head/stomach/tooth/back's been killing me. 머리/배/이/등이 아파 죽겠다.

㉕ **complicate/worsen** : …때문에 어려워지다/복잡해지다/악화되다

That complicated the current situation. 그것 때문에 현재 상황이 더 복잡해졌다.

●●● 주의해야 할 동사

◐ want, hope, wish : 희망하다

❶ **want sb to부정사**

I want['d like, need] you to take me home.

보통 우리나라 사람들은 I want you to...(…하길 원합니다)와 Do you want me to...? (제가 …하길 원합니까?) 정도의 기본적인 표현에도 익숙하지 못한 것을 보는데, 자연스러운 회화 능력 배양을 위해 이런 의미 단락을 한꺼번에 발음으로 기억하는 것이 반드시 필요하다. 이 경우 의미상 hope로 대체할 수 없으며 wish를 써도 어색한 표현이 된다.

✚ **need sb to부정사**

'~가 …할 필요가 있다'는 의미로서 want와 같은 구문의 형태를 취하는 것을 우리나라 학생들은 잘 모르는데, 실제 회화에서 사용 빈도 높은 표현이므로 기억해 주기 바란다.
I don't need you to help me.

❷ **hope** : 절을 목적어로 취한다.

I hope you('ll) like it. (현재와 미래 모두 된다.)
I hope[wish] you to like it. (×) (틀린 표현이다.)

단, '자기 자신이 …하기를 희망한다'의 뜻일 때는 to부정사를 목적어로 취한다.

I hope to become a doctor.
I hope you to become a doctor. (×) → I hope you become a doctor. (○)

❸ **wish** : 가정법 동사

I wish she were here.
I want[hope] she were here. (×)

◐ say, tell, talk, speak : 말하다

❶ **say**

He said something. 그는 뭔가 말했다.
He told something. (×)
He said something to her. = He told her something.
What did you say? 뭐라고 말하셨지요?
What did you tell/talk/speak? (×)
Say that again, please. 다시 말해 주십시오.

- 관용표현

  say+sth 구문 : say a prayer 기도하다   say grace 식사 기도하다

  독립적으로 쓰일 때 : As I was saying, ...   아까 하던 말 계속하면, ...

  that is to say = as it were   (문어체) 말하자면, 바꿔 말하면

❷ tell = say to

  He told me that... = He said to me that...

  He said me that... (×)

  He told me to finish the job.

  Could you tell us a little bit about...?   …에 대해 좀 얘기해 줄 수 있겠습니까?

- 관용표현

  tell a lie   거짓말하다

  tell the truth   사실[진실]을 말하다

  cf. *lie는 악의로 하는 거짓말을 의미하므로 보통 친한 사이에 '거짓말 마!, 말도 안돼.'라는 표현은 Don't tell a lie.가 아니라 No kidding.이라고 해야 의미가 더 잘 통한다.*

❸ talk : talk to = speak to

  Can I talk to Jack, please? = Can I speak to Jack, please?

- 관용표현

  He's talking nonsense.

  Now you're talking.   이제야 제말 하시네. / 그럼 그렇지요.

  (상대방이 자신이 의도한 바대로 응답을 할 때 맞장구 치는 말이다.)

❹ speak : speak to = talk to

  He can speak the language.   (speak+언어명 ~언어를 구사하다)

  He can talk/say/tell the language. (×)

- 관용표현

  Speaking of...   …이야기가 나왔으니 하는 말인데

  cf. *not to speak of...*   *…는 두말할 필요 없이 (= to say nothing of = not to mention = let alone)*

◐ come, go를 대신하는 be

be동사는 '현재의 상태'에 초점을 맞추어 '오다/가다'의 뜻으로서 자주 사용되는 관용적인 표현이다.

  Don't be long.   오래 있지 마. / 빨리 와. (어디 볼일 보러 가는 사람에게 하는 말)

  I won't be long.   금방 갔다 올게. (I won't belong.으로 들으면 곤란함)

❶ be home/there/here

  I'll be there.   그리로 가겠습니다.

  I'm home, honey.   여보, 나 집에 왔어.

  I'll be home for Christmas.   나는 크리스마스 때 집에 가겠다.

  cf. *I'll be at home all day long.*   *나는 하루종일 집에 있겠다.*

기존 영문법책에 나오는 You may go out, but you must come home before dark.라는 예문은 '어둡기 전에 집에 와 있어야 한다'는 의미이므로 come home이 아니라 be home으로 해야 올바른 표현이다.

I'm here to ask some questions about... …에 대해 질문할 게 좀 있어서 왔습니다.
I'll be there for you. 당신을 위해 거기에 있을 것이다. (관용표현으로 '너를 항상 도와줄 거야.'라는 의미)
Shouldn't he be here by now? 그 친구 올 때쯤 안됐나?

❷ **be up** : 일어난 상태

I have been up for an hour. 나는 한 시간 동안 깨어 있었다.

cf. *sit / stay up* 자지 않고 밤새다
  keep sb up... …때문에 계속 잠을 못자다
  The thunder storm kept me up all night.

❸ **be by** : (들렀다) 돌아온 상태

I was by there today. 오늘 거기 갔다 왔다.

cf. *drop[come] by* 들르다
  I dropped by his office, but he was out.
  Come by my office at 5:30.

❹ **be (right) back[there/over/up/down/in/out/with you]** : (곧) 돌아오다/그리로 가다/올라가다/내려가다/들어가다/나가다/(손님에게) 당신과 있겠다, 즉 도와드리겠다

(I'll) Be right back[there/over/up/down/in/out/with you]. (자신의 위치를 옮길 때 자주 사용하는 표현)

◐ 반대 의미의 동사

❶ **come - go** : 오다 - 가다

come은 '오다'이고 go는 '가다'라는 식으로 기계적으로 외우고 있으면 안 된다. 1인칭과 2인칭 사이에서의 come은 '오다/가다'의 뜻이 다 되며, 3인칭/장소가 이야기될 때 비로소 'come = 오다', 'go = 가다'의 뜻이 된다. 다음과 같은 예를 보면 come과 go의 뜻을 잘 알 수 있다.

- 1인칭-2인칭 사이 : come = 오다, 가다

  I'm coming. : (당신에게) 가요. (초인종 소리를 듣고 문을 열어주러 가는 상황의 표현으로 1인칭-2인칭 사이에서의 말이므로 come이 '오다/가다'의 뜻이다. 이런 상황에서는 I'm going.(×)이라고 말하지 않는다.)

  Why don't I come see you later? 내가 나중에 너한테 갈게.
  Why don't I go see you later? (×)
  May I come in? (상대방이 안에 있을 때 들어가도 되냐고 허락을 구하는 표현)

- 제 3의 장소로 갈 때 : come = 오다, go = 가다

  May I go in? (상대방이 자기와 같이 밖에 있을 때 의견/허락을 구하는 표현)
  Let's go see him. (○)   **Let's come see him. (×)**
  Let's go to school. (○)   **Let's come to school. (×)**

• 3인칭 거론 : come = 오다, go = 가다

    Why don't you go see the doctor? (○)   Why don't you come see the doctor? (×)
    Why don't I go see him? (○)   Why don't I come see him? (×)
    He will come to my place. (○)   He will go to my place. (×)

❷ **lend - borrow** : 빌려 주다 - 빌리다

    Could you lend me some money? = Could you lend some money to me?
    Could I borrow some money from you?

❸ **take - bring** : 가지고[데리고, 모시고] 가다 - 가지고[데리고, 모시고] 오다

    Take this umbrella with you. And bring it back next time you come here.
    Why don't you bring your wife? 부인을 모시고 오세요.

❹ **push - pull** : 밀다 - 끌다

> **Tip**   **go/come+(to/and+)동사원형**
>
> 회화체에서는 **go/come** 다음에 오는 **and**마저 생략하고 동사원형을 사용한다.
>
> Why don't you come see me sometime this week? 이번 주에 나 한번 만나지 그래?
> Come (and) get it. 와서 식사하세요.
> Let me go pick it up. 제가 가서 찾아올게요.
> Why don't you go see the doctor? 병원에 한번 가 보세요.

●●● 회화에서 많이 활용되는 '기본동사+명사' 구문

make, give, have, take, do와 같은 '기본동사+명사'

✚ 우리말은 동사 중심으로 표현하는 데 반해, 영어에서는 (특히 일상 회화에서) 기본동사와 함께 명사 중심으로 표현하는 것을 선호한다. 예컨대, '그는 내일 연설을 할 것이다.'를 영어로 옮기면, '연설하다'의 뜻이 있는 speak를 써서 He'll speak tomorrow.라고 하기보다는 보통 He'll make a speech tomorrow.처럼 speak의 명사 speech를 기본동사 make와 함께 쓰길 좋아한다. 또 다른 예로서 '나도 좀 보자.'라고 할 때, Let me look at it.보다는 회화에서 보통 Let me take a look at it.처럼 동사 look보다는 기본동사 take의 목적어인 명사 look을 더 즐겨 사용한다. 다음은 이와 같은 구어체에서 매우 자주 사용되는 요긴한 표현들이므로 잘 숙지하기 바란다.

◐ make

agree : make an agreement 동의하다
allow : make allowance for 참작하다
appeal : make an appeal 탄원하다, 호소하다
appear : make an appearance 나타나다, 출현하다
   She appeared suddenly. → She made a sudden appearance.
appoint : make an appointment 사업상 만나는 약속 (의사와의 진찰 약속 등 격식을 차린 약속을 의미함)
cf. *make a date* (격의 없이 만나는 남녀간의 사교를 위한 약속 p. 516참조)

arrange : make an arrangement 정리[정돈]하다, 주선하다
attempt : make an attempt 시도하다
bet : make a bet 내기하다
call : make a (phone) call 전화하다
change : make a change 바꾸다
comment : make a comment 언급하다
commit : make a commitment 다짐하다
compare : make a comparison 비교하다
contribute : make a contribution 공헌하다
confess : make a confession 고백하다
   I've got some confession to make. 고백할 게 있다.
date : make a date 데이트하다
deal : make a deal 거래하다
decide : make a decision 결정하다
differ : make a difference 차이를 만들다; 중요하다(= matter)
   What difference does it make?

discover : make a discovery 발견하다
donate : make a donation 기부하다
effort : make an effort 노력하다
err : make an error[mistake] 실수하다
excuse : make an excuse 핑계를 대다
fool : make a fool of... …를 우습게 만들다
fuss : make a fuss 소란을 피우다
guess : make a guess 알아맞춰 보다
impress : make an impression 인상을 주다
inquire : make an inquiry 질의[질문]하다
jump : make a jump 비약하다
    You've made a jump there. 네 말에서 거기 좀 논리의 비약이 있다.
leap : make a leap 비약[도약]하다
    make a leap of logic 논리의 비약   make a leap of faith 신앙의 도약
live : make a living 생계를 꾸려가다   It's hard to make a living. 먹고 살기 힘들다.
move : make a move 이동하다
offer : make an offer 제공[제안]하다
plan : make a plan 계획하다
progress : make progress 진보를 이루다
promise : make a promise 약속하다 **cf. *keep[break] a promise*** 약속을 지키다[파기하다]
propose : make a proposal 제안하다
protest: make a protest 항의하다
recover : make a recovery 회복하다
reserve : make a reservation 예약하다 **cf. *have reservations*** 보류하다, 주저하다
speak, refer, state, remark : make a speech[reference/statement/remark] 연설하다/언급하다
stand : make a stand (…을 위해) 싸우다, 저항하다
start : make a start 시작하다
study : make a study (of something) 연구하다
    She studied the natural phenomena carefully.
    → She made a careful study of the natural phenomena. (natural phenomena 자연현상)
succeed : make a success 성공하다 (보통은 be successful, be a success란 표현을 많이 씀)
suggest : make a suggestion 제안하다
toast : make a toast 축배를 들다, 건배하다
trouble : make trouble 문제를 일으키다 **cf. *trouble-maker*** 말썽꾸러기
turn : make a turn 반전하다
use : make use of 활용하다 **cf. *make the most of...*** …을 최대한으로 활용하다
wish : make a wish 소원을 빌다
    It is customary for American people to make a wish before blowing out the birthday cake candles.

◐ make + 순수명사 (p. 556 참조)

make one's day : …의 날을 만들어 주다, …를 매우 기쁘게 해 주다 You made my day.
make friends : 친구를 만들다 He is good at making friends.
make a noise : 떠들다 Don't make any noise.
make money : 돈 벌다(= earn money) Making money is not an easy thing to do.
make a living : 생계를 꾸려 가다 It's hard to make a living. 먹고 살기 힘들다.
make sense : 일리가 있다, 말이 된다 It doesn't make any sense to me.
cf. *make*+명사화된 동사
　　believe : make believe　…인 척하다
　　do : make do　만족하다
　　good : make good　성공하다　　*make good on a promise*　약속을 지키다

◐ have

bathe : have[take] a bath 목욕하다
chat : have a chat 담소하다
dance : have a dance 춤추다
dream : have a dream 꿈꾸다
✚ (일반적으로 dream a strange dream이라는 동족목적어 표현을 쓰지 않는다.)
go : have a go at it = give it a go 한번 해 보다
　　Why don't you give it a go?
look : have[take] a look 한번 보다
peep : have a peep 몰래 엿보다
　　cf. *Don't be a peeping Tom.* 몰래 엿보지 마! (*a peeping Tom* 누나가 목욕하는 모습같이 은밀한 것을 몰래 엿보는 아이)
quarrel: have a quarrel 언쟁하다
reserve : have reservations 유보하다, 주저하다
seat : have a seat 앉다　　Have a seat. = Please sit down.
shower : have[take] a shower 샤워하다
try : have a try at it = give it a try 한번 해 보다
understand : have an understanding of… …에 대해 이해하다

◐ have + 순수명사

have[eat] a meal[breakfast/lunch/dinner] 식사하다
have a good time = have fun 즐거운 시간을 갖다

◐ take

act : take an action[steps/measures] 조치를 취하다
bathe : take a bath 목욕하다
blame : take the blame 비난을 받다
break : take a break 일을 하다가 잠시 쉬다
　　Let's take a break for five minutes. = Let's take five. 5분간 쉽시다.

breathe : take a breath   숨을 쉬다
bribe : take bribes   뇌물을 받다
care : take care   조심하다 (작별 인사로도 많이 사용함)
    Take care! See you!
charge : take charge   책임지다, 관장하다
except : take exception to   …을 의외로 생각하다, …에 이의를 제기하다
exercise : take some exercise   운동하다 (일반적으로 get[do] some exercise를 자주 사용함)
flee : take flight   도주하다 (flight는 flee의 명사형)
lead : take the lead   주도하다 (= take the initiative)
leave : take leave   휴가를 떠나다
look : take a look   보다
guess : make[take] a guess   알아맞춰 보다
note : take note of...   …을 기록하다
notice : take notice of...   …을 주목하다
offend : take offense   화를 내다   **cf.** *take the offensive*   공세를 취하다
order : take orders   명령이나 주문을 받다 (give orders의 반대말)
precede : take precedence   우선하다
    Seniority usually takes precedence in Korea.   한국에서는 보통 연공서열이 우선한다.
rest : take a rest   휴식을 취하다   **cf.** *take the rest*   나머지를 갖다
revenge : take revenge   복수하다
risk : take risks   위험을 무릅쓰다   **cf.** *run the risk of = risk -ing*
seat : take a seat   앉다
shape : take shape   모습을 띠다
shelter : take shelter   대피하다
shower : take a shower   샤워하다
side : take sides with...   …의 편을 들다
stand : take a stand   분명한 입장을 취하다
trip : take a trip   여행을 하다
trouble : take the trouble to...   수고를 아끼지 않고 …하다
walk[stroll] : take a walk[stroll]   산보하다

▶ take + 순수명사 (p. 558 참조)

take a bus[train/taxi]   버스[기차/택시]를 타다
take a chance[chances]   모험을 하다
take a course[class]   강의[수업]를 듣다
take sth for example   …를 예로 들다   **cf.** *Give me an example.*   예를 들어 보세요
take medicine[pills/drugs]   약[알약/마약]을 먹다다
    take liquid medicine   (물약일 경우에도 drink라고 하지 않는다.)
take the opportunity to...   기회를 활용하여 …하다
take responsibility for...   …을 책임지다

take notes 노트하다
take a picture 사진을 찍다
take one's temperature …의 체온을 재다
take a test 시험을 보다
take one's time 천천히 하다　　Take your time.
take one's word …의 말을 받아들이다
　　I'll take your word for it. 그것에 대해 당신 말을 믿겠다.
　　You'd better take my word for it. 그 문제에 대해 내 말을 듣는 게 좋을 거다.

give

advise : give advice 충고하다
break : Give me a break!
i) 한번만 봐 주세요. / 기회를 주세요. = Go easy[lenient] on me.= Cut me some slack.
ii) 왜 이래. / 귀찮게 하지 마! = Stop bothering[bugging] me.
　불평 좀 그만해! = Stop complaining[whining].
call : give sb a call[ring/buzz] …에게 전화하다　　Why didn't you give me a call?
chance : give sb a chance …에게 기회를 주다 (= give sb an opportunity)
cf. *give sb an idea of... ~에게 …을 알려 주다*
　Could you give me a rough idea of...? …에 대해 대충 알려 줄 수 있겠습니까?
　Let me give you an idea of... …에 대해 알려드리겠습니다.

go : give it a go 한번 해보다 (= have a go at it)
ride : give sb a lift[ride] …에게 차를 태워 주다　　Let me give you a ride home.
speak : give a speech 연설하다
try : give it a try （한번 해 보다） = give it a go = have a try[go] at it

give + 순수명사 (p. 555 참조)

Let me give you an example.
I've given it a lot of thought. 생각을 많이 해 봤다.
Give me time to think about it.

do + 명사

do the[one's] cooking[shopping/sightseeing/laundry/dishes/room/hair/nails/face]
요리[쇼핑/관광/빨래/설거지/(문맥에 따라서) 방청소/머리/손톱 손질/얼굴 화장]하다(do one's face - put on makeup)
do sb a favor …에게 호의를 베풀다　　Could you do me a favor?
do good[harm] to... …에게 이익[피해]을 주다
　　Milk does a body good. 우유는 몸에 좋다. (공익광고)
　　You did good, son. 아들아, 잘했다. (구어체; 관용 표현)
do a good job 잘하다
　　You've done a good job. = You did a good job. 잘했다. / 수고하셨습니다.

do one's part 자기 본분을 다하다 = play a[one's] part
do research[survey/poll/one's homework] 연구[조사/숙제]하다 = take a survey/poll

04 동사의 시제 (Tense & Aspect)

언어가 사고에 영향을 끼친다는 Sapir-Whorf 가설에 의하면, 동사의 시제가 사회와 자연의 동적(動的)인 현상에 대한 인식에 적지 않은 영향을 준다는 것을 알 수 있다 (*Whorf, 1956*). 예컨대, 우리말에는 완료의 개념이 없기 때문에 우리가 인식한 사건을 영어로 표현할 때 완료시제를 사용하기 힘들고, 쓴다고 해도 틀리기 쉽다. 이렇게 사고 또는 인지 과정에 영향을 주는 시제를 완벽하게 습득하여 유창히 말하기란 매우 어려우므로, 동적인 내용을 잘 음미하여 시제를 자기 것으로 소화해내는 것이 매우 중요하다.

••• 기본시제

과거, 현재, 미래시제는 한 시점이나 무제한 시간의 일을 나타낸다.

○ 현재
❶ 현재의 습관
I drive to my office every morning.
I walk to school every day.

❷ 진리
Heaven helps those who help themselves.
Too many cooks spoil the broth. 사공이 많으면 배가 산으로 올라간다.

❸ 가까운 미래를 나타내는 왕래발착 동사
The ship leaves for the island tomorrow.

❹ 미래를 뜻하는 시간·조건의 부사절

> **Tip** 접속사와 의미 단락
>
> 시간이나 조건의 부사절에서 미래(완료)시제 대신 반드시 현재(완료)시제를 쓴다. as soon as, once 등의 접속사 뒤에서는 주로 현재시제 형태로 미래를 나타내므로, as soon as he gets back, once he gets back, It won't be long before...(= Before long, ... = Soon, ...) 등의 표현을 기억할 필요가 있다.
>
> 주요 어구 : as soon as, the moment[instant/minute], by the time, once, after, before, when, till/until
> 시간 : Please call me when he gets here.
>   **cf.** Do you know when he will get here? (명사절에선 미래시제를 씀)
> 조건 : If it rains tomorrow, I'll stay home and watch TV.

❺ 인지/전달동사

전달동사(verbs of communication or reception of communication)나 인지동사(perceptual verbs)는 과거완료 또는 현재완료의 의미로서 주로 현재형을 사용한다.

I hear you're getting married. …라고 들었다. (= I heard…)
He says you were there. …라고 말했다. (= He said…)
I understand that the game has been postponed.
She thinks he left last night.

✚ **find/found** How did you find that book?은 두 가지의 뜻으로 해석이 가능하다.
1) '그 책 어땠니?'라고 견해를 물을 때는 인지동사 find는 현재형을 자주 사용한다.
= How do you find that book? – I find[found] that book interesting. 그 책은 재미있었다.
2) '그 책 어떻게 찾았니?'라고 방법을 묻는 것이다.

✚ **… says, "…" → … goes, "…"** The story goes…(얘기는 …이다), As the proverb goes, … (속담에서처럼, …) 등의 표현에서와 같이 격식 없는 일상 대화체에서는 say 대신 go도 많이 사용한다. 우리도 일상 대화에서는 '~가 …라고 했는데'의 경우처럼 '말했다'보다 '했다'라고 표현하는 것과 같다고 보면 된다.

✚ **'안다' 라는 의미의 동사: know, understand, think, learn** 우리말에 '안다'라는 말은 상황에 따라 여러 가지 영어 표현으로 옮겨야 하므로 동사의 뜻을 정확히 알고 표현하도록 주의해야 한다.
① …를 안다 : I know… (…라는 것을 사실로 받아들이다)
② …라고 알고 있습니다 : I understand that… (내 입장에서 볼 때 확실한지는 모르겠으나 …로 알고 있다.)
③ …인 줄 알았는데요 : I thought (that)… (그런데, 알고 보니 그렇지 않구나. I thought you said… ('…라고 했는지 알았는데'는 자주 쓰이는 말이다.)
④ …라는 사실을 알게 되었습니다 : I learned that… (새로운 사실 알게 됨을 강조)

❻ 미래 또는 현재

미래의 내용을 미래시제 또는 현재시제(더 선호함)로 표현한다.

I hope you('ll) like it.
I'll make sure she gets['ll get] the message. 말씀 꼭 전해드릴게요. (전화 대화에서)
Make sure you bring it back by tommorrow.
(부탁, 제안 또는 간접적인 명령의 어조이므로 현재형을 쓰는 것이 의미상 자연스럽다.)

❼ 신문 사진의 설명 기사문(caption)

신문의 사진 밑에 딸린 상황 설명의 짧은 기사문(caption)은 사진에서 보여 주는 상황의 현장감을 생생히 전달하기 위해서 항상 현재시제를 사용한다.

◎ 과거

❶ 과거 동작 및 상태, 습관

I went to Cheju Island two years ago.
She was beautiful when she was young.
I often climbed that mountain when I lived here.

❷ 역사적 사실

The Roman Empire was destroyed by an internal enemy - moral degradation.

❸ 과거-과거분사형 규칙 변화

과거-과거분사형을 만드는 규칙은 회화 능력에 직접적으로 도움이 되지는 않지만, 습득한 내용을 정리한 다는 의미에서 의의가 있으므로 여기에 간단히 제시한다. 규칙변화는 다음과 같은 규칙을 따른다.

- 어미에 -ed를 붙인다.
- '단모음+단자음' 으로 끝나는 1음절의 동사나 2음절 이상의 동사로서 '단모음+단자음' 으로 끝나고 마지막 음절에 강세가 있으면 끝자음을 중복하고 -ed를 붙인다.
  stopped, omítted, preférred   **cf.** óffered, límited
- -ic로 끝나는 동사는 k를 삽입하고 -ed를 붙인다.(k를 삽입하지 않으면 -iced가 되어 c가 [k]가 아닌 [s]로 발음되므로, 이를 방지하기 위한 것임)
  picnicked, mimicked, frolicked, panicked, trafficked

- -ed로 끝나는 형용사는 [id]로 발음한다.
  aged, beloved, dogged(끈질긴), learned, crooked, jagged(톱니의), naked, rugged, wretched 등이다. 단, aged, learned는 형용사로 '연로한, 학식 있는' 의 뜻으로 쓰일 때만 [id]로 발음된다. '나이가 들다, 배우다' 의 뜻인 동사로 사용될 때는 물론 [d]로 발음된다.

   ex. *Smugglers are now sending the drug through India to the West - with help from* **crooked** *police.*   *(Time: Dec. 23, 1996)*

> **Tip** 부정적인 의미의 거래 : traffic
>
> 기존 영문법책에는 traffic이 '거래하다' 라는 뜻으로 deal in과 같은 표현이라고 설명하고 있는데, traffic은 항상 부정적 의미의 거래를 의미하는 점에 유의해야 한다.
>
> drug trafficking 마약 거래   traffic in slaves[narcotics/stolen goods]   노예[마약/장물]를 거래하다

❹ 과거 · 과거 분사형의 불규칙 변화

두 가지 형태의 과거분사를 가진 동사

- **get-got-got/gotten**   (미식영어는 gotten)
  I've got a lot of work to do.
  He has gotten quite old.

예문에서 보다시피, have의 습관적인 표현인 've got에서는 got을 사용하며, '…되다' 란 의미의 과거분사는 gotten을 사용한다.

- **drink-drank-drunk/drunken**
  Friends don't let friends drive drunk.   (공익광고)
  The drug addicts were indulged in drunken dance.

예문에서 보다시피, drive drunk(취중에 운전하다)처럼 주격보어로 사용될 때는 보통 drunk를 사용하며, drunken dance(취한 춤)처럼 명사 앞에서 한정적으로 서술할 때는 drunken을 사용하는 것이 원칙이다. 그런데, 구어체의 현대영어에서는 두 가지 뜻으로 drunk를 사용하는 경향이 강하다.

혼동되는 동사의 불규칙 변화에는 다음과 같은 것이 있다.

- lie-lied-lied 거짓말하다
- lie-lay-lain 눕다
- lay-laid-laid 놓다

- fall-fell-fallen
- fell-felled-felled 나무 등을 베다

- find-found-found
- found-founded-founded 설립하다

- wind-wound[waund]-wound 태엽 등을 감다
- wound[wuːnd]-wounded-wounded 상처를 입히다

- die-died-died
- dye-dyed-dyed 염색하다

- saw-sawed-sawn 톱질하다
- sow-sowed-sown 씨 뿌리다
- sew-sewed-sewn 바느질하다

> **Tip** '과거-과거분사'의 서당식 암기의 함정
>
> '그 사람은 바닥에 쓰러져 죽어 있었다.'를 영어로 말해 보라고 하면 즉시 말이 나오는 학생들은 많지 않다. 우선, '죽어 있었다'에서 '죽다'는 die이고 '있다'는 exist인가 뭔가 하면서 당황하게 되는 독자는 앞에서 다룬 '보어를 필요로 하는 vi (Copula)'를 다시 한번 살펴보기 바란다.
> 결국 '쓰러져 죽어 있다'는 말이 하나의 개념인 것을 알아야 하는데, 이것을 아는 독자라면 바로 lie와 lay의 '과거-과거분사' 외운 것을 상기하면서 lie-lied-lied; lie-lay-lain; lay-laid-laid의 주문(呪文)을 외우기 시작할지 모른다. 이런 방식을 고집하면 영어회화는 불가능해진다.
> '죽어 있었다'는 '눕다'라는 vi 개념이므로 불규칙 동사 lie-lay-lain에서 과거동사를 찾는 식으로 영어를 하면, 회화가 어려워지는 정도가 아니라 불가능해진다. 그냥, copula편에서 익힌 He lay dead on the floor.라는 표현을 기억해서 습득하는 방법 외에 다른 정도(正道)는 없다. 영어 원어민들은 그런 식으로 영어를 습득한다. 물론 영어를 외국어로서 학습해야 하는 EFL 상황에서는 원어민들이 모국어로서 영어를 습득하는 과정과는 다른 점이 있어야 한다. 예컨대, 기본 구문을 효과적으로 습득시키기 위해 원어민들에게는 불필요했던 대조 분석적인 어법 설명을 회화 수업에 곁들이는 것이 많은 도움을 준다. 그러나 두 가지 언어 모국어/외국어 습득 상황에서 궁극적으로 같은 것은 필수 구문을 완전히 내재화시키지 않고는 언어 습득이 불가능하다는 점이다.
> 결국, He lay dead란 핵심 의미단락 표현이 통째로 머리속에 입력되어야 lay가 lie의 과거동사라는 산 언어 지식이 활용되는 것이지, lie-lied-lied; lie-lay-lain; lay-laid-laid 식으로 노래를 부른다고 해서 회화 능력이 생기는 것이 아니다. 여러분은 이미 이런 주문을 어렸을 때 외웠기 때문에 생활화되어서 그 효과와 비효과를 잘 깨닫지 못할 것이다. 그러나, 앞으로 영어 학습을 할 여러분의 후배, 제자들을 위해서는 '원형-과거-과거분사'의 주문을 기계적으로 외우게 하지 말고 살아 있는 표현이 있는 재미있는 글이나 말을 많이 접하게 함으로써 하나씩 의미 있게 습득하게 가르치길 바란다.

⊙ 미래

❶ 관용표현

That'll be $5. 가격이 5달러입니다.
(How much is it? / How much do I owe you?에 답하여 물건 값을 말할 때 쓰는 관용적 표현)

I'll get it. 제가 (전화를) 받을게요. 제가 (문을) 열어줄게요.
(전화를 받거나 문을 열어주러 갈 때 영어 원어민이 습관적으로 사용하는 표현)

I'll tell you what[something]. 있잖아.
(제안할 때 사용하는 표현으로서 Let me tell you what[something].의 뜻으로 사용)

I'll see what I can do about it. 그 문제에 대해서 조치를 취하도록 하겠습니다.

❷ 단순미래, 의지미래

영어(특히 미식영어)에서는 성경 등 고어체 및 격식을 갖춘 (법률) 문서 외에는 단순미래든 의지미래이든 상관없이 다 will을 사용한다. 따라서 일반 의사소통 능력을 위해 다음과 같이 암기하는 것은 불필요한 일이다.

"shall will will shall shall will"
"will shall shall shall will shall"

단, 다음 세 가지 관용적 표현은 예외적이다.

Shall I...? 제가 …할까요?(자신의 제안 표현)   Shall I give you a ride?
Will you...? …하시겠습니까?(의향을 묻는 표현)   Will you come to the party?
Shall we...? …하면 어떨까요?(청유의 표현)   Shall we take a break for five minutes?

기존 영문법책에서는 말하는 사람의 의지를 나타낼 때 shall을 쓴다고 설명하고 있다.

My son shall bring the money to you. = I will let my son bring the money to you.

그러나 *A Student's Grammar of English Language*에서는 다음과 같이 설명한다.

> Shall is in present-day English (especially in AmE) a rather rare auxiliary and only two uses, both with a 1st person subject, are generally current:

규정 문법(Prescriptive Grammar)에서 가르치는 will, shall의 용법은 영식영어이고 미국 구어에서는 거의 will이 지배적이며 현대 영식영어에서도 will을 많이 사용한다.

❸ shall 대신 will을 사용하는 구어체 관용표현

'너 어디 두고 보자.' 하며 복수를 다짐할 때 회화에서 빈도 높게 사용되는 세 가지 표현으로, 말하는 사람의 의지가 매우 강하게 나타난 will의 구문이다.

You won't get away with this. 이런 짓을 저지르고 벌을 피하지 못하게 할 것이다.

의지미래의 뜻이라고 해서 You shall not …이라고 하는 사람은 없다. (get away with … 잘못을 하고도 벌을 피하다. Men can get away with anything in this society. 이 사회에서는 남자들은 무슨 짓을 해도 괜찮다.)

You will pay for this. 이것에 대해 희생을 치르게 할 것이다.
You will be sorry for this. 이것에 대해 후회하도록 할 것이다.

❹ 미래 의미의 유사 조동사
　　be about to... 막 …하려고 하다(= be on the point/verge of -ing)
　　be bound to... …할 수밖에 없다
　　be to... 격식을 차린 표현으로 예정(의무, 가능, 의도, 운명)의 뜻이 있다.
　　be going to... 가까운 미래 예정, 계획

✚ be going to와 will의 차이를 알아보자.
　will과 비교해 볼 때 예측(prediction)의 의미는 공통적이지만, be going to는 의도나 계획(plan)의 의미가 강하며 용의(willingness)의 감정은 내포되어 있지 않다. 따라서 전화를 받거나 문을 열어주러 가면서 I'll get it.이라고 하는 것은 맞지만, I'm going to get it.(×)이라고는 하지 않는다.

완료시제

완료시제는 어느 시점에서 그 이후 어느 시점까지의 일정 기간에 일어난 일을 나타낸다. 우리말에 사실상 없는 시제 개념이어서 회화할 때 까다로우므로 뜻을 음미하면서 학습해야 한다.

현재완료

과거의 한 시점에서부터 현재까지 걸쳐서 이루어진 행동이나 상황을 나타내는 시제이다. 완료, 경험, 결과, 계속의 네 가지 의미가 있으므로 문맥에 맞춰 자연스럽게 번역하여 이해하면 된다.

❶ 기본 의미

〈완료〉
Have you finished eating?
Have I kept you waitng? 오래 기다리셨습니까?
(과거의 한 시점부터 현재까지의 의미를 나타내므로 항상 현재완료시제를 사용)
I'm sorry to have kept you waiting so long. 너무 오래 기다리게 해서 죄송합니다.

〈경험〉
I've never been to Europe. Have you?

〈결과〉
I've had enough. 많이 먹었습니다.(= I'm full.)

〈계속〉
I've known him for a long time.

❷ 과거시제와 다른 점
완료시제는 한 시점에 일어난 일이 아니기 때문에 현재완료시제를 과거를 나타내는 부사와 함께 쓰면 안 된다. 예를 들어 '나는 2년 전에 제주도에 가 본 적이 있다'를

I've been to Cheju Island two years ago. (×)라고 하면 틀리며,
I visited[went to] Cheju Island two years ago. (○)라고 해야 맞다.

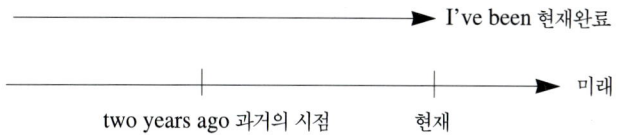

같은 이치로 '너는 언제 제주도에 가 본 적이 있니?'를 영어로 말할 때, 우리는 보통 '…해 본 적이 있습니까?'의 Have you ever…? 구문만을 떠올리게 되어 When have you been to Cheju Island?(×)라고 말하기 쉽지만 틀린 말이다. When did you visit Cheju Island?(○)라고 해야 맞다.

when은 한 시점을 의미하므로, 과거의 사건에 대한 경험을 물을 때는 When have you p.p…?(×)라고 하면 안 되며, 반드시 When did you…?라고 말해야 된다. I have finished the job just now.(×)도 just now가 시점을 의미하므로 어법상 틀린 문장이다. How long have you…?(얼마 동안 …했습니까?)와 When did you…?(언제 …했습니까?)가 최소 의미 단락이므로 한꺼번에 발음으로 기억하는 것(chunking)이 바람직하다.

Tip Did you ever…?

'…해 본 적이 있습니까?'를 물을 때 항상 현재완료 구문 have p.p.만을 사용하지 않고, '…해 본 경험이 있는' 과거의 시점으로 볼 때는 Did you ever…? 구문도 쓸 수 있다.
예를 들어 Did you ever stop to think "Money is not everything?" ('돈이 다가 아니다'란 사실을 생각해 본 적 있습니까?)에서는 '멈춰서 …을 생각하는' 행위를 과거의 시점으로 보기 때문에 Did you ever…?라는 구문을 쓴 것이다.

❸ 현재완료와 같이 사용되는 접속사/전치사/부사구

보통 현재완료시제로 사용되는 표현은 의미상 다음과 같이 분류할 수 있다.

- 과거의 불특정한 시간
  before : I've been to the U.S. before.
  in the past : I've taken that course in the past.
  ever : Have you ever seen such a great waterfall?
  yet : I haven't seen a UFO yet.
  already : I've already taken that course.

- 최근 기간
  these days : She has been busy with her work these days.
  this week : I haven't seen him this week.

- 미완료 행동
  since+특정 과거 시점 : It's been ages since we met. 참 오랜만이다.
  　　　　　　　　　　 I haven't seen him since last Monday.
  　　　　　　　　　　 I haven't seen him since we graduated from college.

for+기간 : I have known him for a long time.
until now와 up to now : We haven't had much rain until now[up to now].
so far와 thus far : They've had five children so far.

- 막 끝난 행동

just : I've just finished my paper.
recently : She has recently given birth to a baby.
barely : The play has barely begun. 막 시작했다.

> **Tip** **since절의 완료시제**
>
> since절에는 과거시제가 나오며 그 이후에 현재까지 이어지는 기간을 주절에서 나타낼 경우에 현재완료시제가 쓰이는 것이 일반적이지만 기존 영문법 참고서에서는 그것이 내용의 의미와 상관없이 하나의 규칙으로서 반드시 그렇게만 쓰여야 한다고 학습자에게 오해를 불러일으키고 있다.
> 일반적인 예 : I have lost ten pounds since I started swimming.
> 그러나 아래의 예문에서처럼 since 이하의 내용이 계속적인 의미가 있다면 얼마든지 since절에서도 과거가 아닌 현재완료의 시제가 올 수 있다.(*A Student's Grammar of the English Language*, p. 296)
>
> > The present perfect is used in both clauses when the since-clause refers to a period of time lasting to the present:
> > Max has been tense since he's been taking drugs.
> > Since I have been here, I haven't left my seat.
> > Since I've known Caroline, she has been interested in athletics.
> > I've had a dog ever since I've owned a house.
> > I've gone to concerts ever since I've lived in Edinburgh.

❹ **have gone to와 have been to**

✚ '…에 가 본 적이 있다'는 have been to이고 '…에 가버렸다(출장)'는 have gone to이므로 내용상 I have gone to...란 말은 있을 수 없다.
대부분의 경우 완료의 의미로서 have/has gone보다 be gone의 형태가 사용된다.

> There is a rare use of **be** as a perfect auxiliary with the verb **go**:
> The guests **are** (also **have**) **gone**. (*A Student's Grammar of the English Language, p. 37*)

ex. Jules: Why are you so interested in the big man's wife?
Vincent: Well, he's going to Florida and he asked me if I'd... take care of her while he is
          gone.... (영화 *Pulp fiction*)

ex. Orlando: And if she has neither?
Pope: Then, however charming she may be, dear lady, she is lost. (영화 *Orlando*)

◯ 과거완료

현재완료 형태 have+p.p.에서 have를 과거인 had로 대체하여 had+p.p. 형태를 취하며 과거 이전의 한 시점에서 과거의 한 시점까지의 상황을 묘사한다.

❶ 기본 의미

- 완료 : When I got to the party, all the people had already left there.
- 경험 : I had never been abroad before I turned 20.
- 결과 : Her father had joined the army when she was born.
- 계속 : His mother passed away after she had been sick in bed for years.

❷ 대(大)과거

과거완료와 같은 had+p.p.의 형태를 취하면서 과거 그 이전에 일어난 것에 초점을 맞출 때 소위 '대과거'라고 부른다.

I lent him the book that my father had bought me.

❸ 소망의 좌절

had hoped[intended/meant/expected]   …하려고 희망[의도/계획]했으나 못했다

I had hoped[intended] to say goodbye to her.
cf. *I hoped to have said…* *(현대영어에서는 어색한 표현)*

❹ 사건의 전후가 명백할 때, 회화체에서는 대과거 대신 그냥 과거시제를 사용하기도 한다.

I left the house after it stopped raining.

◯ 미래완료

현재완료와 마찬가지로 미래 이전의 한 시점부터 미래의 한 시점까지의 상황을 묘사하는데 다음과 같은 기본 의미를 갖는다.

- 완료 I will have finished fixing the car when you come next Monday.
- 경험 If I see this film again, I will have seen it three times.
- 결과 I will have gone home when you come back.
- 계속 I will have lived here for six years when next spring comes around.

진행형 시제

우리나라 학생들은 지금 당장 일어나고 있는 상황을 현재시제로 표현하는 실수를 자주 범하는데 지금 벌어지고 있는 상황은 반드시 be -ing 형태의 진행형 시제로 표현할 수 있도록 아래 예문 등을 통하여 연습하기 바란다.

◐ 시점 진행

❶ 현재진행

- 동작 진행 : I'm coming. 갑니다.(문 열어주러 가면서 하는 말)
  It's raining now.

- 가까운 미래 : I'm leaving tonight.

✚ • 의지 미래 : 일반 회화에서는 말하는 사람의 의지를 표현할 때 shall 대신에 가까운 미래의 뜻을 나타내는 진행형으로 표현한다. 기존 영문법책에는 전혀 언급이 없는 내용이므로, 영화나 방송에서 나오는 살아 있는 말을 통해서 확인하기 바란다.

You're not going anywhere. 너 어디 가면 안돼.
You're staying here. 너 여기에 있어야 한다.
When we come back, you're going to tell us something else. 우리가 돌아오면, (결혼 말고) 다른 말을 해야 할 거다. (미국 TV Sitcom인 *Family Ties*에서 아버지 Stephen Keaton이 자기 맏딸과 결혼하겠다는 Nick에게 하는 대사)

- 반복되는 동작 : 불평이나 짜증나는 감정을 나타내는 데 자주 사용되는 시제이다.

He's always leaving the door open, and it drives me crazy!
She's always leaving the cap off of the toothpaste.
He is constantly complaining about the working conditions.

> **Tip 현재와 현재진행**
>
> What do you do?와 What are you doing?은 큰 차이가 있다.
> What do you do?는 직업 등 하는 일이 무엇인지 묻는 표현이며, What are you doing?은 지금 무엇을 하고 있는지 묻는 표현이다.

❷ 과거진행

현재진행의 의미를 단순히 과거 시점으로 옮긴 시제이다. 과거에 진행되던 사실을 묘사해야 하는 상황, 예를 들면 법정에서 증인들이 진술할 때 많이 사용하는 시제이다.

What were you doing at that time? - I was working on my computer.

❸ 미래진행

영어 원어민들은 앞으로 있을 상황을 설명할 때 미래진행을 자주 사용하는 경향이 많은데, 기본적으로 다음과 같은 의미가 있다.

- 가까운 미래 : 매우 가까운 미래를 의미한다.   I'll be leaving.

✚ • 강한 뜻 : 미래시제보다 더 급박한 일(지금 당장 있을 일)을 묘사하거나 지금부터 계속 일어날 일이란 강한 뜻을 나타낸다. 기존 영문법책에서는 중요시되지 않는 내용이지만 실제 회화에서는 매우 빈번하게 쓰이는 중요 구문이다.

It'll be raining soon.   cf. *It'll rain tomorrow.*
EZ'll be sitting there forever.   (TV Sitcom, Three's A Crowd)

ex. *The rape of a Japanese schoolgirl by U.S. servicemen fueled deep-seated local resentment against American troops, but Clinton **won't be pulling** them out.* (Time: Nov. 18, 1996) (지금 당장은 철수시키지 않을 것이라는 의미. pull out = withdraw)

◐ 완료진행

완료의 시제이면서도 진행의 뜻을 나타낼 때는 완료진행시제로 표현한다.

❶ 현재완료진행

현재진행의 뜻이면서 완료의 의미가 내포되어 있을 때는 현재완료진행형을 쓰는데, 반드시 현재완료진행을 표현하는 아래 예문의 상황을 잘 음미하면서 습득할 필요가 있다.

What have you been doing? 너 뭐 하고 있었니?
My head/stomach/tooth/back's been killing me. 머리/배/이/등이 아파 죽겠다. (현재까지 얼마간 계속 아파온 사실을 말할 때)
I've been expecting you. 그러지 않아도 오실 줄 알았습니다. (기다리던 사람이 왔을 때)
Have you been drinking? 너 술 마셨니?
How long have you been learning English? - I've been learning English for three years. 얼마나 오랫동안 영어를 배우고 계십니까? - 3년 동안 배우고 있습니다.
(지금도 영어를 배우고 있는 수업 시간의 상황. 막연히 '얼마나 오랫동안 영어를 배웠습니까?' 라고 할 때는 How long have you learned English?라고 묻는다.)

현재완료진행형과 함께 사용되는 부사구는 다음과 같다. 이들 부사구는 의미상 현재완료진행형과 어울리기 때문에 자주 함께 사용되므로 잘 알아두자.

by now : They have been playing tennis for two hours by now.
so far : It has been snowing for more than ten hours so far.
up to now, until now : Up to now, I've never been thinking about skiing.
this week[month/semester] : He has been getting straight A's this semester.
all day[week/month] : I've been thinking about that plan all day.
since : I've been learning English since I was a middle school student.
for : I've been learning English for ten years.

❷ 과거완료진행

현재완료진행의 의미를 과거 시점으로 옮긴 시제이다.
We had been waiting anxiously for our parents when the plane finally landed at the airport. (비행기가 공항에 도착했을 때: 과거 시점)

❸ 미래완료진행

의미상 미래 시점에서 진행의 의미와 함께 완료의 개념까지 표현할 상황은 흔하지 않지만, 문맥을 정확히 표현할 때는 얼마든지 표현할 수 있는 시제이다.

By lunchtime, I'll have been teaching for five hours straight.
점심 시간이 되면 나는 5시간을 연속해서 가르치고 있는 것이 될 것이다.
Come next year, I'll have been working here for 30 years in a row.
(Come next year 수사적 표현으로 '내년이 오면', in a row = straight = consecutively)

미래완료진행과 함께 사용되는 부사구는 다음과 같다.

by the time : By the time I leave my country for the United States, I will have been studying English for 10 years.
by then : She will join us in an hour or so. By then we'll have been eating dessert.

◯ 동작 형용사

형용사는 진행형을 쓸 수 없다고 설명하는 문법책이 있으나 이는 틀리며, 동작의 느낌을 주는 형용사는 회화에서 자주 진행형으로 쓰인다. 상태를 나타내는 형용사는 Be tall.(×)처럼 명령형으로 나타낼 수 없지만

(동작을 나타내는) Be kind.는 얼마든지 가능한 명령문이 된다. 이런 맥락에서 볼 때 He is being tall.(×)은 비문법적인 문장이지만 Do you really like my novel or are you just being kind?(친절한 말 등을 하는 행위)에서와 같이 얼마든지 형용사의 진행형은 가능하며 회화에서 자주 사용되는 구문이다. 이처럼 언어의 규칙을 의미를 생각하지 않고 기계적으로 설명하는 것은 매우 위험한 발상이며 반드시 의미론적으로 내용을 음미하는 것이 언어학적 설명과 언어 습득에 중요하다.

You're being rude. 지금 무례하게 행동하고 있다.
He's being sarcastic. (지금 말하는 동작으로 보아) 그는 빈정대고 있다.
You're being modest. (지금 행동을 보니) 겸손하시군요.
She's being stubborn. (지금 그녀의 행동으로 보아) 그녀는 고집 세게 나온다.
He was being silly. (그때) 그는 바보같이 행동을 했다.
You're not being fair. (지금) 당신 행동은 편파적이다. / 형평성에 어긋나는 행동을 하고 있다.
You're being unrealistic. 너는 비현실적이다.
You're being paranoid. 편집증환자같이 행동한다.
He's being an idiot/jerk/nerd. 그는 바보같이 행동한다.

ex. ... *I need to know if I **am being unreasonable**. What do you think?* ... *(Dear Ann Landers)*

ex. ... *"Once again, the media **is being** very **irresponsible** and spreading false rumors,"* Mrs. Jackson Presley said in a statement ... *(The Korea Herald: Apr. 1, 1996)*

ex. ... *if I withhold this information from Jill, I **am being unfair** to her and* ... *(Dear Ann Landers: Should I tell or not?)*

ex. *Ann, my heart breaks because I know they love one another and his father **is** just **being stubborn**.* *(Dear Ann Landers: Father & son)*

ex. *My wife says I **am being silly**.* *(Dear Ann Landers)*

◯ 진행형으로 쓸 수 없는 동사

동사의 내재적 의미상 진행형으로 표현할 수 없고 현재시제로 써야 하는 동사는 다음과 같다. 단, 동작의 의미로 사용될 때는 진행형을 사용할 수 있다.

❶ 인지, 사고

I'm knowing him. (×) → I know him. (○)
I am knowing how to swim. (×) → I am learning how to swim. (○)
I'm thinking abortion is immoral. (×)　**cf.** *I'm thinking about his offer.* (○)

'…라고 생각한다' 는 태도일 때는 진행형으로 표현될 수 없지만, '…에 대해 생각한다' 는 동작의 의미일 때는 얼마든지 진행형으로 표현할수 있다. 다음의 경우도 마찬가지로 mean이 have the intention의 뜻일 때는 진행형이 가능하다.

I'm meaning it. (×)
cf. *I've been meaning to see the doctor, but I've been too busy lately.* (○)

❷ 감정, 심리

She's hating him. (×) → She hates him. (○)
I'm missing you. (×)

기존 영문법책의 주요 관용표현에 나오는 I'm missing you.(×)란 표현은 틀린 말이다. 보고 싶다는 감정이나 심리를 나타내는 miss를 진행형으로 쓸 수 없기 때문에, 반드시 I miss you.라고 말해야 올바른 표현임을 알아두자. 그러나 pop song 등에서 매우 강한 시적 의미를 나타낼 때 I'll be missing you.라고도 말한다.

❸ 지각 (자율적)

I was hearing a rumor. (×) → I heard a rumor. (○)
I was seeing a bird. (×) → I saw a bird. (○)

✚ I'm seeing...이 가능한 경우도 있다. 기존 영문법책에서 see는 무조건 진행형으로 쓰일 수 없다고 설명하고 있지만 실제 의미에 따라서는 회화에서 진행형을 자주 사용한다. 즉, see가 visit 또는 date의 뜻일 때는 동작의 의미가 있으므로 진행형을 취할 수 있다.

I'm seeing John now; we might get married soon. (데이트하다 = I go out with him on dates.)
I'll be seeing the doctor at 2 p.m. (진찰을 받을 것이다 = I have an appointment to see the doctor.)

결국 hear, smell, taste, see, feel 등의 지각동사가 본래 지각의 의미로 사용될 때는 진행형으로 쓰일 수 없지만 동작의 의미가 될 때는 얼마든지 진행형을 취할 수 있다.

I was hearing them quarreling. (×) → I heard them quarreling. (○)
cf. *I was listening to them quarreling.*

This food is smelling great! (×) → This food smells great! (○)
cf. *The dog is smelling that food.*

This soup is tasting great! (×) → This soup tastes great! (○)
cf. *The cook burned himself while he was tasting the soup.*

I'm seeing the blue sky. (×) → I saw the blue sky. (○)
cf. *I'm looking at[watching] the blue sky.*

This table cloth is feeling good. (×) → This table cloth feels good. (○)
cf. *The lady was feeling[touching] that table cloth.*

❹ 소유

I'm owning the store. (×) → I own the store. (○)
I'm having two cars now. (×)   **cf.** *I'm having a great time. (○)*
I'm wanting to run my business. (×)
cf. *I had been wanting to run my business for a long time.*
(want는 완료시제와 함께 진행형으로 표현할 수 있다.)

❺ 상태

He's resembling his father. (×) → He resembles his father. (○)

05 조동사 (Modal Verbs/Auxiliaries)

조동사는 '보조동사'로 이해하여 중요시하지 않는 경향이 많은데, 사실은 말하는 이의 감정을 잘 보여줌으로써 대화의 분위기/양태(mode)를 좌우하므로 매우 중요한 역할을 하는 품사이다. 예컨대, You won't be able to solve this problem.(당신은 이 문제를 풀 수 없을 것입니다.)이라고 단정적으로 말하면 듣는 상대방은 기분이 상할 수 있으나, You may not be able to solve this problem.(이 문제를 풀 수 없을지 모르겠습니다.)이라고 자신의 주장을 다소 약화시켜서 말하면, 상대방의 기분이 그리 심하게 상하지는 않게 된다. 이렇게 의사소통에서 대화의 분위기를 좌우하는 중요한 역할을 하는 조동사는 주어 바로 다음, 본동사보다도 먼저 말해야 하기 때문에 자신의 태도를 순간적으로 잘 표현하기 위해서는 자동화되도록 많이 연습해야 한다. 고난이도의 시험 문제에도 화자의 태도에 대한 문제가 자주 출제되므로 이에 대한 준비가 많이 필요하다.

조동사 do

대동사

실제로 말이나 글에서 사용 빈도가 높은 용법이다.

I respect her as much as you do.
I respect her as much as you.는 다음 두 가지 의미가 되므로 뜻을 명확히 하기 위해서 do를 사용한다.

- I respect her as much as you respect her.
- I respect her as much as I respect you.

ex. *The balding head and steel-rimmed glasses looked much the same as they **did** 15 years earlier, when he first faced the microphones as President, eight months after he effectively took control in a Dec. 12, 1979, coup.* *(Time: Dec. 11, 1995) (steel-rimmed 쇠[금]테의 much the same as... 거의 …과 같은 coup(= coup d'etat) 쿠데타)*

강조

I do believe that all men are created equal.

도치

Never did I imagine that I would see you here. = I never imagined that...
Little did I expect to see you here. = I little expected to...

can/could

능력

보통 can은 약화되어 [kən]으로 발음하고 can't은 강하고 길게 [kæn]으로 발음한다고 하지만, 문맥에 따라서 can이 강하게 발음될 수도 있으므로 혼동의 여지가 있다. 이럴 때는, be (un)able to...를 사용하여 혼동 가능성을 배제한다.

He can run very fast.

✚ **could의 과거 능력 vs. 가정법** can의 과거 could는 '…할 수 있을 텐데, …할 수 있을 것이다'의 뜻으로서 가정법에서 많이 사용되므로 과거의 능력을 말할 때는 be able to를 주로 사용한다.

He could run fast. → He was able to run fast.

You could do it.은 '너는 그것을 할 수 있었다.'라기보다는 '너라면 할 수 있다.'라고 하는 것이 더 자연스럽다.
(It) Couldn't be better.는 '더 이상 좋을 수 없었다.'가 아니라 '지금보다 더 좋을 수 없을 것이다.' 즉 '지금이 최고다.'의 의미이다.

> **Tip** Can you speak French? → Do you speak French?
>
> Can you speak English?는 능력을 묻는 말이므로, 상대방이 다소 기분 나쁘게 들을 수 있으므로 '…말을 하실 수 있습니까?'라고 물을 때는 Do you...?를 활용하여 보통 Do you speak...?라고 한다.

◯ 허가

Can I use the computer? = Am I allowed to use the computer?

◯ 공손한 요청

could는 가정의 뜻을 내포하므로 말하는 의미 주장이 약화되어서 can보다 더 공손한 표현이다.

Could you possibly do me a favor?

◯ 추측

Can it be true? 그게 사실일까?
It can't be true. 그건 사실일 리가 없다.

◯ 목적

미식영어에서는 so that... may보다 so (that)... can을 즐겨 사용한다.

I got up early so (that) I could catch the first train.

•·· may/might

◯ 허가

can보다 정중한 표현이다.

May we take a day off tomorrow?
I'm sorry you can't. (일반적) / No, you may not. (딱딱한 표현)

◯ 추측

may보다 might가 가능성이 더 약하다.

You may be right.
He might be right.

○ 양보

회화체에서는 양보의 may를 보통 생략한다.

I won't believe you, whatever you (may) say.

○ 목적

미식영어에서는 so that... may보다 so (that)... can을 더 많이 사용한다.

I have to get up early so that I may catch the first train.

will/would

○ 미래

I'll give you a call.

○ 공손한 요청

Would you do me a favor?

○ 고집 (현재-will, 과거-would)

My car won't start.
The dog would not eat anything.

○ 습관의 would

We would walk to school, when we were young.

○ 경향

Accidents will happen.
Boys will be boys.
Boys will tend to have different tastes than girls. (tend to와 함께 쓰이기도 함)

ex. *A 17-year-old guy* ***will tend to*** *have* ***different*** *tastes in girls* ***than*** *an 11-year-old guy.*
(TV Sitcom, Family Ties) (different와 비교 대상의 명사 사이에 수식어(구)가 있는 구문에서는 from보다 than을 사용하는 경향이 강함)

○ 소망

He who would look for pearls must dive deep.

shall/should

▶ 고어체, 법률 문서

Vehicles shall/will be towed away at the violator's expense. 불법 주차 금지 팻말
You shall not commit adultery. *(the Bible)*

▶ 의무, 당위성

✚ **must와 should[ought to]** must는 절대적(no choice) 의무의 뜻으로 어조가 매우 강한데 비해, should[ought to]는 제안(choice)이나 당위성의 의미가 내포되어 어조가 다소 약하다.

Sarah should[ought to] be home by now, but she isn't.
Sarah must[has to] be home by now, but she isn't. (×)
she isn't (home)의 의미로 볼 때 절대적으로 집에 와 있어야 한다는 의미를 나타내는 must가 쓰이면 문맥이 통하지 않게 된다. (*A Student's Grammar of the English Language*, p. 63)

▶ 추측

원래 가정법에서 나온 조동사로서, 주장을 다소 약하게 하는 의미를 전달하기 때문에 회화에서 많이 사용된다.

Shouldn't he be here by now? 그 사람 지금쯤 와야 하는 거 아닌가?
That should make him happy. 그렇게 하면 그 사람이 기분 좋겠지.

▶ 주관적 판단

반드시 should를 써야 하는 것은 아니며 내용에 따라 should를 쓰지 않을 수도 있다.

I'm surprised that he **should feel** lonely. ············ ①
I'm surprised that he **feels** lonely. ···················· ②
위의 예에서 ①은 외로움에 대해서 강한 의심을 품는 데 반하여 ②는 외로울 수도 있다는 사실로 받아들이고 있다. 즉, should를 사용하면 동사의 뜻이 강해진다.

must/need

▶ 의무, 필요

Must I leave now? (당위성 : 의무)
No, you need not. = No, you don't have to. 그럴 필요 없다 (선택)
No, you must not. (당위성 : 의무)

▶ 필요

Does he need to go there? (본동사로 쓰일 경우)
= Need he go there? (조동사로 쓰일 경우)

He doesn't need to go there. (본동사로 쓰일 경우)
= He need not go there. (조동사로 쓰일 경우)

○ 강한 추측, 단정

기존 영문법책에서 must는 강한 추측, 단정의 뜻이 있지만, have to는 없다고 설명되어 있으나, 사실 회화체에서 have to[have got to]는 must와 똑같은 뜻으로 많이 쓰인다.

> **Have (got) to** can also be substituted for **must** with little or no difference of meaning.
> (A Student's Grammar of the English Language, p. 62)
>
> There **has got to** be some mistake. (esp. AmE)
> There **must** be something wrong with this machine.
> You**'ve got to** be kidding.
>
> **ex.** You may think you know how you'd react, how you'd handle your biases and preconceptions, but even under the best of circumstances, it's **got to** be a difficult moment. (ABC News Nightline)

✚ have got → 've got → got 회화체에서 본동사 have의 의미로 너무나 많이 사용되는 have got에 대하여 기존 영문법책들은 다루고 있지 않다.

There is the informal **have got** construction, which is frequently preferred as an alternative to stative **have**.
(A Student's Grammar of the English Language, p. 38)

ex. Our Billy**'s got** himself involved with a very funny lass... (만화, Andy Capp)
ex. Apparently, that means I**'ve got** one foot in the grave. (Ann Landers : Hopeless romantic)
ex. Chet Gallagher: Well .... We**'ve got** a couple of vehicles that we drive. (60 Minutes)

✚ need/dare

need : 긍정문에서는 본동사, 부정문/의문문에서는 조동사로 쓰이지만 모두 일반 동사처럼 쓰이는 경향이 있다.
dare : 긍정문에서는 본동사, 부정문/의문문에서는 조동사로 쓰인다.
Does he need to go there? – No, he doesn't need to go there.
How dare you say such a thing to me?
He doesn't dare to do so.

> **Tip 추측을 나타내는 조동사**
>
> 확신 정도의 순서에 따라 순서대로 나열하면 다음과 같다.
>
> 강함 : must > will > would > should > can > could > may > might : 약함
>   That must be true. ←————————————→ That might be true.

•·· 조동사 + have p.p.

❶ must have p.p. : …했음에 틀림이 없다

Someone must have done it.

❷ would have p.p. : …했었을 것이다

I would have waited for you, if you had called me.

❸ **should have p.p.** : …했어야 했는데

I should have known better. 좀더 현명했어야 했는데.
I should have known that. 그걸 진작에 알았어야 했는데.

✚ should have p.p.의 부정은 should not have p.p./should've never p.p./never should've p.p.로 나타낸다.

*Negation is expressed by inserting not (informally n't) after the operator: They should **not** have bought a new house.* (A Student's Grammar of the English Language, p.38)

그러나, 구어체에서 should have는 보통 연음하므로 특히 부정어 never는 operator(첫 번째 조동사)인 should 다음보다는 should've 다음에 위치하거나 아예 should 앞에 위치하기도 한다.

ex. *They were almost bankrupt, they shouldn't have bought a new car.*
→ *They were almost bankrupt they **never should've bought** a new car.*

ex. *I **should've never** even **told** you.* (TV Sitcom : Family Ties)

❹ **could have p.p.** : …할 수도 있었다, …할 뻔했다

Those things happen. It could have happened to anyone.
그렇게 될 수 있는 거야. 누구에게나 그런 일이 일어날 수 있었던 거야.
Don't blame yourself. Who could have thought it would happen?
너무 자책하지 마. 일이 이렇게 되리라고 누구라도 생각이나 했겠어?
Are you crazy? I could have been killed! (보행자가 차에 치일 뻔했을 때 운전자에게 하는 말)
You could have phoned to let me know. 전화 한 통화만 하면 알려 줄 수도 있었잖아?

◉ **may/might have p.p. : …했을지도 모른다 (might가 더 약한 뜻)**

I might not have lived[survived/pulled through], if it had not been for your help.

••• 조동사 may/will/must/can의 조합

조합 순서는 may 또는 will[be going to]+must[have to]+can[be able to]이다. 단, 3가지 모두를 동시에 사용하는 표현은 없다. 조동사 다음에 조동사를 계속 연결하는 것은 안 되므로 will은 be going to로, must는 have to로, can은 be able to로 풀어서 사용하게 된 것이다. 조동사끼리의 조합 순서를 정리하면 다음과 같다.

   1) 먼저 시제를 나타내는 will이나 양보를 나타내는 may를 쓰고
   2) 다음으로 의무/당위성을 나타내는 must를 쓰며
   3) 마지막으로 능력/가능성을 나타내는 can을 쓴다.

따라서 must be going to…(×)나 can have to(×) 등의 표현은 쓰지 않는다. 가능한 조합을 살펴보면, 다음과 같은 표현들이 나올 수 있는데, 한 단어처럼 발음하며 내용을 음미하면서 기억하는 것이 회화 능력 배양에 지름길이다.

will[be going to] have to... ···해야 할 것이다   You're going to have to use the back door.
may have to... ···해야 할지 모르겠다.
will[be going to] be able to... ···할 수 있을 것이다.
may be able to... ···할 수 있을지 모르겠다
must[have to/'ve got to/should] be able to... ···할 수 있어야 한다

부정의 표현도 다른 의미를 전달하므로 독립적으로 기억할 필요가 있다.

won't have to... ···할 필요 없을 것이다
may not have to... ···할 필요 없을지 모르겠다
won't be able to... ···할 수 없을 것이다
   You won't be able to master English in a year or so.   (주장이 강하므로 듣는 사람이 거부감을 느낄 수 있음)
may not be able to... ···할 수 없을지 모르겠다.
   You may not be able to master English in a year or so.   (주장이 다소 약하므로 듣는 사람의 거부감이 적다. 이와 같이 won't be able to와 may not be able to의 의미상의 차이가 상당히 커서 사람들의 마음 상태에 많은 영향을 주기 때문에 양태동사(modal verbs)라고 부르기도 한다.)

※ You won't can use this computer in 20 minutes.라는 말은 실제로 필자가 서울 모(某) 대학의 컴퓨터 Network에 접속하여 사용하던 중 컴퓨터 터미널에서 본 공지사항 내용의 일부이다.

••• would/could

I'd love to, but... : 상대방의 제안에 대한 공손한 거절이다. I love to, but...이란 표현은 없다. (p. 154 참조)

✚ **I love to...와 I'd love to...**   I love to...는 '나는 원래 ···하기를 좋아한다'는 말이며, I'd love to...는 가정의 would를 사용하여 '나는 지금[앞으로] ···를 하고자 한다'는 뜻을 표현하는 말이므로, 두 표현은 완전히 의미가 다르다는 사실을 잊지 말아야 한다. 단, 실제 말할 때는 'd를 너무 약하게 발음하기 때문에 거의 들리지 않으므로, 내용상 'd의 유무를 순간적으로 파악할 수 있도록 듣기 훈련을 많이 해야 한다.

What do you do for relaxation? – I love to dance when I'm free.   (원래 춤추는 것을 좋아한다.)
What would you like to do? – I'd love to dance with you.   (지금 춤추고 싶다.)

가정법 조동사 would/could를 활용한 표현

Would you be willing to...? 혹시 …할 용의가 있으신지요?
Would you happen to know...? 혹시 … 아시는지요?
cf. *You happen to be wrong.* '우연히 틀렸다.'는 뜻이 아니라, '안됐지만[미안하지만] 틀렸다.'라는 표현)
Wouldn't it be nice if we could take a day off? …하루 휴가를 얻으면 좋지 않겠습니까?
I'd like you to... …하시길 바랍니다 (한 단어처럼 기억하는 것이 좋음)
Could you possibly...? (가정의 could에 가능성이 매우 희박한 possibly를 더했으므로 매우 공손한 느낌을 주는 구문)
Your best bet would be to... 당신의 가장 좋은 내기는 …일 겁니다, …하시는 것이 가장 좋으실 듯 싶습니다. (가장 격식을 차린 제안의 표현)

기타 조동사구

❶ had better : …하는 것이 낫다, …해야 한다

You'd better not talk about it. 그런 얘기하지 않는 게 좋겠소.
This'd better be a trick. 이거 장난이어야 한다. / 이거 사실은 아니겠지.
This'd better not be a trick. 이거 장난이면 안되는데!

❷ You'd better have kalbi!

기존 영문법책에서는 You'd better...는 '…하는 것이 좋다, 낫다'라고 설명되어 있어서 우리나라 사람들이 이 표현을 사용할 때 많이 실수한다. You'd better...라고 할 때는 간접적인 명령이나 강한 경고(strong warning)의 어조를 띠므로 사용할 때 각별히 조심해야 한다.
한국식당에서 상대방에게 선의의 제안을 한다고 하여 You'd better have kalbi!라고 하면, '당신, 갈비 먹는 게 좋을 거야!'처럼 들린다. 참으로 우스꽝스럽고 어색한 표현이 아닐 수 없다. had better에는 선의의 제안의 의미는 없고 강한 충고나 명령조가 담겨 있다는 것을 기억해 이와 같은 실수를 범하지 않도록 하자. 단, 자신이나 우리의 당위적인 행위를 말할 때는 I'd better...나 We'd better...를 얼마든지 사용해도 괜찮다. 참고로, had better와 유사한 표현은 다음과 같다.

- 매우 격식을 차린 문어체 표현

    You'd be well advised to pay your taxes on time.
    (be well advised to …하는 게 좋다고 충고하다, …하는 것이 현명할 것이다)
    It would be to your advantage to remit your payments on time.
    (be to one's advantage …의 이익이 되다 remit 송금하다)
    It would behoove you to buy life insurance now. (매우 격식 있는 문어체 표현)

- 공손한 선의의 제안

    Your best bet would be to... …하는 것이 가장 좋을 겁니다.
    If I were you[in your place], I would... 제가 당신 입장이라면, …
    You'd be better off taking lots of fluid. 유동식을 많이 섭취하는 게 좋을 겁니다.

• 기타 일반적인 제안

I think it would be better for you to...
Why don't you...?
Perhaps[Maybe] you should...?

❸ ought to = should

You ought to do your duty as a responsible citizen.
You ought not to have your own way.

❹ would rather... (than ~) : (~하느니) 차라리 …하고 싶다

had better는 당위성을 나타내는 반면, would rather는 자신이 선호함을 나타낸다.
Collins Cobuild English Grammar(1993, p.235)에서는 다음과 같이 설명한다.

preference : would rather

You can say that someone prefers one situation to another by using 'would rather.'

He would rather have left it.   She'd rather be left alone.

I'd rather stay home than go outside. (stay home은 미식영어, stay at home은 영식영어)
Would you like to be in charge of this center?
- Well, I'm afraid I'm not qualified. I'd rather not.
글쎄요, 저는 자격이 안되는 것 같군요. 하지 않는 게 낫겠습니다.

❺ may[might] as well : '…하는 편이 더 낫겠다'의 의미로 had better보다 뜻이 약하며 might가 may보다 뜻이 좀 더 약하다.

You'll never make it. So, you may[might] as well forget about it.
해내지 못할 것 같아. 그러니 다 잊는 게 낫겠다.

✚ **may as well과 might as well**
may as well은 원한다는 표현인 would rather와 당위성의 표현인 had better의 중간 정도의 느낌을 준다.
I may as well stay home.
might as well은 may as well보다 다소 약한 느낌이지만 기존 영문법책에서의 설명처럼 가능성이 없을 때 사용하는 표현은 아니다.
I might as well stay home.

❻ may well : …하는 것도 당연하다(= have good reason to...)

He may well get mad at the bad weather.
= No wonder he gets mad at the bad weather. (구어체)
= It is natural (that) he should get[gets] mad at the bad weather. (문어체)

✚ may well의 다른 의미를 살펴보자. 기존 영문법책에는 '당연히 …하다(= It's natural that...)'의 의미로만 설명되어 있지만 실제로 '어쩌면 …일지 모른다'라는 단정을 피하는 의미로 더 많이 쓰인다.

He may well be one of the students I taught English to a long time ago.
예전에 영어를 가르치던 학생 중 한 명일지 모른다. (might well은 좀더 격식을 차린 표현임)

●●● 유사 조동사

실제 회화에서 사용 빈도가 매우 높은 표현들이므로 잘 익혀 활용할 수 있어야 한다.

❶ **be supposed to... : …하기로 되어 있다**

예정, 의무, 가능의 뜻으로 많이 사용되는 표현이다. supposed to의 발음이 거의 약화되고 연음되는 점에 유의한다. (SECTION 5 발음편 참조)

We are supposed to meet here at five.
What are we supposed to do?
Women are supposed to have more freedom than they used to.
What is that supposed to mean? 그건 무슨 뜻으로 말한 거야? (돌려서 말한 것에 대한 질문)

❷ **be about to... : 막 …하려고 하다**

about to는 연음되어 t가 하나만 있는 것처럼 들린다. (SECTION 5 발음편 참조)

The ceremony is about to start.

❸ **be bound to... : (반드시) …하게 되다**

A sloppy plan is bound to fail in the end.

❹ **be due to... : …할 예정이다**

to는 거의 약화되어 발음된다. (SECTION 5 발음편 참조)

The plane is due to arrive at three.   be due to+명사 : …에 기인하다

❺ **used to : (과거 습관) …하곤 했다, (과거 상태) …였다**

be used to = be accustomed to로, 한 단어처럼 발음하므로 used의 [d]는 탈락되고 to와 항상 연음되어 발음된다. (SECTION 5 발음편 참조)

I used to stay up till late at night. 나는 밤늦게까지 자지 않곤 했다.
There used to be a pond there. 예전에 저기에 연못이 있었다. (과거의 상태)
I'm now used to staying up till late at night. 나는 이제 밤늦게까지 자지 않는 데 익숙하다.

❻ **be sure to와 be sure of**

He's sure to succeed. (내가 확신함)   =   I'm sure he will succeed.
He's sure of success. (그가 확신함)   =   He's sure he will succeed.

CHAPTER 02 동사

연습문제 EXERCISE

빈칸에 알맞은 표현을 고르시오.

1. What _____ is that we have that task completed by next month.
   (A) works   (B) imports   (C) senses   (D) counts

2. A great challenge _____ ahead in the foreseeable future.
   (A) makes   (B) stands   (C) falls   (D) lies

3. As we _____ older, we are likely to become wiser.
   (A) grow   (B) stand   (C) turn   (D) fall

4. As he _____ 50, his hair _____ grey.
   (A) turned   (B) went   (C) grew   (D) stayed

5. Please forgive me _____ what I've said to you.
   (A) for   (B) of   (C) with   (D) to

6. The president announced shocking news _____ his cabinet members.
   (A) to   (B) of   (C) on   (D) by

7. It's about time we got the job _____ perfectly.
   (A) to do   (B) do   (C) doing   (D) done

8. It is better to get the refrigerator _____ even while it is not being used.
   (A) working   (B) be working   (C) worked   (D) work

9. The students saw a beautiful bird _____ fast in the woods.
   (A) flying   (B) flew   (C) to fly   (D) flown

10. All of a sudden, I felt myself _____ from behind.
    (A) touched   (B) touch   (C) to touch   (D) touching

11. How much do you _____ it cost me to buy this computer?
    (A) guess   (B) realize   (C) know   (D) perceive

연습문제 | EXERCISE

12 I _____ you were right here with me to see this beautiful sight.
(A) wish (B) like (C) hope (D) want

13 Dad, I _____ you to meet an old friend of mine, Mike.
(A) long (B) wish (C) hope (D) would like

14 My parents did _____ me to stay away from the woman.
(A) say (B) speak (C) talk (D) tell

15 I'm afraid Jack is _____ nonsense.
(A) pronouncing (B) telling (C) speaking (D) saying

16 People are surprised to see how many languages he can _____.
(A) speak (B) say (C) talk (D) tell

17 As the proverb goes, "Where there _____ a will, there _____ a way."
(A) be (B) was (C) were (D) is

18 A: Mom. Please let me go out and play.
B: No. You are not _____ anywhere. You know you have so much work to do.
(A) going (B) gone (C) go (D) went

19 A: You're not _____ that guy or anyone else. You're not old enough to get married.
B: Please, Mom. I love him.
(A) married (B) will marry (C) marry (D) marrying

20 A: Thank you, but there is nothing to it.
B: You _____ modest.
(A) are being (B) will be being (C) were (D) be

21 A: What happened, Peter?
B: Well, I _____ careful. But then there was a crunch.
(A) was being (B) am (C) will be (D) be

22 We got up early so we _____ see the grand view of the sunrise.
(A) will (B) can (C) may (D) could

23 Whatever you _____ do, you won't be able to master a foreign language in a year or so.
(A) could (B) would (C) should (D) may

연습문제 | EXERCISE

24 Older people _____ tend to have different views of life from those of younger people.
(A) will (B) should (C) are likely (D) could be

25 A: _____ Victoria be here by now?
B: Yeah, I wonder what's keeping her.
(A) Shouldn't (B) May (C) Can't (D) Won't

26 A: You _____ be kidding.
B: No. I'm serious!
(A) have got to (B) would (C) need (D) dare

27 A: There _____ be some mistake.
B: Yeah, I guess.
(A) has got to (B) would (C) need (D) dare

28 A: How stupid of me to believe such a crook!
B: Yeah. Nobody trusts him.
A: I _____ have known that.
(A) must (B) shall (C) will (D) should

29 A: I hear it was a good movie. I'm sorry I didn't see it.
B: It sure was a great film. You _____ have seen it.
(A) should (B) will (C) would (D) shall

30 Some twenty years ago, there _____ be a bridge over there.
(A) used to (B) had better (C) ought to (D) need

31 A: I'm so nervous.
B: _____ you worry about that. I bet you'll make it.
(A) Do (B) Should (C) Will (D) Don't

32 Do your best in whatever you do, _____ you will succeed in life.
(A) unless (B) but (C) or (D) and

33 _____ as you may, you won't be able to extend your life span limitlessly.
(A) Try (B) Though (C) Should (D) Be

34 If I _____ free now, I would positively join you going on a picnic.
(A) were (B) had been (C) had been (D) be

연습문제 | EXERCISE

35 If I _____ harder, I could have won first prize at the competition.
(A) had worked (B) worked (C) work (D) have worked

36 If it _____ for your valuable advice, I could not have become what I am now.
(A) had not been (B) is not (C) has been (D) were

37 If it _____ tomorrow, we will have to cancel our picnic.
(A) would have rained (B) rained
(C) had rained (D) rains

38 Some members moved that Ms. Brown _____ elected the next chairperson.
(A) be (B) had been (C) will be (D) was

39 It is essential that each adult _____ his or her own suffrage.
(A) would exercise (B) have exercised (C) exercised (D) exercise

40 _____ you need to ask for financial help, please do not hesitate to contact Mr. Smith by calling 989-1234.
(A) Should (B) Provided (C) Granting (D) Providing

41 _____ I rich, I could help the poor.
(A) Were (B) Am (C) Should (D) Had

42 A: I know for a fact that Paul's never been to Europe.
B: So do I. But, he talks as if he _____ there.
(A) had been (B) were (C) be (D) is

43 _____ in better times, Cindy would have received a better education.
(A) Born (B) Bear (C) Bearing (D) Bore

44 The poor children were made _____ on the stage against their will.
(A) danced (B) dance (C) dancing (D) to dance

45 The wounded soldier was _____ good care of by the kind nurse.
(A) been taken (B) take (C) taking (D) taken

46 We should not _____ this historic event be forgotten.
(A) let (B) expect (C) force (D) allow

연습문제 | EXERCISE

다음 중 적절하지 못한 부분을 고르시오.

47 (A) It is paid (B) to continue to enrich word power (C) which is essential (D) to overall proficiency.

48 (A) After going over (B) what was covered in the last session, (C) I'd like to address about the thorny question (D) that one of you just raised.

49 (A) As the two countries had waged war (B) with each other for eight years, (C) they felled way behind (D) in the world economy.

50 (A) Now that you have told me (B) what happened, (C) I get the idea of (D) why he sounded so bitterly yesterday.

51 (A) The librarian kindly suggested (B) us that we stop talking (C) while studying (D) in the library.

52 (A) Don't you think (B) it is a better idea (C) to have the construction problem (D) to be worked out by the engineer?

53 (A) What do you think I felt (B) when you embarrassed me (C) in front of your friends (D) and relatives?

54 I sincerely hope (A) that quick-tempered person (B) to get out (C) of my sight (D) as soon as possible.

55 (A) Please make sure (B) you give me a ring immediately (C) after you will get (D) to the destination.

56 Last year (A) I have been to Cheju Island (B) which (C) I found more beautiful (D) than any other island.

57 When was it (A) that Mary has managed (B) to complete (C) the seemingly impossible (D) task on her own?

58 Under the revised ordinance, I (A) have not been allowed (B) to go abroad (C) until I got discharged (D) from the army.

59 (A) Somehow (B) I get the feeling (C) that she has been knowing my boy friend (D) for a long time.

연습문제 | EXERCISE

60 (A) Some philosopher said (B) that it does makes sense to say (C) that all men are not created equal (D) but cremated equal.

61 (A) I was almost run over (B) by that runaway truck. (C) I should have been killed, (D) indeed.

62 (A) You had not better (B) bring up such a subject. (C) That can be considered to be (D) a serious invasion of privacy.

63 (A) Suppose (B) you were in my place, (C) what would you have done right now (D) to attack this persistent social problem?

64 (A) If my mentor did not guide me (B) during that period of time, (C) I could not have finished dissertation (D) and completed my Ph.D. course.

65 If the poor boy had not been killed (A) in that tragic accident, (B) he would have been (C) old enough (D) to go to college now.

66 It is our earnest hope (A) that (B) the ex-convict turns (C) into a new member (D) of our community.

67 (A) Should it rains tomorrow, (B) we would have to postpone the convention (C) until it (D) stops raining.

68 Robert Bradford is reported (A) to be (B) one of the most brilliant students (C) when he served (D) as the 16th president of the students' association of Michigan High School.

69 (A) There is no doubt (B) that not a single person (C) would appreciate (D) being made fun in public.

70 (A) Quite a few parents (B) don't want to (C) set their children through (D) what they went through.

71 The recent tragic airplane crash (A) costs hundreds of lives, (B) including all passengers (C) and crew members, and those who happened to be (D) near the crash site.

72 The recent (A) forest fire (B) put many people (C) living on the mountain (D) homeless / and penniless.

연습문제 | EXERCISE

73 (A) The vice president made a serious mistake (B) by making the novice bureaucrat (C) in charge (D) of the fact-finding committee.

74 (A) There are some unscrupulous people (B) who do not mind doing (C) whatever takes (D) to get a goal accomplished.

75 The boss keeps (A) insisting on his employees to work (B) 15 hours a day. (C) Many people think (D) he is being irrational.

76 The young man said (A) that (B) if he had (C) more money, (D) he could have bought a new motorcycle.

American Culture | Body Language

영어 의사소통에서는 원어민들이 몸동작을 많이 사용하는데, 이는 언어의 중요한 일부분이다. 이에 대한 이해가 부족할 때에는 심각한 오해를 불러일으킬 소지가 크다. 특별한 의미를 지니고 있는 몸동작을 아래와 같이 제시하니 잘 숙지하기 바란다.

다음은 일상 회화에서 많이 사용되는 몸/손동작으로서 함께 사용되는 영어 표현도 중요하므로 몸동작과 함께 잘 익힐 필요가 있다.

▶▶▶ I'll keep my fingers crossed

상대방에게 행운을 빈다는 의미로서, 둘째손가락과 가운뎃손가락을 교차하여 십자가를 만들면서 I'll keep my fingers crossed.라고 말한다. 또한 Keep your fingers crossed for me.라고 말하면 Wish me luck.의 의미가 된다.

▶▶▶ Quote & Unquote

누구의 말을 인용하거나 중요한 표현을 강조하면서 말할 때 양손의 둘째손가락과 가운뎃손가락은 다 접어서 인용부호 " "의 모양을 만들며 말한다.

▶▶▶ Just like that! (snap)

엄지손가락과 가운뎃손가락으로 순간 마찰을 시켜서 '탁' 소리를 내는 손동작 (snap)으로, 아주 쉽다는 의미이다. 보통 손동작을 하면서 Just like that!이라고 말한다. '그렇게 쉽다'의 뜻으로서, 긍정적인 뜻뿐만 아니라, 부정적인 의미로 비꼬는 투(그렇게 쉽게 용서할/잊을 수 있단 말이야?)로 말할 때도 많이 사용된다. 이런 동작에서 snap은 '매우 쉬운 일'의 의미로 쓰인다.
(snap = a piece of cake = cinch = breeze)

▶▶▶ Come here/Go away.

손바닥을 아래 방향으로 하여 손을 여러 번 오므렸다 펴는 손동작은 Go away.라는 표시이며, 손바닥을 위쪽으로 하여 손을 여러 번 오므렸다 펴는 손동작은 Come here.라는 표시이다. 우리는 상대방에게 오라고 할 때도 손바닥을 아래 방향으로 하므로 오해가 생기는 손동작이다.

Go away.　　　　　　　　　　　　　　　come here.

▶▶▶ OK.

엄지손가락과 둘째손가락으로 'O'를 만들고 나머지 손가락은 펴는 동작으로 '좋다'는 의미를 나타낸다.

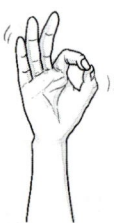

▶▶▶ **Thumb's up/down.**

Thumb's up.은 엄지손가락을 위로 쳐들고 나머지 손가락은 접어서 '좋다; 승인'을 의미하는 손동작이다.
Thumb's down.: 엄지손가락을 아래로 향하게 하고 나머지 손가락은 접어서 '나쁘다; 거부'를 의미하는 손동작이다.

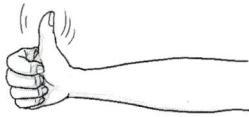

▶▶▶ **Shrug one's shoulders**

I'm not sure. Who cares? 등의 '잘 모르겠다. 알게 뭐냐?'와 같이 체념을 의미하는 몸동작이다.

▶▶▶ **Nod one's head/Shake one's head**

Yes의 뜻으로 머리를 끄덕이며, No의 뜻으로 머리를 가로로 젓는다. 우리나라 사람들의 제스처도 의미가 동일하지만 이런 제스처는 나라마다 같은 것은 아니다. 참고로 아랍 사람들은 이것과 반대의 몸동작으로 같은 의사를 표시한다.

▶▶▶ **Wink**

wink는 이성이든 동성이든(gay) 간에 호감을 느낀다는 특별한 의미가 있으며 또한, 자기들만의 특별한 비밀을 알리는 표시이기도 하다.

▶▶▶ **Victory vs. Obscene gesture (영식)**

손바닥이 상대방 쪽으로 향하게 하여 둘째손가락과 가운뎃손가락을 V자로 벌리고, 다른 손가락은 접는 동작으로 승리(Victory) 또는 평화(Peace)를 의미하는 것은 상식적인 손동작이다.
그런데, Victory를 의미하는 손동작을 손등이 상대방 쪽으로 향하게 하면 영국에서 음란한 욕설을 뜻하므로 매우 주의해야 한다.
참고로, 미국인들은 가운뎃손가락을 곧게 위로 쳐들고 다른 손가락은 접은 손동작으로 음란한 욕설(Fuck you!)을 표시한다.

SECTION 01 구문편

03 _ 준동사
Verbals

준동사는 동사가 주절의 술어부가 아닌 다른 곳에서 표현될 때 나타나는 여러 동사의 형태를 의미하는 것으로, 형태에 따라 부정사, 동명사, 분사(현재/과거)로 분류한다. 기능적으로 부정사는 명사(…하기), 형용사(…할/한), 부사(…하기 위해서, …하기 때문에 등)의 역할을 하고, 동명사는 명사(…함)의 역할만을 담당하며, 분사는 형용사, 부사의 역할을 한다. 문어체 및 구어체에서 모두 중요한 역학을 하므로 잘 숙지하여야 한다.

01 to부정사 (to Infinitive : to + 동사원형)

우리말에서 '살다'에 '…가 힘들다'란 말을 연결하려면 '살기가[사는 것이] 힘들다'라고 말해야 하는 것처럼 영어에서는 동사의 꼴을 변형하여 다양한 품사의 역할을 하려는 노력이 동사 앞에 to를 붙인 꼴의 부정사로 나타난다. 기능적으로 부정사는 명사(…하기, …하는 것), 형용사(…할/하는), 부사(…하기 위해서, …하기 때문에)의 역할을 한다.

••• 부정사 역할

부정사는 동사처럼 시제나 태를 나타낼 수 있으며, 명사적, 형용사적, 부사적 역할을 할 수 있다.

○ 명사적 용법

❶ 주어

✚ to부정사 주어 → 동명사 주어

현대 영어에서는 주어 자리에 to부정사로 명사적 의미를 나타내는 것을 어색하게 느끼며 동명사로 표현하는 것을 훨씬 더 선호한다. *(Steer & Carlisi, 1991)*

To see is to believe. (?) (*Turton(1995 : infinitives : use 395)*은 이런 구문을 어색한 비문법적인 구문이라고까지 주장한다.)

→ **Seeing is believing. (○)** 백문이 불여일견이다. (자연스러운 문장)

단, to부정사가 주어 위치에서 쓰일 때는 보통 가정적인 설의법으로 사용된다.
To ignore the invitation would be rude, wouldn't it?

다음과 같이 가주어 it과 함께 쓰이는 to부정사의 관용적 구문은 자주 사용된다.
I know what it's like to go hungry.
(it: 가주어 = to go hungry: 진주어), what it's like to... : …하는 것이 어떠한지 (관용적 구문)

What does it feel like to have finished all your exams? (What does it feel like to...? …한 느낌이 어떤가?)

= How does it feel to have finished all your exams?

❷ 보어

The first thing you should do is to push this button. (the first thing = to push this button)

❸ 목적어

I find it a lot of fun to talk with him. (it: 가목적어 = to talk... : 진목적어)

I don't know what to do. (의문사+to부정사)
     where to go.
     when to leave.
     who(m) to believe. (누구를 믿어야 할지)
     how to do it.
     why to...(×) (쓰지 않는 표현)

✚ know how to...는 하나의 의미 단락이므로 know to...란 표현은 없음을 기억해 두자.

Do you know to do it? (×)

> **Tip**   **Know when to say when.**
>
> 미국에는 Know when to say when.이란 음주 관련 공익광고를 자주 보게 된다. say when은 술을 따라 주면서 '자신의 주량에 맞는 양이 따라지면 when(이제 그만 됐어요)이라고 말하세요.'라는 의미이다. 따라서 '언제 say when이라고 말해야 할지를 아십시오.' 즉, '자신의 주량에 맞춰 음주하세요.'라는 공익광고이다.

◐ 형용사적 용법

❶ 일반적

to부정사의 동사와 앞에 위치한 목적어와의 관계에 따라 전치사가 달리 쓰인다.

I can't think of anything to write about.   쓸 거리가 생각나지 않는다.
I don't have a pen to write with.   쓸 펜이 없다.
I don't have any paper to write on.   쓸 종이가 없다.
I have no one to write to.   편지를 써 보낼 사람이 없다.

❷ 관용적인 표현

우리말 표현 방식과 차이가 큰 to부정사 형용사적 구문/표현은 사용이 쉽지 않으므로 관용적 표현처럼 기억하는 것이 회화 실력을 위해 중요하다.

have something[nothing] to do with...   …와 어느 정도 관계가 있다[없다]

What does that have to do with this? 그게 이것과 무슨 상관입니까?

What does that have to do with anything?
그게 대체 무슨 상관입니까?

Would you like something to drink?
(마실 것을 대접할 때 사용, Would you like to drink something?은 어색한 표현)

You've got better things to do.
당신은 더 좋은 할 일이 있다. / 그렇게 할 일이 없냐? (한심한 일을 하는 사람에게 충고하는 말)

We've got two hours to kill before the play starts. 연극이 시작되기 전에 두 시간 남아 있다.

I've got an airplane[train] to catch. 비행기[기차] 타러 가야 한다.

I've got a lot of studying[work] to do. 공부[일]할 게 많다.

I've come a long way, but I still have a long way to go.
많은 발전을 했지만, 아직도 갈 길이 멉니다. (겸손의 표현)

That's the way to go. 그것이 하는 방법이다. / 그렇게 하는 거다.

Way to go! 그렇지! / 잘하는 거야! (= Attaboy! / Attagirl! 어린아이에게 칭찬하는 말)

What a way to go! 잘 갔네! (나쁜 짓 하다가 잘 죽었네!)

I've some business to take care of around here.
여기에 볼일이 있어서 왔다. (What has brought you here?의 대답)

in a futile effort to... …할 무모한 노력으로, …하려고 노력했지만 안되고 말았다

He is the last person to turn his back on us.
(turn one's back on …에게 등을 돌리다, 저버리다 = desert = forsake)

cf. *He is the last person we would expect to have committed the crime. (least likely criminal suspect)*

He was the last person we would have expected to commit the crime. (He committed the crime, but we didn't suspect him.)

You'll be the first to know. 너한테 제일 먼저 말해 줄게.

Now that you're gone, I have no one to turn to.
이제 네가 떠나 버렸으니, 나는 의지할 사람이 없다. (turn to 의존하다 = count on = depend on = rely on)

There's nothing to see. 볼 거리가 없다.
cf. *There's nothing to be seen.* 보이는 게 없다.

We have no time to lose. 우물쭈물할 시간이 없다.

I've got a bone to pick with you. 당신에게 따질 게 좀 있다.

+ **의미상 have to ≠ must인 구문** What do you have to+동사원형?이나 How long do they have to+동사원형? 등의 구문은 의미상 have to가 must의 뜻이 되지 않고 have와 to가 분리되어야 의미가 통하는 구문이다.

What do you have to say about this? 이것에 대해 말할 것이 뭐 있습니까? (인터뷰 때 많이 사용하는 구문)

위의 구문은 have to가 must의 의미가 되거나 have의 목적어가 what이고 to 이하는 what을 수식하는 의미로서 두 가지 해석이 가능하다. 후자의 의미일 때는 구문상 have와 to 사이를 끊어서 발음하는 것이 원칙이지만 보통은 연결해서 발음하므로 내용으로 미루어 의미를 파악해야 한다. 일반적으로는 '무슨 하실 말씀 있습니까?'라고 의견을 묻는 표현으로 사용된다.

ex. *The only formal announcement we had this evening came from the mayor of Los Angeles, Tom Bradley. Here's* **what he had to say**. *(ABC News Nightline)*

✚ **문법 능력(Grammatical Competence)과 사회언어학적 능력(Sociolinguistic Competence)**
문법상의 실수와 사회언어학적 실수 중 어느 것이 의사소통에 미치는 영향이 더 클까? 문장 구조가 틀린 말을 하게 되면, 원어민은 상대방이 영어실력이 부족해서 말을 잘 못한다고 이해해서 어느 정도 상호 노력 하에 의사소통이 원만하게 진행된다. 그러나, 문장 구조는 완벽한데 상황에 적절하지 않은 표현을 사용하면 원어민은 상대방이 왜 그런 말을 했는지 의아하게 생각한다. 예컨대, '어떻게 오셨습니까?'라고 할 때 Why did you come here?라고 물으면, '당신이 올 데가 아닌데 왜 왔느냐?'는 투로 들린다. 이럴 때는 What has brought[brings] you here?라고 말해야 한다.

❸ be to (격식을 차린 표현)

- 예정
  The space shuttle is to take off tomorrow afternoon.

- 의무
  You are to take this medicine regularly.

- 가능
  Who's to say what's right or wrong? (Who can say...?)
  Happiness is not to be traded for money. (행복은 돈과 바꿀 수 없다.)

- 의도
  You should have a specific goal in your mind if you are to succeed.

- 운명
  They are never to see each other again.

❹ come/get/grow/learn to+동사원형 : …하게 되다

How did you get to know him?
Unfortunately, the newlyweds grew to hate each other. (newlyweds 신혼부부)

🔸 부사적 용법

❶ 목적

I'm here to ask you some questions about tuition and fees. 수업료에 대해 질문을 하러 왔습니다.
Mr. Kildong Hong is here to see you. (홍길동 씨께서 뵈러 오셨는데요.)
- Send him in. 들여 보내세요.

✚ to부정사와 for -ing에는 의미 차이가 있다. to부정사는 행동의 목적을 표현하는 데 반해, for -ing는 물건의 목적(용도)을 나타낸다.

Mr. Kildong Hong is here for seeing you. (×)
This camera is to take underwater pictures. (×)
→ This camera is for taking underwater pictures. (○)

❷ 원인

I'm pleased to meet you. …하니 ~하다 (감정의 원인)
He must be crazy to say such a thing. …하는 걸 보니 (이유)

❸ 결과

He lived to be 100 years old. 그는 100세가 되도록 살았다.
He grew up to be a doctor. 그는 결국 의사가 되었다.
We've tried to find out the cause of the accident, only to fail. 결국 …하지 못했다.
She left her hometown, never to return. … 결국 돌아오지 못했다.

••• 부정사 시제

🔸 단순부정사

술부 동사와 동일 시제를 나타낸다.

They say that he is a brilliant student. → He is said to be a brilliant student.
They said that he was a brilliant student. → He was said to be a brilliant student.

🔸 완료부정사

술부 동사보다 앞선(前) 시제를 나타낸다.

They say that he was a brilliant student. → He is said to have been a brilliant student.
They said that he had been a brilliant student.
→ He was said to have been a brilliant student.

••• 형용사에 근거한 구문

'It is+형용사+to부정사' 구문에서 형용사의 성격에 따라 to부정사나 전치사의 목적어가 문장의 주어 위치에 올 수도 있다.

❶ 목적어가 문장의 주어 자리에 오는 경우

difficult, easy, impossible 등의 어렵고 쉬운(難易) 정도를 의미하는 형용사의 구문에서는 보통 목적어가 문장의 주어 자리에 온다. 기존 영문법책 중에는 사람이 주어일 때 impossible, difficult 등의 형용사가 오면 틀린 문장이라고 설명한 책이 있으나 이는 잘못된 설명이며 오히려 목적어를 주어 자리로 옮겨서 사용하는 구문을 더 즐겨 쓴다.

It is easy to please me. (?)　(잘 쓰지 않는 표현)
→ I'm easy to please.　저는 아무거나 좋습니다. (구어체)
It is impossible to work for him.
→ He is impossible to work for.　(구어체. work for him 그 사람 밑에서 일하다, work with 같이 일하다)
It is hard to come by jobs.
→ Jobs are hard to come by.　일자리를 구하기 어렵다. (불경기 상황을 묘사하는 표현)
It is easy for you to say that. → That's easy for you to say.　(구어체)
You are easy to say that. (×)

> **Tip**　I'm easy to please.와 I'm eager to please.
>
> 위의 두 문장은 표면상(표층구조: Surface Structure) '주어+be+형용사+to부정사'로서 동일한 구문을 취하고 있으나 의미는 전혀 다르다. 전자는 It's easy for others to please me.의 의미이고, 후자는 I'm eager to please others.의 의미이다. 이런 의미의 차이는 바로 easy와 eager라는 형용사의 의미 차이에 기인한다.
> 즉, 동일한 주어(I)의 두 문장이 상이한 어휘(형용사) 때문에 전혀 다른 주어(전자는 others, 후자는 I)의 의미를 내포한 구문(심층구조: Deep Structure)이 된다. 어휘의 의미가 구문보다 더 중요하게 작용할 수 있음을 보여 주는 좋은 예이다.

❷ find의 목적절 내에서 : 목적어가 주어 자리에 온다.

I find it hard to believe that.(?) (구문상 I find (that) it is hard to believe that.의 paraphrasing이지만 지시대명사 that이 접속사로 혼동되므로 잘 사용되지 않는 문장)

I find that hard to believe. (○) (보통 사용되는 구문)
= I find (that) that is hard to believe. (○)

기존 영문법 책에서는 이런 구문을 전혀 다루고 있지 않지만 일상 회화에서는 I find that hard to believe.를 훨씬 더 많이 쓴다. 회화나 영어 방송 등과 같이 살아 있는 말을 통해 확인하기 바란다.

❸ 기타 : 당위성의 형용사

어렵고 쉬운 정도를 의미하는 형용사 외에 당위성을 의미하는 necessary 등의 형용사 구문은 목적어가 주어의 자리에 올 수 없다.

It is necessary for us to work harder to catch up with the advanced nations.
→ It is necessary that we (should) work harder to catch up with the advanced nations.
We are necessary to work harder to catch up with the advanced nations. (×)
It is very kind of you to say so. → You are very kind to say so.
It is very kind that... (×)

(kind는 사람의 성격을 나타내는 형용사이므로 you = kind의 관계가 되므로 for 대신에 of를 사용함. 사람의 성격을 나타내는 형용사에는 wise, good, nice, silly, careful, careless 등이 있음)

•••의미상의 주어 : for *sb* to...

✚ '누가 …을 하다'의 뜻으로서 의미상의 주어를 나타낼 때는 for sb를 사용한다. 반드시 It... for... to... 구문을 사용해야 하는 것은 아니고 For sb to... 구문도 자주 사용한다.

For us to take part in the discussion would be a conflict of interest.
(A Student's Grammar of the English Language, p. 311)
= It would be a conflict of interest for us to take part in the discussion.
I'll wait for you to finish your work.
네 일이 끝날 때까지 기다릴게. (wait for sb to... ~가 …을 하는 것을 기다리다)

•••관용적 구문 전환

I got up early in order to catch the first express bus.
→ I got up early so that I could[might] catch the first express bus.

cf. *to*-부정사의 부정은 *to* 바로 앞에 *not*을 붙이므로, *in order to*의 부정은 *in order not to*인데, 보통 구어체에서는 *in order not to*보다는 절을 사용한다.

He worked hard in order not to flunk the test.
→ He worked hard so that he would not flunk the test. (so that...을 선호함)

cf. I'm glad to be home. → I'm glad I'm home. 집에 오니 좋다. (절을 활용한 문장을 선호함)

This box is too heavy for me to lift.
This box is too heavy for me to lift it. (×) (절이 아니므로 목적어 it은 불필요)
→ This box is so heavy that I cannot lift it. (○)
This box is so heavy that I cannot lift. (×) (절이므로 목적어 it은 반드시 필요)

He is bright enough to solve many difficult math problems.
→ He is so bright as to be able to solve many difficult math problems.
→ He is so bright that he can solve many difficult math problems.

We have the freedom to do many things on campus.
→ We are free to do many things on campus.
= We do many things on campus freely.

원형부정사

사역동사

회화에서 많이 사용되는 구문이지만 막상 말하려면 생각이 잘 나지 않으므로 많은 연습이 필요하다.

I had the mechanic fix my car. (mechanic 자동차 정비공)
Please have him return my call. 전화 해달라고 전해 주세요. (전화 대화)

지각동사

I heard someone come up to me. (come up to... …에게로 가까이 오다)

be동사의 보어

All/What sb have to do is (to)...와 The least you can do is (to)...
회화에서는 보통 be동사 다음에 오는 to를 생략하며, 현대 영어에서는 글에서도 이런 경향이 강하게 나타나고 있다.

All you have to do is (to) turn on this machine. (all you have to do is...는 '…하기만 하면 된다'의 뜻으로 have only to보다 훨씬 사용 빈도가 높은 구어체 관용 구문이다.)

The least we can do is send him a pizza on his birthday.
(the least you can do is...는 '적어도 … 정도는 할 수 있지 않겠는가'의 뜻임)

Turton(1995, infinitives : form 393)은 영식영어에서 to를 쓰면 비문법적이라고까지 주장한다.

All I could do was to cry. (?) → All I could do was cry.
What you mustn't do is to give them your phone number. (?)
→ What you mustn't do is give them your phone number.

○ 관용적 표현

I couldn't but laugh at his funny face. (can't but+동사원형 …할 수밖에 없다)
She did nothing but cry all day. (do nothing but+동사원형 …하기만 하다)
I'd rather die than live like a slave.
You'd better watch out for the cars. (watch out for …을 주의하다)

● 독립 부정사

독립된 부정사로서 숙어적인 표현들이다.

- **to top it off** : 한수 더 떠서
  His daughter ran away from him. To top it off, his wife walked out on him.

- **not to mention = to say nothing of = not to speak of = let alone** : …은 말할 것도 없이
  The refugees have no shelter, not to mention food.

- **to make matters worse** : 설상가상으로
  To make matters worse, the house was set on fire. (set sth on fire …를 방화하다)

- **to begin with = to start with = in the first place** : 우선적으로
  To begin with, let me express my deepest gratitude to you.

- **to be honest = to be frank[candid] with you** : 솔직히 말해서
  to be frank/candid (with you)는 매우 강한 느낌을 주는 표현이므로 보통 간단히 frankly나 to be honest, 또는 I have to admit 등의 표현을 더 즐겨 쓴다.
  To be honest, I don't like the boss.

✚ 다음의 내용은 형태는 독립부정사처럼 보이지만, 사실은 surprise와 avail은 동사과 아닌 명사로서 관용적 표현으로 이해해야 함

- **to one's surprise** : 놀랍게도
  ex. *To no one's surprise, C.H. Tung was tapped to be Hong Kong's first post-colonial leader.* (Time : Dec. 23, 1996)

- **…, to no avail = only to fail** : …했으나 별 효과가 없었다 (문어체에서 쓰이는 표현으로 문장 끝에 위치)
  ex. *A few years ago I began the battle to wean my chidren away from TV. I threatened, unplugged and punished **to no avail**.* (Dear Ann Landers) (wean my children away from… = gradually take my children's attention away from…)

● to부정사를 목적어로 취하는 동사

○ 동사 + to부정사

to와 함께 사용되는 동사들이므로 to와 묶어서 발음으로 익히는 것이 필요하다.

> afford, agree, beg, (not) care, claim, choose, continue, decide, deserve, expect, hate, fail, hesitate, hope, intend, learn, manage, mean, need, offer, plan, prepare, pretend, promise, refuse, threaten, wait, want, wish

He didn't **care to** ask about my whereabouts. (whereabouts 위치, 소재지)
The reporters **continued to** ask the former president many questions.
When do you **expect to** finish this job?
I **hate to** ask you this, but... 이런 질문하기 싫지만, … (관용적 표현)
The letter **failed to** arrive. (fail to... …하지 못하다)
I had **hoped to** become a doctor.

✛ 기존 영문법책에서 위의 마지막 예문과 같은 의미의 표현이라고 설명하는 I hoped to have become a doctor.(×)는 잘 사용하지 않는 표현이다.

I didn't **mean to** hurt your feelings. …할 의도는 없었다.
She **pretended to** know nothing about the accident.
His mother **promised to** buy him a bike.
I **want to** take a day off tomorrow. (take a day off 하루 쉬다)

◯ 동사 + 목적어 + to부정사

동사 다음에 곧바로 to부정사가 오는 구문과는 의미가 완전히 달라지므로, 목적어를 넣은 채 to부정사를 함께 기억하는 것이 반드시 필요하며 한 단어처럼 발음으로 기억해야만 회화에서 활용할 수 있다.

> advise, allow, cause, challenge, convince, encourage, forbid, force, get, instruct, invite, order, permit, persuade, remind, require, teach, tell, urge, want, warn

The doctor **advised** her to eat less.
The teacher didn't **allow** us to leave class early.
The intolerable heat **caused** many students to pass out. (pass out 졸도하다)
I'd like to **challenge** you to think about what you're living for.
His doctor **convinced** him to quit smoking.
The coach **encouraged** the players to train every day.
The school **forbids** us to have more than three absences.
The economic recession has **forced** many companies to run go out of business.
They **got** the police officer to drop the charges.
(여기서 get은 사역동사 drop the charges 고소[고발]를 취하다)
The lecturer **instructed** us to turn on the computer.
My boss **invited** me to have dinner with him.
The platoon leader **ordered** his men to launch a surprise attack.
(platoon leader 소대장 his men 자기 부하)

Eighteen-year-old students are **permitted** to have a car on campus.
Her uncle **persuaded** her to apply to law school.
Please **remind** me to give him a call.
The law **requires** us to take a blood test before marriage.
The instructor is **teaching** the students to improve reading speed.
Her mother **told** her to practice playing the piano.
The manager **urged** his secretary to send his letter immediately.
What do you **want** me to do?
My doctor strongly **warned** me to lose weight.

◯ 동사(+ 목적어) + to부정사

동사 다음에 목적어를 취한 후 to부정사를 쓰기도 하고, 목적어 없이 바로 to부정사만을 취하기도 하는 중요한 동사들이다. 예컨대, I'd like to...는 말하기 쉬워도 '당신이 …하길 바란다'는 구문인 I'd like you to...를 자유자재로 구사하기는 쉽지 않으므로 자연스러운 의사소통 능력을 배양하기 위해서는 완전히 숙지할 필요가 있다.

- ask
  The cashier asked to see some identification.
  The cashier asked me to show some identification.

- beg
  The patient begged to get some painkiller.
  The patient begged his doctor to give him some painkiller.

- choose
  The teacher chose to lead the discussion.
  The teacher chose me to lead the discussion.

- expect
  She expects to do her best.
  I expect her to do her best.

- need : 기존 영문법책에 설명되어 있지 않지만 사용 빈도가 높은 중요 구어체 구문이다.
  You don't need to patronize me.　(patronize 역성들다)
  I don't need you to patronize me.　(당신이 …해 줄 필요 없다)

- want
  She wants to learn how to use the computer.
  She wants me to learn how to use the computer.

- would['d] like to
  I'd like to introduce you to my mother.
  I'd like you to meet my mother.　(소개할 때 많이 사용하는 표현)

02 동명사 (Gerund: -ing)

우리말에서 동사 '살다'와 '…이 그대를 속일지라도'를 합치려면, '삶이 그대를 속일지라도'에서처럼 살다를 '삶'으로 바꾸어야 한다. 이처럼, 동사의 꼴을 변형하여 명사로서의 역할을 하려는 노력이 영어에서는 동사에 -ing를 붙인 동명사 형태로 나타난다.

••• 동명사의 역할

동명사는 동사의 내용으로서 시제나 태, 의미상 주어 등을 나타낼 수 있으며, 명사 또는 형용사(용도 및 목적의 뜻)의 역할을 한다.

❶ 주어

Smoking is a drag. (drag 지긋지긋한 일)

❷ 목적어

I've enjoyed talking with you.
I'm not interested in talking about that.

❸ 보어

My part-time job is taking care of babies.

Tip -ing : 과거의 느낌

-ing는 지난 일을 표현하는 느낌을 주기 때문에, 'It(가주어)… to부정사(진주어)' 구문에서 지난 일을 표현할 때는 동명사로 대체하는 경향이 강하다.

(It was) Nice meeting you. = It's nice to have met you.
(초면의 사이에서 헤어질 때 인사말로, It was nice to meet you.(×)라고는 하지 않는다.)
cf. (It's) Nice meeting you. = (It's) Nice to meet you. (처음 만났을 때 인사)
It was nice[good] being here. (작별인사)
It's been nice meeting[talking to] you. (작별인사)

••• 의미상의 주어

✚ 의미상의 주어는 소유격으로 표시하는 것이 원칙이라고 기존 영문법책에서는 설명하고 있지만, 일반적으로는 목적격을 더 즐겨 쓴다.

❶ 소유격/목적격

• 대명사 : 소유격과 목적격 둘 다 사용한다.

I don't appreciate your saying so. 그런 말씀 듣기가 좀 거북하군요.
I don't appreciate you saying so.

- 일반 명사 : 보통 목적격으로 표시된다.

  I'm proud of my father being a civil servant. (a civil servent 공직자)

❷ 동명사 구문 → 절

✚ 의미상의 주어를 포함한 동명사 구문은 딱딱한 문체이므로 구어체에서는 접속사가 생략된 절을 훨씬 더 즐겨 쓴다.

I'm sorry for (my) being late. (의미상의 주어와 문장의 주어가 같기 때문에 생략함)
  → I'm sorry I'm late. → Sorry I'm late. (p. 235 참조)
I'm afraid of the doctor making a mistake.
  → I'm afraid (that) the doctor may make a mistake.
I'm sure of your passing the exam. → I'm sure (that) you'll pass the exam.
I'm not ashamed of my family being poor.
  → I'm not ashamed (that) my family is poor.
She insisted on his running the errand.
  → She insisted (that) he (should) run the errand.

❸ 의미상의 주어를 명시하지 않는 경우

- 문장의 주어와 일치할 때

  I remember meeting him.

- 문장의 목적어와 일치할 때

  He accused me of cheating.

- 일반적인 사람을 나타낼 때

  I object to smoking in public places.

동명사를 목적어로 취하는 동사

동명사만을 목적어로 취하는 동사

보통 부정적인 의미의 동사가 많으며, 다음과 같이 의미에 따라 구분할 수 있다.

> 중단(finish, stop, quit) / 회피(avoid, resist, help) / 연기(delay, postpone) / 부정(resist, deny, mind) / 긍정적 의미(admit, keep(계속하다), appreciate(좋게 생각하다), enjoy, practice)

I've just finished reading that book.
I just can't stop loving her.

We'd better avoid eating too much.
I couldn't help feeling sorry for the beggar.
They postponed making a final decision.
He continued to deny saying so.
Do you mind my smoking here? - Yes, you're not supposed to smoke in here.
I'm going to keep working out to stay in shape.
cf. *I'm sorry to have kept you waiting so long.*   *(keep sb -ing ~가 계속 …하게 하다)*
The suspect finally admitted committing that crime.
I don't appreciate your saying so.   듣기에 좀 거북하군요.
The kids seem to enjoy learning English.
She practices playing the piano in the morning.

✚ **end[wind] up -ing :** '결국 …하게 되다'의 뜻으로서 회화에서 사용 빈도가 매우 높은 표현이다.

The couple ended[wound] up getting divorced.

end[wind] up 다음에 1) 동사-ing, 외에 2) with+사물, 3) in+장소, 4) as+자격 구문 형태를 취한다.

He ended[wound] up with a huge debt.   그는 결국 큰 빚을 지게 되었다. (with+사물)
He ended[wound] up in jail.   그는 결국 감옥에 가는 신세가 되었다. (in+장소)
He ended[wound] up as a beggar.   그는 결국 거지 신세가 되었다. (as+자격)

◯ 동명사와 부정사 모두 목적어로 취하는 동사

> attempt, begin, can't bear[stand], continue, hate, like[love], prefer, start

Tomorrow I will attempt to surf. = Tomorrow I will attempt surfing.
She began to think about her past. = She began thinking about her past.
I can't bear to see homeless people. = I can't bear seeing homeless people.
I will continue to study English. = I will continue studying English.
I can't stand to hear the loud music. = I can't stand hearing the loud music.
I hate to get up early in the morning. = I hate getting up early in the morning.
I love to listen to classical music. = I love listening to classical music.
He prefers to take the subway. = He prefers taking the subway.
Tomorrow I will start to work. = Tomorrow I will start working.

••• 준동사에 따라 의미가 다른 동사

❶ remember

I should remember to meet with him next Monday.
나는 다음 주 월요일에 그를 만날 것을 기억해야 한다.
Now I remember meeting him last year.   작년에 그를 만난 것을 이제야 기억한다.

❷ forget

　　I almost forgot to pay him back the money.
　　I forgot receiving money from him.

❸ regret

　　We regret to say that your proposal has been turned down. 　유감이지만 …하다
　　I regret saying such a thing to him. 　…한 일을 후회하다

◎ 기타

❶ try

- try to... : …을 하기 위해 노력하다
- try -ing : 시험적으로[시험삼아] …해 보다

　　I've tried passing the exam. (?) 　(시험삼아 시험에 합격해 보려고 한다는 것은 의미가 어색함)
　→ I've tried to pass the exam. 　나는 시험에 합격하려고 노력했다.
　　I've tried taking the exam. 　나는 시험삼아 시험을 치러 봤다.

❷ stop

- stop to... : …을 하기 위해 멈추다
- stop -ing : …하는 것을 멈추다

　　He stopped to smoke. 　담배를 피우기 위해서 멈추었다.
　　He stopped smoking. 　담배를 끊었다.

❸ chance

- What are the chances of his passing the exam? : …할 가능성이 얼마나 되나?
- have the chance[opportunity] to... : …할 기회를 갖다

　　What are the chances of his passing the exam?
　　I haven't had the chance to go to college.

❹ go on

- go on -ing : 계속해서 …하다(= continue to...)
- go on to... : 활동[주제]의 변화와 함께 계속하다

　　How much longer do you intend to go on working tonight?
　　Having introduced herself, she went on to explain why she had come.

••• **관용적 표현**

◎ **to부정사와 혼동되기 쉬운 숙어**

　　to는 전치사로서 명사에 상당하는 어구나 동명사를 목적어로 취한다.

- What do you say to -ing? : …하는 게 어때?
  What do you say to going on a picnic?

- when it comes to -ing : …라면, …에 관해서는(= as far as... be concerned)
  He is second to none when it comes to playing tennis.

- look forward to -ing : …을 고대하다
  I'm looking forward to hearing from you soon.

- object to -ing : …을 반대하다
  I do object to smoking in public buildings.

- commit[devote/dedicate] oneself to -ing : …에 전념[헌신]하다
  I'll commit myself to benefitting our society in the field of education.

- be[get] used[accustomed] to -ing : …에 익숙하다
  I'm not used to using chopsticks.

- take to -ing : …을 매우 좋아하게 되다
  The man took to drinking. 술을 너무 좋아하게 되었다. / 주벽이 생겼다.

- confess[attest] to -ing : …이 사실임을 고백[입증]하다
  He had publicly confessed to amassing a $650 million "slush fund."
  (amass 비축하다… slush fund 비자금)

- resort to -ing : …에 의존하다
  Sometimes it is necessary for parents to resort to spanking when they rear their children. (spank 볼기를 때리다, 매를 들다)

- with a view to -ing : …하기 위하여, …을 예상하여 (사용 빈도가 낮은 문어체 표현)
  = with the intention of = for the purpose of

➕ to + 동사 원형/명사

회화할 때 우리나라 학생들이 잘 혼동하는 어법으로서, to부정사처럼 동사원형을 취하거나, 전치사로서 명사를 취하기도 하는 대표적인 표현은 다음과 같다.

- have a right to+동사원형/명사 : …할 권리가 있다
  They have no right to treat us like this.
  Everyone has the right to a fair trial.

- be entitled to+동사원형/명사 : …을 받을 자격이 있다
  Only members of the company are entitled to use the facilities.
  With this ticket, you are entitled to a free seat at the concert.

- lead to+동사원형/명사(장소/결과)
  This roadway leads to a huge parking lot.
  All roads lead to Rome. (…로 연결되어 있다)

Ethnic tensions among the republics could lead to civil war. (…로 이끌다)
She confessed to the killing and led the police to his remains. (~로 하여금 …로 이끌다)
Rev. King's abhorrence of racism led him to write this article.
(~로 하여금 …하게 유도하다   Rev. King 킹목사)

- deserve to+동사원형/명사 : …할 만하다
  You deserve to take a vacation.
  You deserve a vacation.   휴가를 가질 만하다.

- can('t) afford to+동사원형/명사 : …할 여유가 있다/없다 (afford는 보통 can('t)와 함께 쓰임)
  We can't afford to buy that expensive furniture.
  I can't afford it.   그럴 여유가 없다.

◯ 숙어 구문

- It's no use -ing = There's no use in -ing : …해도 소용없다
  It's no use crying over spilt milk. = There's no use in crying over spilt milk.
  (현대 영어에서는 It's of no use...라고 하지 않음)
  ref. What is done cannot be undone. = Let bygones be bygones. 과거사는 과거사로. (격언)

- What's the use of -ing? : …해서 무슨 소용 있나?
  What's the use of talking about the Green Round, if we can't do anything about pollution?

- It's worth -ing = It's worthwhile to... : …할 가치가 있다
  This book is worth reading more than once.
  = It's worthwhile to read this book more than once.
  = This book is worthwhile to read more than once.
  cf. *It's well worth the effort to...*   …할 가치가 충분히 있다. ('well worth+명사'는 worth를 강조하는 표현임)
  This job is well worth finishing on time.   이 일은 정시에 끝낼 가치가 충분히 있다.

- There is no -ing = It's impossible to... : …할 수 없다
  There is no accounting for tastes.   기호[취향]는 각양각색이다. (실제로 일반 대화에서는 There is no way of...란 구문을 더 많이 씀)

- It goes without saying that... = (It's) Needless to say (that...) : …은 말할 필요도 없다 (격식을 갖춘 말/글에서 of course의 뜻으로 많이 쓰임)
  It goes without saying that honesty pays in the long run. (pay 가치 있다)

- cannot help[stop] -ing : …하지 않을 수 없다 (help = avoid, resist)
  I just couldn't help feeling sorry for the poor girl.
  I just can't stop thinking about her.   (회화체에서는 help보다 stop 구문을 많이 사용함)

- go -ing : (취미 활동/구기종목을 제외한 운동) …하러 가다
  Let's go swimming/fishing/hunting/skating/skiing/picnicking/bowling/surfing.
  Let's go bar-hopping   술 마시며 2차, 3차 다니다

Let's go trick-or-treating. (trick-or-treating : Halloween에 어린이들이 사탕을 얻으러 가가호호 방문하는 것)

> **Tip** Let's go swimming to the lake. (×) → Let's go swimming in the lake. (○)
>
> 전치사가 go에 연결되는 것으로 생각하여 to라고 하기 쉬운데, 전치사는 the lake에 연결되는 것이므로 swimming to the lake가 아니라 swimming in the lake라고 해야 옳은 표현이다.
>
> We went skiing to Muzu. (×) → We went skiing in Muzu. (○) 무주에서 스키를 타기 위해 갔다.
>
> 위의 경우와 마찬가지로 전치사는 Muzu에 연결되는 것이므로 skiing to Muzu가 아닌 skiing in Muzu가 옳은 표현이다.

- feel like -ing : …하고 싶다
  I feel like going to see that film.

- be busy -ing : …하는 데 바쁘다
  I'm extremely busy dealing with the current problems.

- hate[love] the thought of -ing : … 생각만 해도 싫다[좋다] (사용 빈도가 높은 표현)
  I just hate the thought of being all alone on my birthday.

- on the point[brink/verge] of -ing : …할 찰나에
  They are on the point of launching the ship. (launch 배를 진수시키다)
  Many North Koreans were reported to be on the verge of starving.

- for the -ing = only if sb… : …하기만 하면
  It's yours for the asking/taking: 요구만[가져가기만] 하면 당신 것이다[당신에게 주겠다].

- on -ing = upon -ing/명사 : …하자마자 (문어체)
  On hearing the news, she almost fainted. (faint 기절하다)

- need[want] -ing = need[want] to be p.p.: …될 필요가 있다
  His lawn needs mowing.

- never… without -ing : ~하면 항상 …한다
  I never see her without being reminded of my mother. 그녀를 보면 나의 어머니가 항상 생각난다.

> **Tip** It never rains without pouring. (?)
>
> 기존 문법책에 많이 나오는 예문 It never rains without pouring. (?) = It never rains but it pours. (미식영어 (?), 영식 영어 OK)는 실제로 쓰지 않는 매우 어색한 표현이다. 보통은 When it rains, it pours.라고 표현한다.

- come close[near] to -ing : …할 뻔하다 (near보다는 close to를 선호)

- nearly escape -ing : …를 거의 피할 뻔하다

✚ **nearly escape -ing와 narrowly escape -ing**

기존 영문법책에 come close[near] to -ing와 nearly escape -ing가 같은 뜻이라는 설명은 틀린 것이다.
He came close to drowning. = He narrowly[barely] escaped drowning.은 '거의 익사할 뻔했다'는 의

미이다. 그러나 He nearly escaped drowning.은 '익사를 거의 피할 뻔하다' 즉, '익사했다'는 정반대의 뜻이 되므로 명백히 잘못된 설명이다. drown은 vi로서 '익사하다', 또는 vt로 '익사시키다'의 두 가지 뜻이 있으며, 미식영어에서는 vi로 많이 사용한다.

- **have a hard[difficult/tough] time (in) -ing** : 어렵게 …하다, …하는 데 애먹다
  I've had a hard time locating your house.
- **have a good[great/terrific] time (in) -ing** : 즐겁게 …하다
  I've had a great time talking with you.
- **spend[waste] time[money/energy] (in) -ing** : …하는 데 시간[돈/노력]을 들이다[낭비하다]
  She spends a lot of time and money buying clothes.

✤ 위의 have a … time (in) -ing의 구문 또는 … (in) -ing 구문에서는 in을 생략하는 경향이 강하다. 따라서 구조적으로 보면 동명사가 분사가 되는 결과가 된다. 하지만 의미를 중요시하는 원어민들은 이런 구조와 변화에 둔감한데, 그런 태도는 오히려 의사소통 능력을 배양하는 데 있어서 바람직하다.

- **of one's own -ing** : 자신이 스스로 …한 (잘 사용되지 않는 어색한 표현)
  This is the computer of his own assembling. (?)
  → He assembled his computer on his own. (○)
- **frankly speaking** : 솔직히 말해서(= to be frank[honest/candid] with you)

> **Tip** frankly speaking과 frankly
>
> frankly speaking = to be frank[honest/candid] with you이다. frankly speaking은 우리나라 학생들이 많이 애용하는 표현인데, 이는 보통 놀랄 만한 사실에 쓰는 직선적인 표현으로서 강한 어조로 들린다. 외교 회담에서 very frank discussion이라는 표현은 실패한 회담에서의 대화를 의미할 정도로 frank라는 단어에는 부정적 암시(negative connotation)가 들어 있다. 따라서 사실을 피력하는 일반적인 경우에는 간단히 frankly, to be honest 등의 표현이 더 자연스럽다.
>
> Frankly speaking, I don't like you.   (whether you like it or not / believe it or not의 느낌이 포함되어 있음)
>
> Frankly speaking, my parents have nine daughters.(?)는 객관적 사실의 진술이므로, frankly speaking으로 표현하지 않고, believe it or not으로 표현하는 것이 적절하다.

03 분사 (Participle)

분사는 형용사와 부사(분사구문)의 역할을 한다. 형용사 역할을 하는 분사와 to부정사와의 차이는 to부정사는 수식하는 명사를 뒤에서 수식하는 반면(He is the last man to tell a lie.), 분사는 명사 앞에서 명사를 수식한다.(He likes an exciting game., He collected the fallen leaves.) 물론, 동사구가 되어 길어질 경우에는 명사 뒤에서 수식한다.(He saw the leaves (that were) falling in the backyard of his house.) 또한, 현재 분사와 과거분사와의 기본 의미 차이는 다음과 같다.

❶ vt : 현재분사는 능동(…하게 하는), 과거분사는 수동(…하게 된)

　It was an exciting game.
　He was excited at the thought of going on vacation.
　the interested parties　('관련 당사자들'이라는 뜻이며, '재미있는 파티'라고 이해하면 곤란함)

❷ vi : 현재분사는 진행(…하고 있는), 과거분사는 완료(…한)

　I'm sorry to have kept you waiting
　I like collecting fallen leaves.

> **Tip** -ing는 동명사 vs. 현재분사
>
> 참고로, -ing꼴이 형용사 역할을 할 때 그것이 동명사(용도, 목적)인지 아니면 현재분사(상태)인지 구분하는 언어학적 지식은 의사소통 능력과는 별 관계가 없는 것임에도 불구하고 아직까지도 그런 지식을 중시하는 것은 잘못된 학습 풍토이다. 실제로, 영어 원어민들은 Gerund가 뭐고, Participle이 뭔지 용어조차 잘 모르는 사람이 많고, 구분도 잘 못한다. 즉, 그런 것을 구분하는 언어학적 능력은 진정한 의사소통 능력과 거리가 멀기 때문에, 학습 현장에서는 그런 무의미한 학습 활동을 지양해야 하고 오히려 -ing가 들어 있는 의미 있는 표현 중심으로 학습하는 것이 바람직하다.

분사의 역할

명사 수식

❶ 현재분사

She is a rising star in show business. 그녀는 연예계에서 떠오르는 별이다.
It was an exciting game. 그것은 재미있는 게임이었다.

❷ 과거분사

Luciano Pavarotti was a born singer. 루치아노 파바로티는 타고난 가수였다.
It was hard to calm down the excited audience. 흥분한 청중을 진정시키기 어려웠다.

주격보어

- 현재분사

I came home running all the way from school. (I = running)
This is Kildong Hong (who is) calling from Seoul, Korea.
저는 한국의 서울에서 전화하는 홍길동입니다. (p. 57 참조)

- 과거분사

The mystery remains unsolved. (the mystery = unsolved)

목적격보어

- 현재분사

I know the man (who is) standing at the corner. (the man = standing)

- 과거분사

You'd better leave the story unsaid. (the story = unsaid   leave sth unsaid …에 대해서 말하지 않다)
The police left no stone unturned to find out the cause of the accident.
(no stone = unturned   leave no stone unturned 모든 것을 다 점검[수색]해 보다)

형용사화한 분사 (p. 428 분사 파생어 참조)

현재분사

회화에서 한정적/서술적 형용사로서 많이 쓰인다.

My mother is so understanding. 내 어머니는 매우 이해심이 많다.
He is so loving and caring. 그는 너무 사랑이 많다.
The mystery lies in this inviting glass of red wine. 그 비밀은 이 매혹적인 적포도주에 있다.
They are going through trying times. 그들은 어려운 시절을 보내고 있다.
There is a striking difference between the two. 그 둘 사이에 큰 차이가 있다.
She's on speaking terms with him. (be on speaking terms with 터놓고 말하는 사이다)
Man is no more than a reed, the weakest in nature. But he is a thinking reed.
(B. Pascal의 말. thinking reed 생각하는 갈대)

◐ 과거분사

형용사화한 현재분사처럼 회화에서 많이 쓰이는 표현이다.

the aged 연로하신 분들
an attempted murder 살인 미수
an estimated number of victims 희생자의 추정 수치
an increased number of murders 살인 사건의 수치[숫자]의 증가
= an increase in the number of murders
my beloved fellow citizens 친애하는 국민 여러분
a certified SCUBA diving teacher 스쿠버 다이빙 자격이 인정된 강사
chilled meat 냉장육　　　　　frozen food 냉동 음식
an educated[informed] guess 논리적인[합리적인] 추측　cf. *a wild guess* 마구잡이 추측
an established writer 기성작가
an experienced lawyer 경험 많은 변호사
fallen leaves 낙엽
the interested parties 관계 당사자　cf. *interesting party* 재미있는 파티
a distinguished guest of honor 저명한 주빈
pointed nose 뾰족한 코
pointed remark 신랄한 언급
rugged individualism 미국 서부개척 당시의 어려운 상황을 의연히 개척해 나가는 개인주의
underprivileged class 소외된 계층
registered mail 등기우편
an unexpected visit 기대하지 않은 방문
unfounded[groundless] rumors[accusations] 사실 무근의 소문[비난]
a previously unknown singer 전에는 무명이었던 가수
an unmanned mission to Mars 화성의 무인(無人) 탐사
untold ages 헤아릴 수 없이 오랜 세월

ref. [-id]로 발음되는 단어
aged(연로한), beloved(사랑받는), crooked(사람이나 사물이 굽어진, 비뚤어진), dogged(끈질긴), learned(학식 있는), naked(벗은), rugged(울퉁불퉁한), wretched(비참한)

✚ **과거분사를 수식하는 부사 : much+과거분사 vs. very+과거분사** 기존 영문법책에서는 '과거분사를 수식하는 말은 much인데, 형용사화된 과거분사(tired, pleased 등)는 very로 수식한다'고 설명하고 있지만, 현대 영어에서는 형용사화된 과거분사뿐만 아니라 감정을 나타내는 일반적인 과거분사까지 much보다 very로 수식하는 경향이 강하다. 예컨대, 기존 영문법책에 자주 나오는 예문인 I was much hurt by his bad manners.보다도 I was very hurt by his bad manners.처럼 much 대신 very를 선호하는 경향이 강하다. *Longman Dictionary of English Language and Culture*나, *Collins Cobuild English Language Dictionary* 같은 권위 있는 사전에서도 제시되는 아래와 같은 예문들을 보면 모두 much 대신 very를 사용하고 있다는 사실을 알 수 있다. 이런 예(very concerned/excited/satisfied/surprised/worried 등)를 실제로 확인하기 바란다.

ex. He has never been **very concerned** about what other people think of him.
(Longman Dictionary of English Language and Culture, p. 261)

ex. She's **very excited** about getting a part in the film.
(Longman Dictionary of English Language and Culture, p. 443)

ex. *She seemed **very pleased** that he had come.*
(Collins Cobuild English Language Dictionary, p. 1099)

ex. *My husband and I are **very satisfied** here in this small village.*
(Collins Cobuild English Language Dictionary, p. 1286)

ex. *The twins were **very surprised** to see Ralph.*
(Collins Cobuild English Language Dictionary, p. 1473)

ex. *She seems **very worried** about something.*
(Longman Dictionary of English Language and Culture, p. 1515)

> **Tip** 문법은 살아 있는 언어의 규칙(test of usage)
>
> *Time*지에서 어떤 글을 읽다가 'much+과거분사'를 써야 하는데 'very+과거분사' 형태를 취한 것을 발견하고 잡지의 글이 틀린 게 아니냐고 묻는 학생이 있다. 일본 영문법책을 많이 모방한 우리나라의 영문법 참고서의 문법 설명을 근거로 하여 영어 원어민 기자들이 쓴 글이 문법상 틀렸다고 주장한다면 정말로 주객이 전도된 꼴이다. 외국어 습득에 필요한 문법이란 죽은 언어를 대상으로 하는 허상의 규칙이 아니라, 교양 있는 원어민 언중(speech community)에 의해서 현재 사용되는 살아 있는 언어의 규칙이어야 한다. 현재 사용되는 언어를 틀리게 설명하는 죽은 문법은 외국어로서의 영어를 배우는 수많은 우리나라 학생들을 위해서 반드시 고쳐져야 한다.

•••감정 표현의 타동사

감정을 나타내는 동사는 거의 타동사이며 감정을 묘사하는 표현은 거의 과거분사로 쓰인다. 예컨대, 영어 동사에는 '놀라다'나 '무섭다'란 단어가 없고 '놀라게 하다', '무섭게 하다'란 단어밖에 없다. 따라서 '내가 놀랐다'는 I was surprised., '나는 무서웠다.'는 I was scared.로 표현된다. 많이 사용되는 동사의 예를 살펴보면 다음과 같다.

surprise 놀라게 하다 : alarm, astonish, astound, amaze, appall(소름끼치게 하다), stun(졸도시키다), startle(깜짝 놀라게 하다), petrify(대경실색케 하다), flabbergast
scare 무섭게 하다 : frighten
embarrass 당황시키다 : confuse, perplex, puzzle, bewilder, fluster
impress 감동시키다 : touch, move
anger 화나게 하다 : outrage, enrage, infuriate, tick sb off
bother 성가시게 하다 : annoy, irritate, vex, bug
upset 짜증나게 하다 : disturb, peeve
disappoint 실망시키다 : depress, dismay, deject
frustrate 좌절시키다 : baffle
devastate 마음을 찢어지게 하다, 유린하다
please 기쁘게 하다 : excite, thrill
satisfy 만족시키다 : content
interest 흥미를 끌다

concern 관심을 끌다
threaten 위협하다 : intimidate
sadden 슬프게 하다

○ 감정동사 활용 구문

자신의 감정을 표시할 때 회화에서 다음의 두 가지 구문을 많이 활용한다.

- be+p.p.+by[about]
  I'm bothered[annoyed/upset/irritated/angered] by the fact that... … 때문에 정말 화난다
  I'm concerned[worried] about... … 때문에 걱정이다

- What+동사+me is (that)...
  What concerns[worries] me is that... 제가 걱정하는 것은 …입니다
  What bothers[annoys/upsets/irritates/angers] me is the fact that... 내가 화나는 것은 …이다

04 분사구문 (Participial Clause)

복문을 간략하게 만들기 위한 언어의 경제적 목적을 달성하는 구문으로서, 보통은 문어체에서 많이 활용되지만 격식을 갖춘 구어체에서도 심심찮게 나오므로 회화 실력을 위해서 잘 숙지해야 한다. 분사구문을 만드는 방법은 아래와 같다.

1) 접속사를 생략한다.
2) 주절의 주어와 종속절의 주어가 같으면 생략한다. (주어가 다르면 생략 불가)
3) 시제에 알맞게 동사에 -ing를 붙인다. (p. 138 참조)
   (단, being p.p./having been p.p.일 때 being/having been은 생략 가능)

••• 의미

○ 부대상황

분사구문 형태는 주절 앞이나 뒤에 다 올 수 있다.

Waving goodbye, she got on the bus.
= As she waved[was waving] goodbye, she got on the bus.
She got on the bus, waving goodbye.
= She got on the bus, as she waved[was waving] goodbye.

○ 이유

(Being) Burned out, the boys went to bed earlier than usual.
= Because the boys were burned out, they went to bed earlier than usual.

○ 때

Walking his dog in the park, he ran into an old friend of his.
= While he was walking his dog in the park, he ran into an old friend of his.

○ 양보

Working for the same company, they seldom greet each other.
= (Al)Though they work for the same company, they seldom greet each other.

실제로, 접속사가 생략되었을 때 애매모호한 의미 때문에 Working for...로 그냥 말하면 원어민들은 어색하게 느끼며, 문두에 접속사 (Al)though를 붙여서 (Al)though working...으로 표현하는 것을 자연스럽게 느낀다. (p. 139 참조)

○ 조건

There being no correction to be made, the manuscript will be published as it is.
= If there is no correction to be made, the manuscript will be published as it is.

••• 시제

to부정사나 동명사에서와 마찬가지로, 주절의 동사 시제와 같으면 단순 분사구문, 한 시제 앞서면 완료 분사구문을 사용한다.

○ 단순 분사구문

Being so tired, he wants to take a day off.
= He is so tired that he wants to take a day off.
Being so tired, he wanted to take a day off.
= He was so tired that he wanted to take a day off.

○ 완료 분사구문

Having finished the job, he wants to go home now.
= As he (has) finished the job, he wants to go home now.
Having finished the job, he wanted to go home.
= As he had finished the job, he wanted to go home.

ex. *Having conquered* the world's computers, Bill Gates takes aim at banks, phone companies, even Hollywood. He's in for the fight of his life. *(Time : June 5, 1995)* (Having conquered... = As[Since/Because] he (has) conquered...)

••• 특수 형태

○ 부정

부정어 not, never는 분사 바로 앞에 위치한다.

Not knowing how to handle the situation, they just looked at each other.

○ with + 명사 + 과거분사/현재분사

✚ 소위 부대상황을 표현하는 수사학적 문어체 구문으로서, 실제로 회화에서는 잘 사용되지 않고, 특히 진행의 뜻인 현재분사일 경우는 while/as의 접속사로 표현하는 것을 더 즐겨 쓴다.

- 과거분사

  The chairperson was walking around in his office with his arms folded.

- 현재분사

  The man was watching TV with his wife knitting beside him.
  = The man was watching TV while his wife was knitting beside him.
  The club members climbed down the mountain with night coming on.
  = The club members climbed down the mountain as the night was coming on.

ex. With local elections looming, Kim Young Sam, once a dissident but now the President, faces his biggest challenge yet.
(Time : June 26, 1995) (loom 위험, 근심거리 등이 다가오다, 어렴풋이 나타나다 with local elections looming 지방자치 선거가 다가옴에 따라서)

ref. 'with+명사+부사구' 의 구문은 사용 빈도가 매우 높다.

with a cap on   챙 달린 모자를 쓴 채로
with her glasses on   그녀의 안경을 쓴 채로
with that in mind   그 점에 유의하면서 (강의 등에서 먼저 설명한 것을 유념시키면서 다음으로 넘어갈 때 말하는 관용적 표현)
with that as background   그것을 배경지식으로 하면서

ex. ... In other words, we want gun control but we don't think it'll work. **With that as background**, here's more from correspondent Tom Foreman. (ABC News Nightline)

○ 접속사 존속

뜻을 명확하게 하기 위해서 현대 영어에서는 양보와 시간의 의미를 지닌 접속사, 즉, (al)though, while, once, after, before 등의 접속사를 그대로 두는 경향이 강하다. 단, 이유를 의미하는 as, because, since 등은 존속시키지 않고 생략한다. 다음과 같이 신문, 잡지, 방송에서 나오는 살아 있는 글이나 말을 통해 확인하기 바란다.

ex. Although outlawed, Hong Kong's communists are hard at work preparing for their post-1997 role. (Time : July 1, 1996)
Although they are outlawed → (Being) outlawed → Although outlawed (outlaw 불법화하다, 무법자)

ex. While still embodying the 1945 vision of a global human commonwealth, the U.N. at its half-century mark faces a historic reckoning. Overextended and groping for a fresh start, it needs reforming as never before. (Time : Oct. 23, 1995)
While it is still embodying... → Still embodying... → While still embodying...

ex. After being given a nicotine patch and some brief counseling, the volunteers kept track of the number of cigarettes they smoked over the next six months. (The Korea Herald : Feb. 11, 1997)

After they were given... → (Being) given... → After being given... (keep track of …을 잘 추적하다, 기록하다)

ex. *Once the engine of Japan's* economy, the elite Finance Ministry is facing unprecedented attacks on its competence and power.   *(Time : Feb. 19, 1996)*

Once it was the engine... → (Having been) the engine... → Once the engine... (engine 원동력   unprecedented 전대미문의, 전례 없는)

현수구문(Dangling Structure)

분사구문의 의미상 주어가 주절의 주어와 일치할 경우에만 주어 생략 가능하므로, 주어가 일치하지 않을 때 분사구문에 주어를 명시하지 않으면 틀린다. 이렇게 잘못된 구문을 현수(dangling)구문이라 부르며, 시험에서 자주 다루어지는 문법 사항이다.

Being fine, we went out for a walk. (×) → The day[It] being fine, we went for a walk. (○)

비인칭 독립분사구문

다음은 주어의 일치와 상관없이 관용적으로 사용되는 표현들이다.

Speaking of...   말이 나왔으니까 하는 말인데
Generally speaking   일반적으로 말해서
Roughly speaking   대략적으로 말해서
Strictly speaking   엄격하게 말해서
Scientifically speaking   과학적으로 말해서
Granting that   …을 인정한다고 해도
Judging from   …로 판단해 보건대
Other things being equal   다른 조건이 모두 같다면
All things being considered   모든 것을 고려해 볼 때
Coming up next,...   계속 이어지는 내용은 …입니다 (방송에서 다음 프로 내용을 설명하는 표현)
Simply put   간단히 말해서
Put another way   달리 말해서 (마지막 두 표현은 시사영어에서 많이 사용. 여기서 put은 '말하다'의 뜻)

-ing/-ed형 전치사

문법적으로 considering을 비인칭 독립분사구문이라기 보다는 -ing형 전치사로 보는 견해가 많다. 의미를 잘 이해하여 의사소통에서 활용하는 것이 중요한 것이지 어떻게 보는가는 중요하지 않다.

◐ 전치사처럼 쓰이는 현재분사

- considering... :   …를 고려해 볼 때
- depending... :   …에 따라서, …에 좌우되어

ex. *Depending on* who's talking, nanotechnology is science fiction or science's most

exciting frontier. *(Time : Dec. 2, 1996)*

- pending.... : ① …까지
  pending his return 그가 돌아올 때까지
  pending the outcome of the negotiations 협상의 결과가 나올 때까지

  ② …동안에, …중
  pending the negotiations 협상중

- concerning... : …에 관하여
- including... : …을 포함하여
- regarding... : …에 관하여
- following... : … 후에 (원래 의미인 '…을 추종하는'의 뜻과는 다름)

  Following the trial, the lawyers held a press conference.

  ex. ***Following*** *this year's discoveries, public health experts have urged that more attention be paid to the hunt for a vaccine.* *(Time : Dec. 30, 1996)*

- preceding : …전에

  ex. *The Sampoong collapse is the third construction disaster to hit South Korea in recent months.* ***Preceding*** *the Taegu explosion, the middle section of the Songsu Bridge in Seoul collapsed last October, killing 32 people.* *(Time : July 10, 1995)*

◯ 전치사처럼 쓰이는 과거분사

- given... : …를 고려해 볼 때

  Given my interest in Kant, Hegel, and Marx, this was the best place to study.
  ex. *Surprisingly,* ***given*** *all those challenges, 21 candidates have formally entered the race.*
  (Time : Nov. 11, 1996)

- based on... : …에 근거해 볼 때

  Based on the same principle, many similar experiments will be conducted.

CHAPTER 03 준동사

연습문제 EXERCISE

빈칸에 알맞은 표현을 고르시오.

1. He is the last person _____ his back on us.
   (A) to turn   (B) turning   (C) turn   (D) turns

2. Could you have that experienced mechanic _____ my car?
   (A) fix   (B) fixed   (C) to fix   (D) fixes

3. I couldn't but _____ at the funny sight.
   (A) laughing   (B) laugh   (C) to laugh   (D) laughed

4. Mr. James Brown, would you prefer _____ fishing or hunting for relaxation?
   (A) gone   (B) go   (C) to go   (D) having gone

5. The sales representatives should remember _____ with their potential customers next week.
   (A) having to meet   (B) having met   (C) meeting   (D) to meet

6. I want you to commit yourself to _____ care of this important job. Otherwise, you'd better not accept this position.
   (A) have taken   (B) take   (C) took   (D) taking

7. I've had a hard time _____ them into joining our club.
   (A) talked   (B) to talk   (C) talking   (D) talk

8. I was very much _____ to see the overwhelming sight.
   (A) thrill   (B) thrilled   (C) having thrill   (D) having been thrilled

9. I rode a bus _____ all the way to Suwon.
   (A) stood   (B) standing   (C) to stand   (D) to be stood

10. The way I see it, this story of Ms. Brown's is better _____.
    (A) unsaid   (B) say   (C) to be said   (D) been said

연습문제 | EXERCISE

11 I saw the woman _____ for someone at the front gate.
 (A) to be waited (B) to wait (C) waiting (D) being waited

12 My mother is so _____ that I can discuss anything with her.
 (A) understand (B) understood (C) understandable (D) understanding

13 What makes me _____ is that the man has never taken any responsibility for his fault.
 (A) having annoyed (B) annoying (C) annoyed (D) annoy

14 Not _____ what to do, the president asked for a loan from the bank.
 (A) know (B) knowing (C) knew (D) known

15 Jack was walking slowly into the office with his eyes _____.
 (A) bandaged (B) bandaging (C) be bandaged (D) bandage

16 _____ the weather clearing up, the baseball players resumed the game.
 (A) By (B) With (C) Of (D) For

17 It _____ dry for six months, every effort should be made to conserve water.
 (A) has been (B) had been (C) having been (D) was

18 Roughly _____, he's making 50,000 dollars a year.
 (A) speak (B) to be speaking (C) spoken (D) speaking

19 _____ the fact that he is inexperienced in diplomacy, we'd better not send him to the international conference as our representative.
 (A) Consider (B) Considered (C) Considering (D) Consideration of

20 _____ that Mary is only a 10-year-old child, she can solve difficult calculus questions.
 (A) Granting (B) Considered (C) Supposing (D) Providing

연습문제 | EXERCISE

다음 중 적절하지 못한 부분을 고르시오.

21. (A) For an inexperienced secretary like Kate finishing the job (B) in a week or two (C) would be (D) out of the question.

22. (A) What do you think we should do (B) since we have got (C) two hours killed (D) before the concert starts?

23. (A) I wonder if you could tell us (B) a bit about (C) how in the world (D) you got knowing this remote place?

24. (A) Against his parents' expectation, (B) Mark grew up being (C) the best psychiatrist (D) in town.

25. (A) That chemical substance spilled all over the floor (B) smelled so nasty (C) that we could not come (D) close to.

26. Would it be possible for you to get (A) that ugly-looking man (B) making (C) a lot of noise (D) leave this quiet office?

27. I would rather (A) quit the job (B) than to work (C) like a slave (D) for that greedy boss.

28. The protestant pastors demanded (A) that the unscrupulous president (B) step down, (C) not speaking of (D) the radicals.

29. (A) Your part-time job is (B) take care of the senile lady (C) who has been hospitalized (D) for over two months.

30. The employees are very proud (A) of their corporation to be (B) one of the leading companies (C) in the auto industry field (D) around the globe.

31. Non-smokers strongly object to (A) be exposed (B) to dangerous second-hand smoking, (C) not only in public places (D) but in private places.

32. (A) When interrogated by the prosecutor, the suspects eventually admitted (B) to commit (C) a series of (D) heinous crimes.

33. When do you expect the CEO (A) coming back (B) from his trip to Europe (C) in order to conclude (D) the two-hundred-million-dollar contract?

연습문제 | EXERCISE

34 I was so busy (A) with my business that (B) I completely forget to have paid the bill last month. (C) How stupid of me (D) to have paid the bill again!

35 What do you say to (A) form a special steering (A) committee (B) to work out specific plans for the social re (B) form (C) that the President has envisioned (D) for so long?

36 Recognizing it was the most critical moment in (A) the battle, the battalion commander ordered his men to (B) stay putting (C) in the fortress (D) and fight it out.

37 A great deal of medical research (A) has suggested that (B) the secret to fewer heart-related diseases (C) lies in (D) this invited glass of red wine.

38 (A) Being sunny (B) after a long rainy season, (C) many people wanted to enjoy sunbathing (D) on the beach or in the park.

39 (A) Although outlawed, (B) Hong Kong's communists are hard (C) at work (D) prepared for their post-1997 role.

40 (A) After having collapsed, (B) the police arrested the building's owner (C) and the architect (D) who designed the building.

04 _ 법 : 화자의 심리 또는 태도
(Mood: Tone/Attitude)

화자의 심리, 태도를 묘사하는 어조에 관한 구문 규칙으로서 동사가 가장 중요한 역할을 한다. 가정법 구문은 이해하기 그리 어렵지 않으나, 실제로 말을 하려면 다소 특수한 동사형을 활용해야 하므로 쉽게 나오지 않는다. 어법의 규칙을 이해하는 것과 그 규칙을 활용하여 말을 할 수 있는 것은 별개의 문제이다. 따라서 상황이나 의미에 따라 변하는 동사의 형태를 잘 습득하여 그 의미에 맞는 올바른 동사의 꼴이 저절로 입에서 나오도록 문장의 의미를 음미하고 발음을 통해 구문을 기억함으로써 살아 있는 구문 실력을 배양해야 한다. 가정법 공식을 기계적으로 외우는 것은 반드시 지양하고, 자신의 머릿속에 가장 의미가 확실히 떠오르는 기본 구문의 문장을 외우는 것이 중요하다. 즉, (1) 기본 문장의 형태를 잘 음미하고, (2) 문장의 의미를 머릿속에 그리며, (3) 그 상황에서 말하듯이 여러 번 발음하면서 내재화시키는 것이 가장 효과적인 학습법이다. 더 나아가서 자신의 일상생활에서 유사한 상황에 접하면 익힌 구문을 응용하여 말해 보는 것(Covert Rehearsal 비밀 리허설)이 가장 효과적인 학습 방법이다.

01 직설법 (Indicative)

사실을 있는 그대로 묘사하는 방법이다.

I'm tired.

02 명령법 (Imperative)

● 강조

Shut up! → You shut up!

Don't give up! → Don't you (ever) give up!
절대 포기하지 마! (끝을 내리는 억양으로 말하며, ever는 더 강조하는 부사임 p. 36 참조)
cf. *Don't you (ever) give up?*   넌 포기 안 하니? (끝을 올리는 억양)

● 조건

Do your best, **and** you will never regret it.   ~해라, 그러면 …할 것이다
Do your best, **or** you will regret it.   ~해라, 그렇지 않으면 …할 것이다

ex. *Give me liberty, **or** give me death.*   (Patrick Henry)

03 가정법 (Subjunctive)

● ● ● 가정법 과거

현재 사실의 반대를 가정하는 표현으로 be동사는 원칙적으로 were, 본동사는 과거 형태를 취한다.

> If he were wise, he would not fool around. (구어체에서는 were 대신 was 사용. fool around 빈둥거리며 놀다)
>
> If I knew his phone number, I would give him a call.
>
> If it were not for... = Were it not for... (문어체) = But for... (문어체) = Without... (회화체)
> : …가 없다면 (실제 말할 때는 were not을 weren't로 축약하여 발음)
>
> **ex.** Oprah: Well, **if it weren't for** the courage and the sheer grit of some really remarkable human beings, most of my guests today would probably not be alive. *(TV Talk Show : The Oprah Winfrery Show) (grit = guts 용기, 담력, 투지)*

✚ **가정법의 be동사 : were와 was** 기존 영문법책에서는 가정법 과거에 대한 설명으로 If he were honest, I would employ him.과 같은 문장을 예로 들어, 현재 사실에 반대되는 상황을 가정하는 것이라고 설명하고 사실은 As he is not honest, I will not employ him.의 뜻이라고 설명한다. 즉 3인칭의 경우에도 be동사의 과거형 were를 가정법 과거에서 가정문의 조건절에 쓴다고 한다. 그러나 A Student's Grammar of the English Language에는 다음과 같이 설명되어 있다.

> The past subjunctive (or were-subjunctive) survives only in were as a past form of BE. It is distinguishable from the past indicative of BE only in the 1st and 3rd persons singular: (p. 44)
>   If she was leaving, you would have heard about it. (indicative)
>   If she were leaving, you would have heard about it. (subjunctive)
>
> The indicative was is more common in less formal style.
> In nonformal styles, the hypothetical past replaces subjunctive were. In all the above examples, the hypothetical past would be was. (p. 295)

즉, 가정법 과거에서는 were를 쓰지만, 직설법의 내용이라면 얼마든지 was를 쓸 수 있다고 설명하고 있다. 실제로 회화체나 노래 가사에서는 가정법인데도 were 대신 was를 쓰는 빈도가 매우 높다.

> **ex.** Orlando: I might choose not to risk my life for an uncertain cause. I might think that freedom won by death was not worth having. In fact...
> Shelmerdine: ... You might choose not to be a real man at all. Say if I was a woman ...
> (영화, Orlando)

● ● ● 과거완료

과거 사실의 반대를 가정하는 표현이다.

> If it had not been for... = Had it not been for... (문어체) = But for... (문어체) = Without... (회화체) : …가 없었다면
>
> If you had not helped me, I could not have succeeded.

✚ **무조건 If... had+p.p., ... should/would/could/might+have+p.p.가 아니라는 것에 유의한다.**
기존의 영문법책에서는 가정법 과거완료는 had+p.p., ... should/would/could/might+have+p.p.의 구문이라고 설명하고 있고, 학생들은 이런 공식을 무조건 외워왔다. 그러나 내용상 if절에서 'had+p.p.'가 아닌 다른 형태의 구문이 나올 수 있다. *A Student's Grammar of the English Language*(p.66)에 나오는 아래의 예문을 살펴보도록 하자.

If she had won this game, she might have made a lot of money.
If she could have won this game, she might have made a lot of money.

즉, had won은 일반동사 win의 과거완료 형태로서, '만일 이 경기에서 이겼다면,'의 뜻이며, could have won은 능력을 나타내는 can win의 과거완료 형태로서, '만일 이 경기에서 이길 수 있었다면,'의 뜻이 된다. 이렇듯이 내용에 따라서 얼마든지 다른 형태의 구문이 나올 수 있으므로, 무조건 구문 공식을 외우지 말고 의미를 음미하면서 구문을 습득하는 것이 중요하다. 의미에 따라서 if절과 주절의 시제가 달라지는 구문에 대한 아래의 '혼합 시제' 설명을 참조하기 바란다.

혼합 시제

if절(직설법 과거) + 주절(직설법 미래)

과거 시점의 직설법인 If(조건)절과 직설법 미래의 주절이 함께 쓰이는 구문도 의미에 따라 얼마든지 가능하다.

If you studied hard, you will surely pass.   열심히 공부했다면, 분명히 합격할 것이다.

if절(가정법 과거완료) + 주절(가정법 과거)

과거 시점의 가정법인 If절과 현재 시점의 가정법인 주절이 함께 쓰이는 구문도 의미에 따라 얼마든지 가능하다.

If the driver had been more careful, those dead people would be alive now.
운전자가 (사고 당시에) 좀더 조심했더라면, 그 사망자들은 지금 살아 있을 것이다.
If the Korean Conflict had not broken out, Korea would be one of the most advanced nations today.

if절(가정법 과거) + 주절(가정법 과거완료)

현재 시점의 가정법인 If절과 과거 시점의 가정법인 주절이 함께 쓰이는 구문도 의미에 따라 얼마든지 가능하다.

If I owned a house, I wouldn't have moved so often.
내가 집을 가지고 있다면, 그리 자주 이사다니지 않았을 것이다.
If I wrote better, I wouldn't have made any mistakes.

가정법 현재/미래

고어체에서는 if절에 동사의 원형을 사용하여서 가정법 현재라는 문법 용어를 사용했으나, 현대 영어에서는 원형 대신 현재형을 사용하므로 직설법 현재가 된다. 현재/미래시제는 가정법을 사용하면 가능성이 약한 상황을 의미하며, 직설법을 사용하면 가능성에 대하여 중립적인 입장을 나타낸다.

❶ 가정

If it should rain tomorrow, I would cancel my trip.

비가 올 것 같지 않다고 보는 화자의 마음 상태를 나타낸다. 실제 말에서는 I'll cancel...이라고도 한다.

❷ 조건

If it rains tomorrow, I'll cancel my trip.

비가 올지 안 올지 확실치 않은 화자의 마음 상태를 나타낸다. 직설법에서 조건절 미래의 내용은 현재시제 사용한다.

❸ were to : 강한 의혹이나 가능성이 희박함을 내포한 미래의 뜻을 나타낸다.

If you were to receive one million dollars, what would you do?
If a nuclear war were to break out, all of us would die instantaneously.

✚ 가정법 과거완료/과거/현재/미래를 정리해 보자.
- 과거완료 : 과거에 이미 일어났던 사실의 반대를 가정한다.
  If it had rained, I would have changed my plans.
- 과거 : 현재의 사실과 반대를 가정한다.
  If it were raining, I would change my plans.
- 현재 : 미래에 벌어질 일에 대한 조건을 나타낸다. (그럴 수 있다는 전제)
  If it rains tomorrow, I will change my plans.
- 미래 : 미래에 벌어질 일에 대한 가정을 나타낸다. (그럴 수 없을 거라는 강한 의혹)
  If it should rain tomorrow, I would change my plans.

당위성을 나타내는 동사/형용사/명사＋that＋주어＋(should) 원형동사

당위성 동사 + that + 주어 + (should) 원형동사

주장, 제의, 요구, 동의(動議), 명령 등과 앞으로 어떻게 될 것을 주장하는 의미의 동사, 형용사, 명사 다음에 오는 that절에 '(가정법 should)+원형동사'가 온다.

❶ 당위성 동사

command/order > demand > insist > urge > desire > request/ask > move > propose > advise > suggest
강함 ←―――――――――――――――――――――――――――――――――――――→ 약함

The judge **moved** that the jury (should) be sequestered.
(move 동의(動議)하다, 발의(發議)하다   sequester 격리하다, 은퇴시키다)

*ex. Marriage **demands** that everything **be shared**. Once you are married, there is no such thing as "mine."* (Dear Ann Landers)

❷ 부정문

부정문에서는 should가 생략되면 당연히 부정어 not과 원형 동사가 연결된다.

ex. A nation born of a distrust of kings won't easily forgive a President who behaves too much like one. And so every four years, the people give a test: first we hand someone the most *powerful job in the world. Then we **demand** that he **not be** too proud of himself for having it, too desperate to keep it or too sure that he alone knows what to do with it. And then we sit back and watch, until it's time to decide whether to re-elect him.* (Time: Nov. 18, 1997)

❸ 절 또는 동명사/to부정사 구문

The boss suggested to him that he (should) work from 7 a.m. till 4 p.m.

✚ **'(should+) 원형동사' 절 외의 다른 구문 가능성** suggest는 반드시 'that+주어+(should+)동사원형' 만을 사용하는 것은 아니고 동명사도 취할 수 있어 The boss suggested his working from 7 a.m. till 4 p.m.이라고 할 수도 있다. 그러나 절 구문을 사용하는 것이 보편적이다.
recommend도 to부정사를 사용할 수 있다. 즉, I recommended that he (should) visit Cheju Island. 외에도 영식영어에서는 to부정사 구문을 사용하여 I recommended him to visit Cheju Island.라고 할 수 있으나 미식영어에서는 절 구문을 사용하는 것이 일반적이다.

❹ 의미의 중요성

문장의 의미를 무시하고 무조건 '(should) 원형동사' 을 취하는 동사 목록을 외우면 안 된다. 예컨대, 주의할 대표적인 동사 suggest나 insist의 예를 보자.

• suggest

The CEO suggested that the budget (should) be cut. 예산이 삭감되어야 한다고 제안했다.
(당위성을 의미하므로 '(should+) 원형동사' 의 구문을 취함)

The research findings suggest that stress causes cancer.
연구 결과에 의하면 스트레스가 암을 유발한다는 사실을 알 수 있다. (스트레스가 암을 일으켜야 한다는 의무/당위성의 의미가 아니라 단지 그런 사실을 의미하는 것이므로 '(should+)원형동사' 의 구문을 취하면 틀린다.)

• insist

They insist that a female lawyer (should) represent the female defendant.
He insisted that the accident happened yesterday.
(과거의 사건을 주장할 때는 가정법의 뜻과 상관이 없으므로 과거시제를 사용하여야 한다.)

✚ **ref.** 97학년도 대입 수학능력시험 외국어(영어) 영역 20번 문항의 예

다음 글의 흐름으로 보아, 어법상 적절하지 않은 문장은?

① One day a truck hit a pedestrian on the street. ② The driver argued that the careless pedestrian was to blame for the accident. ③ It was difficult to determine exactly where the accident had taken place. ④ Many witnesses insisted that the accident should take place on the crosswalk. ⑤ So, the driver was held responsible for the accident.

하루는 트럭이 길에서 보행자를 치었다. 그 운전사는 행인에게 사고에 대한 책임이 있다고 주장했다. 정확히 어디에서 사고가 발생했는지 판단하기가 어려웠다. 많은 목격자들이 그 사고가 횡단보도에서 일어났다고 주장했다. 그래서, 운전자는 사고에 대한 책임을 지게 되었다.

많은 학생들이 ②번이나 ⑤번을 골랐다고 한다. ②번에서 was to blame for가 was to be blamed for의 수동태 문장이 되어야 한다고 생각했다는데, was to blame은 was to be blamed의 뜻으로 자주 사용되는 중요한 구문이다. ⑤번의 be held responsible for는 '…에 대한 책임을 지도록 되다' 라는 뜻의 올바른 구문이다.
정답은 ④번인데, 간단히 설명하면 다음과 같다. insist 다음에 'should+원형동사' 구문을 사용했는데, 이는 '(앞으로) 사고가 횡단보도에서 일어나야 한다고 주장했다' 의 뜻이다. 과거에 일어난 사고에 관한 목격자의 증언으로는 말도 안되는 이야기이다. 따라서 should take place는 had taken place 또는 took place가 되어야 한다. insist의 목적절에서는 무조건 'should+원형동사' 라고 기계적으로 외운 학생들은 이 문제를 틀렸을 것이다. 영문법 지식을 기계적으로 외우는 학습법은 반드시 시정되어야 한다. 인간이 의미 전달을 위해서 언어의 체제를 만든 것이지, 언어의 체제를 먼저 만들어 놓고 의미를 생각한 것이 아니다. 문법 지식을 기

계적으로 암기하는 것은 머리속에서 감흥을 일으키지 못하여 효과적인 언어 습득을 방해한다. 의미를 생각하지 않고 외운 문법 지식은 진정한 언어 능력과 거리가 멀 뿐만 아니라, 의사소통 능력을 평가하는 시험에서도 효과가 없을 것이다. 이런 유형의 전반적인 의사소통 능력을 통합적으로 측정하고자 하는 시험 방식은 최신 언어테스팅 이론에 근거하고 있다(Bachman et al. 1994).

당위성 형용사/명사 + that + 주어 + (should) 원형동사

- 형용사 : essential, imperative, important, desirable, necessary, urgent, vital
  It is imperative that he (should) fulfil the job.
  It is essential that she (should) not fail any courses.

- 명사 : decision, wish, suggestion
  It is our sincere wish that we (should) meet his expectations.

It is 이성/감정 판단 형용사 + that + 주어 + should 구문

기존 영문법책에는 아래와 같이 설명되어 있다.

It is necessary that you should answer the question.
It is surprising that he should be so foolish.

> 'It is 다음에 necessary, important, proper, natural, right, well, good, wrong, rational 등이 오면 종속절에 should를 쓴다. (이성적 판단) - 이때의 should는 해석하지 않는다. It is 다음에 strange, curious, odd, wonderful, surprising, regrettable, a pity 등이 오면 종속절에 should를 쓴다. (감정적 판단) - 이때의 should는 '…하다니'로 해석한다.'

그러나 *A Student's Grammar of the English Language*(p. 295)에서는 다음과 같이 설명한다.

> The modal auxiliary **should** is used extensively(esp. In British English) in that-clauses to convey the notion of a 'putative' situation, which is recognized as possibly existing or coming into existence. Contrast:
> I'm surprised that he **should feel** lonely. ………… ①
> I'm surprised that he **feels** lonely. …………………… ②

*A Student's Grammar of the English Language*에 따르면 ①은 외로움에 대해서 의심을 품는 데 반하여 ②는 외롭다는 것을 사실로 받아들이고 있다고 되어 있다. 즉, 기존의 영문법 참고서에서는 '형용사의 뜻이 사람의 감정이나 의견을 나타내면 that절에 should를 써야 한다'라고 되어 있으나, 감정을 강하게 표현할 때를 제외한 일반적인 표현에서는 should가 없는 직설법의 현재시제 동사를 얼마든지 사용할 수 있다.

> It is strange that you **should trust** such a crook. (그럴 수 없다는 강한 의심을 내포함)
> It is strange that you **trust** such a crook. (그럴 수 있다는 전제)

단, 당위성을 나타내는 이성적 판단의 형용사(important, necessary 등)를 사용할 때는 일반적으로 '(should+)원형동사' 구문을 취한다.

If의 생략 구문

if절에서 if가 생략되면 조동사가 문두에 위치하며, 이런 구문은 격식을 차린 문어체에서 자주 사용되는 구문이다. 가정법의 본래 의미인 가능성에 대한 가정을 좀 더 강조하는 의미로 사용된다. (Steer & Carlisi, 1991)

Should you have further questions, please feel free to contact Mr. Smith.
= If you should have further questions, please free to contact Mr. Smith.
Were she in charge, she would handle the situation differently.
= If she were in charge, she would handle the situation differently.
Had the scientist known how to solve the problem, he could have worked out the mathematical formula.
= If the scientist had known how to solve the problem, he could have worked out the mathematical formula.

If절 이외의 가정법

① I wish...

I wish he were gone. (…이기를 바란다 - 가정법 과거. 구어체에서는 were 대신 was를 사용한다.)
I wish he had been gone. (…이었기를 바란다 - 가정법 과거완료)

② as if... : 가정법뿐만 아니라 직설법이 와서 의미의 차이를 표시한다.

He talks as if he had been to Europe.
(You know he hasn't. 그가 유럽에 가 보지 않았다는 사실을 안다는 의미)
He talks as if he has been to Europe.
(You don't know if he has or not. 그가 유럽에 가 보았는지 아닌지를 모른다는 의미)

③ as if 직설/가정

기존 영문법책에서는 as if나 as though 다음에는 반드시 과거시제로 써야 한다고 설명하고 있으나, *A Student's Grammar of the English Language*(p. 294)에서는 시점이 현재일 때 as if와 as though 다음에 직설법 현재를 쓸 수 있다고 설명한다.

The stuffed dog barks as if it is a real one.

④ as if to... : 마치 …하려는 듯이

He shook his head as if to say "don't trust her."

⑤ Without... : …가 없다면, 없었다면(= But for... 사용 빈도 낮은 문어체 표현)

Without water, nothing could live. (…가 없다면 - 과거: if it were not for...)
Without your help, I could not have completed this report.
(…가 없었다면 - 과거완료: if it had not been for...)

⑥ with... : …가 있다면(과거), …가 있었다면(과거완료), …가 있으면(직설 조건)

✛ 기존 영문법책에는 설명이 별로 없는 표현이지만, 실제 의사소통에서는 자주 쓰이므로 잘 익혀야 한다.

With public support, we could save many lives. (가정법 과거)
= If the public gave us support, we could save many lives.
With your help, I could have accomplished this task. (가정법 과거완료)
= If I had had your help, I could have accomplished this task.
With public support, we can save many lives. (직설법 조건)
= If the public gives us support, we can save many lives.

❼ It's time (that)+가정법 = It's time... should = It's time for... to~
It's time they went to bed.
= It's time they should go to bed. (should는 생략하지 않음)
= It's time for them to go to bed.

❽ 가정법에서 time 앞에 about이나 high를 위치시킨 다음과 같은 표현도 쓰인다.
It's about time. 그럴 때도 됐지요. (구어체에서 많이 쓰이는 표현)
It's about time... 이제는 …할 때가 되었다
It's high time... 이제는 한참 …할 때가 되었다

ex. *It is high time that* you and your husband **took** charge of your lives and **cut** loose from your controlling, overbearing in-laws. *(Dear Ann Landers)* (in-laws 시집 식구들, 처가 식구들)

•••If절 대신 사용되는 어구

주절의 'would/should/could/might+동사원형' 또는 'would/should/could/might+have+p.p.'의 구문일 때는 조건·가정의 뜻이 함축되어 있으므로 가정·조건의 숨은 의미를 파악하기가 쉽지 않다. 아래의 표현들을 잘 음미하며 특수구문들을 익혀야 한다.

To see that mountain, you would be overwhelmed by its beauty. (to 부정사)
= If you were to see that mountain, you would be overwhelmed by its beauty.
Born in better times, he would have made a great scientist. (분사구문)
= If he had been born in better times, he would have made a great scientist.
I love to teach; otherwise, I wouldn't be teaching now.
= I love to teach; if I did not love to teach, I wouldn't be teaching now.
One more step, (and) he would have fallen off the cliff.
= If he had taken one more step, he would have fallen off the cliff.
A wise student would not resort to cheating.
= If he were a wise student, he would not resort to cheating.
(resort to cheating 부정 행위에 의존하다)
A pin might have been heard to drop. (매우 조용했다 - 수사학적 표현)
= If a pin had dropped, we might have heard it. (it = pin이 떨어질 때 나는 소리)
= We could have heard a pin drop.

•••if와 혼동되는 접속사

○ unless

기존 영문법책에서 나오는 unless = if... not이란 기계적인 등식은 의미를 무시한 잘못된 설명이다. 왜냐하면 unless는 조건의 뜻을 나타내므로 가정법에는 사용될 수 없기 때문이다. *(A Student's Grammar of the English Language p. 319)* 즉, if... not은 가정의 의미(…하지 않았다면)와 조건의 의미(…하지 않는다면)를 모두 표현하지만, unless는 조건의 의미(…하지 않는다면)만 표현할 수 있다. 예를 들자면, 조건문 문장 I'll stay home and watch TV if I'm not invited to the party.(파티에 초대받지 않는다면 …)에서 if... not을 unless I'm invited...로 전환할 수 있으나, 가정법 문장 If you hadn't studied hard, you'd have failed the test.(네가 열심히 공부하지 않았다면, …)에서 if... not을 Unless you had studied hard, ...(×)로 전환할 수 없다.

ref. 현대 영어에서는 보통 fail in the test라고 하지 않고, fail the test라고 하며 구어체에서는 flunk the test라는 표현을 즐겨 쓴다.

○ in case

in case = if라고 생각하는 학생들이 많은데, 사실은 그렇지 않다. 미래시제를 말할 때 in case와 if의 차이는 다음과 같다.

- in case... : …을 대비하여 (~했다)
- if... : …라면 (~할 것이다)

I took an umbrella in case it rains this afternoon.
나는 오늘 오후에 비가 올지 몰라서 우산을 갖고 왔다.
I took an umbrella if it rains this afternoon. (×)
만일 오늘 오후에 비가 온다면 나는 우산을 갖고 왔다. (논리적으로 말이 안됨)
→ If it rains this afternoon, (then) I'll take an umbrella. (○)

•••회화에서 가정법 활용 표현

실제로 원어민들은 말과 글에서 모두 가정법 조동사를 무척 많이 활용하는데 우리나라 학생들은 아마도 가정법 공식 공포증(phobia)에 걸려서인지 거의 활용을 못하는 것 같다. 가정법 표현을 잠재의식적으로 느끼면서 쓸 수 있는 진정한 의사소통 능력을 배양하는 가장 효과적인 방법은 아래에 정리한 가정법 표현의 의미를 잘 음미하면서 익히는 것이다.

○ 자신의 의도를 나타내는 가정법 : I like to...와 I'd like to...

I like to...는 '나는 원래 …하기를 좋아한다'는 말이며, I'd like to...는 가정의 would를 사용하여 '(가능하다면) 나는 지금 …를 하고 싶다.'는 뜻을 표현하는 말이므로, 두가지 표현은 의미에 있어서 완전히 상이하다는 사실을 기억해야 한다. 영미인들이 실제 말할 때에는 'd를 너무 약하게 발음해서 거의 들리지 않으므로, 내용상 'd의 유무를 순간적으로 파악할 수 있도록 많은 훈련을 해야 한다.

What would you like to have? - I'd like to have a steak. (…하겠습니다.)
How about a quick drink? - I'd love to, but I'm busy tonight. (그러고 싶은데, …)

공손한 느낌을 주는 가정법 표현 : would vs. will, could vs. can

가정법 조동사 would, could는 앞으로 있을 상황을 가정하므로 말하는 사람의 주장이 약화된다. 따라서, 가정법 조동사는 말의 어조를 매우 공손하고 부드럽게 느껴지게 하므로 부탁에서 많이 사용되는 표현이다.

I could use some water. 물을 좀 주세요. (물이 좀 있으면 쓰겠다는 가정의 의미를 포함한 말로서 '… 있으면 쓰것다(사투리)' 와 같은 어감임)
Would you do me a favor? (Will you do...?보다 공손한 표현)
Could I ask you a favor? (Can I ask...?보다 공손한 표현)
Would you mind if I used your car? (Do you mind if...?보다 더 공손한 의미)
You wouldn't happen to know his address? (혹시 그 사람 주소 아시는지요? Do you happen to...?보다 더 공손한 의미)
Would it be possible[okay] if...[to...]? (…해도 괜찮겠습니까? Will it be possible[okay] if...[to]보다 공손한 표현)
Wouldn't it be great[nice] if you could stay a little longer? (…라면 좋지 않겠어?)

앞으로 일어날 일과 이미 일어난 일

I appreciate your help. (도와주셔서 감사합니다.)는 이미 도움을 받은 상황이며, I'd appreciate your help.(도와주시면 감사하겠습니다.)는 아직 상대방의 도움을 받지 않은 상황을 의미한다.

I'd greatly appreciate it if you could help me. 당신이 저를 도와주시면 감사하겠습니다.
Shouldn't he be here by now? 그 친구 올 때쯤 안됐나?
Could you speak up? (speak up = speak louder)

가정을 하는 인사 표현

Couldn't be better. (상대방의 문안 인사에 대한 대답. '최고로 좋다'는 의미. than now 정도가 생략된 말로서, '지금보다 더 좋을 수는 없을 것이다' 라고 가정하는 표현이다.)
Couldn't be worse. (상대방의 문안 인사에 대한 대답. '최악이다' 라는 의미)

희망 또는 공손한 의도

I'd be glad[happy] to. = With pleasure. (Could you...?로 부탁하는 말에 대한 긍정의 대답이다.)
I'd rather you didn't. 그러지 않으셨으면 좋겠네요.
I'd prefer (that) you not. 그러지 않으셨으면 좋겠네요.
I'd prefer to take the subway. (I prefer to... 나는 원래 …하는 것을 좋아한다)
I'd just as soon get married in the university chapel. (…하고자 한다)

자신의 견해

I wouldn't be surprised if he passed the test.
('…한다고 해도 놀라지 않을 것이다' 즉, '…는 당연하다' 라는 의미로 사용 빈도가 높은 표현)
I'd be surprised if he didn't pass the test.
I don't dream of letting my children play in the street. (?)
→ **I wouldn't dream of letting my children play in the street.**

• • • 양보

◐ However + 형용사 + 주어 + (may) 동사 / Whatever + 주어 + (may) 동사

✤ 기존 영문법책에 빨간 글씨로 중요하게 설명된 '명령형을 사용한 양보구문'은 매우 고어체의 수사(修辭)적인 표현으로 일상 회화에서는 어색해서 잘 쓰이지 않는다. 양보의 의미를 나타내기 위해서는 일반적으로 'However+형용사/부사+주어+(may) 동사' 또는 'Whatever+주어+(may) 동사'의 구문을 사용한다.

Be it ever so humble, there is no place like home.
→ However humble it may be, there is no place like home.
Come what may, I will not give up. → Whatever may come, I will not give up.
Try as you may, you won't be able to please all the people.
→ However hard you may try, you won't be able to please all the people.
Cost what it may, I will buy the book. (?)
→ Whatever the cost (may be), I will buy the book.

종속절에서 술부를 곧잘 생략하는 것이 일상 대화에서의 언어습관이므로 may be를 생략하여 Whatever the cost라고 자주 표현한다. (as far as sth is concerned = as far as sth goes = as far as sth)

ex. *The Chinese system is still so new that it does not have an agreed name. Outside analysts often call it 'market socialism,' and some Chinese speak of creating a 'commodity economy.'* "**Whatever the label**, *Deng's revived economic giant would be the last communist man standing.*" *(Time: Dec. 9, 1996) (Whatever the label = Whatever the label may be)*

> **Tip** ▶ **Suffice it to say that...**
>
> Suffice it to say that... : …라고 말하면 충분하다, 지금은 …이라고만 말해 두자 (위의 구문처럼 동사가 문두에 나오는 표현으로서, 실제로 글에서는 많이 사용되는 표현이다. suffice 충분하다, 만족시키다)
>
> **ex.** ***Suffice it to say that*** *Hillary Rodham Clinton has, in very short order, become the object of more interest, curiosity, passion, controversy, and concern than any other leader in the country, perhaps even including the President.* *(Time)*

◐ As + 형용사 + as + 주어 + 동사, ...

✤ 보통 기존 영문법책에는 설명이 없지만, 양보의 문어체 표현으로서 'As+형용사+as+주어+동사, ...'의 구문도 사용된다. *(Steer & Calisi, 1991 p. 177)*

Although he worked hard, he failed the exam.
→ As hard as he worked, he failed the exam.
Although he is intelligent, he couldn't pass the law exam.
→ As intelligent as he is, he couldn't pass the law exam.

04 문장 형태와 의사소통 기능 (Form vs. Function)

우리가 말을 할 때 어떤 의미를 전하고자 할 때 반드시 한 가지 형태의 문장 구조만을 사용하지 않는다. 다양한 형태의 문장 구조를 활용하면 말하는 사람의 의도를 효과적으로 전달할 수 있다. 즉, 하나의 의사소통 기능(Speech Act ① 정보 전달 ② 상황 통제 ③ 예술 창의 ④ 인지: *Bachman, 1990; CLA Model*)을 수행하기 위해서는 말하는 사람의 태도에 따라 다양한 법을 이용한 여러 문장 형태를 취할 수 있으며 거꾸로 하나의 문장 구조를 활용하여 여러 가지 의사소통 기능을 수행할 수 있다(*Leech & Svartvikm, 1994, pp. 298-350*). 이런 문장 형태와 의사소통 기능 간의 관계를 생각하면서 외국어를 배우면 상황에 맞는 적절한 표현력(사회언어학적 능력)을 효과적으로 배양할 수 있다.

●●● 하나의 의사소통 기능 – 다양한 법(문장 형태)

우리가 보통 말을 하며 하나의 의사소통 기능을 나타낼 때, 말하는 사람의 태도와 미묘한 감정을 적절하게 나타내기 위해 다양한 법(문장 형태)을 활용한다.(*Brazil, 1995*) 이런 사실에 유의하여 상황에 적절한 표현을 사용하는 사람이 사회언어학적 의사소통 능력이 좋은 것이고, '말 잘한다'는 칭찬을 받게 된다. 앞으로 새로운 구문을 학습할 때는 표현에 녹아 있는 의도, 격식, 태도, 감정 등을 음미하면서 습득하길 바란다. 그래야만 비로소 진정한 고급 회화 실력을 배양할 수 있다. 예컨대, 명령, 부탁을 표현할 때 아래와 같이 세 가지 법에 해당되는 다양한 문장 형태를 활용하면 말하는 사람의 다양한 태도, 감정, 의도를 전할 수 있다.

의사소통 기능	법(문장 형태)	예문 (*Janice Yalden, 1987 ; p. 40*)
명령	(a) 명령법	Please finish that letter, Miss Jones.
	(b) 가정법	Perhaps it would be best if you finished that letter.
	(c) 직설 : 준동사	We do expect you to finish that letter.
	(d) 직설 : 조동사	You must finish that letter, I'm afraid.
	(e) 직설 : 분사	You should have no difficulty in finishing that letter.

◐ 부탁의 의사소통 기능을 나타내는 다양한 문장 형태의 예문

❶ 명령법

　Help him with his work. 　(…해야 한다 – 일반 명령조 부탁)
　Do me a favor and help 　(…좀 해줘 – 격의 없는 부탁)
　Let me ask you to… 　(…를 부탁 좀 합시다 – 정중한 부탁)

❷ 직설법

　You'd better… …하는 게 좋을 거요 (강한 충고조의 부탁)
　You might as well… …하는 게 좋을 듯합니다 (간접 충고조의 부탁)
　You must… …해야 해 (강한 의무를 통한 명령조 부탁)
　You should[ought to]… …해야 합니다 (당위성을 통한 명령조 부탁)
　You're required to… …하도록 요구합니다 (사무적 통보)
　Can't you…? …할 수 없습니까? (불평하거나 따지는 투의 부탁)

You're supposed to... ···하도록 되어 있습니다 (부드러운 당위성의 부탁)
Perhaps[Maybe] you should... ···해야 할 겁니다 (부드러운 부탁)
I want you to... ···하길 원합니다 (직설적 부탁)
Is it possible for you to...? ···하는 게 가능합니까? (객관적 가능성을 묻는 부탁)
Why don't you...? ···하지 그러세요 (공손한 제안/부탁)
How about -ing? ···하는 게 어떨까요? (제안을 통한 부탁)
How about if...? ···하는 게 어떨까요? (제안을 통한 부탁)
What do you say to -ing? ···하는 걸 어떻게 생각합니까? (제안을 통한 간접적 부탁)
I wonder if you're willing to... ···할 용의가 있는지 궁금합니다 (공손한 부탁)
I hope you can... ···할 수 있길 바랍니다 (희망을 통한 간접적 부탁)

❸ 가정법

I'd like you to... ···하길 바랍니다 (직설적 부탁)
Could you...? ···하실 수 있습니까? (공손한 부탁)
You'd be better off if you'd... ···하면 더 좋을 겁니다 (정중한 부탁/제안)
If I were you, I'd... 내가 당신이라면, ···하겠습니다 (간접적 제안/부탁)
I wonder if you could... ···할 수 있을지 궁금합니다 (정중한 부탁)
Your best bet would be to... ···하는 게 가장 좋을 겁니다 (매우 공손한 제안)
Would you be willing to...? ···할 용의가 있습니까? (매우 공손한 부탁)
Would it be possible for you to...? ···하는 게 가능할까요? (가능성을 묻는 공손한 부탁)
Would you mind if I ask you to...?
제가 ···를 부탁해도 괜찮겠습니까? (상대방의 허락을 구하는 매우 정중한 부탁)
Wouldn't it be nice if you could...?
···할 수 있다면 좋지 않겠습니까? (상대방 동의를 구하는 매우 정중한 권유/부탁)

하나의 법 (문장 형태) – 다양한 의사소통 기능

앞에서 설명한 내용과는 반대로 한 가지 법을 활용하여 다양한 의사소통 기능을 표현하는 것도 가능하다. 예컨대, 직설법만으로 표현한 문장들로 아래와 같이 여러 가지 의사소통 기능을 나타낼 수 있다.

법 (문장 형태)	예문	의사소통 기능
기능	(a) Give me some water.	명령(Ordering)
	(b) Release me now, please.	탄원(Pleading)
	(c) Buy Canada Savings Bonds.	충고(Advising)
	(d) Don't go in there.	경고(Warning)
	(e) Try this one on.	제안(Suggesting)

◐ 직설법으로 나타내는 다양한 의사소통 기능 예문

❶ 부탁 : I need a favor.

❷ 초대 : You're cordially invited to the party. 삼가 초청합니다.

❸ 제안 : Why don't you go see the doctor? 병원에 한번 가 보세요.
　　　　Why don't I call you back? 제가 다시 전화하지요.

❹ 충고 : I advise you to stop smoking. 금연하길 충고합니다.
　　　　I want you to watch your weight. 체중을 잘 조절하십시오.

❺ 감사 : I don't know how to thank you. 얼마나 감사한지 모르겠습니다.
　　　　I can't thank you enough. 정말 감사합니다.

❻ 주의 환기 : You know what? 있잖아요? (제안할 때)

❼ 지시 : The first thing you have to do is push this button.
　　　　당신이 첫 번째로 해야 할 일은 이 버튼을 누르는 것이다.

CHAPTER 04 법

연습문제 EXERCISE

빈칸에 알맞은 표현을 고르시오.

1. If the student _____ wise, he would not skip classes.
   (A) be   (B) is   (C) were   (D) had been

2. If it had not been for her tutor's total devotion to her education, Ms. Helen Keller _____ a great person.
   (A) was not   (B) were not   (C) would not be   (D) would not have been

3. If it _____ tomorrow, we would have to cancel our plan to climb the mountain.
   (A) snow   (B) willsnow   (C) should snow   (D) had snowed

4. If atomic bombs _____ during World War II, there would not be as many nuclear weapons as we have now in the world.
   (A) be not made   (B) were not made
   (C) had not been made   (D) have not been made

5. Some board members strongly recommended that Ms. Smith _____ as the next president.
   (A) be appointed   (B) is appointed   (C) was appointed   (D) had been appointed

6. All board members suggested that the next board meeting _____ as soon as possible.
   (A) hold   (B) be held   (C) is held   (D) was held

7. _____ more drastic measures to solve the global problem of environmental pollution, people around the world would be suffering from all kinds of pollution much less than now.
   (A) Did the world leaders take   (B) If the world leaders take
   (C) If the world leaders have taken   (D) Had the world leaders taken

8. If you _____ win the lottery, what would you do?
   (A) be to   (B) are to   (C) were to   (D) had been to

9. _____ the head of the department, he would take care of the situation quite differently.
   (A) Mr. Jackson was   (B) Were Mr. Jackson
   (C) If Mr. Jackson be   (D) If Mr. Jackson has been

> 연습문제 | EXERCISE

10 Tom loves to travel; otherwise, he _____ now.
   (A) be not traveling
   (B) was not traveling
   (C) were not traveling
   (D) wouldn't be traveling

11 _____, the poor man couldn't support his entire family.
   (A) Hard he worked
   (B) Hard though he worked
   (C) As hard as he worked
   (D) Though hard he worked

12 _____ and the climber would have fallen off the cliff.
   (A) One more step
   (B) Taken one more step
   (C) Had taken one more step
   (D) If taken one more step

다음 중 적절하지 못한 부분을 고르시오.

13 (A) If the player could have won this game, (B) he might have made (C) hundred of thousand (D) of dollars.

14 (A) Marriage demands (B) that everything were shared. (C) Once you are married (D) there is no such thing as "mine."

15 (A) Expose to more oral input (B) of spoken English, (C) many Korean students would have had no problem (D) with their listening comprehension skills.

16 It is high time (A) that the political leaders (B) work out (C) a more fundamental solution (D) to the current economic crisis.

17 (A) Should have you any further questions, (B) please feel free (C) to contact Mr. Smith (D) at 555-2120.

18 (A) Intelligent as he was, (B) the student failed to be admitted (C) to the prestigious university (D) he applied to.

American Culture | 경제생활

▶▶▶ Garage Sale/Flea Market/Farmer's Market

Garage Sale은 자신이 쓰던 중고 물품(의류, 가구, 부엌 용품, 구식 가전제품 등)을 자신의 차고나 집 앞마당에서 매우 저렴하게 (몇 센트에서 몇 달러 정도) 판매하고 지나가는 사람들이 사는 방식을 말하는데, 미국에서는 Garage Sale이나 Yard Sale이 생활화되어 있다. 대학가에 있는 서점에서도 싸게 파는 중고 서적(used books)은 인기 높다. 중고품을 버리지 않고 사고 파는 데 주저하지 않음으로써 중고품을 재활용하여 환경오염을 막는 생활의 지혜는 중고품을 사거나 파는 데 인색한 우리가 배울 만한 문화이다. Flea Market은 좌판 노점 행위를 하는 노천 시장을 의미하는 것으로서, Garage Sale과 달리 이윤을 목적으로 하는 전문적인 상행위를 하는 시장을 의미한다.

또한, 미국의 도시에는 보통 주말에 도시 주변에 사는 농부들이 자기가 직접 재배한 싱싱한 농산물을 직접 저렴하게 파는 Farmer's Market이 인기가 높다. 중간 유통상이 전혀 없기 때문에 농부와 고객 모두에게 이익이 돌아가는 이런 종류의 시장은 유통 단계가 너무 복잡한 우리나라 농수산물 시장 구조를 개선하는 데 시사하는 바가 크다고 본다.

▶▶▶ 지불 방법

백화점이나 가게에서 물건값을 계산할 때에 점원이 Cash, check or charge?라고 묻는다. 이때, 마치 한 단어처럼 빨리 발음해서 항상 연음되어 잘 들리지 않는다. 잘 아시다시피, 미국에서는 현금보다 개인 수표(우리나라의 가계수표)나 신용카드를 많이 이용하는데, 자기가 사는 지역사회 밖에서는 부도의 우려가 있으므로 개인 수표를 받지 않는다. 사업하는 사람만이 당좌 구좌를 개설하는 우리나라와는 달리 주민등록번호(social security number)가 있고 주소지가 일정한 성인이면 누구라도 당좌 구좌를 개설할 수 있으며, 은행에서 당좌구좌를 개설한(open a checking account) 사람들은 개인 수표책(check book)을 소지하고 다니며 현금 대신 사용한다. 개인 수표를 사용할 때에는 지불 날짜, 지불 액수(영문과 숫자), 자기의 서명을 한다. 수표를 쓴(draw in a check) 다음에는 반드시 얼마를 썼는지를 수표 책자에 기록해서 자기 구좌에 얼마의 잔액(balance)이 있는지 잘 계산해 두어야 한다. 그렇지 않으면, 자기가 쓴 수표에 잔액 부족(Not Sufficient Funds)라는 도장이 찍힌 부도 수표(dishonored check)를 받아보게 되며 은행에 벌금도 물게 된다.

▶▶▶ 거스름돈 계산 방식

거스름돈을 계산할 때 우리는 거스름돈 총액을 계산하여 손님에게 지불하지만, 미국에서는 다른 계산 방식을 사용한다. 물건값을 먼저 말하고, 거스름돈으로 잔돈을 하나씩 건네주면서 액수를 더하면서 손님에게 받은 돈의 액수를 최종적으로 부르는 것이 원래 그네들의 거스름돈 계산 방식이다. 예컨대, 손님이 7달러짜리 물건을 사면서 10달러짜리 지폐를 내면, 점원은 먼저 물건을 건네주며 물건값 7달러를 말하고 나서, 거스름돈으로 손님에게 건넬 때 잔돈 1달러씩을 세어서 보태면서 최종 10달러를 부르면서 끝낸다.

▶▶▶ 영수증 주고받기 생활화

백화점에서 물건을 산 후 물건에 하자가 있어서, 일정기간(보통 한 달)내에 환불(refund)을 요청하면 별문제 없이 처리되지만, 이때 반드시 영수증(receipt)을 제시해야 한다. 영수증을 주고받거나 보관하는 것이 습관이 되어 있지 않은 한국 사람들은 영수증을 보관하지 못해서 손해 보는 경우가 왕왕 있다. 만일, 영어로 의사소통이 잘 안되어서 불이익을 당하게 될 경우에는 I'd like to talk to the manager.라고 지배인과의 면담을 정중히 요청하면 의외로 문제를 쉽게 해결할 수 있기도 하다.

▶▶▶ tip 주는 법

미국에서는 간이음식점(McDonald나 Burger King 등의 패스트푸드 레스토랑)을 제외한, 식당에서 waiter/waitress나 hotel에서 bellboy/hop에게 서비스를 받는다면 항상 tip을 주게 되어 있다. 보통 계산 총액의 10-15% 정도를 주면 된다. 택시에서도 운전사에게 같은 정도의 액수를 tip으로 주게 되는데, 지폐를 주고 남은 돈을 팁으로 그냥 가지라고 할 때는 Keep the change.라고 한다.

▶▶▶ 각자 부담(Dutch Treat)

각자 부담은 미국인들의 관습이라고 잘 알려져 있지만, 항상 그렇지만은 않다. 매우 친한 사이라면, 지나치게 부담이 되지 않은 선에서 서로 주고 받는 경우도 있다는 사실을 알 필요가 있다. 이는 영어 표현에도 잘 나타나 있다. Let's go Dutch.(각자 부담하자.)란 말 외에도 내가 내겠다는 의미의 Coffee[Lunch/It]'s on me.(가장 일반적 표현) Let me pick up the tab.(계산서를 자기가 잡겠다. Let me treat you this time.- 영식)이나 I'll buy you lunch. 등의 여러 표현들이 있다.

▶▶▶ Gas Station: Self Service & Full Service

우리나라에서는 주유소에서 자신이 직접 기름을 넣는 경우(self service)를 거의 볼 수 없지만, 미국에서는 거의 대부분의 운전자들이 직접 기름을 넣으며, 오히려 full service를 받는 사람이 많지 않다. 갤런(gallon)당 수 십 센트 정도의 차이 밖에 나진 않지만, 절약 정신이 몸에 배인 미국인들은 self service를 택하는 데 전혀 체면을 생각하지 않는다.
중소도시에서는 주유소 가게 안에 들어가서 값을 지불하면 되지만, 대도시의 주유소에서는 강도 사건의 위험 때문에 밖에서 지불하도록 되어 있다. 중소도시나 대도시에 상관없이 주유소에서는 현금이나 신용카드는 받지만, 개인 수표는 받지 않는다.

SECTION 01 구문편

05 _ 수동태: 객체의 주체화
Passive Voice: Subject ← Object

수동태는 능동태의 목적어를 동작의 주체로 바꾸는 구문이다. 능동태 구문을 수동태로 기계적으로 바꾸어도 뜻이 같다고 생각하면 큰 오산이다. 두 가지 태에서 보는 동작의 주체가 다르므로 말의 초점이 많이 다르게 된다. 동작의 주체를 명시하기 힘들 때나 명시할 필요가 없을 때 수동태를 많이 활용한다. 따라서 격식을 차리는 상황에서나, 지극히 문어체적이고 과학적인 글 등에서 많이 볼 수 있고, 일상생활의 대화에서는 몇몇 상황을 제외하고는 잘 사용되지 않는 구문이다.

01 태 변화 (Passivization)

••• 수동태의 의미

'주어+동사+목적어'의 능동태 문장에서
1) 목적어를 주어로 위치 변경한다.
2) 동사는 be+p.p.로 형태를 바꾼다.
3) 주어를 by 이하에 씀으로써, 행위의 객체를 주체로 의미를 바꾸는 구문 변환이다.

She respects the president. → The president is respected by her.

••• by 이하 생략

일반 주어일 경우 by us/you/them을 보통 생략해야만 자연스러운 말이 된다.
They speak English in New Zealand. → English is spoken (by them) in New Zealand.
We should observe law and order. → Law and order should be observed (by us).

02 다양한 목적어 (Varied Object Forms)

••• 목적어가 절인 경우 : They say[believe/report] that...

They say that he is a brilliant student.
 → It is said that he is a brilliant student.
 → He is said to be a brilliant student.　(단순 부정사 : 술어 동사와 동일 시제)
They say that he was a brilliant student.

→ It is said that he was a brilliant student.
→ He is said to have been a brilliant student.　(완료 부정사 : 술어 동사보다 앞선 시제)

They said that he was a brilliant student.
→ It was said that he was a brilliant student.
→ He was said to be a brilliant student.　(단순 부정사 : 동일 시제)

They said that he had been a brilliant student.
→ It was said that he had been a brilliant student.
→ He was said to have been a brilliant student.　(완료 부정사 : 앞선 시제)

Who invented the telephone?
→ By whom was the telephone invented?　(매우 격식을 차린 문어체 표현)

•••목적어가 두 개인 경우 (수여동사)

They gave me a present.
→ I was given a present.
→ A present was given to me.　(They gave a present to me.의 수동태)
　 A present was given me.　(They gave me a present.의 수동태)

Henry gave me these books.
→ I was given these books by Henry. ·· ①
→ These books were given to me by Henry.　(4형식의 수동태) ············ ②

둘 다 맞는 수동태이나 위의 경우 보통 be given to의 표현을 선호하여 ②의 문장이 보통 쓰는 표현이다.

•••목적어가 동사구일 경우

They took care of the patient.
→ The patient was taken care of (by them).
→ Care was taken of the patient (by them). (×)

They took good care of the patient.
→ The patient was taken good care of (by them).
→ Good care was taken of the patient (by them).　(자연스럽지 않은 구문)

✚ 명사 앞에 형용사 no, little, much 등의 수식어가 붙어 있는 (독립된 의미 단위의 느낌을 주는) 경우는 (비록 일상회화에서 잘 쓰이는 구문은 아니지만) 그 명사구가 주어가 될 수 있다. 그러나 수식어가 없는 명사는 수동태 주어가 될 수 없다.

03 사역동사 (Causative Verbs), 지각동사 (Perceptual Verbs)

●●● 사역동사의 수동태

수동태에서는 원형동사 앞에 to가 삽입된다. get, have 동사는 수동태가 되지 않으며, let은 be allowed to로 전환한다.

They made me do such a nasty thing. → I was made to do such a nasty thing. (문어체)
They let me take a day off. (take a day off 하루 쉬다) → I was allowed to take a day off. (문어체)

●●● 지각동사의 수동태

＋○ to부정사 vs. 현재분사

기존 영문법책에서는 보통 다음 예문을 통해 지각동사의 수동태에서는 to부정사가 사용된다고 설명한다.

We saw him enter the room. → He was seen to enter the room.

그러나, 원어민들은 보통 현재분사(-ing) 형태를 좀더 자연스럽게 생각하고 to부정사는 어색하다고 생각한다. *(A Student's Grammar of the English Language, p. 352)*

We could hear the rain splashing on the roof.
→ The rain could be heard to splash on the roof. (?)
→ The rain could be heard splashing on the roof.

She saw him come up the stairs.
→ He was seen to come up the stairs by her. (?)
→ He was seen coming up the stairs by her.

04 명령문 (Directives)

긍정 명령문의 수동태는 let으로 시작하는 문장으로 전환하며, 부정문은 don't let…이나 let… not을 사용하여 문장 전환한다. 실제 회화에서는 잘 사용되지 않는 매우 딱딱한(bookish) 구문이다.

Complete the task immediately.
→ Let the task be completed immediately.

Don't forget this historic event.
→ Don't let this historic event be forgotten.
→ Let this historic event not be forgotten. (매우 격식을 차린 상황의 구문)

Don't let...이 Let... not ~보다 더 일반적인 구문으로 사용 빈도가 높다. 예를 들면 Let it not happen again.은 어색한 데 반해, Don't let it happen again.은 자주 사용되는 표현이다.

✚ **Don't let...** '~ 때문에 …하지 마세요'란 뜻으로 회화에서 많이 사용되는 구문이다.
Don't let me bother you.   제가 당신을 신경쓰이게 하지 마세요. / 저 때문에 신경쓰지 마세요.
Don't let such a thing worry you.   그런 것 때문에 걱정하지 마세요.

05 의문문 (Interrogatives)

Yes/No 의문문의 수동태

수동태 개념에 대한 초보자라면 아래 [ ] 안에 있는 문장으로 중간 변환한 후에 최종 단계로 변환하면 쉽다.

Did the company lay off those employees?
[The company laid off those employees.]
[Those employees were laid off by the company.]
→ Were those employees laid off by the company?

Wh의문문의 수동태

✚ Who built this bridge?를 수동태로 만들 때는 [The bridge was built by whom.]이란 중간 단계의 구문을 매개로 하여 다음과 같은 의문문 구조를 생각하면 이해가 쉽다.

→ By whom was the bridge built?   (일반적으로 쓰이지 않는 어색한 구문임)

Wh의문문을 수동태로 고치는 구문 연습을 영어 수업에서는 강조하고 있으나, 실제로 살아 있는 영어에서는 거의 사용되지 않는 매우 어색한 구문임을 인식해야 한다. 독자 여러분들이 이제까지 원서나 신문, 잡지, 방송을 통해 이런 구문을 얼마나 자주 접해 봤는지 자문해 본다면 답은 명백할 것이다. 물론, 틀린 구문은 아니지만, 살아 있는 영어에서는 평생에 한 번 들을까 말까하는 구문에 너무 많은 노력을 낭비하는 것은 영어 교육 입장에서 본다면 비경제적이고 비교육적이다. 오히려, 그 아까운 시간과 노력을 중요 표현을 기억하는 데 투자하는 것이 훨씬 더 바람직할 것이다.

06 관용적 표현 (Formulaic Expressions)

by 이외의 전치사를 사용하는 관용적 표현

◐ **by가 아닌 전치사를 취하는 동사의 의미상 분류**
  • 놀라다 : be surprised[astonished/astounded/amazed/startled] at
  • 만족[기뻐]하다 : be satisfied[contented/pleased/delighted] with

- 관심[관련] 있다 : be interested[involved/absorbed/engaged/indulged] in
- 집중하다 : be absorbed[en-/in-] in
- 걱정하다 : be worried[concerned/troubled] about
- 창피한 느낌이다 : be ashamed of
- 확신의 느낌이다 : be convinced of
- 헌신하다, 전념하다 : be devoted[dedicated/committed/determined] to
- 결혼하다 : be married to
- 덮이다[채우다/둘러싸다/직면하다/갖추다] : be covered[filled/surrounded/confronted/equipped] with (be covered[surrounded] by도 사용함)
- 위치하다 : be located[situated] in (넓은 장소)
  be located[situated] at (좁은 장소)
- 알려지다/노출되다 : be known[exposed] to
- …탓으로 돌려지다 : be attributed[ascribed/assigned] to ('… 때문이다'라는 표현으로 be attributed to…를 자주 사용함)

I **was** really **surprised at** his rude behavior. (surprised는 by와 함께 쓰이기도 함)
She **is** not **satisfied with** her pay.
The mountain is still **covered with** snow.
The box **is filled with** dangerous chemicals.
As a doctor in the war, he **was exposed to** many dangers.
Today we **are exposed to** a wide variety of information through the Internet.
(be exposed to… '(상황)에 접하게 되다' 또는 '감각기관으로 느끼며 경험하다'의 뜻으로 많이 사용되는 표현)
Their success can **be attributed to** good luck. (be attributed to '…의 탓으로 돌려지다'를 뜻하므로 '… 때문이다'의 표현으로 많이 쓰임)

◐ 전치사에 따라 의미가 달라지는 경우

- be possessed of (추상적인 자질 ability/talent/grace/skill 등을) 소유하다 (물질적인 것은 보통 능동태로 표현)
- be possessed with/by …에 사로잡히다, 홀리다

- be concerned about …에 대해 걱정하다
- be concerned with …에 관련되다

- be known to …에게 알려지다
- be known for …로 유명하다
- be known by …으로 알 수 있다

A tree is known by its fruits. 떡잎으로 나무를 알 수 있다.
A man is known by the company he keeps. 친구로 사람을 알 수 있다.

- be bound for …로 향하다, …행(行)이다
- be bound to …하게 되어 있다

This train is bound for Pusan.
The accident was bound to happen sooner or later.

- be involved in　(활동) …에 관련하다, 참여하다
- be involved with　(사람, 단체) …와 관계하다

>Why don't you get involved in some extracurricular activities?
>She has long been involved with the YMCA.　(무슨 활동을 한다는 내용을 표현할 때 자주 사용되는 표현으로서, '단체와 관계하다' 라는 뜻일 때는 in 대신 with를 사용한다는 점에 주의할 것)

- be caught by　…에 잡히다
- be caught in a shower　소나기를 맞았다
- be caught[embroiled/involved] in a scandal　스캔들에 연루되다

✚ be interested/afraid to+동사원형

대부분 be interested in -ing, afraid of -ing의 표현에 익숙해져 있어서 'be interested to+동사원형'이나 'be afraid to+동사원형' 구문을 틀렸다고 생각하는 사람이 많은데, 사실은 회화에 많이 사용되는 표현들이다.
I'm interested in knowing... = I'm interested to know...　…을 알고 싶다
I'm afraid of meeting that man. = I'm afraid to meet that man.

ref. 규정 문법에서는 be afraid/ashamed of -ing, 그리고 be interested in -ing와 'be afraid/ashamed/interested to+동사원형' 사이에 의미의 차이가 있다고 주장한다. 즉, be afraid of는 일어나기를 원하지 않는 일을 표현할 때 사용하며, be afraid to는 하고자 하지만 엄두가 나지 않는 경우에 사용한다고 설명하고 있다.

Today many people are afraid of losing their jobs.
Some of the students are afraid to ask questions.

또한, be ashamed of는 자신의 일에 대해 수치스럽게 느끼는 상태를 표현하며, be ashamed to는 내키지 않는 일을 의미한다.

I'm ashamed to say that I'm very lazy.
I'm ashsmed of being lazy.

또한, be interested in은 '(행위를) 하는 데 흥미를 느끼다' 란 의미이며, be interested to는 주로 '(인지동사 hear/know/see)하고자 하다' 의 의미이다.

I'm interested in learning about computers.
I'd be interested to know what you think about the idea.

●●● 진행형 수동태

✚ 다음은 반드시 진행형 수동태를 쓸 수밖에 없는 상황에서 사용되는 표현이다.

>Are you being helped[served/waited on]?　주문하셨습니까? (= May I take your order?)
>The patient is now being given oxygen.　환자가 산소 호흡을 하고 있다.

• • • 수동태 의미를 나타내는 능동태

다음은 우리말에서는 수동태로 표현되지만 영어에서는 능동으로 표현하는 동사로서 회화에 많이 활용되는 관용표현들이다.

❶ 보이다 → see

He has not been seen these days. (?)　(일반적인 표현이 아님)
→ I don't see him these days.　그 사람 요즘 안 보인다.
(단, 행방불명의 의미를 나타내는 문어체적인 표현으로는 수동으로 쓰임)
The man hasn't been seen for several days.
= The man has been missing for several days.　(행방불명에 관한 경찰 대화 내용)

❷ …라고 써 있다 → say

It says in the Bible that...
It says here in the paper that...　(신문에 …라고 써 있다)
It says in the sign that... = The sign says that...

❸ …라고 적혀 있다 → read (문어체로 say보다 정확한 문자 전달을 의미한다.)

The ticket[platform/sign] reads, "...".　표[정당 강령/팻말]에 "…."라고 적혀 있다.

❹ 팔리다 → sell

This book sells well.　**cf.** *best-seller* 베스트 셀러

• • • 기타 관용표현

반드시 수동태 구문을 사용하는 표현들의 예를 보면 다음과 같다.

◉ 감정 표현 동사

동사편에서 다룬 감정 표현 동사는 거의 다 타동사(vt)이므로 감정을 느끼는 사람이 주체가 되는 말은 항상 수동태로 표현된다. (p. 68 '감정 표현의 타동사' 참조)

I was shocked to hear that...
I'm impressed!　대단한걸! (멋진 행위/것을 보면서)
cf. *I admire you.*　대단하십니다. / 정말 존경스럽습니다.

◉ 견해

❶ 격식 있는 공식 석상에서의 표현

I'm really honored[privileged] to present to you Mr. President.
대통령을 여러분께 소개하게 되어 정말 영광[특권]으로 생각합니다.
Please be advised that...　…을 양지하시기 바랍니다.

ex. 다음의 Talk Show 방송 내용을 통해 법률이나 격식을 차리는 주제에 관한 말이나 글에서는 수동태

문장이 많이 사용됨을 알 수 있다.

Phil Donahue: We are joined on our program today by Sabino Gutierrez, who is, as you know, the plaintiff in a sexual harrassment case which was filed against his boss, who happened to be a woman - first time in the history of American law, a man charges a woman with sexually harrassing him and wins $1 million - jury trial, jury verdict, total compensatory and other fines assessed against the plaintiff, the company for which Mr. Gutierrez once worked is obliged to pay more than a million dollars. He was represented by Gloria Allred who is a woman. (Phil Donahue Show: May, 26. 1993)

❷ **be to blame for** : …에 비난을 받아야 한다

be to be blamed for의 뜻으로 실제 회화에서는 간단하게 be to blame을 더 즐겨 쓴다.

I'm not to blame for the accident.
You've only got yourself to blame (for it). 글쎄, (너 말고) 누굴 원망하겠니?
 cf. *I don't blame you.* 무리도 아니지. / 그렇게 한 것 이해한다.

❸ 기타

I'm[I feel] flattered. = That's flattering. 과찬의 말씀이십니다.
Come on. I wasn't born yesterday. 왜 이래요? 한두 살 먹은 어린애가 아니에요.
Try to make him feel wanted.
그를 인정해 주십시오. (정신적인 문제가 있는 him의 가족에게 충고하는 관용적 표현)
I'm convinced that... 나는 …을 확신한다.
Your point is well taken. 말하는 요지를 잘 알겠습니다.
what is called 소위, 이른바
= **so-called** (문어체) = **what we[they/you] call** (구어체로 다소 부정적인 암시가 있음)
 cf. *America, the so-called leader of the free world, ...* (It's not a true leader의 의미를 내포함)
  You call this art? = Is this what you call art?
  이것도 예술이라고 하는 거니? ('이것도 …라고 하는 거니?'의 뜻으로 부정적이거나 비꼬는 투의 관용적 표현)
  You call this nothing? 이게 아무것도 아니란 말이야?

Are you sold? 당신은 설득되었습니까?

> **Tip** 회화에서 자주 쓰이는 buy, sell
>
> 기존 영문법책에는 설명이 없지만 실제 회화에서 buy와 sell은 아래와 같은 의미로 자주 쓰인다.
>
> buy = believe, accept (믿다)
> sell = make others believe (믿게 만들다)
> I don't buy that. 나는 그런 말 안 믿어. (빈도 높은 회화 표현)
> cf. I don't buy into that theory[philosophy]. 문어체에서 '어떤 이론을 믿다'라고 할 때 buy into로 표현하기도 한다.

◑ 정보 교환/상황 묘사

정보 교환이나 상황 묘사에 자주 사용되는 대표적인 표현의 예들은 다음과 같다.

❶ 정보 교환

- **be known[found] to...** : …하는 것으로 알려[밝혀]지다 (알려진 과학적 사실을 전할 때 사용하는 구문)

    *ex. People who regularly attend religious services have **been found** to have lower blood pressure, less heart disease, lower rates of depression and generally better health than those who don't attend.* (Time: June 24, 1996)

- **reference[statement] be made as to...** : …에 대해 언급이 되다
    No reference has been made as to... …에 대해서 언급하지 않았다.

- **be told that...** : …라고 듣다
    I was told that... 저는 …라고 들었습니다 (= I hear(d)…의 문어체)

- **be told to...** : …하도록 지시받다
    Do as you were told to do. 지시받은 대로 해라.

- **make oneself understood = express oneself** : 자신을 표현하다
    I can make myself understood in French. 불어로 의사소통을 할 수 있다.

- **be headed for** : …로 향하다
    Where are you headed[heading] for? 어느 방향으로 가십니까? (Where are you going?은 사생활 침해 (invading privacy)라고 생각할 수도 있기 때문에 head를 활용한 표현을 많이 쓴다.)

- **be located** : …에 위치하다
    Where are you located? 계신 데가 어딥니까? (Wh의문문이므로 원칙은 located 다음에 at이 필요없지만, 원어민 중에는 Where are you located at?이라고 하는 사람이 적지 않다.)

- **be seated** : 좌석에 앉다
    Where are you seated?
    좌석이 어디십니까? (비행기 등의 교통편에서 좌석을 찾는 손님에게 위치를 알려줄 때 묻는 표현)

- **be taken[occupied]** : 차지되다
    Is the seat taken[occupied]? 자리 있습니까?

❷ 처한 상황

- **get caught in** : (상황)에 잡히다
    I got caught in the middle of a sticky situation. 중간에 끼어 난처한 상태이다. (진퇴양난)

- **be stuck in** : …에 갇히다
    I'm stuck in heavy traffic. 교통 혼잡에 발이 묶였다.

- **be held up** : 지연되다
    I got held up at work. 일 때문에 늦었다.

- **be broken into** : 침입당하다

My apartment was broken into. 집에 도둑이 들었다. (침입한 주체는 도둑인 것이 뻔하므로, 행위의 주체를 명시하지 않고 수동태 구문을 사용하는 것이 일반적이다.)

- be confronted[faced] with : (어려움 등)에 직면하다
  We are confronted[faced] with many challenges of the 21st century.
  = There are many challenges of the 21st century facing[confronting] us.

❸ 순서, 서열

- be followed by : 그 다음에 …가 오다 (전후 관계를 나타낼 때 매우 요긴한 표현)
- be preceded by : 그 전에 …가 오다
  A is followed by B. : A 다음에 B가 온다.
- be dwarfed[overshadowed] by : … 때문에[에 의해] 무색해지다
- be not matched by = be unrivaled[unparalleled/unequalled] by : …에 필적이 안되다, …가 최고다 (= be matchless/peerless)
  Our reputation for computer network reliability is unequalled.

❹ 생사, 희생

- be born : 태어나다
- be bored[starved/frozen/burned/shot/strangled/stabbed/trampled/choked] to death : 지루해 죽겠다/아사하다/동사하다/불타 죽다/총맞아 죽다/목졸려 죽다/칼맞아 죽다/밟혀 죽다/질식해 죽다
  (**cf.** 미식영어에서는 *freeze to death*를 즐겨 씀)
- be bereft[bereaved] of : (가족)을 여의다
- be murdered[slain/assassinated] : 살해[암살]되다
- be slaughtered[massacred] : 학살되다
- be victimized by : …에 희생되다
- be killed in action : 전투에서 사망하다 (살해당하는 것이므로 수동태로 표현)

ref. KIA = Killed in Action : 전사자
MIA = Missing in Action : 전쟁 실종자 (행방불명은 능동의 뜻이므로 현재분사로 표현)

ex. Lieut. Cho Chang Ho of the South Korean army **was listed** as killed in action after Chinese forces overran his artillery unit near Inje in May 1951. After the war, his name was inscribed on the national war memorial in Seoul, and he was all but forgotten. (*Time: Dec. 12, 1994*) (행위의 주체를 명시할 필요가 없는 경우의 수동태 문장들임. be listed 기록되다 be inscribed 각인되다, 새겨지다 be all but forgotten 거의 잊혀지다 Lieut. = Lieutenant 중위)

❺ 목적

- be designed to+동사원형/for+명사 : …할 목적이다
  = be intended to/for = be meant to/for (많이 사용되는 필수 표현)

- This course is designed to help you improve your conversation skills.
  We're meant for each other. 우리는 천생연분이다.

❻ 인용 표시, 보도
- be reported to... : …라고 보도되다
- be quoted as saying "…" : "…라고 말했다"고 하다 (방송 영어. 남의 말을 인용할 경우 인용 시작을 표시할 때 quote(인용부호 ")라고 하며 끝을 표시할 때 unquote(인용부호 ")라고 말하는 게 원칙이나 보통은 unquote는 불필요하기 때문에 quote만 말한다. (p. 112 참조)

❼ out-동사와 under-/over-동사의 수동태

문어체에서 많이 사용되는 표현이다.
- be outnumbered by : …보다 숫자가 적다
 The ruling party is outnumbered by the opponent party. 여당이 야당보다 수가 적다.

- under-/over- -ed
 Most of the factories here are undermanned. 여기 대부분의 공장은 일손이 부족하다.
 Most of the offices here are understaffed[overstaffed]. 여기 대부분의 사무실은 직원이 부족하다[넘친다].

- be undersold : 남이 더 싸게 팔다
 We're not going to be undersold. 우리보다 싸게 파는 가게는 없을 겁니다. (광고문에서 많이 나오는 표현)

❽ 전화 대화

You're wanted on the phone. 전화 왔습니다. (격식을 갖춘 표현)

'전화 왔습니다.'라고 할 때 쓰는 일반적인 표현은 다음과 같다.

There's a phone call for you. (전화와 거리가 떨어져 있는 옆방에 있는 사람에게)
It's for you. (전화 옆에 있는 사람에게)
I can be reached at 987-6543. 987-6543으로 연락하시면 됩니다. (자동 응답기에 녹음된 격식을 갖춘 표현)
Keep me posted. 계속 연락 바란다. (경찰/형사 영화의 무전기/전화 대화에서 많이 나오는 표현)

❾ 격언

What's done is done. = Let by-gones be by-gones. 과거사는 과거사이다.
What's done cannot be undone. = It's no use crying over spilt milk.

Tip 능동형 hatch; would be done by

Don't count your chickens before they are hatched. (?) (미식영어로는 어색하며 영식영어로는 OK.)
→ Don't count your chickens before they hatch. (미식영어에서는 보통 능동형으로 씀)
Do to others as you would be done by. (?) (고어체로서 어색한 표현이므로 실제로 쓰이지 않음)
→ Do to others as you would have them do to you. 황금율: 대접 받기 원하는 대로 대접하라.

⊙ 허락 및 요청

- Would I be allowed[permitted] to...? : Would you allow[permit] me to...?보다 더 격식을 차린 딱딱한 표현이다.

  He's not authorized to get access to the confidential material. (문어체)

- It would be greatly appreciated if... : I'd greatly appreciate it if...의 수동태이며 매우 격식을 갖춘 표현으로서 주로 공식 서신에 사용된다.

  I'll keep my fingers crossed.
  행운을 비네. (목적격보어 수동태. 보통 둘째손가락과 가운뎃손가락을 교차시키면서 말함. p. 112 참조)

⊙ 완료의 의미

- be p.p. = have p.p.
  He's gone for the day. 하루의 일을 마치고 그는 사라졌다. / 그는 퇴근했다.
  It's gone. 그게 없어졌다.
  I'm lost. = I've lost my way. 길을 잃었다.
  I'll be gone until noon. 오후까지는 없을 겁니다.
  Spring is come. 봄이 왔다. (사용 빈도 낮은 표현임)
  = Spring has come[arrived/sprung].
  = Spring is here. 봄기운이 완연하다. (사용 빈도 높은 표현)

- be done[finished] with : …을 끝내다
  Are you done[finished]? 다 끝냈니? (사용 빈도가 높은 표현)

> **Tip** have done with it
>
> 기존 영문법 참고서에 나오는 예문인 I will lend you the book when I have done with it.(×)은 비문법적인 문장이다. I have done with it.(×)이란 표현은 틀리며, be done[finished] with라는 수동형을 이용해 완료의 의미를 나타내는 관용적인 표현 I am done[finished] with it.으로 고쳐야 한다.

⊙ 법정 등 격식을 갖춘 상황

- be found (not) guilty of : …의 유죄[무죄] 판결을 받다
  The defendant was found guilty of fraud.
  Be seated. 착석하시오. (법정에서)
  (Your objection is) Sustained. 인정합니다.
  (Your objection is) Overruled. 기각합니다.

위의 두 문장은 법정에서 변호사나 검사가 서로의 의견에 대해 문제를 제기하며 Objection, Your Honor.라고 하는 말에 대해서 판사가 판단하여 대답하는 말이다.

•••be+p.p. vs. get+p.p.

두 표현은 의미상 다소 차이가 있을 수 있다.

❶ be+pp는 상태, get+pp는 동작이나 과정

She was dressed in black. 검은 옷[상복]을 입고 있다.
Go get dressed. 가서 옷 입어라.
cf. *be[get] married   be[get] broken   be[get] hurt*

❷ be+pp는 격식적, get+pp는 비격식적

Many women were told that their place was in the home.
A lot of women got told that they had to stay home.

❸ be+pp는 수동적, get+pp는 다소 능동적

Most women were hired as secretaries. (They didn't have much choice in the matter.의 의미)
Most women got hired as secretaries. (This was their accomplishment.의 의미)

✚ 위의 ❷와 ❸은 기존 영문법책에서는 다루지 않는 내용이므로 유의해서 알아두자.

CHAPTER 05 수동태

연습문제 EXERCISE

빈칸에 알맞은 표현을 고르시오.

1. Mrs. Dickerson is said _____ a brilliant student when she was in college.
   (A) being   (B) to be   (C) to have been   (D) having been

2. Many people were relieved to hear that the missing boy _____.
   (A) took good care of
   (B) was taken care of good
   (C) was taken good care of himself
   (D) had been taken good care of

3. _____ this important task be completed immediately.
   (A) Let   (B) Let's   (C) Let us   (D) Let me

4. People panicked to find that the huge box was _____ dangerous chemicals.
   (A) filled   (B) filling   (C) filled with   (D) filling with

5. Mr. Brown has long _____ the YMCA.
   (A) involved in   (B) involved with   (C) been involved in   (D) been involved with

6. The fatally wounded soldier is now _____ and blood.
   (A) given oxygen   (B) giving oxygen   (C) to give oxygen   (D) being given oxygen

7. _____ as to why the accident took place.
   (A) No reference has been made
   (B) Any reference has not been made
   (C) No reference had been made
   (D) Any reference had not been made

8. A: Are you being _____?
   B: No. Can I have the menu, please?
   (A) waited   (B) waited on   (C) waited for   (D) to be waited

9. A: Can you _____ in French?
   B: Yes, just a little.
   (A) be understood
   (B) be made understood
   (C) make yourself understood
   (D) make yourself be understood

10. A: Mary _____ in the middle of a sticky situation.
    B: Sorry to hear that.
    (A) catches   (B) caught   (C) has caught   (D) got caught

연습문제 | EXERCISE

다음 중 적절하지 못한 부분을 고르시오.

11 (A) The philosopher had been said (B) to have demonstrated a great degree of composure (C) even after he was involved (D) in a tragic accident.

12 (A) With such sloppy maintenance of (B) the subway, the accident was bounded (C) to happen (D) sooner or later.

13 (A) As a nurse (B) in a military hospital, (C) she was exposed by many extreme dangers (D) during the war.

14 (A) It is generally agreed to (B) that Mr. Smith's success (C) in the election (D) could be attributed to good luck.

15 (A) Even in the middle of a hot summer, (B) the State of Wyoming (C) has many mountains which are still (D) covering with snow.

16 (A) This course designs (B) to help you improve (C) not only your grammar (D) but also your conversation skills.

17 (A) Most of the government offices here (B) are understaffed, (C) which result in a seriously slow processing (D) of paperwork.

18 (A) The majestic beauty of the Rockies in Canada is (B) unparalleled with (C) that of (D) any other mountain in the world.

19 The nation (A) as a whole (B) is faced by (C) many challenges (D) of the 21st century.

SECTION 01 구문편

06 _ 일치 및 화법
Agreement & Narration

일치 및 화법은 시제나 부사어 변환에 관한 공식을 기계적으로 암기한다고 정복되는 것이 아니다. 영어 원어민들은 상황에 따라 얼마든지 시제 일치를 어기면서 말을 하는 경우가 있다. 의미를 생각하지 않고 기계적으로 문법 공식을 외움으로써 문법을 위한 문법의 틀에 얽매이는 노예가 되지 않도록 노력해야 한다.

01 시제 일치 (Tense Agreement)

주절의 동사 시제는 현재일 때 종속절의 동사는 현재든 과거든 상관없으나, 주절의 동사가 과거 시점으로 변하면 종속절의 시제도 과거 시점으로 변하여 시제에 영향을 받는다.

He says that it is raining. → He said that it was raining.
(주절: 현재 → 과거 / 종속절: 현재 → 과거)

He says that it was raining. → He said that it had been raining.
(주절: 현재 → 과거 / 종속절: 과거 → 대과거)

He says that it has been raining. → He said that it had been raining.
(주절: 현재 → 과거 / 종속절: 현재완료 → 과거완료)

I think that it will rain. → I thought that it would rain.
(주절: 현재 → 과거 / 종속절: 미래 → 과거형)

ex. Cho Chang Ho said, "I always thought the Lord **would** save me and return me to my family." *(Time: Dec. 12, 1994)*

시제 일치의 예외
1) 습관: He said that he **walks** to school every morning.
2) 진리: Galileo said that the Earth **moves** around the sun.
3) 과거 사실: He said that the Korean War **broke** out back in 1950.

02 화법 (Narration)

●●● 평서문(Statements)

- 직접화법: 인용 부호(" ")를 활용하여 말한 내용을 있는 그대로 전달하는 표현 방법이다.

- 간접화법 : 인용 부호 안의 내용을 말하는 사람의 말로 풀어 전달하는 표현 방법이다.

의미를 생각해 보면, 직접화법의 표현을 간접화법으로 옮길 때 변하게 되는 부사어 표현을 쉽게 이해할 수 있다. this → that, here → there, now → then, today → that day, yesterday → the day before 또는 the previous day, tomorrow → the next/following day, ago(현재 시점으로부터 이전以前) → before(과거 시점으로부터 이전以前)

단, 이런 표현의 변화를 기계적으로 외우면 안 된다는 것에 주의해야 한다. 즉, He said to me, "I don't like this book."의 내용을 간접적으로 전달할 때, 만일 this book을 지금 말할 때도 여기에 있는 책을 의미한다면 that book이 아니라 this book으로 쓸 수 있다.

She says, "I am an American."
→ She says that she is an American.
She said to me, "I am happy now."
→ She told me that she was happy then. (said to → told, now → then)
She said to me, "The accident took place here."
→ She told me that the accident had taken place there. (said to → told, here → there)

••• 명령문(Directives)

전달동사를 기계적으로 외우는 것보다 전달하는 내용에 따라 전달동사를 적절히 사용하는 것이 바람직하다. 예컨대, He said to me, "I'm a gay."를 간접화법으로 바꿀 때는 '시인하다'의 뜻인 admit이나 '고백하다'라는 뜻의 confess 등의 동사가 told보다 훨씬 적절한 전달동사이다.

- 긍정 명령문 : said to sb, "… ." → told sb to...
  He said to me, "Leave at once." → He told[ordered/commanded] me to leave at once.

- 부정 명령문 : said to sb, "Don't..." → told sb not to...
  He said to me, "Don't drink too much." → He told[advised] me not to drink too much.

••• 의문문(Interrogatives)

- Wh의문문 : said to sb, "Wh의문문" → askd sb wh의문사+주어+동사
  She said to me, "What are you doing?"
  → She asked me what I was doing.

- Yes/No 의문문 : said to sb, "Yes/No 의문문" → asked sb if...
  She said to me, "Are you doing your homework?"
  → She asked me if I was doing my homework.

전달동사는 인용하는 내용에 따라 적절한 동사를 사용하면 된다.

••• 제안/부탁/감탄/중문/가정법

인용 내용에 가장 적합한 전달동사를 기억하는 것이 관건이다.

❶ 제안 : said to sb, "Let's..." → suggested to sb that ~ (should)...

He said to me, "Let's work hard." → He suggested to me that we (should) work hard.
He said, "Let me give you a hand." → He offered to give me a hand.

❷ 부탁/간청 : said to sb, "Please..." → asked[begged] sb to...

He said to me, "Please help me with my homework."
→ He asked[begged] me to help him with his homework.

❸ 감탄 : said, "What[How]..." → exclaimed what[how]감탄문

She said, "How lucky I am!" → She exclaimed[shouted with joy] how lucky she was.

❹ 중문 : said, "..., but[and]..." → said (that)..., but[and] that...

He said, "This machine is old-fashioned, but I like it."
→ He said (that) that machine was old-fashioned, but that he liked it.
She said, "It's stuffy in this room. Why don't you open the window?"
→ She said that it was stuffy in that room and suggested that I (should) open the window.

인용되는 내용에 따라 알맞은 전달동사를 사용해야 한다.

❺ 가정법 : 시제 일치 예외

가정법의 내용은 전달동사의 시제에 영향을 받지 않는다.

She said, "If I had more money, I could buy a new computer."
→ She said that if she had more money, she could buy a new computer.

SECTION. 01 **구문편**

07 _ 관계사: 형용사절
Relatives: Linking Antecedents with Modifying Clause

우리말에서는 형용사절이 명사 앞에 와서 명사를 수식하는데(…하는+명사), 영어에서는 관계사가 이끄는 형용사절이 명사 뒤에 와서 명사를 수식하는(명사+…하는) 큰 차이가 있다. 따라서 말을 할 때 생각한 것을 표출하는 순서가 바뀌어야 하므로 관계사를 자유자재로 구사하기 위해서는 많은 훈련이 필요하다.

01 관계대명사 (Relative Pronouns)

●●● 중요 관계대명사

선행사가 사람이면 관계대명사 who, 선행사가 사물이나 동물이면 which, 사람, 사물이나 동물에 모두 쓸 수 있는 것이 that이다.

◎ 관계대명사 who

- 사람을 선행사로 취한다.
  I have a friend. + He is very good at sports.
  → I have a friend who is very good at sports.

- those who… : …하는 사람들
  cf. *those of you who…* …하는 분들 (강의 등의 공식적인 발표에서 자주 사용)
  Heaven helps those who help themselves.

- he who… : …하는 사람 (설교 같은 상황의 문어체에서 사용되는 수사적 표현)
  He who laughs last, laughs best. 마지막에 웃는 자가 크게 웃는다. (격언)
  He who is without sin among you, let him be the first to throw a stone at her.
  (성경 요한복음 8장 7절)

- 선행사가 who인 경우에는 관계대명사 that을 사용한다.

- 목적격 whom은 보통 생략하지만, (의문문에서 whom보다 who를 선호하는 것처럼) whom 대신에 who를 사용하기도 한다.
  The man who(m) we elected as the President turned out to be a criminal.

> **Tip** 어색한 수사적 표현 Who that…?
>
> 선행사가 who일 때 관계대명사 that을 사용하는 것은 설교 같은 상황의 문어체/고어체에서 사용되는 수사적 표현일 뿐이고 일상 회화체에서는 거의 사용되지 않는다.
>
> Who that has common sense can believe such a thing? (?)
> → No one with common sense would believe such a thing. (일반적인 표현)

관계대명사 which

- 사물이나 동물을 선행사로 취한다.

  I have a dog. + It is very smart. → I have a dog which is very smart.

- 회화에서 문장/절/구를 선행사로 취하는 구문을 매우 많이 활용한다. 상대방이 한 말을 잘 이해하지 못했을 때 Which means?라고 묻고, 상대방은 Which means…라고 설명해 주는 구문을 자주 사용한다.

  ~, which means… : …라는 뜻이다.
  ~, which is to say… : …를 말하는 것이다
  ~, in which case… : 그런 경우에는 …

  He stood her up, which made her very upset. (stand sb up 바람맞히다)

  ~, All of which brings us to… : 이상의 이야기를 볼 때 …를 생각해 봅시다

  ex. … All of which brings us to something the President said at his White House news conference yesterday. (ABC News Nightline)

관계대명사 that

- 사람, 사물, 동물을 선행사로 취한다.

  I know an old man and his dog. + They live in a shack. (shack 판자집)
  → I know an old man and his dog that live in a shack.

- who, whom, which를 대신할 수 있으나, 계속적 용법으로 쓰인 관계대명사와 전치사 뒤에서는 that을 사용하지 못한다.

  I have a dog, that is getting wilder and wilder. (×)
  → I have a dog that is getting wilder and wilder.
  I have a computer with that I can make a phone call. (×)
  → I have a computer with which I can make a phone call.

- 강한 한정어구(최상급 형용사, 서수, the very, the only, the same 등)가 선행사를 수식하는 경우
  Picasso is the greatest painter that has ever lived.

관계대명사의 한정적 용법과 계속적 용법의 의미 차이

일반적인 용법을 한정적 용법이라고 하며, 관계대명사 앞에 콤마(,)를 삽입함으로써 '접속사+대명사' 정도의 구문처럼 생각의 흐름을 차례대로 풀어가는 의미를 지닌 구문을 계속적 용법이라고 한다. (Leech & Svartvik, 1994)

다음의 예문은 계속적 용법의 의미를 잘 보여 준다.

ex. *In 1966 Cho Chang Ho married a North Korean military nurse, Paik Kyung Hee, with whom he had twin sons and a daughter.* *(Time: Dec. 12, 1994)*

계속적 용법을 사용해야지 '결혼을 했는데, 그 여자와의 사이에 자식을 낳았다'라는 자연스러운 의미가 된다. 한정적 용법을 사용하면 '사이에 자식을 낳은 여자와 결혼했다'가 되어 의미가 통하지 않는 말이 된다. 또한 아래의 예문에서 보듯이, 두 가지 용법으로 인해 의미상 분명한 차이가 있을 수 있다.

He has two brothers who became college professors. (한정적)
대학 교수가 된 두 명의 형제가 있다. 즉, 교수가 아닌 다른 형제가 있을 가능성이 있다.
He has two brothers, who became college professors. (계속적)
두 명의 형제가 있는데, 그들은 대학 교수가 되었다.

하지만 실제 회화에서는 '... ,who...'를 말할 때 콤마(,)에서 분명히 쉬어 주거나, 또는 '... comma who...'라고 콤마를 불러 주며 말하지 않기 때문에, 계속적 용법이란 말에서는 별 의미가 없다. 따라서 대개는 계속적 용법을 활용하기보다는 독립된 문장으로 말한다. 즉, I have two brothers. Both of them became...처럼 관계대명사를 사용하지 않고, 두 문장으로 분리해서 말하는 경향이 강하다. 회화에서 계속적 용법으로 많이 쓰이는 관계대명사는 절을 선행사로 취하는 which이다. (p.183 which 참조)

◉ 선행사를 포함하는 관계대명사 what

What ~ is... (~한 것은 …이다) : 말의 중요 부분을 제시하기 위해서(topicalize) 자주 사용하는 구문은 다음과 같다.

What I'm saying[trying to say] is... 제가 말씀드리려 하는 바는 …입니다
What you (should) do is... 어떻게 하는가 하면 …입니다
What counts is... 중요한 것은 …입니다
What it boils down to is... 끓여서 졸이면 남는 것[가장 핵심적인 것]은 …이다
You know what they say? 사람들이 이런 말 하지요? / 옛말에 이런 말 있지요? (속담이나 격언을 자연스럽게 말하기 위해 이끄는 말)

✚ 구문적으로는 You know+the thing which they say? 또는 You know+What do they say?의 두 가지로 이해할 수 있으나, 의미상으로는 별 차이가 없다.

▶ 관용표현

He's not what he used to be. 그는 과거의 그가 아니다.
what is worse 더욱 나쁜 것은
Reading is to the mind what[as] food is to the body. (문어체)

> **Tip** what with A and what with B, ... (?) → what with A and B, ... (○)
>
> 기존 영문법책에서 '한편으로는 A로 인해, 또 한편으로는 B로 인해'라고 할 때 what의 관용어구를 이용해 what with A and what with B의 표현을 쓰고 있는데 이것은 어색한 표현으로서 두 번째 what with는 생략해야 한다.
>
> What with illness and what with poverty, she is very[rather] unhappy. (×)
> 한편으로는 병, 또 한편으로는 가난으로 인해서 그 여자는 매우 불행하다.
> → What with illness and poverty, she is very[rather] unhappy. (○)

전치사 + 관계대명사

that과 what을 제외한 관계대명사 앞에 전치사를 위치시킬 수 있는데, 문어체에 많이 사용되는 구문 형태이다.

The company has developed a palmtop computer. + Scientists can perform many functions with it.
→ The company has developed a palmtop computer with which scientists can perform many functions. (a palmtop computer 손바닥 위에 올려놓고 작동시키는 컴퓨터)

✚ '전치사+관계대명사'를 생각할 때 요구되는 인지과정

English has become a lingua franca without which we cannot live in this global village.(lingua franca: 국제 공통어)라고 말하는 사람이 without which의 전치사 without과 which절의 live 중 어느 것을 먼저 생각했겠는가? 당연히 live without을 먼저 생각한 다음 without which란 말을 생각하게 될 것이나, 말할 때는 without which를 live보다 먼저 발음해야 한다. 따라서 시간의 제약이 큰 실제 의사소통 상황에서 특히 고급 영어에서 많이 활용되는 관계대명사의 개념을 잘 표현하기 위해서는 다음 예와 같은 '전치사+관계대명사'의 구문을 틈틈이 익혀야 한다.

❶ 방식   a way[ways] in which... : ···하는 방식

There are many ways in which we can achieve that objective.

❷ 시기/때   an age in which... : ···하는 시대

We're living in an age in which we have to sell ourselves.

❸ 장소   the place at/to/in which... : ···하는 곳, 장소

This is believed to be the house to which the arsonist set fire.
(arsonist 방화범   set fire to ···에 방화하다)

❹ 이유   the reason for which... : ···하는 이유

That is the reason for which we have to build up our military forces.

❺ the cause to which we're dedicated : 우리가 헌신하는 대의명분

❻ the opportunity for which the man has desperately searched : 그 남자가 필사적으로 찾던 기회

❼ the extent[degree] to which... : …하는 정도

Reliability is defined as the extent to which test results are obtained consistently.
(전문적인 개념을 정의할 때 많이 사용되는 표현)

ex. I wonder if people are aware of **the extent to which** racial and ethnic prejudice exists in the United States. *(Dear Ann Landers)*

❽ ~, in which case... : 그런데, 그 경우에는 …

❾ the topic on which everyone has an opinion : 모든 사람이 의견을 갖고 있는 주제

❿ the figures on which he based that calculation : 그 계산을 하기 위해 근거한 수치들

⓫ a system upon which... be dependent : …가 의존하는 체제

ex. Fish, whales, shrimp, clams and other living things are regarded as commodities, not as vital components of **a living system upon which** we are utterly **dependent**. *(Time: Oct. 28, 1996)*

⓬ ~, part of which... : 그것의 일부분은 …이다

⓭ ~, much of which... : 그것의 많은 부분은 …이다

ex. Roh Tae Woo had publicly confessed to amassing a $650 million "slush funds," **part of which** he pocketed and **much of which** he parceled out to other politicians in a vast web of official corruption. *(Time: July 10, 1995)* (confess to amassing... …을 축재한 것을 시인하다   pocket 착복하다   a vast web of official corruption 거대한 공식적인 부패 고리)

⓮ the theoretical framework[foundation/model] on which this test was based was... : 이 시험의 토대가 된 이론적인 틀[기초/모델]은 …이었다

관계대명사의 생략

목적격 관계대명사의 생략

실제 글이나 말에서는 거의 항상 생략한다.

This is the novel (which) I talked to you about.
The man (whom) I thought to be honest told me a lie.

ex. **Every breath we take** is possible because of the life-filled, life-giving sea; oxygen is generated there, carbon dioxide absorbed. *(Time: Oct. 28, 1996)*

주격 관계대명사의 생략

기존 영문법책에서는 주격 관계대명사의 생략에 대하여 다음과 같이 설명한다.

• 관계대명사가 보어가 될 때

He is not the man (that) he was.

- 관계대명사 다음에 there is[was]가 계속될 때
He is one of the greatest scholars (that) there are in the world. 이 표현은 수사적 표현으로 보통은 간단히 that there are의 관계대명사절을 생략하고 He is one of the greatest scholars in the world.로 쓴다.

- There is ~/It is ~의 구문에서
There is a lady wants to see you. (?) 이 구문에서 주격 관계대명사의 생략은 매우 어색하거나 틀렸다고 간주되며 반드시 who를 a lady와 wants 사이에 삽입해야 자연스러운 영어로 생각된다.

❶ be동사의 보어일 경우

He is not the man (that) he once was. 그는 한때 과거의 그 남자가 아니다. (He's not what he was[used to be].보다 많이 사용하는 구문임)
I'm not the man (that) I once was. = I'm not what I used to be.
He's not the man who he once was. (?) (who를 삽입하면 매우 어색하거나 틀렸다고 생각됨)

❷ 관계대명사절이 there is로 시작되는 경우

I've done all (that) there is to be done.

❸ 삽입절

글이나 말에서 많이 나오는 삽입절 앞의 주격 관계대명사 생략 구문이다.

The man (who) I thought was honest told me a lie. (삽입절 : I thought)
This book deals with a super-learning method (which) I believe will help you learn English effectively. (삽입절 : I believe)

✚ *A Student's Grammar of the English Language*(p. 382)에서는 다음과 같이 설명한다.

When, however, a relative pronoun is subject, the conjunction that must be omitted.
I will read the poem. + Tom hopes (that) a poem will be written for you.
→ I will read the poem (which) { Tom hopes (○) / Tom hopes that (×) } will be written for you.

위의 주격 관계대명사 생략에 대한 설명은 기존 영문법책에서 전혀 다루지 않는 내용으로 생각, 희망 등 사고(思考)동사를 포함한 삽입절 앞에 오는 주격 관계대명사가 생략되는 것이다. 다른 주목할 내용은 삽입절 다음에 오는 접속사 that을 반드시 생략해야 한다는 것이다. 이런 용법은 현대 영어의 말이나 글에서 매우 빈도 높게 사용된다는 사실을 영어 방송, 신문, 잡지에서 나오는 살아있는 말과 글을 통하여 확인하기 바란다.

ex. ... *A Cuban jumps toward a raft* **(which)** *he hopes will take him to the U.S., but he may get only to Guantanamo ....* (Time: Sep. 5, 1994)

ex. *This magazine got to be fifty years old. ... We eliminate the ideas* **(which)** *we conclude will not work, and introduce the ones* **(which)** *we think will.* (본 잡지는 50주년이 되었습니다. 우리는 성공하지 못할 거라고 결론지은 생각들은 사장시켰으며, 성공할 것이라고 생각되는 아이디어는 도입했습니다.) *(Highlights for Children: Dec. 1996)*

◯ 관계대명사 + be동사

'관계대명사+be동사(-ing/p.p.)'의 문장에서 '관계대명사+be동사'는 거의 항상 생략하여 표현하기 때문에 명사와 -ing /p.p.만 남는 구문 형태가 매우 빈도 높게 사용된다.

ex. *The sea-farming products are now both plentiful and popular, thanks to huge industries **dominated** in many areas by multinational food processors and governments **hungry** for foreign exchange.* (Time: Oct. 28, 1996) (huge industries dominated = huge industries (which are) dominated governments hungry = governments (which are) hungry)

ex. *"Acid rain" and "ecological catastrophe," in many people's minds, they are almost synonymous. Acid rain: poisons **falling** out of the sky, killing our lakes and forests, ravaging the countryside, and all of it **coming** from sulfer-polluting smokestacks of the Midwest.* (CBS News: 60 Minutes) (poisons 다음에 which are가, all of it 다음에도 which is가 생략)

혼동되는 격

◯ 삽입 및 목적격

The man told me a lie. + I thought he was honest.
→ The man who I thought was honest told me a lie.
The man told me a lie. + I thought him to be honest.
→ The man whom I thought to be honest told me a lie.

◯ 소유격

The house whose roof is blue is called the Blue House.
= The house the roof of which is blue is called the Blue House.
= The house of which the roof is blue is called the Blue House.

✚ ◯ 선행사 + of which... → whose + 선행사절... → with + 명사

위와 같은 표현에서 of which를 사용하는 것은 매우 딱딱한(bookish) 문어체의 영식영어를 제외하고는 거의 사용되지 않는 구문이다. 특히, 미식영어의 살아 있는 글이나 말에서는 거의 사용되지 않는 까닭에 원어민들은 매우 어색하게 생각하는 죽은 영어 구문이다. 또한, whose 관계대명사 사용도 매우 어색하게 느끼며, 현대 영어에서는 보통 다음과 같이 with를 사용하여 간단하고 쉬운 표현을 쓴다. 전치사와 명사로 간단하게 표현할 수 있을 때는 구태여 복잡하게 관계대명사절을 사용하지 않는다.

→ The house with the blue roof is called the Blue House.

◯ 관계대명사를 사용한 복문 → 단문

What is the dog's name? + You have the dog. → What is the name of the dog that you have?

구어체인 위의 두 문장은 구태여 복잡하게 관계대명사를 활용하여 어색한 문장을 만들 필요가 없다. 간단히 What's your dog's name?으로 말하는 것이 자연스러운 회화체 표현이다.

관계대명사 역할을 하는 than, as

but

현대영어에서 사용되지 않는 but
모든 기존 영문법책에 설명되어 있는 공식 but = that... not은 중세 영어에서 쓰였으며 요즘 현대 영어에서 쓰이지 않는 표현이다.

There is no rule but has exceptions. (?)
 → All the rules have exceptions.
 = Every rule has exceptions.
 = There are exceptions to every rule.
 = There is no rule that doesn't have an exception.
No man is so old but (that) he may learn. (?)
 → No one is too old to learn.
There is no one in the world but makes a mistake. (?)
 → There is no one in the world who doesn't make a mistake.
Who is there but commits errors? (?)
 → Who doesn't commit errors?

than

than은 실제 말이나 글에서 모두 사용 빈도가 매우 높은 표현이다.

More is meant than meets the eye.
눈에 보이는 것 이상의 뜻이 숨어 있다. (than meets the eye 눈에 보이는 것보다)

There is more inside than appears on the surface.
cf. 비교급에서 절을 이끄는 접속사로 많이 사용된다.

The test was more difficult than I expected.　(than was expected로 표현하면 문어체)

ex. *"I'll put a girdle 'round about the earth in 40 minutes," declared Puck in A Midsummer Night's Dream. Four hundred years after the play was first produced, the globe is being girdled more thoroughly **than** Shakespeare ever dreamed.*　(Time: Feb. 3, 1997)

● as

❶ 앞의 구/절 선행사

'…와 같이[같은]'의 뜻으로서 관계대명사의 역할을 하며, 격식을 차린 문장에서 많이 사용한다.

- as follow : …는 다음과 같다

  ex. *I have known some teen-agers who took their own lives and I believe the major causes are **as follows**:*　(Dear Ann Landers)

- …한 것처럼, …하듯이

  ex. *The inherent value of free speech, **as** (is) set forth in the First Amendment to our Constitution, is that it affords those who hold unpopular opinions an equal right to be heard.*　(ABC News Nightline) (헌법 제1개정안에서 명시한 것처럼, 자유 의사권의 내재적 가치는 지지를 받지 못하는 의견을 가진 사람도 자신의 의견을 발표할 평등한 권리를 갖는다는 것이다.)

- 앞 문장 전체를 선행사로 받는 경우

  He is hard to please, as you'll find out soon enough.
  He was late, as was often the case with him.　그는 늦었는데, 그 사람은 자주 그런다.

❷ the same/as/such…as

- the same…as

  This is the same bag as I lost.　(동류 종류)
  cf. *This is the same bag that I lost.*　(동일물)

❸ 어색한 유사관계대명사 as ~ as… / such ~ as…

다음과 같은 유사관계대명사 as를 활용한 구문은 현대 영어에서는 잘 사용하지 않는다.

- as ~ as…

  As many men as came were caught. (?)　(고어체 표현으로서 현대 영어에서는 거의 사용되지 않음)
  → All the men who came were caught.
  cf. *It was not as[so] difficult as I thought.*　(접속사로서 동등 비교의 표현은 자주 사용된다.)

- such ~ as…

  such ~ as절 (어색한 구문) → those ~ that절
  I don't read many books, but such books as I read, I read carefully. (?)
  → I don't read many books, but those books that I do read (또는 but what I do read), I read carefully.　(자연스러운 표현)

  cf. *(such) as it is : 접속사 as로는 자주 사용된다.*
  　　Here's my house, such as it is.　누추한 모습이지만 (겸손한 표현)
  　　I'm going to donate my body, (such) as it is, to medical science.　있는 그대로

••• 관계대명사 중복 사용

✚ 논리적으로는 관계대명사절이 여러 가지 중복될 수 있지만, 기억의 부담 때문에 보통 한 문장 내에서 관계사절은 많아야 2개까지만 쓴다.

Is there anything that you want? + Is there anything that you don't have?
→ Is there anything you want that you don't have? 네가 원하는데 갖고 있지 않은 것 있니?

••• 복합관계대명사

◉ 명사절 : '…하는 어떤 사람[것]'의 뜻

whoever = anyone who,   whomever = anyone whom,   whatever = anything that

Give this to whoever wants to keep it. = Give this to anyone who wants to keep it.
Give this to whomever wants to keep it. (×)
(anyone whom wants (×) : 여기서 관계대명사는 wants의 주어이어야 하므로 who가 되어야 한다.)

Give this to whomever you know. = Give this to anyone whom you know.
(관계대명사는 know의 목적어이므로 whom이 맞다.)

◉ 부사절 : '…하든지'의 의미로 양보의 뜻

whoever = no matter who,   whatever = no matter what,
whenever = no matter when,   wherever = no matter where,   however = no matter how

Whoever keeps it, no one will be satisfied.
= No matter who keeps it, no one will be satisfied.
Whatever happens, we'll have to leave now.
= No matter what happens, we'll have to leave now.

02 관계형용사 (Relative Adjectives)

••• 일반 관계형용사

◉ which

The man may be found guilty of murdering his wife, in which case he is likely to face capital punishment.   (문어체, capital punishment 극형)

✚ 일반 대화에서는 보통 which가 관계형용사로 사용되지 않는다. 기존 영문법책에 제시된 예문은 He spoke to me in French, which language I couldn't understand.인데, which language I couldn't understand.를 a language which I can't understand. 또는 … in French, which I couldn't understand.로 표현하는 것이 일반적이다.

◐ **what = all the**

I gave her what little money I had with me.

••• 복합관계형용사

whatever = any...that

소위 복합관계형용사는 뉴스 같은 문어체에서는 자주 사용된다.

ex. *We should accomplish whatever institutional changes are necessary to build a better society. In order to achieve equality among sexes, we'll make **whatever** institutional changes have to be made.* (CBS 60 Minutes)

◐ **whichever = any...that**

Take whichever seat you like.

03 관계부사 (Relative Adverbs)

••• 일반 관계부사

✚ **관계부사의 생략** 실제로는 the place/time/reason 다음에 관계사(where/when/why)의 의미를 나타내는 접속사 that을 자주 사용하기도 하며, 이를 생략하고 곧바로 절을 쓰는 경우도 많기 때문에 초보자들은 이런 구문을 잘 이해하지 못하므로 주의해야 한다.

ex. *Smokers who can stay away from cigarettes during the first day they quit smoking are more likely to kick the habit for good, an article in the American Medical Association journal says.* (The Korea Herald: Feb. 11, 1997) (during the first day (when/that) they quit smoking)

◐ **where**

the place/situation where...

This is (the place) where I was born.
We are faced with a situation where unemployment is one million and rising fast.
Where there is a will, there is a way. 뜻이 있는 곳에 길이 있다.
Where there is smoke, there is fire. 아니 땐 굴뚝에 연기날까.

◐ **when**

Do you know (the time) when she was taken to the hospital?

◐ **why**

I don't know (the reason) why it is gone.

◯ how

the way how를 붙여 쓰면 틀린 표현이다.

This is the way I did it.= This is how I did it.

••• 복합관계부사

복합관계부사란 '관계부사+…든지' 라는 개념의 표현이다.

◯ wherever

I'll follow you wherever you go.

◯ whenever

Just feel free to ask me whenever you have any questions.

◯ however

You won't be able to solve this difficult problem, however brilliant you may be.

◯ whyever

이유야 어떻든, 도대체 왜

Whyever would you want to marry a bum like that? (bum 건달, 얼간이)

CHAPTER 07 관계사

연습문제 EXERCISE

빈칸에 알맞은 표현을 고르시오.

1. They started fishing in the river again, _____ means that the water pollution has been taken care of.
   (A) which (B) that (C) this (D) and

2. We are living in an age in _____ all the nations have to compete with each other in the free world market.
   (A) that (B) which (C) what (D) whose

3. _____ has good sense will say such a thing in public?
   (A) Which (B) Who (C) That (D) What

4. On our way home, we ran into the very woman _____ he talked to us about.
   (A) what (B) those (C) which (D) that

5. Jane is the most beautiful woman _____ I've ever seen in my life.
   (A) what (B) those (C) which (D) that

6. _____ I'm trying to say is that what he's saying doesn't make any sense to me.
   (A) What (B) That (C) Which (D) Who

7. The secretary _____ I thought to be sincere messed up the whole thing.
   (A) whom (B) whose (C) what (D) which

8. They are determined to climb that mountain _____ top is still covered with snow even in the summer.
   (A) whose (B) which (C) its (D) that

9. I've done all _____ is to be done.
   (A) there (B) whose (C) what (D) it

10. This is the same bag _____ I lost. I'm sure this bag belongs to me.
    (A) that (B) what (C) as (D) such

11. It is important to understand in painting that more is meant _____ meets the eye.
    (A) than (B) as (C) that (D) and

12. _____ is often the case with the Congressman, he fell asleep while the meeting was in session.
    (A) Though (B) As (C) While (D) That

연습문제 | EXERCISE

13. Mr. Brown is an honest man. _____ is better still, he is good-looking.
    (A) As   (B) That   (C) What   (D) Such

14. We should make _____ institutional changes are necessary to accomplish equality between men and women.
    (A) wherever   (B) that   (C) whenever   (D) whatever

15. We are now faced with a very difficult situation _____ we have to resort to our reason for making the best decision.
    (A) which   (B) where   (C) how   (D) why

16. _____ brilliant you may be, you won't be able to solve this difficult math problem.
    (A) Whichever   (B) Whatever   (C) Whenever   (D) However

다음 중 적절하지 못한 부분을 고르시오.

17. I misplaced my notebook (A) in that (B) I had kept record of all the important points (C) that the professor had made (D) in class.

18. Since Tom Jones joined the army, (A) he has turned (B) into a brave soldier. (C) He is no longer the coward (D) whom he once was.

19. (A) The good-looking man (B) whom I thought was honest and sincere (C) broke his (D) word and hurt my feelings.

20. (A) Let me ask you (B) if there is anything (C) you wish to possess (D) what you don't have right now.

21. (A) Fulbright made it clear in his will (B) that he would like to donate his estate (C) to whomever is dedicated to scholarship (D) for the advancement of human civilization.

22. (A) Cindy Brown as an ordinary employee (B) worked hard for that leading corporation, (C) which place she was destined (D) to become one of the high-ranking managers.

23. This is exactly (A) the way how the eminent philosopher talked (B) one of his best disciples (C) into committing himself (D) to the noble cause of democracy.

24. The magazine publisher decided to fire the employees (A) whom he thinks (B) have not worked hard enough, (C) and to introduce new ideas (D) he thinks will attract more subscribers.

SECTION 01 구문편

08 _ 접속사: 구/절 연결
Conjunctions: Linking Phrases/Clauses

접속사는 통사적으로 대등한 절로 구성된 소위 중문(coordinated sentence)의 연결사 기능을 하는 등위접속사(and, but, or, so)와 주절과 종속절로 구성된 소위 복문(complex sentence)의 연결사 기능을 하는 종속접속사(등위접속사 외의 접속사)로 나눈다. 그러나 이와 같은 구조 중심의 분류는 의사소통 능력을 배양하는 데 별로 도움이 되지 않기 때문에 여기서는 의미 중심으로 접속사를 분류하여 제시하기로 한다.

등위접속사와 종속접속사의 구문상의 차이를 간단히 설명하면 다음과 같다.

I'd like to join you, but I'm busy tonight.
She couldn't finish her work as she had been sick.

위 두 문장에서 접속사 이후의 문장을 앞으로 보내 보자.

But I'm busy tonight, I'd like to join you. (×)
As she had been sick, she couldn't finish her work.

이와 같이 But...으로 시작하는 중문은 비문법적이 된다. 같은 이치로 종속접속사 because와 의미가 같은 for는 등위접속사이기 때문에, for로 시작하는 문장은 비문법적이 된다.

It's going to rain soon, because it is very cloudy.
= Because it is very cloudy, it's going to rain soon.
It's going to rain soon, for it is very cloudy.
For it is very cloudy, it's going to rain soon. (×)

01 의미 중심 분류 (Meaning-based Categorization)

● 시간

○ while, when, as : …하는 동안, …할 때

The teacher entered the classroom while[when/as] the students were fighting.

○ after

I'm going to go home after I'm done with my work.

✚ '…한 지 며칠 후'의 영어 표현을 살펴보자. '병원에서 퇴원한 지 며칠 후에 나는 목욕을 했다.' 라고 할 때

'… 후에'를 의미하는 after가 어느 곳에 위치할지를 생각하면서 말을 해 보자. '며칠 후에'를 생각하여 After a few days…로 시작하면 말이 잘 안될 것이다. 우리말과 달리, '병원에서 퇴원한 후 며칠에, 나는 목욕을 했다.'라고 생각해야 A few days after I was[had been] released from the hospital, I took a bath.와 같은 영어적인 표현이 된다. 이렇게 after의 위치를 잘 음미하면서 습득해야 영어 회화에서 after를 용법에 맞게 제대로 쓸 수 있을 것이다.

◐ before

I managed to get there before my boss showed up.
= I managed to get there. And then my boss showed up.

✚ '…하기 며칠 전'의 영어 표현을 살펴보자. '병원에 입원하기 며칠 전에 나는 목욕을 했다.'를 영어로 말할 때 '며칠 전에'를 생각하여 Before a few days…로 시작하면 말이 안된다. '입원하기 전 며칠에, 나는 목욕을 했다.'라고 생각해야 A few days before I was hospitalized, I took[had taken] a bath.라는 영어적인 표현이 가능하다. 이렇게 after나 before의 내용을 잘 음미하면서 습득해야만 '…한 지 며칠 전/후'라는 표현을 정확히 구사할 수 있다. 별것 아닌 구문 같지만 막상 말을 하려면 쉽지 않은 구문이다.

◐ once : 일단 …하면

You won't find it difficult at all, once you get the hang of it.

◐ until

• not A until B : B할 때까지는 A 아니다, B해서야 A하다

We do not realize the importance of health until we lose it.
(the importance of health = how important health is)

It is until we lose it that we do not realize the importance of health. (×)

→ It is not until we lose our health that we realize the importance of health.
(not을 until 앞으로 보내는 관용적 표현이므로 It is not until… that ~이라는 구문을 취한다.)

→ Not until we lose our health do we realize its importance.
(부정어 Not이 문두에 위치하므로 도치되어 do we realize…가 된다.)

→ We realize the importance of our health only when we lose it.

✚ 애매모호한 not… until

He didn't wait until she returned.   (wait의 계속성 의미 때문에 애매모호함)
He didn't arrive until she returned.

기존 영문법책에서는 위와 같은 문장을 '~하고 나서 비로소 …하다'로 해석한다. 그러나 두 문장을 살펴보면 구조는 동일하지만 의미면에서는 다르게 해석된다. 즉, 첫 번째 문장은 '그는 그녀가 돌아올 때까지 기다리지는 않았다.'의 의미이고, 두 번째 문장은 '그는 그녀가 돌아오고 나서야 비로소 도착했다'의 의미로 해석하는 것이 자연스럽다. 물론 첫 번째 문장도 '그녀가 돌아오고 나서야 그는 기다렸다.'로 해석할 수 있지만 어색하다. 내용을 분명히 하기 위해서 다른 구문을 취하는 것도 현명한 방법이다. 예컨대, He didn't wait until she returned.보다 He left before she returned. 또는 He didn't wait for her to return. 등의 표현이 의미가 명백한 좋은 표현이다. 이러한 예를 통해 볼 때, 내용상 애매모호한(ambiguous) 문장은 그 구조의 기계적 파악보다도 의미/문맥 파악이 더 중요함을 알 수 있다. *(Wales, 1989)*

ref. wait for sb to do sth
우리나라 학생들은 '누가 …할 때까지 기다렸다'라는 구문을 영어로 옮길 때 wait for ~ till…의 복문 형태밖에 생각하지 못하는

데, 원어민들은 wait for sb to do...의 구문도 자주 활용한다.

I'll wait for you till you finish the class. = I'll wait for you to finish the class.

○ since

I haven't seen him since I had lunch with him last Monday.

○ 숙어 표현

❶ as long as : …하는 동안

As long as I live, I'll be there for you. (be there for... …를 위해 있다)

❷ as soon as : …하자마자

= no sooner... than = hardly[scarcely] ... before[when] (수사적 표현)
의미상 no sooner/hardly/scarcely 절은 대과거, than/before/when절은 과거시제로 표현한다.

He left his office as soon as he had finished his work.
= He had no sooner finished his work than he left his office.
= He had hardly[scarcely] finished his work before[when] he left his office.

✚ 그러나, 반드시 대과거/과거 구문을 사용하는 것이 아니라 의미에 따라서는 얼마든지 현재를 사용할 수도 있다. 내용상 습관적인 의미를 표현할 때는 현재형이 얼마든지 가능하다.

The world-famous pianist loves his wife dearly. So, he no sooner finishes his concert than he calls his wife.

❸ by the time : …할 때까지, …할 때쯤 되어서

You should finish this work by the time the boss returns.

○ 유사접속사

다음은 회화에서 빈도 높게 사용되는 접속사 기능을 하는 표현들이다.

- The minute/moment/instant... : …하자마자

  I could recognize the criminal the minute I saw him again.

- every time... : …할 때마다(whenever보다 회화에서 많이 사용됨)
- next time... : 다음에 …하면

  Next time you use this photocopy machine, make sure you sign your name here.

- each time... : 매번 …할 때마다

  ex. ... *we get shocked anew **each time** we see the pictures, and today, for the first time, we get a glimpse of life in eastern Bosnia, the isolated mountainous area where thousands of Muslim refugees are slowly starving.* (ABC News Nightline)

•••원인/이유

❶ because, so, therefore

therefore는 so와 같은 뜻이나, 문어체에서만 사용된다.

I had to go hungry because[as/since] I had nothing to eat.
= I had nothing to eat, so I had to go hungry.

❷ not ~ because와 not ~, because

not ~ because...는 '…하다고 ~한 것은 아니다'라는 의미이고 not ~, because...는 '…하기 때문에 ~ 하지 않다'라는 의미이다. 말을 들을 때 콤마(,)가 있는지 보일 리 없고, 정확히 쉬면서 말하는 것도 아니므로 앞뒤 문맥으로 그 뜻을 유추해야 한다. 말뿐만 아니라 글에서도 콤마(,)를 쓰지 않는 것이 일반적이다.

They do not like him because he is smart.

그가 똑똑하다고 그를 좋아하는 것은 아니다. (not은 like him because he is smart 전체를 부정하는 말)

They do not like him, because he is smart.

그가 똑똑하기 때문에 그를 좋아하지 않는다. (not은 like him을 부정하는 말)

> **Tip not ~, because...**
>
> They do not despise him, because he is poor.
>
> 위 문장을 틀렸다고 한 기존 영문법책이 있는데, 이는 잘못된 설명이다. 부자를 천시하는 사람(공산주의자)이든가, 박애주의자라면 얼마든지 '그가 가난하기 때문에 그를 경멸하지 않는다.'라고 말할 수 있고 그런 의미가 가능하기 때문에 비문법적이라는 설명은 잘못된 것이다. 일반적으로, 뜻을 명확히 하기 위해서 not because~, but because...의 구문을 사용하거나 부연 설명을 하게 된다.

○ for

for = and the reason is that... (문어체. 추가적 설명을 하는 표현으로 문학적 표현이다.)

The old lady does not go out in the winter, for she feels the cold a great deal.
For she feels the cold a great deal, the old lady does not go out in the winter. (×)

•••목적

❶ so that sb can[may]... : …하기 위해서

✚ 미식영어에서 so that ~ may...는 거의 사용되지 않는다.

He works hard so (that) he can[may] get straight A's.

❷ lest[for fear] sb (should)...
'…하지 않기 위해서' 라는 뜻으로 매우 딱딱한(bookish) 문어체 표현이다.
We should observe Memorial Day lest[for fear] we (should) forget the meaning of patriotism.
= We should observe Memorial Day so that we may not forget the meaning of patriotism.

✚ 구어체 lest의 용법
다음 예문은 기존 영문법책에는 설명되어 있지 않은 lest의 구어체 표현이다.
Lest he decided to leave, I had the car ready.   그가 떠나겠다고 하기 전에 나는 차를 준비해 두었다.

결과

❶ so ~ that... : 너무 ~하여 …하다
He is so weak that he is unable to move. = He is too weak to move.

❷ ~, so (that)... : 그래서 …하다
I got up late, so (that) I missed the bus.

방법

❶ as : …한 대로
As I said before, I'm going to give you a test today.
Do as I say, not as I do.
As you did in step 4, do again in step 7.　(설명서에서)

❷ 접속사 like
구어체에서는 보통 as보다 like를 훨씬 더 즐겨 사용한다.

(It) Looks[Sounds] like he's mad at you.　(…처럼 보인다)
Like I said earlier ... 전에 말했듯이 …
cf. *As was agreed, we will reduce our stockpile of nuclear weapons by 20%.*
　Like was agreed, we will reduce our stockpile of nuclear weapons by 20%. (?)
　(문어체에서는 as를 사용함)

> **Tip** 전치사 like와 Do not read so fast like your brother does.
>
> 기존 영문법책에는 Do not read so fast like your brother does.는 틀린 문장이라고 명시되어 있다. 그런데, 이 문장은 내용상 일상적인 대화체에 가까운 말이지 결코 공식적인 문어체 내용이 아닌데도, 접속사로 사용되는 like가 틀렸다고 말한다는 것은 살아 있는 영어를 한번도 읽어보지 못했거나 들어 보지 못한 사람의 주장이라고밖에 볼 수 없다. 물론, 공식적인 글을 쓸 때는 like보다 as를 사용하는 것이 바람직하다고 한다. 그러나 일상 대화에서는 보통 as보다 like를 많이 사용한다는 것을 알아두자.

❸ **the way**

the way는 '… 하는 바에 의하면'이라는 의미이다. 회화에서 매우 자주 쓰는 표현이므로 잘 기억해 둘 필요가 있다.

The way[As] I see[look at] it, he has gone too far.
(the way I see it = in my opinion 내가 보기에는   go too far 너무하다)
cf. *I don't like the way you talk to me.*   네가 나에게 말하는 투가 마음에 들지 않는다. (여기서의 the way는 명사)

❹ **as if**

as if는 얼마든지 조건의 직설법으로도 사용될 수 있으므로, 무조건 가정법 구문이라고 외우고 있으면 잘못된 것이다.

I feel as if I am flying high in the sky.

❺ **as ~, so...** (bookish 표현)

'~한 대로 …하다'라는 의미로 문학적인 표현이다.

As rust eats iron, so care eats the heart. (care = worry = anxiety)
녹이 쇠를 갉아먹듯, 근심은 마음을 갉아먹는다. (걱정, 근심의 백해무익함을 전하는 격언)
As you sow, so shall[will] you reap. (문어, 고어체)

•••양보, 대조

◯ but, however, nevertheless, (al)though

She is handicapped, but[however] she is happy all the time.
= She is handicapped, nevertheless[still] she is happy all the time.
= Although she is handicapped, she is happy all the time.
= Even though she is handicapped, she is happy all the time.
= Despite the fact that she is handicapped, she is happy all the time.
= Granted/Granting that she is handicapped, she is happy all the time.
(문어체. t가 약화된 granted의 발음 [grǽnid]에 주의할 것)

✚ **(Al)though ~, but... (✕) ; Because ~, so... (✕)**
(Al)though ~의 주절을 but으로 시작한다든지, Because ~의 주절을 so로 시작하면 같은 개념이 불필요하게 중복되어 논리적으로 틀린 문장이 된다. 단, Although ~의 주절에 still을 사용하면 역접의 강한 뜻을 나타낼 수 있다.

◯ even though + 사실의 내용; (even) if + 가정의 내용

Even though the tycoon has everything he needs, he feels empty.
(Even) If you are not a vegetarian, you would enjoy eating this vegetable.
(if로 의미가 통하지 않는다면, if는 even if의 뜻임)

◯ whereas, while, when

❶ whereas, while : …하는 반면
Their country has plenty of oil, whereas[while/but] ours has none.

❷ when : …한데
접속사 when은 시간뿐 아니라 양보를 뜻하는 절을 이끌 때도 자주 사용된다.

Why do you want a new job when you've got such a good one already?
They kept trying when[even though] they must have known it was hopeless.

❸ while : …한편
While[Although] I understand what you say, I can't agree with you.

◯ but then (again) : 하기야

This computer has some limitations. But then (again) what do you expect from a $100 computer?

•••첨가, 추가

◯ and

❶ 첨가를 나타내는 and

He was a journalist and is now a professor.
He is a certified public accountant and professor.

✚ and로 연결된 문장은 의미에 따라서 구문이 달라질 수 있으므로 항상 조심해야 한다. 전산 언어학(Computational Linguistics)의 한 분야인 자연언어처리(NLP: Natural Language Processing)에서도 처리하기 가장 골치 아픈 것 중 하나가 하찮아 보이는 and라는 접속사이다.

Tom and Judy know the answer.
= Tom knows the answer, and Judy knows the answer.
Tom and Judy make a perfect couple.
≠ Tom makes a perfect couple, and Judy makes a perfect couple.

❷ 명령형+and : ~하라, 그러면

　　Listen to his advice, and you'll not regret it.

❸ '명령형+and(그러면)'의 관용표현

　　Go ahead and...　어서 …하세요 ('어서 가서 …하세요'의 의미가 아님)
　　Do me a favor and...　제발 …해 주세요 ('부탁을 들어주고 …하세요'의 의미가 아님)
　　위의 두 표현은 우리나라 학습자들이 잘 활용하지 못하는데, 사용 빈도가 높은 구문이다.
　　try and come = try to come　('시도하고 그리고 …하다'의 의미가 아님)
　　Let's wait and see　어디 좀 시간을 두고 봅시다.
　　They have a wait-and-see attitude.　그들은 시간을 두고 보는 태도를 지니고 있다.
　　　cf. *You won't get away with this!* 두고 보자! (복수를 다짐하는 말)
　　　　= *You'll pay for this!* = *You'll be sorry for this!*

　　I'm sick and tired of...　…가 지긋지긋하다
　　I tossed and turned all night.　나는 잠 한숨 못 잤다.
　　This room is nice and warm.　이 방은 매우 따뜻하다. (nice and = very)
　　Nice and slow!　(운동을 하거나 천천히 조심하며 움직여야 할 때 옆에서 도와주면서 하는 말)
　　He hit it good and hard.　(good and = very)

❹ 우리말 순서와 반대되는 표현

　　back and forth　앞뒤
　　bride and groom　신랑 신부 (groom = bridegroom)
　　flesh and blood　혈육 (우리가 '육혈'이라고 하지 않는 것처럼 영어에서는 blood and flesh라고 하지 않음)
　　food, clothing, and shelter　의식주
　　ladies and gentlemen　신사 숙녀 여러분
　　land and sea　수륙
　　North, South, East and West　동서남북
　　profit and loss　손익
　　rich and poor　빈부
　　rock, scissors, paper　가위바위보 (rock, paper, scissors라고도 함)
　　supply and demand　수요 공급
　　vice and virtue　선악
　　young and old　노소

❺ 기타 표현

　　black and white　흑백
　　black and blue　시퍼렇게 멍든　　　He was beaten black and blue.
　　bread and butter　버터 바른 빵
　　by leaps and bounds　급속도로, 일취월장하여
　　cause and effect　원인과 결과(因果)
　　come and go　오가다
　　hand and foot　손발

heaven and earth 하늘과 땅
husband and wife   man and wife = 부부, 신랑 신부
Lost and Found 분실물 보관 창구
male and female 남녀
men and women 남녀
mother and child 모자(母子)
odds and ends 잡동사니
pins and needles 발저림, 바늘로 콕콕 찌르는 것 같은 느낌
cf. '쥐, 근육의 경련'은 *cramp* 또는 *charley horse*라고 한다.

pros and cons 찬반
rank and file 병졸(兵卒), 일반 대중, 평민
skin and bone 피골(皮骨)이 상접한(= very skinny)
skirt and blouse 여성 정장
suit and tie 남성 정장(= coat and tie)
tooth and nail 악착같이(이와 손톱까지 동원하여 싸운다는 느낌)
trial and error 시행착오
up and down 위아래
ups and downs 흥하고 쇠하는 것, 흥망성쇠(興亡盛衰)
wine and dine (즐겁게) 먹고 마시다(= dine and wine)
wheeling and dealing 권모술수

● or

❶ 또는

Which do you like better, juice or coffee?
What does he do? – He is a poet or something.
   cf. *Do you want this or what?* 이걸 원하는 거야 아니면 뭐야? (신경질적인 표현임)

❷ 즉

A fifth of the population, or 1.2 billion people are malnourished.

❸ 명령형+or(~하라, 그렇지 않으면)

Listen to his advice, or you'll regret it.

❹ 관용표현

or를 약화시키면서 [ə]로 발음하고, 앞뒤의 표현을 연음하여 마치 한 단어처럼 발음하므로 듣기 어려운 표현이다. 발음 연습을 많이 하여 소리 이미지를 기억하도록 해야 한다.

believe it or not 곧이들리지 않겠지만
give or take... 정확한 수치가 아닐 수 있으므로 … 정도 가감하다
Give or take ten minutes. 좀 이르거나 늦게 도착할 수 있으니까 10분 정도 가감해라. (약속할 때 많이 사용하는 표현)

trick or treat　(Halloween(10월 31일)에 어린이들이 가가호호 방문하면서 사탕을 달라고 할 때 하는 말. 자연스러운 발음에서는 trick, treat는 [tr-]보다는 [tʃr-]로 발음되어서 익숙하지 않으면 듣자마자 이해하기 어려우므로 주의해야 한다.)

sink or swim　죽기 아니면 살기 식으로

win or lose　이기든 지든

for better or for worse　좋든 나쁘든, 길이길이(결혼 선서식의 문구)

ex. *By a razor-thin margin, Israeli voters turn right and pick a leader who,* **for better or for worse,** *vows to get tougher with the Arabs.*　(*Time: June 10, 1996*) (by a razor-thin margin 아주 근소한 차이로　turn right 보수로 전환하다, 우익이 되다　vow to... …하기로 공언하다)

rain or shine　비가 오든 날씨가 개든

Take it or leave it.　사려면 사고 말려면 마라.

Use it or lose it.　사용하지 않으면 잃어버린다.

Maybe or maybe not.　그럴 수도 있고 아닐 수도 있겠지요.

What's it going to be, yes or no?

Soup or salad?　(Super salad라고 들으면 곤란함)

Ready or not, here I come.　(술래잡기에서 눈을 감고 숫자를 다 센 후에 숨은 아이들을 찾으러 가면서 술래가 하는 말)

Nature or nurture?　선천인가 아니면 후천인가?

make-or-break　성패 양단간의, 결과가 극단적인

a make-or-break fiscal policy　성패가 분명해질 금융정책

ex. *This could be Boris Yeltsin's* **make-or-break** *day. In just a few hours, he will let the Russian people know his plans...*　(*ABC News Nightline*)

◯ moreover, furthermore

He is a man of ability. Furthermore, he is a man of character. (문어체)

■ 조건

◯ if, suppose

If you're in my place, what would you do?
= Suppose you're in my place, what would you do?

◯ in case : … 경우를 대비해서

I'd better take an umbrella, in case it rains.

회화체에서는 just in case, just to be on the safe side '혹시 어떨지 모르니까, 안전하기 위해서' 라는 표현을 자주 사용한다. (if와의 차이점은 p. 154 참조)

◯ unless

'unless = if not' 은 조건절일 때만 가능하다. (p. 154 참조)

I'll stay here unless I'm allowed to leave now.
= I'll stay here if I'm not allowed to leave now.

ex. *Unless we are prepared for endless wars of altruism, we will have to draw a line.*
(ABC News Nightline) (altruism 이타주의   draw a line 한계를 긋다)

◯ then

A: I'm done with my work.
B: Then I think you can go now. (Then = If so)

◯ never ~ but…

기존 영문법책에서 많이 다루는 no/never ~ but…구문에서의 접속사 but은 실제 영어에서는 어색한 구문으로서, 사용하고 있지 않다.

It never rains but it pours. (어색한/틀린 구문)
It never rains without pouring. (사용하지 않는 어색한 구문)
→ When it rains, it pours.
They never meet but they quarrel. (어색한/틀린 구문)
→ They never meet without quarreling. (어색하지 않은 구문)
No one is so old but he may learn. (어색한/틀린 구문)
→ No one is too old to learn.
→ No one is so old that he cannot learn.

◐ that/this way

that way : 그렇게 하면   this way : 이렇게 하면

That way, you can save a lot of time, money, and energy.

If you do so보다는 That way라는 표현이 회화체에서는 매우 요긴하게 사용된다.

02 상관접속사 (Correlative Conjunctions)

서로 관계가 있는 두 가지 어구를 연결하는 접속사를 상관접속사라고 한다.

◐ both A and B : A와 B 둘 다

We have both privileges and responsibilities.

◐ not A and B

'A와 B가 동시에 다 된다는 것은 아니다', 즉 'A이면 B가 아니고 A가 아니면 B이다(not A or not B)'의 의미이며, not (A∩B) = not A ∪ not B의 논리와 같은 이치이다.

✚ You can't have your cake and eat it too.
꿩 먹고 알 먹을 수는 없다. (항상 다 좋을 수는 없다는 의미의 격언)

◐ not A or B

'A이거나 또는 B이거나 하는 것은 아니다', 즉 'A도 아니고 B도 아니다(not A and not B)'라는 의미이며, not (A∪B) = not A ∩ not B의 논리와 같은 이치이다.

I'm not radical or conservative.   나는 급진주의자도 보수주의자도 아니다.

◐ not only A but (also) B

not only A but (also) B = B as well as A = A, and B as well

He can speak not only English but (also) German.
= He can speak German as well as English.
= He can speak English, and German as well.
cf. *He speaks English as well as she does.*

B as well as A를 무조건 'A뿐만 아니라 B도'라고 외우고 있으면 안 된다. 'as well as+주어+do대동사'의 구문에서는 well이 원래 부사 의미인 '잘'이란 뜻으로 쓰여 '~도 …만큼 잘한다'를 뜻하게 된다.

> **Tip** **as well as의 수 일치**
>
> 기존의 영문법책에는 He as well as you is safe. = Not only you but also he is safe.라는 문장이 나오는데 이는 매우 어색한 표현으로서 실제 살아 있는 영어에서는 들어 볼 수 없다. 이와 같이 문장 구조를 설명하기 위해 조작된 어색한 표현은 의사 소통 능력 배양에 도움이 되지 않을 뿐만 아니라 오히려 방해가 된다. He is as safe as you (are). 혹은 He is safe like you. 정도의 자연스러운 표현으로 대체되어야 한다.

○ not A but B

✚ 기존 영문법책에 나오는 'A가 아니라 B이다'의 표현 not A but B는 실제로 잘 쓰이지 않으며, 오히려 '... B, not A' 형태를 더 즐겨 쓴다.

> **ex.** *Bill Clinton delivered a State of the Union Address confronting the era of smaller government. While the President proclaimed, "We must be **the shapers of events, not observers**," the speech recognized the limits of the federal government.* (Time: Feb. 17. 1997)

○ either A or B : neither A nor B

Either you do it my way or you stop it.

✚ **either+(대)명사+or+(대)명사+be동사** Either you or I am wrong.은 be동사의 선택이 까다로워서 부자연스럽다. 따라서 보통 either 다음에 절을 사용하여 Either you are wrong or I am.이 자연스러운 문장이다.

○ neither A nor B

I like neither cats nor dogs.
I need neither gold nor silver.
Neither you nor I have to take the blame for it. (다소 어색한 표현)
→ Neither of us has to take the blame for it. (자연스러운 표현)
Me neither. 나도 역시 아니다.
문법적으로 Me either.나 Me neither. 둘 다 맞는 표현인데 구어체에서는 Me neither.를 쓰는 경향이 강하다.

> **Tip** **nor = and not**
>
> nor는 형태상 or not의 합성으로 보이지만 내용상 and not의 합성에 더 가깝다.
> The morphology of **nor** suggests that it is the equivalent of **or** plus **not**, but in fact both **nor** and **neither** are nearer to being the equivalent of **and** plus **not** : *(A Studnet's Grammar of the English Language, p. 270)*

03 명사절 접속사 (Noun Clause Conjuctions)

주어

➕ 영어에서는 긴 것은 뒤로 보내는 경향이 있다. 긴 주어를 뒤로 보낸 후에 그 빈칸을 it이라는 가주어로 채우는 구문이 소위 '가주어(it) - 진주어(that절)' 구문이다.

① 가주어 it, 진주어 that절

That pollution will be getting worse is obvious.
→ It is obvious that pollution will be getting worse.
That people do not recycle waste is a shame[pity].
→ It is a shame[pity] that people do not recycle waste.
사람들이 쓰레기를 재활용하지 않는 것은 참으로 딱한 일이다.

② 접속사

Whether they do it or not makes no difference.
→ It makes no difference whether they do it or not.

③ 문어체 표현에 많이 활용되는 구문

That... is my understanding. → It is my understanding that...   제가 알기에는 …입니다.
= I understand that...   저는 …라고 알고 있습니다.
That... is my firm conviction. → It is my firm conviction that...
저는 …라고 확고히 믿고 있습니다.
= I'm firmly convinced that...

목적어

① 가목적어 it, 진목적어 that절

I find it quite surprising that he should make such a foolish mistake.

② that절을 목적어로 취하는 전치사는 in, except(= but, save)뿐이다.

I admire him in that he has overcome his physical disability.   (in that... …라는 점에서)

③ whether = if ; whether or not... ≠ if... or not(×)

I'm not sure whether he will be able to finish the job in time.

➕ **it 가주어[가목적어]... when/if 진주어[진목적어]**   회화에서는 진주어나 진목적어로 that절 외에 when/if절이 쓰이는 경우가 많이 있다.
I hate it when I owe you something.   (when절이 진목적어, '내가 너에게 뭔가 빚질 때 그것을 싫어한다.'가 아니라 '나는 너에게 빚지는 게 싫어.'의 뜻임)
I'd greatly appreciate it if you...   …하시면 감사하겠습니다 (if절이 진목적어)
Would it be okay if...?   …해도 괜찮겠습니까? (if절이 진주어)
Wouldn't it be nice if...?   …하면 좋지 않겠어요? (if절이 진주어)

보어

❶ ~는 …라는 사실이다

The fact (of the matter) is (that) I knew your secret all along.
(the fact of the matter is...는 the fact is...보다 강한 어감을 준다.)
fact 대신 truth, point, thing(중요한 것), question, problem 등으로 다양하게 바꿔서 회화에서 자주 사용된다.

✤ **It's just (that)...** '…라서요'라고 이유를 설명할 때 매우 자주 사용되는 회화체 표현이다.
Not that I loved Caesar less, but that I loved Rome more. (Brutus의 말, 문어체/고어체)에서 처럼, that은 because의 뜻을 내포하고 있으며, 회화에서는 보통 that을 생략한다.

A : Why don't you give him a chance?
B : It's just I don't like him. That's all.

물론 부정문일 때는 It isn't that... 또는 It's not that...으로 표현한다.
It isn't that I don't like it; I just think I can't afford it. 그것이 싫어서가 아니라, 여유가 없다고 생각해서 그래.

동격

✤ 동격(apposition)의 명사절을 이끄는 that은 원칙적으로 생략하지 않는다.
다음의 예는 한 단어(the feeling that, the impression that, etc.)처럼 발음하면서 기억하는 것이 좋다.
the feeling[impression/fact/rumor/idea/notion/news/report/likelihood/possibility/hypothesis/assumption/opinion/claim/allegation] that...

We cannot rule out the possibility that... …라는 가능성을 배제할 수 없다.
Somehow, I'm under the impression that the handicapped person is not wanted here.
그 장애인이 여기서 필요하지 않다는 느낌을 받는다. (다소 격식 있는 표현)
Somehow, I get the feeling that you don't like me. *(TV. sitcom: three's A Crowd)*
어쩐지 네가 나를 좋아하지 않는다는 생각이 든다. (구어체)
The fact that the Korean athlete won the race astonished all the spectators.

> **Tip** **but that = that**
> 기존의 기본 영문법책에서는 명사절을 유도하는 접속사를 다루며 There is no doubt but that he was murdered.라는 예문을 통하여 but that = that이라고 설명하고 있으나, but that은 매우 어색한 표현이다.

04 접속사 생략 (Ellipsis)

영어에서 글보다는 말에서 접속사를 생략하는 경향이 강하다.

••• 사고(思考)동사/형용사 + that

I feel/think/guess/suppose/hope (that) we'll have better luck next time.
I'm sorry to say (that) you're fired.   해고되었다는 말을 하게 되어 안됐습니다.
I'm happy[glad] to say (that) you've been accepted.   당신이 채용되었다고 말하게 되어 다행입니다. (I'm sorry/glad to say…가 말에서는 마치 한 단어처럼 쓰이므로 한꺼번에 기억하는 것이 좋다.)

+ to부정사 vs. 절
회화체에서는 절을 즐겨 쓰므로 I'm glad[sorry] to…보다 I'm glad[sorry] (that)…구문을 더 많이 사용한다.
I'm glad (that) you're here.   당신이 여기 있어서 좋다. / (그러지 않아도 찾았는데) 마침 여기 계셨네요.
I'm really glad (that) I'm home.   집에 오니 참 좋다.
I'm sorry (that) he has left already.   그가 벌써 떠나서 섭섭하다.

••• 보어가 되는 명사절을 이끄는 that

- The fact is (that)… : 사실은 …이다. (회화체에서는 보통 that이 생략된다.)
  cf. *the fact of the matter is…* : (강조) 엄연한 사실은 …이다

  The fact[truth] is (that) I have no idea of what he's talking about.
  = In fact, I have no idea of what he's talking about.
  = As a matter of fact, I have no idea of what he's talking about.
- The thing[point] is (that)… : 중요한 것[핵심]은 …이다
- The problem[trouble] is (that)… : 골칫거리는 …이다
- The question is (that)… : 문제는 …이다

••• 이중절

I think (that) we should stand up for our rights, and that we should also take responsibility for our actions.

두 번째 나오는 절의 that을 생략하지 않음으로써 주절의 동사에 연결되는 목적절이라는 것을 명시한다.
(p.181 '중문' 참조)

05 병렬 (Parallelism)

대등한 문법적 언어 요소를 접속사로 연결하는 구조를 병렬구조라고 부른다. 병렬구조를 유도하는 접속사로서는 and, but, or 등의 등위접속사, as... as, more... than, less... than 등의 종속접속사, either... or, neither... nor, both... and, not only... but also 등 상관접속사가 있다.

●●● 등위접속사

He went to school and hard work. (×)   (동사, 명사 연결은 틀림)
→ He went to school and worked hard.   (동사, 동사 연결)
She likes reading, writing and to solve math problems. (×)   (동명사, 동명사, to부정사 연결은 틀림)
→ She likes reading, writing and solving math problems.   (동명사, 동명사, 동명사 연결)

ex. *Once found, schools of fish numbering in the tens of thousands are swept into city-size nets and brought aboard for conveyer-belt **sorting, gutting, filleting and freezing**.*   *(Time: Oct. 28, 1996) (Once they are found → Once being found → Once found)*

●●● 종속접속사

He is as good-looking as the appearance of his brother. (×)
(the appearance of his brother is good-looking이라고 하면 말이 되지 않음)
He is as good-looking as his brother. (○)   (his brother is good-looking의 줄임말로 병렬구조를 이룸)

●●● 상관접속사

상관접속사 구문에서는 교육을 받은 원어민들의 말뿐만 아니라 글에서도 병렬구조의 원칙이 잘 지켜지지 않는 경향이 있다.

He not only works hard but also efficiently. (?)
(동사+부사, 부사의 연결. 원칙은 틀리지만, 교육받은 사람들도 이렇게 자주 사용함)
→ He works not only hard but also efficiently.   (부사, 부사)

ex. *I saw several dozen people on the platform who had **either** collapsed **or** were on their knees unable to stand up.*   *(Time: April 3, 1995) (원칙적으로 either had collapsed or were...라고 해야 맞지만, 실제로 이를 지키지 않는 경우가 많다.)*

ex. *You should **either** go to the court **or** to the human rights commission.*   *(CBS 60 Minutes) (병렬구조에 맞지 않지만 실제로 구어체에서 교육을 받은 원어민들도 이렇게 자주 사용하는 구문이다.)*

병렬 아닌 등위접속

등위접속을 지배하는 일반적인 원리는 접속 성분들이 반드시 형태적, 기능적, 의미적으로 같은 범주에 속해야 한다는 것이다. 그러나 실제 의사소통에서는 접속 성분이 형태적으로 다를 수도 있다. 기존 영문법책에서는 연결되는 두 요소의 품사와 형태 등이 동일해야 하는 것으로 설명하고 있으나 문어체 영어에서도 반드시 그렇지는 않다.

> The general principle governing coordination is that the conjoins must belong to the same category in form, function, and meaning. There may, however, be differences in form: *(A Student's Grammar of English Language, p.278)*

> **e.g.** The enemy attacked **quickly** and **with great force**.
> You can wash them **manually** or **by using a machine**.
> They can call **this week** or **whenever** you wish.
> Dennis was **carefree** and **in good health**.

CHAPTER 08 접속사

연습문제 EXERCISE

빈칸에 알맞은 표현을 고르시오.

1. You won't find it difficult to run this machine, _____ you get the hang of it.
   (A) once   (B) while   (C) since   (D) though

2. The students do not seem to realize the importance of English proficiency _____ they graduate from school and apply to a corporation.
   (A) after   (B) until   (C) once   (D) as

3. As _____ as I live, I will help you with financial problems.
   (A) little   (B) much   (C) many   (D) long

4. You should be able to perform this work _____ the time the inspector begins to do the assessment process.
   (A) until   (B) in   (C) by   (D) since

5. My parents passed away while I was in high school, _____ I had to work my way through college.
   (A) since   (B) because   (C) so   (D) however

6. We should observe this important day lest our descendants _____ the toil and sweat of our ancestors.
   (A) have forgotten (B) forgot   (C) forgets   (D) forget

7. Mary is _____ weak that she is unable to move even this little box.
   (A) so   (B) enough   (C) sufficient   (D) too

8. _____ I look at it, Mr. Johnson is the one who has caused all the trouble.
   (A) Though   (B) As   (C) Since   (D) Way

9. You know what they say? As rust eats iron, _____ care eats the heart.
   (A) as   (B) so   (C) then   (D) therefore

10. _____ the fact that Mark was an orphan, he turned out to be a self-made politician.
    (A) Nonetheless (B) However   (C) Despite   (D) Although

연습문제 | EXERCISE

11 Even _____ he was a hard core criminal, he said he would donate his organs to the handicapped.
(A) so (B) as (C) for (D) though

12 The former proposal is designed to help the poor, _____ the latter one is to help the rich.
(A) granting (B) thus (C) whereas (D) hence

13 Why do you worry about money _____ you have so much money in your bank account?
(A) when (B) where (C) how (D) why

14 _____ the company spent a lot of money on advertising, their profits have not increased.
(A) However (B) While (C) As (D) How

15 We have made only a little progress in education. But _____ what could we possibly achieve under such an adverse educational environment?
(A) again (B) however (C) then (D) so

16 A: What does he do?
B: He is a poet _____ something.
(A) besides (B) and (C) if (D) or

17 A third of the entire population, _____ a little over ten million people, live in the capital city.
(A) or (B) and (C) as (D) besides

18 You'd better listen to your parents, _____ you'll be sorry for your own decision.
(A) and (B) or (C) besides (D) then

19 The educational program is designed to help the trainees improve their English communication skills. _____, it also helps them become equipped with computer literacy.
(A) However (B) Therefore (C) Furthermore (D) As

20 _____ you were in my place, what kind of actions would you take?
(A) Suppose (B) When (C) Where (D) Admitting

21 I think you may as well bring more money with you, _____ you run out of cash.
(A) where (B) in case (C) when (D) however

연습문제 | EXERCISE

22. You can't have your cake _____ eat it too.
    (A) then   (B) or   (C) nor   (D) and

23. Mr. Jackson is not radical _____ conservative. I should say that he is moderate.
    (A) nor   (B) and   (C) or   (D) is

24. Cindy can play the piano and the violin as _____.
    (A) well   (B) much   (C) many   (D) little

25. Either you should do it as I told you to _____ you should stop doing that immediately.
    (A) and   (B) or   (C) so   (D) as

26. I find _____ quite surprising that he should make such a preposterous statement.
    (A) so   (B) as   (C) it   (D) much

27. The news _____ the earthquake claimed almost 5000 lives in Japan rocked the entire world.
    (A) what   (B) of   (C) which   (D) that

28. I think we should demand our own inalienable rights, and _____ we should also take responsibility for our actions.
    (A) as   (B) what   (C) that   (D) so

29. To file such a citizen complaint, you should either go to court or _____ to the human rights commission.
    (A) having gone   (B) to go   (C) going   (D) go

다음 중 적절하지 못한 부분을 고르시오.

30. (A) In the age of mammonism (B) in which money really talks, (C) it will not be after we lose our moral values (D) that we will realize their importance.

31. (A) Mr. Smith talks as if he heard me (B) give a key note address (C) at last year's political convention (D) held in Dallas.

32. (A) Unless he had worked hard (B) day and night, (C) he could not have become a self-made man (D) in politics.

연습문제 | EXERCISE

33 (A) Senator Clinton neither confirmed or denied (B) what he was asked about (C) in a press conference (D) held yesterday.

34 (A) That the magician will be able (B) to perform a miracle or not (C) makes no difference (D) to me.

35 (A) At the negotiation table, (B) we were under the impression (C) of the buyers are not willing (D) to accept our proposal.

36 Larry enjoys traveling, (A) listening to (B) all kinds of music (C) and to climb mountains (D) whenever he finds free time.

SECTION 01 구문편

09 _ 특수 구문
Structural Variations

특수한 구문 형태에는 도치, 강조, 생략, 삽입 등이 있으며, 회화에서도 많이 사용되는 구문들이므로 잘 익혀야 한다. 특히, 회화에서 많이 사용되는 관용적 표현들에는 생략 현상이 많이 나타나므로 기초 대인 관계의 의사소통 기술(BICS: Basic Interpersonal Communicative Skills)을 배양하기 위해서는 숙어처럼 잘 기억할 필요가 있다.
본서의 관련 있는 여러 부분에서 도치, 강조, 생략 등이 조금씩 다루어지고 있는데, 좀더 체계적인 설명을 위해서 본 특수구문에서 전체를 집중적으로 다루기로 한다.

01 도치 (Inversion)

우리말에 없는 구문이므로 이해가 어렵고 시험에도 자주 출제될 뿐 아니라 회화에서도 활용하기가 무척 어려운 구문이므로 잘 익히기 위해 많은 노력이 필요하다.

••• 부정어구 및 부사어구 강조

동사나 목적어, 문장의 부정어구(little, never, not, neither, nor, barely, hardly, rarely, scarcely, seldom, at no time, under no circumstances 등)와 부사어구(only+부사, so+형용사)의 의미를 강조하기 위해 이 요소들이 문장 앞에 위치하게 되면 주어, 동사가 도치된다. (Celce-Murcia & Larsen-Freeman, 1983; Turton, 1995)

Under no circumstances would I do such a mean thing.
어떤 상황에서도 그런 야비한 짓을 하지 않을 것이다. (문어체)
In no way, shape or form, would I give succor to the enemy.　(succor 구조, 원조)
Little did I expect to see Mrs. Taylor here again.
Never in my wildest dreams did I ever think I would find myself so miserable.
Never will I allow such a thing to happen.
Not a single word did he utter all day long.
"Freedom" and "Peace" are not merely words - nor can they be achieved by words or promises alone. They are representative of a state of affairs. (John F. Kennedy)
So unintelligible was his pronunciation that he failed the oral interview.
Only through this way can you solve this problem.

　　***ex. Rarely has a country fallen** so far so fast as Japan has in the past five years.*
　　(Time: April 22, 1996)

ex. *So many questions, one answer – "We don't know." Breast cancer – never have so many (questions) been given so much conflicting advice and so few definitive solutions.*
(ABC News Nightline)

단, 동사나 목적어의 부정이 아닌 부분부정어(partial negation)일 때는 도치되지 않는다. *(A Student's Grammar of English Language, p. 228)*

Not long ago, I saw him mowing his lawn.
(Not은 long ago만을 부정하는 표현이므로 주어, 동사가 도치되지 않는다.)

◎ 중요한 도치 구문

다음은 회화체에서도 많이 사용하는 도치 구문이고 시험에도 자주 출제된다.

Not only did I fall in love, I realized the meaning of true love.
(일반 회화에서도 많이 사용되는 강조의 의미를 나타내는 구문이다.)
Neither do[did/am/was/have/had] I.
(So do I.는 우리나라 학생들이 잘 말하는데, Neither로 시작하는 부정어구는 잘 말하지 못하므로 많은 연습이 필요하다.)

다음은 수사적 표현으로서 실제 회화에서는 자주 사용되지 않는 문어체 구문이다.

Hardly had the policeman seen the thief than he ran away.
No sooner had they started playing baseball than it began to pour.

✦ if 생략

회화에서도 많이 사용되는 구문이다.

Had I known that, I would not have done so.
= If I had known that, I would not have done so.

공지사항을 안내하는 방송에서 많이 사용되는 상투적인 구문이다.

Should you have further questions, feel free to contact Mr. Smith.
= If you should have further questions, feel free to contact Mr. Smith.

장소 부사구가 문두에 위치하는 경우

❶ 일반명사 주어 : 동사 + 주어

Down came the rain.
Here comes the bus.

❷ 대명사 주어 : 주어 + 동사

Down it came.
Here it comes.

❸ 관용표현

Here you are[go]. 여기 있습니다. (물건을 건네주면서)
Here we are (at the station). (정거장에) 다 왔습니다.
Here we go. 자 시작합니다. (기계 작동이나 일을 시작하면서)
There you go. 그렇지요. / 그렇게 하는 겁니다. (긍정)

ref. There you go.는 ① 무엇을 좀 멀리 있는 사람에게 건네주거나 ② 좀 먼 장소에 놓거나 또는 (강아지에게 공 등을 주워 오라고) 멀리 던지면서 하는 말로도 쓰인다.

There you go again. 아니, 또 그러는 거야? (부정)
There goes my money[weekend]. 내 돈[주말]은 끝장났네.

긴 어구 ↔ 짧은 어구

긴 주어 - 짧은 술부

❶ (긴 주어) is[are] enclosed. → Enclosed is[are]... : …을 동봉합니다; Enclosed 다음에 오는 명사가 단수이면 is, 복수이면 are가 된다.

✚ Please find enclosed... / Enclosed please find...

Please find **an application form and our school brochure** enclosed.(?)에서 목적어가 목적격보어에 비해 너무 길기 때문에 위치를 서로 바꾸는 것이 원칙이다.

→ Please find enclosed **an application form and our school brochure**.

하지만, 다음과 같이 공식적인/사무적인 편지글에서는 Enclosed를 문두에 위치시키기도 한다.

→ Enclosed please find an application form and our school brochure.
(편지에 동봉하는 내역을 밝히는 관용구문)

❷ A, B, C,...(긴 주어) are among the speakers. (?)

→ Among the speakers are A, B, C, ...
(cf. 보통 Oscar상 시상식에서 추천 작품을 말할 때 Nominees are...라고 말한다.)

ex. *Among the first big users of the ships* was the former Soviet Union's state-run fishing industry, which operated 400 trawlers in the heydays of the 1960s and early 1970s. *(Time: Oct. 28, 1996)*

❸ (긴주어) + lies[is] + 부사어(to the north/south/east/west)(?)

→ 부사어(To the north/south/east/west) lies[is]...

ex. *To the north and west of Bosnia and Herzegovina* lies Croatia where, for nearly 18 months, U.N. forces have watched over an uneasy truce between Serbs and Croats.
(ABCNews Nightline) (truce = armistice 휴전)

← *Croatia where, for nearly 18 months, U.N. forces have watched over an uneasy truce between Serbs and Croats lies to the north and west of Bosnia and Herzegovina.*

❹ (긴주어) + is/are + 형용사/분사 (?) → 분사/형용사 + is/are...

ex. ***Also questioned along with the two ruling party lawmakers*** *was Chung Po-kun, chairman of Hanbo Group and the third son of Hanbo owner Chung Tai-soo.* (The Korea Herald: Feb. 12, 1997)

← *Chung Po-kun, chairman of Hanbo Group and the third son of Hanbo owner Chung Tai-soo was also questioned along with the two ruling party lawmakers.* (긴 주어와 술부를 도치함)

ex. *Perhaps* ***most stunning of all*** *are those radically different deep-sea ecosystems that have stirrd us to think in new ways about the origin of life.* (Time: Oct. 28, 1996)

← *Those radically different deep-sea ecosystems that have stirrd us to think in new ways about the origin of life are perhaps most stunning of all. (?)*

ex. ***Blessed*** *are those who have been persecuted for the sake of righteousness, …* (American Standard Bible: Matthew 5:10; 의를 위하여 핍박을 받은 자는 복이 있나니, …)

← *Those who have been persecuted for the sake of righteousness are blessed, … (?)*

◯ 긴 목적어 – 짧은 보어

The charity has made saving hundreds of helpless young lives possible. (?)
→ The charity has made possible saving hundreds of helpless young lives.

◯ 긴 목적어 – 짧은 부사어

Don't put off what you can do today till tomorrow. (?)
→ Don't put off till tomorrow what you can do today.

◯ 긴 관계사절 – 짧은 술부

ex. *The day will come when my body will lie upon a white sheet neatly tucked under four corners of a mattress located in a hospital busily occupied with the living and dying.* (Dear Ann Landers)

← *The day when my body will lie upon a white sheet neatly tucked under four corners of a mattress located in a hospital busily occupied with the living and dying will come.*

The way is broad that leads to destruction, and many are those who enter by it.
(American Standard Bible: Matthew 7:13 ; 멸망으로 이끄는 길은 넓어서, 그리로 들어가는 자가 많다.)
← *The way that leads to destruction is broad, and those who enter by it are many. (?)*

The way is narrow that leads to life, and few are those who find it.
(American Standard Bible: Matthew 7:13 ; 생명으로 인도하는 길이 협착하여 찾는 이가 적음이니라.)
← *The way that leads to life is narrow, and those who find it are few. (?)*

◯ 긴 주어부 → 명사와 수식어구 분리

The time to take care of the sea has clearly come for us.
(주어가 길어서 명사와 수식어구를 분리시킴)
→ The time has clearly come for us to take care of the sea.

ex. *Curiously, no one really knows what **the consequences** will be **of overfishing or ocean dumping**, …* (Time: Oct. 28, 1996)

→ *the consequences of overfishing or ocean dumping will be... (?)*

◐ 긴 동격 명사절 → 명사와 동격 명사절 분리/명사 수식어구 삽입

동격의 명사절을 이끄는 that절은 명사 바로 뒤에 오는 것이 원칙이지만, 명사 수식어구가 삽입되면 동격 명사절은 뒤에 위치할 수 있다.

ex. *The dollar hit a 33-month high against German mark Tuesday in a broad rally, resuming its climb despite a **consensus** among global financial leaders **that the U.S. currency has reached an appropriate level of strength.*** (The Korea Herald: Feb. 13, 1997)

••• 양보절 : 보어 강조

이런 양보 구문도 고어체나 수사적 표현으로서 실제로 일반적인 영어에서는 잘 사용되지 않는 표현인데도, 기존 영문법책에서나 시험에서 필요 이상으로 중요하게 다루고 있다.

Handicapped as[though] she is, she is more intelligent than a normal person.
→ Though she is handicapped, she is more intelligent than a normal person. (일반적 표현)
Child as[though] he is, he knows much about human relationships.
→ Though he is only a child, he knows much about human relationships. (일반적 표현)

••• 강조 표현

◐ 목적어 강조

구어체 글과 말에서 많이 사용되는 구문이다.

That I don't know.
그건 내가 잘 모르겠는데. (I don't know that.(나는 그걸 잘 모른다.)에서 that을 강조한 표현이다.)
What man has done, man can do. 사람이 행한 것은, 사람이 할 수 있다.

◐ 부사어 강조

Human nature is weak, and against his will he is racked with jealousy.
(W. S. Maugham의 말) (against his will he is racked with jealousy 자신의 의지에 반해, 질투심으로 괴로워한다)

••• so, nor, neither의 문두 위치

I'm tired. - So am I.
I like him. - So do I.

ref. So I am. (so : 긍정의 강한 의미)
실제로 일반 회화체에서는 잘 쓰이지 않는 표현이며, 유머나 비꼬는 투의 표현으로 사용된다.

You're very good-looking. - So I am.
You're a thief and a liar. - So I am.

I haven't seen such a wonderful sight! – Neither have I.
I can't smoke. Nor do I wish to (smoke).

ex. *In the virtual office, paper has disappeared – and **so have** most employees.*   *(Time: May Special Issue, 1995)*

So be it. 그럼 좋다. / 그럼 어쩔 수 없지.

ex. *When I work I really work... If some days my hair doesn't look great or some days I look overdone, **so be it**. Or if I wear a red suit and one of the female reporters says I look like a fat little red ball, that's her problem.*   *(Time: Dec. 16, 1996)*

than절

❶ 대동사

No other physicist has made a greater contribution to modern physics than did Einstein.

❷ 술어보다 주어가 길 때

The employee is smarter than are his colleagues working for the same company.
(실제로 일반 영어에서는 than 이하 절에서 보통 동사를 생략한다.)

감탄문

회화체에서 많이 사용되는 강조 구문이다.

Boy! Am I tired! 아이구, 피곤해! ('소년아, 내가 피곤하니?'라는 뜻이 아님)
Mike! Am I glad to see you! 마이크, 너를 보니 정말 반갑다!
Man, does that smell! 아이구, 냄새 지독하네! (특히, 흑인 남성들은 man이라는 간투사를 즐겨 쓴다.)

기타

▶ say sb

전달동사 say는 주어와 도치가 잘 된다.

ex. *Says Seoul's deputy foreign minister, Song Young Shik: "North Korea's demand for food as a precondition to talks is difficult to accept."*   *(Time: Feb. 17, 1997)*

따라서, The president, says the general committed a lot of crimes.란 말을 들었을 때는 다음의 두 가지 해석이 가능한 것을 알고, 문맥을 통해 어느 해석이 적절한지 순간적으로 파악할 수 있는 능력을 배양해야 한다.

- The president, says the general, committed a lot of crimes.   (the president가 committed의 주어이며, 보통 says 앞에서 정확히 끊어서 발음하지 않기 때문에 청해시 혼동할 수 있음)

- The president says, "The general committed a lot of crimes." (the general이 committed의 주어임)

◐ By that, I mean...: 그건 …란 뜻이다

I mean... by that. 그것으로 …을 의미한다.
→ By that, I mean... 그건요 …란 뜻입니다.

02 강조 (Emphasis)

현대인들이 감정이 점점 더 무디어지기 때문인지 현대 언어에서 보면 상대방에게 자신의 의사를 좀더 강하게 전달하고자 하는 노력이 많이 나타난다. 영어에서도 문어체 및 구어체 모두 강조의 구문/표현이 빈도 높게 사용되고 있으므로 잘 숙지할 필요가 있다.

••• It... that[wh-]

✚ It is...라고 들릴 때 It이 앞의 명사를 지칭하는 대명사인지, 아니면 it... that 강조구문인지는 앞의 내용을 잘 파악하면서 전후 문맥을 파악해야만 구별할 수 있다.

◐ 주어, 목적어, 장소/시간부사 강조

that은 선행사의 성격에 따라 다른 관계사로 대체할 수 있다.

The terrorist murdered the politician around that corner last night. (살해 현장을 가리키며)
→ It is[was] the terrorist that[who] murdered the politician around that corner last night.
→ It is[was] the politician that[who(m)] the terrorist murdered around that corner last night.
→ It is[was] around that corner that[where] the terrorist murdered the politician last night.
→ It is[was] last night that[when] the terrorist murdered the politician around that corner.

◐ Wh의문사 강조

우리나라 학생들은 잘 활용을 못하는 표현으로서, 실제로 회화에서 의문사를 강조할 때 사용하는 빈도 높은 구문이므로 잘 익힐 필요가 있다.
What is it that you want?는 원래 It... that 가운데 위치한 what이 강조된 후 의문사가 문장 앞으로 위치하여 it is가 도치된 것이다. 구문적으로 중간 단계인 It is what that you want? 다음에 What is it that you want?의 구문이 형성된 것을 이해하면 쉽다.

Who is[was] it that did this?
When is[was] it that the accident took place?
Where is[was] it that the accident took place?
How is[was] it that the accident took place?
Why is[was] it that the accident took place?

ex. So often we hear, "**Why is it that** one parent can take care of seven children, but seven children cannot take care of one parent?" *(Dear Ann Landers)*

◯ not... until 구문 강조

강조구문이 될 때 not의 위치에 유의해야 하므로, 의미 있는 문장을 기억하는 것이 좋다.

We do not realize the importance of clean water until we lose it. (일반적 표현)
→ It is not until we lose clean water that we realize its importance. (강조 구문)
Blessings are not valued until they are gone. (일반적 표현)
→ It is not until blessings are gone that they are valued. (강조 구문)

•••조동사 do

소위 '강조의 do'라고 하는 조동사 do는 문어체, 구어체에서 모두 많이 사용된다.

I do enjoy listening to all kinds of classical music.
I do believe... = I firmly believe...

•••재귀대명사

I'll somehow handle the situation myself. (스스로)
I'm a stranger here myself. (나도)

•••반복법

우리말에서도 그렇듯이 같은 말을 반복하면 뜻이 강해진다.

It's getting colder and colder. (It's getting colder.의 강조).
It rained and rained and rained. (It rained.의 강조)

ref. It rained cats and dogs.(?)
'비가 억수로 왔다.'라고 할 때 보통 It rained heavily.나 It poured (heavily). 등으로 표현하지, It rained cats and dogs.란 숙어 표현은 실제로 잘 쓰지 않는다.

•••부사어 활용

○ Wh의문사 강조

Wh의문사... in the world[on earth/the heck]?는 구어체 표현으로, 구어에서 사용되는 the heck은 the hell의 완곡어법이다. (p.40 참조)

What in the world[on earth] are you talking about?
What the heck[hell/devil] are you talking about? 도대체 무슨 말을 하는 겁니까?

○ 부정문 강조

- 구어체 : at all, whatsoever
- 관용표현 : No way! / Far from it! 결코 아니다.
- 문어체 : in the least, a bit, by no means, far from, in no way

I don't have any idea at all.
I don't care[mind] a bit. 조금도 개의치 않는다.
His report is far from (being) satisfactory.
The congressmen are by no means willing to pass the bill. 법안을 통과시키려 하지 않는다.
I have no doubt about his ability – none whatsoever.
전혀 의심 없다. (whatsoever는 시사영어에서 부정어를 강조하는 부사로 자주 사용됨)

○ ever

Who could ever say such a stupid thing?
I have never ever said such a stupid thing. (ever는 never를 강조함)

○ 명령 강조

Shut up! → You shut up!
Never give up! → Never ever give up!
Don't give up! → Don't you (ever) give up!
cf. *Don't you ever give up?* 넌 포기 안 하니? (끝을 올리는 억양의 의문문)

○ the very : 바로 그…

This is the very bag that I lost a couple of weeks ago.

•••주제문 제시(Topicalize) 구문

What ~ is (that)... : 상대방의 주의를 끌고 난 후 주제문을 제시하기 위한 목적으로 현대 영어에서 많이 사용하는 구문이다. (*pseudo-cleft construction: Quirk et al, 1985*)

What I'm trying to say is (that)... : 제가 하는 말은 …입니다
= What I'm getting[driving] at is... = The point I'm trying to make is (that)...

What I want to stress[emphasize] is (that)... : 제가 강조하고 싶은 것은 …입니다
All I'm saying is (that)... : 제가 말하려는 것은 …뿐입니다
What matters is (that)... : 중요한 것은 …이다
What bothers me is (that)... : 내가 기분 나쁜 것은 …이다
All you have to do is (to)... : …하기만 하면 된다
The least you can do is (to)... : 적어도 …정도는 할 수 있겠지
The thing[point/fact[truth]/problem/trouble] is (that)... : 요는[핵심은/사실은/문제는] …이다
Chances are (that)... : 아마도 …일 것이다

기타 강조 표현

- Period.

  문장을 마치고 난 후 Period.(마침표./더 이상 말이 필요 없다.)는 강조할 때 자주 사용하는 표현이다.

- ..., all right.

  문장 끝에 오는 all right은 '좋다'는 의미가 아니라 강조의 의미 부사로서 실제로 현대 영어, 특히 회화에서 자주 사용되는 표현이다.

  all right = alright (비격식 철자)
  This is expensive, all right. 이건 정말 비싸네.
  The movie is boring, all right. 그 영화는 정말 지루하다.

  ex. *The world is being rewired,* **all right** *- but some of the wiring has hot spots.* (Time: Feb. 3, 1997)

- sir

  상하 관계와는 상관없는 일상 대화에서도 sir를 사용할 때는 강조의 의미가 있다. 실제 회화에서 자주 사용되는 표현이다.

  Yes, sir. = Absolutely.
  No, sir. = Absolutely not.

03 생략 (Ellipsis)

생략은 기본적으로 ①언어 사용의 경제성과 ②정보 전달의 명료성을 극대화하기 위해 활용된다. 또한, 생략은 격식을 차리지 않고 친근감을 더해 주기 때문에 구어체 언어에서 특히 많이 사용된다. *(Hymes, 1972)*

중복 회피

앞 뒤 문맥으로 볼 때 명확하게 원래 의미를 파악할 수 있을 경우에는, 중복되는 어구는 경제성을 위해서 생략한다.

A stitch in time saves nine (stitches). (격언) = Prevention is better than cure.
Tom got an A, Mary (got) a C, Jack (got) an F on the exam respectively.
Everyone should be respected as an individual, but no one (should be) idolized.
(Albert Einstein, idolize 우상화하다)
Art is long, life is short, opportunity (is) fleeting, experiment (is) uncertain, and judgment (is) difficult. (Hippocrates)
To err is human, to forgive (is) divine. 인간은 죄를 짓게 되어 있고, 신은 용서하신다.

ex. *Released after more than six years in prison, Zhang was denied the right to marry and **(was)** ordered to have an abortion when she became pregnant.* (Time: Feb. 10, 1996)

부사절/than절에서의 생략

부사절/than절의 주어가 주절의 주어와 같을 때는 '주어+be'를 생략하는데 이를 '동사 없는 절(Verbless Clause)'이라고 부르기도 한다. (A Student's Grammar of the English Language, p. 313)

When (she was) young, she was beautiful.
Mary looks happier today than (she was) when we saw her last week.
When (you are) in Rome, do as the Romans do. 로마에서는 로마인들의 풍속을 따르라. (격언)
= Do in Rome as the Romans do.

분사구문에서 현재분사의 생략

being이나 having been은 생략이 가능하다.
(Being) loyal to the company owner, he got promoted to the top management.
The project (having been) completed successfully, the employees received a bonus.

대(代)부정사

앞에 나온 동사(구)의 반복을 피하기 위해 to만 남아 그것이 'to+동사원형 (이하)'를 대신하는 경우를 '대부정사'라고 한다.

You may go home now if you want to (go home).

✚ 이때의 to는 to 이하 동사구를 대신하는 내용어이므로 want to를 wanna처럼 발음하지 않는다. to를 [tu]로 파열하거나, 자연스러운 발음에서는 to의 모음을 schwa [ə]로 약화하지 않고 [u]로 발음하며 앞의 n발음에 t가 동화되어 [워누]에 가깝게 발음한다.

사고(思考)동사의 목적절 생략

사고동사(think/guess/believe/suppose/be afraid) 등의 목적절을 so 또는 not으로 대치한다.

Will he be able to survive?
- I think[hope] so. / I don't think so. (so = he will be able to survive)
- I'm afraid not. (not = he will not be able to survive)

접속사 that의 생략

구어체에서는 보통 접속사 that을 생략한다.

사고/전달동사의 목적절을 이끄는 that의 생략

I think (that) he is innocent.
They say (that) he is a genius.

명사절을 이끄는 that의 생략

The fact[truth] is (that) I still love you all.
I'm sure (that) we won't be able to live without computers in the 21 century.

so 형용사 (that)

The box was so heavy (that) I couldn't lift it.

so (that) 주어 can[may]

I got up early so (that) I could catch the first express bus.

기타

Make sure (that) you bring this back by tomorrow.
I'll make sure (that) she gets the message. 꼭 전하겠습니다. (전화 대화)

관계대명사의 생략 (p. 186 '관계대명사의 생략' 참조)

목적격

He's given me everything (that) I need.

주격

I'm not the man I once was.

틀에 박힌 표현

게시문, 공고문이나 팻말(특히 금지를 공고하는 표현) 등에 많이 사용되는 공식화된 표현(formulaic expression)에는 생략이 많다.

No Smoking[parking] (is allowed here). 금연[주차금지]
No Littering (is allowed here). 쓰레기 버리지 마시오.
No Loitering (is allowed here). 배회 금지
No Spitting (is allowed here). 침 뱉지 마시오.
No Soliciting (is allowed here). 구걸행위 금지/잡상인 출입 금지
No Trespassing (is allowed here). 침입 금지 (사유지에)
Trespassers (will be) Shot On Sight. 보이면 사살함 (사유지에)
(This is) For Sale. 판매함
(This house is) For Rent. 임대함 (미국식)
(This house is) To Let. 세놓음 (영국식)
(Drive) One Way. 일방통행
Admission (is) Free. 무료 입장
(This area is) Off Limits. 제한구역
(This is) Out of Order. 고장
Keep Off (the grass). 잔디에 들어가지 마시오.
(Keep your) Hands Off. 손대지 마시오.
(This shop/office is) Closed (today). 폐점
Fragile! 파손 주의
Handle with care. 조심해서 다루시오.
Authorized personnel only (can enter this room). 관계자외 출입 금지
Test[Recording] (is) In Progress. 시험[녹음]중
On (the) Air. (Studio의) 방송중
(This is) Last Stop for 40 Miles. 40마일 내에 마지막 주유소임

•••관용표현

✚ 구어체 언어의 가장 큰 특징 중에 하나가 짧게 말함으로써 격의 없는 대화를 하기 위해 생략을 하는 것이다 (*Joos, 1961*). 아래의 표현들은 생략된 그대로 숙어적인 표현이므로 능숙한 회화를 위해 잘 숙지할 필요가 있다.

○ 주어 생략 : Why+동사?

Why 다음에 곧바로 동사가 오는 구문은 말이나 글 (잡지 등)에서 매우 많이 사용되는 구문이다.

Why (do you) bother?
Why not order it right now? = Why don't you order it right now?

    ex. *Why (do you) fool with instant?* (왜 즉석[인스턴트] 식품을 가지고 바보짓을 합니까? 즉, 왜 바보처럼 인스턴트 음식을 드십니까?) *(TV Sitcom: Family Ties)*

● 상대방이 한 말을 다시 말해달라고 요청할 때

  (I) Beg your pardon? = (I beg your) Pardon?
  (I'm) Sorry?

(Will you) Pardon me?
(Will you) Come again?

❷ 견해를 말할 때

(Do you) Remember what I told you about him? … 기억나? (remember에서 1음절은 너무 약하게 발음하여 보통 member처럼 들림)
(It) Sure is. / (I) Sure am. 정말 그래.
(It) Seems to me that… = The way[As] I see[look at] it, … 내 생각은요, …
(It) Looks[Sounds] like he's upset.
(It) Makes sense. 어느 정도 맞는다.
(It) Beats me. 잘 모르겠는데요. (TV 게임쇼에서 나온 말로 직역하면 '그 질문이 나를 이겼다.')
(It) Runs in the family. 내력이구만. / 피는 못 속여.
(I) Thank you. ‑ You're welcome. (실제로 You're은 거의 발음하지 않음)
(It) Serves you right. 그것 고소하다. / 그것 잘 됐다. / 그렇게 될 줄 알았다. ('자업자득'을 뜻하는 관용표현)
You asked for it. = You deserve it[what you get]. = You've had it coming a long time.

> **Tip deserve**
>
> '…를 받을 만하다'의 뜻으로서 명사나 to부정사를 목적어로 취한다. 긍정이나 부정 둘 다의 뜻으로 많이 사용되는 중요 동사이나, 회화에서 쉽게 생각이 나지 않으므로 잘 숙지해야 한다.
>
> You deserve a raise/reward/an award.
> You don't deserve this treatment.
> You don't deserve to be abused.
> He deserves to be punished for his criminal act.
> **ex.** I deserve to be treated with a little more dignity and respect. (TV Sitcom : Three's a Crowd.)

❸ 제안할 때

(You) Want some? 좀 줄까? (평서문을 끝만 올려도 의문문의 역할을 한다.)
(You) Got a light? 담뱃불 좀 있어요?
(Shall I) Buy you a drink? 한잔 사 줄까?

❹ 서비스를 제공하면서

(I'll) Be right back[with you]. 곧 돌아오겠습니다. / 곧 도와드리겠습니다. (식당이나 백화점 같은 서비스 장소)
(We'll) Be right back. (방송에서 광고가 나오기 전에 MC의 말)
Cash, check, or charge? 현금, 수표, 신용카드 중 어떤 것으로 계산하시겠습니까?
One at a time, please. 한 번에 한 분씩 오세요.

❺ 기원할 때

(May) God bless you. (누가 재채기했을 때, 건강을 바란다는 뜻으로 말함)

(I wish you) Sweet[Pleasant] dreams. 잘 주무세요.

(I wish you) Happy holidays! 즐거운 휴일[휴가] 되세요!

(May you) Have a good[nice/great] time[day/trip/stay/vacation].

- You, too. = Same to you. 당신도 마찬가지. (Have a nice day! 같이 You가 주어인 기원문의 응답)

cf. *Me, too.* = *Same here.* = *Likewise.* 나도 마찬가지
   I miss my family. 같이 I가 주어인 문장에 대한 동의의 표현이다.
   Me, three.(Me, too.라는 대답에 옆에 있는 사람도 역시라고 할 때, too와 two가 동음이의어인 점에 착안하여 익살스럽게 말하는 표현이다. 부정문에 대한 동의 표현은 *Me, neither.* = *I'm not, either.*(나도 아니다.)이다. either, neither는 자주 영식 발음인 [áiðər], [náɪːðər]로 발음되기도 한다.

◐ 주어와 동사의 생략

❶ 중요 구문

(It's) No wonder that he flunked again. 그가 또 실패한 것은 당연하지. (구어체)

(Do you have) Any idea where he might be? 혹시 …압니까? (구어체)

(It's a) Good thing that I have a secure job. …하니 다행이지. (구어체)
= I'm glad (that) I have a secure job. (구어체)

(It's) Needless to say… = It goes without saying that… …는 당연하다

(I) Thank Goodness[God] (that) the storm is gone. 다행히 폭풍이 지나갔다.
= Fortunately, the storm is gone.

❷ 인사/소개

(It's) Nice to meet you. (It's의 생략이지 I'm의 생략이 아님에 유의할 것)

(It's) Good to see you.

(I'm) Glad to meet you.

(It's) Nice to have you here with us.
모시게 되어 반갑습니다. (방송 초대손님에게 MC가 하는 말) / 같이 일하게 되어 반갑습니다. (직장 선임자가)

(Did you have) Any luck? 잘 됐니? - No. Out of luck. 아니. 운이 없었어.

❸ 견해 표현

(You've done a / You did a) Good job! 잘했습니다! 수고했습니다. (= Well done! 어떤 일을 다 마치고 떠날 때)

(It's a) Big deal! 중요하다! (긍정과 부정의 두 가지 뜻이 다 가능한데, 부정적인 뜻으로는 비꼬는 투가 됨)

(It's) Great! 좋다! 멋지다!
= Terrific! = Fantastic! = Fabulous! = Marvelous! = Magnificent!

(It's) Fine/Okay with me. = (It) Suits me fine. 저는 좋습니다.

(That's) Too bad (that…). = Sorry to hear that. (…라니) 참 안됐다.

(This is) Nonsense! = Ridiculous! = Baloney! 말도 안돼!
= That's trash[garbage/rubbish]. 쓰레기 같은 이야기야.

(It's a) Piece of cake. 참 쉽다. / 누워서 떡먹기다.

(Are you) All set? 준비 다 됐어요?

(I'm) All set. 준비 다 됐습니다.
if (it is) possible[necessary] 가능하다면 / 필요하다면
(That's) True, but... 그건 사실이지만, …
(It's) Strange, but (it's) true. 이상하지만 사실인걸.
Why (are you having) the long face? 왜 시무룩하니? (a long face 시무룩한 얼굴)

❹ 제안

(May I have your) Attention, please? 주목해 주십시오. (대중 앞에서 / 공지사항 안내)
Let me tell you what (it is). = Let me tell you something. 있잖아. (제안할 때)
= I'll tell you what. = I'll tell you something. = You know what (it is)? = You know something?

❺ 대접

(I'm) Coming. 갑니다. (초인종 소리를 듣고 문을 열러 가면서)
(It's) Coming right up. 곧바로 준비됩니다. (식당에서 음식 등을 주문받은 후 신속한 서비스를 약속하며)
(It's) For you. 전화왔어요. (수화기를 보이며)

❻ 감사

(I'm) Much obliged! (to you.) 대단히 감사합니다.
(It's) No big deal. 별거 아닙니다.
(It's) My pleasure. 천만에요.
(You can ask me for help) Any time. 언제라도! (부탁하세요.)

❼ 사과

(I'm) Sorry (that) I'm late. 늦어서 미안해요.

❽ 긍정의 답변

(I'm) Positive! = Absolutely! = Exactly! = Precisely! = Definitely!

❾ 감탄

How nice of you (it is) to say so! (감탄문에서 주어 동사는 보통 생략함)
How nice (it is to...)! 그거 참 좋네요!
How true (...)! 정말 그러네요.
What a relief! 아이구, 천만다행이네요!
What a shame! 아이구, 참 안됐네요!

❿ 기원

(I wish you) Good luck!   (I wish you a) Merry Christmas!
(I wish you the) Best of luck!
(If) God (is) willing. = if all goes well. 다 잘된다면.

◐ 접속사의 생략

일상 대화에서는 다음과 같은 접속사들은 보통 생략한다.

Come (and) see me sometime this week.
You'd better go (and) see the doctor.
(Whether you) Like it or not, ... 좋든 싫든 간에 …
make sure (that)... 반드시 …하다

mean은 상대방의 말을 그대로 인용한 것을 목적어로 한다.

A: I think she doesn't like you.
B: What do you mean she doesn't like me? …이 무슨 뜻입니까?
A: I mean she isn't in favor of your idea. …란 말입니다.

◐ 전치사의 생략

부사어구의 전치사를 생략하는 경향이 강하다.

We walked (for) a mile.
We talked (for) an hour.
It's more efficient (in) that way. 그렇게 하면 더 효과적이다.
All you have to do is (to) switch this on. 이것을 켜기만 하면 됩니다.
The least you can do is (to) say hi to him. 최소한 그에게 인사 정도는 할 수 있잖아.

Tip to+자동사+전치사(vt)/타동사(vt)+목적어+전치사 : 전치사의 생략

기존 영문법책에서는 전치사의 생략이 불가하다고 설명하고 있지만, 관용적으로 사용하는 표현은 말이나 글에서 보통 전치사를 생략한다.

I have no place to live (in). (실제 말이나 글에서 in을 거의 항상 생략함)
This is the time to arrive. (= at which you should arrive)
I don't have the money to buy food. (= with which I can buy food)

◐ 절/술부의 생략

❶ Wh의문사절

Do you know why? - I don't know why. 왜 그런지 모르겠다.
I'll show you how. 어떻게 하는지 보여줄게.
Say when! 다 됐으면 말하세요. (술 등 마실 것을 따라 주면서 하는 말)
Why not? (1) 제안에 대한 긍정의 답으로 '좋다.'는 의미(= Ok. Let's do it.)
  (2) 상대방의 부정적인 말에 대한 질문으로 '왜 아니냐?'
What for? 무엇 때문에요?
How come...? 어째서 …?
So what? 그래서 어쨌단 말이야? / 대단하다! (= Big deal!)
What's the big deal? 왜 이렇게 난리야?
Like what? 예를 들자면? (Such as?와 같은 뜻이며 대답은 Like, uh, ...와 같이 한다.)
What (will happen) if it turns out to be true? 어떻게 될까?
What about me? 나는 어떻고?

> **Tip How about...?과 What about...?**
>
> How about...?과 What about...?을 똑 같은 표현이라고 설명한 책들이 꽤 많은데, 틀린 설명이다. 제안할 때는 두 가지가 같은 의미로 사용되지만, 무엇에 대해 따질 때 '…는 어떻게 하고요?'의 의미로는 What about...?만 사용한다.
> How about going swimming?이나 What about going swimming?과 같이 수영하러 같이 가자고 제안하는 상황에서 'Vicky는 같이 안 데리고 갈 건가?'라고 할 때, What about Vicky?라고 해야지 How about Vicky?(×)라고 할 수는 없다.

❷ 견해

(Is) Anything wrong[the matter]?
(Is the) Computer down[running]? 컴퓨터가 고장났어요? / 작동됩니까?
If you insist, (I'll do it). 정 그러시다면.
(This is he[she]) Speaking. = This is he [she]. 전데요. (전화)
This is he/she. 또는 Speaking.이라고 해야 하며 This is he/she와 speaking.이라고 연결하여 말하지 않는다.

◐ 목적어의 생략

It depends (on the situation). 경우[상황]에 따라 다르죠. (필수 표현)
Do you drink (alcohol)? 술 합니까?
I don't smoke (cigarettes). 전 담배 피우지 않아요.
You bet (...). 당신이 내기 걸어라. (즉, 그만큼 자신 있다는 뜻. 속어로 You bet you.라고도 함)
I'll say. 정말 그렇습니다.
= Of course = You can say that again. = I really think so, too.
Granted (what you're saying), but... 당신의 말씀을 인정합니다만, …

◑ 기타 표현

❶ 인사/소개 표현

Long time, no see. 오랜만이다.
So far, so good. 아직까지는 좋다.
So long. = Take care. = Take it easy. = See you. (작별 인사)

❷ 긍정/부정의 답

Maybe or maybe not. 그럴 수도 있고 그렇지 않을 수도 있겠지요.
cf. *Yes and no.* 어느 면으로 보면 그렇기도 하고 다른 면으로 보면 그렇지 않기도 합니다.

Not that I know of. = Not as far as I know. 내가 알기에는 그렇지 않다.
None that I know of. 내가 알기에는 그런 거 없다.
By all means! = Of course. 물론!
No problem/sweat. 문제 없어요.
No way! 안 돼!
By no means! = Absolutely[Definitely] not! 절대 아니다!
Not on your life! 어림도 없는 소리!
Over my dead body! 내 눈에 흙이 들어가기 전에는 안 돼!

❸ 부탁

Just a minute[moment], please.
No offense, please. 기분 나쁘게 생각진 마세요.

❹ 감탄문

If only I had listened to her advice! = How I wish I had listened to her advice!
Silly me! = Stupid me! 난 왜 이렇게 멍청하지.
Lucky me! 난 이렇게 운이 좋아!
Attaboy[Attagirl]! 그렇지! 잘한다! (원래 어린아이를 격려하는 표현. That's the boy[girl]!의 줄임말)

❺ 속담, 격언

Easy come, easy go. 쉽게 들어오면 쉽게 나간다.
Easier said than done. 말은 행동보다 쉽다.
Like father, like son. 부전자전
No pain, no gain. 호랑이를 잡으려면 호랑이굴에 들어가야 한다. (노력 없이 소득 없다.)
= Nothing ventured, nothing gained. = No cross, no crown. (성경 표현)
Waste not, want not. 낭비하지 않으면 아쉽지도 않다.
Penny wise, pound foolish. 작은 것에는 똑똑한데, 큰 것에는 바보다.
First come, first served. 선착순
Never too late to learn. 배움에는 늦는 게 없다.
Better late than never. 아예 안 하는 것보다 늦더라도 하는 편이 낫다.
Better than nothing. 없는 것보다 낫다.
Out of sight, out of mind. 안 보면 멀어진다.

So many men, so many minds. 각인각색. / 사람마다 마음[취향]이 다르다.
cf. *There is no accounting for tastes.* 사람의 취향을 다 설명하는 것은 불가능하다.

Different strokes for different folks. (different strokes 사람마다 다른 성향[취향])

❻ 격식과 생략

구문의 생략 정도가 격식(*formality: Joos, 1965*)의 정도에 따라 달라지는 것은 당연하므로, 다음과 같은 격식에 따른 생략의 형태 변화는 고급 의사소통 능력 배양을 위해 참고할 만하다.

① Frozen: 몸을 움직이지 않는 강연이나 설교처럼 매우 격식을 차리는 상황
   Visitors should make their way at once to the upper floor by way of the staircase.
② Formal: 자연스러운 자세를 취하지만 강의와 같이 어느 정도 격식을 차리는 상황
   Visitors should go up the stairs at once.
③ Consultative: 의사와 환자, 변호사와 소송 의뢰인의 관계에서처럼 일대일의 공식적/사무적인 대화 상황
   Would you mind going upstairs right away, please?
④ Casual: 잘 아는 인간관계에서 일반적인 대화를 할 때처럼 격식을 덜 차리는 상황
   (It's) Time you all went upstairs now.
⑤ Intimate: 아주 친밀한 관계에서 격식 없이 대화하는 상황
   Up you go, chaps!

04 삽입 (Insertion)

삽입은 구문론적으로 그리 중요한 비중을 차지하지는 않으나, 빠른 말에서는 삽입되는 내용의 앞에서 보통 쉬어 주지 않고 연이어서 빨리 발음하므로, 삽입된 내용이라는 것을 순간 이해하지 못하면, 전체 문장 구조를 이해하는 데 많은 어려움이 있다. 특히 문어체에서 많이 나오는 구조이므로, 영어 방송의 documentary 등의 살아 있는 문어체 영어를 들어보면서 구문을 익히는 것이 바람직하다.

• 주어+사고/인지(思考/認知)동사

I just did what I thought was right.
 ← I just did something. + I thought it was right.
The project, it seems to me, is full of flaws.
 ← It seems to me that the project is full of flaws.

• 도치 및 삽입

✚ say는 문장 중간에 삽입되었을 때 보통 주어와 도치되고 콤마(,) 자리에서 분명히 쉬면서 발음하지 않기 때문에 전후 문맥을 생각하지 않으면서 아래의 문장을 들으면 의미가 혼동될 수도 있다.

The president says the general is unscrupulous. ·················· 실제로 듣는 경우
The president, says the general, is unscrupulous. ·················· ① 삽입의 경우
The president says, "the general is unscrupulous." ·················· ② 인용의 경우

if ever/if any

We seldom, if ever, get together.
(한다고 하더라도) 거의 …하지 않는다. (우리는 거의 만나지 못한다. if ever = even if we ever get together)

There is little, if any, hope left.
(있다고 하더라도) 거의 …가 없다. (거의 절망적이다. if any = even if there is any hope left)

There are few, if any, students who enjoy studying.
(있다고 해도) 거의 …는 없다. (공부를 즐기는 학생은 거의 없다. if any = even if there are any students…)

> **Tip** 토의할 때 겸손한 태도를 나타내는 관용표현
>
> … , if you will/if you'd like/if you wish if you'd like 말하자면요, …라고나 할까요
> … , if I may ask …라고 물을 수 있다면요
> with all due respect (응당 주어져야 할 존경과 함께) → 외람된 말씀입니다만
> Correct me if I'm wrong. 제가 잘못됐다면 고쳐주세요. / 지적해 주세요.

부사 sure의 위치

긍정이나 동의를 강조하는 의미의 sure는 보통 주어와 동사 사이에 위치한다.

Is it cold out there? - It sure is.
Are you starving? - I sure am.

✚ 형용사꼴로 쓰이는 부사

구어체에서는 몇몇 부사는 형용사 꼴로 즐겨 사용된다.
sure - surely
It looks like rain. - It sure does.
real - really
It's real good of you to say so.
bad - badly
He's been treating me bad. (= badly)
dead - deadly
You're dead wrong. 완전히 틀렸다.
good - well
I got him real good this time. *(TV Sitcom: Cosby Show)*
Most important - most importantly

ex. **Most important**, Yeltsin presides over a system that was built with one purpose: to give him as much power as possible. *(Time: Feb. 3, 1997)*

05 불필요한 중복 표현 (redundancy)

부정어 중복

I cannot hardly hear you. (×) → I can hardly hear you. (○)
Be careful lest you should not fall into a trap.
 → Be careful lest you should fall into a trap. (딱딱한 문어체)
 → Be careful so that you may not fall into a trap.

중복되는 의미

우리말에 '역전 앞', '초가집' 같이 의미의 중복으로 어법상 틀리는 표현을 살펴보자.

- according to : '…말에 의하면'이므로 's remarks는 없어야 한다.
  According to Dr. Smith's remarks, … (×) → According to Dr. Smith, … (○)

- favorite : '가장 좋아하는'이므로, most로 수식될 수 없다.
  Skiing is one of my most favorite sports. (×) → … my favorite sports. (○)

- ideal : most suitable의 의미이다.

The most ideal way to master English may be to live in a country where it is spoken. (×)
→ The ideal way to master English may be to live in a country where it is spoken. (○)

- repeat again(×), return back(×), recall back(×), raise up(×), lower down(×) continue on(×), advance forward(×), new innovation(×), a fire accident(a fire 자체가 하나의 accident임) 등은 의미상 중복되는 표현이다.

> **Tip** hear sb/answer sb
>
> - hear sb : …의 말을 듣다
> Can you hear me? 제말 들립니까?
> Can you hear my voice? (?)
> I can hardly hear you. Could you speak up? 말이 잘 안 들립니다. 좀 크게 말씀해 주시겠어요?
> 누구의 목소리를 들어 반갑다고 할 때는 It's nice to hear your voice.라고 한다.
>
> - answer sb : …의 말에 대답하다
> Answer me! 내 말에 대답해! (Answer my question.이라고 할 수도 있음)

reason = that/because

The reason is because…는 '이유가 …이기 때문이다.'라는 뜻이 되므로 규정 문법에서는 틀렸다고 하지만 실제 회화에서는 that보다 because를 더 많이 사용한다.

The reason (why/that) the project failed is that it had not been systematically planned.
= The reason (why/that) the project failed is because it had not been systematically planned.

주어 중복

❶ not only… but (also) ~ 같은 상관 접속사 안의 내용이 길면, but also 다음에 문장의 주어를 다시 써 주는 경향이 강하다. 이는, parallelism(병렬구조)의 원칙에 어긋나지만, 의사소통 상황에서는 상대방의 이해를 돕는 것이 더 중요하므로, 접속사 안의 내용이 길 경우에는 거의 항상 주어를 중복시킨다.

I not only fell in love with that girl, but I realized the true meaning of love.

❷ 세부적인 내용의 주어가 길 경우, 그 주어를 다시 대명사로 받고 술부를 말한다.

ex. "Acid rain" and "ecological catastrophe," in many people's minds, **they** are almost synonymous. *(CBS News: 60 Minutes)*

06 비논리적인 표현

동사 – 목적어

➕ 논리적으로는 틀린 말이지만 관용적으로 자주 사용되는 표현이다.

- burn[eat] a hole

    Money burns a hole in her pocket. 그녀는 돈을 헤프게 쓴다. ('돈이 그녀의 주머니에 구멍을 태운다.'는 말은 구멍을 태우는 것이 아니라 주머니를 태워서 구멍을 만든다는 뜻을 이렇게 표현한 것이다.)

    Stress can eat a hole in your stomach. 스트레스를 받으면 위에 구멍이 날 수 있다. ('스트레스는 위에 구멍을 먹을 수 있다.' 즉, 위를 먹어서 구멍을 만든다는 뜻을 나타냄)

- turn a deaf ear to... 또는 turn a blind eye to... (귀머거리처럼 못 듣고 장님처럼 못 보는 상황을 묘사한 관용적인 표현이다.)

seem to와 can't seem to

What seems to be the problem? 뭐가 문제이신지요? (의사가 환자에게 묻는 틀에 박힌 표현)
I just can't seem to solve this problem. 이 문제 못 풀 것 같은데요. ('…을 못할 것 같다'라고 할 때 논리적으로는 I seem to be unable to...라고 해야 맞지만 회화에서는 그렇게 말하지 않고 보통 I can't seem to...라고 말한다.

07 방송 영어의 예

다음은 실제 TV Talk Show의 즉흥적인 말의 대사 내용인데, 논리적인 고급 언어를 구사하다보면 생각의 흐름에 따라가다가 (갑자기 생각나는) 설명 등의 말을 자주 삽입하게 된다. 이렇게 자주 삽입되는 내용이 절단위 이상이 되어 길어지면, 외국어 학습자들은 내용의 흐름을 파악하기 힘들게 된다. 살아 있는 고급 영어를 청취할 수 있기 위해서는 말을 중간에 삽입하는 원어민들의 언어 습관에 익숙해질 필요가 있다.

ex. *Neither, it turns out, does Linda Bloodworth Thomason, who almost came on the program tonight ...*

As it turns out, neither does에서 as it turns out을 as를 생략하고 삽입한 표현이다. 이렇게 삽입을 자주 하는 것에 익숙하지 않으면, 부드럽게 구문을 이해하지 못하게 된다.

ex. *How does a smart girl like you – and I mean no criticism here, because you're not alone, as you no doubt have learned, Jennifer – get yourself in this kind of situation?* (TV Talk show: Phil Donahue: May 5, 1993)

CBS News 60 Minutes(미국에서 가장 정평이 나있는 고급 심층 보도 프로그램)에서 이미 쓰여 있는 대본을 읽어주는 방송 영어의 예를 보면, 문어체 내용이 많은 documentary를 잘 이해하기 위해서는 삽입이나 생략, 도치, 강조

등의 특수 구문에 대한 이해가 중요하다는 것을 알수 있다. 삽입이 되다 보면, 자연히 문어체인 말이 길어질 수밖에 없으므로, 긴 내용을 듣는 순간 구문을 이해할 수 있기 위해서는 직독직해 연습을 꾸준히 많이 해서 정보의 처리 속도를 높이는 것이 매우 중요하다. 만일, 다음의 두 가지 60 Minutes의 대본 내용을 눈으로도 잘 이해되지 않는다면, 청해력의 문제 이전에 어휘력 및 구문 이해력을 포함한 독해력에 문제가 있음을 알 수 있을 것이다.

ex. *These days we hear nothing but disaster tales about the Soviet economy – row after row of empty store shelves, endless lines for everything from food to flimsy footwear, disintegration, collapse. But back in the spring of 1972, Morley Safer found himself in a Moscow that, as far as what was then available in the stores was concerned, Mikhail Gorbachev would be delighted to settle for today.*

– 이하는 삽입된 긴 수식어구이다. 청해시에는 '–' (dash)를 볼 수 없으므로 내용상 동격의 의미를 파악해야 한다. as far as ...concerned를 들으면서 삽입절임을 직감해야 한다. Moscow that에서 that은 관계대명사로서 settle for의 목적이다. (settle for 그런 대로 참다: 4. 어휘편 /관용 표현/ 필수 숙어 참조)

ex. *If, when you think of the degradation that goes with drug addiction you think of the poor, the ignorant, and the homeless, think again. A year and a half ago, we learned that is not necessarily the case. Some of the worst addicts can be found in one of the world's best neighborhoods. Needle Park is in, of all places, Zurich, Switzerland.*

when you think ... the homeless절이 if절 안에 삽입된 구문형태이다.

It is the largest and richest of Swiss cities. You will not find visible poverty here. You will, practically wherever you look, find a calm and rich orderliness. The streetcars are free of graffiti and they run like clockwork, and the streets are free of litter. So neat and conservative is Zurich that even the sometimes humorless Swiss joke about it. (CBS News: 60 Minutes: Moscow)

So neat and conservative ... joke about it.은 부사구가 강조된 도치구문이다.

ex. *The urban American's nightmare, riding the graffiti-covered New York subway. The doors open and these prime examples of American youth join you. There's never a cop around when you need one. In fact, you are as safe on this train as you can be anywhere from the Bronx to the Battery. He's a cop and he's a cop and he's a cop, all members of the New York City Transit Authority Police. They dress like this to blend with the scenery, to make it easier to catch the villains: the purse snatchers, the pickpockets, the chain-grabbers who haunt the subway system.* (CBS News: 60 Minutes: Underworld)

(nightmare 다음에 be동사가 생략되었는데, 이는 여운을 남기기 위해 documentary에서 자주 사용되는 수사적 기법이다.. 대본을 읽다가 'comma'라고 친절하게 읽어주지 않으므로 내용상 파악해야 한다. one = a cop, as ... as you can be 구문 청해시 villains: the purse ...에서 ': (colon)'이 있는지 볼 수 없으므로 내용상 동격의 의미를 파악해야 한다.

CHAPTER 09 특수 구문

연습문제 EXERCISE

빈칸에 알맞은 표현을 고르시오.

1. Handicapped _____ she is, Helen is far more intelligent than normal people.
   (A) as   (B) when   (C) where   (D) which

2. _____ I known about the fact, I would not have made such an unfair decision.
   (A) If   (B) Had   (C) Should   (D) Have

3. _____ are some beautiful postcards and some of my pictures taken here.
   (A) Enclosing   (B) Enclose   (C) Enclosed   (D) Encloses

4. Dr. Simpson is far more brilliant than _____ his brethren working for the same hospital.
   (A) are   (B) is   (C) has   (D) have

5. Reportedly, it was the male suspect _____ strangled dozens of innocent victims to death.
   (A) what   (B) which   (C) who   (D) whom

6. Why is it _____ the honest people should live in worse conditions than the unscrupulous people?
   (A) who   (B) which   (C) what   (D) that

7. How was it _____ the two boys managed to climb up to the top of the rocky mountain?
   (A) that   (B) which   (C) what   (D) who

8. It is not until we get sick in bed _____ we realize the importance of our health.
   (A) when   (B) that   (C) which   (D) what

9. In the supreme court, the dishonest witness _____ take an oath that he would say nothing but the truth.
   (A) do   (B) does   (C) did   (D) will

10. Who in the _____ do you think you are that you are talking to us in such a rude manner?
    (A) globe   (B) earth   (C) heaven   (D) world

연습문제 | EXERCISE

11. I assure you that Mr. Johnson King is the _____ politician that can lead our country into the 21st Century.
    (A) very   (B) some   (C) any   (D) what

12. _____ to his master, the dog dived into the water and pulled him to safety.
    (A) Having loyal   (B) Loyal   (C) Been loyal   (D) Be loyal

13. What will happen if what he has just said _____ out to be false?
    (A) turned   (B) turns   (C) has turned   (D) had turned

14. They seldom, if _____ , assess the efficiency of management of the non-profit organization.
    (A) some   (B) any   (C) ever   (D) little

15. According to _____ , the government is planning to lift the curfew.
    (A) the remark of the spokesperson's
    (B) spokesperson state
    (C) the spokesperson of statement
    (D) the spokesperson

다음 중 적절하지 못한 부분을 고르시오.

16. (A) No other physician (B) has made a greater contribution (C) to modern medicine (D) than is Dr. Cook.

17. (A) You may rest assured (B) that the elderly widows will be able (C) to take care of their financial matters (D) for them.

18. (A) James Stewart looks a lot healthier (B) today than was (C) when we saw him lying in bed in the ABC General Hospital (D) the week before last.

19. (A) The project having completed successfully, (B) the employees each (C) received an extra bonus (D) and congratulated themselves on its completion.

20. (A) Congressmen from all parties are unanimous in determining (B) that the government implement (C) which they believe is (D) the most plausible and feasible measure.

21. (A) Lest anyone should not worry (B) that these drastic measures will lead to price increase (C) I'll reassure them that (D) will not be the case.

American Culture | 언어 습관

▶▶▶ Excuse me / (Wh)Oops의 언어 습관

조금만 스쳐도 Excuse me.가 입에 배어 있는 영미인들은 툭 부딪쳐도 아무 말 없이 지나치는 우리를 보고 매우 무례하다고 생각한다. 매우 자주 사용하는 표현이므로 거의 ex의 발음은 탈락되어 /kjuːzmi/ 정도만 들린다. 또한 간단한 실수를 했을 때에는 상대방에게 잘못을 시인한다는 점에서 '아이쿠'란 의미의 (Wh)Oops!란 표현을 자주 쓴다.

▶▶▶ 감사 및 칭찬에 대한 Thank you의 생활화

우리 문화에서는 상대방이 고마운 일을 해주었을 때, 감사하다는 말보다는 미안하다는 말이 먼저 나온다. 예컨대, 노인에게 누가 자리를 양보해 드리면 그 어른은 보통 '미안해요'라고 말하고, 누구에게 부탁을 할 때에도 보통 '미안하지만, …해 주세요' 라고 말하는 것이 우리의 언어 습관이다. 이에 반해, 그네들의 문화에서는 자신의 실수나 잘못으로 상대방에게 피해가 끼쳤을 때만 I'm sorry.라고 말하고, 상대방이 고마운 일을 해주었을 때는 항상 Thank you.라고 말한다.

또한, 우리는 칭찬에 대해 Thank you.라고 감사하면 뭔가 좀 건방져 보여서, 겸양지덕을 보인다는 차원에서 Don't mention it.(천만에요.)이라고 말하기 쉬운데 반해, 칭찬에 대해 항상 감사하다는 말을 잊지 않는 것이 그네들의 언어 습관이다. 즉, You speak good English. 혹은 You're an excellent cook. 등의 칭찬을 받으면 항상 Thank you.라고 응답한다. 물론, I'm flattered.(과찬의 말씀이십니다.)라고 말할 수도 있다.

참고로, Thank you.라는 말에 대해서는 신속히 You're welcome.이라고 응답하고, I'm sorry.에 대해서는 That's okay.로 응답하며, Excuse me.에 대해서는 Sure.로 응답하는 것이 그들의 언어습관이다.

✚ ▶▶▶ Thank you에 대한 응답 – Sure / Uh huh.

길을 묻는 등의 간단한 질문의 대답에 대한 가벼운 감사 Thank you.에 대해서 다시 가볍게 응답할 때는 You're welcome. 대신에 Sure. 또는 Uh huh.(보통 끝을 올렸다 내리며 말함) 정도의 표현을 많이 사용한다. 이때 Sure.를 '물론, 네가 나에게 감사해야 한다. (Sure. You should thank me.)'로 오해할 필요가 없다. 사실 그렇게 쓸데없이 오해하는 사람들이 적지 않은데, Sure.는 그렇게 오해받을 표현이 아니라 우리말에도 '감사합니다.'라고 하면 '예 ~.'라고 대답하는 정도의 가벼운 표현임을 알아둘 필요가 있다.

American Culture | 언어 습관

▶▶▶ 격의 없는 인사 습관

처음 만나는 사람에게도 Hi!라고 인사하는 것이 그녀들의 인사 문화이다. 따라서 매우 격식을 갖춘 사업상의 모임 외에는 How do you do?라고 인사하는 것을 듣기 힘들다. 격의 없는 인사 문화이기 때문에, 서로를 부를 때도 이름을 부르기(call each other on a first name basis)를 좋아한다. 그래서 (물론 개인에 따라 다소 차이는 있을 수 있으나) 일반적으로 볼 때, 노교수와 젊은 교수 간에, 상사와 부하직원간에, 심지어는, 시사 토론 같은 방송 프로그램의 진행자와 출연자간에도 이름을 부르는데, 이는 우리 문화에서는 상상하기 힘든 일이다.

참고로, 미국인들은 상냥하게 인사하는 것이 습관화되어 있는데, 이를 잘 모를 때 엉뚱한 오해를 하게 된다. 특히, 미국 여자들이 인사하면서 미소 짓는 것을 보고는 한국 남자들이 불필요한 의미를 부여하여 오해를 불러일으키는 경우가 왕왕 있다고 한다. 물론 윙크(wink)에는 특별한 의미가 있을 수 있다.

▶▶▶ 상대방이 재채기할 때 하는 말: (God) Bless you! / Gesundheit! (영어화된 독일어)

상대방이 재채기를 하면, 옆에 있는 사람이 (God) Bless you! 혹은 Gesundheit!라고 말해 주고 재채기를 한 사람은 Thank you.라고 답하는 것이 그녀들의 언어 습관이다. 재채기할 때 악령이 들어가서 건강을 해친다는 미신적인 생각에서 나온 표현이라고 한다.

▶▶▶ Taboo시 되는 화제

서로 잘 모르는 상대방에게는 다음과 같은 화제를 거론하는 것은 실례이므로 조심해야 한다.

❶ Money

우리나라 문화에서도 꺼리는 화제인 금전적인 내용은 영어 문화에서는 더욱더 taboo시하는 화제이다.

- How much (money) do you make?
- How much did it cost?

❷ Marital Status

우리나라 문화에서도 상대방에게 결혼했는지 묻는 것은 실례로 생각이 되지만, 다음과 같은 질문으로 영어 원어민들을 당혹스럽게 하지 않도록 조심해야 한다. 미혼인지를 물을 때 Are you a virgin?(처녀세요?)라고 하는 경우가 있는데, 이는 처녀성을 묻는 의미로서 상대방을 아연실색케 할 질문이다.
사무적/공식적인 상황이 아니거나 친하지 않은 상대의 경우에는 다음과 같은 결혼에 관련된 질문은 피해야 한다.

- Are you married/single? (기혼인지 미혼인지를 묻는 질문)
- When are you going to get married?
- Why aren't you married?
- Why don't you have children?

❸ Age

어린이에게 나이를 묻는 것은 전혀 문제가 안되지만, 우리나라에서 여성에게 나이를 묻지 않는 것처럼 영어 문화권에서는 남녀 구별 없이 성인에게 나이를 묻는 것은 실례이다. 사적으로는 실례일 뿐만 아니라, 미국에서는 공식적인 취업 인터뷰에서도 나이, 출생지, 결혼 여부, 종교 등에 대해 질문하는 것은 사생활 침해일 뿐만 아니라, 개인 평등권 침해로 간주되기 때문에 불법으로 되어 있다.

❹ Physical Appearance: Fat – Dangerous Word

뚱뚱하다는 것에 대해 매우 부정적으로 보는 사회이니만큼, How much do you weigh?라든지 You look fat/heavy… 등의 표현은 아예 안 쓰는 게 좋다. 이런 말에 대해서는 You'd better not bring up this kind of subject. 또는 None of your business!라고 퉁명스러운 답을 듣기 쉽다.
그런데, 우연히 보던 케이블 TV의 영어 방송에서 '뚱뚱하다는 말은 You are fat. 더 뚱뚱해지고 있다는 You're getting fatter. 더 강조할 때는 You are getting fatter and fatter.라고 한다'고 했다. 그런데, 이런 표현을 실제로 사용할 수 있는 상황은 거의 없으므로 죽은 언어를 가르친 것이고, 오해의 소지가 많은 표현을 구문만을 강조하면서 가르치는 것은 사회언어학적으로 볼 때 매우 위험한 발상이다.

▶▶▶ 성차별(Sexism)

성차별에 대해서 매우 민감한 여성(feminist)들이 적지 않다. 따라서 앞의 SECTION 2. 품사편/명사에서 설명했듯이, 글뿐만 아니라 말에서도 man을 대표명사로 사용하지 않는 것이 바람직하다. 영어 방송에서 나오는 빠른 말을 잘 알아듣기 위해서도 he or she, his or her 등을 한 단어처럼 익힐 필요가 있다.

SECTION 02

품사 편

Parts of Speech

CHAPTER 02 품사편

01 _ 명사 및 관사
Nouns & Articles

명사의 수에 대한 개념을 나타내고, 정해진 것과 정해지지 않은 것의 개념을 나타내는 관사의 용법은 명사와 함께 이해되고 습득되는 것이 효과적이므로, 본서에서는 명사와 관사를 연결해서 제시한다.

01 명사의 종류와 수 (Types & Numbers)

영어에서는 셀 수 있는 명사와 셀 수 없는 명사에 대한 개념이 분명해서 이해하기가 그리 어렵지는 않다. 그러나 우리말에는 수의 개념이 영어에서처럼 명확하지 않으므로 습관화가 되지 않아서 명사의 수 개념을 영어로 표현할 때 틀리기 쉽기 때문에 조심해야 한다. 또한, 어떤 부분에서는 가산과 불가산의 경계가 매우 애매해서 권위 있는 영문법서에서도 명쾌한 설명을 못하는 규칙성이 결여된 부분이 있다. 예컨대 information, advice, news와 같은 추상적인 개념을 나타내는 명사는 항상 단수로 표시한다. 그러나 같은 추상명사라고 해도, 생각을 나타내는 idea가 사상을 나타낼 때는 Eastern ideas로 표현된다. 또한 생각을 나타내는 thought는 견해를 나타낼 때는 thoughts로 표현하고 사상을 나타낼 때는 Western thought와 같이 단수로 표시한다. '당신의 기분을 상하게 할 의도는 없었다.'라고 할 때는 I didn't mean to hurt your feelings.와 같이 feeling이 아닌 복수형 feelings를 사용한다. 이렇게 단수나 복수로 표현하는 경우를 보면, 명사의 단·복수의 개념은 숙어처럼 기억해야 하는 특유의 (idiosyncratic) 용례가 많음을 알 수 있다. 기억할 것이 많은 용법은 한꺼번에 다 외우는 것보다는 신문이나 잡지를 통해 살아 있는 영어를 매일 조금씩 접함으로써 자기 것으로 만드는 것이 기억 효과를 극대화하는 가장 효율적인 학습 방법이다.

●●● 가산명사

셀 수 있는 명사로서 원칙적으로 단수 및 복수의 구분이 있으며 관사를 붙인다. 수사나 (a) few, many 등의 수식어가 붙을 수 있다.

◯ 보통명사
동류의 사물이나 사람을 하나의 이름으로 나타낼 수 있는 일반 명사이다.
door, cup, house, car, desk 등

✚ the number of/a number of/numbers of
기존 영문법책에서는 'the number of...는 단수, a number of...는 복수'라고 기계적으로 설명하고 있지만 the number of...는 '...의 수'이므로 하나의 수치 개념이라는 의미를 생각하도록 하고 a number of...는 many를 의미하는 숙어라고 설명해 주는 것이 이해에 도움이 될 것이다. 물론, 수를 수식하는 형용사 large/great를 삽입하여 a large/great number of...라고 하면 '매우 많은'의 뜻이 된다.

> **The number of A is... :** A의 수는 …이다. ('숫자'를 뜻하므로 당연히 단수로 취급함)
> **A number of B are... :** 많은 B는 …이다. (a number of = many 많은)

또한, 기존 영문법책에서는 number에 대해 the number of와 a number of만 다루고 있고 numbers는 '시구'나 '운문'의 뜻(실제로 거의 나오지 않는 표현임)으로만 알고 있기 때문에 복수 형태를 나타낼 때 numbers를 틀리는 걸로 생각하지만, 사실은 여러 집단들의 수를 나타낼 때는 복수로 표현한다.

> **Increasing numbers of C and D are... :** 점증하는 C와 D는 …이다.

> **ex.** *Increasing **numbers of** women and children are becoming infected. In Sao Paulo, HIV prevalence in male patients at venereal-disease clinics remained stable between 1993 and 1994, whereas among women it jumped 500%.* (Time : Jan. 6. 1997)

◯ 집합명사

개개의 사물이나 사람이 모인 대상을 나타낼 수 있는 명사로서 집합명사에 대해서는 미식영어와 영식영어가 단수, 복수 취급을 다르게 한다.

committee, family, clothing, police 등

❶ 미식영어 : 집합명사는 항상 단수 취급한다.

> **The government is in favor of economic sanctions.**

❷ 영식영어 : 기존 영문법책의 설명이 바로 영식영어에서 사용되는 문법이다. 즉, 집합명사를 하나의 단위로 생각하면 단수 취급하여 단수형 동사에 일치시키고, 구성하는 개체를 중심으로 생각하면 복수 취급하면서 '군집명사'라 칭하고 복수 동사에 일치시키는 것으로 설명한다.

> **The audience was a large one.** 청중은 많았다. (단수 취급)
> **The audience were all deeply moved.** 청중은 모두 깊은 감명을 받았다. (복수 취급)

✚ 군집명사는 복수, 집합명사는 단수?

*A Student's Grammar of the English Language*에서는 이 문제를 다음과 같이 설명한다.

> British English either a singular or a plural verb may be used with a singular collective noun: (p.6)
> The government is[are] in favour of economic sanctions.
>
> whereas in American English a singular verb is required here.

즉, 미식영어에서는 모두 단수 취급하고 있으며 영식영어에서는 단수동사와 복수동사 모두를 사용할 수 있는 것으로 설명한다. 이렇게 모두 단수 취급을 해도 전혀 틀리지 않는데 마치 단수/복수 개념이 대단히 중요한 문제라도 되는 양 장황하게 설명하여 학습자로 하여금 쓸데없는 영문법 족쇄를 채우는 것은 되도록 지양해야 한다. 오히려 우리나라에서 많이 사용하는 미식영어에서는 단수 취급을 하는 것이 자연스럽다. 그런 쓸데없는 노력을 오히려 살아 있는 표현을 습득하는 데 들이는 게 훨씬 더 바람직할 것이다.

> **ex.** *The **government has** unveiled a set of detailed guidelines for inter-Korean business*

contracts, which has been much simplified from those in the past. (The Korea Herald, Editorial: Nov. 26, 1994)

ex. *The **administration is** going to have to deal with Fidel Castro and...* (Time: Sep. 5, 1994)
ex. *In this period, when the Korean **government is** stressing the globalization of...* (The Korea Herald: Dec. 1, 1996)

○ 복수로 취급하는 명사

the police, the clergy, the military, cattle, people은 복수 취급한다. 실제의 말이나 글에서 the를 반드시 붙이지 않기도 한다. (p. 267 참조)

The police do not carry guns in the United Kingdom.
The military often retire at 55.

✚ 개개인 지칭 police는 경찰의 총칭이므로 경찰관 개개인을 말할 때는 a policeman이라고 한다.
He is the police. (×) → He is a policeman. (○)
police와 같은 이치로 staff도 '직원'의 총칭이므로 직원 한 명을 말할 때는 member를 첨가해 a staff member라고 해야 맞는 표현이다.
He is a staff of ABC company. (×) → He is a staff member of ABC company. (○)
① 개개인을 말할 때 단어(member)를 첨가해야 하는 경우 : staff, faculty, audience, class, family, board, crew
  He is on the staff of the hospital. (= a staff member of)
He is on the faculty of the university. (= a faculty member of)
He's on the school board. (= a member of the board)
② 개개인을 말할 때 총칭에 -man을 붙이는 경우 : clergy, police

불가산명사

셀 수 없는 명사로서 원칙적으로는 복수형이 없으며 부정관사를 붙이지 않는다. (a) little, much 등의 수식어가 붙을 수 있다. 이론적으로 수사의 수식을 받을 수는 없으나, 실제로는 불가산명사를 가산화시켜서 사용하는 예가 많다.

○ 고유명사

특정한 사람이나 사물의 고유한 이름을 나타내는 명사(Korea, Smith 등)로서 원칙적으로 복수가 될 수 없지만 내용상 회화체에서는 복수로 사용되는 예가 많다.

A: Can I talk to Mr. Kim, please?
B: There are two Kims in our office. (two Kims 김씨 성을 가진 두 사람)
  Which Kim would you like to speak to?

○ 물질명사

원칙적으로 일정한 형태가 없는 물질을 나타내는 명사로서 단수 취급하며, 의미에 따라 다음과 같이 분류할 수 있다.

❶ 음식물
유동체 : water, milk, beer, wine, coffee, tea 등
고형분 : food, sugar, salt, rice, flour, bread, butter, meat 등

❷ 자연 요소

날씨 : weather, rain, snow, hail, ice, wind, heat 등
천연자원, 물질 : wood, gold, iron, copper, petroleum 등

❸ 집합명사 : 형태가 있는 물질적 집합명사도 물질명사 취급한다.

furniture, luggage, clothing, equipment, mail, hair 등

◎ 정량 표시

❶ 용기

a glass of water/milk/wine - two glasses of water/milk/wine
a cup of coffee - three cups of coffee
cf. *That's not my cup of tea.* 그건 내 취향에 안 맞아. *(cup of tea 취향에 맞는 것)*

a spoonful of honey - a few spoonfuls of honey
a pack of cigarettes - two packs of cigarettes

❷ 양의 단위

an ounce of sugar - two ounces of sugar
a gallon of gas(oline) - two gallons of gas(oline)
a pound of pork - a couple of pounds of pork

❸ 형태

a speck of dust 먼지 한 점 - some specks of dust
a sheet[piece] of paper - two sheets[pieces] of paper
a slice of meat/bread/cake - a couple of slices of meat/bread/cake
a lump of sugar 각설탕 한 덩이 - a few lumps of sugar
a bar[cake] of soap 비누 한 쪽 - several bars[cakes] of soap
a piece[an item] of clothing[furniture/luggage/equipment/machinery]
several pieces[items] of clothing[furniture/luggage/equipment/machinery]
a pair of pants[trousers]/binoculars/glasses/scissors
several pairs of pants[trousers]/binoculars/glasses/scissors (실제 회화에서는 a pair of를 붙이지 않음)
cf. *It's a piece of cake.* 누워서 떡먹기다 *(a piece of cake 매우 쉬운 일)*

❹ 동물 무리 표시 : 다음과 같은 관용적인 표현으로 나타낸다.

a herd of cattle   a flock of sheep[birds]
a swarm of bees   a shoal[school] of fish

❺ 종류

a new kind[sort] of computer - several new kinds[sorts] of computer(s)
a delicious kind of bread - some delicious kinds of bread

🔸 물질명사의 보통명사화

원칙적으로 복수가 될 수 없지만 회화체에서는 보통명사처럼 자주 사용한다.

❶ 개체

Two coffees, please. (주문할 때 사용하는 표현으로 Two cups of coffee, please.보다 더 많이 사용됨)

❷ 종류

- material 물질 / materials 여러 종류의 재료

  What kind of material is this box made out of? (물질)
  We need more teaching materials, such as audio tapes and video tapes. (교육 재료/도구들)

- wine 포도주 / wines 여러 종류의 포도주 / beer 맥주 / beers 여러 종류의 맥주

  French people in general prefer wine to beer. (포도주와 맥주)
  They carry a variety of wines and beers at the liquor store. (여러 종류의 포도주와 맥주)

- food 음식 / foods 여러 종류의 음식 또는 특정한 음식

  Milk is the natural food for young babies. (음식)
  Too many sweet foods, like cakes and pastry, may increase your weight. (여러 종류의 음식)
  health foods 건강 식품   baby foods 아기 음식

- fruit 과일 / a fruit 한 종류의 과일 / fruits 여러 종류의 과일

  Apples, oranges and bananas are kinds of fruit. (과일)
  The tomato is technically a fruit, although it is eaten as a vegetable. (한 종류의 과일)
  This drink is made out of four tropical fruits. (네 가지 종류의 과일)
  cf. *Fruit and vegetables are good for you.* (vegetable은 가산명사로 취급한다.)

- drink 알콜 음료 / drinks 알콜이나 비알콜성 음료

  Have another drink.
  There's no drink in the house.
  Drinks will be served during the interval.
  soft drinks (non-alcoholic 음료)

- a fish 물고기 한 마리 / many fish 여러 마리의 물고기 / fishes 여러 종류의 물고기

  I went fishing and caught a big fish. (물고기 한 마리)
  I saw many fish swimming in the shallow pond. (여러 마리의 물고기)
  cf. *a shoal[school] of fish* 물고기 떼

  The scuba divers could see many different - looking fishes in the ocean.
  (여러 종류의 물고기 - 실제로 여러 종류의 물고기를 말할 때는 many types[species] of fish라고 함)

- hair 머리카락 / hairs 머리카락들

  He's gone to have his hair cut.
  His hair turned grey.
  Turn around and I'll brush the hairs off your coat.

❸ 구체적인 사건

- fire 불 / a fire 화재
  caught fire 불이 붙다　　　　set fire to …에 불을 붙이다
  A big fire broke out downtown last night.

- flood 넘치는 것 / floods 홍수, 범람
  a flood of tears 넘치는 눈물

- harvest 추수 / two harvests 두 번의 추수

  ex. *In the wake of **floods** that drastically reduced the country's last two **harvests**, North Korea admitted it has little more than half the grain supplies needed to feed its people.*
  (Time: Feb. 17, 1997)

◯ 추상명사

추상적인 개념을 나타내는 명사로, 원칙적으로 단수 취급하며 의미에 따라 다음과 같이 분류할 수 있다.

❶ 개념, 활동, 제도

개념: advice, information, news, vocabulary, time, thought, idea 등
활동: act, behavior, conduct, concert, lecture, work, travel, traffic 등
제도: ideology, democracy, bureaucracy, socialism, communism, freedom 등

❷ 감정

anger, fear, happiness, pleasure, hatred, insult, joy, love, sadness, embarrassment 등

❸ 자질, 과정

자질, 신념: beauty, good, wealth, poverty, intelligence, luck, belief, trust, patience, confidence, qualification, vice, virtue 등
과정, 결과: success, failure, necessity, fiasco, process 등

◯ 단수 취급

❶ 추상명사는 원칙적으로 단수 취급한다.

Time and tide wait(s) for no man.
(time and tide를 하나의 개념으로 보면 단수, 각각의 개념으로 보면 복수 취급함)
All work and no play makes Jack a dull boy. (격언)

❷ 명사 앞에 a piece[bit] of나 some 등의 수식어가 함께 붙기도 하며 항상 단수 취급하는 추상명사는 다음과 같다.

advice, information, news, vocabulary, (home)work, travel, thought

some information - some pieces of information 몇 가지 정보
his anger - his bursts of anger 화의 분출
He gave me a piece of advice. (문어체)　　He gave me some advice. (구어체)

a piece of work 하나의 작품
cf. *a work of art* 예술 작품 하나
a lot of homework 많은 숙제
cf. *a lot of assignments* (assignment는 가산명사)
a train[line] of thought 일련의 생각, 생각의 흐름

◯ 복수 취급

❶ 추상명사이지만 내용상 여러 가지를 의미하므로 보통 일반명사화되어 복수 형태를 취하는 단어는 다음과 같다.

> results, findings, effects, implications, directions, instructions, relations, assignments, expectations

results 여러 가지의 결과를 의미　　What are the results?
findings 밝혀진 여러 가지 사실을 의미
effects 여러 가지 효과들
implications 사후의 가능한 효과들
What are the implications of the government's announcement for the future of our project?
directions/instructions 보통 지시할 때는 몇 가지를 지시하기 때문에 복수로 표현
expectations 바라는 목표[기대치], 장래의 희망　　meet sb's expectations …의 기대에 부응하다
relations 구체적 이해관계, 교섭　　have relations with …와 교섭을 가지다

❷ 일련의 사건 : 일련의 사건은 내용상 복수로 표현할 수 있다.
a series of concerts[lectures] - two series of concerts[lectures]
an act of a play - two acts of a play

❸ What… is[are] : 관계대명사 주어 what은 뒤에 오는 보어의 수에 따라서 단수 또는 복수 취급한다.
What I miss the most are our family dinners.
What I miss the most is the beautiful river running through my hometown.

◯ 추상명사의 보통명사화

추상명사를 단수나 복수 형태로 바꾸면 보통명사화되는 단어는 다음과 같다.

① a necessity 하나의 필수품　　necessities 필수품(들)　　necessity 필요
② a luxury 하나의 사치품　　luxuries 사치품(들)　　luxury 사치
③ a failure 낙오자, 실패한 일　　failures 낙오자들　　failure 실패
　a success 성공한 일[사람]　　success 성공
Don't think of yourself as a failure. 네 자신을 낙오자로 생각하지 마라.
The mission to Mars was a failure.
If the teens don't get into Harvard or Yale, they feel like failures.
④ casualties 사상자들(= injuries 부상자들+fatalities 사망자들)

⑤ **a help** 일손, 도움을 주는 것   **help** 도움

You've been a great help.   큰 도움이 되었습니다.

⑥ **youth** 젊음   **youths** 젊은이들

ex. *The Cultural Revolution sent* **youths** *into the streets and led to a decade of killing and chaos.*   (*Time: May 13, 1996*)

⑦ **change** 변화, 거스름돈, 잔돈   **changes** 여러 가지 변화들   **a change** 변화를 주는 일

Can you give me change for this ten-dollar bill?   10달러 지폐를 바꾸어 줄 수 있습니까?

undergo[go through] changes   변화를 겪다, 변천하다

for a change   기분 전환으로   Why don't we take a walk for a change?

⑧ **powers** 열강들   **superpowers** 초강대국들

⑨ **irregularity** 불규칙   **irregularities** 비리 (행위들)

⑩ **sanction** 재가, 인가/허용   **sanctions** 국제법 위반국에 대한 제재 조치 (단수일 때와 복수일 때의 의미가 정반대이므로 주의할 것)

⑪ **a democracy** 민주주의 국가   **democracies** 민주주의 국가들

ex. *"Russia is and must remain," the President said,* **"a democracy."** *While it is true that Russia has taken some important steps in that direction, Professor Kalb points out it is not now, nor has it ever been,* **a democracy.**   (*ABC News Nightline*)

⑫ **beliefs/values** 여러 가지 믿는바, 가치관

minds/personalities   여러 가지 마음, 성격들

ex. *We know little about Bill Gates as a person. What* **beliefs** *and* **values** *drive this man who, as much as anyone, will determine the way we look not only at computers but at ourselves and our world? Here's an intimate look at one of the most important* **minds** *and* **personalities** *of our era.*   (*Time: Jan. 13, 1997*)

⑬ **condition** 상태   **conditions** 조건들

in good condition   좋은 상태에   **working conditions**   근로 조건

⑭ **pleasure** 즐거움   **a pleasure** 하나의 즐거운 경험

It gives me great pleasure to send you this little gift.

It's been a pleasure having you stay with us. (= an enjoyable experience)

The Bible warns us about sensual pleasures.

⑮ **qualification** 자격   **qualifications** 여러 가지 자격[조건]들

Your salary depends on your qualifications and experience.

⑯ **sale** 판매   **sales** 판매/영업 실적

Liquidation Sale   점포정리 세일

In the last month, sales have almost doubled.

⑰ **surprise** 놀람   **a surprise** 놀랄 일

I've got a surprise for you.   놀라게 해 줄 소식[선물]이 있어.

What a nice surprise!   (놀라면서도 기쁜 감정을 나타낼 때 쓰는 표현)

◯ 가산/불가산명사의 수량형용사(Quantifiers)

가산명사와 불가산명사의 개념에 따라서 수를 나타내는 표현들이 달라지므로 의사소통에서 결코 쉽지 않은 부분이다. 명사와 수식하는 표현의 의미를 음미하면서 한꺼번에 발음으로 기억하는 것이 바람직하다.

❶ 가산/불가산명사에 대한 수식어가 같은 경우

some, a lot of, lots of, plenty, a lack of 등은 가산명사, 불가산명사를 모두 수식할 수 있다. idea는 원래 추상명사이지만, 여러 가지 생각이나 개념을 의미할 때는 가산명사로 취급한다.

some ideas - some information
a lot[lots] of ideas - a lot[lots] of information
plenty of ideas - plenty of information
a lack of ideas - a lack of information

❷ 가산/불가산명사에 따라 수식어가 다른 경우

several, many, a couple of, (a) few, a great[large] number of, a great many 등은 가산명사만, much, (a) little, a great amount[deal] of 등은 불가산명사만 수식할 수 있다.

several[many/a couple of] ideas - much information　(much는 부정문에서)
(a) few ideas - (a) little information
a great[large] number of ideas - a great amount[deal] of information
a great many ideas

❸ the + 단수 보통명사 : 추상명사

The pen is mightier than the sword.　펜(文)은 칼(武)보다 강하다.
Man for the field, woman for the hearth. (?)
남자는 밖의 일을 여자는 안의 일을 한다. (기존 영문법책에 나오는 표현인데, 실제로 거의 사용되지 않는다.)

02 명사의 기타 용법 (Possessive, Plural, Gender, etc.)

소유격

's를 붙이는 무생물
- 시간: today's paper 오늘 신문
- 가격: ten dollars' worth of sugar
- 지명: Asia's population, the earth's future
- 관용적: for God's sake

ex. As **North Korea's** food crisis worsens, its leaders take steps to loosen rigid control of the economy. *(Time: Feb. 17, 1997) (국가를 여성 취급하지 않고 중성으로 취급하고 있다. p. 281 참조)*

> **Tips** ten-mile distance
>
> 기존 영문법책에는 거리를 말할 때 ten miles' distance처럼 소유격을 쓴다고 되어 있다. 하지만 미식영어에서는 보통 소유격 형태로 쓰지 않고 대신 형용사처럼 ten-mile distance로 표현한다.

◎ 이중 소유격

a/an, this/these, that/those, some, any, no 등의 한정사와 소유격은 연속으로 함께 사용하지 못한다.
a my old friend (×) → an old friend of mine (○)

✚ a friend of mine을 one of my friends라고도 표현할 수 있다.
a my brother's book (×) → a book of my brother's = one of my brother's books (○)

◎ 소유격과 관련된 생략

- 중복을 피하기 위해
  That house is my aunt's. (house 생략)

- 추측이 가능할 때
  We had a meeting at Ms. Smith's. (house, apartment, shop 등의 생략)

- 공동 또는 개별 소유일 때
  This is Jane and Susan's computer. 공동 소유
  These are Jane's and Susan's computers. 개별 소유

••• 복수 용법

◐ 숫자

- 명확한 수는 단수 취급한다.

    three dozen pencils, three hundred cups, three thousand people
    I put on a couple of pounds. 나는 살이 좀 쪘다. (a couple of 둘의)

✚ 막연한 수는 복수 취급한다.

숫자는 현대 사회에서 매우 중요한 개념이므로 무의식중에 듣고도 이해할 수 있도록 자동화하는 것이 필요하다.

dozens of 수십의   hundreds of 수백의   thousands of 수천의   tens of thousands of 수만의
hundreds of thousands of 수십만의   millions of 수백만의   tens of millions of 수천만의
hundreds of millions of 수억의   billions of 수십억의   tens of billions of 수백억의
hundreds of billions of 수천억의   trillions of 수조의   zillions of 가상적인 엄청난 수의

◐ 수사 + 명사 : 형용사 역할

형용사 역할을 하는 '수사+명사'에서 명사는 항상 단수 취급한다.

a five - year - old child 다섯 살짜리 아이
a ten - story building 10층짜리 건물
a five - act drama 5막짜리 드라마
a six - course dinner = a dinner of six courses 6코스의 만찬

✚ …-year-old만으로도 '…살짜리 아이'라는 뜻의 명사로 자주 쓰인다.

six-year-olds 여섯 살짜리 아이들

ex. Bill Clinton ran as a deficit-cutting, budget-balancing, welfare-reforming President who now believes **16-year-olds** should have a drug test before they get a driver's license. *(Time: Nov. 18, 1996)*

◐ 의미가 달라지는 복수형

arm 팔 - arms 무기   custom 관습 - customs 세관
glass 유리 - glasses 안경   good 선(善) - goods 상품
manner 방법 - manners 예절   quarter 1/4 - quarters 지역
drawer 서랍 - drawers 바지나 스커트 안에 입는 속옷, 속바지
antenna 안테나, 촉각 - antennas 안테나들, antennae 촉각들
genius 천재, 수호신 - geniuses 천재들, genii 수호신들

복수형

어느 유명한 영문법책에는 (동사보다 훨씬 덜 중요하다고 할 수 있는) 명사편이 가장 앞에 나와 있는데, 학생들이 그 모든 것을 한꺼번에 다 외워서 끝장을 내려고 외우고 또 외우다가 지쳐서 결국은 몇 장 공부하지 못한 채 포기하는 것을 자주 보게 된다. 앞부분만 새까만 책을 보면 참으로 딱한 생각이 든다. 명사 복수형을 한꺼번에 다 외우려고 하는 것은 바람직하지 않고 의미 있는 상황의 영어를 통해 용례가 나올 때마다 조금씩 습득하는 것이 가장 효과적인 방법이다. 단, 라틴어나 그리스어 어원인 다소 높은 수준의 명사의 복수 형태는 규칙성이 있으므로 기억해두면 편리하다.

◯ 불/규칙 복수형

❶ 불규칙

oxen, feet, geese, teeth, lice, mice, women,

❷ -os

약어인 경우 -os : photos, pianos, autos, solos, hippos(하마), rhinos(코뿔소)

모음+-os : radios, studios, zoos, bamboos

✚ **복수형 형성 규칙에 대하여** 복수형 형성 규칙에 관한 설명 중 -o로 끝나는 단어의 복수형 설명에 있어서 기존 영문법책과 *A Student's Grammar of the English Language*는 재미있는 대조를 보여 준다.

기존 영문법 책에서는 '자음 + o로 끝나는 단어에는 -es를 붙인다.'라고 설명하고 있다. potatoes, heroes (예외 pianos, photos, autos, solos)

그러나, *A Student's Grammar of the English Language(p. 94)*에서는 다음과 같이 설명한다.

If the singular ends with -o, the plural is usually regular (as with studios, pianos...) but with some nouns the plural ending is -es (as with echoes, potatoes, tomatoes...)

즉, 서로 반대로 설명하고 있다. *A Student's Grammar of the English Language*의 설명대로 규칙적인 복수형으로 이해하는 것이 오래 기억될 것이다.

❸ -fs

일반: -ves

예외: roofs, cliffs, chiefs, safes, beliefs, handkerchiefs

◯ 단·복수 동형

sheep, deer, fish, salmon, carp, cod, trout, herring

단, 여러 종류의 복수를 나타낼 때는 -s를 붙인다.
corps는 단수일 때는 [kɔər]로, 복수일 때는 [kɔərz]로 발음한다.

◯ 외래어의 복수형

❶ -sis → -ses

analysis - analyses, synthesis - syntheses, basis - bases, crisis - crises, thesis - theses, hypothesis - hypotheses, parenthesis - parentheses

❷ -um → -a

datum - data, medium - media, memorandum - memoranda, agendum - agenda, stratum - strata, curriculum - curricula

The data is/are sufficient. *(A Student's Grammar of the English Language, p. 99)* (단수나 복수 모두 괜찮으나, 미식영어에서는 보통 단수 취급한다.)

❸ -on → -a

criterion - criteria, phenomenon - phenomena

❹ -a → -ae

formula - formulae/formulas, alga - algae (녹조류)

❺ -us → -i

alumnus - alumni, stimulus - stimuli, fungus - fungi/funguses, radius - radii/radiuses, focus - foci/focuses, nucleus - nuclei/nucleuses

❻ -ix → -ices

appendix - appendices/appendixes

○ 복수 형태에 따른 의미 변화

✚ brother - brothers 형제, brethren 수련의사 등의 가까운 직장 동료; 동포
fish - fish 물고기들, fishes 여러 종류의 물고기
genius - geniuses 천재들, genii 수호신들
statistic - statistics 통계학(단수 취급, '통계수치들'의 의미일 때 복수 취급)

Tip at one's finger's ends → at one's finger tips

기존 문법책에 나오는 at one's finger's ends(정통하여, 마음대로 쓸 수 있는)는 어색한 표현이며, at one's finger tips란 표현으로 대체하여 쓴다.

성(性 Gender)

반대의 성

husband - wife, uncle - aunt, nephew - niece, monk - nun, widower - widow, wizard - witch, bull - cow, stallion - mare, stag - doe (도레미 Song의 '도'는 - a female deer)

여성 어미 : -ess/-ine

steward - stewardess, tiger - tigress, waiter - waitress, actor - actress, god - goddess, prince - princess, hero - heroine (heroin과 동음이의어)

ref. 공작 : duke - duchess 후작 : marquis - marchioness 백작 : count/earl - countess
자작 : viscount - viscountess 남작 : baron - baroness

통성명사 : 단수 취급

parent : father, mother   spouse : husband, wife
sibling : brother, sister   monarch : king, queen

✚ **남녀 구별 지양** -man/-woman을 구별하는 것은 sexism(성차별), sexist language(성차별 언어) 아니면 male chauvinism(남존여비)에서 연유한 것이라는 생각 때문에 현대 영어에서는 -person을 붙이거나 성차별이 없는 어휘(gender-neutral language)를 사용하는 경향이 강하다.

he → he or she
businessman → business people 또는 business executives
cameraman → camera operator
chairman → chairperson 또는 the chair
mailman → mail carrier
mankind → humankind
fireman → fire fighter
policeman → police officer
salesman → sales clerk 또는 sales representative
steward 또는 stewardess → flight attendant

관용적 표현

전치사 + 추상명사

- of + 추상명사 = 형용사

  of importance = important, of significance = significant, of no use = useless

  He is a man of character[ability].

- 기타 전치사 + 추상명사 = 부사

  on occasion = occasionally, in haste = hastily, by accident = accidentally

  He accomplished the task with difficulty[ease].

◯ **have the 추상/물질명사 + to...**

    have the freedom to... = be free to... 자유로이 …하다
    have the courage to... = be courageous to... …할 용기가 있다
    have the guts[nerve] to... 배짱 있게 …하다

> **Tip 명사의 전용**
>
> 기존 영문법책에 나오는 'all+추상명사'와 '추상명사+itself' 구문은 매우 수사적인 표현이다. 따라서 She is graciousness itself.나 He is the embodiment of courage.(그는 용기의 화신이다.), He is a picture of health. 등의 표현은 의미가 통하지만, 다음과 같은 예문은 실제 의사소통에서 사용되지 않는 매우 어색한 표현이다.
>
> He is all attention. (?)　　(all+추상명사 = very+형용사)
> He is attention itself. (?)　　(추상명사+itself = very+형용사)
> → He is very attentive.로 해야 자연스러운 표현이 된다.

03 관사 (Articles)

영어 의사소통에서는 정해진 정보(given information)와 새로운 정보(new information)의 지시가 중요시되기 때문에 관사의 개념을 사용한다. 관사 사용의 대원칙은 정해진 정보(앞에서 언급되었거나 화자(話者)간에 서로 아는 특정한 것, 세상에 유일한 것 등)에는 정관사(the)를 붙이고, 새로운 정보(처음 언급되는 것, 불특정한 것)에는 단수일 때 부정관사 (a), 복수일 때 무관사를 사용하는 것이다. 하지만 관사 사용은 예외적인 용례와 명쾌한 규칙성의 부족 때문에 영어 어법 중 습득하기 가장 어려운 부분이다.

예컨대, 우주를 의미할 때 the universe 또는 space라고 하는데, space가 우주를 의미할 때는 무관사인데 반해, the space는 정해진 공간을 의미한다. 또한, time 같은 추상명사의 경우 '시간 좀 낼 수 있습니까?'라고 물을 때는 Do you have time?과 같이 무관사이며, '몇 시입니까?'라고 물을 때는 정해진 시각이므로 정관사를 사용해서 Do you have the time?이라고 말한다. '오랜만이다.'라고 인사할 때는 무관사로서 Long time, no see.라고 하는데, '오랜 시간'이라는 뜻으로 쓰일 때 관사 없이 long time이라고 하지 않고, 반드시 부정관사를 붙여서 a long time이라고 한다. 또한, '힘든 시간'은 a hard time이라고 하는데 불경기는 hard times라고 복수 개념을 취하는 등 추상명사이면서도 무관사, 부정관사, 정관사, 복수 형태 등 복잡한 개념을 나타냄으로써 초보자들이 배우기에는 결코 쉽지 않다.

고유명사의 경우를 보면, Yellowstone National Park는 무관사이지만 the Grand Canyon은 정관사를 쓴다. 그러나 미국인조차도 어떤 경우에 the를 쓰고 어떤 경우에 안 쓰는지 그 이유를 명쾌히 설명하는 경우는 아직 보지 못했다. 그저 That's the way we speak English.라는 궁색한 답변뿐이다. 아마도 고유명사에 the를 안 붙이는 원칙을 적용하여 Grand Canyon이라고 하면 일반적으로 말할 수 있는 큰 계곡 grand canyon과 혼동할 수 있으므로 the를 붙이는 반면, yellow stone park라는 일반 명사는 있을 가능성이 없으므로 the를 붙일 필요가 없는 것으로 보인다. 이와 같이 의미를 생각하면서 하나씩 습득해야 하는 경우가 많다. 이렇게 경우마다 고유한(idiosyncratic) 용례를 기억해야 할 때, 언어는 창의적일 뿐만 아니라 '언어는 습관'이란 사실을 다시 한번 절감하게 된다. 우리말

에는 영어의 관사 개념이 없기 때문에 당연히 관사가 어려울 수밖에 없다. 그래서 영어는 참으로 골치 아픈 언어라고 불평하게 되는데 사실은 어느 언어나 예외적인 용례는 무척 많다. 문자와 발음의 규칙성이 훌륭한 우리말도 동사의 어미변화는 참으로 변화무쌍해서 외국인이 정복하기 거의 불가능한 영역이다. 이 때문에 우리말을 가장 어려운 언어 중에 하나로 꼽기도 하는데, 이렇게 언어마다 외국어 학습자들에게는 넘기 힘든 영역이 있는 듯하다. 영어의 정관사에 대한 언어학적 분석에 관심이 있는 독자는 *Brown(1973), Celce-Murcia & Larsen-Freeman(1983), Hawkins(1978), Master(1989)*를 참조하기 바란다.

•••부정관사(Indefinite Articles)

❶ one 하나의

He is a teacher.
Take one day at a time.
한번에 하루만 가져라. / 천천히 쉬엄쉬엄 살아라. (조급하게 살지 말라는 의미의 관용표현)

❷ a certain 어떤

A Mr. Smith is here to see you.

❸ per …당

How much do you get paid a month?

❹ the same

Birds of a feather flock together. 유유상종(類類相從 속담)

ref. 기존 영문법책에 자주 나오는 We are of an age.이란 예문은 사용되지 않는 표현으로서, of를 생략하고 We are the same age.라고 말한다.
He is of my age. (?) → He is my age. 그는 내 또래이다.

❺ 전체 지칭

일반적으로 'a+단수명사', 'the+단수명사', '무관사+복수명사'를 사용한다.

A dove symbolizes peace. (어떤 비둘기든지 = any dove → 비둘기 전체)
= The dove symbolizes peace. (비둘기 전체)
= Doves symbolize peace. (비둘기 전체)

그러나 무생물 특히 기계와 같은 것을 언급할 때는 'a + 단수명사'로 전체(generic)를 의미하지 못하는 경우가 많으므로 'a+단수명사'의 사용을 피하는 것이 현명하다.

A computer is revolutionizing our way of life. (?) 컴퓨터 한 대
→ The computer is revolutionizing our way of life. 컴퓨터 전체
→ Computers are revolutionizing our way of life. 컴퓨터 전체

정관사(Definite Articles)

의미

❶ **정해진 것** : 앞에서 언급되었거나 서로 이미 아는 개념을 지칭할 때 정관사를 붙인다.

A: Can I help you?
B: Yes, I have some problems with **the** computer I bought here yesterday.
cf. A: Can I help you?
   B: I'd like to buy a computer. (정해지지 않은 것이므로 부정관사)

✚ **한 문장 내에서도 분명한 (부)정관사의 의미** 올바른 관사 용법을 결정하는 데 반드시 두 문장 이상이 필요한 것은 아니다. 한 문장 내에서 의미 있는 문맥이 형성될 때는 (부)정관사의 용법을 확실히 결정할 수 있다. 예컨대, Do you know that you have the(×) mud on your coat?라고 할 때 내용상 상대방이 코트에 mud가 묻어 있는지 모르는 상황임이 분명하다. 따라서 the mud라고 하면 상대방도 알고 있는 것이 되므로 mud라고 해야 한다. 참고로, 전치사구나 관계대명사절에 의해 수식되는 명사는 보통 특정한 것을 지칭하기 때문에 정관사로 한정된다.
The car in the lot is not the car that I picked out.

❷ **고유한/유일한 것**

- 태양계 : the sun, the moon, the earth (관용적인 표현 on earth 외에도 보통의 경우 무관사로도 많이 씀)
- the universe 우주 (= space, the space는 특정 공간을 나타냄)
- the truth ('진리'는 절대적이라고 믿는 기독교 신앙에 근거하는 표현으로 원래 truth에 the를 붙였으나 요즘에는 무관사로 사용되기도 함)

   tell the truth 사실을 말하다
   I swear by almighty God that the evidence I shall give will be the truth, **the whole truth, and nothing but the truth**. So help me God. (법정에서 증언을 하기 전에 선서(oath) 하는 말)

- the air 하늘/공중 (무관사 air는 '공기'를 뜻함)
   The plane flew through the air. (하늘)
   It's still up in the air. 아직까지 결정되지 않았다. ('추상적 공중'을 뜻하는 말)
   be on/off the air 방송되고[되지 않고] 있다 (물리적 공중 → 방송국 Studio에 ON AIR(방송중)라고 써 있는 것은 제한된 공간이기 때문에 관사를 생략한 것)
   cf. We need air to live. (공기)

- the present 현재, the past 과거, (the) future 미래
   for the present 현재로서는
   Good manners seem to have become a thing of the past. (과거의 일)
   in the future (미식)   **in future** (영식 - 무관사)
   in the not too distant future = quite soon

- the/a hospital (미식) 무관사 hospital (영식)
   After the traffic accident, the driver was rushed to the hospital. (미식)
   After the traffic accident, the driver was rushed to hospital. (영식)
   The sick man has been admitted to a hospital. (미식)
   The sick man has been admitted to hospital. (영식) (be admitted to a hospital = be hospitalized)

❸ 전체 지칭

앞에서 설명한 것처럼, 'the+단수명사' 또는 '무관사+복수명사'로 전체를 지칭할 수 있다. 하지만 'the + 복수명사'는 어느 특정 복수 집단을 의미하므로 전체를 의미하는 표현으로서는 사용할 수 없다는 것에 유의해야 한다.

The dove symbolizes peace. = Doves symbolize peace. (비둘기 전체)
The doves symbolize peace. (?) (어떤 특정 집단의 비둘기)
I love apples. (사과라는 과일)
I love the apples. (일반적인 상황에서는 어색한 표현, 특정한 의미/문맥에서만 의미가 통할 수 있다.)
 cf. *most*+복수명사 = *most of the* + 복수명사
  Most Americans eat fast food. = Most of the Americans eat fast food.
  Most of Americans eat fast food. (×) (반드시 정관사를 써서 most of the...로 표현)

◎ (the) police의 경우

기존 영문법책에서 police는 반드시 the를 붙이며 복수 취급한다고 설명하고 있으나, 실제로는 the 없이 복수로 사용되는 경우가 많다.

ex. Swiss **police** said Thursday that the apocalyptic leader of a cult at the center of a 53-death mystery was among the dead. **Police** had issued an international arrest warrant for him.... **Police have** said many of the victims were murdered.... *(The Korea Herald: Oct. 14, 1994)*

ex. Police suspect that workers at a nearby subway construction site may have in some way damaged the gas pipeline. **Police** also said the explosion.... *(Time: Dec. 8, 1994)*

ex. Police have found botulism bacteria in a lab belonging to the cult suspected.... **Police** also discovered that a company related to the sect, Aum Shinri Kyo, purchased.... **Police** would not comment on the report. *(The Korea Herald: March 28, 1995)*

◎ 관용적 용법

❶ the + 최상급 형용사/very/only/same

She is the best student I've ever known.
He is one of the best baseball players I've ever seen in my life.

✚ 'one of the + 최상급 형용사' 다음에 오는 명사는 항상 복수형으로 쓰며, one/some/any/none of the 는 한 단어처럼 연음한다.

❷ 신체 일부 표시

✚ 신체 일부를 정확히 묘사할 때 '전치사+the+신체 일부'의 구문을 사용한다. 그러나 이런 구문을 사용하지 않고 그냥 '동사+신체 목적어'를 사용한다고 해서 틀리는 것은 아니다. 단지 내용의 초점에 차이가 있을 뿐이다.

With reference to parts of the body, **the** is often used in prepositional phrases instead of a possessive such as **my** or **her**. *(A Student's Grammar of the English Language. p. 78)*

He grabbed me by the arm. (신체 일부인 the arm이 강조된 표현)
He grabbed my arm. (일반적인 표현)

❸ 단위 표시
You will get paid by the hour. (시간당)
Petroleum is sold by the barrel. (배럴당)

❹ 악기

✚ 일반적으로 악기명에는 정관사 the를 붙여 사용하는 것이 보통이지만, 미식 영어에서는 반드시 the를 붙이는 것은 아니다. *(Turton, 1995 : the : wrongly omitted, 783)*

play the piano/violin/guitar

고유명사 표기

예외 없이 사용되는 정관사의 용법이므로 한 단어처럼 기억할 필요가 있다.

- 복수 국가, 군도
  the United States (of America), the Philippines

- 국민
  the Koreans, the English (people)

✚ **He's an American. (?) → He's American. (○)** 국적을 의미할 때는 무관사로 표현하여 He's American.(그는 미국 사람이다.)이라고 한다. '나는 한국 사람이다.'를 I'm a Korean.이라고 하기 쉬운데, I'm Korean.이라고 해야 한다. He's Chinese/Japanese/German/French.

- 강, 바다, 만, 해협
  the Nile (River), the Pacific **(Ocean)**, the Persian Gulf, the Panama Canal

- 반도, 사막
  the Korean Peninsula(한반도), the Sahara **(Desert)**

- 배, 열차, 항공기
  the **Mayflower** (영국 청교도들이 미대륙에 타고 왔던 배), the Saemaeul (새마을호), the B-1 bomber (B-1 폭격기), the **F-16 fighter** (항공사에는 the를 붙이지 않고 항공기명에는 the를 붙임)

- 신문
  the New York Times, the Washington Post

- 건물
  the Smithsonian Institute, the Museum of Natural History

●●● 무관사(Zero Article)

다음은 관용적으로 관사를 붙이지 않는 경우이다.

◯ 의미

❶ 불특정/불가산 : 특정하지 않고, 셀 수 없는 명사(추상명사, 물질명사, 사회적 제도, 활동, 동명사 등)를 표현한다.

Success is not always determined by wealth. (추상명사)
Nothing can live without water. (물질명사)
Marriage is increasing in the United States and so is divorce. (사회 제도)
He always drives to work. (장소/활동)
Making money cannot be our ultimate goal. (동명사)

✚ **부정관사 + 불가산명사** 불가산명사(추상명사, 물질명사)는 원칙적으로 무관사를 취하지만 명사 앞에 형용사가 오면 부정관사를 사용하기도 한다. 다음의 예문에서 보듯이 물질명사 grass, 활동/제도를 뜻하는 membership은 무관사인데 추상명사인 economy는 원칙적으로 무관사이지만, booming이라는 형용사가 수식하므로 부정관사를 취하여 a booming economy라고 표현하고 있다.

ex. *Survivors of the Korean War remember eating* **grass** *to stay alive; today South Korea has* **a booming economy** *and a per capita income of $10,000 a year, enough to prompt the government to seek* **membership** *in the OECD.* (Time: June 26, 1995) (stay alive 생명을 유지하다, 살아 있다   prompt = cause   seek membership 회원가입을 신청하다)

❷ 전체 지칭 : '무관사 + 복수명사'로 전체를 지칭한다.

Doves symbolize peace. (비둘기 전체)
= The dove symbolizes peace. (비둘기 전체)

ex. 시사영어 글에 나타난 정관사/부정관사/무관사 용법의 예를 살펴보자.
Perhaps the most encouraging thing to say about **the battered state** *of the world's environment, as* **the century** *stumbles to a close, is this:* **a general awareness** *is spreading around* **the globe** *that* **human activity** *can wound the earth and extinguish its creatures. Dangers that seemed exaggerated or comfortably in* **the future** *a decade or so ago – * **global warming, ozone depletion**, *desertification of once arable land – are now understood to be real and urgent.* (Time: Oct. 30. 1995)

- a general awareness is... that human activity can... = a general awareness that human activity can... is... 주부가 길기 때문에 명사와 동격의 that절이 분리된 형태; awareness는 추상명사이지만 형용사가 앞에서 수식하여서 부정관사를 취한다.
- 정해진 것을 의미하는 정관사 용법의 예: the battered state(파괴된 상태) the century = the 20th century around the globe = around the world in the future(미래에)
- 불특정/불가산을 의미하는 무관사 용법

예: human activity(인간 활동) global warming(지구 온난화) ozone depletion(오존층 파괴)

◎ 호칭

✚ 직함에는 무관사

Mr. Bachman was appointed as President of the Association.

❶ 관직, 신분

Your Honor 판사나 시장 정도의 높은 관직의 호칭
Officer 경찰관, 순경
Your Majesty (왕, 황제) 폐하
Your Highness (왕자, 공주) 마마
Your Excellency 각하 (대통령을 호칭하는 표현으로는 요즘 잘 쓰이지 않고 보통 Mr. President라고 함)
my Lord 주인님
Rev. Kim 김 목사님, 신부님 (**Rev. = reverend** 성직자 경칭)
Mother 수녀원장

❷ 가족

Mother/Mom/Mommy, Father/Dad/Daddy, Uncle, Aunt
(그러나 형제자매는 brother, sister라고 부르진 않고 그냥 이름을 부른다.)

❸ 일반

Hey, buddy! (친한 친구를 부르는 말로 격식 없는 표현)
Fellow/Feller/Fella 친구, 녀석
Mister! 아저씨 (낯선 사람 호칭)
Hey, Mister! 형씨 (따지는 투의 시비를 거는 표현)
Sir 손님, 선생님 (서비스 업소에서 손님을 부를 때나, 군대 혹은 행정부에서와 같은 매우 의례적인 장소에서 사용하는 호칭이다. 매우 격식을 차려야 하는 학교 상황 외에는 남자 선생님에게 이렇게 부르는 경우는 드물다. Don't sir me.는 '나한테 sir, sir하지 마라.'의 뜻이다.)

ref. 상하 관계와는 상관없이 일상 대화에서 sir를 사용할 때는 강조의 의미가 있다.
Yes, sir. = Absolutely. = Of course.　　　No, sir. = Absolutely not.

Ma'am 부인
Yes, ma'am. 네, 선생님. **No, ma'am.** 아닙니다, 선생님.
(여자 선생님에게는 자주 이렇게 부르는데, 절대로 sir라고 부르면 안 된다. 보통은 Ms./Miss/Mrs.라고 부른다.)
Miss 아가씨! (비행기나 식당과 같은 장소에서 서비스 해 주는 사람(stewardess, waitress 등)을 부를 때 사용함)
Hey, You! 이봐, 당신!, 야, 임마! (시비를 거는 표현)
Boys, be ambitious! (William Clark)

◎ 교통, 통신수단

by car/bus/taxi (by 다음에는 추상적 교통수단 개념)
= in a car/bus/taxi (in 다음에는 구체적 운송 도구 개념)
go to school on foot = walk to school (미식영어에서는 go to school on foot보다는 walk to school이 더 일반적인 표현)

ref. 일반적이지 않은 수사적 표현에서는 on foot 대신에 by foot이라고 표현하기도 한다.

ex. ABC's Tony Birtley finally managed it last week. In what can only be described as an heroic effort to let us see what's happening in Srebrenica, Tony traveled **by foot** and by horseback to get into the isolated area. *(ABC News Nightline)*

◐ 본래 목적의 장소

go to school   공부하러 학교에 가다
go to church   예배드리러 교회에 가다
go to court   재판받으러 법정에 가다, 재판 때문에 법정에 가다
go to bed   잠자리에 들다(= go to sleep)
go to work   일하러 가다(go to the school/church/court/bed/work는 본래 목적이 아니라 다른 볼일을 보러 가는 행위이다.)
be put in jail   투옥되다

ref. 미식영어와 영식영어
미식영어 : in school, in the hospital   영식영어 : at school, in hospital

◐ 식사, 운동, 학과/과목, 계절

What did you have for breakfast?   아침 식사로 뭘 드셨습니까? (의사가 환자에게 묻는 질문)
What's for dessert[dinner]?   디저트[저녁 식사] 뭐에요?
I love playing tennis.
He is very good at math.
Summer is already here.   완연한 여름이 되었다.
Spring is almost gone.   봄이 거의 지나갔다.

◐ 식사, 질병, 계절

기존 영문법책에서는 식사, 질병의 이름에는 관사가 생략된다고만 설명하고 있으나 실제 회화에서는 반드시 그렇지 않다. 특별히 지칭하거나 어느 한 때를 가리킬 때는 정관사 the를 쓰며, 어느 하나의 경우를 말할 때는 a를 사용할 수 있다. *(A Student's Grammar of the English Language, p. 81~83)*

❶ 식사

What time do you usually have breakfast?
(The) breakfast was served late that day.

ex. Why don't you come down some night for **a quick dinner** and be my guest? 식당 주인이 자기 식당에 아는 사람을 저녁식사에 초대하는 말 *(TV sitcom : Three's A Crowd)*

❷ 질병

전문적인 병명 cancer, diabetes, anaemia 등은 무관사이지만 a temperature, a headache, a fever와 같이 덜 전문적이며 일반적 병명에는 관사를 붙인다.
'감기'는 a cold라고 부정관사를 붙이며 '감기에 걸리다'라고 할 때는 무관사로서 catch (a) cold라고 한다. 또한 독감은 the flu로 정관사를 붙이며 '오한이 난다.'는 He has the chills.나 He has fever and chills.처럼 일정한 규칙을 말하기 어렵다.

❸ 계절

계절에서도 특정한 시기로서의 계절을 의미할 때는 the를 붙이며, 미식영어에서는 '가을'을 말할 때 정관사 the를 붙인다.

This year I am going to Switzerland in the winter/spring/autumn.
In winter/spring/autumn (but AmE **in the fall**), I like to have a break in Switzerland.

◐ 부르는 이름(Vocative), 가족의 일원

Hi, guys! 안녕들 하세요?
Take care, guys! 잘들 가세요! (원래 guy는 남자를 의미하지만, 남녀 여러 명을 부를 때는 guys라고 부름)
Dad comes home late at night. (가족 관계에서 Mom/Uncle/Aunt 등은 호칭으로 사용하지만, brother나 sister는 호칭으로 사용되지 않음)

ref. Father so-and-so는 신부의 호칭이고, Sister so-and-so는 수녀의 호칭이며, Mother so-and-so는 수녀원장의 호칭이다.

◐ 추상명사와 고유명사

원칙적으로 추상명사와 고유명사는 무관사이지만, 추상명사와 고유명사 앞에 형용사가 올 때는 관사가 붙는 경향이 있다.

The ten-year-old plays the violin with sensitivity.
The ten-year-old plays the violin with **a striking sensitivity**.
The ten-year-old plays the violin with a sensitivity. (×)
He speaks a French. (×) → He speaks French. (○)
He speaks a tolerable French. 그는 그냥 들을 만한 정도의 불어를 구사한다. *(A Student's Grammar of the English Language, p. 84)*

- 산
  Mt. Everest, Sorak Mountain (= Mt. Sorak)
  cf. *the Alps* (산맥일 경우는 관사를 취함)

✚ **climb mountains** 보통 '등산한다'고 할 때는 특정한 하나의 산만 오르는 것이 아니라 엄밀히 말해서 산과 산이 연결되어 있는 산들을 오르는 것이므로 I love climbing mountains.처럼 복수를 사용한다. 일반인의 등산은 climb보다 go hiking이라고 말한다.

- 호수 : 강, 바다와는 달리 호수는 무관사를 취한다.
  Lake Superior 수피리어 호

- 교통/운수 : 역, 공항, 항구
  Seoul Station, Kimpo Airport, Kobe Harbor, San Francisco Bay

✚ • 도로 : 도로 이름에 서수를 많이 사용하는데, 서수라도 고유명사로 사용될 때는 the를 붙여서는 안 된다.
  First Street, Fifth Avenue
  cf. 미국에서 *Avenue, Street*는 동서남북의 방향과 전혀 상관없이 사용된다.

  ref. 시사영어에서는 수도 이름은 그 나라를 대표하는 고유명사로 많이 사용된다.

Washington 미국, Moscow[máskou] 러시아, Tokyo 일본

ex. Underpaid and undernourished, angry Russian troops add to U.S. concerns about **Moscow**'s stability as **Washington** pushes for the implementation of reforms. *(Time: Nov. 18, 1996)*

○ 관용표현

side by side(나란히), hand in hand(손에 손 잡고), arm in arm(팔짱을 끼고), from hand to mouth(하루 벌어 하루 사는), from generation to generation(자손 대대로), shoulder to shoulder(어깨를 나란히 하고), face to face(얼굴을 마주하고), back to back(서로 등을 대고)

••• 관사 사용에 따른 의미 차이

Do you have the time? (= What time is it? = What time do you have?)
Do you have time? = Could you spare some time? 시간 좀 있으세요?
the space (정해진) 공간   space 우주 (= the universe)
the air 하늘   air 공기

> **Tip** out of question (×) vs. out of the question
>
> out of the question은 impossible의 뜻으로 자주 사용되는 표현이지만, 기존 영문법책에 나오는 out of question(= unquestionable)은 실제로 사용되지 않는 표현이다.

••• 관사의 위치

○ 원칙적인 경우

'관사+부사+형용사+명사'의 순서로 사용되는 것이 원칙이다.

He is a very honest student.

○ so/as/too/how/however/that + 형용사 + a/an + 명사

It was so difficult a problem for him to solve.
She is as good a teacher as he.
This is too good a chance to lose.
How big a bag did you lose?
However serious a problem you may have, you should be able to solve it.

> **Tip** **How+형용사+관사+명사! (×) → What+관사+형용사+명사!**
>
> How beautiful a sight it is! (×) → What a beautiful sight (it is)! (보통 it is는 생략)
>
> how를 사용하는 명사를 취하는 감탄문 구문은 현대 영어에서는 사용되지 않는다. 단, how로 감탄을 표현할 때는 How beautiful it is!처럼 명사 없는 구문을 취한다. 결국, 'How+형용사+관사+명사'의 구조는 How serious a problem do you think it is?(그것이 얼마나 심각한 문제라고 생각하십니까?)에서처럼 의문문으로만 사용된다.

◎ what/such/quite + a/an + 명사

What a nice surprise! 참 반갑네! (기대치 않았던 반가운 사람을 만났을 때)
What a pretty bird!
The singer has such a beautiful voice.
He is quite a guy.

◎ rather a와 a rather

기존 영문법책에 나오는 rather a는 보통 a rather로 쓰인다. 영문법 책의 문법 문제를 보면, She is a rather good singer.에서 rather를 fairly로 고쳐야 한다고 설명된 부분이 있으나 a rather는 자연스러운 표현이며 fairly로 고친 것이 오히려 어색하게 느껴진다.

◎ all/double/half/both + the + 명사

I know all the students here in this class.
I got ripped off. I paid double the normal price.
I saw only half the performance.

◎ all (of) the

all the는 all of the와 맞바꾸어 사용할 수 있다. 기존 문법책에 나오는 both the에서 보통 the는 생략한다.

Both the brothers passed the examination. → Both brothers passed the examination.

◎ half an hour와 a half hour

실제로는 half an hour, half of wine뿐만 아니라, a half hour, a half bottle of wine의 표현도 가능하다. *(A Student's Grammar of the English Language, p. 76)*

cf. *half a bottle of wine* 포도주 반 병
  a half bottle of wine 보통 병의 반 정도의 포도주가 담긴 작은 병

CHAPTER 01 명사 및 관사

연습문제 EXERCISE

빈칸에 알맞은 표현을 고르시오.

1. We should be careful of a possible attack from a _____ of killer bees.
   (A) shoal   (B) swarm   (C) herd   (D) flock

2. I wonder if you can get me a _____ of milk.
   (A) jar   (B) cup   (C) glass   (D) mug

3. Most people today look upon an automobile as _____ .
   (A) a necessary   (B) necessities   (C) a necessity   (D) necessity

4. Mom, I'd like you to meet these _____ .
   (A) friends of mine   (B) my friends   (C) mine friends   (D) ones of my friends

5. This is _____ motorbike.
   (A) Jim's and Mike's   (B) Jim's and Mike   (C) Jim and Mike   (D) Jim and Mike's

6. Robert Brown was elected the 10th governor of the state _____ Illinois.
   (A) with   (B) in   (C) on   (D) of

7. The population of the city _____ Seoul is more than 10 million people.
   (A) on   (B) in   (C) of   (D) at

8. I have never seen such a mountain _____ a wave caused by a hurricane in my whole life.
   (A) on   (B) of   (C) in   (D) at

9. To solve that social problem may require a budget of _____ of dollars.
   (A) tens of millions   (B) ten of millions   (C) tens of million   (D) ten of million

10. Last year saw the dedication of an _____ building in this city.
    (A) eighty-story   (B) eighty-stories   (C) eightieth-story   (D) eightieth-stories

11. Such rude behavior does not become him as I understand he is a man _____ character.
    (A) in   (B) with   (C) of   (D) for

연습문제 | EXERCISE

12 When he hit me _____, I was knocked down to the floor.
　(A) on my face　　(B) at my face　　(C) in face　　(D) in the face

13 I assure you that you will work from nine to five and get paid by _____.
　(A) the hour　　(B) an hour　　(C) hours　　(D) the hours

14 I get the feeling that _____ are a practical people.
　(A) the English　　(B) the Englishes　　(C) English　　(D) Englishes

15 The policemen rushed to the scene in _____.
　(A) car　　(B) a car　　(C) the car　　(D) the cars

16 Plaintiffs and defendants are expected to go to _____ to settle their law suits.
　(A) the courts　　(B) court　　(C) the court　　(D) a court

17 I am good at English while Susan is very good at _____.
　(A) mathematic　　(B) the math　　(C) math　　(D) a math

18 The chairperson had no idea of the fact that it was that _____.
　(A) a good opportunity　　　　(B) good an opportunity
　(C) good opportunities　　　　(D) good opportunity

다음 중 적절하지 못한 부분을 고르시오.

19 What _____! I have never seen such a pretty bird in my life.
　(A) a pretty birds　　(B) pretty bird　　(C) pretty a bird　　(D) a pretty bird

20 The National Assembly (A) was in favor of the economic (B) sanctions (C) imposing against the terrorist country (D) by the U.N.

21 (A) I'm sorry but, there are (B) two Smith in our office. (C) Which Smith would you like (D) to speak to?

22 The newlyweds (A) have bought (B) many new furnitures and clothing since they (C) moved into (D) a new apartment.

23 (A) I hear they carry (B) wide variety of (C) wines and beers at the liquor store which (D) opened recently.

연습문제 | EXERCISE

24. (A) All modern companies are struggling to get (B) access to a lot of updated (C) informations in order to maximize efficiency and (D) survive the era of boundless competition.

25. I have no doubt (A) in my mind that such (B) a fancy car is (C) luxury at least in an underdeveloped country (D) like theirs.

26. I think you can pick up (A) today paper at the newsstand (B) located right (C) next to the bus stop (D) in front of this building.

27. Mr. Peter Jennings is (A) very upset (B) to discover that somebody stole (C) his family heirloom which he (D) has cherished so much for so long.

28. (A) One hundred thousands people (B) turned out on the plaza (C) to condemn the terrorist acts (D) perpetrated by the terrorist country.

29. Mrs. Goodman didn't know (A) what to say in the classroom (B) where the twenty seven-year-old (C) and the principal were sitting quietly (D) and staring at her.

30. (A) The representatives from both nations agreed (B) to sign the arm treaty (C) and to discuss the nuclear test ban (D) at great length.

31. (A) Being so brilliant and versatile, (B) Mr. Tailor is counted (C) as one of the ten contemporary genii (D) in the nation.

32. It is well known in the history of chess that the whiz kid named James Douglas (A) has kept the championship (B) by ease for twenty years (C) by winning more than forty games (D) in a row.

33. Did you know the fact (A) that the Sun (B) is only one (C) of billions of stars (D) in universe.

34. (A) The moments I grabbed the burglar (B) by the sleeve, (C) he threatened to kill me (D) with his knife.

35. (A) Unlike in our country, (B) petroleum is sold (C) by a barrel (D) even at a gas station in this nation.

연습문제 | EXERCISE

36 I learned (A) in the geography class (B) that the Nile is longer (C) than any other rivers (D) in the world.

37 (A) The doctor questioned me (B) again seriously (C) about what I had (D) for a dinner last night.

38 (A) The protesters were chanting their slogan arms in arms (B) in front of the embassy of that nation (C) which had continued (D) to distort the historical facts.

39 (A) How many times have I advised you to recognize (B) that this is (C) too a good opportunity (D) to pass up?

40 (A) The singer has a such beautiful voice (B) that she won the grand prize (C) at the competition (D) held in Vienna in 1990.

41 (A) The film was so touching (B) that the all viewers (C) would not leave the movie house (D) and wanted to see it again.

American Culture | 교통 및 질서 생활

▶▶▶ 운전면허 발급과 교통법규 위반

미국에서 운전면허를 따기 위해서는(주마다 상이하기는 하지만) 우선 법규에 대한 지필 고사(written test)를 본 후, 일정 점수 이상 받으면 곧바로 주행 시험(road test)을 보게 된다. 만일 주행시험에 자신이 없으면 시험을 볼 때까지 운전 연습을 할 수 있도록 허락하는 driving permit을 발급받은 후 운전 연습을 할 수 있다. 단, 운전 경력이 있는 사람을 오른쪽에 동승했을 때만 운전대를 잡을 수 있다.

미국은 넓은 나라이므로 웬만한 도시에서는 집 바로 옆에 있는 편의시설이 거의 없고 대중 교통수단도 우리나라처럼 발달되어 있지 않으므로, 거의 항상 차를 타고 다니게 된다. 교통사고나 교통법규 위반을 피하기 위해서 최선의 노력을 해야 할 것이지만, 연 단위 이상 미국에 체류하게 된다면 차를 직접 몰고 다닐 경우가 많게 되고 결국 교통사고를 당하거나 교통법규 위반에 걸릴 가능성이 있다. 교통사고 발생 시에 영어가 짧으면 큰 피해를 입거나 불이익을 당하기 쉬우므로 현지 사정을 잘 아는 사람들로부터 필요한 정보를 얻어두는 것이 바람직하다.

참고로 야간에 고속도로 상에서 교통 위반으로 걸렸을 때 취해야 할 일반적인 행동을 알아본다.

미국은 총기를 소지한 사람이 많고, 심한 경우에는 경찰을 죽이고 가는 악한들이 있는 터라, 경찰도 매우 조심하는 살벌한 나라이다. 따라서 일단, 경찰에 의해 정지하라는 불빛 신호를 받으면, 길가 우측에 차량을 정지시킨다(pull over). 그러면, 경찰차도 뒤에 정지하는데, 이때 위반 차량의 번호 등을 경찰본부에 통보하는 일련의 절차를 하기 때문에, 경찰이 위반 차량에 오는 데 몇 분 정도 소요된다. 이때 조심할 점은 경찰이 다가 올 때 (오해를 받지 않기 위해서) 운전대에 반드시 손을 올려놓은 상태에서 가만히 있어야 한다. 경찰을 부를 때에는 반드시 officer라고 경칭으로 부른다. 경찰이 운전면허증을 보여달라고 한 후(May I see your driver's licence?) 위반 사항을 적은 티켓(ticket, 정확히 말해서 소환장: citation)을 발급한다. 벌금(fine)을 납기 내에 지불하거나, 경찰의 판단에 불복하여 정해진 날짜에 법원에 출두하여 자신을 변호할 수도 있다. 법정에 출두할 경우, 예외적인 사건이 아니면, 보통 경찰에게 유리하게 판결이 나고, 법정 비용까지 포함하여 더 무거운 벌금을 물게 되는 것도 알아두면 좋을 것이다.

▶▶▶ 줄서기와 무단횡단

예전에 우리는 은행이나 우체국 등의 공공건물에서 대기할 때에 창구 수대로 줄을 섰었다. 미국도 창구 수에 관계없이 한 줄로 서서 대기하다가, 먼저 온 순서대로 서비스를 받는 문화이다.(First come, first served.) 이는 서비스를 받는 순서가 도착한 순서가 아니라 줄을 잘 서게 된 운(luck)에 따라 좌우되지 않게 하기 위한 배려이다. 우리나라에서도 은행 같은 곳에서는 온 순서대로 번호표를 받아서 줄을 선다. 또한 공공장소에서도 온 순서대로 한 줄로 서기 문화가 정착되고 있다.

- 줄 서 있는지 확인하는 표현: Are you in line?
- 다음 손님 오세요: Next in line, please.

참고로, 이렇게 순서를 중시하는 미국에서도 길거리에서 무단횡단(jaywalking)하는 것을 자주 보게 되는데, 물론 이는 질서를 어기는 행위이지만, 자동차보다 사람이 우선이라는 생각에서 그런 행동을 한다는 것이 그들의 변명이다.

SECTION 02 품사편

02 _ 대명사
Pronouns

우리말에서는 보통 주어를 명시하지 않는 데 반해, 영어에서는 구어체에서 생략되는 경우(p.230 주어 생략 참조)를 제외하고는 주어를 반드시 명시한다. 따라서 우리말로는 주어 없이 자연스러운 말도 영어로 옮길 때는 주어가 자연스럽게 나오도록 주어를 음미하면서 문형을 익히도록 해야 한다.

01 인칭대명사 (Personal Pronouns)

1인칭은 나, 2인칭은 너, 3인칭은 1, 2인칭을 제외한 모든 것을 의미한다.

주격	소유격	목적격	소유대명사
I	my	me	mine
you	your	you	yours
he	his	him	his
she	her	her	hers
it	its	it	-
we	our	us	ours
you	your	you	yours
they	their	them	theirs

영어 습득 초보 단계에서 이런 인칭대명사의 여러 격변화를 무조건 외우기보다는 살아 있는 여러 문장을 접하면서 자연스럽게 습득하는 것이 바람직하다. 물론, 우리나라와 같은 EFL상황에서는 인칭대명사를 습득한 후, 역으로 위의 표를 보면서 한번 정리하는 정도는 의미 있을 수 있다.

••• 사물/동물

동물을 지칭할 때 중성인 it으로 지칭하는 것이 원칙이나 일상 회화에서 애완동물을 말할 때는 보통 he/she로 지칭한다.

A: Oh, you have a dog. It's really good-looking.
B: Yes, I like him a lot.

성별

기본 원칙

- 상대방의 성별을 확인하지 못한 상황에서는 중성 it을 사용한다.
  Who is it?

- 신생아 : 아직 성별을 파악하지 못한 신생아를 지칭할 때는 중성을 사용한다.
  It's a gorgeous baby. Is it a boy or a girl?   (gorgeous 아기나 여자의 예쁜 모습을 묘사하는 형용사)

- 전화/무선 통신 수단을 통해 상대방을 지칭할 때는 this를 사용한다. 격식 없는 대화에서는 '나야.'라고 말할 때 It's me.란 말을 사용할 수 있다.
  This is he[she]. = Speaking.   전데요. (전화 대화)

남녀 구별 지양

sexism(성 차별)을 하지 않는 경향은 명사에서 뿐만 아니라(p. 263 참조) 대명사에도 나타나서 전에는 일반 대명사를 he로 나타냈었으나, 요즘은 글이나 말에서 보통 he or she로 쓰거나 she or he(보통 약어처럼 s/he로 표기하기도 함), his or her/her or his로 표현한다. 이런 표현을 한 단어처럼 한꺼번에 발음하므로 소리를 기억해야만 잘 들을 수 있다.

Everyone is expected to do his or her duty.

실제로 현대 영어에서는 every를 his or her로 받기보다는 every에 내재되어 있는 복수 의미 때문에 their로 받는 경향이 많다.

Everyone is expected to do their duty.

또한 일반 대명사로서 he와 she를 번갈아 가며 사용하는 경우도 적지 않으므로 혼동하지 않도록 유의해야 한다.

국가명의 성(gender)

기존 영문법책에서는 국가의 경우 여성 취급하여 she로 받고 국토나 지리적인 면에서는 중성 취급하여 it으로 받는다고 설명하고 있으나, 실제로는 국가든 국토든 보통 중성으로 표시한다. 중요하지 않은 성의 구별 표시에 대한 지식을 기억하느라고 들이는 노력을 의미 있는 구문이나 표현 학습에 투자하는 것이 훨씬 더 바람직할 것이다.

ex. Hong Kong entered **its** last thousand days under British rule Wednesday, with Gov. ... said Britain broke **its** commitment to recognize only the Communist regime in Beijing.   *(The Korea Herald : Oct. 7, 1994)*

ex. Lately intensive relations developed between Korea and Israel. After 15 years of absence, Israel opened **its** embassy officially in Seoul in November 1992 and Korea opened for the first time **its** embassy in Israel in December 1993.   *(The Korea Times: Dec. 15, 1994)*

✚ 보어 me

현대 영어에서는 It's I.라고 하지 않고 It's me.라고 한다. 약 50년 전 미국에서 출간된 외국어로서의 영어 교재에 보면 It's I.라고 되어 있는데, 이는 언어가 변한다는 사회언어학적 사실을 잘 입증해 주고 있다.

Who is it? - It's me.
어린이 영어나 속어체에서는 주격보다 목적격 대명사를 주어로 사용하는 경우가 종종 있다.

Us guys gotta stick together. 우리 남자들은 단결해야 한다. *(TV Sitcom: Family Ties)*
Me like cookies. (Sesame Street 프로그램의 Cookie Monster가 항상 하는 말)

단, 강조구문 등에서 보어로 쓰인 I를 볼 수 있으나 매우 어색한 표현이다. *(A Student's Grammar of the English Language, p. 220)*

It's I who am to blame. (?)
It's me who's to blame.

● 혼동되는 1인칭과 2인칭

다음의 ①~④번 등의 구문을 예로 들어서 영어는 1인칭 시점의 언어라는 주장이 있지만, ⑤~⑧번의 예문을 보면 항상 그렇게 주장할 수는 없을 것이다. 단, 주어를 생략하는 것이 자연스러운 우리말과는 달리 영어는 원칙적으로 (격식 없는 말 제외) 주어를 명시하는 언어라는 점에서 우리말과 큰 차이가 있다.

① **After you.** 당신 다음에 내가. → (당신이) 먼저 하세요.
② **Don't I know you from somewhere before?** = **Haven't we met somewhere before?**
  내가 당신을 모릅니까? → (당신께서) 혹시 저 모르시겠습니까? (인사하는 상황)
③ **Do I know you?** 내가 당신을 압니까? → (당신이) 절 아십니까?
④ **Have I kept you waiting long?** 내가 당신을 오래 기다리게 했습니까? → 당신이) 오래 기다리셨습니까?
⑤ **May[Can] I have your name/address/autograph?**
⑥ **You have my deepest condolences at this difficult time.**
  당신이 저의 심심한 애도의 뜻을 갖습니다. / (내가) 삼가 애도의 뜻을 표합니다.
⑦ **Let me help you.** 내가 당신을 돕도록 당신이 허락해 주세요. → (제가) 도와드리겠습니다.
⑧ **Could[Would] you give me your name/address/autograph?**
  (have→give는 상대방에 대한 정보를 구하는 표현으로 '…을 알려 주십시오.'의 뜻)
⑤와 ⑧은 1인칭과 2인칭으로 시점을 달리한 구문상의 차이 외에 의미의 차이는 거의 없다.

소유격

자신이 아직 소유하지 않은 것에는 소유격을 사용하지 않는다.

I am badly in need of my job. (×)
몹시 일자리를 구하고 있다. (아직 얻지 못한 막연한 일자리를 의미하므로 my job이 아니라 a job이라고 한다.)

소유대명사

➕중복을 피하기 위해 소유대명사를 사용하는데 우리말에 없는 개념이므로 주의를 요한다.

A: How's your mother?
B: She's fine. How about yours? (yours = your mother)

A: My new computer turned out to be a piece of junk. 새로 산 컴퓨터는 알고 보니까 고물이야.
B: Really?
A: What about yours? (yours = your new computer)
B: Mine seems to be working fine.

의문대명사 who

앞의 It's me.에서 나타나는 현상과는 정반대로, 목적격의 내용에 주격 who를 더 즐겨 사용한다. 이렇게 언어에는 논리성이 항상 통하는 것만은 아니기 때문에 흥미롭다.

Who do you like best? = Whom do you like best?
Who am I speaking to[with]? = Whom am I speaking to[with]?

인칭대명사의 순서

일반적으로 상대방을 제일 먼저 말하고 자신을 가장 나중에 말하는 순서, 즉 '2인칭 → 3인칭 → 1인칭'의 순서를 따른다.

You, Jack and I will still be at work.

상대방을 지칭하는 we

환자에게 말하는 의사의 말투에서 인위적으로 자신을 포함시켜서 복수 1인칭을 사용한다.

How are we(= you) feeling today? 오늘 좀 어떠신가요?

02 다양한 기능을 하는 it (Versatile It)

•••막연한 it

다음은 모두 관용적 표현이므로 숙어처럼 숙지할 필요가 있다.

❶ 이해/의도하는 바

That's it. 바로 그거야. / 맞았다.　　Is that it? 그겁니까?

cf. *That's it.* 은 *That's all.* 의 뜻으로도 많이 쓰인다.
That's it[all] for today. 오늘 수업 끝.

You got it? 알았니?　　　　　　I got it. 알았다.

I mean it. 정말이다.　= I'm serious.　= I mean what I say.

That's more like it. 그것이 의도된 것에 더 가깝다. / 아무렴 그래야지.

Let me put it this way. 이렇게 말을 해야겠습니다. (put it 말하다)

The rumor has it that... 소문에 의하면 …라고 한다.

❷ 성공/실패

I did it. 성공했다. / 해냈다.　　　I did it again. 또 망쳤다.
I blew it. 망쳤다.
I've made it. (공간적 방향/추상적 방향) 성공했다. / (순조로이) 도착했다. / 승진했다. / 입학했다. / 해냈다.
I made it into ABC University. ABC대학에 입학했다. (make it 다음에 보통 전치사 (in)to를 보통 붙인 후 목적(지)를 명시하여 '…까지 (들어)가는 데 성공했다'의 뜻으로 사용된다.)

❸ 시간 약속

What time shall we make it? 몇 시로 할까요?

Let's make it at five. 다섯 시로 합시다.

I am afraid I can't. 제 시간에 도착하지 못할 것 같군요.

❹ 시도

Go for it. 잘 해 봐! (Fighting!은 Broken English)

Give it a try. 한번 해 봐라.

I'll play it by ear. 편하게 그날 그날에 맞도록 보내겠다.

You'd better play it safe. 안전하게 하는 게 좋다.
= Don't go asking for trouble. 긁어 부스럼내지 마라.
= Leave well enough alone.

You can't beat it! (아주 싼 가격을 의미하는 말)

Beat it! = Get away from me! = Get out of my sight! = Scram! 꺼져 버려!

Thank you. I appreciate it. (it = what you've done to me.)

> **Tip** **appreciate의 의미**
>
> appreciate는 '감사하다'의 뜻으로 쓰일 때 사람을 목적어로 취하지 못한다.
> I appreciate you. (×)   I appreciate your kindness. 친절에 감사합니다.
> 단, '높이 평가하다, 인정하다'의 뜻으로는 사람을 목적어로 취할 수 있다.
> He's not appreciated in[by] his family.   그는 가족들한테 별로 인정받지 못한다.

❺ 상황

As it turns out, 알고 보니까 말이야 / 어떻게 됐나 하면요

Let's face it. 상황을 직시하자. / 솔직히 생각해 봅시다.

Take it easy. 진정해요. = Calm down. = Relax. = Hold your horses.

천천히 해요. = Slow down.

잘 가요. = Take care. See you.

Let me handle it. 제가 한번 처리해 볼게요. (문제가 생겼을 때 처리하려는 뜻을 보이며 하는 말)

I can handle it myself. 내가 알아서 할 수 있어요.

I just couldn't help it. 어쩔 수 없었다. (help = avoid, resist)

I just can't stand[take] it any more. 더 이상 못 참겠다. (stand = tolerate take = accept)

Don't take it out on them. 그들에게 화풀이하지 마.

Don't take it so hard. 너무 고깝게 생각하지 마.

cf. Don't be too hard on him. 그 아이에게 너무 심하게 하지 마라.

What does it matter? 무슨 상관이냐?

= What difference does it make? = What's the difference?

Forget it! 됐어! / 잊어버려!

Knock it off! = Cut that out! 집어치워!

Stop it. 그만해!

❻ 일 · 상황의 끝

Let's get it over with. 끝을 냅시다.

Get over it! = Forget about it/him/her! = Go on with your life.
어려웠던 일은 잊어버리고 계속 생에 전념해라.

It's all over with the program. 그 프로그램은 볼장 다 봤다.

I've had it with you. = I'm fed up with you. = I'm sick and tired of you.

That's it for today. 오늘 수업은 이만 끝.

Let's call it a day/night. 오늘 (주간/야간의) 일은 이 정도로 끝냅시다. (낮이나 밤이나 Let's call it a day.라고 말하는 사람이 많은데, 야간의 일을 마칠 때에는 Let's call it a night.라고 말해야 함)

Let's call it quits. 그만하자.

🔴 인사, 근황

How's it going? = How are things going? 요즘 어때?

How do you like it here in Seoul? 이곳 서울이 마음에 듭니까?

That's the way[how] it goes. = Such is life. 사는 게 원래 그런 거지, 뭐. (That's the way...는 '…은 원래 그런 것이다.'라는 뜻으로 회화에서 매우 요긴하게 쓰이는 구문이다. '그 사람은 원래 그래.'라는 말은 That's the way he is., '그 사람은 원래 말투가 그래.'는 That's the way he talks.라고 말한다.)

비인칭 주어

(1) 시간 : What time is it?
(2) 거리 : How far is it from here?
(3) 기후 : Is it raining out there?
(4) 온도 : It's 90 degrees Fahrenheit.
(5) 명암 : It's dark in here.

가주어, 가목적어

➕ 긴 어구는 뒤로 보내는 영어 습관 때문에 앞의 빈 칸을 it으로 채운다. 우리나라 학생들은 'it to... 가주어 진주어 구문'을 공식처럼 외운 나머지 to부정사구만이 진주어인 것으로 착각하는 경우가 많다. 내용에 따라서 it의 진주어가 to부정사뿐만 아니라, -ing, if절, when절이 되기도 하며, 회화에서는 to부정사보다는 -ing, if절, when절이 더 많이 활용된다.

◐ 가주어

가주어 it 구문이 만들어지는 과정을 살펴보자!

To realize that all human beings are created equal is important.
너무 긴 주어를 뒤로 보낸다.
[{ } is important to realize that all human beings are created equal.]
{ }에 it을 삽입한다.
→ It is important to realize that all human beings are created equal.
Having talked to you is nice.
→ It's nice having talked to you.

◐ 가목적어

I find to talk with him interesting. (×)
목적어(to talk with him)가 너무 길고 to부정사를 find의 목적어로 취하지 못하므로 뒤로 보낸다.
[I find { } interesting to talk with him.]
{ }에 it을 삽입한다.
→ I find it interesting to talk with him.
to부정사 대신 동명사로 표현할 수도 있다.

I find talking with him interesting. → I find it interesting talking with him.
I'd greatly appreciate it if you could send me an application form as soon as possible.
(it = if절)

I hate it when you ask me to help you with your homework.　(it = when절)

● 강조 구문 : it – that/who/whom/which

John caught the thief last night.
John을 강조　→　It was John that[who] caught the thief yesterday.
the thief를 강조　→　It was the thief that[whom] John caught yesterday.
last night을 강조　→　It was last night that John caught the thief.

● 피상적 조응지시 관계(Superficial Anaphoric Reference)

✚ 기존 영문법 책에는 설명되어 있지 않은 내용이지만 실제 구어체에서는 앞에 나오는 것을 피상적으로 가리킬 때 it을 자주 사용한다.

I asked where she lived and it turned out to be on my street.
(it : 그녀가 사는 곳) *(A Student's Grammar of the English Language p. 113)*

Why don't you take his advice? You won't regret it.　(it : 그의 충고를 따르는 것)

03 지시대명사 (Demonstrative Pronouns)

••• This is...

'이것이 …이다.'라고 설명하거나 '이분이 …이다.'라고 소개하는 구문이다. 전화나 전파매체를 통한 대화에서 '자기가[상대방이] …이다.'라고 말할 때도 사용한다.

This is my mother.
Who is this calling please? - This is Mr. So and so speaking.

••• 반복을 피하기 위한 that/those

The area of China is a bit larger than that of the U.S.

여기서 that은 그냥 area가 아닌 중국의 area이므로 반드시 정관사를 붙여서 the area를 의미한다고 해야 한다.

ex. *Almost every family has a story – a wife, a mother, a sister, a friend gone much too young from breast cancer. The annual death toll from the disease is close to **that** of total combat deaths in Vietnam.* (ABC News Nightline)

> **Tip** this = the latter, that = the former라고?
>
> 전자/후자를 표현할 때 기존 영문법책에 나오는 this, that은 실제로 사용하지 않고 뜻이 명백한 the former, the latter 또는 the first, the second를 사용한다.
>
> Work and play are both necessary to health; the latter recharges us with energy, and the former allows us to use the energy to accomplish something.

••• 문장 지시

- 앞 문장 : this/that
  He was late for the meeting. This/That made the boss very upset.

- 뒤 문장 : this
  This is what you should do. First, press this button. Then,...

so

● So + 조동사 + 주어 : …도 역시

So do[did/am/was/have/had/can/could/will/would] I.

내용을 음미하면서 발음으로 한 단어처럼 기억하는 것이 바람직하다.
Neither do[did/am/was/have/had/can/could/will/would] I.도 함께 내용을 음미하면서 발음으로 한 단어처럼 기억해 두자.

● So + 주어 + 조동사 : 정말 그렇다

매우 격식을 차린 상황에서의 응답이다.

So I have/do/am/can. (so = sure/indeed)

● 사고동사 + so/not

✚ I think[guess/believe/suppose/hope] so. 그렇게 되리라고 생각한다.
I think[guess/believe/suppose/hope] not. 그렇게 되지 않으리라고 생각한다.

ref. 사용빈도 높은 회화 표현
I hope so.와 I'm afraid not.은 바라는 어떤 일이 일어나기를 희망하는 또는 되지 않을까 봐 걱정하는 표현이다. 또한 I hope not.과 I'm afraid so.는 원하지 않는 어떤 일이 일어나지 않기를 희망하는 또는 일어날까 봐 걱정하는 표현이다.

such

● 대명사적 용법

He is an authority on this subject and has been regarded as such. (such = an authority 권위자)

● 형용사적 용법 : 강조

It was such a wonderful performance that the audience gave a standing ovation.
(a standing ovation 기립박수)

There is no such thing as the relative truth.   …와 같은 것은 없다

cf. *There is nothing like hot cocoa on a cold winter's day.*   …처럼 좋은 것은 없다

✚ **That's wh 구문**
구문적으로는 That's와 wh구문이 나뉘어지는 것이 원칙이지만 보통 대화에서는 That's wh를 습관적으로 먼저 '뱉고' 나서 다음 말을 이어갈 정도로 틀에 박힌 관용적인 구문이다. 또한 기존 영문법책의 번역에서처럼 '~한 것은 바로 …이다.' 라는 강한 의미가 아니라 그냥 '~한 것은 …이다.' 정도의 뜻으로 많이 사용되며 강조하고자 할 때는 exactly 등의 부사를 사용한다.

That's what... is all about. ('…는 그런 거지요.' 라는 뜻으로 상대방에게 자신의 이야기를 정리하여 매듭짓는 습관적인 표현)

That's what democracy is all about. (민주주의에 대한 자신의 견해를 피력한 후)

That's what love is all about.　(사랑에 대한 자신의 견해를 피력한 후)

ex. *I have a message for parents of young children: If you can't get, or afford a sitter, take your child with you. He is not your neighbor's responsibility. Quality time doesn't mean trips only to the zoo and museums. You can build a relationship with your child while shopping for groceries and driving to the post office.* **That's what** *parenting* **is all about.**　(Dear Ann Landers) *(sitter = baby-sitter 아기 봐주는 사람　parenting 부모의 역할)*

That's what it's all about.　그게 중요한 거지요.

That's what you think.　그건 당신 생각이지요. (You think so.라고 하지 않음)

That's what I think.　내 생각은 그렇습니다.

That's exactly what I'm worried about[afraid of/ashamed of].
바로 그것 때문에 걱정이야. / 두려운 거야. / 수치스러운 거야.

That's exactly what I'm talking about.　제가 말씀드리는 게 바로 그겁니다.

That's what I'm here[paid] for.　그게 제 일인걸요. (종업원이 서비스에 대해 감사의 말을 들었을 때 응답하는 표현)

That's what I like about you.　나는 너의 그 점이 좋다. (I like your...라고 표현하지 않음)

That's when you're supposed to turn on the switch.　(그때 ⋯)

That's where the accident took place.　(그곳에서 ⋯)

That's how we handled the situation.　(그런 식으로 ⋯)

I skipped my lunch. That's why I'm hungry.　(그 이유 때문에,⋯ / 그래서⋯ (결과))

cf. *I'm hungry. That's because I skipped lunch.*　(왜냐하면⋯ (이유))

04 부정대명사 (Indefinite Pronouns)

one

- 하나, 한 사람
We think of you as one of our family members.

- 어떤 사람이나
One should be responsible for one's actions.

- 같은 종류의 물건 중 하나
I forgot to bring a pen. Can you lend me one?
cf. *Where is my pen? Do you know where it is?* (동일한 물건일 경우는 *it*으로 지칭한다.)

other

the other : (둘 중) 나머지 하나

I have two computers: one is a PC notebook, the other is a Mac desktop. (one ~ the other... (둘 중) 하나는 ~ 나머지 하나는 ...)

✚ 기존 영문법책에는 the one(전자), the other(후자)라고 설명되어 있는데, 이는 지시대명사 that, this처럼 잘 쓰이지 않고 뜻을 명확히 하기 위해서 the former, the latter를 단연코 많이 쓴다.

the other + 명사 : 반대의, 상대편의 ...

See the other side. = See the reverse[opposite] side. 뒷면을 보시오. (양식지 밑에 있는 지시문)

Children should obey their parents. Not the other way around.
('반대가 되면 안 된다.'는 의미로 자주 사용하는 표현임)

the other way 반대 방향
the other day 요전날
on the other hand 반면에

others : 나머지 중 일부

Some are white, others are black.

the others : 나머지 전부

Some are white, the others are black.

another : an+other로 '다른 하나[사람]' 또는 '하나 더'

❶ 개체를 세는 법
4개일 경우 : one, another, a third, the fourth
세 번째 다음에 네 번째가 오므로 세 번째는 the third가 아니라 부정관사를 사용하여 a third로 표현한다.

❷ A is one thing, B is another. = A is different from B.
Knowing is one thing, and teaching (is) another.

some/any

some은 긍정문, any는 의문문, 부정문, 조건문

A: Do you have any questions?
B: Yes, I have some. / No, I don't have any.

의문문에 some을 쓰는 경우

Would you like some coffee?

Can I have some water, please?
(권유하거나 부탁할 때, 또는 긍정의 대답을 기대할 때 의문문에서도 some을 쓴다.)

◐ some/any/every/no와 -thing, -body, -one과의 결합

Something has come up. 일이 좀 생겼다.

Does anybody have any questions?

Would you like anything else? = Anything else? (식당에서 주문 받을 때)

Does anyone know the answer to this problem?

Everyone is supposed to hand in his or her[their] paper by tomorrow.

No one seems to care about the situation.

He's a nobody in the outside world.
cf. *a somebody* 대단한 존재   *everybody and anybody* 어중이 떠중이

She is really something (else). 그 여자 대단해. (부정적, 긍정적 의미 모두 있음)

Money is everything to him.
cf. *something* 대단한 것   *nothing* 하찮은 것   *everything* 모든 것, 중요한 것

╋◯ None

사람이나 사물에 모두 사용될 수 있으며 기존 영문법책에서 설명하는 것처럼 원칙적으로는 none of...를 단수 취급한다. 하지만 실제 회화체에서는 of 다음에 복수명사가 올 때 복수로 취급하기도 한다. *(Steer & Calisi, 1991)*

None of the workers receives a tip.

None of the workers receive a tip.

╋◯ each and everyone of us

공식적인 연설 등의 격식을 갖춘 상황에서 한 사람씩을 강조할 때 보통 each and everyone of us 또는 every single one of us라고 한다.

╋◯ Any... not → No...

영어에는 Any로 시작하는 부정문이 없으며 반드시 No로 시작해야 한다. 우리말에 부정의 주어가 없기 때문에 쉽게 Any로 시작하는 부정문을 사용하기 쉬우므로 특히 주의해야 한다.

Any one does not know about it. (×) → No one knows about it.

╋◯ Some/Many believe (that)...

'혹자는/많은 사람은 …라고 믿습니다.'라는 의미의 표현이다. 이와 같이 some과 many는 그 자체로 some people, many people의 뜻으로 자주 쓰인다.

◐ Some/No/Every+-one/-body의 단·복수

비격식적인 회화에서와 같이 엄격히 수의 일치가 요구되지 않는 상황에서는 보통 성에 대해 중립적인 복수, 즉 they가 사용된다. *A Student's Grammar of the English Language(p. 110)*에서는 다음과 같이 설명한다.

> More generally, where an informal disregard for strict number concord is felt tolerable, the gender‑neutral plural is used:
> **Someone** has parked **their** car right under the 'No Parking' sign.

*Longman Dictionary of English Language and Culture(1993)*에는 다음과 같이 설명한다. *(p.1,264)*

> Someone: 1. a person; some but no particular or known person; somebody: There's someone on the phone for you. / If you don't know the answer, ask someone (else). (= another person) / Someone has parked their/his car right in front of mine.

ex. ***Nobody wants*** *to believe* ***their*** *kids steal. But the truth is, they do.* *(Dear Ann Landers)*

ex. ***No one*** *studied* ***their*** *impact.* *(The Korea Herald/Editorial: Nov. 17, 1994)*

ex. *"I will not be pushed around," Hitler said. "When I lose a war, I expect respect.* ***Everyone respects*** *you." That's why* ***they*** *sent me to negotiate with you.* *(The Korea Herald : Oct. 20, 1995)*

all

가산명사 (수) : 복수

All (the people) were in favor of the new idea.

불가산명사 (양) : 단수

All that glitters is not gold. (부분부정의 뜻)

each : 단수

Each (employee) has to know how to handle his or her own computer.
= Each of the employees has to know how to handle his or her own computer.
The boss gave the employees a 100-dollar-bonus each.

many, much

many : 복수

many는 그 자체로 many people의 뜻으로 쓰임에 유의해야 한다.

Many (people) have died so that we could be free.
How many (people) are coming to the recital?
cf. *most도 그 자체로 most people의 뜻으로 쓰인다.*

ex. *Few South Koreans ever really believed Roh Tae Woo was clean, but* ***most*** *were staggered by the sheer immensity of his greed, as well as the long reach of his money.* *(Time: Nov. 27, 1995)*
(be staggered by (충격적인 사실)에 의해 비틀거리게 되다   the sheer immensity/amount of 정말 엄청난 …의 양/정도)

◯ **much : 단수**

Much has been said about the problem, but little has been done.

few, little

✚ 부정의 뜻을 지닌 대명사가 주어로 사용되는 것은 우리말에는 없어서 영어 회화시 잘 생각이 나지 않기 때문에 자동화되어야 하는 구문이다.

◯ **few : 복수**

(Very) Few understand what the lecturer said. ···한 사람은 거의 없다.

ex. *Imagine the armchair traveler throughout history contemplating the four corners of the earth. With enough time and money, **a few** - the most committed and affluent of such dreamers - were able to explore the outer-most reaches of the landscape.* (Time: June 12, 1995) (the four corners of the earth 지구의 구석구석 the outer-most reaches 가장 바깥쪽의 범위)

◯ **little : 단수**

Little is known about the origin of human language. 인간 언어의 기원에 대해 알려진 바가 거의 없다.

both, either, neither

◯ **both : 복수**

Both (answers) are correct. 두 가지 (답이) 다 맞습니다.

◯ **either : 단수**

Either (expression) is okay. 어느 표현도 좋습니다.
You may take either of the two. (둘 중 : either)
cf. *You may take any of them.* (셋 이상 중 : any)

◯ **neither : 단수/복수 (회화체)**

✚ 원칙은 neither of...는 단수 취급하지만, 회화체에서는 of 다음에 복수명사가 올 때는 복수로 취급하기도 한다.

Neither of the computers is[are] reliable.

05 재귀대명사 (Reflexive Pronouns)

재귀대명사 표현법

공시적 관계(coreferential 동일한 것을 지칭함)가 하나의 절 안에서 이루어질 때 재귀대명사를 사용한다. 절의 한계 밖에 있는 명사를 지칭할 때는 재귀대명사를 사용할 수 없다는 것을 다음 예문을 통해 잘 알 수 있다.

    Mary told John
        that she would look after him. (that 절 밖에 있는 John을 지칭함)
                  himself. (×) (that절 밖에 있는 John을 지칭하므로 재귀대명사로 표현하지 못함)
                  herself. (that절의 she를 지칭함)
                  her. (Mary 자신이 아닌 다른 여자를 의미함)

재귀적 용법

He thought to himself. 자기 혼자 생각하다
She talked to herself. 독백하다
I asked myself if... …을 자문하다
Mr. Jack Smith, could you recognize yourself? Jack Smith 씨, 어디 계신지 표하여 주시기 바랍니다. (사회자가 회중 속에서 어디에 있는지 모르는 어떤 사람을 소개할 때 사용하는 표현)
Please identify yourself. 자신의 신분을 밝혀 주십시오.
Before you can love someone else, you must learn to love yourself.
You are a noble being. Don't you just hate yourself! (hate oneself = be hard on oneself 자학하다)
Heaven helps those who help themselves. 하늘은 스스로 돕는 자를 돕는다. (격언)

강조적 용법

If you want something done right, you'd better do it yourself.
A: Who on earth fixed the TV set?
B: Believe it or not, I fixed it myself.

관용표현

○ **타동사 + 재귀대명사**

Help yourself to more... …를 더 드세요.
Did you enjoy yourself?
I found myself paralyzed when I woke up in the hospital.
깨어나 보니, 마비가 되었음을 알았다. (find oneself... …하게 되었음을 알게 되다.)

Let me make myself clear. 내 생각을 분명히 밝히겠습니다.
= Let me clarify myself. = Let me make it very clear that...
(아랫사람에게 분명하게 지시하거나 언쟁하는 상황에서 강한 의지를 표명할 때 자주 사용하는 표현)
Did I make myself clear? 내 말 잘 이해하겠나? (따지는 투의 어조)
You may end up hurting/cutting yourself, unless you are careful in using the knife.
familiarize oneself with = be familiarized with   …에 익숙하도록 하다, 숙지하다
commit/dedicate/devote oneself to   …에 전념하다, 헌신하다
= be committed/dedicated/devoted to
kill oneself = commit suicide   자살하다
Please avail yourself of this opportunity.   (잘 쓰이지 않는 구문임)

over동사 + oneself (?) → 동사 + too much 또는 over동사

현대 영어에서는 oversleep/overwork/overeat와 같은 동사는 재귀대명사를 취하지 않고 그냥 over동사로만 쓰이거나 sleep/work/eat too much로 표현한다.

전치사 + 재귀대명사

- by oneself = alone

  I made it by myself.

- for oneself

  기존 영문법책에는 without others' help의 뜻이라고 설명되어 있으나, 실제로 이런 뜻으로 쓰이지 않고 for one's own use/pleasure의 뜻으로 쓰인다.

  I did my home for myself. (×)

위의 문장은 '내 스스로 숙제를 했다.'는 뜻이 아니라 '내 자신을 위해서 숙제를 했다.'는 (남을 위해서 내 숙제를 한 것은 아니니까) 어색한 의미의 문장이다. '혼자 하다'라는 의미는 by oneself로 나타내며, '스스로 하다'라는 의미는 on one's own이란 표현으로 나타낸다.

- of oneself : automatically

  The huge doors opened of themselves.

- in oneself : 그 자체적으로

  Reliable tests cannot be valid in themselves.   신뢰도가 있는 시험이라고 그 자체로 타당할 수는 없다.

- beside oneself : 심한 감정으로 인해 미칠 정도인

  She's beside herself with grief/anger/anguish/worry.

  (기존 영문법책에서는 insane과 같은 뜻이라고 하지만, 실성한 광인(狂人)을 의미하는 뜻은 아니다.)

ref. behind himself (×)
Fred closed the door behind himself. (×)   (공간 개념의 전치사 다음에는 재귀대명사가 올 수 없다.)
→ Fred closed the door behind him. (○)   나가면서 문을 닫았다.

06 후응적 지시관계 (Cataphoric Reference)

✚ 기존 영문법책에서는 대명사는 앞에 나온 명사를 지칭하는 것(anaphoric 전응적 지시 관계)으로만 설명되어 있으나, 복문의 문두에 나오는 종속절에서는 얼마든지 뒤에 나오는 명사를 지칭(cataphoric 후응적 지시관계)할 수 있다.

A pronoun can (but need not) have cataphoric reference when it occurs in an initial subordinate clause : *(A Student's Grammar of the English Language p. 264)*

Although **she** felt ill, **my mother** said nothing. (she = my mother)

단, 절이 등위접속사 and, or, but(또는 for와 so that)로 연결될 때 첫 번째 절의 대명사는 두 번째 절의 명사구와 후응적/전향적 지시관계를 가질 수 없다. 예를 들어, 다음 문장에서 she와 my mother는 공지시(coreference) 관계를 가질 수 없다.

She felt ill, and **my mother** said nothing. (she ≠ my mother)

CHAPTER 02 대명사

연습문제 EXERCISE

빈칸에 알맞은 표현을 고르시오.

1. A: How's your father?
   B: He's fine. How about _____?
   (A) yours   (B) your one   (C) the one   (D) that of yours

2. _____'s all over with the program.
   (A) Something   (B) It   (C) Nothing   (D) Anything

3. I would appreciate _____ a great deal if you could send me an application form asap.
   (A) when   (B) it   (C) you   (D) that

4. I hate _____ when I owe others something and feel obligated to return their favor.
   (A) one   (B) that   (C) it   (D) if

5. It was _____ other than David that caught the robber on the street last night.
   (A) nothing   (B) no   (C) none   (D) not

6. The population of China is larger than _____ of any other country in the world.
   (A) none   (B) some   (C) any   (D) that

7. The personal computers in use today are equipped with much more versatile and powerful functions than _____ manufactured back in the early 1980's.
   (A) those   (B) some   (C) no   (D) a

8. _____ is what you should do. First, press this button. And then open the lid.
   (A) There   (B) That   (C) Such   (D) This

9. Ms. Jackson is an authority on cognitive psychology and has been treated as _____ .
   (A) she   (B) so   (C) that   (D) such

10. It was _____ a wonderful performance that all the audience gave a standing ovation.
    (A) that   (B) so   (C) such   (D) very

11. I have two computers: one is a PC, _____ is Mac.
    (A) other   (B) the other   (C) another   (D) others

연습문제 | EXERCISE

12 I understand that knowing about English grammar is one thing, and knowing real English grammar is _____.
(A) another (B) other (C) others (D) the other

13 The mother promised to give her five children a 10-dollar-a-month allowance _____.
(A) each (B) every (C) one (D) all

14 The president made it clear that _____ employee has to know how to assume his or her own responsibility.
(A) all (B) every (C) one (D) many

15 I'm sorry to say I cannot lend you some money, because I have _____ money.
(A) few (B) a little (C) little (D) a few

16 A: Which is correct, this word or that one?
B: _____ are correct.
(A) Neither (B) Either (C) None (D) Both

17 A: Which do you think is the correct expression, this or that?
B: _____ is okay.
(A) Any (B) All (C) Both (D) Either

18 I have bought two laser printers, but _____ is reliable.
(A) both (B) either (C) all (D) neither

19 A: I'm afraid no one is satisfied with my work.
B: Come on. After all, you cannot satisfy _____ all of the time.
(A) nobody (B) everybody (C) anybody (D) somebody

20 As you were careless, you have got only _____ to blame for the accident.
(A) yourself (B) your (C) you (D) yours

21 We were frightened to find that the front gate of the building had closed _____ itself.
(A) for (B) beside (C) by (D) in

연습문제 | EXERCISE

다음 중 적절하지 못한 부분을 고르시오.

22 (A) I don't remember where I left my pen after I entered my room. (B) I must have misplaced it. (C) Do you happen to know (D) where one is?

23 (A) Dr. Smith has two automobiles. (B) One is for driving (C) to work. (D) Another is for travelling.

24 (A) Younger people tend to believe (B) that loving is one thing, (C) and getting married (D) is the other.

25 (A) Each and every one (B) of you are supposed to (C) submit his or her paper to my office (D) by next Monday.

26 (A) Any one is not (B) to get the extremely strenuous type of exercise, (C) unless he or she is (D) specially trained.

27 (A) Few people was present (B) at the opening ceremony (C) of the 10th anniversary (D) commemorating the foundation of the ABC Association.

28 (A) Much have been said (B) about the deep-rooted (C) political problem of corruption, (D) but little has been done.

29 (A) You may wind up (B) cutting you, (C) unless you are careful (D) in using this sharp tool.

30 (A) The presidential candidate must be (B) out of himself (C) that he has been (D) talking such nonsense.

American Culture | 전화 사용과 단위

▶▶▶ 전화번호의 알파벳

미국의 전화기에는 버튼마다 숫자 이외에 알파벳이 적혀 있는데, 이는 무의미한 전화번호 숫자를 의미 있는 단어로 기억하기 위해 고안된 아이디어이다. 즉, 전화번호 1번은 제외하고, 2-ABC, 3-DEF, 4-GHI, 5-JKL, 6-MNO, 7-PRS, 8-TUV, 9-WXY 식으로 각각의 번호에 세 개의 알파벳이 배당되어 있다.(단, 잘 사용되지 않는 알파벳인 Q와 Z는 제외됨) 이런 연결을 이용하여, 의미 있는 단어의 철자가 곧바로 전화번호가 되도록 하면, 쉽게 전화번호를 기억하게 된다.

예컨대, 미국의 호텔체인인 Holiday는 이름의 철자와 해당되는 전화번호 숫자를 연결시켜서 숫자로 전화번호를 나타내보면, 465-4329이다. 임의의 숫자로 구성된 전화번호 465-4329보다는 의미 있는 단어 Holiday 그대로 전화번호를 기억하는 것이 훨씬 쉽다. 이런 식의 숫자-알파벳 연결 체제를 활용하는 상업용 전화번호가 많이 사용되고 있다.

▶▶▶ 전화 사용

미국에서는 공중전화(pay/public phone)에서 통화 시간에 제한이 없으며 전화 사용에 대해 의문점이 있을 때는 0(zero)번을 누르면 교환원(operator)이 무료로 안내 서비스를 해준다. 또한 공중전화에 전화번호가 정해져 있어서 전화를 받을 수도 있게 되어 있다. 미국에서는 응급 구조 요청 전화번호가 우리와 반대로 911이며 대고객 서비스용인 수신인 요금 부담 전화번호(toll-free phone number)는 1-800-XXX-OOOO처럼 1-800-로 시작된다.

또한, 전화번호부책은 white page로 된 책과 yellow page로 된 책이 있는데, white page책은 전화를 사용하는 개인 이름이 등록되어 있으며, yellow page책은 상업용 전화번호와 함께 그 지역 상업 광고 정보가 실려 있어 요긴한 정보 책자로서의 역할을 한다.

▶▶▶ 단위

❶ 돈
  1 cent = a penny   5 cents = a nickel   10 cents = a dime
  25 cents = a quarter

❷ 길이
  1 inch = 2.54 cm   1 foot = 약 30cm(정확히 30.5cm)
  1 yard = 3 feet = 약 90cm(정확히 91.4 cm)   1 mile = 1.6 km

❸ 무게
  1 pound = 약 0.45kg(정확히 0.4536kg)

❹ 액량
  1 ounce = 29.6cc   1 pint = 0.47 liter(엔진 오일 통 하나의 양)
  1 gallon = 약 3.8 liters (3.7853 liters)

❺ 온도
미국에서는 온도 측정 단위로 아직도 섭씨(Celsius/Centigrade)보다 화씨(Fahrenheit)를 주로 쓴다. 화씨를 섭씨로 변환하고자 할 때 필요한 대칭적 변환공식을 기억해 두면 편리하다.

  F → C: (F+40) × 5/9 - 40 = C
  C → F: (C+40) × 9/5 - 40 = F

SECTION 02 품사편

03 _ 형용사 및 부사
Adjectives & Adverbs

영어의 형용사는 명사를 수식하고, 부사는 동사와 형용사, 부사를 수식하는 품사라는 것은 영어나 우리말이나 같다. 단, 기존 영문법책에서 의미를 무시한 채 천편일률적으로 다루는 영어의 5형식이란 설명에서 부사구는 성분으로 간주하지 않음으로 해서 부사어구가 별로 중요하지 않은 것처럼 인식되는 데 문제가 있다. 어떤 상황을 정확하게 묘사할 때는 부사어구가 매우 중요하다는 것을 빨리 인식하는 것이 언어 습득에서 매우 중요하다. 형용사나 부사어구를 정확히 사용하다 보면 수식하거나 묘사하는 상황을 논리적으로 파악하게 되므로 인지능력 발달에 많은 도움을 준다. 또한 명사나 동사에 알맞은 형용사, 부사를 사용하면 매우 멋진 언어를 구사하게 된다.

01 형용사 (Adjectives)

••• 한정적 및 서술적 형용사

◯ 한정적 용법으로만 쓰이는 형용사

❶ 강한 한정의 표현 : only, sole, very

the only car, the sole reason, the very idea

❷ 비교급, 최상급

the upper class 상류 계층, an elder brother, the eldest sister
He is an upper class person.
He is a member of the upper class.

❸ 과거분사

a drunken driver, a wooden box

◯ 서술적 용법으로만 쓰이는 형용사

is와 다음 형용사들을 연결하여 발음해 보는 것도 좋은 연습이 된다.

❶ a- : afraid, afresh, alike, alive, alone, ashamed, asleep, astray 등
→ 이때의 a-는 [ə]로 매우 약화되어 발음된다.

❷ 감정을 나타내는 과거분사 형용사 : bored, tired, interested, upset, pleased, contented, excited 등

❸ 기타 : worth, near, unable

🔵 한정/서술의 의미가 다른 형용사

- late
  The late president was respected by all the people. (= deceased, 故)
  The president was late for the conference.

- present [prézənt]
  The number of the present members is 100. (= current)
  = The present number of members is 100.
  The members (who are) present are discussing many issues.

- concerned
  The concerned paramedics called for more help. (= worried)
  We should report this problem to the authorities concerned. (= responsible)
  (실제로는 the authorities concerned보다 the proper authorities를 더 많이 쓴다.)

- certain
  I'm certain that the results will be positive. (= sure)
  I have a certain feeling that the results will be okay. (어떤)

••• 형용사 위치

These two big tall old brick buildings were built 200 years ago. (?)
실제로 이렇게 여러 가지 형용사를 동시에 사용하는 경우는 거의 없다.

🔵 형용사의 순서

기존 영문법책에서는 형용사의 배열 순서에 대해서 '지수대 성신재'의 공식만을 제시하고 있으나, *A Student's Grammar of the English Language (p. 146)*에서는 다음과 같이 설명하고 있다.

> In the premodification structure of the noun phrase, adjectives are placed between the determiners and the head of the noun phrase. We distinguish four zones:
>
> (Ⅰ) PRECENTRAL; Here, after the determiners, is where peripheral, nongradable adjectives are placed, in particular the intensifying adjectives; certain, definite, sheer, complete, slight.
>
> (Ⅱ) CENTRAL; This zone is the place of the central adjectives; hungry, ugly, funny, stupid, silent, rich, empty.
>
> (Ⅲ) POSTCENTRAL; This zone includes participles; retired, sleeping, and colour adjectives, red, pink.
>
> (Ⅳ) PREHEAD; This zone includes the 'least adjectival and the most nominal' items, such as denominal adjectives denoting nationality, ethnic background;

Austrian, Midwestern, and denominal adjectives with the meaning 'consisting of', 'involving', 'relating to'; experimental, statistical, political, statutory. In the prehead zone we also find nouns in attributive position. On the basis of this classification, we can expect the following order.

Ⅰ+Ⅱ; certain **important** people
Ⅰ+Ⅲ; the same **restricted** income
Ⅰ+Ⅳ; Your **present annual** turnover
Ⅱ+Ⅲ; a **funny** red hat
Ⅱ+Ⅳ; an **enormous** tidal wave
Ⅰ+Ⅱ+Ⅳ; **certain rich American** producers

즉, 기존 영문법책에는 형용사의 의미를 무시한 채 기계적인 순서만 제시되어 있으나, *A Student's Grammar of the English Language*에는 형용사를 분류하고 그 순서를 정하는 데 있어서도 그 형용사의 의미에 의하여 결정된다고 설명한다. 이를 볼 때 무조건 암기하라는 학습보다는 형용사의 의미를 고려하여 명사와 분리하기 어려운 것은 명사에 더 가까이 위치시킨다는 기본 논리를 이해시킨다면 형용사의 배열을 더 잘 이해하고 좋은 영어 실력을 배양할 수 있을 것이다.

◯ 명사 뒤에서 수식하는 경우

❶ -thing

Is there something wrong?
I'd like to have something cold to drink.

❷ 구를 이루는 형용사

There is a treasure island full of[filled with] jewelry.
Choose a book both interesting and instructive.

기존 영문법책에는 형용사가 여러 개 와서 수식 어구가 길어질 때 명사 뒤에 둔다고 설명하고 있으나, 복잡한 구조의 형용사 어구가 아니고 단순 형용사의 나열일 경우에는 후치하는 것이 오히려 어색하다.

She is a lady beautiful, kind and rich. (?)
→ She is a beautiful, kind and rich lady. (자연스러운 표현)

a boy ten years old (a boy (who is) ten years old의 형용사절에서 who is가 생략된 형식)
→ a ten-year-old boy (자연스러운 표현)

❸ 수사 + 시간/공간 단위 + old/tall/long/wide/deep

He **has a daughter** eleven years old.
She is five feet tall.

❹ 명사 + 형용사 : 관용적 표현

things European/Korean/American   유럽/한국/미국적인 것
English teaching proper   엄격한[진정한] 의미의 영어교육 (문어체에서 많이 사용되는 표현)
5 p.m. sharp   정각 오후 5시

everyone present 참석한 전원
cf. *the present Cabinet* 현(現)내각

China proper 중국 본토	a court martial 군법회의
from time immemorial 옛날부터	a poet laureate 계관시인
an heir apparent 법정 상속인	Surgeon General 미 보건장관
Attorney General 미 법무장관	consul general 총영사
consulate general 총영사관	the sum total 총계
Asia Minor 소아시아	bargains galore 싸게 파는 많은 물건

ex. *If you're looking for a place where your business will grow and flourish, come and discover Bangladesh, the land of opportunities **galore**!* (Time: Dec. 30, 1996) (명사+galore 많은 수/양의)

혼동하기 쉬운 형용사

❶ high/low가 수식하는 명사: price, pay, wage, income, taxes, tariffs 등이 있으며, expensive/cheap(×)로 수식하지 않도록 주의해야 한다.

The price is high/low. (○)
The price is expensive/cheap. (×) (잘못된 어법으로 간주됨)
The weight of the box is heavy. (×) His height is tall. (×)

❷ large/small이 수식하는 명사: family, audience, number, population, amount, quantity, sum 등이 있으며, many/few(×)로 수식하지 않도록 주의해야 한다.

The population is large/small.

특수 형용사

◯ 사람 주어일 때 사용할 수 없는 형용사

We are necessary to learn to speak good English. (×)
→ It is necessary for us to speak good English. (○)
You are important to finish this work. (×)
→ It is important for you to finish this work. (○)
Please see me tomorrow afternoon if you are convenient. (×)
→ Please see me tomorrow afternoon if it is convenient for[to] you. (○)

◯ 목적어가 가주어 it 대신 주어로 사용되는 경우

impossible/difficult/easy/hard 등의 형용사가 들어 있는 It ~ to... 구문에서는 동사/전치사의 목적어가 가주어 it 대신 주어로 자주 사용된다.

It is impossible for us to work with her.
→ She is impossible for us to work with.
  We are impssible to work with her. (×)

It is easy/hard to please him.
→ He's easy/hard to please. 그 사람은 까다롭다. (= He is picky/choosy.)
It is hard to handle[deal with] him. → He's hard to handle[deal with].
그는 완벽주의자다. (= He's a perfectionist.)
cf. *He is impossible.* 그는 구제불능이야.
She is easy. 그 여자는 쉽게 농락할 수 있다. (속어)
That's easy for you to say. 그건 말이 쉽지. (구어)

◐ 형용사의 전용

❶ 명사화

원래는 형용사였으나 명사로 전용되어 사용되는 단어가 많다. (p. 456 참조)

criminal, assistant, dissident 반체제인사, **protestant**[prátəstənt] 개신교도, **conservative** 보수파, **liberal** 진보파, **preservative** 방부제, **additive** 첨가제, **hopeful**(= candidate) 후보자, **revolutionary** 혁명가

• 관용표현
for good = for ever = forever 영원히
for better or (for) worse 잘 되든 못 되든 간에, 좋든 나쁘든 간에
for real 정말로, 진짜의   This is for real. 이건 진짜 (상황)입니다.
for sure 확실히   That's for sure. 정말 그렇습니다.
from bad to worse 설상가상으로
in common 공통적으로   have sth in common 공통점이 …이다
in private 사적으로 **cf.** *in public* 공개적으로
in short = to make a long story short 간단히 말해서, 요약해서

❷ the + 형용사

• 복수 보통명사 : 실제로 매우 많이 사용되는 용법으로서 'the+형용사'는 불특정 다수 전체를 의미하는 표현법이다.

✚ 'the+형용사'와 'the + 형용사 + 명사'의 의미는 다르다.

the poor/rich/young/old/hungry/needy/sick/missing 불특정 다수 (전체)
(the needy/destitute 궁색한/경제적으로 어려운 사람들)
the poor/rich/young/old/hungry people 특정 다수 (부분)

ex. *The day after President Kim Young Sam called for a special law to investigate the 1980 Kwangju massacre, relatives and friends of the victims hurried to the hillside cemetery that has become a monument to the dead and missing.* (Time: Dec. 11, 1995) (the dead and missing 사망자와 행방불명자들)

ex. *Five days after coming down with the flu, Pope John Paul II made his traditional Sunday appearance from his studio window and issued a call for more "human warmth" and solidarity for the world's sick, especially the terminally ill.* (The Korea Herald: Feb. 11, 1997)
(the terminally ill 불치의 병에 걸린 사람들)

- the + 국가 형용사 = 국민 (복수)

  The British are (a) conservative people.

  Koreans are (an) industrious people. (Koreans(한국인들), Americans(미국 사람들)처럼 국민 전체를 지칭할 때는 무관사이다. the Koreans/the Americans처럼 the를 취하면 특정 다수의 사람들을 지칭하는 의미임에 유의해야 한다.)

  ref. 기존 영문법책에서는 국민/민족을 의미할 때 people 앞에 관사를 쓴다고 설명하고 있지만 원어민들은 일반적으로 부정관사를 생략한 The British are conservative people.을 더 자연스럽게 생각한다.

- 추상명사 : 추상명사의 의미로 쓰이는 'the+형용사'의 표현은 매우 제한적이다.

  기존 영문법책에서는 다음과 같은 예문을 제시하고 있다.

  The true, the good and the beautiful were the lofty ideals of the ancient Greeks. (?)

  하지만 미국 원어민들은 the true = truth (×), the good = goodness (×), the beautiful = beauty (×)라고 이해하지 않기 때문에 위의 예문을 이해하지 못한다. (영국의 원어민들도 구어체에서는 전혀 사용하지 않음)

  ref. for the good of (…의 이익을 위하여)에서 good은 형용사가 아니라 '선/좋음'을 의미하는 명사이다.

  ex. Most of Earth's living space, the biosphere, is ocean - about 97%. And not so coincidentally, 97% of Earth's water is ocean. From afar, aliens might see the obvious: the sea is Earth's life-support system. *(Time: Oct. 28, 1996)* (the obvious 명백한 것/사실 : 문어체에서 사용되는 'the+형용사'는 구체적인 명사 '…한 것'을 의미한다.)

수량형용사

○ some, any

some은 긍정문에, any는 부정문, 의문문에 사용된다. 단, 긍정의 답을 기대하는 의문문에서는 some을 많이 사용한다.

Could you lend me some money?

○ many + 가산명사, much + 불가산명사

비단언적 : many, much
단언적 : a lot (of), plenty of

a lot of, plenty of, a few, a little, a good many와 같은 표현은 대체로 단언적(assertive)으로 긍정 서술문에 사용되고 much와 many는 대체로 비단언적(nonassertive)으로 의문문과 부정문에 사용된다.

> We should note also a contrast involving assertive and nonassertive usage. Some items are predominantly assertive (such as plenty of, a few, a little, a good many), while others are predominantly nonassertive (such as much, many).
>
> *(A Student's Grammar of the English Language p. 77)*

즉, I have a lot of money.의 부정일 때는 I don't have much money.로 much를 사용하는 것이 자연스러운 표현이다. 기존 영문법책에 나오는 예문에는 물질명사의 수식어로 much를 많이 사용하는데, 앞의 설명에 따르면 이는 어색한 표현이며 대개는 a lot of를 많이 쓴다.

She takes much baggage on her trip. (?) → She takes a lot of baggage on her trips.

✚ 가산/불가산과 상관없는 a lot of/lots of 실제 회화에서는 수량에 상관없이 쓸 수 있는 a lot of나 lots of의 표현을 단연코 많이 사용한다. 또한, 구어체에서는 many 대신 무리(= a group/gang/party/band of)를 의미하는 a bunch of를 즐겨 쓰며, 많은 양을 표현할 때는 tons of를 자주 사용한다.

many guys → a bunch of guys
a lot of papers/letters/work → tons of papers/letters/work

ref. crowd는 불가산 집합명사이기 때문에 many crowd는 틀리며, large/big으로 수식한다.
such a large crowd = so many people

ⓞ as many + 명사

'as many+명사'는 현대 영어에서 사용하지 않는 어색한 표현으로서 원어민들의 살아 있는 말에서는 들어 볼 수 없는 표현이다.

Ten minutes seemed as many hours to me. (?)
→ Ten minutes seemed like ten hours to me.

ⓞ few, little

우리말에는 부정의 뜻을 지닌 형용사가 주어로 사용되는 경우가 없기 때문에 회화시 쉽게 생각나지 않으므로 자동화되어야 하는 구문이다.

ⓞ (a) few : 복수

Few people attended the meeting. 회의에 참석한 사람은 거의 없었다.
A few people attended the meeting. 몇 사람만이 회의에 참석했다.
Not[quite] a few people attended the meeting. 적지 않은 사람이 회의에 참석했다.
(not/quite a few 적지 않은, 꽤 많은 보통 quite a few를 많이 씀)
Fewer and fewer people come to the meeting. 이 모임에 오는 사람이 점점 줄고 있다.

ⓞ a few, a couple, several

보통 a few는 2~3을 의미하며, a couple of는 2, several은 3~5 정도를 의미한다. 회화에서는 2를 말할 때 보통 a couple of를 많이 활용하므로 two weeks ago보다는 a couple of weeks ago를 즐겨 쓴다.

ⓞ (a) little

I have a little money, so I can lend you some.
I have little money, so I can't lend you any.

지시형용사 : this/that

◯ This : 이 ~, that : 저 ~

설명하거나 소개할 때 지칭하는 형용사로서 명사를 수식한다.

this gentleman 이분   that gentleman 저분

◯ this와 기타 시간 개념의 지시형용사

❶ this : 이번/올해 (this coming… / this past…)

this week/month/year/morning 금주/이번 달/올해/오늘 아침

단, '오늘밤'이라고 할 때는 this night(×)이라고 하지 않고 tonight이라고 한다. 또한 this Wednesday 하면 '금주의 수요일'로서 지나간 날인지 아직 오지 않은 날인지 분명하지 않기 때문에 일반적으로 약속 시간을 정할 때는 '앞으로 다가올 수요일'을 의미하므로 coming을 삽입시켜서 this coming Wednesday처럼 말한다. 같은 원리로, 지나간 시간 개념을 말할 때는 past를 삽입시켜서 this past summer하면 '올해의 지난 여름'을 의미한다.

❷ last : 지난

last week/month/year/night 지난 주/지난 달/작년/어젯밤

'어젯밤'은 last night이라고 하지만 '어제 아침/오후/저녁'은 last morning/afternoon/evening(×)이라고 하지 않고 yesterday morning/afternoon/evening이라고 표현한다.

❸ next : 다음/내(년)

next week/month/year 다음 주/다음 달/내년

단, '내일 아침/오후/저녁/밤'은 next morning/afternoon/evening/night(×)이라고 하지 않고 tomorrow morning/afternoon/evening/night이라고 표현한다.

수사

◯ 숫자 읽기

dozen, hundred, thousand는 복수 형태로 사용하지 않는다.
cf. *dozens/hundreds/thousands of…* 수십/수백/수천의 …

✚ 숫자 2,500을 읽을 때는 two thousand and five hundred보다는 보통 twenty-five hundred로 읽는다. 이런 숫자 읽는 방법에 숙달되지 않으면, 실제 회화에서 듣는 순간 이해하기 힘들게 되므로 많은 연습이 필요하다. 수치를 나타내는 우리의 표현 방식과 영어식 표현 방식은 기본적으로 다르므로 신속히 영어로 계산을 해야 하는 활동은 매우 어렵다. 우리말에서는 10,000 단위의 배수인 만(10,000), 억(100,000,000)이 기본 단위인데 비해 영어에서는 1,000 단위의 배수인 thousand(1,000), million(1,000,000), billion(1,000,000,000)이라는 단어가 숫자 계산의 근간을 이루므로 수를 표현하는 방식에서 큰 차이를 보인다. 현대 정보화 시대에서는 많은 산업 정보가 숫자로 구성되어 있으므로 숫자처리 능력은 시험에서도 중요하게 다루어지고 있으니만큼 많은 연습을 해 두어야 한다.

만 : ten thousand를 듣는 순간 '만' 단위로 느껴지도록 하나의 단어처럼 기억할 것.
십만 : hundred thousand를 듣는 순간 '십만'이 느껴지도록 하나의 단어처럼 기억할 것.

백만 : million
천만 : ten million을 듣는 순간 '천만'으로 느껴지도록 하나의 단어처럼 기억할 것.
억   : hundred million을 듣는 순간 '억'으로 느껴지도록 하나의 단어처럼 기억할 것.
십억 : billion   백억 : ten billion
천억 : hundred billion   조   : trillion

◯ 분수

분자(numerator)는 기수, 분모(denominator)는 서수(분자가 2 이상일 때는 서수에 s를 붙임)로 나타낸다. 분자와 분모가 십 단위 이상의 큰 숫자일 때는 모두 기수로 쓰며 '분자 over 분모'로 읽는다.

1/3 : a[one] third   2/3 : two thirds
19/30 : nineteen over thirty

◯ 수식 읽기

2+1=3   : One and[plus] two makes[equals/is (equal to)] three.
2−1=1   : Two minus one makes[equals/is (equal to)] one.
2×3=6   : Two times three makes[equals/is (equal to)] six.
6÷2=3   : Six divided by two makes[equals/is (equal to)] three.

◯ 날짜/시간

보통 미식영어에서는 달 다음에 날짜를 적으며(영식영어는 반대) 기수나 서수 어느 것이나 상관없지만 기수로 적는 것이 일반적이며, 읽을 때는 서수로 읽는다.

미식 : January 30(th)   영식 : 30(th) January

January (the) thirtieth, the thirtieth of January라고 읽으며 참고로, 메모 등에 약자로 적을 때는 미식은 1/30/97, 영식은 30/1/97이라고 쓴다.

❶ 날짜 묻기 : **What's the date (today)?**
    요일 묻기 : **What day is (it) today?**

✚ What day of the week is it today?(요일), What day of the month is it today?(날짜)라는 표현은 현대 영어에서는 사용되지 않는다.

❷ 격일 : 기수 다음에 명사는 복수형을 취하고, 서수 다음에 명사는 단수형을 취한다.
   every two days (복수) = **every other[second] day** (단수) 격일로
   every three days = **every third day** 3일에 한 번

❸ 하루 이틀/이틀 사흘 : 관용적 표현
   a[one] day or two 하루 내지 이틀
   two or three days 이틀 내지 사흘
   three or four days 사흘 내지 나흘

❹ 시간
   an hour and a half 1시간 반 (한 단어처럼 항상 연음됨)

= one and a half hours (1보다 큰 수는 무조건 복수 취급함에 유의할 것)
8 o'clock a.m. (×) (o'clock과 a.m./p.m.은 함께 사용하지 않음)
→ 8 a.m. sharp 정각 오전 8시 (sharp는 정각을 의미하며 항상 시각 뒤에서 수식함)

❺ 몇 번

once 한 번   twice 두 번
once or twice 한두 번   I went there once or twice.
twice or three times (?) → two or three times 두세 번

02 부사 (Adverbs)

••• 부사의 기능

➕ 기존 영문법책에서 설명하고 있지 않는 것으로서, 부사에는 다음 네 가지 기능이 있다. 그 기능에 따라서, 위치와 의미가 달라지는 것에 유의해야 한다.

◯ Adjunct

가장 일반적인 기능으로 동사, 형용사, 다른 부사를 수식한다.

❶ 동사 수식 : 동사 뒤에서 수식한다.

The soccer player can run fast.

❷ 형용사 수식 : 형용사 앞에서 수식한다.

Her performance was quite impressive.

❸ 분사 수식 : 보통 분사 앞에서 수식한다.

Many houses were severely damaged.

❹ 다른 부사 수식 : 부사 앞에서 수식한다.

Children seem to acquire foreign languages very quickly.

◯ Disjunct

문장의 내용을 수식하는 부사로서 앞뒤의 내용을 연결해 주는 중요한 역할을 한다. 매끄러운 고급 회화를 하려면 반드시 정복해야 하는 요긴한 문장 수식 부사이다.

Unfortunately, they lost the game. 불행히도, 그들은 경기에 졌다.
= It was unfortunate that they lost the game.

Luckily, she survived the accident. 다행스럽게도, 그녀는 사고에서도 살아 남았다.
= It was lucky that she survived the accident.

Naturally, I expected him to pass the test.
= It was natural for me to expect him to pass the test.

Understandably, most students stay away from the teacher.
= It is understandable that most students stay away from the teacher.

Obviously[Clearly], he did not prepare for the exam.
= It was obvious[clear] that he did not prepare for the exam.

Wisely, she consulted her lawyer. = She was wise in consulting her lawyer.
= It was wise of her to consult her lawyer.

Surprisingly, he lost the game to his opponent. 놀랍게도, …
= It was surprising that he lost the game to his opponent.

Interestingly enough, the president made no attempt to deny the rumor.
= It was interesting that the president made no attempt to deny the rumor.

ex. *Curiously enough, more than 24 hours have now passed and that particular trail balloon is still afloat, but as ABC News Nightline correspondent Chris Bury reports, it is under heavy fire.* (ABC News Nightline)

Conceivably, the current recession could get even worse.
그렇게 생각해 볼 수도 있겠지요. (부사 하나만 독립적으로도 많이 쓰임)
= It is conceivable that the current recession could get even worse.

Hopefully, he is alive. 바라건대 그가 살아 있었으면 좋겠습니다.
= I[We] hope that he is alive.

Basically, … = The thing is… 기본적으로, … (어떤 현상의 근간을 설명할 때 많이 사용하는 표현)
Actually, … = The truth[fact] is… 사실은, … (사실을 말할 때 자주 사용하는 표현)
Worse yet, … 하지만 더 나쁜 것은 … / 그보다 더 나쁜 것은 …
Better yet, … 하지만 더 좋은 것은 … / 그보다 더 좋은 것은 …

◯ Subjunct

본동사 앞, be동사 뒤에서 disjunct처럼 문장 전체의 내용을 수식하는 중요한 부사이다.

• Adjunct와 Subjunct와의 차이
  Adjunct : She offered me her seat kindly.
  = She offered me her seat in a kind[gentle] manner.
  나에게 그녀의 자리를 제공할 때 행동이 부드러웠다.
  Subjunct : She kindly offered me her seat.
  = It was kind[considerate] of her to offer me her seat.
  나에게 그녀의 자리를 제공한 사실이 사려깊은 것이다.

We can safely say that... ···라고 말해도 무방할 것이다.
= It can be safely said that...

You are well advised to lose weight. 살을 빼는 것이 매우 좋겠습니다.
= It must be wise of you to lose weight.

The idea, supposedly, is to try to scare doctors out of the abortion business.
= They suppose that the idea is to try to scare doctors out of the abortion business.

The fugitive is reportedly still at large. 보도에 의하면, ··· (뉴스에서 사용 빈도 매우 높은 표현)
= It is reported that the fugitive is still at large. (at large 잡히지 않다)
= According to reports, the fugitive is still at large.
= Reports have it that the fugitive is still at large.
보도에 의하면, 아직 도망자가 잡히지 않았다고 합니다.

The suspect is allegedly responsible for cheating many farmers.
주장된 바에 의하면, ··· / ···라고 합니다 (뉴스에서 사용 빈도가 매우 높은 표현)
= The suspect is alleged to be responsible for cheating many farmers.
= According to allegations, the suspect is responsible for cheating many farmers.
= They allege that the suspect is responsible for cheating many farmers.

◯ Conjunct

So, ... : 그래서
Then, ... : 그런 후에

◯ 명사 수식 부사

- the then : 그 당시의 **cf.** *the late...* 고(故)... (= *the deceased...*)

Upon his release from the army as a general back in 1980, the then 55-year-old veteran entered into business.

ex. *Convicted Whitewater partner Jim McDougal is now telling prosecutors that* **the then-***Governor Bill Clinton knew about an illegal 1986 loan issued to McDougal's wife at the time, according to the New Yorker magazine.* (The Korea Herald: Feb. 11, 1997)

주요 용법

◎ 빈도부사

❶ be동사 뒤나 본동사 앞에 위치하는 빈도부사

✚ 빈도부사(always, often, sometimes, occasionally, rarely, never 등)는 일반적으로 본동사 앞, 조동사 be나 have 다음에 온다. 우리말에서는 빈도부사의 위치가 자유롭지만, 영어는 매우 제한적이다. 소위 'be 조뒤 일동앞'이라고 하는 주문을 우리말로만 기계적으로 외우지 말고, 최소한 아래와 같은 예문을 외움으로써 내재화시키는 것이 중요하다.

He is always late for school. 그는 항상 지각한다.
He always comes late to school. = He always comes to school late.
I can hardly hear you. Could you speak up, please?
잘 안 들립니다. 좀 크게 말해 주십시오. (전화의 감이 멀 때)

❷ 문장 앞뒤에 오는 부사어구

every day/week, on Mondays, usually, sometimes 등의 부사는 문장 앞이나 뒤, 어디에 와도 무방하며 regularly, habitually, normally 등의 부사는 보통 문장 끝에 위치한다.

Every Sunday they go to church. - They go to church every Sunday.
He goes to the gym regularly. - Regularly he goes to gym. (?)

cf. 빈도부사를 동사와 목적어 사이에 위치시키는 실수를 범하지 않도록 주의해야 한다.
He lifts regularly weights. (×) → He lifts weights regularly. (○)

◎ 부사의 순서

부사의 순서는 원칙적으로 '방법(respect)/과정(process)부사 - 공간(space)부사 - 시간(time)부사'의 순서이다.

Why don't we meet here at five o'clock?
The ceremony was held successfully here yesterday.

❶ 장소/공간 개념의 부사

장소/공간 개념 부사 간에는 '거리(distance) - 방향(direction) - 위치(position)'의 순서로 표현한다. 내용상으로도 이 순서가 가장 자연스럽고, '작은 범위 개념이 큰 범위 개념에 선행한다'는 규칙에도 정확히 맞다.

〈거리〉 〈방향〉 〈위치〉
The blind girl walked a few steps towards her teacher in the darkened room.

❷ 여러 가지 부사가 같이 쓰일 때

작은 범위 개념이 큰 범위 개념에 선행한다.

I was born at about 5 a.m. on Saturday, February 28, 1959.
She lived in a fancy house in a small town in Champaign County, Illinois, U.S.A.

❸ 시간 개념의 부사

시간 개념의 부사 간에는 일반적으로 '기간(duration)/빈도(frequency)-시간(time)'의 순서로 표현한다.

	〈기간〉	〈빈도〉	〈시간〉
We went skiing		three times	last year.
I'll be visiting L.A.	for a week		in July.

to부정사

부사가 수식하는 것이 문장 전체가 아니라 동사만을 수식한다는 점을 명확히 하여 의미의 애매모호함을 없애고자 할 때, 부사를 to와 동사의 사이에 위치시킨다. to와 동사가 분리되어 있다고 해서 이를 소위 '분리부정사'라고 부르기도 한다.

It is difficult to clearly understand his point. ……………①
It is difficult to understand his point clearly. ……………②

②번 문장은 clearly가 understand를 수식하는지, difficult를 수식하는지 (그의 요점을 이해하는 것이 어렵다는 점은 분명하다.) 의미상 애매해질 수 있다. 이런 애매모호함을 없애기 위해 보통 ①번 같은 문장을 더 선호한다.

ex. *We (Saudi Arabian Airlines) have changed our appearance* ***to better reflect*** *our commitment to providing you with award-winning cuisine, comfort and record punctuality.*
(Time: Dec. 16, 1996)

ex. *As growing up in the U.S. becomes more perilous, the battle heats up over* ***how best to help*** *its children.* *(Time: June 3, 1996)*

ago, before, since

- 과거시제 : ago (현재 시점 : 지금부터 … 전에)
  He finished the work two days ago.

- 과거완료시제 : before (과거 시점 : 그때부터 … 전에)
  He told me that he had finished the work two days before.

- 현재완료시제 : since (과거 시점 : 그때부터 지금까지)
  I haven't seen him since.

- 막연히 '전에' : before
  I have never seen him before.
  cf. *ago*는 독립적으로 사용하지 못한다.
    I have never seen him ago. *(×)*

🔸 형용사 뒤에서 수식하는 enough

- 형용사+enough to...
  You're old enough to know better. 넌 이제 철들 나이가 됐다.

- a+형용사+enough+명사
  I think that putting them in jail is a severe enough punishment.
  cf. *can't... enough/too = can't over동사 = It's impossible to over동사[be too...] 아무리 …해도 지나치지 않다*
  I can't thank you enough. = I don't know how to thank you.
  We can't be too careful of our health.
  = We can't overemphasize the importance of our health.
  = It's impossible to overemphasize the importance of our health.

enough는 항상 부사로 사용되는 것이 아니라 형용사, 명사로도 빈도 높게 사용된다.

I don't have enough money to buy the house.
I've had enough. = I'm full. 많이 먹었습니다.
Enough is enough. 이제 그만 됐어!

🔸 already, yet, still

- 긍정 : already 벌써
  He has already finished the work.
  cf. *Has he finished the work already?* (의외, 놀람)

- 부정, 의문 : yet 아직
  He has not finished the work yet.
  Has he finished the work yet?
  cf. *has yet to... 아직 …하지 못했다*
  He has yet to finish the work.

- 긍정, 부정 : still 아직
  He's still working on it.
  He still hasn't finished the work.

부사보다 형용사 선호

영어에서는 '동사+명사+부사' 보다는 '동사+형용사+명사' 구문을, '동사+부사' 보다는 'be동사+형용사+명사' 구문을 선호하는 경향이 강하다.
예컨대, He speaks English well.은 문법적으로 완벽한 문장이지만 부자연스럽고, He speaks good English.의 구문을 더 자연스럽게 느끼며 즐겨 쓴다.

She plays tennis very well. → She's a great tennis player.
He plays the piano well. → He's a great pianist.

She teaches English well. → She is an excellent English teacher.
　　　　　　　　　　　　　　= She is an excellent teacher of English.
He works hard. → He's a hard worker.
He sings well. → He's a great singer.
She speaks eloquently. → She's an eloquent speaker.
He pronounces that word very well. → He has a very good pronunciation of that word.

주어/보어로 쓰이는 형용사/부사어구

부사어구로 쓰이는 전치사구, 부사, 절이 때때로 주어의 역할을 수행할 수 있는데 기존 영문법책에서는 이에 대해 언급하지 않고 있다. 속담 등의 관용적 표현이나 격식 없는 구어체에서 형용사/부사어구가 주어로 쓰이는 경우가 많다.

> Prepositional phrases, adverbs, and also clauses that otherwise function as adverbials may sometimes function as subject.
> *Slowly* is exactly how Jeremy speaks.
> Will after the show be soon enough?
> *(A Student's Grammar of the English Language, p.208)*

That was then, this is now. 그때는 그때고, 지금은 지금이다. (구어체 관용표현)
First thing's first. 중요한 것부터 하나씩 말씀합시다. (관용표현)
Slow and steady wins the race. (격언)
Easy does it. 매사는 천천히[쉽게]. (격언)
Easy come, easy go. 쉽게 들어온 것은 쉽게 나간다. (격언)
Enough is enough. 그만해둬. (That's enough.보다 강한 표현)
Many a little makes a mickle. (?)
티끌 모아 태산. (기존 영문법책에 자주 나오는 속담이지만, 현대 영어에서는 거의 사용되지 않는 표현임)

유도부사 There

소위 유도부사 There로 시작하는 문장으로는 'There+be동사/2형식 동사(copula 계사)', 즉 There is/are/seems/remains... 구문이 자주 활용된다.
기존 영문법책에 자주 나오는 'There+일반동사'의 구조는 어색하여 실제 회화에서 사용하지 않는 구문이다.

There broke out a fire in Pusan last night. (?) 어젯밤 부산에서 큰 불이 났다.
→ A big fire broke out in Pusan last night. (○)
→ There was a big fire in Pusan last night. (○)

또한, 특정물의 존재(위치 등)를 말할 때는 'There be+특정물+부사구'로 표현하지 않고 '특정물+be+부사구'로 표현한다.

There is Seoul Land in Kwachon. (?) → Seoul Land is in Kwachon. (○)

혼동하기 쉬운 부사 형태

◐ -ly를 붙여 다른 뜻이 되는 부사

- hard - hardly
  I've tried hard to pass the exam only to fail. (열심히)
  I hardly see him these days. (거의 …않다)

- late - lately
  He came late for school. (늦게)
  I haven't seen him lately. (= recently 최근에)

- high - highly
  The kite is flying high in the sky. (높게)
  She is highly motivated to improve her English. (매우)

- near - nearly
  She walked near the car. (가까이)
  She was nearly run over. (= almost 거의 …할 뻔하다)

- free - freely
  Feel free to ask me if you need any help. 서슴치 말고 내게 부탁하세요.
  = Don't hesitate to ask me if you need help.
  You can have this free of charge.
  He can go anywhere freely.

◐ 명사로도 쓰이는 부사

다음의 단어들은 의미에 따라서 명사와 부사로 쓰일 수 있는데 우리나라 학생들은 그런 지식을 잘 활용하지 못하는 것 같다. 의미의 차이를 잘 파악하여 실제 회화에서 적절하게 활용하기 바란다.

❶ home : 부사, 명사로 둘 다 쓰일 수 있다.

  I'll go home now. (go home은 관용적인 표현으로 home을 부사로 사용한다.)
  Let's go to my home and celebrate my promotion. ('나의 집'을 명시할 때는 소유격과 함께 명사 home으로 나타낸다. 또한, from home and abroad(국내외로부터)에서처럼 '국내'라는 뜻일 때도 명사로 쓰여서 전치사를 사용한다.

❷ abroad : '해외에서(in)'나 '해외로(to)'의 의미를 가질 때, 즉 to/in a foreign country의 뜻으로 쓰일 때는 부사로 사용되며, 그 외의 의미로 사용될 때는 명사처럼 전치사를 사용해야 한다.

  I'm planning to go abroad for further study.
  ('해외로 가다'라는 뜻의 go abroad는 관용적인 표현으로 abroad를 부사로 사용한다.)
  We have received a lot of new journals from abroad. (해외로부터)

❸ downtown : abroad와 같은 이치로 to/in의 개념을 내포한 경우. 즉 to/in the main business district의 뜻으로 쓰일 때는 부사로 사용되므로 전치사를 쓰지 않고 그 외에는 명사로 사용된다.

I'm going to go downtown to do some shopping.
There are many skyscrapers in downtown Seoul.

cf. *uptown* 상류계층*(high class / high brow)*이 사는 동네 *(downtown*은 근로자 계층을 의미하기도 한다.*)*

ex. *Earlier this month, in a rare display of public anger, middle managers whose jobs are threatened protested in downtown Tokyo.* (Time: April 22, 1996)

❹ inside/outside : 앞의 단어들처럼 부사와 명사로 사용될 수 있다.

Inside the room I could hear someone crying.
He seldom cleans the inside of the car.
I waited for her outside the bookstore.
They are painting the outside of the building.

❺ upstairs/downstairs : 앞의 단어들처럼 부사와 명사로 사용될 수 있다.

He ran upstairs/downstairs.
The upstairs/downstairs of this house is all new.

○ 형태는 명사어구 → 의미는 부사어구

다음은 우리나라 사람들이 잘 활용하지 못하는 표현인데 반해 실제 회화에서 사용 빈도가 매우 높은 표현이므로 잘 숙지할 필요가 있다.

The way I see[look at] it = As I see[look at] it 내가 보기에는
The moment/instant/minute... = As soon as... …하자마자 (사용 빈도 높은 표현)
first thing in the morning = first thing tomorrow morning
내일 아침 제일 먼저 (우선 처리할 일을 약속할 때 많이 쓰이는 표현)
Everytime..., (절) …할 때마다 (whenever보다 구어적)
Each time..., (절) 매번 …할 때마다
Next time..., (절) 다음에 …하면
Next time he comes over, start sneezing to keep him from coming on to you.
(come on to …를 좋아하는 감정을 저돌적으로 표현하다) *(TV Sitcom: Three's A Crowd)*
(The) Next thing I knew, I was in the hospital. 그 다음에 알고 보니까 나는 병원에 있었다.
any minute = soon 곧 She'll be here any minute. 그녀가 곧 올 것이다.

•••기타 중요 표현

◎ 문장 중간, 뒤에 위치하는 부사

우리말에 없기 때문에 말할 때 생각나지 않아서 잘 활용하기 어려운 부사들이지만 사용 빈도가 매우 높은 표현들이다.

❶ again : 또, 다시

Hi again. 또 만났네요. (인사한 후 다시 만났을 때)
Bye again. 자 그럼, 안녕히! (작별 인사한 후 다시 우연히 만났을 때)
What was your name again? 아까 이름이 뭐라고 했지요?
When was it again? 언제라고 말했지요?
Thank you again. 다시 감사드립니다.
And again,... 다시 말씀드리지만요, ... (내용을 반복할 때 매우 요긴한 표현)

❷ though : 하지만

It's a little too expensive, though. (실제 발음에서는 매우 약하게 들린다.)

ex. With such a (criminal) record, it would seem obvious that the United States should offer no help (to North Korea). In this case, **though**, the obvious answer is not the right one. (The Washington Post : Feb. 9, 1997)

❸ instead : 그 대신에

I'll stay home instead.

❹ back : 다시

Why don't I call you back?
He is back in power[office]. = He is reinstated. 그는 복직되었다.
When do you expect him back? 언제쯤 그가 다시 돌아올까요?
How soon will he be back? 얼마나 있으면 그가 돌아올까요?
The Korean Conflict broke out back in 1950. (과거 사건. back in은 한꺼번에 발음함)

❺ all right : '좋다'는 의미가 아니라 강조 의미의 부사로서 자주 사용되는 표현이다.

This is expensive, all right. 이건 정말 비싸네.
She is a doll, all right. 그 여자는 정말 미인이야.

◎ kind/sort of (kinda/sorta; kinder/sorter)

'좀, 약간, 말하자면'이라는 뜻으로 자기의 주장을 약하게 말할 때 사용하는 표현이다. a kind/sort of(일종의)와는 다른 의미의 표현이다.

cf. *What kind of... are you[is this]?* 무슨 ...가 이래? (불평의 관용적 구문)
What kind of man are you? 무슨 남자가 이래?
What kind of house is this without sugar? 무슨 집이 설탕도 없어?

🔵 동사 + a lot

'…를 많이 한다' 는 뜻으로 '동사+a lot' 의 표현을 회화에서 매우 빈도 높게 사용한다.

I used to drink[smoke/work out] a lot.

🔵 다양한 공간 개념의 부사를 대체한 표현

❶ I'll be right out/in/up/down/over (there)/back.
곧 나가겠습니다/들어가겠습니다/올라가겠습니다/내려가겠습니다/그리 가겠습니다/돌아오겠습니다.

❷ Let me out/in/up/down/through.
내보내 주세요/들여보내 주세요/올려 주세요/내려 주세요/지나가게 해주세요.

❸ Come on in/out/up/down/over.
어서 들어와라/나와라/올라와라/내려와라/이리 와라. (재촉할 때 쓰는 요긴한 표현)

Come on in! 어서 들어오세요. (손님을 환영하는 표현으로 부사 in에 제1강세가 온다.)

Why don't you come on over sometime? (= come and visit me)

Come on out with your hands up! (경찰이 범인에게 하는 말)

✚ Come on.은 회화시 다양한 상황에서 매우 요긴하게 사용할 수 있는 표현이다. on이 부사이므로 강세가 오며, 보통 영화 자막이나 만화에서는 발음 나는 대로 C'mon!이라고 표기한다.
- 재촉할 때(= hurry up!)
  Come on! Let's get out of here. 자, 빨리 여기를 뜨자!
- 진정시키거나 격려하고 달랠 때(= Take it easy!)
  Come on. It's not a matter of life and death. 좀 진정해. 뭐, 죽고 사는 문제도 아닌데.
- 그만하도록 요청할 때(= Stop doing that!)
  Come on. That's nonsense. 말도 안되는 이야기 그만 좀 해.

🔵 otherwise

❶ (그 외) 달리 : unless otherwise noted/indicated/stated 달리 명시되지 않는다면

Unless otherwise indicated, the conference will be held in accordance with the time table provided in the current program.

I think otherwise. = I don't think so. 나는 달리 생각합니다.

❷ 그렇지 않으면 : Otherwise, …

I love to teach children. Otherwise, I wouldn't be teaching now.

❸ (그 외) 다른, 기타의 : 형용사로 쓰인다.

in otherwise cases 기타의 경우

◯ out/in

❶ out/in : 밖/안에서 하는 동작 동사와 함께 관용적 표현으로 사용된다.

- out

    He's out to lunch. 점심 먹으러 나갔습니다. (전화)
    How often do you eat[dine] out? 얼마나 자주 외식합니까?
    Let's cook out. (공원 같은) 밖에 나가서 (바베큐 같은) 식사를 해 먹자.
    He just stepped out. 방금 나갔습니다.
    Let's go hang out. 나가서 좀 시간을 보내자. (청소년 이상의 어른들 표현. Let's go play (outside).라고 하면 어린이들 말이 된다.)
    Were there any calls while I was out? 내가 없을 때 전화온 데 없었니? (전화)
    I want out. 난 빠질래. (추상적 개념)
    They moved out yesterday. 그들은 어제 이사 나갔다.
    Watch[Look] out (for...)! ...을 조심해!
    The U.S government will pull out the army forces from the peninsula. (pull out 철수하다/철수시키다)

- in

    Is...in/there? ...있습니까? (전화)
    I'll see if he's in. 있는지 알아볼게요. (전화)
    He just stepped[came] in. 방금 들어왔습니다.
    I want in. 나도 낄래. (추상적 개념)
    We moved in yesterday. 우리는 어제 이사 들어왔다.
    cf. *move in with...* ...와 살림을 같이 차리다

❷ out : 바닥난 상태   in : 한창인, 유행하는

- out

    We're running out of gas. 휘발유가 떨어지고 있다.
    We're sold out. 매진되었습니다.
    As I've been away from my work too long, I'm afraid I may lose out. (lose out 지다, 실패하다)

- in

    Oysters are now in. 굴이 한창이다.
    Miniskirts are in again. 미니스커트가 다시 유행하고 있다.

◯ up/down

- up : 활동적인

    Stocks are up. 주가 상승
    Cheer up! 힘을 내라.
    What's up? 어때? 잘 있었니?
    Something came up. 일이 좀 생겼다.

- 완전/강조의 up
  finish up 다 끝내다
  eat up 다 먹어버리다
  clean up 깨끗이 청소하다
  clear up 날씨가 맑다
  pay up 빚을 다 청산하다

- down : 작동하지 않는
  Stocks are down. 주가 하락
  Slow down. 천천히 해라.
  You look down. 기분이 좋지 않은 것 같다.
  feel down = feel blue 우울하다
  down in the dumps 우울하여, 기가 죽어
  The computer's down. 컴퓨터가 고장났다.
  My car broke down on my way to work. 출근하는데 차가 고장 났다.

강조의 의미를 나타내는 far, way, well

far below... : …보다 훨씬 아래

ex. *Appealing for aid from abroad, the government reduced individual grain rations to 100 grams per day, **far below** the 450 grams the World Health Organization recommends for basic subsistence.* (Time: Feb. 17, 1997)

They're way ahead of us. 그들은 우리보다 훨씬 앞에 있다.
I'm way behind in my work. 일이 너무 밀렸다.
He was well over forty. 그는 마흔이 훨씬 넘었다.
cf. *Don't get mad at her. She meant well.* 그 여자는 좋은 뜻으로 이야기한 거야.

ref. much the same 거의 같은   pretty much the same 아주 거의 같은
구어체 표현으로서, the same을 수식하는 much는 almost의 뜻이다.

away : …해 버리다 (…로부터 멀어지는 느낌)

get away 도망가 버리다 → 도망가다
give away 주어 버리다 → 남에게 공짜로 주다, 분배하다
take away 빼앗아 버리다 → 빼앗아 가다
Take it away. 부탁합니다. (중계방송에서 다른 아나운서에게 마이크를 넘기면서)
throw away 버려 버리다 → 던져 버리다

around : 둘레   across : 직경

The pond is about 300 yards around. (= in circumference)
The pond is about 100 yards across. (= in diameter)

⊙ somehow

Somehow I get the feeling that you don't like me. (감정 표현 : 어쩐지)
I'll solve this problem somehow. (의지 표현 : 어떻게 해서든지)

⊙ inside out과 upside down

'명사+부사'의 관용적인 표현이다.

He is wearing his shirt inside out. (안팎을 거꾸로)
The picture is hanging on the wall upside down. (위아래가 거꾸로)
= The picture hanging on the wall is upside down.
cf. *inside out : thoroughly*의 뜻도 있다.
   The police searched the house inside out. 경찰은 그 집을 철저히 수색했다.

> **Tip** **wrong side out (✕)**
>
> 기존 영문법책의 영작 중 주요 관용표현에 나오는 '양말을 뒤집어 신었다'는 표현을 He put on his socks wrong side out.(✕)이라고 말하면 틀린다. '안팎을 거꾸로'라고 할 때는 wrong side out(✕)이란 말은 사용하지 않으며 inside out이라고 표현한다.

⊙ 열거 순서/등수 표현

열거할 때의 순서나 등수를 말하는 서수는 부사 기능을 하므로 the를 생략한다.

❶ 열거 순서

First(ly), ... = in the first place (말할 때는 Number one, ...)
Second(ly), ... = in the second place (말할 때는 Number two, ...)
Third(ly), ... = in the third place (말할 때는 Number three, ...)
Last but not least, ... 마지막이면서도 중요한 것인데, ... (관용적 표현)

❷ 등수 : 무관사임에 유의한다.

He came in first. 그는 1등으로 들어왔다.
He won third place. 그는 3등했다.

⊙ 수식어 once

'한때 …한'의 의미를 표현하는 형용사로 once를 많이 사용한다.

The once crowded place is now deserted. 한때 북적였던 장소는 이제 사람이 없다.
No one would apply for the once popular job. 한때 인기 있던 일자리에 아무도 지원하려 하지 않는다.

✚••• 기타 다양한 부사어구 표현 방식

아래와 같이 부사어는 전치사구를 활용하여 다양한 방식으로 표현할 수 있다. 이런 다양한 표현은 보다 정확하고 격식을 차린 수준 높은 의사소통 상황에서 많이 요구된다.

A neighbor is advising me legally. *(A Student's Grammar of the English Language p. 175)*
　　　　　　　　　　　　　on legal issues.
　　　　　　　　　　　　　as far as legal matters are concerned.
　　　　　　　　　　　　　in respect[relation/connection] to the law.
　　　　　　　　　　　　　from a legal standpoint[viewpoint/perspective]

03 비교 (Comparison)

영어의 비교급 표현은 우리말에서 비교하는 표현보다 더 복잡하여 습득하기 쉽지 않지만 회화에서 사용 빈도가 높은 구문이므로 잘 익혀야 한다. 따라서 여러 가지 비교 구문/표현 공식을 기계적으로 암기하지 말고 반드시 의미 있는 문장을 통해 유용한 구문을 습득하도록 해야 한다.

원급(Positive)

회화체에서는 as...as 다음에 명사어구 외에도 절을 많이 사용한다.

Perhaps, it's not as bad as you think.　그래도, 아마 생각만큼 그리 나쁘진 않을 거야.

중요 구문

- as...as sb can = as...as possible.
  I hope you can reply to me as early as you can.

- as...as sb can be = as ... as can[could] be　최고로 …하다
  I'm as happy as I can be. = I'm as happy as can be.

✚ 수사적 표현 as...as can/could be　기존 영문법책에서 중요시하는 as...as can be는 수사적인 표현이어서, 시나 노래에 주로 사용되며 회화에서는 잘 사용되지 않는다.

- as+형용사+관사+명사+as ever... : 이제까지 …한 ~
  He is as great a soldier as ever lived.

  ex. *Russia's nuclear forces are deteriorating, but may be as dangerous as ever.*　*(Time: Oct, 21, 1996)*

- not so much A as B : A라기보다는 B
  He is not so much a scholar as a shrewd businessman.

✚ **not as[so]...as** as...as의 부정구문은 미식영어에서는 not as...as이고, 영식영어에서는 not so...as이다.

◯ 배수

This book is twice[three times] as big as that one.

다음과 같이 형용사를 명사로 전환하여 표현할 수도 있다.
→ This book is twice[three times] the size of that one.

✚ **형용사 – 명사 배수 표현법** 우리말에서는 '...크기의 두 배'라고 하니까 '...의'라는 말 때문에 twice와 the size 사이에 전치사가 필요할 것처럼 잘못 생각하기 쉬우니 주의해야 한다. 단순히 전치사가 불필요하다는 지식을 외우지 말고, twice the size of를 한 단어처럼 기억하면 전치사가 불필요한 구문에 대한 언어의 직관이 생긴다. 그런 다음에 형용사를 명사로 전환할 때 필요한 다음과 같은 명사형을 기억해 두도록 하자.

large/big – size, many – number, much – amount, deep – depth, wide – width, high – height, long – length, heavy – weight

이와 같이 twice the size/number/amount/depth/width/height/length/weight of 등의 표현을 내용을 음미하면서 한 단락으로 익혀 두면 실제 회화시 적절하게 활용할 수 있다.

ref. -fold : '몇 배'를 나타낼 때 많이 사용되는 접미사 (= ~ times)
ex. *The number of people infected with the HIV virus increased* **tenfold** *in two years, from 10,000 in 1993 to 100,000 in 1995.* (Time: Jan. 6, 1997)

◯ 관용표현

기존 영어책에는 아래의 표현 외에도 많은 표현을 제시하고 있으나, 수사적인 표현이므로 실제 일상대화에서는 그리 많이 사용되지는 않는다. 회화체에서 사용될 때는 It's as tough as leather.보다 It's tough as leather.처럼 as를 자주 생략하여 표현한다.

as brave as a lion = very brave
as busy as a bee = very busy
as clear as crystal = very clear
as cold as ice = very cold
as cunning as a fox = very cunning
as poor as a church mouse = very poor
as cool as a cucumber = very cool
as easy as ABC[pie] = very easy (It's a piece of cake.란 말에서 pie가 유래됨)
as light as a feather[air] = very light
as loud as thunder = very loud
as soft as butter = very soft
as sour as vinegar = very sour
as steady as a rock = very steady
as still as a statue = very still
as tough as leather = very tough

비교급(Comparative)

🔸 비교/최상급 형태

- 형용사 + -er, -est
- more, most+형용사 : 파생어 접미사(-ive, -ful, -ic, -ous 등)가 붙은 형용사는 more, most로 비교급, 최상급을 만든다.

    active, beautiful, acidic, tedious

기존 영문법책에는 3음절 이상의 단어일 경우 more, most를 붙인다고 설명하고 있지만 예외가 많아서 (예 active는 2음절임) 유용성이 낮은 규칙이다.

🔸 이중 비교/최상급 형용사

시간 : late-later-latest   순서 : late-latter-last

- later - latter

    I got to the party later than the others.
    Which are you talking about, the latter or the former?

- latest - last

    What is the latest news about the disaster?
    This will be the last time I'll ever come back to this place.

- farther - further

    Nothing can be further from the truth (than this). 이건 정말 사실이 아니다.
    We were so tired that we could not walk any farther.

Tip older/oldest vs. elder/eldest

기존 영문법책에서는 나이의 서열을 말할 때는 반드시 elder/eldest가 맞다고 설명되어 있으나 older도 사용할 수 있다. 실제로 미국 지식인들도 거의 older/oldest를 사용하며 또한 일상적인 회화 상황에서는 elder brother보다 older brother라고 한다. 구어체에서 큰 형은 big bro(ther)라고 하며, 어린 동생은 little[kid] brother, 막내는 속어로 pinky라고도 부른다. A Student's Grammar of the English Language(p.154)에서는 다음과 같은 예문을 제시함으로써 나이 서열을 의미할 때 elder와 older를 구별 없이 사용할 수 있음을 보여 주고 있다.

My elder/older sister is an artist.
His eldest/oldest son is still at school.
However, elder is not a true comparative in that it cannot be followed by than:
My sister is three years { older (○) / elder (×) } than me.

◯ 비교급 강조

even, much, still, far, a (whole) lot+better/worse

부사와 비교급을 한 단락으로 기억하는 것이 좋다. a lot을 더욱 강조할 때 whole을 삽입한다. 회화에서는 a (whole) lot을 가장 많이 사용하므로 a lot better, a lot worse, a lot more 등으로 a lot과 비교급을 한꺼번에 발음하면서 습득하는 것이 효과적이다.

◯ 비교급 중요 구문

❶ 비교급 + and + 비교급

It's getting warmer and warmer.

❷ The + 비교급, the + 비교급

앞의 The 비교급은 접속사 역할을 하며 뒤의 the 비교급은 부사의 역할을 한다.

The sooner[more], the better.
The more dangerous the sport is, the more he seems to like it.

❸ much more/less

기존 영문법책에는 긍정문에서는 much more, 부정문에서는 much less가 쓰인다고 설명하고 있으나, 실제로 현대 영어에서는 much more는 사용되지 않고, much less만이 사용된다.

He can use the computer, much more the typewriter. (?)
He cannot use the typewriter, much less the computer.
그는 타자기는 사용할 줄 모르며 컴퓨터는 더욱 못한다.
He cannot speak English, much less Russian. 그는 영어를 못하며, 러시아어는 말할 것도 없이 못한다.

❹ 동일인/동일물 성질비교 : more + 원급 + than...

   He is more wise than clever.

❺ the + 비교급 + 수식구

   • the+비교급 +(of the two)

   Paul is the smarter (of the two boys).

   • all the better for... /none the less for... (?)

   I like him all the better for his faults. …때문에 더욱더

   기존 영문법책에 있는 none the less for...의 구문은 실제로 쓰이지 않고 있다.
   I like her none the less for her faults. (?) …임에도 불구하고 (어색함)
   → She has faults, but I like her none the less. (자연스러운 표현)

❻ more than + 형용사 원형 = very + 형용사

   ✚ 기존 영문법책에 설명되어 있는 'very+형용사 = all+추상명사 = 추상명사+itself'의 공식은 현대 영어에서 거의 사용되지 않는 구문이다. 즉, She is all kindness. (?)나 She is kindness itself. (?)는 매우 어색해서 사용되지 않는 표현이다. 실제 회화에서는 강조의 의미로 'more than+형용사' 구문을 많이 사용한다.
     She's more than kind. = She's very kind.
     You're more than welcome to drop by my office. = You're quite welcome to drop by my office.

❼ 라틴어 비교 : to

   senior/junior/superior/inferior/anterior/posterior to

   ✚ be senior to sb by...years (✗)
     He is senior to her by two years.는 일상 대화에서는 잘 사용되지 않는 표현이며, 굳이 senior를 쓴다면, He is her senior by two years.(= He is two years older than she.)라고 할 수 있다.

   cf. *A be preferable [préfərəbl] to B* B보다 A가 선호되다
       prefer A to B B보다 A를 선호하다

○ no + 비교급 + than

   • A is no more B than C is : A가 B가 아닌 것은 C가 B가 아닌 것과 같다

   Too much is no more desirable than too little is.
   너무 적은 것이 바람직하지 않은 것처럼, 너무 많은 것도 바람직하지 않다.

   • no more than = only   no less than = as much as

   He gave me no more than $5.
   He gave me no less than $500.

   • not more than = at most   not less than = at least

   I think we need not more than $100 to do the work.
   I think we need not less than $100 to do the work.

◐ 비교급+than+절

'생각한 ~보다 …하다'는 의미를 표현할 때 많이 사용되는 구어체 구문이다.

The test turned out to be easier than I thought.　(문어체 : than (it was) expected)
The service was better than I expected.
It's worse than I thought.

최상급(Superlative)

◐ 관사 형태

형용사는 정관사를 붙이고, 부사에는 정관사를 붙이지 않는다.

He is the fastest runner.
He runs fastest.
cf. *the second*+최상급　두 번째로 …한
　　He's the second best chess player in the world.
　　the second oldest/eldest brother (?)　둘째 형(미국은 형제간의 순서를 중시하지 않는 문화권이므로 실제로 이런 표현
　　은 거의 사용되지 않는다.)

◐ 동일(인)물 내의 최상

동일한 사물이나 사람의 상태를 비교하여 최상의 의미를 말할 때는 정관사를 붙이지 않는다.

The Atlantic Ocean is deepest here.

◐ 양보의 의미

최상급은 양보의 의미로 자주 사용된다.

The smartest student could not solve this math problem.
= Even the smartest could not solve this math problem.

◐ 최상급 강조

by far, the very, much : 단연코
This product has by far the best quality.
This product is by far the best.

◐ 원급 · 비교급 · 최상급 표현

Mt. Everest is the most challenging mountain in the world.
I've never p.p. such a+형용사+명사+before[in my (whole/entire) life].
This is the+형용사의 최상급+명사+I've ever p.p. (in my (whole/entire) life).

✚ 최상의 의미를 나타내는 표현으로서 강한 의미를 전달할 때 매우 기본적이며 중요한 구문이다. 이런 구문은 이해하기는 쉬워도 이런 회화에 잘 응용하는 사람은 드물다. 최상의 표현을 하고 싶을 때 이런 구문이 저절로 활용될 수 있도록 (위의 공식적인 문장 구조를 기억하지 말고) 아래와 같은 의미 있는 문장의 내용을 음미하면서 '혀'로 외우도록 많이 연습해야 한다.

    I've never seen such a beautiful sight in my (whole) life.
    This is the most beautiful sight I've ever seen in my (whole) life.

✚ **사용 빈도 낮은 수사적 구문** 기존 영문법책이나 시험 문제에서 매우 중요하게 다루고 있는 구문이지만 (특히, any other나 no other 다음에 단수명사가 쓰이는 것을 강조), 수사(修辭)적인 표현으로서 극적인 의미를 전할 때만 사용되며 실제로 일상 대화에서 일반적 사실을 평범한 형용사로 묘사할 때는 사용 빈도가 낮은 구문이다.

  = Mt. Everest is as challenging as any other mountain in the world.
  = Mt. Everest is more challenging than any other mountain in the world.
  = No other mountain in the world is as challenging as Mr. Everest.
  = No other mountain in the world is more challenging than Mt. Everest.

CHAPTER 03 형용사 및 부사

연습문제 EXERCISE

빈칸에 알맞은 표현을 고르시오.

1. The _____ chairperson had long been respected by all the employees.
   (A) later   (B) lately   (C) belated   (D) late

2. These _____ buildings are still in good condition even though they were built 500 years ago.
   (A) tall two brick   (B) tall brick two   (C) two brick tall   (D) two tall brick

3. What the customers do not like about the product is its _____ price.
   (A) high   (B) cost   (C) lucrative   (D) valuable

4. The most serious social problem plaguing the metropolis is its _____ population.
   (A) many   (B) large   (C) much   (D) grand

5. I wonder if we can meet here at 5 p.m. tomorrow if _____ .
   (A) you are convenient   (B) it is convenient to you
   (C) you like convenience   (D) you find it convenience

6. _____ I have never seen the student coming late for school.
   (A) Later   (B) Late   (C) Lately   (D) Latest

7. I can _____ hear you. Could you speak up?
   (A) most hard   (B) hardest   (C) hard   (D) hardly

8. Today's report says that the accident took place _____.
   (A) around there yesterday   (B) around yesterday there
   (C) there yesterday around   (D) there around yesterday

9. Jane was born in the ABC hospital _____, February 28, 1969.
   (A) at 7 a.m. around on Friday   (B) at about 7 a.m. on Friday
   (C) on Friday at about 7 a.m.   (D) around on Friday at 7 a.m.

10. He has _____ to finish his own work.
    (A) hardly   (B) already   (C) yet   (D) narrowly

연습문제 | EXERCISE

11 I think I saw him working in the garage a couple of days _____.
(A) after (B) then (C) since (D) ago

12 This blue box is three _____ size of that red one.
(A) times the (B) much the (C) so the (D) such the

13 The businessman is as _____ as a fox.
(A) busy (B) cool (C) cunning (D) poor

14 He is working as _____ as a bee.
(A) lazily (B) busily (C) steadily (D) sincerely

15 He cannot use the calculator, much _____ the computer.
(A) most (B) more (C) less (D) least

16 Peter is _____ of the two (boys).
(A) smartest (B) smarter (C) the smarter (D) the smartest

17 I like Cindy _____ for her serious faults.
(A) no the less (B) none less (C) no lesser (D) none the less

18 He is senior _____ her by two years.
(A) to (B) for (C) with (D) of

19 It has been discovered that the Pacific Ocean is at its _____ somewhere around here.
(A) the deeper (B) the deepest (C) deeper (D) deepest

20 I guarantee you that this machine is _____ far the best quality product.
(A) much (B) even (C) by (D) still

21 _____ other mountain in the world is higher than Mt. Everest.
(A) Some (B) No (C) Any (D) Each

22 He was late for today's meeting, _____ with him.
(A) as is often the case (B) as often is the case
(C) as the case is often (D) as the case often is

연습문제 | EXERCISE

다음 중 적절하지 못한 부분을 고르시오.

23 (A) Dr. Aston was so ashamed a woman (B) of her miserable past (C) that she always wanted to stay away (D) from her colleagues.

24 (A) The committee members presented (B) have been discussing many issues (C) at hand for (D) four days straight.

25 (A) These steel two bridges are (B) still in good condition (C) even though they were built 100 years ago (D) by the foreign invaders.

26 (A) Small companies are impossible (B) to compete with the large ones (C) in the free market system (D) referred to as capitalism.

27 (A) Vicky has worked hardly (B) for three years to be admitted (C) to that prestigious college (D) only in vain.

28 (A) From what I hear, (B) that lazy employee always is late (C) for work, (D) giving the same old excuse - the heavy traffic.

29 (A) When young, (B) she used to (C) live in a shanty (D) in Champaign County in a small town, Illinois.

30 (A) I would appreciate it (B) a great deal (C) if you could reply to me (D) as early as possible you can.

31 (A) Customers prefer the brand new model (B) to the old-fashioned model (C) because the old one is three times (D) as weight as the new one.

32 (A) To our disappointment, (B) our team got to the destination (C) two minutes latter (C) than our opponent.

33 (A) The more dangerous is the sport, (B) the more (C) people appear to (D) love watching it.

34 (A) It is common sense (B) that sleeping too much is (C) no less desirable (D) than sleeping too little.

SECTION 02 품사편

04 _ 전치사
Prepositions & Prepositional Phrases

접속사는 절을 연결시켜주는 품사인 데 반해, 전치사는 명사에 상당하는 어구를 목적어처럼 취하여 앞의 품사와 뒤의 명사를 연결하는 기능을 하는 품사이다. 따라서 앞의 품사와 함께 나오는 전치사, 전치사의 목적어로서의 명사를 숙어처럼 한꺼번에 기억하는 것이 매우 중요하다. 예컨대 '그 문제의 해결'이란 말을 영어로 하면, a solution of the problem이 아니다. of 대신에 to를 사용하여 a solution to the problem으로 표현한다. 또한, '…에 대한 문제'는 a problem about…이라고 하지 않고 a problem with…라고 표현한다. 따라서 a solution to the problem with… 정도의 표현은 숙어처럼 기억하는 것이 바람직하다. 어렵다고들 말하는 전치사 용례는 숙어적으로 의미단락을 소리로 외워서 습득하면 큰 어려움 없이 회화할 때 사용할 수 있다.

01 전치사와 부사 (Prepositions & Adverbs)

전치사와 부사의 구별을 중요시하는 기존의 영문법책이 있으나 이는 거의 영어학습에 도움이 되지 못하는 문법 설명이다. 전치사는 목적어를 취하고 강세가 없으나, 부사는 목적어를 취하지 않고 강세가 주어진다. 교육받은 원어민들도 어떤 한 단어의 품사가 전치사인지 부사인지 그 품사를 구별하지 못하는 사람이 많으며 이들은 오히려 사용하는 표현을 보고서 전치사와 부사를 구별한다.

 Let me check it out.
 Why don't you check with the front desk? 입구 안내에 가서 물어 보시지요?

위의 문장에서 check it out의 (out에 강세가 오는) 발음을 한꺼번에 기억함으로써 듣는 순간 check out it은 잘못된 표현으로 느껴지고 check out은 2어동사로서 out은 부사로 이해되는 것이다. check out it이 틀렸다는 사실은 check out이 2어동사이므로 대명사 it이 동사와 부사 중간에 위치해야 하기 때문이 아니다. (사실, check out이란 표현을 모르는 학습자는 out이 전치사인지 부사인지 알 수가 없다.) check it out을 하나의 의미단락으로서 소리를 통해 외움으로써 check out it은 이상하고 어색하게 들리게 되는 것이다. 마찬가지로 check with the front desk를 많이 써 봄으로써 check the front desk with는 틀린 표현으로 느껴져서 with는 목적어를 취하는 전치사란 것을 알게 되는 것이다.

결론적으로 어떤 단어의 품사가 전치사인지 부사인지 구별하는 것은 숙어 표현(대명사 목적어를 지닌 2어동사: check it out 등)을 한 단락으로 발음하여 써 봄으로써만이 가능하므로, 의사소통 능력 배양 측면에서 전치사와 부사의 구별은 의미가 없다. 여러 가지 유용한 관용표현을 의미단락으로 많이 써 보며 발음으로 기억하는 것 외에는 달리 효과적인 방법이 없다.

 Cut it out! = **Knock it off!** 집어치어라!
 Plug it in. 콘센트에 꽂아라. (반대 표현은 Unplug it.이며 Plug it out.(×)이란 표현은 없다.)
 Put it off. 연기해라.

Put it on. 입어라.
Take it off. 벗어라.
Turn it down. 거절해라 (turn down 거절하다 = reject)
I'll put you through. 전화 연결해 드리겠습니다.

02 의미 중심 분류 (Meaning-based Categorization)

다음과 같은 의미별로 전치사를 분류할 수 있다.

••• 시간

at, on, in, into, within, after, by, until, for, during, through(out), before, ahead of, behind

○ at, on, in

소개념 ← at < on < in → 대개념

- at : 특정한 시각, 짧은 시간
  I woke up at 7 o'clock.
  I stayed up till late at night.

- on : 날짜, 요일, 특정한 날의 아침, 오후, 저녁
  The fiscal year begins on October 1st in the U.S.
  We went out for a walk on a Sunday afternoon.

- in : 달, 계절, 년도
  We got married in May.
  The child was born in 1988.

> **Tip** **on a Sunday afternoon**
> in the afternoon이지만, 요일 Sunday가 앞에 옴으로써 on으로 바뀜에 유의해야 한다. 또한, this/last/next/ every 등의 수식어가 요일을 수식하면 전치사 on이 탈락된다.

◯ by, till/until

- by : …까지 (완료)

    I'll be here by 1 p.m.   1시까지 여기에 올 것이다.

    All the hotel guests are expected to leave by noon.

- till/until : …까지 (계속)

    I'll stay here till 1 p.m.   1시까지 여기에 머무를 것이다.

    Would it be possible for me to stay until 2 o'clock?

동사의 의미상 be here(p. 73 참조)나 leave는 by와 함께 쓰이고 stay는 until과 함께 쓰일 수밖에 없으므로 leave by, stay till/until 등으로 한꺼번에 기억하는 것이 바람직하다.

◯ in, within, after, before, into

- in : …후에/ (얼마의 시간이) 지나고 난 후 (미래 : 시간 경과)

    I'll be back in an hour.

- within : …내에/(얼마의 시간이) 지나기 전에 (미래 : 시간 내)

    Can you finish this work within an hour?

- after : … 후에 (과거)

    He returned after an hour.

- before : 시간, 공간, 추상적 개념에 다 쓰인다.

    I'd like you to come home before dark.

- into : …한 지 얼마가 지나서
    (기존 영문법책에는 설명이 없지만, 실제로 사용 빈도가 높은 중요한 전치사다.)

    ex. *Less than four months **into** his presidency, his approval rating is now under 50 percent.* (ABC News Nightline)

◯ for, during, through(out)

- for : …의 시간 길이 동안 (How long…?의 대답)

    I stayed at my grandparents' house for about one week.

- during : 특정 기간 동안 (When…?의 대답)

    I visited my grandparents during the summer vacation.

✚ **for the summer** (여름이라는 좀더 대략적 시간 개념 동안)
during the summer vacation (여름방학이라는 특정 기간 동안)
이 두 가지 표현을 한꺼번에 기억하는 것이 for와 during의 의미 차이를 자연스럽게 습득하는 방법이다. 영미 원어민들도 바로 이런 식으로, 즉, 관용표현/구문을 내재함으로써 점차적으로 암시적인 문법지식을 갖게 되어 언어를 습득한다. 그러나, 외국어로 영어를 배우는 EFL 상황에서는 문법학습이 언어습득에 많은 도움을 줄 수 있다. 예컨대, for와 during의 의미의 차이를 이해한 후에 의미 있는 표현, 즉, for the summer와 during the summer vacation 등의 살아 있는 표현을 익힘으로써 전치사를 학습하면, 효과적인 언어습득이 될 수 있다. 단 (영문법책에서 영어수업 시간에 많이 하는 방법인) 명시적인 문법지식을 기계적으로 외우기만 한다고 해서 의미있는 표현/구문 등을 활용할 수 있는 살아 있는 의사소통 능력이 배양되는 것은 절대 아니다.

- through(out) : ··· 동안 내내
  We worked hard through(out) the year.
  AIDS spreads throughout the gay community.
  cf. *throughout*은 '··· 전역에 걸쳐'라는 장소의 개념에도 많이 사용된다.
  throughout Seoul / Tokyo / New York

○ ahead of, behind

- ahead of : ···보다 앞선
  We are due to arrive at Kimpo Airport ahead of schedule.

- behind : ···보다 늦게
  I'm sorry we are a little behind schedule.

●●● 장소/공간; 추상적 개념

at, in, on, over, under, above, below, on, beneath/underneath by, near, around, against, in front of, behind, on, off

○ at, in

- at : 작은 지역, 지점
  I dropped in at his office on my way home.

- in : 넓은 지역
  I have stayed in New York for a month.

○ over, under, above, below, on, beneath/underneath

- over : ···의 위쪽에   under : ···의 아래쪽에
  A bird was flying over the big tree.
  We took a rest under the big tree.
  over/under the age of 20 (추상적)

- above : ···보다 위에   below : ···보다 아래에
  Raise your arms above/below your shoulders. (공간적)
  His I.Q is just above/below the national average. (추상적)
  above zero 영상   below zero 영하
  above sea level 해발

  ref. above, below를 형용사로 사용할 때의 위치
  above : 수식하는 명사 앞 또는 뒤에서 수식한다.
  below : 수식하는 명사에 뒤에서 수식한다.
  the above passage = the passage above 위의 독해 지문
  the passage below 아래의 독해 지문
  the below passage (×)

- over : 멀리

  over there 저기 (좀 '멀다'는 개념)

  Why don't you come over to my place? 우리집에 오지 그래?

  I'd like to invite you over for dinner. (invite는 보통 over와 함께 사용된다.)

  Thanks for having me over. 초대해 주셔서 감사합니다. (have...over = invite...over)

- on : 바로 … 위에 있는   beneath/underneath : 바로 … 아래에 있는

  There are many books on the desk.

  The paper was pushed underneath the door.

○ by, near, around

- by : … 옆에 (= beside)

  He sat by my side. = He sat beside me. = He sat next to me.

- near : …에 가까이 (= close/next to)

  My office is quite near my home.

- around : … 주위에

  They were standing around me.

○ before, after, in front of, behind

- before : 순서 및 추상적 개념에 쓰인다.

  He got out of the room before his father. (순서)

  Age before beauty. (추상적)
  (여자와 나이든 남자 사이에서 나이든 남자가 무엇을 먼저 하라고 제안할 때 사용하는 표현)

  They put the cart before the horse. 본말이 전도되다. (추상적)

✚ 회화에서 요긴하게 사용되는 구문으로서 put A before B는 'B보다 A를 중시하다'
  You should put quality before quantity. 양보다 질을 중시해야 한다. (추상적)

- after : 순서 및 추상적 개념에 다 쓰인다.

  He got out of the room after his father. (순서)
  = His father got out of the room. And then he did the same.

  After you. 먼저 나가세요. / 먼저 하세요.

  What are you after? 추구하는 바가 무엇인가? (추상적)

- in front of : … 앞에 (공간적)

  There is a beautiful park in front of my house.

  The priest stood in front of the altar. (공간적, altar 제단)

- behind : … 뒤에 (공간적)

  There is a beautiful park behind my house.

✚ 물리적 공간에서 '뒤에 있다'고 할 때는 after보다는 behind를 쓴다.
  shut the door after you → shut the door behind you

⊙ on, off

- on : 접촉

    He got on the bus.

    The picture is hanging on the wall upside down.

    A: Do you have your passport on[with] you? 여권을 소지하고 있습니까?

    B: It's not on me right now. (on/with you가 있으면 '지금 소지하고 있는지'를 묻는 표현이며 없으면 '원래 소지하고 있는지'를 묻는 표현이다.)

    I have some money on me. (on me 수중에 – 돈이 있는 주머니가 내 몸에 붙은 느낌)

    He's really getting on my nerves. (get on one's nerves 신경에 붙어 있다, 신경을 건드리다)

    Put it on. 입어라.

    cf. *put...on* 착용하다 (동작) *have...on* 착용하고 있다 (상태) *try...on* 입어 보다

    on one's knees 무릎을 꿇고서 (무릎을 땅에 댄 상태)

    on the clock = working

    cf. *off the clock = on break*

- off : 분리

    I'm off. 전 갑니다.

    They're off to school. 그들은 학교에 간다.

    He got off the bus.

    Get off my back. = Stop bothering me. = Stop bugging me.
    내 등에서부터 떨어져. / 귀찮게 굴지 마.

    Take off your coat.

    This is off the record. = This is confidential. = Just between us. 이건 비밀인데,

    off one's rocker = crazy

••• 이동 방향

> to, for, toward, out (of), into, along, across, through, by way of, via, up, down

⊙ to, for, toward

- to : 목적지

    I'd like to reserve a seat for a flight to San Francisco.

    This road will lead you to the park.

    I'm now on my way to the post office.

    the way/stairway/road/entrance/exit to+명사 (…로 가는 길/계단/도로/입구/출구)

    There is no royal road to learning.

    All roads lead to Rome. (lead to... …로 연결되다)

- for : 운송수단+목적지 (be bound for에서 나온 표현)

    The train is (bound) for Pusan.

    The first express bus for Seoul leaves at 5 a.m.

◯ into, out of

- into... : …(안)으로

  I went into the president's office quietly.

  They moved into the new apartment.

  cf. …방향으로 : *in the direction* *(to the direction은 틀린 표현이다.)*
  He drove in the direction of the Han River.

- out (of) : …에서 밖으로 (out of보다 out을 더 많이 사용하는 경향이 있다.)

  Look out (of) the window.

  The students ran out (of) the classroom.

  Let's get out of here.

  (① 밖으로 나가자. ② 딴 데로 가자. / 튀자. (속어) '안에서 밖으로'의 뜻 외에 '밖의 한 장소에서 다른 장소로'의 뜻도 있다.)

◯ along, across, through

- along : …을 따라

  We jog along the road every morning.

- across : …을 가로 질러

  We ran across the park.

- through : …을 관통하여

  The highway runs through the desert.　(run 길이 나다)

◯ by way of, via

- …을 거쳐서 (공간)

  He came to Korea by way of Japan.

- …에 의하여 (= by means of 수단)

  Dr. Stephen Hawking communicates by way of a computer.

◯ up, down

- up : 화자에게 가까이 / down : 화자로부터 멀리

  He walked up to me.

  Down the hall, and to your left.

✚ 기존 영문법책에는 up과 down의 용법 설명 중 화자에 가깝게 오는 쪽이 up이고 화자로부터 멀어지는 방향이 down이라는 사실에 대해서는 설명되어 있지 않으나 *A Student's Grammar of the English language*에서는 다음과 같이 설명한다.

> Note that the difference between '(coming) up the road' and '(going) down the road' may have more to do with personal orientation than with relative elevation.
> (p. 194)

•••방법, 도구

◐ 방법 by, with, in, like

- by : …로 / by -ing : …함으로써
  I go to school by bus. (by+(무관사) 교통수단)
  He made a lot of money by working day and night.

- witht 추상명사 : …하게
  I did it with pleasure.
  with ease/difficulty/patience

- in : 상태
  He called me in a low voice.

- like : …같이, …처럼
  He treated me like a gentleman.

◐ 도구 with, by, through

- with : …을 가지고
  You can unlock the door with this key.
  He always works with a good attitude. (추상적)
  cf. *You'd better take an umbrella with you.* (부대상황, …의 몸에 지니고 있는)

- by : …에 의해서
  We can run this machine by solar power.

- through : …을 통해서
  We can send and receive messages through e-mail.

•••원인/이유/목적

◐ of : 심리적/내적 원인   from : 물리적/외적 원인

I'm sick of this food. 이 음식에 싫증났다. (심리적)
I got sick from this food. 이 음식 먹고 식중독 걸렸다. (물리적)
He died of cancer. (내적)
He died from a car accident. (외적)

◐ for : 이유나 목적

- 이유 : … 때문에 (이유)
  I'm happy for you. 너 때문에 기쁘다. (상대방에게 좋은 일이 있다는 말을 듣고 응답할 때 쓰는 일반적인 표현)
  = Good for you! 그것 (너를 위해서) 잘됐구나.

- for : …을 위해서 (목적)
  What are you living for?
  This gift is for her birthday.
  It's for you. 전화 왔어요. (전화 받을 사람이 전화기 바로 옆에 있을 때)
  There's a phone call for you. (전화 받을 사람이 전화기에서 좀 떨어져 있을 때)
  for the purpose[sake] of...
  for convenience's sake (편의상)

◯ at : 사물   with : 사람

✚ 구어체 미식영어에서는 angry with보다 mad at을, angry at보다 mad about을 더 즐겨 쓴다.

미식영어 : He's not mad at you. 그는 너에게 화난 것이 아니야.
         What're you so mad about? 뭐 때문에 화났어?

영식영어 : Why are you angry with me?
         He's angry at my words.

ref. be mad[crazy] about...은 '…을 매우 좋아하다'의 의미도 있다.

◯ from : 판단의 근거

from the perspective[viewpoint/standpoint/point of view] of …의 견지에서 볼 때
from what I know[hear/understand/have experienced] 내가 아는[들은/이해하는/겪은] 바로는

•⋯ 기타 중요 표현

◯ of

- 제거/분리
  rob[rid/deprive/strip/cure/clear/relieve/bereave] A of B   A에게서 B를 빼앗다/제거하다
  They robbed him of his briefcase.

- … 중에서
  These days eight (out) of ten marriages end in divorce.
  in nine cases out of ten 십중팔구

- 재료
  be made of   …로 만들다

기존 영문법 책에는 'be made of : 물리적 변화, be made from : 화학적 변화'라고 설명되어 있으나, 실제 회화에서는 물리냐 화학이냐 하면서 구별할 만큼 복잡하게 생각할 여유가 없어서, 보통 be made out of를 사용한다.

What is this food made out of?
What is this thing made out of?

- 시간 : … 전
    nine to five가 '오전 9시에서 오후 5시까지'의 의미도 있지만, '5시 9분 전'이 될 수도 있다. 따라서 실제 회화에서는 to와의 혼동을 피하기 위해 of를 자주 사용한다.

    It is ten minutes of ten.
    at five (mintues) of nine 9시 5분 전에

- 동격의 of
    (the) two of us 우리 둘 (일상 대화에서는 보통 the를 생략함)
    a friend of mine 나의 친구 중에 하나 (소위 이중소유격)

✚ **지명을 표현할 때의 of** 지역 단위와 지명을 말할 때 항상 동격의 of를 사용하므로, of까지 한꺼번에 기억하는 것이 바람직하다.
the village[town/county/city/country/state/nation] of...
the state of California : '캘리포니아의 주'가 아닌 '캘리포니아 주'. 단, 미국 수도인 Washington D.C.와의 혼동을 피하기 위해서, 미국 북서부의 Washington 주는 the state of Washington이라 하지 않고 예외적으로 Washington State라고 말한다.

- 거리/위치 : …에서/부터
    within ten miles[hours] of Seoul 서울에서(부터) 10마일[시간] 이내에
    twenty miles (to the) north of Seoul 서울 북쪽 20마일 (보통 to the는 생략)

- of + 명사 : 형용사구
    a boy of ten (years) 10세 소년
    of importance 중요한
    Safety is of paramount importance. 안전이 가장 중요하다.
    a man of character[ability] 인품이 된[능력이 있는] 사람 (문어체적인 표현)
    cf. We are of an age. (?) (앞에서도 지적한 대로 of를 생략하여 We are the same age.라고 한다.)

- 수사적 표현 (동격) : 일상 대화에서는 잘 쓰이지 않는다.
    a mountain of a wave = a mountainous wave
    an angel of a girl = an angelic girl
    a brute of a man = a brutal man

◐ from -ing : 막는, 못하게 하는 (방해)

- prevent[keep/stop/prohibit/deter/hinder] A from -ing
    : A로 하여금 …를 못하게 막다, (주어 때문에) A가 …하지 못하다
- discourage A from -ing
    : A로 하여금 낙담시켜서 …하지 못하게 하다, (주어 때문에) A가 낙담하여 …하지 못하다
- dissuade A from -ing
    : A를 설득해서 …하지 못하게 하다

✚ **-forbid... to부정사/from -ing** 'A로 하여금 …하는 것을 금하다, (주어 때문에) A가 …하지 못하다'라고 할 때 forbid A from -ing 대신 forbid A to부정사를 쓰는 것이 원칙이다. 그러나 원어민들은 '…을 못하게 하다'의 의미로 from을 무의식적으로 사용하므로 forbid A from -ing를 쓰는 경우도 적지 않다.

○ for

- 이유 : …했다고 해서

  thank[praise/compliment/reward/blame/punish/criticize] A for B

✚ 매우 중요한 구문으로서 심지어는 congratulate A on B 대신 congratulate A for B의 구문을 사용하기도 한다. 단, accuse는 of를, charge는 with를 사용한다.

- 교환, 대가

  I'd like to exchange my money for US dollars.
  trade[barter] A for B

- 찬성, 선호 (반대는 against)

  I'm all for that idea. 나는 그 생각에 전적으로 찬성입니다.
  cf. *I'm with you, not against you. = I'm on your side.*

  Do you care for something to drink?
  I care for her, but I don't love her.
  He fell for classical music. (classic music은 틀린 표현임. p. 549 참조)
  I don't go in for modern paintings. = I'm not into modern paintings.
  I don't have anything personal against you. 나는 당신에게 사적으로 반감이 있는 게 아니다.
  protect A against[from] B A를 B로부터 보호하다

- …로서

  for me = to me = as far as I'm concerned 나로선, 내 생각에는
  What did you have for breakfast? 아침 식사로 뭘 드셨습니까? (의사의 질문)
  What's for dinner[dessert]? 저녁 식사[후식]가 뭐예요?

○ to

- 대응/해결책 : …에 대한

  There's nothing to it. 그것에 대해서는 아무것도 없다. / 그거 별거 아닙니다.
  (쉽다는 설명이나 칭찬에 대한 겸손한 응답의 표현)
  Do you know the answer to this problem?
  What is your reaction to his suggestion?
  answer[solution/key/clue/approach/guide/reply/response/reaction] to…

- 소속

  He is the Korean ambassador to the U.N. 그는 U.N. 주재 한국 대사이다.
  He is a(n) aide[advisor/assistant/heir apparent/slave] to the president.
  대통령의 보좌관[고문/조수/(법정) 상속인/노예]이다.

  ex. *Hwang Jang-yop is also known to have groomed Kim Jong-il's image as heir apparent to Kim Il-sung.* (The Korea Herald: Feb. 13, 1997) (groom (후보자를) 훈련시키다)

  ex. *The place to be in Lima last Tuesday night was the elaborate residential compound of Japan's veteran ambassador **to** Peru, Morihisa Aoki.* (Time: Dec. 30, 1996)

• 결과

lead to = cause = trigger = invite

lend itself to …을 유도하다, 야기시키다 (= be conducive to, cause)

be sentenced to death 사형 선고를 받다

be bored[starved/frozen/burned/shot/strangled/stabbed/trampled] to death
지루해 죽겠다[아사하다/동사하다/불타죽다/총맞아 죽다/목졸려 죽다/칼맞아 죽다/밟혀 죽다]

drag[lift] sb to safety …를 끌어내어 안전하게 하다

He dragged me to safety. 나를 안전하게 끌어냈다.

cf. *He snatched me from the jaws of death.*
그는 죽음의 문턱에서 나를 끌어냈다 *(the jaws of death 죽음의 문턱)*

ref. 전치사 to는 '(결과를) 위해서'라는 의미로도 쓰인다.
Here's to… …을 위하여 (축배를 올릴(propose a toast) 때 하는 말)
Let's drink to that. 그것을 위해 마시자.

> **Tip drink to**
>
> 기존 영문법책의 영작문 중요 관용표현에 We drank success to him.(×)이란 문장이 있는데, 이는 틀린 표현이며, We drank to success.로 고쳐야 올바른 표현이 된다.

• 일치 : …에 맞추어

swear to… …가 사실이라고 맹세하다

confess to… …가 사실임을 고백하다

testify[attest] to… …가 사실임을 증언[입증]하다

The witness testified to the suspect's innocence. 증인은 용의자의 결백을 증언했다.

They danced to the music at the party. (dance to the music 음악에 맞춰 춤추다)

made-to-order 주문에 일치하게 만든, 주문에 맞춘

correspond to, be equivalent to, be equal to, amount to, tantamount to

• 부착/첨가

add to… …에 첨가하다

add A to B A를 B에 첨가하다   to add insult to injury 설상가상으로

tie[fasten] A to B A를 B에 묶다

be addicted[glued] to… …에 중독되다 (= be hooked on)

• 비교 상대 : …에게 (패배의 의미)

lose sth to… …에게 지다   We lost the game to them.

be second to none 누구에게도 지지 않는

He's second to none, when it comes to computer programming.

yield to… …에게 양보[굴복]하다

succumb to disease 병에 굴복하다, 병에 걸려 죽다

◎ on

- 전문적 내용 : …에 관한

  a(n) book[lecture/seminar/symposium/hearing/expert/authority] on…
  He is an expert on international business law.
  Would you like to share your views on…? …에 관한 생각을 나눠 주시겠습니까?

- 상태

  The building is on fire.
  I'm on a diet. 다이어트 중
  He's on a date. 데이트 중   He went out with her on a date.
  be on the pill 피임약 복용 중

- …에 집중하다

  concentrate[focus/center] on

- …에 미치는 영향

  influence[impact/effect] on
  the effects of A on B   A가 B에 끼치는 영향

◎ at

- 속도, 비율

  The population increases at the rate of 1,000 persons a day.
  The car was running at the speed of 100 miles per hour.

- 가격, 대가, 희생

  at the price[cost/expense/mercy] of…

- 목표, 조준

  aim[fire/shoot/throw/smile/laugh] at… at은 …을 맞추려는 행위, to는 …에게 동작을 하는 행위를 뜻한다.

- at과 to의 차이

  shout at me 나에게 (감정을 토로하기 위해) 고함치다
  shout to me 나에게 (의사 소통하기 위해) 소리지르다.
  throw a stone at me 나를 맞추기 위해서 돌을 던지다
  throw a stone to me 나에게 돌을 던지다

◎ by

- 단위

  They hired a boat by the hour.

- 관계

  There is no one here by that name. 그런 이름 가진 사람 없습니다.
  I know him by name/his face/his voice. 이름/얼굴/목소리는 안다.

- 차이

    He is older than his wife by two years. = He is two years older than his wife.

◯ with

- …에 (관련, 관계)

    I have some problem with this. Could you help me out?

- …에 소속된 (be with = be affiliated with)

    What company are you with? = What company do you work for?
    I'm with ABC Company. = I work for ABC Company.
    She's a flight attendant with KAL.

- …와 같이 있는, …을 이해하는, …을 동조하는, 찬성하는

    Are you with me (so far)? = Do you follow me? = Do you understand?
    Are you with us or against us? 우리에게 찬성이냐 반대냐?
    Are you for us or against us? (×)

- 방향 부사와 함께 명령

    Down with aristocracy! 귀족 타도! (구호)
    Away with him! 그를 쫓아내라!

◯ over

- 지배, 우위 : …을 지배하여

    rule[reign] over a country 나라를 통치/지배하다
    have control[command] over oneself[one's passion] 자신(의 격정)을 통제하다

- 문제 : …로 인한, …때문에 (싸우다, 논쟁하다, 토론하다)

    a(n) argument[quarrel/fight/battle/controversy] over…
    They had a serious disagreement over who is to blame for the accident.

    ex. After years of denial, a debate erupts in Japan over how to atone for the brutalization of World War II "comfort women" from other Asian nations. *(Time: June 17, 1996)* (atone for …을 보상하다, comfort women 위안부)

- …하면서

    We had a talk over a cup of coffee.

◯ under

- 지배를 받는

    under the rule[command/leadership] of …의 통치[명령/지도] 하에

- …하는 중, …상태

    under arrest 체포되어 있는

You're under arrest. 당신을 체포합니다.
under consideration 고려 중
under construction 건설 중
under fire 사격을 받고 있는 상태
under investigation 조사 중
under repair 수리 중
under siege 포위되어 있는
under way 진행 중

- 법/제도의 저촉을 받는
under the law[ordinance/system] of... …의 법[조례/제도] 하에서
under the plan/scheme 그 계획 하에서는

- …의 이름으로
Yes. We have a reservation under his name. (예약이 되어 있는지 묻는 질문에 대한 응답)

◐ into : 상태의 변화

- 물리적
grow into... 자라서 …가 되다
turn[build/transform/translate] A into B A를 B로 변환시키다
He has grown into a handsome young man. (…로 자라났다)
Water turns into ice at 0°C. (C = Centigrade)
Ice turns into water at 0°C. (vi: turn into A A로 변하다)
We can turn water into ice at 0°C. (vt: turn A into B A를 B로 변화시키다)
He translated promises into actions. (약속을 실행에 옮기다)

- 추상적(설득)
talk[argue] sb into -ing ~를 설득해서 …하게 하다
The sales clerk talked the customer into buying the expensive product.
talk[argue] sb out of -ing ~를 설득해서 …하지 않도록 하다
She talked him out of quitting school. 그녀는 그가 학업을 그만두지 않도록 설득했다.

◐ against

- 대항 : …을 무릅쓰고
I had to do it against my will.

- 배경
The tree looks greener against the blue sky.
lean against the wall 벽에 기대다

○ but = except

✚ 기계적으로 암기하면 혼동스럽지만 집합적인 개념으로 논리적으로 생각하면 쉽게 이해가 된다.

all but A   A를 제외하고는 모두임 → 거의 A임 (= almost A)
The man is all but a bum.   그 남자는 거의 건달이다.
anything but B   B를 제외하고는 어떤 것도 됨 → B는 결코 아님
The man is anything but a bum.   그 남자는 결코 건달이 아니다.
nothing but C   C를 제외하고는 아무것도 아님 → C만이 유일하게 적용됨 (= only C)
The man is nothing but a bum.   그 남자는 건달일 뿐이다.

> **Tip**   no other...but → no other...than
>
> 기존 문법책에 나와 있는 have no other choice but to... (…외에 다른 선택이 없다)라는 표현은 쓰이지 않으며, no other...than이나 nothing but의 개념을 이용한 have no other choice than to... = have no choice but to...가 올바른 표현이다.

○ as : …로서

The woman works as a nurse at a hospital.
regard[consider/think of/look upon/view/see] A as B   A를 B로 간주하다
He has been regarded as an authority on medicine.
describe A as B   A를 B로 묘사하다 (= portray, depict)
define A as B   A를 B로 정의하다

○ out of : … 때문에, (감정)으로 인해

out of pity   연민의 정 때문에
out of fear   두려움 때문에
out of shame   수치심 때문에
out of spite   적의로
out of mischief   (못된) 장난삼아
out of curiosity, ...   호기심에, 그냥 궁금해서 그러는데요, …
= I'm just curious to know...

✚ privacy를 중시하는 미국인들에게 개인적인 질문을 할 때 반드시 이런 말을 하고서 묻는 게 현명하다.

○ 말할 때 생각나지 않는 about

✚ 우리말에서는 '그것에 대하여 무엇이 그렇게 좋으냐/나쁘냐?' 또는 '무엇에 관해서 초조하냐?', '무엇에 관해서 나를 보기 원했습니까?'라고 말하지 않고 '뭐가 그리 좋아?', '왜 그리 초조해?', '뭐 때문에 만나자고 했습니까?'라고 하므로 영어로 말할 때 about이 쉽게 생각나지 않는다. 따라서, 다음 문장 전체를 기억

하여 about을 자연스럽게 쓸 수 있는 능력을 키우는 것 바람직하다.

What's so great[terrible] about it? 뭐가 그리 좋아[나빠]?
What're you so nervous about? 왜 그리 초조해?
What did you want to see me about? 만나자고 한 용건이 뭡니까?

◯ 대표적인 전치사구

as opposed to   …과 반대로
by contrast   대조적으로
by comparison   비교해 볼 때
by means of   …에 의하여
for the sake of   …의 목적을 위해서
in contrast with   …와 대조하여
in proportion to   …에 비례하여
in response to   …에 대응하여
on account of = because of = owing to   …때문에
on the ground of = on grounds of   …라는 이유로
on the contrary   오히려
with respect to   …에 관련하여

03 전치사 생략 (Ellipsis)

✚ 현대 시사영어에서는 공간/시간/방법을 의미하는 전치사를 생략하는 경향이 강하다.

• •• 공간/장소

I have no place to live (in).
We walked (for) ten miles.

✚ 단, 공간/시간/방법의 의미가 아닌 표현이거나, 다소 격식을 차린 긴 문장에서는 전치사를 생략하지 않는다.

This room doesn't seem to have been slept in.
이 방에 아무도 자지 않았던 것 같은데. (형사 영화에서 자주 나오는 표현)
I have no one to turn to.   나는 의지할 사람이 없다.

●●● 시간

We talked (for) an hour.
I met him last Monday.

→ this, last 등의 수식어가 오면 on 등의 전치사는 쓰이지 않는다.

●●● 방법

I want to do it (in) my way.
learn sth the hard way   어렵게 …을 배우다, 결국 사고를 당하고서야 …을 배우다 (사용 빈도 높은 표현)

ex. *The man (Roh Tae Woo) who **learned that the hard way** is languishing in the Seoul Detention House.* *(Time: Nov. 27, 1995)*

●●● 관용적인 생략

현대 영어에서는 동격이나 속성을 나타내는 of를 생략한다.

He is of my age. (?)   →   He's my age.   그는 내 또래이다. (동격)
His car is (of) the same color as yours.   (속성)
It is of no use crying over spilt milk. (?)   (of가 있으면 어색한 표현)
→ It is no use crying over spilt milk.

ref. of+추상명사 : 형용사 (문어체)
of importance = important   of ability = able, competent
그러나 It's important to...를 It's of importance to...로 바꾸지 못하며 이때는 that절을 취하는 구문으로 써야 한다.
→ It's of importance that everyone (should) attend the ceremony.

04 전치사 + 부사

✚ 기존 영문법책에 언급이 없어서인지, 우리나라 학생들이 잘 활용하지 못하는 '전치사+부사'의 구문을 실제 회화에서는 매우 많이 활용된다.

in/out/up/down + here/there
Are you in there?   너 그 안에 있니?
Is it cold out there?   밖에 춥습니까?
What are you doing down there?   그 아래에서 뭐하니?
cf. *from within / without*   내부/외부로부터

ex. *I want to be independent of people...and circumstances. I want my reality to be orchestrated from within me.* *(Time: June 24, 1996)* (from within me 나의 안으로 부터)

05 동사 생략 후 전치사만 남는 표현

They helped their mother to get into[out of] the car.
→ They helped their mother into[out of] the car.

They helped her to get out of her financial trouble.
→ They helped her out of her financial trouble.
→ They helped her out financially.

He asked me to come over to his place.
→ He asked me over to his place.

CHAPTER 04 전치사

연습문제 EXERCISE

빈칸에 알맞은 표현을 고르시오.

1. We decided to go on a picnic _____ a Saturday afternoon.
   (A) by   (B) in   (C) at   (D) on

2. The fiscal year begins _____ October 1st in America and _____ April 1st in the United Kingdom.
   (A) in   (B) on   (C) at   (D) by

3. Would it be possible for us to stay in this hotel _____ noon?
   (A) by   (B) at   (C) until   (D) on

4. The problem with capitalism is that the system forces everyone to be _____ money.
   (A) after   (B) before (C) at   (D) in

5. In order to survive in the WTO, manufacturers should put quality _____ quantity.
   (A) in   (B) after   (C) on   (D) before

6. My family and I visited some European countries _____ the summer vacation.
   (A) during (B) for   (C) through (D) by

7. The temperature went _____ zero in this unusually warm winter.
   (A) over   (B) above   (C) on   (D) beneath

8. If you have something to hand to me while I'm gone, just slip the paper _____ the door.
   (A) above   (B) below   (C) underneath   (D) on

9. A genuine picture of Picasso's is hanging _____ the wall upside down.
   (A) off   (B) against (B) in   (D) on

10. If you take this road, it will lead you _____ City Hall you're looking for.
    (A) to   (B) for   (C) in   (D) at

11. The earliest express bus _____ Pusan leaves at Gate No. 4 at 5 a.m.
    (A) on   (B) at   (C) for   (D) in

연습문제 | EXERCISE

12 The unscrupulous businessman made a lot of money _____ taking advantage of the underprivileged.
(A) with (B) in (C) at (D) by

13 The doctor tried to comfort the family of the patient with a fatal disease _____ a low voice.
(A) in (B) on (C) at (D) by

14 Come on! What are friends _____? This will be the last time I'll ask you a favor.
(A) with (B) for (C) by (D) at

15 It is deplorable to witness the fact that eight marriages _____ ten end in divorce.
(A) with (B) of (C) for (D) by

16 In nine cases out _____ ten, it will rain tomorrow.
(A) for (B) with (C) of (D) by

17 We need a far stricter penal system to deter people _____ dealing in drugs.
(A) for (B) of (C) into (D) from

18 The inclement weather discouraged people _____ attending the parade.
(A) from (B) of (C) into (D) for

19 The suspect was charged _____ stealing the jewels.
(A) with (B) of (C) on (D) by

20 Would you care _____ something hot to drink?
(A) for (B) in (C) at (D) with

21 _____ me, Mary has been too hard on Jack.
(A) With (B) As (C) For (D) By

22 I wonder if you know the answer _____ this math problem.
(A) on (B) with (C) by (D) to

23 I have no idea as to the appropriate approach _____ the problem at hand.
(A) to (B) with (C) by (D) of

연습문제 | EXERCISE

24. Mr. Gary Brown is one of the aides _____ the president.
    (A) with (B) of (C) to (D) for

25. Dr. Jones gave a thought-provoking lecture _____ the relationship between politics and economy.
    (A) with (B) on (C) of (D) in

26. My doctor strongly suggested that I go _____ a diet to lose unwanted weight.
    (A) with (B) on (C) by (D) to

27. The recently developed automobile can run _____ a maximal speed of 200 miles per hour.
    (A) at (B) with (C) by (D) of

28. I'm afraid there is no one here _____ that name.
    (A) on (B) from (C) of (D) by

29. I wonder what company he is _____.
    (A) for (B) at (C) with (D) at

30. Why don't we have a talk _____ a cup of coffee?
    (A) at (B) with (C) over (D) for

31. The motorist was given a citation for running _____ a red light.
    (A) for (B) against (C) on (D) in

32. Mr. Smith's yacht is _____ the same color as yours.
    (A) of (B) with (C) in (D) on

다음 중 적절하지 못한 부분을 고르시오.

33. (A) The guest speakers and all the participants (B) were expected (C) to enter the convention center (D) until 6 o'clock p.m.

34. (A) Those travelers decided to stay (B) at the small yet comfortable lodge (C) in the beautiful mountains (D) during one more week.

연습문제 | EXERCISE

35 (A) All the people were devastated to hear the sad news (B) that the helpless children were bereft (C) by their parents (D) in a tragic ship wreck.

36 (A) The world population is known (B) to be on the rise (C) by the rate of approximately fifty million (D) a month.

37 (A) The new program is aimed (B) on enabling old people (C) to keep in (D) good physical condition.

38 (A) All the jurors thought (B) that what Mr. Rogers said in the witness stand (C) had nothing to do (D) by the defendant's real motivation of the crime.

39 (A) As the heir apparent, (B) Michael succeeded (C) in his father's title (D) after he died.

40 (A) The detective whispered (B) to one of his colleagues (C) that the room did not seem (D) to have been slept.

41 (A) Less than six months (B) of his presidency, (C) his approval rating (D) is now under 30 percent.

42 (A) My family and I (B) used to visit my grandmother (C) living in the suburbs of Chicago (D) on the summer vacation.

43 (A) There used to be a beautiful pond (B) inside the park (C) located (D) after my house.

44 (A) Under the circumstances, (B) the Congress appears to have (C) no other choice but to (D) pass the bill.

45 (A) A heated debate erupted about how to correct (B) the distorted version of modern Asian history (C) described in some history textbooks (D) approved by the Japanese Ministry of Education.

46 (A) Tens of thousands of French soldiers (B) over the command of Napoleon (C) froze to death (D) when they invaded Russian territory.

47 (A) The sales representative (B) talked the rich customer (C) to buying (D) one of his company's most expensive products with little difficulty.

SECTION 03

EFL 이중언어 모델

Dual Language Model

01 이중언어 교육

많은 연구가 이중언어 구사자는 단일언어 구사자보다 인지과정에서 창의력과 유연성면에서 더 뛰어남을 보여주고 있다(Baker & Jones, 1998; Bialystok, 2001; Bialystok, Craik, Klein, & Viswanathan, 2004; Coveney & Highfield, 1995; Paradis, 2004; Pavlenko, 2005). 이렇게 이중언어 구사 능력이 여러 면에서 바람직함에도 불구하고, 오랜 기간 동안 현실적 제약을 도외한 채 '영어를 영어로' 교육 방법을 강조하는 몰입교육의 장점만을 강조하는 영어교육 상황에서 두 가지 언어를 동시에 습득하는 이중언어 교육(Dual Language education)의 가능성은 심각하게 고려되지 않았다. 몰입식 교육하에서는 외국어 교육은 그 외국어로 진행하는 것이 가장 좋다고 생각되므로, 외국어 학습에서 모국어(L1)는 방해꾼 정도로 치부되기 쉽다. 대조분석을 통해서 모국어의 제2언어(L2) 학습에서의 간섭 효과만 강조되었으나, 최근에는 제2언어 학습에서 모국어가 간섭만 아니라 도움이 되는 순기능에 대한 연구 보고가 많다(Cummins, 1980, 1981; Krashen, 1999; Weschler, 1997; Wigglesworth, 2002; Willig, 1985; Zelasko, 1998).

우리나라와 같은 EFL상황에서는 모국어의 중요성을 부인할 수 없으므로, 영어를 학습하기 전에 이미 습득한 모국어를 근간으로 하여 적절한 이중언어 교육 방법으로 영어를 습득하면, 두가지 언어가 상호 보완되는 상승효과를 얻을 수 있다(Developmental Interdependence Hypothesis; Cummins: 1978, 2000a, 2000b; Huguet, Vila, & Llurda, 2000; Oller & Eilers, 2002). 최근의 사춘기 이전에 2가지 언어를 동시에 교육하는 방법(two-way bilingual education: Thomas & Collier, 2002)을 통한 교육 효과성을 보면, 모국어와 외국어를 하나의 개념에 연결시킴으로써 최대한 복합적 이중언어(compound bilingualism: Brown, 2000; Common Underlying Proficiency: Cummins, 1980, 1981) 구사 능력을 최대화하고 외국어 습득의 효과를 극대화할 수 있음을 알 수 있다.

물론, 제2언어 습득에서의 모국어의 역할과 활용 정도는 음성/문자언어, 언어 능숙도, 사회문화적 환경 등의 여러 가지 요소에 따라서 정도의 차이가 있을 수 있다. 우선, 음성언어와 문자언어의 인지 과정에서 모국어 활용의 정도와 효과면에서 차이가 있다. 음성언어보다 시간적 제약이 덜한 문자언어의 사용에서는 모국어의 활용 정도가 더 크다는 보고가 있다(Cummins, 1990). 또한, 우리나라의 중등 영어회화 교육에서는 영어로 수업하는 것이 효과적이지만, 독해나 문법 등의 문자 교육에서는 모국어를 도구로 설명하는 것이 훨씬 효과적이라는 점도 보고되고 있다(이승섭, 2006). 이와 관련하여, 유능한 원어민을 구하기 어렵고, 영어로만 진행되는 수업을 이해하기 어려운 대부분의 우리나라 학습자들에게는 모국어의 활용이 매우 유용한 것으로 나타났다(임찬빈, 2002).

언어능력도 중요한 요소로서, 제2언어 숙달도에 따라서 모국어 활용의 효과성에는 차이가 있는 것으로 나타났다. 완벽한 이중언어 구사자들은 제2언어를 통해서 사고가 어느 정도 가능하므로 모국어의 도움이 별로 필요 없다. 따라서, 당연한 논리로서 이중언어 구사 능력이 높은 학습자일 수록 모국어 도움이 덜 필요하고, 제2언어의 의사소통 능력이 부족할수록 모국어의 활용이 제2언어 습득에 도움이 된다(Silva, 1989). 이런 이론적 뒷받침을 볼 때에도 우리나라의 대부분 학습자들에게는 모국어의 활용이 도움이 됨을 알 수 있다.

02 인지과정

이중언어 교육에서 매우 중요한 요소이지만 간과하기 쉬운 요소가 인지 과정이다. 흔히 영어 습득과 교육에서 "영어는 영어로(English Through English)"라는 원칙이 바람직한 대전제라고 생각한다. 자신이 모국어로 한 생각을 직역을 함으로써 틀린 영어 표현을 말하게 되기 때문에 모국어 간섭이 심각한 문제로 대두되고 있어서, 영어는 영어로 생각하고 표현해야 한다는 주장이 설득력이 있어 보인다. 그러나, 이와 관련하여 이해와 표현 기능에 따라서 다소 다른 전제로서 그 필요성과 효과성을 고려해 볼 필요가 있다. 즉, 의사소통 양상의 차이에 따라서 다른 인지 과정의 양상을 고려해야 한다.

이해 기능에서는 영어를 영어로 이해하는 것이 바람직하다. 특히, 음성언어의 이해 기능인 듣기 활동에서는 화자의 발화속도를 청자가 계속 통제하기가 현실적으로 불가능하므로, 영어를 영어로 순간적으로 이해할 수 밖에 없다. 또한 보통 시간이 많이 제약되는 독해 시험 상황이나, 많은 정보를 속히 처리해야 하는 현대 정보화 시대에서 요구되는 읽기 활동에서는 영어를 영어로 이해하는 것이 매우 중요하다.

반면에, 표현 기능에서 볼 때는 이런 "영어는 영어로"라는 원칙이 잘 적용되지 못한다. 이중언어 구사자가 아닌 대부분의 한국 학습자들이 영어회화를 하다보면, 먼저 우리말을 생각하고 난 후 그 표현에 맞는 영어 표현을 생각하여 영어를 말하게 된다. 모국어로 생각하는 것은 자연스러운 인지 과정이며, 이를 정죄할 필요도 없다. 오히려 모국어를 적극 활용하는 것이 보다 효과적인 외국어 습득 방법일 것이다. 다만, 모국어의 직역을 통해서 어색한 영어 표현이 되지 않도록 하는 것이 중요하다.

03 자연스러운 의역의 중요성

앞에서 설명한 대로, 영어를 습득할 때에 자연스러운 우리말과 연결하여 이해하는 것이 효과적이라는 사실은 이론과 경험을 통해서 알 수 있다. 모국어를 먼저 습득하고 나중에 영어를 습득하는 대부분의 EFL(English as a Foreign Language) 습득자들은 두 언어에 따로 연결된 스키마를 사용하는 것으로 알려져 있다(coordinate bilingualism: Brown, 2000). 이런 경우에는 가능한 모국어를 적극 활용해서 두 언어의 상승작용을 체험하는 것이 바람직하다. "제2언어를 모르는 사람은 진정한 의미에서 모국어를 모른다"라는 괴테의 말처럼, 모국어와 제2언어의 표면 구조만을 보지 않고, 심층구조, 즉, 의미 차원에서 비교·대조하면서 제2언어를 더욱 잘 이해할 수 있고 더 나아가서 모국어의 의미를 더 잘 알게 된다.

예컨대, 영어의 "as far as I'm concerned"라는 표현을 "나에 관한 한"이라고 이해하면, 어색한 표현 때문에 이해능력(Wernicke)영역에서 쉽게 처리 되지 않아서 습득도 잘 되지 않을 뿐만 아니라, 나중에 이 표현이 상황(1언어포함)이 결핍되어 표출능력(Broca)영역과도 연계가 쉽게 되지 않아서 영어회화시에 사용하기 어렵다. 자연스러운 표현인 "내 생각에는"이라고 연결시켜야, 나중에 영어표현이 쉽게 생각이 날 수 있으며, 수차례 이런 과정을 통해서, 우리말의 도움 없이도 영어 표현을 말할 수 있다. 또한, "I'm easy to please."를 "나를 즐겁게 해주기는 쉽다"고 이해하고 습득했다가는 이 영어표현을 평생 한번도 활용하지 못할 것이다. "나는 아무거나 다 좋아요."라고 이해하고 영어표현과 연결시켜서 습득해야, 자연스럽게 회화에 활용할 수 있을 것이다.

04 자연스러운 L1에 근거한 이중언어 습득 모델

이런 언어 습득과 표출의 과정에서 모국어와 2중언어의 상호작용을 3단계별로 그림을 이용해서 설명하면 다음과 같다 (최인철, 2007).

•••〈1단계〉 모국어 활용 이해기반 습득단계 (Comprehension-based Acquisition)

제2언어 (L2) 상황은 모국어습득의 상황만큼 풍부할 수 없으므로, 습득이 잘될 수 없다. (점선은 문맥 / 상황이 빈약하다는 의미임; >는 'greater than'의 기호임). 따라서, 모국어 (L1)의 도움이 필요하다. 제2언어 표현이 자연스러운 모국어로 정확하게 이해되고 연결될 때에 제2언어 습득이 극대화 된다.

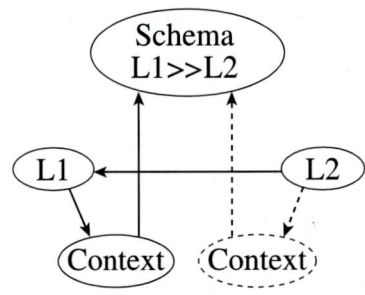

[그림 1] 모국어활용 이해기반 습득

"As far as I'm concerned,"는 "나에 관한 한"이라는 표현으로 이해하면 안 되고, 반드시 "내 생각에는"이란 살아 있는 자연스러운 우리말 표현과 연결되어 이해되어야만, 쉽게 이해능력(Wernicke)영역에 저장되어서 습득이 된다.

•••〈2단계〉 모국어 활용 표현 기반 강화 단계(Production-based Reinforcement)

자연스러운 모국어 표현이 생각나면, 그 모국어와 연결된 제2언어 표현이 생각나게 되고, 몇 차례 사용할 수 있게 되면 습득과정이 강화되어서, 제2언어 습득이 표출능력(Broca)영역으로 옮겨지면서, 본격적으로 표현 능력까지 습득된다.

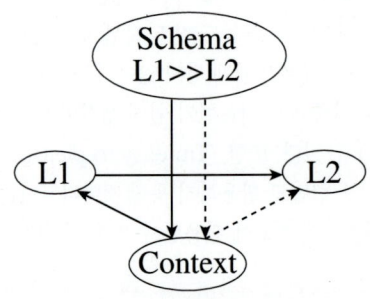

[그림 2] 모국어 활용 표현 기반 강화

ex. 자신의 의견을 말하고 싶을 때에, "내 생각에는"라는 자연스러운 표현이 생각나고, 이에 상응하는 가장 많이 사용되는 영어표현인 "As far as I'm concerned,"가 생각나게 된다. 반면에 "나에 관한한"이라고 외운 경우에는, "나에 관한한"이란 표현은 자연스러운 표현이 아니므로 생각이 나지 않을 것이고, 따라서 영어표현도 생각나지 않게 된다.

•••〈3단계〉 이중언어 완성단계(Completion of Coordinate Bilingualism)

(2) 단계를 통하여 표출능력(Broca)영역에서 강화된 제2언어 표현은 모국어를 통하지 않고 점차 곧바로 표현할 수 있게 되며, 결국 두 가지 언어가 동시에 생각나는 진정한 의미에서 이중언어 구사자가 된다.

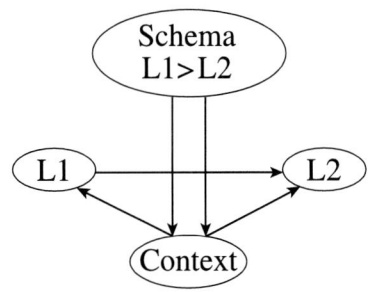

[그림 3] 이중언어 완성

05 자연스러운 의역에 근거한 핵심구문·표현 한영사전

모국어의 활용에서 가장 큰 문제는 대부분 초보 학습자들이 우리말을 영어로 직역하려는 경향이다. 우리말에 근거해서 직역에만 의존하다보면 엉터리 영어를 말하게 되고, 또한 원어민의 말을 잘못 이해하기 쉬우므로 의사소통상 심각한 오해를 일으키는 문제가 발생한다. 이런 점에서 자연스러운 영어의사소통이 되기 위해서는 살아 있는 코퍼스(Corpus)에 근거한 영어와 우리말 표현을 중심으로 습득하는 것이 매우 중요하다. 이런 점에서 아래에 제시한 자연스러운 우리말 문장과 연계한 233개의 영어 구문·표현을 잘 습득하면 단기간에 영어습득의 효과를 극대화할 수 있을 것이다.

01 …가 없다면

If it weren't for your help, I would not make it. (make it: 해내다)

02 …가 잘 안되는 것 같아요

I just **can't seem to** solve this problem. 이 문제 못 풀 것 같은데요. (구어체에서 …을 잘 못한다 / …이 잘 안된다고 말할 때에 자주 사용되는 구문임)

03 …가 틀림없다

You**'ve got to** be kidding. (구어체 표현) = You must be kidding.
cf. *I bet … = I'm sure …*

04 …남았다

How many lessons have you finished? - Eight down and two **to go**. 8장이 끝나고, 2장 남았다.
We've got two hours **to kill** before the play starts. 연극이 시작하기 전에 2시간 남았다.
cf. *For here or **to go**?* (to go: 가져갈; Fast food restaurant에서 점원이 손님에게 묻는 말)

05 …는 당연하다

I wouldn't be surprised if he passed the test. …한다고 해도 놀라지 않을 것이다. (사용빈도가 높은 표현임; 반대 표현: **I'd be surprised** if he didn't pass the test. …라면 놀라울 것이다.

06 …되다 (나이 / 색깔 변화)

I just **turned** 30. 막 30세가 되었다.
cf. *The leaves **turn** red.* 붉게 물들었다. *His hair **turned** grey.* 백발이 되었다.

07 …되어 버리다

I **fell** asleep. 잠이 들었다.
The organization is **falling** apart. 그 조직은 산산조각나고 있다.

08 …때문에 ~를 할 수 없다

prevent[stop/keep/prohibit/deter/hinder] sb from -ing (구어체에서는 keep, stop을 많이 씀)
The heavy snow **kept[stopped] me from attending** the meeting.
cf. discourage[dissuade] sb from -ing …로 하여금 못하도록 낙담[설득]시키다 *(from: 못하게 한다는 의미)*

09 …때문에 ~를 할 수 있다

enable[allow] sb to ..., make it possible for sb to:
The Internet has **made it possible for** educators **to** revolutionize the way in which we teach and learn.

10 …때문에 ~할 수 밖에 없다

force[compel/oblige] sb to ...
His father's sudden bankruptcy **forced** him **to** quit school. (force를 단연코 가장 많이 씀)

11 …라고 생각해봅시다(가정)

Suppose (that) you are[were] A, how would you respond to B? (영어 수업 가상 회화 상황; 구어체에서 Suppose를 가장 많이 사용함)
cf. Imagine (that) ...= Hypothetically speaking, ... 가상적으로 말해서

12 …라고 그랬다. (go=say)

He **goes**, "I love you." Then, she **goes**, "Me, too." (상황 묘사를 할 때에는 현장감을 높이기 위해서, 보통 현재시제를 쓴다.)
*cf. The Congressman was quoted as **saying** "No comment."* …라고 말했다고 합니다. (방송 영어)

13 …라고 생각하다

How did you **find** the movie? – I **found** it very interesting.
*cf. I **find it** interesting **to talk** with her.*
*cf. I **found** her a good partner.* (중의적: ① I found that she is a good partner. ② I found a good partner for her.)

14 …라고 적혀 있다

What does it **say**? 뭐라고 써있니?
– **It says here in the paper that** the storm is coming our way. 태풍이 이리로 오고있다고 신문에 써있다.

15 …라는 사실/뉴스(동격명사)

the fact[rumor/idea/notion/news/report/likelihood/possibility/hypothesis/

assumption/opinion/claim/allegation/feeling/impression] that ... (that을 연결해서 한 단어처럼 기억해야 한다.)
We cannot rule out **the possibility that** our economy will be doomed. …라는 가능성을 배제할 수 없다.

16 …라더라 / 라고 들었다

I **hear** you're getting married. = I heard …
cf. *I was told that …* …라고 들었습니다. *(be told은 hear의 문어체)*

17 …라면

When it comes to writing essays, he's second to none.
= as far as … (is concerned) = as far as … goes

18 …를 하고 싶다

What **would** you **like to do**?
- **I'd love to** dance with you. 지금 춤추고 싶다.
- **I'd love to**, but I can't. 그러고 싶습니다만, 좀 어렵겠는데요. (상대방의 초대에 응하지 못할 때 말하는 관용표현)
cf. *I love to dance.* 나는 원래 춤추는 것을 좋아한다. = *I love dancing.*

19 …를 할 수 있을 것이다

will[be going to] be able to ...
You**'re going to be able to** pass the test if you work hard.

20 …를 할 수 있을지 모르겠다

may be able to ...
You **may be able to** pass the test.

21 …를 해야 할 것이다

will[be going to] have to ...
You**'re going to have to** work harder than now.

22 …를 해야 할지 모르겠다

may have to ...
You **may have to** take the test again.

23 …에 ~가 있다

This box **contains** many things such as …
This book **includes** the essential concepts such as …

cf. *There is/are* …는 생각이 잘 나지만, *contain[include]* 등의 동사를 사용하기는 어렵다.

24 …에 의하면

From what I know[hear/understand], he's not to be trusted. 내가 아는/들은/이해한 바에 의하면
From my own experience, age is not crucial to successful language learning.
cf. *According to Mr. Smith* …의 말/사실에 의하면

25 …을 많이 하곤 했다

I **used to** drink[smoke/work out] **a lot**.
(동사 + a lot: 매우 빈도 높은 회화 구문)

26 …을 염두에 두고

With that in mind, let's move on to the next chapter. 그 점을 염두에 두고, 다음 장으로 넘어갑시다.
(격식있는 토론/강의 표현)
Having said that, … 그렇게 말을 했으니 (즉, 그 말을 염두에 두고: …격식있는 표현)
cf. *all things being equal*, … 모든 조건이 동일하고 볼 때
cf. *considering (that)* … / *given (that)* … / *given the fact that* … …한 사실을 고려해 볼 때에 (문어체 구문)

27 …을 (원래) 좋아하다

What do you do for relaxation?
– I **love to** dance[dancing]. 원래 춤추는 것을 좋아한다.
cf. *I'd love to dance.* 지금 춤추고 싶다.
cf. *be crazy[mad] about* 매우 좋아하다

28 …을 할 목적이다

This course **is designed to** help you improve your conversation skills. (be intended to/for = be meant to/for = be geared towards -ing) (설명의 글/말에서 많이 사용됨)

29 …을 할 만하다 (자격)

You **deserve** (**to** take) a vacation.
cf. *Only members of the company* **are entitled to** *use the facilities.* (be entitled to: 자격이 있다)

30 (문제는/사실은/요는) …이다

'우리말 주어+be동사' 의 어순이 같으며, 사용 빈도가 매우 높은 구문이다
The problem[question] is (that) the newcomer does not seem to belong here. (newcomer: 신참, 새로운 사람; do not seem to belong here: 여기에 적응하지 못하는 것 같다)
cf. ***The truth[fact] is (that)*** *he doesn't like her.* **= In fact, … = As a matter of fact** (As는 매

우 약화됨), (사실은) …이다
The fact of the matter is ... (강조 표현: The가 약화되어서 Fact of the matter is처럼 들림)
The point[thing] is (that) he's not working hard enough. (요는) … 이다
cf. *basically, ...* 기본적으로, 요는

31 …인 것 같애/같습니까?

5W1H (how long/how much/how often etc.) do you think [believe/suppose/imagine/ guess/say] ...?
Who do you think is responsible for this? 이거 누가 한 것 같니?
What do you guess will happen next? 다음에 무슨 일이 있을 것 같니?
Where did you say he lives? 그 사람 어디에서 산다고 했지?
Why do you believe he said so? 왜 그 사람이 그렇게 말한 것 같니?
How do you suppose she persuaded him? 그 여자가 그 남자를 어떻게 설득했다고 생각하니?
cf. How much do you think it cost me to get this job done? 얼마나 들었을 것 같습니까?
How long do you think it took me to get this job done? 얼마나 걸렸을 것 같습니까?
cf. 자연스럽게 회화를 하려면 *How much[long] do you think it cost[took] me to...?* 에서 *much*와 *cost, long*과 *took*이 연결돼야 한다. 상대방과 정보 교환을 할 때에 매우 중요한 표현으로서, 가장 중요한 기본 구문이므로, 잘 습득하도록 전체 문장을 외우는 연습을 많이 해야 한다.

32 …인지

... if ... (*if*는 앞의 동사와 합쳐서 항상 연음되는 것에 주의할 것)
Let me check and see if it's in. 그것이 있는지/입하되었는지 알아보겠습니다.
How about if we call it a day? 오늘 일은 끝내는 게 어떨까요?
I doubt if he can. 그가 할 수 있을지 모르겠다.

33 …좋다는 게 뭐니?

What're friends[relatives] **for?** 친구[친척] 좋다는 게 뭐니?

34 …하게 내버려 두다 (leave)

Who **left** the gas on? 누가 가스 켜 놨어?
Please **leave** the door open. 문열어 놓으세요.
Leave[Let] me alone.
Leave well enough alone. 긁어 부스럼 내지 마라. (= Play it safe. = Don't ask for trouble.)

35 …하게 되다 (go)

He **went** hungry[naked/crazy/broke]. (*go broke*: 돈이 바닥나다)

36 ···하게 되다 (get to 동사)

How did you **get to** know this place? 여기를 어떻게 알게 되었습니까?
How did you **come to** know him?

37 ···하게 하다 (get/have)

Get him **to finish** the work.
Get the machine **working**.
Let's **get** the job **done** as soon as possible.
Have him **finish** the work.
I **had** the machine **working**.
I **had** my car **fixed**.

cf. ('get+목적어' 다음에는 원형 동사가 오지 못하고, 'have+목적어' 다음에는 to부정사가 못 옴)

38 ···할게요/하시지요/합시다

구어체에서 Why don't I/you/we...?의 구문을 자주 활용한다.
Why don't I give you a ride? = **Let me ...**
Why don't you get some exercise? = **Please ...**
Why don't we take a break? = **Let's ...** (빈도 높은 회화체 구문)

39 ···하고 싶어 죽겠다

I just **can't wait to** see you.
I'**m dying to** see that movie.

40 ···하기 위해서

I got up early **so (that)** I **could** catch the first train. (현대 미식영어에서는 so that ··· may 보다 so (that) ··· can이라고 말한다)

41 ···하기로 되어 있다(예정/의무)

I'**m supposed to** meet my friend here at four.
You'**re not supposed to** smoke in here.
What **am** I **supposed to** do? = What should I do?
What **is** that **supposed to** mean? 그게 무슨 뜻으로 말씀하신 거예요? (빈도수 매우 높은 조동사 표현)

42 ···하기만 하면 된다

All you have to do is (to) turn on this machine. (보통 to를 생략: have only to 보다 훨씬 빈도 높은 구어체 구문)

43 …하는 것이 어떤 것인지

I know **what it's like to** go hungry. 배고프다는 것이 어떤 것인지 안다. (it = to go hungry)
Do you know **what it's like to** fall in love? 사랑에 빠진다는 것이 어떤 것인지 아니? (it= to fall in love)

44 …하는 게 좋아/싫어

I hate it when I owe you. 너에게 신세 지는 게 싫어.
I like it when you play the piano for me. …하는게 좋아. (it = when 이하 구어체에서 자주 사용되는 구문.)

45 …하는[하지 않는] 게 좋습니다

Your best bet would be to take one day at a time. 쉬엄쉬엄하는 게 좋습니다. (공손한 제안)
cf. You'd be better off tak**ing** lots of fluid.
You'd be well advised to take the offer.
cf. …하는[하지 않는] 게 좋다 (경고)
You'd better quit smoking. 담배를 끊으시오. (강한 충고의 어조)
You'd better not talk about it. 그런 얘기 하지 마.

46 …하는 게 어때? (제안)

What do you say we go swimming? (What do you say + 절? 기존 영문법 책에는 나오지 않는 구문이지만, 구어체에서 What do you say to -ing?보다 더 많이 쓰인다.)
How about if we go on a picnic tomorrow? (How about -ing?만큼 많이 사용되는 구문)
Why don't we go shopping for a change? = Let's go shopping … (for a change: 기분 전환할 겸)

47 …하는 데 어렵다/애먹다

I've had a hard[difficult/tough] time locat**ing** his house. (빈도 높은 구어체 표현)

48 …하는 데 즐거웠다

I've had a great[good/nice] time talk**ing** with you. (빈도 높은 구어체 표현)

49 …하니 안 좋다/됐다

I'm sorry (that) he's gone.: …해서 안 좋다. (빈도 높은 구어체 표현; 반대 표현: I'm glad~)
cf. I'm sorry …에는 다음의 3가지 중요한 의미가 있다. ① 미안하다, ② 안됐다 / 유감이다, ③ 후회하다 (You'll be sorry for this.)

50 …하니 좋다

I'm glad (that) you're here. 마침 여기 계셨네요.
I'm really glad I'm home. 집에 오니 참 좋다. (빈도 높은 구어체 표현)

51 …하듯이/한 방법대로

Tom leads the organization just the way his father used to. 그의 아버지가 전에 한 방법대로/식으로 (구어체에서 as대신에 많이 사용되는 표현이다.)

cf. *I like the way you are.* (the way: …한 모습)

52 …하러 왔습니다

I'm here to ask some questions about how to register for this course. 이 과목 어떻게 등록해야하는지에 대해 좀 질문할 게 있어서 왔습니다. (반드시 I'm here …라고 하지 I came here to …라고 하지 않음.)

53 …하면 어떻게 되지?

What (will happen) if it turns out to be true? (What if 현재시제…? 빈도 높은 구문)

54 …하면 좋지 않겠어?

Wouldn't it be great[nice] if you could stay a little longer? (가정법 시제 유의)

55 …하시지요/하기 바랍니다

I'd like you to meet my father. 소개할 때에 자주 사용되는 표현

cf. *I don't need you to patronize me.* 당신이 역성들어 줄 필요 없다.

56 …하지 않니? (부정 의문문)

Isn't that obvious? = **Do I have to spell it out for you?** 그걸 낱낱이 얘기해야 알겠어?
Didn't I tell you? 그러길래 내가 뭐라 그랬니?

cf. *Aren't you hungry?*
- Yes, I am. 아니오, 배고파요.
- No, I'm not. 네, 배고프지 않아요. (우리말과는 Yes/No를 반대로 대답하므로, 혼동되지 않도록 주의해야 한다.)

57 …한 것 같다

회화에서 빈도 높은 5감동사 구문: **look, sound, taste, smell, feel + 형용사**
You **look** upset. 화난 것 같다.
The cloth **feels** very soft. 천 감촉이 매우 부드럽다.
It **tastes** good.
(It) **Sounds** great.
(It) **Smells** nasty. 냄새가 고약하다.

58 …한 것 같지 않다

I don't think (that) it's going to rain. (보통 주절의 동사에 부정을 한다. 매우 중요한 구문)

59 거의 …없다

Few people came to the party.
Little is known about the cause of the crazy cow disease. (부정대명사 주어 구문이 우리말에 없기 때문에 활용하기 어려운 중요 구문)

60 …할 겁니다

I'm going to work on my paper.
cf. (be going to는 의도된 계획을 의미하며, will은 단순한 미래를 의미한다. 예컨대, 문을 열어주러 가면서, I'll get it.이라고 하지, I'm going to get it.이라고 하지 않는다.)

61 …할 게 많다

I've got a lot of work[studying/reading] **to do**. 일할[공부할/읽을] 게 많다.
There are many things **to see**. 볼 게 많아요.

62 …할까요?

Shall we take a break for 10 minutes? 우리가 …할까요?
cf. Shall I give you a ride? = Do you want me to …? 제가 …할까요?

63 …할게요

Let me … (자신의 의지를 공손하게 말할 때에 자주 사용하는 구어체 구문)
Let me take a look at it. 어디 좀 봅시다.
Let me ask you a question. 하나 물어 볼께요/봅시다. (윗사람이 아랫사람에게도 쓰는 구문)

64 …할 때도 됐지요

It's about time my cousin **got** married. 이제는 결혼할 때가 되었다. (It's about time 가정법)

65 …할 때마다, ~

Every time I see her, she reminds me of my mother. (Whenever 보다 회화에서 많이 사용됨)

66 …할 뻔 했다

He **narrowly[barely]** escaped drowning. 익사할 뻔했다.
He was **almost[nearly]** hit by a truck. (come near to-ing를 nearly escape -ing와 같은 표현이라는 기존 영문법책의 설명은 틀리며, narrowly escape -ing라고 해야 맞다.)

67 …할 생각/계획이다

I'm thinking of taking a trip to Europe.
I'm planning to go on a trip.

68 …할 수 없을 것이다

won't be able to …

You **won't be able to** master English in a year or so. (주장이 강하므로 듣는 사람이 거부감을 느낄 수 있음)

69 …할 수 없을지 모르겠다

may not be able to …

You **may not be able to** master English in a year or so. (주장이 다소 약하므로 듣는 사람의 거부감이 적음)

70 …할 수 있어야 한다

must[have to/'ve got to/should] be able to …

You **should be able to** pass the test this time.

71 …할 용의가 있으세요?

Would you be willing to do this job? (상대방의 용의를 공손하게 묻는 요긴한 표현)

cf. *Are you in the mood now?* 이젠 마음이 내키세요?

72 …할 필요 없을 것이다

won't have to …

You **won't have to** take the test again.

73 …할 필요 없을지 모르겠다

may not have to …

You **may not have to** take the test again.

74 …할 수도 있었다/뻔 했다

Are you crazy? I **could have been** killed! (보행자가 차에 치일 뻔 했을 때 운전자에게 하는 말)

(could have been /쿠러빈/에 가깝게 발음됨.)

75 …해 본 적이 있다

Have you **been** to Cheju Island? – Yes, I have./– No, I haven't.

I've never seen such a beautiful garden as Buchard Garden in Victoria, Canada. …해본 적이 없다

cf. (*I've been to Cheju Island two years ago.*라고 특정시제(two years ago)와 함께 현재완료 시제를 쓰면 하면 틀린 문장이다. *I visited Cheju Island two years ago.*라고 해야 한다. *When did you visit Cheju Island?*라고 해야지 *When have you visited …?* 라고 하지 않는 것과 같은 이치이다.)

cf. (*Did you ever stop to think …?*라고 과거시제를 쓰기도 한다.)

76 …해도 괜찮겠습니까?

Would it be possible[okay] if I used your car? …해도 괜찮겠습니까?
Would you mind if I used your car? (Do you mind if …?보다 격식표현)
Mind if I join you? (격식없는 표현)

77 …해서 무슨 소용있나?

What's the use[good] of talking about the Green Round, if we can't do anything about the pollution?
cf. *It's no use crying* over spilt milk. =*What's done cannot be undone.*

78 …해야 한다 (진행형)

You**'re not going** anywhere. 너 어디 가면 안돼.
You**'re staying** here. 여기에 있어야 한다. (구어체 중요 구문)

79 …해야겠다

I **have to** go. > I**'ve got to** go. (got은 습관적으로 삽입됨) > I **got to** go. (got은 과거시제와 전혀 관계 없음. got to 는 연음됨) 가봐야겠어.

80 …해주시면 감사하겠습니다

I'd greatly appreciate it if you **could** send me the sample as soon as possible. (it = if …)
It would be greatly appreciated if … (수동태 구문: 더 격식있는 표현)

81 …했어야 했는데

You **should have been** more careful. 좀 더 조심했어야 했는데. (should have been: /슈러빈/에 가깝게 발음됨)
I **should have known better**.
I **should have known that**. 그걸 진작에 알았어야 했는데.

82 …했었을 것이다

I **would have waited** for you, if you had sent me a notice. (would have: /우러-/에 가깝게 발음됨)

83 …했을 뿐만 아니라 (도치)

Not only did I fall in love, I realized the meaning of true love. (회화에서도 자주 사용되는 도치 구문)

84 …했을지도 모른다

She **might have been** alive, if the driver had been more careful. (might have been: /마이러빈/에 가깝게 발음됨)

85 …했음에 틀림없다
Someone **must have done** it. (must have done: /머스터던/에 가깝게 발음됨)

86 A, B 둘 중 하나만 (not A and B)
You can't have your cake and eat it too. 두 가지 다 좋을 수는 없다. (자주 쓰이는 격언: 'A이면 B가 아니든지, A가 아니면 B이든지'의 의미이다.)

87 A도 B도 아니다 (not A or B)
I'm **not** radical **or** conservative. 나는 급진주의자도 보수주의자도 아니다. (not A and B라고 말하지 않도록 주의해야 한다. 우리나라 사람들이 잘 틀리는 중요한 구문으로 not A or B는 not A and not B의 의미이다. not A and B는 not A or not B의 의미를 갖는다.)

88 갖다주다 (get sb sth)
Let me **get** you something to drink.
cf. Could you **drop** this **off** at Smith's office?

89 결국 …하게 되다
They **ended[wound] up** getting divorced.
He **ended[wound] up in** (장소) jail/hospital.
He **ended up with** (상황) a huge debt.
He **ended up as** (상태) a beggar. (구어체에서 빈도 높은 중요 표현)

90 계속 …하다
The music **keeps** run**ning** through my mind. 음악이 계속 뇌리에서 맴돈다. (keep -ing: 계속 …하다)
I **stayed awake** all night. 밤새 깨어 있었다.
I wonder how you can **stay in shape**? (stay in shape: 건강 유지하다)

91 계속/여전히 …이다
He **remained** single/silent/calm/seated.

92 곧 … 가겠습니다
I'll be right out[in/up/down/over[there]/back]. 곧 나/들어/올라/내려/그리/돌아 가겠습니다.
cf. I'm on my way. 곧 (그리) 갑니다. (약속에 왜 오지 않냐고 묻는 전화가 올 때에 하는 대답)
Coming right up. (음식점에서 음식 등이) 곧 나와요.

93 관점/측면에서

in terms of ..., from the perspective[viewpoint/standpoint] of ...
with respect to ...
cf. *time**wise**/money**wise**/weather**wise*** 시간/경제/일기에 관해 말하면 (고급영어에서 자주 사용되는 표현)

94 괜찮습니다 (접대 응답)

No, thanks. 됐습니다.
Yes, please. 예, 고맙습니다.

95 궁금하다

I wonder 5W1H – when/where/who/what/how/why ...
I wonder when you'll let us know the results.
I wonder where the accident took place.
I wonder who will be in charge of the department.
I wonder what will happen next.
I wonder how he survived the accident.
I wonder why such a thing happened.

96 귀찮게 하지 마

Get off my back. = Stop bothering[bugging] me.
cf. *What's bothering[bugging] you?* 왜 그래?

97 그 말의 뜻은?/무슨 말이지요?

Which means? 그 말의 뜻은? (which: 앞의 절을 선행사로 받는 관계대명사) – **Which means that ...** (설명의 대답)
cf. You mean ...? …란 말입니까? (*Do you mean…?*에서 *Do*가 생략된 형태의 빈도 높은 구어체 구문)
What do you mean? 무슨 뜻인데?
What is that supposed to mean? 무슨 저의로 말한 겁니까?

98 그건 당신 생각이지요

That's what you think. (*You think so.*라고 하지 않음)
That's what I think. 내 생각은 그렇습니다.
That's what ... (자신의 의견을 표현하는 데 매우 요긴한 구문)

99 그건 잘 안 믿겨진다

I find that hard to believe. (*I find (that) it is hard to believe that.* 보다 *believe*의 목적어 *that*을 *find*의 목적어로 쓰는 구문을 더 즐겨 씀)

100 그게 뭐 대단/특별하니?

What's so great[special] about it?
What are you so happy about? (우리말에 없기 때문에 about이 생각나지 않는 중요한 전치사임)
cf. *I'm so nervous about the exam.*

101 그게 무슨 상관이니?

What does that have to do with this? 그게 이것과 무슨 상관입니까?
= **What has that got to do with this?**
cf. *have something[nothing] to do with …* …와 관계가 있다[없다] (구어체, 문어체 모두에서 빈도 높은 표현)

102 그나마 다행이다

(It) **Could be worse.** 더 나쁠 수 있을 것이다. 즉, 그나마 다행이다. (구어체에서 많이 사용되는 가정법 구문)
cf. Could be better. 더 좋을 수 있을텐데. 즉, 이 정도 밖에 못 하냐?
cf. Couldn't be better. 최고다.
Couldn't be worse. 최악이다.

103 그냥 …래서요

It's just (that) I don't like him. **That's all.** (Why?에 대해 설명하는 데 자주 사용되는 구어체 구문)

104 그래서, …하다

I skipped my lunch. **That's why** I'm hungry. (결과 설명)
cf. *I'm hungry.* **That's because** *I skipped my lunch.* (원인 설명)

105 그러니까 생각나네/이해된다

That reminds me.
That explains it. 그러니까 이해가 된다.
cf. come to think of it 아참, 생각해보니
on second thought 재고해보니

106 그렇게[이렇게] 하면

This way[That way] you can save a lot of time, money, and energy.

107 그렇게 하면, …할 거야

That should make things a lot easier. 그렇게 하면 일이 훨씬 쉬워지겠는데. (that 무생물주어 구문: 관용적 표현)
That should make him happy. (가정법 should: 주장이 약함)
cf. 그렇게 하면, …할 수 있다: *That will save you a lot of time, money, and energy.* 그렇게 하면, 시간,

돈, 노력이 많이 줄겠다. (관용적 표현: will이 should보다 단정적인 주장   time, money, and energy의 순서도 바뀌지 않는 관용적 표현)

108 그렇게 할 일이 없냐?
You've got better things to do.

109 그렇다고 해도 말이 안돼
That still doesn't justify your rude behavior. 그래도, 너의 무례한 행동을 합리화할 수 없어. (소위 무생물주어 구문)
cf. *That explains it.* 그렇다면 말이 되지.

110 그렇지 않으면
I love to teach children. **Otherwise,** I wouldn't be teaching now. (Otherwise, ... = or else)

111 그만합시다 (근무/작업/수업)
Let's call it a day. 그만 일합시다.(야간 근무/작업일 때에는 Let's call it a night.)
cf. *That's it for today./ Time's up. /Now, let's wrap up our class.* 수업 끝.

112 까다롭다
She's **too picky[choosey] (about ...)**.
= She's **hard to please**.
cf. *She's impossible to work with.* 같이 일하기 불가능하다. (It's impossible to work with her. 보다 더 많이 쓰이는 구문)

113 끝내다
Are you **done[finished]** (with that report)? 다 끝냈니? (= Have you finished that report?보다 더 격의 없는 상황의 구문)

114 나는 너의 그 점이 좋다
That's what I like about you. (I like your... 라고 표현하지 않음)
That's what I hate about ... 나는 …의 그 점이 싫다

115 난 아무거나 좋아
I'm easy to please. (구어체: It's easy to please me.라고 잘 하지 않는다.)
cf. *Jobs are hard to come by.* 일자리를 구하기 어렵다. (It's hard to come by jobs.보다 훨씬 많이 사용되는 구문.)

116 내 기분이 어땠을 것 같애?

How do you think I felt (when you insulted me)? (How는 think에 연결되는 말이 아니라, felt에 연결되는 말이며, think연결되면 반드시 what과 함께 What do you think about …?으로 써야 함)

117 내 생각에는, 내가 보기에는

the way [As] I see[look at] it, …/ to[For] me/ as far as I'm concerned, …/ it seems to me, … (삽입절로 자주 사용. In my opinion은 다소 딱딱한 표현으로서 자주 사용되지 않음)

118 내가 기분 나쁜 것은 …

What bothers me (most) is … = I'm bothered by …
What makes me upset is … = I'm upset by …
What concerns[worries] me is (that) … 내가 걱정하는 것은 … (구어체에서 자주 사용되는 관계대명사 what 활용 구문)

119 너무 좋아서 흥분했다.

I **got carried away**. 뿅 갔다. (속어)
= I got so much excited.
= I was really thrilled. (구어체: thrill은 excite보다 강한 표현)
cf. *I went berserk.* 너무 화나서 미쳐 날뛰었다.

120 너무 화가 났다

He **hit the ceiling[roof]**.
cf. *Let's go hit the books.* 가서 열심히 공부하자. (구어체 표현)
hit the road 길을 떠나다
hit the sack[hay] 잠자다
hit the bottle 술을 마시다

121 누가 …? (수사 의문문)

Who knows? 누가 알겠어?
Who doesn't know about it?
Who cares? 누가 상관하니? (속어: I don't give a damn about it.)
How should I know? 내가 어떻게 알아?

122 누구세요?/전데요.

Who is it? – It's me.
cf. ***Who's this?*** (전화 대화)

123 다다익선

The more, the better.
The sooner, the better. 빠를수록 좋다.
cf. The rich get richer, the poor get poorer. 빈익빈 부익부. (the + 비교급, the + 비교급)

124 다시 말씀 드리지만

again, ... (구어체에서 빈도 높은 표현)
plus, ... 게다가 (구어체) = in addition

125 다음에 …하면,

Next time you use this photocopy machine, make sure you sign your name here. (Next time은 접속사의 역할을 함)
cf. Next thing I knew, ... 그 다음에 알고 보니까
cf. First thing you should do is ... 처음으로 해야할 것은
cf. first thing in the morning
First thing tomorrow morning. 내일 아침에 제일 먼저 할게. (구어체 빈도 높은 표현)

126 도대체 …? (Wh 강조구문)

What[Where/When/Who/How/Why] is it that ...? 도대체 무엇/어디서/언제/누가/어떻게/왜 …했는가?
What is it that you want? 도대체 원하는 게 뭐니?
Where was it that the accident took place? 사고가 일어난 곳은 도대체 어딘가?
Who was it that committed such a heinous crime? 그런 끔직한 죄를 범한 사람은 도대체 누군가?
cf. Whyever would you marry such a bum? 도대체 왜 그런 건달하고 결혼하려고 하니? (whyever: 기존 영문법책에 없음)

127 만일 … (If 생략 도치)

Should you have further questions, feel free to contact Mr. Smith. 질문이 있으시면, … (공식석상/방송영어 관용적 표현)
Had I known that, I would not have done so.
= If I had known that, I would ... (If가 생략되었을 때에 도치된 구문으로서 구어체에서도 사용된다.)

128 말씀하세요 (시간, 장소, 가격)

Name the time[place/price]. (약속이나 협상시에 쓰는 표현)
What time shall we **make it?** 몇시에 만날까요?
Let's **make it** (at) five.
cf. five o'clock sharp (sharp: 정각. 반드시 시간 뒤에서 수식함)

129 말씀의 요지는…입니다

The point I'm trying to make is (that) ...
What I'm trying to say[get at/drive at] is ...
cf. *Your point is well taken.* (격식있는 표현)
I see[understand] your point.

130 말이 나왔으니까 하는 말인데

speaking of ... (빈도수 높은 표현)
speaking of which, 그 말이 나왔으니까 하는 말인데

131 (…적으로) 말해서

generally speaking 일반적으로 말해서
roughly speaking 대략적으로 말해서
strictly speaking 엄격하게 말해서

132 모든 사람 (성차별 지양 표현)

Everyone is expected to do **his or her** duty. (현대 영어에서는 his보다는 성차별을 피하기 위해서 his or her를 한 단어처럼 말한다.)

133 못 갈 것 같다 (약속)

I'm afraid I can't make it. (자신이 원치 않는 말을 할 때에 I think 대신에 I'm afraid…를 많이 사용한다.)
cf. *I'm afraid so[not].*

134 무슨…가 이래?

What kind of man are you? 무슨 남자가 이래?
What kind of house is this without coffee? 무슨 집이 커피도 없니?

135 무슨 상관이니?/뭐가 중요해?

What difference does it make?
= **What does it matter?**

136 무슨 일이니?(특별한 경우)

What's the occasion? You're dressed up. 무슨 일이니? 쫙 빼 입었네.

137 무슨 일이야? (문제 발생)

What's wrong? = **What's the matter?**
cf. *Anything[Something] wrong*? 뭐, 잘못됐니?
cf. *What's going on* (here)? = *What's this (all) about*? 무슨 일이야? *(영문을 모를때. 강조할 때에는 here/all을 넣어서 말한다)*

138 뭘 그렇게 열심히 하니?

What're you working on?
– I'm **working** on my paper.
cf. *How's the repair work going*? 고치는 일 잘 되고 있어요?
– *I'm still working on it.* 예, 열심히 하고 있어요. *(누가 무엇을 열심히 하고 있으면, What are you doing?대신에 What're you working on?이라고 자주 말한다.)*

139 바로 그것 때문에 …이다

That's exactly what I'm worried about[afraid of/ashamed of]. 걱정이야[두려운거야/수치스러운 거야].

140 반드시/꼭 …하세요

Please **make sure** she gets the message. *(전화 대화)*
Make sure you bring it back by tomorrow. *(가장 일반적 구어체 표현)*
cf. *be sure[certain]* ... *(문어체 표현)*

141 볼 일이 있다

I've got some **business to take care of** around here.
(What has brought you here?의 대답.)
cf. *There are many things to see in Korea.* (볼거리)
cf. *take care of* ... *(빈도 높은 표현)*
① 돌보다 = look after
Take good care of yourself. 몸조심해라.
② (일을) 처리하다

142 부사 (문장 수식)

| **Hopefully,** ... 바라건대 | **Unfortunately,** ... 불행하게도 | **Obviously,** ... 분명히 |
| **Basically,** ... 요는 | **Conceivably,** ... 확실친 않지만, 아마도 | |

143 부사 (훨씬/한참)

far below ... …보다 훨씬 아래   **way** down there 한참 아래
well over ... …를 훨씬 넘는   **well** below ... …보다 훨씬 아래

144 동사 → 명사

You are an excellent **cook**. (cook이 요리사라는 명사로 쓰임)
You **cook** very well. (동사로 쓰임)

145 분명히 … 일 거야

I bet you'll make a good teacher. (make = become; I bet … : I'm sure의 의미로서 구어체에서 빈도 높은 표현)

146 성함이 뭐라고 하셨지요?

What was your name, **again**? (다시 당신 이름이 뭐지요?라고 말하지 않기 때문에 생각이 나지 않는 중요한 표현)
cf. *Bye, again.* (좀 전에 작별인사 했는데, 다시 만나서 또 인사해야 할 때에 사용하는 표현)
Hello, **again**.

147 소원 빌었어요?

Did you **make a wish**? (생일 케이크의 촛불을 끄기 전에)

148 손해 볼 거 없을 것이다

It won't hurt to ask for some help.
cf. *It wouldn't hurt to go ask for some help.* 손해볼 거 없지 않겠습니까? (가정법 would는 주장이 약하게 들림)
cf. *You've got nothing to lose[gain].* 손해[이익]될 것 없다.

149 순서: 앞 뒤

A **is followed by** B. A 다음에 B가 온다
A **is preceded by** B. A 전에 B가 온다
cf. *followed by …, followed by …* (그 다음에 …가 오고, 그 다음에 …가 오고 … 는 의미가 떠오를 수 있도록 많은 연습이 필요한 구문이다.)

150 시간 가는 줄 몰랐다

I seem to have **lost track of time**.
cf. *We should **keep track of** every cent we spend.* (keep track of … : 기록해 두다)
Time really flies! 시간이 정말 빠르구나! = How time flies!

151 아니, 그래요. /네, 그렇지 않아요.

Aren't you hungry? – **Yes, I am.** 배고프지 않니? – 아니요. 배고파요.
Aren't you hungry? – **No, I'm not.** 배고프지 않니? – 네. 배고프지 않아요.
(우리말 의미를 적용하여 No, I'm hungry.나 Yes, I'm not hungry.로 쓰지 않음)

152 아마도 …일 것이다

Chances are (that) he will end up in jail. (end up in jail: 철창신세 지다)
It is highly likely[probable] that ... (문어체 표현: …할 가능성이 높다)

153 아무리 …해도 (양보)

No matter how[However] hard you may try, you may not be able to master English within three months.
cf. Whatever the cost (may be), I will buy the book. 아무리 비싸도 나는 그 책을 살 것이다.
No matter how = However ... (구어체 및 문어체의 기본 구문)
cf. 아무리 …해도 지나치지 않다
We can't be too careful of our health.
It is impossible to overemphasize the importance of our health.

154 아침 식사로 뭐 드셨습니까?

What did you have for breakfast[lunch/dinner/dessert]? (의사의 질문)
cf. What's for breakfast[lunch / dinner / dessert]? 아침/점심/저녁/후식 뭐예요?

155 아픔/병

My head[stomach/tooth/back/sore throat]'s been killing me.
두통/복통/치통/요통/목 아파서 죽겠다.
cf. Where does it hurt? 어디가 아프니?
cf. I'm coming down with a cold[the flu]. 감기 기운이 있다.
Take good care of yourself! 몸조심해라.
cf. I just can't seem to **get rid of** this cold. 이번 감기가 지독하다.
I ache all over. 몸살났다.

156 안됐다/딱하다

I'm sorry to hear that. = Too bad.
cf. What a pity[shame]!
It's a shame[pity] that many motorists break the traffic regulations.

157 알 수 있을까요?

May[Can] I have ... (your name/address)? (빈도 높은 요긴한 표현)
= **Could[Would] you give me ...** (your name/address)? (빈도 높은 요긴한 표현)

158 알려 주다

I'll **let you know** the results as soon as possible.

159 양지하시기 바랍니다

Please be advised that the conference will be closed at five p.m.

160 어디 두고 보자

You won't get away with this.
= You will pay for this.
= You will be sorry for this. (복수를 다짐하는 말)
I won't sit back. 가만 있지 않겠다.
cf. *get away with* 무슨 짓을 해도 괜찮다 (중요 표현)
Some politicians think they can get away with anything.
cf. *Let's wait and see.* 어디 좀 시간을 두고 봅시다. (의사 선생님이 환자의 증상을 보면서 하는 말)

161 어디에서 근무하십니까?

What company are you with?
– **I'm with** ABC company. (be with = be affiliated with(소속)에서 유래된 말)
What company do you **work for**?
– I **work for** XYX corporation.

162 어떤 사람인가? (됨됨이)

What is he **like?** 어떤 사람인가?
cf. ***What does*** he ***look like?*** 어떻게 생겼나? (모습/생김새를 묻는 표현)

163 어떤 행동/태도 (동작형용사)

He's **being** modest/sarcastic/rude/stubborn/unrealistic/silly. 겸손하다/비꼬고 있다/무례하다/고집 불통이다/비현실적이다/바보같다. (지금 말하는 태도: 회화에서 빈도 높게 사용되는 구문)

164 어떻게 감사해야 할지요

I don't know how to thank you./How can I ever thank you?/I can't thank you enough.
cf. 감사에 대한 응답 *My pleasure. / You're (quite) welcome. / Don't mention it.* 천만에요. (격식 갖춘 표현)
Not at all. / No problem. / Any time. / Think nothing of it. / Sure. (격의 없는 표현. 길 안내 등 간단한 친절 행동에 대한 감사의 응답으로 자주 사용된다.)

165 어떻게 갑니까? (길 안내)

How can I get to Seoul Station?
Could you show me the way to City Hall?

cf. 길 안내 응답: *Go straight ahead. / Turn left[right]. / It's on your right[left]. / You can't miss it.* 눈에 쉽게 띌 겁니다.

166 어떻게 드시겠습니까?

How would you like your coffee?
With cream and sugar, please. /Black, please.
How would you like your steak?
well-done/medium well-done/medium/medium rare/rare 중 택일해서 답변
cf. *How do you like it?* 마음에 드세요?

167 어떻게 생각합니까?

What do you think (about this)?
= **How do you feel about this?**
= **What is your reaction (to this)?** (우리말에 '어떻게'는 영어에서는 보통 What ...?으로 표현된다.)

168 어떻게 됐냐면/나중에 알고보니

As it turned out, the project was a fiasco. 나중에 알고보니, 그 프로젝트가 대 실패였어. (다음에 일어난 일의 진행 상황을 설명할 때 자주 사용되는 표현)
cf. *Next thing I knew*, … 그 다음에 알고 보니까

169 어떻게 됐니?

How did it go? (보통 How'd it go?로 발음됨)
= How was it?
– It went great. 잘 됐다./It was a disaster! 망했다.

170 어떻게 왔습니까?

What has brought you here (so early in the morning)?
cf. *Why did you come here?* (당신이 올 때가 아닌데 왜 왔냐?라고 기분 나쁘게 들리는 말)
How did you come here? (교통수단을 묻는 표현)

171 어서 들어오세요

Come on in[out/up/down/over]! 어서 들어와라[나와라/올라와라/내려와라/이리 와라]!

172 언제까지 …을 제출해야 하나요?

When is it[the paper] due? (the paper: 과제물, 보고서)
= When are we supposed to hand in the paper?
It's **long overdue.** 기한이 한참 넘었다.
I'm due at the hairdresser in twenty minutes. 20분 만에 미장원에 가야 하는데.

173 언제까지 엽니까?

How late are you open? 몇 시까지 영업합니까?

174 얼마나 있어야 시작합니까?

How soon will it start? (How soon …?은 잘 생각이 나지 않는 중요 구문)
How long will it last? 얼마나 오래 합니까?

175 얼마나 자주 …합니까?

How often do you eat out? 외식하다
How often do you have a haircut? 머리 자르다

176 얼마나 큰 가방을 잃어버렸나요?

How big a bag did you lose? (How + 형용사 + 관사 + 명사의 어순은 감탄문 구문이 아니고, 의문문으로 사용되는 구문임에 유의할 것. 즉, How big a bag you have!라는 말은 없음)

177 얼마 동안 …했습니까?

How long have you been studying English? (현재완료 진행시제: 지금도 계속 공부가 진행되고 있는 의미)
cf. How long have you studied English? (현재완료: 지금 계속 공부하고 있는 진행의 의미가 없음)
cf. When did you study English? (과거: 과거 언제 영어 공부했느냐는 의미)

178 없다 (be gone)

It's gone.
He's gone[has left] for the day. 퇴근했다.

179 여기가 어딥니까?

Where are we?
cf. Here we are at school. 다왔다.
We're almost there. 거의 다왔다.
Are you there? 여보세요? (전화 대화)

180 여기 있습니다

Here you are[go].
cf. 기타 'Here/there + 주어 + go'의 구문
There you go. ① 팔을 길게 뻗어야 될 정도의 거리에 물건을 건넬 때 사용하는 표현 ② 잘 했어요.
cf. Here we go. 자, 시작합니다.
cf. There you go again. 또 그러는구나. (부정적 표현)

181 연락합시다

Let's **keep in touch**.
Keep me **posted**. 계속 알려줘.
cf. *I can be reached at 987-6543.* 987-6543 번호로 연락하세요. (자동응답기의 녹음 표현)

182 오다 (동작; get here)

Please call me when he **gets[comes] here**. 도착하면 전화 주세요.

183 오다 (상태; be here)

I'm home, honey. 여보, 나 집에 왔어.
Shouldn't he **be here** by now? 그 친구 올 때쯤 안됐나?
I'll be **home for** Christmas. 크리스마스 때에 집에 가겠다.

184 와서/가서 …하다

You'd better **go (and) see** a doctor.
Come see me sometime this week.
Go pick it up. 가서 찾아와라.
Go drop it off at the next office. 옆 사무실에 가서 갖다줘라.
cf. (구어체에서는 go/come 다음에 and를 생략하고 곧바로 동사를 붙여서 말한다.)

185 왜 …?/어째서 …?

How come you called me yesterday? (how come 다음에는 평서문 어순인 것에 유의해야 함)
= **What** did you call me **for** yesterday?
= **Why** did you call me yesterday?
cf. (구어체에서는 How come…?의 빈도가 매우 높다.)

186 왜 그렇게 바쁘니?/일이 많아

What keeps you so busy? (busy는 keep과 함께 사용함)
cf. What took you so long? 왜 이렇게 늦었니?
Things are quite hectic. 정신없이 바쁘다.
I'm tied up with my work. 일이 많다/스케줄이 바쁘다.
I'm up to my ears for work. 일이 너무 많아 죽겠다.

187 왜 그렇게 생각하니?

What makes you think so? (무생물 주어 구문을 자주 사용한다.)
= **What gives you such an idea?**
= **Why do you think so?**

188 왜 그렇게 화났니?

What're you so mad about? (미식영어: be mad at + 사람, be mad about + 사물/영식영어: be angry with + 사람, be angry at + 사물)
cf. *be mad about* ~을 매우 좋아한다

189 왜냐하면, …이기 때문

I'm hungry. **That's because** I skipped my lunch. (왜냐하면, …: 원인 설명/문어체: The reason is that...)
cf. *I skipped my lunch. That's why I'm hungry.* (그래서, …: 결과 설명)

190 요즈음 잘 지내니?/어때?

How's it going? = **How're you doing?** (구어체 표현) = **How're things going?**
What're you up to these days? 요즈음 어때?
– Couldn't be better. 아주 좋다.
So far, so good. 아직까지는 좋다.
So, so. 그저 그렇다.
Pretty good. Yourself? 좋아요. 당신은요?
cf. *What's up?* = *What's new?* 요즈음 어때? (격의 없는 인사 표현)
– Nothing much[new]. / Not much.

191 원래 그 사람 그래

That's the way he[she] is.
cf. *That's the way it goes.* 사는 게 다 그렇지. = Such is life.

192 왠지 느낌이 …하다

My hunch tells me (that).../**Something tells me** (that) ... (소위 무생물주어 구문으로서, 자주 사용된다.)
cf. *Somehow I get the feeling that you don't like me.* 왠지 네가 날 좋아하지 않는다는 느낌이 든다.

193 음/예 (긍정/동의)

Uh huh./Mm hmm. (끝을 올려서 말함)
cf. *Huh uh.* (부정: 끝을 내림)

194 이 정도면 되겠습니까?

Will this **do**? (do: be good enough)

195 이 정도면 한 달 쓰겠니?

Will this allowance **last** you a month? (allowance: 용돈, last: (타동사) 지탱시키다; (자동사) 오래 지속하다)
cf. *How long will it last?* 얼마나 오래 합니까?

196 이렇게 (최상급)은 처음이다

This is **the most** delicious food (that) **I've ever tasted.**
I **have never tasted such a** delicious food. (최상급의 의미를 나타내는 빈도 높은 구문)

197 일어나서 뭐하니?

What are you **doing up** so early in the morning? 이렇게 아침 일찍 일어나서 뭐하니? (up 앞에 분사구문 being이 생략된 형태)
What are you **doing up** so late at night? 이렇게 밤 늦게까지 자지 않고 뭐하니? (우리말과 큰 차이로 인해, 영어로 생각하기 어려운 구문이다.)

198 있다손 치더라도

We seldom, **if ever**, get together. 한다고 하더라도, 거의 만나지 못한다.
There is little, **if any**, hope left. 있다고 하더라도, 거의 희망이 없다. (잘 생각나지 않는, 고급영어에서 빈도 높은 표현)

199 있잖아?

You know what[something]? = Let me tell you what[something]? = I'll tell you what[something]? (상대방의 주의를 끌기 위해 자주 사용하는 구어체 표현)
cf. *By the way,* = *Incidentally,* ... 그런데 (화제를 바꿀때)

200 자!

Now, ... (강의 등에서 무엇을 설명할 때에 아주 자주 사용하는 표현)

201 짠!

Ta-da! (뭔가 멋진 것을 보여주면서 하는 말)

202 저 모르시겠습니까?

You look familiar. 어디서 많이 뵌 것 같은데.
Don't I know you from somewhere before? (Don't you know me?라고 하지 않음)
Haven't we met somewhere before?
cf. *Do I know you?* 저 아세요? (Do you know me?라고 하지 않음)

203 전에 말했듯이

Like I said earlier, ... = **As I said** ...   (구어체에서는 As보다 Like가 더 많이 사용된다.)

204 전치사: …but

all but A (A를 제외하고는 모두 임. 즉, 거의 됨) = almost A
He's all but dead.
anything but B (B를 제외하고는 어떤 것도 됨. 즉, B는 결코 아님) = by no means
He's anything but satisfied.
nothing but C (C를 제외하고는 아무 것도 아님, 즉, C만이 유일하게 적용됨) = only
He's nothing but a crook. (crook: 사기꾼)

205 전치사: (감정) ~때문 out of

Out of curiosity, … 호기심에, 그냥 궁금해서 그러는데요, (구어체 빈도 높은 표현)
I'm just curious to know …

206 전치사: (대응)…에 대한 to

answer[solution/key/clue/approach/reply/response/reaction] **to** …
(명사와 전치사를 붙여서 한 단어처럼 발음으로 기억해야한다.)

207 전치사: 못하게 하는 from

prevent[keep/stop/prohibit/deter/hinder] A **from** B …때문에 A가 B를 못하다
discourage[dissuade] A **from** B 낙담시켜서 B를 못하게 하다 (이런 규칙성 때문에 forbid A to B를 forbid A from B로 쓰는 경우도 있다.)

208 전치사: 이유 for

thank[praise/compliment/reward/blame/punish/criticize] A **for** B (congratulate A on[for] B: congratulate는 on을 쓰는 것이 원칙이지만, for의 의미가 보편적으로 많이 사용되다 보니, 현대영어에서는 congratulate A for B도 자주 사용된다. 예외적 표현: accuse A of B; Are you accusing me of cheating? / charge A with B)

209 정말…이다 (강조 do)

I **do** enjoy listening to all kinds of classical music.
I **do** believe … (빈도 높은 표현)

210 정말…하다 (all right)

This is expensive, **all right**. 이건 정말 비싸네. (문장 뒤에 위치하는 all right은 강조의 뜻이지, 좋다는 의미가 아니다.)

211 정말입니다

I mean it[business/what I say]. / I'm telling you. / I'm serious.
cf. *from the bottom of my heart* 진심으로
cross my heart 맹세하다

212 제 입장도 생각해 보세요

Put yourself in my place[shoes].
What about my identity? 내 입장은 어떻고?

213 제가/내가 도와드리지요

Let me help you. = **Let me** give you a hand.
cf. *Let me* ... (구어체에서 자신의 의도를 말할 때에 I'll보다 더 빈도 높게 사용되는 구문이다.)

214 제가/내가 한번 해 볼께요

Let me **give it a try[shot/go].**
cf. *Let me* **handle it.** 내가 알아서 해볼게.

215 조심해! (…을)

Watch[Look] out (for the car)! (경고하는 외침)
cf. *Watch your step[head/back].* 발/머리/등 뒤 조심해!
cf. (발조심해!라고 할 때에 Watch your foot!이라고 하지 않음)
cf. *Watch your language[tongue/words/mouth]!* 말조심해!

216 좀 들여보내 주세요

Let me out[in/up/down/through]. 내보내/들여보내/올려보내/내려보내 주세요/좀 지나갑시다.

217 좀 봐주세요

Give me a break, officer. 경관 아저씨, 좀 봐주세요.
Give me a break, huh? 왜들 이러니? (break → ① chance ② short repose)

218 좀/약간/말하자면

kind[sort] of
He's **kind of** mean.
It's **kind of** warm today. (구어체에서 자신의 주장을 약하게 말하기 위해서 매우 자주 사용하는 표현으로서, of는 약화되고 연음되어서 발음됨. 영화자막에는 발음나는 대로 kinda, sorta로 표기하기도 함)

219 좋지!

Sure. **Why not?/Sounds great[terrific/fantastic]!**
cf. *It's a deal./You got it.* 좋다. (동의)

220 죽다

be bored[starved/frozen[freeze]/burned/shot/strangled/stabbed/ trampled] **to death** 지루해 죽

겠다/ 아사하다/ 동사하다/ 불타죽다/ 총맞아 죽다/ 목졸려죽다/ 칼맞아 죽다/ 밟혀 죽다 *(to: 결과 의미 전치사)*
The poor man froze **to death**. (freeze는 자동사를 많이 사용함)
The place was so crowded that I was almost trampled **to death**. 너무 붐벼서, 밟혀죽을 뻔 했다.

221 중요한 건 (바로) 그거지

That's what counts.
cf. ***That's not what counts.*** *(부정)*
That's what it's all about. 그게 중요한 거지요.
cf. ***What counts [matters] is ...*** 중요한 것은 ~이다

222 지긋지긋하다

I'm **sick and tired of** him.
I'm **fed up with** him. 신물이 난다.
I've **had it with** him. 더 이상 못 참겠다. = I can't **stand** him any more. (stand = tolerate)
I can't **take** it any longer. 더 이상 못 참겠다.
cf. *Smoking is a **drag**.* (drag: 지긋지긋한 일)
cf. *Now back to the **grind**.* 죽으나 사나 다시 일해야지. (grind: 고역)

223 지연되다/ 진퇴양난

I **got caught in the middle of** a sticky situation. (sticky situation: 난처한 상태)
cf. ***I'm stuck in*** *a traffic jam.*
I got held up at work. 일 때문에 늦었다.

224 참 대단하잖아!/ 신기하다!

Isn't that something great! *(의문문 형식의 감탄문)*
Haven't you grown into a handsome young man! 참 멋진 신사가 됐구나!
Isn't that amazing? 대단하지 않아요?/ 신기하지 않아요? *(구어체에서 자주 사용되는 구문)*

225 참으로/정말 ···하다

You're **more than** kind. = You're very kind. = It's very kind of you.
You're **more than** welcome to use it. 그거 얼마든지 쓰세요. (구어체에서 more than 형용사의 구문을 자주 사용한다.)

226 최고로 좋다/나쁘다

Couldn't be better/worse. 최고다/최악이다.
cf. ***Could be worse.*** 불행 중 다행.
Could be better. 미흡하다.

227 특별히 생각해 놓은…있니?

Do you **have** any special movie[restaurant] **in mind**?
What do you **have in mind**? 어떤 생각입니까?
cf. *What's **on your mind**?* 무슨 속셈이니?
= *What're you up to?*

228 필요하다/있으면 좋겠다

I **could use** some water[champagne]. 물[샴페인]을 좀 주세요. (가정의 의미로서, 식당 주문할 때에 많이 사용하는 표현)
We **could use** a new computer.

229 하실 말씀 있습니까?

What do you have to say about this?
(인터뷰할 때 많이 사용하는 표현: have to는 must의 뜻이 아니라, have의 목적어는 What이고, to say도 What에 연결되는 구문임. 이것에 대해서 하실 말로서 무엇을 가지고 있는가? 즉, 이 문제에 대해서 어떤 하실 말씀이 있습니까?라는 의미로 쓰인다.)

230 하지만,…

It's a little too expensive, **though**. (문장 끝에 위치함. 실제 발음에서는 매우 약하게 들린다.)

231 혹시 …할지 모르니까

I took an umbrella **in case** it rains this afternoon.
cf. *I took an umbrella **just to be on the safe side[just in case]**.*

232 혹시 …합니까?

Do you **happen to** know where he is?
공손한 표현: **Would you happen to** know where he might be?/**You wouldn't happen to** know his address? 혹시 그 사람 주소 아시는지요? (Do you happen to …?보다 공손한 의미로서, 자주 사용된다.)
cf. *Do you have …?* 혹시 …모르세요?
cf. *Do you have **any idea where** she might be?* (any idea where/what/how/who…는 구어체에서 자주 용되는 구문이다.)

233 훨씬 더 (비교급 강조)

It's **a lot[even/much/still/far]** better. (비교급과 함께 연결해서 외우는 것이 바람직함)
cf. *by far the best* 단연코 최고인 (최상급 강조: 단연코)

SECTION 04

어휘편

Vocabulary

어휘 Vocabulary

이제까지는 문장 구조의 형성에 대한 규칙을 배웠다. 그런데 어법만을 습득한다고 해서 언어 습득이 끝나고 유창한 의사소통이 되는 것은 결코 아니다. 이제까지 설명한 어법의 규칙을 잘 소화하여 내재화한다면 익힌 문장 구조들을 잘 응용하여 활용함으로써 의미를 어느 정도 잘 전달할 수 있게 될 것이다. 그러나 문제는 문장 구조만 완벽하다고 의사소통이 되는 것은 아니라는 것이다. 잘 짜여진 틀에 들어갈 내용이 좋아야 유창한 의사소통이 된다는 것은 당연한 이야기이다. 고급 영어로 올라가면 갈수록 인지 수준이 높은 내용에 대한 이야기를 주고받아야 하므로, 그런 고급 정보를 처리하기 위해서는 구문 처리 능력보다 어휘력이 더 중요하게 작용한다. 사실, 우리가 말과 글을 이해할 때는 문장 구조보다는 어휘의 개념을 먼저 인지하고 나서 이해가 되는 의미를 떠올리면서 구문에 짜맞춘다고 한다. '내가 그의 이름을 불러 주기 전에는 그는 다만 하나의 몸짓에 지나지 않았다. 내가 그의 이름을 불러 주었을 때 그는 나에게로 와서 꽃이 되었다.'는 시인의 말처럼, 어떤 현상이나 사물은 그것을 나타내는 어휘가 있을 때 비로소 그 의미를 갖게 된다. 이렇게 사고의 개념이 일차적으로 어휘에서 창출된다는 점을 생각해 볼 때 어휘의 중요성을 잘 알 수 있다.

그런데, 우리나라 영어 교육 현실에서는 안타깝게도 어휘를 그리 중요하게 생각하지 않는 것 같다. 모르는 단어는 앞뒤 문맥으로 유추(infer)하라는 교육 방법의 취지를 잘 이해하지 못한 학생들은 어휘력이 태부족한 상태에서도 그냥 유추라는 활동을 하다 보니, 결국 찍기(wild guessing)를 하면서 시간 낭비하는 경우가 많다. 상당한 정도의 어휘력이 뒷받침될 때 유추가 가능한 것이다. 모르는 단어가 나왔을 때는 최대한 문맥 파악을 시도해 본 후 반드시 사전(초·중급 단계-영한사전, 고급 단계-영영사전)을 통해 그 정확한 뜻을 확인하고 중요 관련 표현을 정리해야 한다. 그렇지 않고 대충 두리뭉실하게 넘어간 어휘는 머릿속에 그림이 그려지지 않고, 따라서 습득이 되지 않는다. 가장 좋은 참고서인 사전을 찾는 것을 귀찮게 생각하는 사람은 아예 외국어 습득을 포기하는 편이 나을 것이다. 부단한 노력만이 어휘 습득과 외국어 습득에 첩경이다. 다시 말하지만, 포스트모더니즘(Postmodernism)이 유행하여 절대적인 가치를 우습게 보는 현대사회에서도 Easy come, easy go!는 동서고금의 진리로 남을 것이다.

그렇다고 A부터 Z까지 사전에 나오는 순서대로 모든 단어들을 통째로 외우는 것은 어리석은 짓일 것이다. 외국어 어휘를 습득하는 데는 두 가지 단계, 즉 단어를 처음 학습하는 1단계와 기억한 어휘를 유지해야 하는 2단계가 있다. 먼저, 생소한 어휘를 습득해야 하는 1단계에서는 두 가지 효과적인 학습 방법이 있다. 1. 파생어를 만드는 접사들을 기억함으로써 어휘력을 키우는 형태소적인 학습법과 2. 주제별로 분류된 어휘들을 의미적으로 연결하여 학습하는 의미론적인 학습법이 있는데, 둘 다 병행하는 것이 학습 효과를 높일 수 있다.(의미론적 학습법을 통한 어휘 학습을 위해서는 '단어·숙어 테마 여행(최인철, 1996) 참조). 본서는 언어의 규칙성에 관한 어법서이므로 새롭게 어휘를 만들어가는 파생어 규칙에 관한 내용만 다루었다. 접사(접두사, 접미사)와 어근에 대한 지식이 표현력 증강에는 별 도움이 안되지만, 그래도 이해력을 위한 어휘력 증진에는 많은 도움을 줄 수 있기 때문에, 의미에 따라 분류한 중요 접사들을 제시하였다. 그리고 우리나라 학생들이 특히 어려워하는 영역으로서 영어에서 매우 많이 활용되는 품사 전이 어휘들과 혼동하기 쉬운 필수 다의어(多義語 : polysemy)를 총망라하려고 노력하였다. 또한 구어체 영어에서 많이 나오는 줄임 표현(clipped words)이나 잘못 쓰이고 있는 외래어도 함께 수록하였다. 끝으로, 말과 글에 모두 필수적인 연어(collocation)와 숙어 표현들을 제시하였고, 미식영어와 영식영어의 철자, 어휘 및 구문의 차이를 참고로 다루었다. 틈나는 대로 읽으면서 표현을 조금씩 자기 것으로 내재화하다 보면 많은 도움이 될 것이다.

이렇게 여러 가지 중요한 어휘 형성 규칙을 통해 어휘를 익혔다고 하여도, 계속적으로 유지하기는 결코 쉽지 않을 것이다. 2단계에서는 반복의 횟수가 중요한데, 여기에서 토끼 같은 마음이 아닌 거북이 같은 마음이 중요하다. 즉, 한꺼번에 끝을 내겠다는 마음으로 여러 번 반복하는 것보다 한 번에 두세 번 정도 반복하는 과정을 장기간에 걸쳐 수차례 되풀이 하는 것이 훨씬 기억 효과가 높다는 사실을 이론뿐만 아니라, 여러분의 경험으로도 잘 알고 있을 것이다. 장기간에 걸쳐 의미 있는 문맥에서 사용되는 다양한 어휘를 여러 번 접하는 것이 가장 효과적인 어휘 학습 방법이다. 그러기 위해서는 살아 있는 영어가 나오는 영어 방송, 영자신문·잡지를 꾸준히 듣고 봐야 한다. 필자는 아직까지 이보다 더 좋은 어휘 학습 방법을 발견하지 못했다. 여기에서 제시한 중요 어휘 표현들을 반드시 살아 있는 글이나 말을 통해 확인하길 바란다.

SECTION 04 어휘편

01 _ 파생어
Derivation

파생어를 만드는 접두사, 접미사 및 어근에 내재되어 있는 의미를 알아 두면 어휘력 증강에 많은 도움이 되므로, 의미에 따라 분류한 접사와 어근을 제시한다. 틈틈이 조금씩 익히다 보면 언어능력의 초석인 어휘력을 쉽게 강화할 수 있게 될 것이다.

01 접두사 (Prefixes)

• ••• 반대

in = not

in-   indispensable 필수불가결한   ingratitude 배은망덕   intangible 무형의   intolerable 참을 수 없는

▶ 다음 접두사는 음운현상으로 변화된 in의 변형이다.

ig-   ignoble 비천한

il-   illegitimate 불법의, 타당하지 않은, 서자의   illegible 눈으로 분간이 어려운, 읽을 수 없는   illogical 비논리적인

im-   imbalance 불균형   immoral 비도덕적인   immutable 불변의   impartial 공평한   impending 임박한, 급박한

ir-   irregular 불규칙한   irrelevant 관련 없는   irreparable 고칠 수 없는   irrevocable 철회할 수 없는

dis- = apart, not

dis-   discredit 불신, 불명예   discrepancy (crep 소리나다) 불일치, 차이   disparity (par = equal) 부등, 차이   dissatisfy 불만족시키다   dissent (sent = feeling) 불찬성, 이의를 표하다   disown 자기 가족(특히 자식)임을 부인하다, 호적을 파게 하다

▶ 다음 접두사는 음운현상으로 변화된 dis의 변형이다.

di-   digress (gress = go/step) 본론에서 벗어나다 [명] digression   divulge (vulg = people) 비밀을 누설하다   divert (vert = turn) 전환하다

dif-   diffusion 확산   diffident (dif = not, fid = trust) 자신이 없는

un- = not

un-   unfair 공평하지 않은   unequal 평등하지 않은   unfold/unveil 밝히다   ungrateful 배은망덕한   unknown 미지의   uninterested 흥미를 느끼지 않는 (**cf.** *disinterested* 사심 없는)   unscrupulous 파렴치한   unwitting 부지불식간의

ob- = against, to, over, completely

ob-   obscene (scen = set) 정도를 거스르는→ 외설적인   obsession (sess = sit) 거슬러 앉아 있는 → 강박적인 관념   obligate (lig = bind) …하도록 묶어두다, 속박하다   obviate (via = way) 미연에 방지하다

op-   oppress 억압하다   opponent 적, 경쟁자

contra-/counter- = against

contra-   contraband (ban = control/prohibition) 밀수품   contraception (cept = take) 피임   contradict (dict = word) 반박하다, …과 모순되다 [명] contradiction [형] contradictory   contrary 반대의

counter-   counterattack 반격   counterclockwise 시계 반대 방향   counterfeit 위조   counterpart 상대

anti- [ǽnti/ǽntai] = against

anti-   antibiotic (bio = life) 항생물질(의)   antidote (dot = give) 해독제, 방어 수단   antiseptic (sept = rotten) 소독약, 살균제   antipathy (pathy = feeling) 반감, 혐오   antitank 대전차(용의)   antonym (onym = word/name) 반의어   antarctic (anti+arctic) 북극의 반대 → 남극   **cf.** *the antarctic = Antarctica*

non- = not

non-   nondescript 형언 못할, 정체 모를   nonresident 비거주민   nonsense 허튼 소리

a- = without

a-   atheist 무신론자 (theist 유신론자)   apathy (pathy = feeling) 무감정

●●● 제거/이탈

ab- = off, away, from

ab-   abdicate 지위・권한을 포기하다, 사임하다   abduct (duct = lead) 유괴하다   abnormal 정도에서 벗어난, 비정상적인   abstain 삼가다, 자제하다   abuse 남용, 남용하다

de- = down, from

de-   decrease (de = down, cre = grow) 감소하다   deter (de = from, ter = frighten) 막다   degrade (de = down, grade 등급) 품위를 떨어뜨리다 [명] degradation 저하   depreciation (de = down, prec = price) 가치 하락   despicable (de = down, spic = look) 비열한   deviate (de = from, via = road/way) 벗어나다

se- = apart, without

se-   seclude (clud = shut) 고립시키다   secede (cede = go) 탈퇴하다   secrete (cret = separate) 분비하다 명 secretion   sedition 선동, 반란   seduce (duc = lead) 유혹하다, 농락하다   select (lect = choose) 선택하다

••• 부가/첨가

ad- = to

ad-   adjust/adjacent (jac = throw) 인접한   adequate (equ = equal) 동등한 것을 더함 → 충분한

▶ 다음 접두사는 음운현상으로 변화된 ad의 변형이다.

ac-   accord (cord = heart) 일치하다, 수여하다   access (cess = go) 출입

af-   affluence (flu = flow) 끊임없이 흐르다 → 풍요함

ag-   aggravate (vate = heavy) 악화시키다

an-   annex (nex = bind) 가까이 묶다 → 합병하다

ap-   append (pend = hang) 더하여 매달다 → 첨부하다   appease (peas = peace) 진정하다, 진정시키다

as-   assimilate 동화하다   ascertain (cert = sure) 확인하다   assent (sent = feeling) 생각이 가까이 있다 → 동의하다

at-   attribute (tribut = give) …의 탓으로 돌리다   attire 수행원

••• 방향 – 앞/뒤

ante- = before

ante-   antecedent [æntəsíːdnt] (cede = go) 이전의, 선례   anticipate (cip = take) 고대하다, 예견하다

fore- = before

fore-   forecast (cast 던지다) 예보하다   foresight 선견지명

pre- = before

pre-   precaution 예방   precede (cede = go) 앞서다   predecessor 전임자   premature 조숙한   prescribe (scrib = write) 규정하다, 처방하다   preview 시사

pro- = before

pro-   proclaim 포고하다, 선언하다   procure (cur = take care) 조달하다   proficient (fic = make) 능숙한

proto- = first

proto- protocol [próutəkɔ(ː)l] 의정서, 외교 의례 prototype 원형, 본보기

post- = after, behind

post- posthumous [pástʃuməs] 사후의, 유복자의 postmortem (mortem 죽음의) 죽은 뒤의, 부검 postpone (pon = put) 연기하다 postwar 전후의 postscript (script = write) 추신

retro- [rétrou] = backward

retro- retroactive (act = do) (법) 소급의 retrogression (gress = go) 퇴행, 퇴보 retrospect (spect = look) 회고, 회상

●●● 방향 – 위/아래

up- = upward, thoroughly

up- upgrade (grade 등급) 질을 높이다, 제고하다 upheaval 격변 uproot 뿌리째 뽑아버리다, 근절시키다 upturn 상승, 호전

under- = inferior, insufficient

under- underdeveloped 저개발의 undergraduate (graduate 졸업생) 학부생의 undermine (mine 광산을 캐다) 약화시키다, 좀먹다 underprivileged 혜택을 못 받는, 소외된 계층의 underscore 강조하다, 밑줄을 긋다

●●● 방향 – 안/밖

in-

in- internal 내부의 include 포함하다 income 수입 indoors 실내에서 반 outdoors input 입력 interior 실내의 infer (fer = carry) 유추하다 intensive (tense = stretch) 집중적인

im- immigrate (migrate 이주하다) 이민오다 implicit (plic = fold) 암시적인 import (port = carry) 수입(하다)

ex-

ex- external 외부의 exit 출구 exclude 제외하다, 배제하다 explicit (plic = fold) 명백한, 노골적인 export (port = carry) 수출(하다) extensive (tens = stretch) 광범위한 exterior 실외의 exterminate (termin = end) 근절시키다

▶ 다음 접두사는 음운현상으로 변화된 ex의 변형이다.

ec-	eccentric [ikséntrik] (centr 중앙) 괴짜(의) ecstasy 황홀경
es-	escort 호송, 에스코트 escape (cap 머리, cape 갑(岬) 머리처럼 솟아나오는 곳) 밖으로 머리가 나가다→도망치다
e-	emerge (merge 합치다) 나오다 emigrate (migrate 이주하다) 이민가다 emit (mit = send) 빛, 열 등의 에너지를 발산하다 eject (ject = throw) 내뿜다, 비행기에서 탈출하다 eradicate 근절하다 erode (rod = gnaw) 부식하다, 침식시키다 evoke (voke = call) 불러내다, 환기시키다

extra-/extro- = outside, beyond

extra-	extradition 외국범인의 인도 extraneous 외부로부터의, 무관한 extraordinary [ikstrɔ́ːrdənèri] 비범한 extravagant 사치스러운
extro-	extrovert (vert = turn 방향) 외향적인 사람

intra- = within(內) / intro- = inward, into

intra-	intramural (mural 벽의) 교내의 intravenous 정맥 내의
intro-	introvert (vert = turn 방향) 내향적인 사람

a- = on, in, at

a-	aboard 승선하는, 타는 adrift 표류하는 aside 옆의 asleep 자고 있는 awake 깨어 있는 ajar 문이 조금 열린 aloof 떨어져 있는, 초연한

••• 방향 – 주위, 관통

circum- = around

circum-	circumspect (spect = look) 신중한, 용의주도한 circumstance (sta = stand) 상황 circumvent (vent = come) 계획을 방해하다 circumcise (cise = cut) 할례하다

peri- = around

peri-	perimeter [pərímətər] (meter = measure) 주위, 둘레 peripheral (pher = carry) 주위의 명 periphery periscope (scop = view) 잠망경

para- = beside, apart

para-	paradox (dox = opinion) 역설 parallel (all = other) 평행(하다) parasite (sit = food) 기생충 paramount (mount = hill) 언덕 옆의→최고의 paraphrase 의역, 바꿔 쓰기

trans- = across

trans-   transport (port = carry) 운송하다 transmit (mit = send) 송신하다 transform 변형시키다 transcribe (scribe = write) 방송 내용을 녹취하다 transcript 성적표 transparent (par = appear) 투명한 transcend (scend = climb) 초월하다

tres-   trespass (pass = step/stride) 가로지르다, 침범하다

ambi- = around, both

ambi-   ambiguity [æmbīgjúːəti] 애매함 ambivert (vert = turn) 양향성 성격자

•••방법 – 간(間)/관통

inter- = between

inter-   intermediary (medi = middle) 중개자 intervene 중재하다 명 intervention interrupt (rupt = break) 방해하다 interrogate (rog = ask) 심문하다 international 국제적인 intermission 연주, 연극, 영화 중간에 쉬는 시간 interracial 인종간의

intel-   intellectual (lect = choose) 사이에서 선택하는→지적인

per- = through

per-   perceive (ceive = take) 감지하다 pervade (vad = go) 침투하여 확산되다, 만연하다 permeate (mea = pass/flow) 스며들다 persist (sist = stand) 고집스럽게 계속되다 perspective (spect = look) 전망, 견지 persecute (secut = follow) 박해하다 peruse [pərúːz] (us = use) 숙독하다

•••같이, 함께

con- = with/together

con-   concord (cord = heart) 일치 condolence [kəndóuləns] (dol = comfort) 위로 condone (done = give) 용서하다 congenial (gen = birth, genial 온화한) 취미가 [마음이] 맞는 consequence (sequ = follow, sequence 순서) 결과 consensus (sens = feel) 합의, 의견일치 conserve (serv = serve/keep) 보존하다 convene (vene = come) 회의를 소집하다 명 convention convey (vey = carry/way) 전달하다

▶ 다음 접두사는 음운현상으로 변화된 con의 변형이다.

col-   collapse (lapse 실책, 실수) 붕괴 collision 충돌 collect (lect = choose) 모으다 collaborate (labor = work) 동업하다 colleague (league 연맹, 동맹) 동료

com-   communism 공산주의 compromise (promise 약속) 타협하다 commemorate (memo 메모하다) 기념하다 communicate 의사소통하다

cor-   correct (rect 곧다) 교정(하다) correlation (re = again/mutually, lat = carry) 상관관계 correspond 교신하다 corroborate [kərábərèit] (robor = strength) 확증을 주다

co-   coed (ed = educational) 남녀공학 cooperate 협동하다 coworker 협력자 collusion (lud = play/laugh) 공모

syn- = together/with

syn-   syndrome (drom = run) 증후군 synonym (onym = name/word) 동의어 synopsys 개관, 대의 synthesis [sínθəsis] (thes = to place) 종합, 합성

▶ 다음 접두사는 음운현상으로 변화된 syn의 변형이다.

syl-   syllable (lab = take) 음절 syllabus [síləbəs] 교수요목
syllogism (log = speech) 삼단논법

sym-   symbiosis (bio = life) 공생 symmetry [símətri] (metr = measure) 대칭, 균형 sympathy (path = feeling) 동정, 연민, 공감 symposium (pos = drink) 좌담회 symphony (phone 소리) 교향곡

pro- = for

pro-   proponent [prəpóunənt] 지지자 [반] opponent 반대자 pro-life 생명 찬성, 낙태 반대 pro-choice 선택 찬성 (즉, 낙태 찬성을 의미하는 pro-abortion은 듣기에 좀 거북하므로 보통 pro-choice 라고 한다.)

•••다시(再)

re- = again/back

re-   recede (cede = go) 뒤로 가다, 후퇴하다 [명] recession 경기후퇴, 불경기 response (sponse = answer) 응답 revoke (vok = call) 되부르다, 철회하다, 취소하다

with- = back/against

with-   withdraw 철회하다, 철수하다 withhold 보류하다 withstand 저항하다

•••거리, 크기

tele- = far

tele-   telegram (gram = write) 전보 telepathy (pathy = feeling) 정신감응 telephone 전화 telescope (scope = view) 망원경 television TV

micro- = small

micro-   microcosm (cosm = cosmos) 소우주 microeconomics 미시 경제학 microscope 현미경

macro- = large

macro-   macrocosm 대우주 macroeconomics 거시 경제학

•••자신

auto- = self

auto-   automatic 자동적인 automaton (= robot) 작은 로봇 autonomy [ɔːtánəmi] 자치(권) autobiography (auto+biography 전기) 자서전

•••정도-(비교급) 더 …

out- = better, more

out-   outgrow …보다 더 크다 outlast …보다 더 오래 지속되다 outlive …보다 더 오래 살다 outnumber …보다 수가 더 많다 outrun …보다더 빨리 뛰다 outsmart …보다 한수 더 뛰어나다

over- = beyond/excessive

over-   overbearing 오만한 overburden 과중한 짐을 지우다 overwhelm 압도하다 overeat/overdrink/oversleep/overwork 지나치게 많이 먹다/마시다/자다/일하다

•••위/아래

sub- = under, secondary

sub-   submerge (merge 합치다) 가라앉히다 [반] emerge submit (mit = send) 제출하다 submissive 순종적인 subject 영향을 받는, 복종당하는 subordinate (ordi = order) 종속적인, 하위의 subsequent (sequ = follow) 후속적인 subsonic (son = sound) 저음파의 submarine 잠수함 subway 지하철 substandard 표준 이하의 subcommittee 소위원회 substitute 대체하다

▶ 다음 접두사는 음운현상으로 변화된 sub의 변형이다.

suc-   succumb [səkʌ́m] (cumb = lie) …에 패배하다

sup-   supplement 보충하다 suppress 억압하다, 진압하다

sur-   surrogate [sə́ːrəgèit] 대리인 **cf.** *surrogate mother* 대리모

sus-   susceptible (cept = take) 감정에 좌우되기 쉬운, 감수성이 예민한

super- = over

super-   supernatural 초자연적인 supersede (sed = sit) 상위 자격으로 대체하다 supersonic 초음파의 supervise 감독하다 superficial (fic = make) 표면의

supre-   supreme 최고의

sur-   surplus (plus = more) 잉여 surmount (mount = rise) 극복하다, 넘기다 surmise [səːrmáiz] (mis = send) 추측하다 surveillance (vei = look) 감시

ultra- = exceeding

ultra-   ultrasonic 초음파의 ultraviolet 자외선의

••• 수

mono-/uni-/sol- = one

mono-   monologue (logue/loq = speak) 독백   monopoly 전매, 독점   monogamy (gam = marriage) 일부일처

uni-   unanimity (uni에서 i가 탈락) 만장일치   unification 통일   uniform 제복   unilateral 일방적인   unique 유일한   unison 일치, 조화   universal 보편적인

sol-   soliloquy 독백   solitude 외로움

bi-/di-/du-/twi- = two

bi-   biweekly 2주일에 한 번   bicycle 자전거   binoculars 쌍안경   bilateral 양측의   bilingual 이중언어의, 이중언어 구사자   bigamy [bígəmi] 중혼, 이중결혼

di-   dilemma 진퇴양난   carbon dioxide 이산화탄소   divide (vid = look) 나누다   divorce 이혼

du-   dual 이중의   duet 이중주

twi-   twin 쌍둥이 중 한 명   twilight 여명

semi-/hemi-/demi- = half

semi-   semiweekly 1주일에 두 번   semifinal 준결승전

hemi-   hemisphere 반구

demi-   demigod 반신반인(半神半人)

tri- = three

tri-   triangle 삼각형   trinity 삼위일체   triplet 세쌍둥이 중 한 명

quadru-/tetra- = four

quadru-   quadruple 4배의, 4배(로 되다)   quadruplet 네쌍둥이 중 한 명

tetra-   tetragon 사변형

penta-/quint- = five

penta-   pentagon 5각형

quint-   quintessence 정수, 고대 철학의 제5원소 (氣, 火, 地, 水의 네 요소 외에 있다고 생각되던 에테르에서 비롯됨)   quintuplet 다섯쌍둥이 중 한 명

hexa-/sexa- = six

hexa-   hexagon 6각형

sexa-   sextuple 6배의, 6배(로 되다)

hepta-/septa- = seven
hepta-   heptagon 7각형

septa-   septangle 7각형

octa- = eight
octa-   octagon 8각형   octopus 문어(다리가 8개임)   octave 옥타브   October (로마력으로는 원래 8월이었음) 10월(August는 로마 황제의 이름인 Augustus에서 유래함)

nona- = nine
nona-   nonagon 9각형

deca-/deci- = ten
deca-   decade 10년   decagon 10각형   Decameron [dikǽmərən] Boccaccio 작 풍류담, 십일 이야기

deci-   decimal 십진법의, 소수의

cent-/hecto- = hundred
cent-   century 100년   centurion 백부장 (고대 로마시대에 100명의 부하를 거느리는 장교)   centipede (ped = foot) (곤충) 지네류 (100개 만큼 많은 다리를 가진 곤충이란 뜻임)

hecto-   hectare 면적단위 (1헥타 = 100야드)

milli-/kilo- = thousand
milli-   millennium [miléniəm] 1,000년 태평시대

kilo-   kilometer 1,000미터

poly-/multi- = many
poly-   polygamy 일부다처제   polyglot 수개 국어 구사자 (= multilingual)   polygon 다각형

multi-   multiply 곱하다   multifaceted 여러 면의   multi-purpose dam 다목적 댐

pan-/omni- = all
pan-   panorama 전경   panacea [pæ̀nəsí(ː)ə] 만병통치약

omni-   omnipotent [ɑmnípətənt] 전지전능의   omnivorous 잡식성의

••• 가치(좋음/나쁨)

bene- = good

bene-　　benediction 축복　beneficence 자선　beneficiary [bènəfíʃièri] 수혜자　benefit 이익
　　　　　　benign [bináin] 양성의

bon- = good

bon-　　bona fide [bóunə fáidi] 성실한, 성실하게, 선의의, 선의로　bonanza [bounǽnzə] 노다지,
　　　　　금광

mis- = wrong

mis-　　mischievous 못된 장난을 좋아하는　misdemeanor 경범죄　mishap 재난, 불운　mislead
　　　　　오도하다　misunderstand 오해하다

mal- = bad

mal-　　malady (ad = live) 질병, 병폐　malfunction 기능 장애　malnutrition 영양실조
　　　　　malignant 악성의　malevolent 악의의

pseudo- = false

pseudo-　　pseudonym [súːdənim] 익명, 가명

••• 동일/상이

hetero- = different

hetero-　　heterogeneous 이종(異種)의　heterosexual 이성연애의

homo- = same

homo-　　homogeneous 동종의　homonym 동음이의어　homosexual 동성연애의

••• 신(新)/구(舊)

neo- = new

neo-　　neolithic 신석기의 **cf.** *lithic* 암석의, *monolithic* [manəlíθik] 조직·단체 등 단일체의, 획일적인
　　　　　neophyte 신참자, 초심자

paleo = ancient

paleo-　　paleolithic 구석기의

••• 동사형 접두사

en- = make

en- encourage (courage를 주다) 용기를 북돋아주다, 격려하다 encompass (com = together, pass = step) 포위하다 enjoy (joy를 주다) 즐기다 enrich 풍요롭게 하다 ensure (sure시키다) 확신시키다 entitle 제목을 붙이다, 권리나 자격을 주다 enthrone (throne 왕관) 왕관을 씌우다, 즉위시키다 entail (tail 꼬리) 수반하다 enact 법령화하다 enforce (force를 주다) 실행하다 entrap (trap에 걸다) 올가미에 걸리게 하다 envision (vision을 주다) 마음에 그리다, 구상하다, 계획하다

em- emphasize 강조하다 employ (ploy 작업) 사람을 쓰다, 고용하다 empower 권력을 주다 embody 구체화하다 명 embodiment 전형 empathy 감정이입

be- = make

be- befriend 친구로 만들다 belittle 깔보다 behead 참수형에 처하다

02 어근 (Roots)

어근은 크게 Latin과 Greek로 나눌 수 있다. 편의상, Greek어근을 G라고 표시하고, Latin어근은 표시하지 않고 제시한다.

••• 발, 손, 머리, 몸 (신체 부위)

발

ped- pedestrian 보행자 pedal 자전거 페달 peddler 행상인 centipede (centi = 100) 지네

ped-(G) pediatrics (아장아장 기는 어린아이를 대상) 소아과 pedagogy 교수법

pedi- orthopedics (정통/곧은 발의 학문) 정형외과

손

man- manicure (cure 치료) 매니큐어 manipulate [mənípjuleit] (손으로) 다루다 mandate (손으로 아랫사람을 시키다) 명령하다

manu- manufacture (fac = make) 제조하다 manuscript (script 대본) 원고 manual 손의, 사용법 설명책자

머리

cap 모자

cap- captain 선장, 함장 capital 대문자, 수도 cape 갑 caption 표제, 제목 decapitate 참수하다 per capita 머리당, 두당 capita GNP 일인당 GNP

cap 잡다

cap- capture 포획하다, 잡다 captive 포로 captor 포획자 capacity 용량, 능력 capable 능력있는

몸
corp-   corps [kɔːr](pl. corps [kɔːrz]) 군단   corpse 시체   corpulent 비대한   incorporate 합치다

•••목소리, 부르다, 보다(시청각)

목소리
voc(al)-   vocal 목소리의   vocation (불러진 것)소명, 직업, 천직   advocate (ad = to) 주창하다   provoke (pro = forward) 도발하다, 화나게 하다   convoke (con = together) 소집하다   evoke (e = ex 밖) 환기시키다   revoke (re = back) 철회하다   vocabulary (vocable 낱말) 어휘

보다(視)
vis-/vid-   vision 영상   visible 볼 수 있는   supervise 감독하다   vista 넓은 전망   evidence 증거   view 보다, 전망   preview 미리 보는 것   review 복습   providence 섭리

보다
scop-   telescope 망원경   microscope 현미경   periscope 잠망경

•••그리다, 쓰다, 글자(묘사)

그리다
-gram(G)   program (pro = forward) 프로그램   telegram (tele = ar) 전보   cardiogram (cardi = heart) 심전도   hologram 레이저 광선으로 만드는 형상

-graph(G)   photograph (photo = light) 사진

-grah(y)(G)   biography 전기, 일대기   geography (geo = earth/soil) 지리학   demography (demo = population) 인구학   photography 사진술

쓰다
-scrib/-script   describe 묘사하다   description 묘사   transcribe 녹취하다   transcript 성적표   manuscript (manu = hand) 원고   scripture 성서

글자
litera-   literacy 읽고 쓰는 능력   literally 글자 그대로   literary 문학의   literate 글을 아는   illiterate [ilítərət] 문맹자

•••움직이다, 서다, 이끌다, 방향, 걷다, 뛰다(방향 변화)

움직이다

mob- mobile 움직이는, 자주 변하는 mobilize 동원하다 immobile 움직일 수 없는

mot- motion 운동, 움직임 motive 동기 locomotive 기관차 promotion 승진 demotion 강등 commotion 소요, 흥분

mov- move 움직이다 movie 영화, 활동사진

서다

sta- stand 서다 static 정적인 stance 입장, 위치 stationary [stéiʃəneri] 정지된 *(cf. 동음이의어 stationery 문방구)* statue 상/조각 stay 머무르다 status 상태, 지위

이끌다

-duc(t) introduce 소개하다, 도입하다 produce 생산하다 product 생산품 reduce 줄이다 reduction 감소 conduct (con = together) 행위하다 conducive 도움이 되는 deduction 공제 seduce (se 따로) 유혹하다

방향

-vert avert 막다 controversy [kántrəvə̀:rsi] 논쟁 divert 다른 데로 돌리다 명 diversion extrovert 외향적인 사람 introvert 내성적인 사람 pervert 변태적인 사람 versatile [və́:rsətil] 다재다능한

걷다

-gress/-grad aggressive 공격적인 gradation 단계, 등급 gradual 점차적인 graduate 졸업하다, 졸업생 progress 진보 regression 퇴보, 회귀 transgress 법을 어기다, 죄를 짓다

뛰다

-cur concur 일치하다 current 흐름 curriculum 교과 과정 cursive 날려 쓴 cursory 조급한 incur 비용을 초래하다, 자초하다 recur 재발하다

•••만지다, 잡다, 보존하다, 걸다, 놓다, 던지다, 보내다(위치/상태 변화)

만지다

-tact contact 접촉 contiguous 인접한 contingent …에 달려있는, 우연한 intact 손대지 않은, 있는 그대로의 (in)tangible 만질 수 있는/없는 tactful 재치 있는 tactile 촉각을 가지고 있는

잡다

-prehend apprehend 잡다, 체포하다 apprehensive 염려하는 comprehend 이해하다 comprehensive 광범위한, 종합적인

보존하다
-tent/-tin   detention 억류, 구금 pertinent [pə́ːrtənənt] 관련된 retention 보류, 유치 retinue 집단 수행원 tenacity 집착력 tenure 관직

걸다
-pend/-pens   append 추가하다 appendix 추가, 부록 impending 절박한 pendant 늘어뜨린 장식 pending 미결의 suspend 보류하다 suspense 미결, 서스펜스(지속적 긴장감)

놓다
-pon/-pos   depose 물러나게 하다, 폐위시키다 impose 부과하다 postpone 연기하다 transpose 바꿔 놓다 position 위치

던지다
-ject   abject 떨어진, 영락한 conjecture 추측 dejected 낙심한 eject 쫓아내다 inject 주사하다 reject 거절하다

보내다
-mis/-mit   demise [dimáiz] 서거하다 emissary [éməsèri] 사자(使臣) emit 내보내다 emission 빛, 열 등의 발산 missile 미사일 remiss 태만한 remit 송금하다 transmit 송신하다

••• 믿다, 신임, 모이다, 결합하다, 느슨하게 하다, 명령, 경고하다(관계)

믿다, 신용
cred-   credit 신용, 학점 credible 믿을 만한 ⊕incredible creditor 채권자 ⊕debtor 채무자 credential 신임장

믿다
-fid-   confidant [kànfədǽnt/kɔ́nfidænt] 비밀을 털어 놓을 수 있는 사람 confidence 믿음 confidential [kànfídenʃəl] 비밀의 fidelity 신의

모이다
-greg-   aggregate 집합적인 aggregation 집합체 congregation 회중 gregarious [grigɛ́əriəs] 떼지어 사는 segregation 인종차별

결합하다
-here/-hes   adhere 고수하다, 집착하다 adhesive 반창고 coherence 통일성 cohesion 결합 inherent [inhíərənt/inhérənt] 내재하는

느슨하게 하다
-solv/-solu   absolute 절대적인 dissolve 해산하다 dissolution 붕괴 resolution 해결 resolve [rizɔ́lv] 해명하다, 각오하다 solvent 용제

명령
-mand   command 명령하다 mandate 위임통치령/행정명령 mandatory [mǽndətɔ̀ːri] 의무적인

경고하다
-mon   admonish 훈계하다 admonition 훈계 monitor 감시하다; 감시 장치 monument 기념비 premonition 예고

••• 먹다, 정복하다, 충만하다(정복/충만)

먹다
-vour   devour 게걸스럽게 먹다 carnivorous [kɑːrnívərəs] 육식성의 herbivorous 초식성의 omnivorous 잡식성의 voracious 게걸스럽게 먹는

정복하다
-vic   convict 유죄 입증하다 convince 확신시키다 evict 집에서 내쫓다 invincible [invínsəbl] 무적의 vanquish 이기다 victory 승리

충만하다
-und/-unda abound 충만하다 abundant 충만한 redundant 여분의 inundate [ínəndèit] 범람시키다

••• 깨다, 부수다, 비틀다, 휘다, 흐르다(형태 변화)

깨다
-rupt   abrupt 갑작스런 disrupt 분열시키다 erupt 터지다 interrupt 방해하다 rupture 깨지다

부수다
-frac   fraction 단편 fracture 분쇄, 골절상 fragile [frǽdʒəl] 깨지기 쉬운 infraction 위배 fragment 파편

비틀다(twist)
-tor   distort 왜곡시키다 extort 갈취하다 retort 반박하다 torture 고문하다

휘다
-flec/-flex deflect 빗나가게 하다 flexible 융통성 있는 reflect 반사하다   reflex 무조건 반사

흐르다
-fluc/-flux fluctuate 변동하다 fluent 유창한 fluid 액체, 유동성의 flux 유동 influx [ínflʌks] 유입

••• 생산, 생명, 의료(生)

생산
gen-(G)   generate 생산하다 generation 세대 genetics [dʒənétiks] 유전학 genital 생식기 degenerate 퇴화하다 engender 발생시키다 Genesis 창세기
               cf. gen 새로운 물질을 만드는 원소
                    oxygen 산소 *hydrogen* 수소 *nitrogen* 질소

살아 있는
-viv　　revive 소생시키다　survive 생존하다, …보다 오래 살다　vivid 생기 넘치는　convivial 유쾌한

생명
bio-(G)　　biology 생물　antibiotic [æntaibaiátik] 항생물질　bio-chemistry 생화학

의료
medic-　　medicine 의학, 약　medical 의학의　paramedic 응급구조사

●●● 죽음, 죽이다(死)

죽음
mor(t)-　　mortal 필멸의, 죽을 수밖에 없는 [반]immortal　morgue 영안실　postmortem 부검 (= autopsy)　morbid 으시시한

죽이다
-cide　　suicide 자살　homicide [hámesàid] 살인　insecticide 살충제 (= pesticide)　herbicide 제초제　genocide 인종 말살　parricide 부모살해

●●● 단어, 말, 언어(言)

단어
dict-　　dictionary 사전　dictate 받아쓰기하다, 말로 지시하다　dictation 받아쓰기

말/ 논리
log(ue)-　　dialogue 대화　monologue 독백　logic 논리

loq-/locu-　　eloquent [éləkwənt] 능변인, 말을 잘하는　loquacious 수다스러운, 말이 많은　colloquial 구어체의　soliloquy 독백

언어
lingu-　　linguistics 언어학　bilingual [bailíŋgwəl] 이중언어 구사자　monolingual 한 가지 언어만 구사하는 (사람)

•••물질, 마음, 정신, 인지, 인공두뇌의(형이상/하학)

물질
physi-(G)   physics 물리 physicist 물리학자 metaphysical 형이상학의

마음(mind)/심리(soul)
psycho-(G)   psyche 정신, 영혼 psychiatry [saikáiətri] 정신과 psychiatrist 정신과 의사
psychology 심리학 psychotic 정신 이상의

마음/정신
anim-   animosity 증오 magnanimity [mæ̀gnəníməti] 호연지기 unanimity [jù:nəníməti] 만장일치 unanimous 만장일치의

인지의
cogn-   recognize [rékəgnàiz] 인식하다 cognitive 인지적인 cognition 인지

인공두뇌의
cyber-   cyberspace 컴퓨터 내의 가상 공간 cybernetics 인공두뇌학

•••공포증, 혐오증, 광란

공포증
-phobia(G)   acrophobia (acro 높은) 고소공포증 hydrophobia (= rabies) 공수병, 광견병
pyrophobia [pàirəfóubiə] (pyro 불/열) 불 공포증 xenophobia [zènəfóubiə] (xeno 외국) 외국인 혐오/기피증

열광/-광
-mania(G)/**-maniac**   kleptomania 도벽 pyromania 방화광
megalomania [mègəlouméiniə] 과대망상증

•••사랑, 감사

사랑
phil-(G)   philharmonic 음악애호가, 음악애호의 philosophy 철학 philately [filǽtəli] 우표 수집
am(or)-   amateur 애호가, 비전문가 amiable [éimiəbl] 상냥한 amicable 우호적인 amorous 호색의 enamored 매혹된

감사
-grat   congratulate 축하하다 gracious 은혜로운, 친절한 grateful 감사하는 gratitude 감사
gratuitous [grətʃúətəs] 무료로 얻은

•••흙/토양, 지리, 장소, 곳, 쪽(공간)

흙/토양
terra-　　territory 영토　terrain 지형　extraterrestrial(= ET) 외계인　terrace 테라스 Mediterranean [mèdətəréiniən] 지중해　terrarium 테라리움 (식물 재배를 위한 흙 담은 유리 용기)

지리
geo-(G)　　geography 지리학　geology 지질학　geometry 기하학

장소
loc-　　local 지방의　location 위치　locate 위치를 확인하다　allocate 할당하다

곳
-orium/-arium　　auditorium 강당　aquarium [əkwɛ́əriəm] 수족관　emporium [empɔ́:riəm] 상업의 중심지, 백화점　crematorium 화장터　planetarium 천체운행 관람관　terrarium 식물 재배 유리 용기

쪽
-lateral　　collateral [kəlǽtərəl] 부수적인, 담보　lateral 측면의　unilateral 일방적인 bilateral 쌍방의

•••시간

연속적 시간
chrono-(G)　　chronic 만성의　chronology 연대기　synchronize 동시에 일어나다 anachronism [ənǽkrənìzm] 시대착오

일시적 시간
tempo-　　temporal 시간의　temporary 일시적　contemporary 현대의, 동시대의 extemporary (= impromptu) 즉석에서 하는, 즉흥적인

•••물(水), 별, 우주, 빛, 열(물질)

물
hydro-(G)　　hydrogen 수소　hydrophobia (= rabies) 광견병　hydroplane 수상비행기 hydrant 소화전

aqua-　　aqualung (lung 폐) 수중의 폐, 산소통　aquarium (arium 곳/장소) 수족관 aquatic 수생의
　　　　　　　ref. marine- 바다의　submarine 잠수함　marine animals 바다 동물

별
astro-(G)   astronomy [əstránəmi] 천문학 astronaut [ǽstrənɔ̀ːt] (미) 우주비행사 astrology 점성술 asterisk [ǽstərisk] 별표(*)

우주
cosmo-   cosmos 우주 cosmonaut (구소련) 우주비행사 cosmic 우주의

빛
photo-(G)   photography 사진술 photogenic 사진을 잘 받는 photosynthesis 광합성

-luc/-lum   elucidate 명백히 하다 lucid 선명한 luminous 빛을 내는 translucent 반투명의 **(cf.** *transparent* 투명한**)** opaque [oupéik] 불투명의

열
thermo-(G)   thermal 열의 thermometer [θərmάmətər] 온도계 thermostat 온도 조절 장치

•••모든, 유일, 넘는, 한계, 유사한, 반대의, 시초

모든
omni-   omnibus 여러 가지 포괄하는, 합승버스 omnipotent 전능한 omnipresent 어디에나 있는 omnivorous 잡식성의

pan-(G)   panacea [pæ̀nəsíːə] (= cure-all) 만병통치약 pandemonium 대혼란 panorama 전경 pantomime 무언극

유일
-sol/-soli   desolate [désələt] 적막한 sole 유일한 soliloquy 독백 solitary 고독한 solitude 고독 solo 독창

넘는(beyond)
meta-   metaphor [métəfɔ̀r] (phor = carry) 은유 metaphysics 형이상학 methodology (hod = way) 방법론

한계
fin-   affinity 인척 관계 confine 제한하다 define 정의하다 definitive [difínətiv] 한계를 짓는 finale 최후의 막

유사한
simil-   assimilate 동화하다 dissimilar 상이한 similar 유사한 simile [síməliː] 직유 simultaneous [sìməltéiniəs] 동시의

반대의
ant(i)-(G)   antagonist 경쟁자 antibiotic 항생제 antidote 해독제 antipathy [æntípəθi] 반감 antiseptic 소독약, 방부제

시초
prot(o)-(G)　　protocol 의례 prototype 원형, 모형 protozoan 단세포 동물

•••진실, 올바른, 재다

진실
ver-/veri-　　aver 공언하다 verdict 평결 verify 입증하다 veritable 진실한

올바른
ortho-(G)　　orthodontist 치열 교정 전문의 orthodox 정통의 orthography 철자법

재다
-met(e)r-(G)　　barometer 기압계, 척도 diameter 직경 meter 계량기, 미터 odometer 주행 거리계 speedometer 속도계 symmetry 대칭 thermometer 온도계

•••자신, 사람, 통치

자신
auto-(G)　　authentic 믿을 만한 autobiography 자서전 autocrat 독재자 autograph 유명인 자필 automatic 자동의 autonomous 자치의 autonomy 자치 autopsy [ɔ́ːtɑpsi] 부검

사람들
dem(o)-(G)　　demagogue 민중 선동가 democracy 민주주의 epidemic 유행병

통치
-cracy(G)　　aristócracy 귀족정치 autócracy 독재정치 buréaucracy [bjuərɑ́krəsi] 관료주의 demócracy 민주주의 plutócracy 금권정치

-crat(G)　　arístocrat 귀족 démocrat 민주당원 búreaucrat 관료 (-cracy의 신봉자/관련자를 나타냄)

••• 외국어 어원

사용 빈도가 높은 외국어 어원 단어들을 다음과 같다.

❶ 라틴어

ad hoc [æd-hák] (문어체) 특별한 목적을 위한 ad hoc committee 특별 소 위원회
de facto [di-fǽktou] (문어체) (합법적인 것은 아니지만) 사실상 존재하는
etc. 기타, …따위 등등 (= and so on/forth)
　　　et cetera [it-sétərə] 로 발음하고 회화에서도 많이 사용한다.
　　　…et cetera, et cetera. 와 같이 보통 두 번 정도 반복한다. (= and so on = and so forth)
e.g. (문어체) 예를 들어: for example로 읽는다.
i.e. 즉: that is로 읽는게 원칙이나 실제로 고급 영어회화에서 i.e.라고 발음하여 말하기도 함
per annum [pər-ǽnəm] 1년마다 (= annually)
per capita [pər-kǽpita] 머리(頭)당, 일인당 per capita GNP 일인당 국민총생산
per se [pə:r-séi] 그 자체로가 원래 (= in[by] itself)
re (문어체) ~와 관련하여: regarding으로 읽음
status quo [stéitəs-kwóu] 현상(現狀), 현재 상태
vice versa [váisə-vá:rsə, váis-, váisi-] 역도 또한 같음 (고급 영어 회화에서 자주 사용함)
viz. (문어체) 즉: namely로 읽음

❶ 불어

다음 단어들은 불어의 발음 영향으로 인한 특이한 발음에 주의해야 한다.

attache [ӕtəʃéi] 수행원 attache case 007 서류 가방

avant-garde [àvɑ:ntgá:rd] 전위

brochure [brouʃúər] 소책자 (= pamphlet)

champagne [ʃæmpéin] 샴페인

chic [ʃi(:)k] 멋진

cliche [kli(:)ʃéi] 상투어

connoisseur [kànəsə́:r] 전문가

coup(d'état) [kú:deitɑ:] 쿠데타

cuisine [kwizí:n] 요리(법)

debacle [deibá:kl] 와해, 패배

de'tente [deitá:nt] 데탕트, 긴장 완화

elite [ilí:t] 엘리트

entrepreneur [à:ntrəprəná:r] 기업주

entree [á:ntrei] 주신단, 주요 요리

envoy [énvɔi] 공사(公使)

facade [fæsá:d] 외모, 전면

fiance [fiːɑːnséi] 약혼남 fiancee [fiːɑːnséi] 약혼녀

filet [filéi] 살코기

finesse [finés] 수완, 기술

hors d'oeuvres [ɔːrdə̀ːrv] 전채 (칵테일 안주 등)

impasse [ímpæs] 막다른 길, 교착

laissez-faire [lèiseifέər] 자유방임, 무간섭

liaison [líːəzɑ̀n] 연락, 연결

milieu [mi(ː)ljə́ː] 환경

mirage [mirɑ́ːʒ] 신기루

naive [nɑːíːv] 순진한

protege [próutəʒèi] 피보호자

rapport [ræpɔ́ːr] 일치, 친밀함

rapprochement [ræprɔ́ːʃmɑːŋ] (국가 간) 화해, 친선

regime [rəʒíːm] 정권

rendezvous [rɑ́ːndeivùː] 랑데부

repertoire [répərtwɑ̀ːr] 레퍼토리

resume [rézumèi] 이력서

silhouette [sìluːét] 영상

souvenir [sùːvəníər] 기념품

vignette [vinjét] 덩굴무늬문, 책 속의 작고 아름다운 장식 삽화, 짧은 인물 묘사

vis-a-vis [vìːzəvíː] …에 대하여, 정면으로

❸ 이탈리아어

fiasco [fiǽskou] 대 실패

gusto [gʌ́stou] 맛, 기쁨

maestro [mɑ́istrou] 명지휘자, 예술의 거장

mezzanine [mézənìːn] (극장이나 호텔 등에 있는) 중 2층 (1층과 2층 사이의 층)

opera [ɑ́pərə] 오페라

portfolio [pɔːrtfóuliòu] 서류 가방, 장관 직위

salvo [sǽlvou] 동시 발사, 박수갈채 (= standing ovation)

terra cotta [terə-kɑ́tə] 점토 토기

torso [tɔ́ːrsou] 머리, 팔, 다리가 없는 흉상

virtuoso [vəːrtʃuóusou] 예술과 특히 연주에 뛰어난 사람

❸ 스페인어

bonanza [bənǽnzə] 노다지 (=pay dirt)

bravado [brəváːdou] 만용, 뽐내는 행위

desperado [dèspəráːdou] 대담한 무법자

canyon [kǽnjən] 높고 가파른 계곡, 협곡

fiesta [fiéstə] 축제, 휴일

indigo [índigòu] 남색

junta [hú(ː)ntə] (스페인의) 군사 평의회(Spanish에서는 j가 [h] 발음임)

siesta [siéstə] (점심 후의) 낮잠

03 접미사 (Suffixes)

••• 동사형 접미사

-ize
civilize 문명화하다 maximize 극대화하다 minimize 극소화하다 idolize 우상화하다 revolutionize 혁명적으로 만들다 vitalize 활성화하다

-(i)fy
clarify 명료하게 밝히다 ratify 비준하다 rectify 교정하다 justify 정당화시키다 gratify 만족시키다

-ate
formulate 공식화하다 migrate 이주하다 motivate 동기 의식을 유발하다 manipulate 조작하다 stipulate 명시하다 exacerbate 악화시키다 reciprocate 답례하다 debilitate 쇠약하게 하다 escalate 증가시키다 terminate 끝내다

-en
broaden 넓히다 hasten 신속히 하다 lengthen 연장하다 shorten 단축하다

••• 형용사형 접미사

-able/-ible
respectable 존경할 만한 accessible 접근할 수 있는 contemptible 경멸할 만한 enviable 부러움을 받을 만한 desirable 바람직한 sensible 현명한 intelligible 현명한 edible 먹을 수 있는 potable 마실 수 있는 portable 휴대할 수 있는 negligible 무시할 만한 tangible 만질 수 있는
> **ref.** -able, -ible은 가능성을 나타내어 '…할 수 있는, …할 만한'을 뜻한다.

-al
global 지구의, 전체적인 immortal 불멸의 colossal 엄청나게 큰 crucial 매우 중요한 nominal 명목상의 penal 형벌의
> **ref.** -(m)ent의 형용사형 접미사 al이 붙는 형용사는 강세가 al 앞의 음절에 강세가 오며 ment의 t가 보통 약화됨에 주의해야 한다.
> experiméntal 실험적인 environméntal 환경의 judgeméntal 판단의 governméntal 정부의 continéntal 대륙의 paréntal 부모의

-ant/-ent
affluent 풍요로운, 부유한 dominant 주요한, 장악하는 assistant 도와주는 dissident 반대하는 resistant 저항하는 salient 현저한, 중요한
> **ref.** 사람을 의미하는 명사형으로 사용되는 예가 많다. (p. 426 참조)

-ary
imaginary 상상의 mandatory 의무적인 legendary 전설적인 arbitrary 자의적인 auxiliary 보조적인

-ate/-ite
affectionate 애정의 delicate 섬세한 deliberate 고의적인 ultimate 최종적인 favorite 좋아하는
> **ref.** -ate가 형용사일 때는 [-eit]로 발음되지 않고 [-it]나 [-t]로 발음된다.

-ful
respectful 존경하는 tactful 재치 있는 thoughtful 사려 깊은 fruitful 보람 있는
> **ref.** '…하는, …있는, 유, 풍부'를 뜻한다.

-less
careless 조심성 없는 groundless 근거 없는 fruitless 보람 없는 sugarless 설탕 없는 colorless 무색의 odorless 무취의 priceless (= invaluable) 값이 없는, 즉 값으로 환산할 수 없을 만큼 가치가 큰 valueless (= worthless) 가치 없는
> **ref.** '…없는, 무, 결핍'을 뜻한다.

-ic(al)	académic 학술적인 básic 기본적인 diplomátic 외교적인 lógical 논리적인 synthétic 합성의 exótic 이국적인
-ish	bookish 책을 좋아하는, 진부한 bearish 곰 같은 느린, 침체된 bullish 황소 같은, 활동적인 boorish 막돼먹은 childish 유치한 sluggish 느린 yellowish 누르스름한
-ive	respective 각기 creative 창의적인 imaginative 상상이 풍부한 sensitive 민감한 permissive 방임적인 cooperative 협조적인 supportive 지지하는
-ly	brotherly 형제 같은 fatherly 아버지 같은 motherly 어머니 같은 lovely 사랑스러운 manly 남성다운 costly 비싼 friendly 친근한 deadly 치명적인 ghastly 무서운 slovenly 단정치 못한 timely (= opportune) 시기적절한 cowardly 비겁한 **ref.** 보통 명사에 –ly를 붙여서 형용사가 된다.
-ous	credulous 속기 쉬운 envious 부러워하는 laborious 힘든 gratuitous 무보수의, 이유 없는 spacious 공간이 넓은 loquacious 말 많은
-some	cumbersome 거추장스러운 bothersome 성가신 troublesome 문제거리의 meddlesome 간섭하기 좋아하는 quarrelsome 싸우기 좋아하는 wholesome 건전한 gruesome 무시무시한 **ref.** 보통 동사 다음에 -some을 붙여 형용사가 된다.
-y	watery 물의 milky 우유의 hardy 강건한 picky/choosy 까다로운 (구어체) bossy 우두머리의, 좌지우지하는

❶ 문어체에서 많이 사용되는 형용사 접미어

-specific	[spisífik] …에 고유한 (= -dependent), …에 따라 좌우되는 culture-specific 문화에 따라 다른
-free	…에 구애받지 않는, …에 상관없는, …에 관계없는, …와 독립적인 (= independent) culture-free 문화에 구애받지 않는
-most	가장 …한 foremost 맨 앞의 innermost 맨 안의, 가장 깊숙한 outer-most 가장 바깥쪽의 utmost 최대한도의
-long	…의 기간인 China's decade-long horror known as the Great Proletarian Cultural Revolution (the Great Proletarian Cultural Revolution 문화혁명)

❷ 혼동되기 쉬운 형용사

considerable 상당한 considerate 사려 깊은 (= thoughtful)

economic 경제의 economical 경제적인

imaginative 상상력이 풍부한 imaginary 상상의 imaginable 상상할 수 있는

successful 성공의 successive 연속적인

confident [kánfidənt] 자신 있는 confidential [kànfidénʃəl] 은밀한, 비밀의

contemptuous 경멸하는 contemptible 경멸할 만한

respectable 존경받을 만한 respectful 존경하는 respective 각각의
regrettable 후회할 만한 regretful 후회하는
comparable [kámpərəbl] 필적할 만한 comparative [kəmpǽrətiv] 비교적
objectionable 반대할 만한, 불쾌하게 하는 objective 객관적인
enviable 부러워할 만한 envious 부러워하는
desirable 바람직한 desirous 소망하는, 바라는
sensible 현명한 sensitive 민감한 sensual 관능적인 sensuous 육감의, 쾌락적인
intelligible 이해할 만한 intelligent 지능이 높은 intellectual 지적인, 이지적인
spatial [spéiʃəl] 우주의, 공간의 spacious 공간이 넓은
historic 역사적인 historic event 역사적인 사건 historical 역사의 historical account 역사적 설명/고찰

✚ 다음 짝이 되는 두 가지 형용사 중 하나는 실제로 거의 쓰이지 않는다.
1. healthy와 healthful → healthy : 건강한, 건강에 좋은
   기존 영문법책에서는 healthy는 '건강한', healthful은 '건강에 좋은'의 뜻이라고 설명하고 있지만 현대 영어에서는 healthy로 두 가지 뜻을 다 나타낸다. 즉 healthful food라고 하는 원어민은 없다.
2. practical, practicable → practical : 실제적인, 실현 가능한
   기존 영문법책에서는 practical '실제적인', practicable '실현 가능한'의 뜻이라고 설명하고 있지만 현대 영어에서는 practical로 두 가지 뜻을 다 의미한다. 즉, practicable plans보다는 practical plans라고 표현한다.

••• 부사형 접미사

형용사+-ly	seemingly 얼핏 보기에 apparently 분명히 obviously [ábviəsli] 명확히 slowly 느리게 belatedly [biléitidli] 늦은 감이 있게 necessarily 반드시 shortly 곧
-ward	inward 내부로 outward 외부로 downward 아래로 upward 위로 backward 뒤로 onward 앞으로 계속 straightforward 곧장 앞으로
-ways	sideways 옆으로
-wise	① …방향으로 clockwise 시계 방향으로 counterclockwise 시계 반대 방향으로 ② …에 관하여 말하자면 weatherwise 날씨를 말씀드리면 moneywise 재정/경제/돈 문제에 관해 말씀드리면 timewise 시간에 관해서는

••• 명사형 접미사

❶ 행위자

-er/or	① 능동(能動) 의미 astronomer 천문학자 advisor 조언자, 논문 지도교수 employer 고용주 lessor 임대인 trainer 훈련자 tutor 가정교사 mentor 스승

② 도구, 장치
beeper/pager 호출기 opener 따개 sleeper 기차의 침대칸 walker 거동이 힘든 노인들이 의지해서 끌고 걸어 다닐 수 있도록 고안된 손잡이 있고 바퀴 달린 장치

③ …지역, 사람
New Yorker 뉴욕 사람 Londoner 런던 사람
cf. *-ite* : *Seoulite* 서울 사람 *Muscovite* 모스크바 사람 (*Moscow*와 철자가 다름)
　　　-ian : *Washingtonian* 워싱턴 사람

-ée(被動)	absentée 부재자 addressée 수취인 advisée 논문지도 받는 학생 employée 고용인, 종업원 fiancée 약혼녀 (남자 fiance 동음이의어) nominée 피임명자 lessée 임차인 payée 피지불인 referée 심판 refugée 피난자 trainée 훈련생 trustée 피신탁인, 이사 tutée 개인교습자
-ant/-ent	assistant 조수 dissident [dísədənt] 반체제 인사 informant 제보자 opponent 경쟁자 participant 참여자 contestant 경기 참여자, 경쟁자 respondent 응답자 detergent [ditə́ːrdʒənt] 세제(洗劑)
-ian	authoritárian 권위주의자 civílian 민간인 utilitárian 공리주의자 magícian 마술사 mortícian 장의사 musícian 음악가 obstetrícian 산부인과 전문의 pediatrícian 소아과 전문의
-ist	biologist 생물학자 geologist 지질학자 optimist 낙천주의자 pessimist 염세주의자 racist 인종차별주의자 orthopedist 정형외과 전문의 dermatologist [dəːrmətálədʒist] 피부과 전문의 zoologist 동물학자 violinist 바이올린 연주자
-ary	adversary 적, 경쟁자 secretary 비서 revolutionary 혁명가
-ic	alcoholic 술 중독자 workaholic 일 중독자
-naut	astronaut 미국 우주비행사 cosmonaut 소련 우주비행사
-ory	advisory 상황 보고

❷ 성질, 상태

-al	survival 생존 denial 부인 refusal 거부 burial 매장 trial 시련, 재판 betrayal 배신
-age	bondage 구속, 억압 salvage 해난 구조 carnage (= massacre) 대량 학살 leakage (보통은 leak 자체가 명사로 사용됨) 누출 drainage (보통은 drain 자체가 명사로 사용됨) 배수
-ance/ence	acceptance 수용 excellence 우수 obedience 순종 allowance 허용, 용돈 defiance 도전 grievance 불평 relevance 관련 vigilance 경계
-(a)cy	delicacy [délikəsi] 섬세함, 미각 diplomacy 외교 adequacy 충분 accuracy 정확성 fallacy [fǽləsi] 오류 legacy 유산
-dom	boredom 지루함, 권태 kingdom 왕국 martyrdom 순교 stardom 스타의 위치
-ment	amendment 개정 bewilderment 당황, 당혹 endowment 기부, 기증 temperament 성미, 기질
-ness	carefulness 조심함 cowardliness 비겁 shamelessness 뻔뻔함
-ion	creátion 창조 imaginátion 상상 acquisítion [ækwəzíʃən] 습득 justificátion 정당화 intimidátion 위협

-(i)ty	creatívity 창의성　brévity 간략함　accessibílity 접근성　simultanéity 동시성　spontanéity 자의성
-tude	áptitude 적성　látitude 위도　lóngitude 경도　sérvitude 노예 상태　sólitude 고독　vicissítude [visísətjùːd] 흥망성쇠
-ure	failure 실패　legislature 입법부, 입법활동　rupture 파열　tenure [ténjər] 종신 재직권　posture 자세
-(r)y	mastery 정복

❸ 기타

-ic(s)	학문 económics 경제학　éthics 윤리학　pólitics 정치학　statístics 통계학　linguístics 언어학　aeronáutics 항공학
-ology(G)	학문 biólogy 생물학　sociólogy 사회학　psychólogy 심리학　archaeólogy 고고학　anthropólogy 인류학　theólogy 신학　pathólogy 병리학
-ism	주의, 특성 communism 공산주의　capitalism 자본주의　nihilism 허무주의　totalitarianism 전체주의　plagiarism 표절
-ship	자격, 특성 citizenship 시민 신분　scholarship 학자 신분, 장학금　fellowship 초빙 연구자 신분, 초빙 연구자 장학금　dictatorship 독재정치　apprenticeship 도제 신분
-ling	작은 것 duckling 오리새끼　fledgling [flédʒliŋ] 깃털이 갓 난 새, 풋내기　sapling 어린나무, 묘목
-ette	작은 것 cigar → cigarette　case → cassette
-ry	총칭 a scene 장면 → scenery 경치, a jewel → jewelry, a machine → machinery, a weapon → weaponry, an image → imagery [ímidʒəri]

04 분사파생어 (Participial Derivatives)

현대 영어에 사용 빈도가 높은 단어들을 다음과 같이 제시한다.

••• 동사 + ing → 형용사

acting	대리의 acting president 대통령 유고 시에 대통령직을 대행하는 사람
becoming	잘 어울리는 Blue always looks very becoming on her.

annoying 짜증나게 하는 (= irritating = vexing)

binding 구속하는
binding force 구속력

boiling 끓는
boiling hot 끓는 것 같이 뜨거운

boring 지루한
a boring lecture

caring 보살피는

challenging 어려운, 힘든

condescending [kàndiséndiŋ] (우월감을 갖고) 상대방을 깔보는

daring 대담한

dazzling [dǽzliŋ] 현란한
a dazzling display of skill

deepening 심해지는
deepening shadows

demanding 요구하는 것이 많은, 까다로운
a demanding course 어려운 과목

developing 개발되는
developing countries 개발도상국

disturbing 방해하는
a disturbing new development in the dispute

embarrassing 창피하게 하는
How embarrassing! 아이, 창피해!

enduring 인내하는, 계속되는

    ex. *A wild auction frenzy shows the* **enduring** *- and outrageous - value of the Kennedy mystique.* (Time: May 6 1996 Cover)

entertaining 즐겁게 만드는 (= amusing)
an entertaining speech

exciting 흥분시키는
an exciting film, an exciting football match

excruciating [ikskrúːʃièitiŋ] 쥐어짜는, 무척 괴롭게 하는

falling 떨어지는 (= decreasing = declining = dropping)
falling demand for new cars

fascinating 멋진 (= charming)

flattering [flǽtəriŋ] 아부하는
flattering remarks 아부성 언급

fleeting 쏜살같이 빠른
a fleeting glimpse of... ···을 빨리 훑끗 보는 것

forgiving	용서하는	
	a gentle forgiving nature	
freezing	어는	
	freezing cold 어는 것처럼 추운	
frightening	무서운 (= horrifying = appalling)	
growing	점증하는	
	growing numbers 점점 느는 수치 (= increasing = soaring)	
harrowing	[hǽrouiŋ] 무척 괴로운	
	harrowing captivity	

        ex. *Misssing for 43 years, a Korean War veteran tells of his **harrowing** captivity and daring escape from the north.* (Time : Dec. 12 1994)

inspiring	고무적인 영감을 주는
	inspiring lecture/music/leadership
insulting	모욕적인
	an insulting remark/behavior
interesting	흥미 있는
inviting	매혹하는 (= attractive = enticing)
	an inviting prospect
lasting	계속되는, 지속적인, 영속하는
	a lasting peace/effect 지속적인 평화/효과
laughing	웃을 만한 (= joking)
	It's no laughing matter. 웃을 일이 아니다.
leading	이끄는, 선도하는
	leading edge 선도하는 우위
loving	사랑하는 (= caring)
mesmerizing	[mézməraiziŋ] 매혹적인 (= fascinating)
overbearing	거만한, 고압적인
	an overbearing supervisor 고압적인 감독
overwhelming	압도적인
	overwhelming victory 압도적인 승리
penetrating	꿰뚫는
	a penetrating question 정곡을 찌르는 질문
promising	장래가 촉망되는
	a promising young scientist
refreshing	상쾌한
	a very refreshing nap 매우 상쾌한 낮잠
rewarding	보람 있는
	a rewarding career/experience 보람 있는 직업/경험

sagging	축 처진 the sagging demand for oil the old man's sagging cheeks 노인의 처진 뺨
scorching	몹시 뜨거운
scorching hot	찌는 듯이 더운 (= sizzling hot)
staggering	비틀거리게 하는, 엄청난 It cost a staggering $100,000.
striking	현격한 (= noticeable) striking difference
surprising	놀라운 (= alarming = amazing = astonishing = stunning = shocking)
sweeping	광범위한, 휩쓰는 (= extensive), 일반적인 sweeping changes[plans] 광범위한 변화[계획] a sweeping statement 일반적 언급
tantalizing	[tǽntəlàiziŋ] 감질나게 하는, 애타게 하는 tantalizing smell of cooking
taxing	부담스러운, 고생스러운 (= demanding)
tempting	유혹적인 a tempting offer 유혹적인 제안
touching	감동적인 a touching scene 감동적 장면
trying	어려운, 시련의 trying times 어려운 때
understanding	이해심이 많은 My mother is so understanding.
unfitting	부적절한
unnerving	[ʌnnə́ːrviŋ] 기운을 빼는, 낙담시키는 (= depressing) an unnerving experience 낙담되는 경험
varying	다양한 (= various = varied)
whopping	(격의 없는 표현) 엄청난 (= staggering) whopping legal bills 엄청난 법적 청구서/비용
winning	매료하는, 끄는 a winning smile 매력 있는 미소
working	일하는 working mothers 직장 여성 어머니 working hours 근로 시간 **ex.** *The projected rise in Asian productivity over the next 20 years will have little to do with longer **working** hours.* (Time : Dec. 30 1996)

●●● 동사 + ed → 형용사

advanced	앞선 advanced countries 선진국
allied	[ǽlaid] 동맹의 allied nations 동맹국
attempted	미수에 그친 attempted murder 살인 미수
belated	늦어진 *cf. belatedly* 늦게나마
bounced	튕겨나간 bounced check 부도수표(은행에서 튕겨나갔다는 의미)
certified	심사를 거쳐서 얻은, 자격 있는, 공인된 *cf. Certified Public Accountant* 공인회계사 (=CPA)
chilled	냉장된 chilled meat 냉장육 *cf. frozen food* 냉동식품
civilized	문명화된, 교양 있는 civilized manners
disabled	장애를 지닌 disabled people (= handicapped people)
distinguished	저명한 (= celebrated = noted = eminent) a distinguished speaker 저명한 연사
educated	교육받은, 유식한 educated guess (= informed guess) 합리적인/논리적인 추측
established	확립된, 기성의 established writer 기성작가
estimated	추측의
exaggerated	과장된 (= overblown)
excited	흥분한 excited audience[spectators] 흥분한 청중[관중]
exhausted	기진맥진한 (= fatigued)
experienced	경험이 있는 반 inexperienced 무경험의
fallen	떨어진(완료의 의미) fallen leaves 낙엽
haunted	유령이 든 haunted house 흉가, 유령의 집

interested	관계있는, 흥미가 있는 interested parties 관계 당사자들
isolated	외딴, 소외된 (= remote = secluded) isolated house 외딴 집
marked	표시된 a marked price 표시가, 정찰가 **cf.** *a fixed price* 정찰가
noted	저명한 (= distinguished = celebrated)
opinionated	[əpínjənèitid] 주관이 뚜렷한, 고집센
organized	조직화된, 체계가 잡힌 I've never seen such an organized professor.
pointed	뾰족한, 예리한 pointed nose 뾰족한 코 pointed remark 신랄한 언급
prejudiced	편견 있는 be prejudiced against …에 대한 나쁜 편견이 있다
privileged	특권 있는 반 underprivileged 소외된 계층의
qualified	자격 있는 be qualified to practice medicine 의사로서 개업할 자격이 있다
recognized	인정된 a recognized authority 자타가 인정한 권위자
registered	등록된 registered mail 등기우편
rigged	[rígd] 부정행위로 조작된 rigged election 부정선거
sophisticated	[səfístəkèitid] ① 복잡한 (= complicated) ② 첨단의 sophisticated weapons ③ 세련된 (= refined) sophisticated women
talented	재능이 뛰어난 talented musician 재능이 뛰어난 음악가
underdeveloped	저개발의 underdeveloped countries 저개발국
underprivileged	혜택이 적은 underprivileged class 소외된 계층
unexpected	기대하지 않은 unexpect라는 동사는 없다.
unfounded	[ʌnfáundid] 사실 무근의 (= groundless) **cf.** *found* 기초를 다지다 unfounded rumors[accusations] 사실무근의 소문[비난]

unknown	무명의 a previously unknown singer 이전의 무명 가수
unmanned	[ʌnmǽnd] 무인(無人)의 an unmanned mission to Mars 화성의 무인 탐사 비행
unparalleled	[ʌnpǽrəlèld] 필적할 수 없는, 비교할 수 없는 (= unequal(l)ed, unmatched, unrival(l)ed) an unparalleled success 최고의 성공
unprecedented	[ʌnprésədèntid] 전무후무한, 전대미문의 (= unheard of = unexampled)
untold	말로 다할 수 없는 untold ages 말할 수 없는 오랜 세월
unwarranted	원하지 않는 (= unwelcome) an unwarranted intrusion into our private affairs 우리 사생활에 원치 않는 간섭
varied	다양한 (= various = varying)

▶ [-id]로 소리나는 단어

aged	나이 많은 the aged 연로하신 분들
beloved	사랑받는 My beloved fellow citizens 친애하는 국민 여러분
crooked	(사람, 사물이) 굽어진, 비뚤어진
dogged	끈질긴 It is dogged determination that does it. 끈질기면 안되는 일이 없다.
learned	학식 있는 A learned fool is more foolish than an ignorant fool.
naked	벌거벗은 It's going too far to go around naked.
rugged	울퉁불퉁한 rugged mountains
wretched	비참한 a wretched man

•••합성 복합어(Participial Compound Words)

❶ 명사-동사의 ing형

a belt-tightening policy 긴축 정책

belt-tightening 허리띠를 졸라매는

a breath-taking landscape 숨 막히게 하는 경치

an eye-catching slogan 시선을 끄는 슬로건

an eye-opening experience 견문을 넓혀 주는 경험

a fact-finding committee 진상 조사 위원회

a fence-sitting stockbroker 기회를 관망하는 증권 중개인

a heart-breaking experience 가슴을 아프게 하는 경험

a heart-rending scene 가슴이 찢어질 듯한 현장, 비통한 현장

a house-warming party 집들이 파티

mind-boggling news 마음을 심란하게 만드는 소식

a mouth-watering smell 군침 돌게 하는 냄새

a nerve-racking experience 신경을 쥐어짜는 경험, 초조하게 하는 경험

a penny-pinching businessman 한 푼도 아끼는 사업가

a self-effacing nurse 자신을 내세우지 않는 간호사

a thought-provoking lecture (지적으로) 매우 흥미로운 강연, 생각을 자극하는 강연

a time-consuming job 시간이 오래 걸리는 일

❷ 명사-동사의 ed형

명사 - 동사의 -ed형 표현에서 동사의 -ed형은 묘사하고자 하는 상황에 적절하게 어느 명사에도 붙여서 사용할 수 있으므로 매우 요긴한 구조이다.

computer-based instruction 컴퓨터에 근거한 교육

computer-aided[assisted] instruction 컴퓨터의 보조를 받는 교육

self-centered teenagers 자신만 아는 십대

the graffiti-covered New York subway 낙서로 덮여 있는 뉴욕의 지하철

a hen-pecked husband 공처가

a jam-packed auditorium 빽빽이 들어찬 강당 a jam-packed bus 꽉 들어찬 버스

a man-made satellite 인공위성 (man-made = artificial) **cf.** *synthetic rubber* 인조 [합성]고무

a money-oriented society 금전 지향의 사회 a power-oriented general 권력 지향적인 장군

a self-made businessman 자수성가한 사업가

a self-imposed exile 자신이 스스로 선택한 망명

a stone-faced politician 얼굴이 굳은 정치가

time-honored tradition 유서 깊은 전통

PG/R/X-rated film (= Parental Guidance/Restricted/X-rated film) (미국 영화 등급) 미성년자 부적당/성인/외설등급 영화

a state-run company 국영기업

state-mandated 국가에서 명령하는

ex. *Observers say Pyongyang is prepared to promote a "responsibility system" akin to China's successful rural reforms. Under the scheme farmers who meet the **state-mandated** quotas may sell part of their produce on the side.* (Time : Feb. 17 1997)

❸ 형용사/부사 - 동사의 ing형

the best-selling book 가장 잘 팔리는 책

a decent-paying position 괜찮은 수입의 일자리

an ever-increasing number of Ph.D. holders 계속 증가하는 박사 학위 소지자의 수

at an ever-growing rate 계속 늘어가는 비율로

ever-worsening urban pollution 계속 악화되는 도회지 오염

far-reaching consequences 오랫동안 영향이 미치는 결과

a good-looking man[woman] 잘생긴[예쁜] 남자[여자]

a hard-working Ph.D. candidate 열심히 일하는 박사과정 학생

a strange-looking creature 이상하게 생긴 생물

❹ 부사 - 동사의 ed형

cross-eyed 사팔뜨기의

a far-sighted policy 원시안적인/장기적인 정책

a short-sighted approach 근시안적인/단기적인 대책

a hard-boiled egg 단단하게 삶은 달걀
cf. *hard-boiled touch* 건조체 (문학에서 감정을 배제한 채 사실을 객관적으로 묘사하는 문체)

an ill-fated plane 추락 등의 사고를 당한 운이 나쁜 비행기

an open-ended question 끝이 열린 문제, 논술식 문제

a well-deserved promotion 받아 마땅한 승진, 당연한 승진

well-documented 많은 연구가 되어 있는

a well-educated bureaucrat 교육을 잘 받은 행정 관료

a well-informed source 정통한 소식통

a well-known painter 잘 알려진 화가

a well-paid executive 수입이 좋은 중역 간부

a well-rounded education (잘 짜여진) 균형이 잡힌 교육

well-timed 시기가 잘 맞는(= timely = opportune)

ex. *Some South Korean journalists and opposition politicians thought the announcement of the defections - just as South Korea was coping with mass labor unrest – seemed suspiciously **well**-**timed**.*
(Time : Feb. 17 1997)

well-versed in …에 정통한 She's well-versed in power politics. 그녀는 권력 정치에 대해 정통하다.

❺ 형용사 - 동사의 ed형

a cold-blooded killer 냉혈적인 살인자, 잔인한 살인자

a deep-rooted evil 뿌리 깊은 악

a full-fledged war/depression/trend 본격적인 전쟁/불경기/추세

a right-handed man 오른손잡이 **a left-handed man** 왼손잡이

a solar-heated house 태양열 주택

a wind-powered mill 풍력 방앗간

▶ 성격

an absent-minded professor (한 곳에 집중하다가) 멍하게 넋놓고 있는 교수

an open-minded negotiator 열린 마음의 협상가

a broad-minded philosopher 도량이 큰 철학자

a narrow-minded scholar 편협한 학자

a strong-minded statesman 강한 마음의 정치가

a bad[good]-natured jailer 나쁜[좋은] 성격의 교도관

a bad[hot/quick]-tempered producer 성미 나쁜[성마른/성미가 급한] PD

a strong[weak]-willed student 의지가 강한[약한] 학생

❻ 명사-형용사

camera-shy 카메라를 의식하여 피하는 The artist is always camera-shy.

a power-hungry[mad] politician 권력에 굶주린[눈먼] 정치가

tone-deaf 음치의 Thanks to noraebang, few Koreans are tone-deaf.

color-blind 색맹의 The color-blind student could not enter medical school.

a world-famous scholar 세계적으로 유명한 학자

a duty-free shop 면세점

sugar-free 설탕을 넣지 않은 ('나쁜 것이 없는'의 의미로 쓰임)
cf. *sugarless* (중립적 의미) 설탕 없는

❼ 복합 형용사

a behind-the-scene negotiation 막후 협상

bumper-to-bumper traffic 심한 교통 혼잡 (자동차의 완충기 범퍼가 서로 붙을 정도)

a down-to-earth approach to... …에 대한 실질적이며 투명한 대책
She's very down-to-earth and will tell you what she really thinks.

a happy-go-lucky person 한량한 사람 (= carefree person 근심 걱정 없는 사람)
cf. *a careless person* 부주의한 사람

a hit-and-run driver 뺑소니 운전사

long[short]-term effects 장기적[단기적] 효과

a nine-to-five job 오전 9시부터 오후 5시까지 근무시간인 일자리

a round-the-clock service 24시간 제공되는 서비스 (= an around-the-clock service)

a run-of-the-mill job 평범한 일, 일반적인 일 ('정미소에서 바퀴가 돌듯이 틀에 박힌'의 의미)

a well-to-do person 부유한 사람

❽ 기타

about-face (정책의) 180도 전환, 변경

backlash 반발, 반동

bloodshed 유혈 (사태) (= bloodbath = bloodletting)

brainchild 창작품

brainstorm 난상토론하다 **brainstorming** 난상토론

breakthrough 큰 진일보

built-in 내장된 This computer has a built-in speaker.

busboy (식당) 접시 나르는 사람

can-do 할 수 있다는, 적극적인 (= aggressive)

ex. Korea's **can-do** spirit won't mean much if it can't do anything competitively. *(Time : Jan. 13 1997)*

carry-on (luggage/bag) 비행기 안에 가지고 탈 수 있는 짐/가방

comeback 재기

cureall 만병통치 (= panacea [pǽnəsíːə])

daybreak 새벽 (= dawn)

daylight 일광

daydream 백일몽, 공상에 잠기다

diehard 완강한

doomsday 지상 최후의 날

drawback 결점 (= limitation = weakness)

dry-clean 드라이크리닝 하다 Can I have this dry-cleaned? 이거 드라이크리닝 해 줄 수 있겠습니까?

feedback (자신이 한 어떤 행위/일에 대한) 충고

gift-wrap 선물 포장하다 Can I have this gift-wrapped? 이거 선물 포장해 줄 수 있겠습니까?

go-between 중재자, 문제 해결자

grass-roots 민초의, 민중의 grassroots movement 민중 운동 (= public movement)

grownup 성인 (= adult)

have-nots 무산계층 haves 유산계층

head-on 정면의 head-on collision 정면 충돌

headline 헤드라인

headstart 첫 시작

heartbreak 마음의 상처, 애끓는 마음

highrise 마천루 (= skyscraper)

homestay 민박

in-depth report 심층 보도

in-between 중간적인 것[사람], 중간적인

input 입력

intake 섭취

know-it-all 모든 것을 다 아는 체하는 사람

left-over 먹다 남은 음식

makedo 임시변통의 물건

makeup 구성, 화장, 보상, 재[추가]시험 makeup class 보강

mastermind 주모자, 주모자 노릇을 하다

middle-of-the-road 중도파, 온건파

newborn 갓난아이

newcomer 신참, 새롭게 이주해온 사람, 전학온 학생

nonetheless 그럼에도 불구하고

notwithstanding …에도 불구하고

off-limits 통제구역

offset 상쇄하다

oldtimer 한 곳/직장에서 오래된 사람, (미) 노인

ongoing 진행 중인 (go on의 파생어) **ongoing process** 진행 중인 과정

outstanding 특출난, 돌출하다 (stand out의 파생어) **an outstanding young artist**

outspoken 솔직한, 격의 없이 다 털어놓는 (speak out의 파생어)

outbreak (병이나 화재) 돌발적으로 일어남, 발발

outfit 의복

outlaw 무법자, 불법화하다 **cf.** *in-laws* 처가식구들, 시집식구들

out-of-town 객지의, 낯선 곳의 **out-of-towner** 객지인, 외지인 (구어체) (= stranger)

paperback 저렴한, 문고본/판 **cf.** *hardcover* 두꺼운 표지의 책 (paperback에 비해 화려한 표지로 훨씬 비쌈)

overpass 고가도로 **underpass** 지하도로 **bypass** 보조도로, 우회도로 (= detour)

pickpocket 소매치기

run-down 지친, 황폐한

safeguard 안전히 보호하다

self-confidence 자신감 **self-esteem** 자존감 **self-centered** 자기 중심의 **self-conscious** 남의 시선을 의식하는 **self-important** 교만한 **self-discipline** 자기 훈련, 자율 **self-denial** 자기 부인 **self-sacrifice** 자기 희생 **self-explanatory** 스스로 설명되는 → 읽어 보기만 하면 쉽게 알 수 있는

setback 실패, 역행

shoplift 상점에서 물건을 슬쩍 훔치다

sit-in 연좌 데모

ex. *Outside Rangoon University early Saturday hundreds of students were drenched with water cannons for holding an anti-government* **sit-in**. *(Time Dec. 16 1996) (be drenched with = ‥‥로 흠뻑 젖다 (= be soaked with) water cannon 물대포)*

sleepyhead 잠꾸러기

standstill 교착 상태 (= deadlock = stalemate = impasse)

standoff 대치 국면

stepfather 계부 **stepmother** 계모

stonewall (영) 의사 진행을 방해하다 (= filibuster)

straightforward 복잡하지 않은

sunrise 일출 ↔ **sunset** 일몰

a bride-to-be 예비 신부 **a minister-to-be** 장관 예정자

troublemaker 말썽꾸러기

upcoming 다가오는 (come up의 파생어)

update 최신 정보, 갱신하다

ex. *For an **update** on that situation, we go to ABC's David Ensor in Moscow.* (ABC News Nightline March 22 1993) (뉴스에서 특파원의 보도를 소개할 때 사용하는 관용적 표현)

upgrade 계급을 높이다, 품질을 향상시키다

walk-out 파업 (= strike)

crosswalk 횡단보도 **sidewalk** 인도

whereabouts 거처, 소재지

wherewithal [hwɛərwiðɔ̀:l] 수단, 방법

wholeheartedly 전심전력으로, 전심으로

widespread 널리 퍼진, 만연한

wouldbe 자칭, 예비 a wouldbe poet 자칭[예비] 시인, 시인 지망자

American Culture | 초대문화

▶▶▶ 의상(dress code) 및 시간 엄수(punctuality)

특별히 격식을 차려야 하는 사무적인 모임(business meeting)에는 정장(남성: suit and tie 여성: skirt and blouse) 차림을 하지만, 기타 업무 모임에는 자유로운(casual) 의복을 입는 것이 미국 문화의 특징이다. 넥타이를 매지 않고 청바지를 입고 강의에 임하는 교수들도 있을 정도이다. 또한, 매우 의례적인 공식 만찬 등에서는 연미복(tuxedo)이나 정장을 하지만, 격식 없는 일반적인 파티에서는 자유로운 의상을 입는다.

공식적이고 사무적인 모임에는 시작 시각을 엄수해야 하지만, 사적으로 초대받은 모임에는 약속 시간보다 다소 늦게 도착해도 괜찮다. 또한, 여러 명이 초대된 격식 없는 파티 등의 모임에도 다소 늦게 도착하는 것은 무방하며, 즐거운 시간을 보내다가 자신의 필요에 따라서 초대한 주인에게 즐거웠다는 작별인사를 하고 모임 장소를 떠나면 된다. 초대 모임에서 자주 사용하는 인사 표현은 다음과 같다.

- I'm sorry I can't make it in time. (약속 시간 내에 도착하기 어려움을 알려주는 표현)
- Thank you for coming. (와줘서 고맙습니다.)
- Thank you for inviting us. (초대해 줘서 고맙습니다.)
- I've enjoyed every minute of it. (매우 즐거웠습니다.)
- I'm sorry I've got to leave.

▶▶▶ 파티(party) 문화

미국 문화에서 중요한 비중을 차지하는 파티는 모임의 목적에 따라 다양한 이름으로 불리는데, 대표적인 종류는 다음과 같다.

- potluck dinner (party) : 파티 참석자 각자가 한두 가지씩 음식을 준비해서 같이 나눠먹는 식사
- housewarming (party) : 집들이
- homecoming party : 고향, 집, 모교 방문을 환영하는 파티
- farewell party : 환송연
- slumber party : (여자들) 친구의 집에 모여서 밤새도록 노는 것
- baby shower : 출산 전 필요한 용품을 친구들이 사서 선물로 주는 모임. shower는 목욕과 전혀 상관없는 표현으로서 a shower of presents(많은 선물)에서 유래되었음
- bridal[wedding] shower : 결혼 전 신부의 필요 용품을 친구들이 사서 선물로 주는 모임
- stag party : 결혼 전날 신랑과 남자 친구들끼리 노는 파티
- hen party : 결혼 전날 신부와 여자 친구들끼리 노는 파티

▶▶▶ 식탁 예절

❶ 식사할 때

먹는 소리를 크게 낸다던지, 음식물을 많이 씹으면서 말을 하는 것은 예의 바르지 못한 태도로 생각된다. 수프(soup) 등을 먹을 때 소리를 내며 먹지 않는다. 단, 수프를 먹을 때 숟가락을 안쪽에서 바깥쪽 방향으로 이동하면서 먹어야 한다는 일반적인 생각과는 달리 일반적으로 교양 있는 사람들도 바깥쪽에서 안쪽 방향으로 편하게 식사한다. 일반적인 식탁에서의 예절은 그렇게 복잡하게 지켜지는 것이 아니므로 남에게 피해를 주지 않는 선에서 분위기에 맞게 자연스럽게 식사하면 된다. 잘 모를 때에는 남들처럼 따라하거나 물어보는 것은 흠이 되지 않는다.

❷ 식사 후

이쑤시개(toothpick)를 사용하지 않기 때문에, 미국에는 어느 식당에도 이쑤시개가 준비되어 있지 않다.

❸ steak 등을 먹을 때
한꺼번에 음식물을 다 자른 후 먹지 않고 한 조각씩 잘라 먹는다.

❹ Help yourself.
그네들은 식사를 권하는 것을 한두 번 정도 이상 계속하는 것을 실례로 생각하기 때문에, 지나치게 겸양지덕을 발휘하여 사양하면 잘 먹지 못하는 수가 있다.

❺ 식탁에서
멀리 있는 물건을 가로질러 집는 것을 실례로 생각하며 보통 Pass me the ~, please.라고 요청한다.

▶▶▶ Taboo시 하는 행동

❶ burp/belch
트림하는 행동은 매우 무례하다고 생각한다.

❷ pick one's nose
코를 파는 것은 매우 더럽고 무례한 행위로 간주한다.

❸ blow one's nose
사람들 앞에서도 코를 푸는 것은 전혀 문제가 안 된다. 오히려 풀어버리지 않고 훌쩍거리는 행동(sniffle)을 꺼려한다.

❹ cracking a chewing gum
껌을 딱딱 소리를 내며 씹는 것은 우리 문화에서처럼 예의 없는 행동으로 간주한다.

▶▶▶ 집안에서 신발 신는 관습
우리는 집안에서 신발을 벗고 사는 것이 당연하지만, 그네들은 신발을 신고 사는 것을 당연시한다. 우리가 그네들 집에 초대받아서 집에 들어갈 때는 신발을 벗지 않고 그냥 들어가면 되며, 초대했을 때는 Would you mind taking off your shoes? 나 I wonder if you can take off your shoes. 정도로 신발을 벗도록 정중히 요청하면 된다. It's customary for Koreans not to wear shoes inside their house.라고 설명해 주면 잘 이해하고 협조해 준다.

▶▶▶ 카드 생활화
미국인들은 카드를 많이 애용하는 문화라서 인간사의 종류만큼이나 많은 종류의 카드가 있다. 생일 카드, 입학/졸업 축하 카드, 건강/쾌유를 비는 get-well card, 감사하다는 thank-you card 등이 그 예가 된다. 따라서 초대를 받고 난 후 감사하다는 카드나 짧은 편지(note)를 써 보내는 것이 그네들의 일상적인 생활 문화이다.

SECTION 04 어휘편

02 _ 혼동하기 쉬운 어휘
Confusing Vocabulary

01 품사의 전이 (Shift of Parts of Speech)

단어의 형태는 바뀌지 않은 채 품사가 바뀌는 단어들은 매우 많으며 특히 방송이나 신문 잡지의 시사영어에서 많이 활용된다. 영어는 SVO 어순이 변하지 않으므로 단어의 문장내 위치에 따라 품사가 다양하게 변하며 사용된다. 품사의 전이 유형별로 제시한 다음의 중요한 어휘들을 실제 글이나 말을 통하여 각 어휘의 용례를 자기 것으로 만드는 것이 품사의 전이를 정복하는 지름길이다.

••• 명사 → 동사

address …에 대해 언급하다
address the issue

air 방송하다 (= broadcast)
The program will be aired this weekend.

anger 화나게 하다
Her rude behavior angered her boss.

book 예약하다 (= make a reservation for)
I need to book a flight to New York.

bully 약자를 괴롭히다
You'd better not bully the kid.

burden 부담을 주다, 짐을 지우다
I'm sorry to burden you with this problem.

bus 버스로 운송하다
The criminals were bussed to the prison.
cf. *truck* 트럭으로 운송하다   *ship* 배로 운송하다, 멀리 운송하다

butter (up) 아부하다

can 깡통을 만들다
canned food 깡통 조리 식품

cash 현금으로 바꿔주다 (= cash a check)

cement	공고히 하다 cement political alliances 정치적 동맹을 공고히 하다
chain	사슬로 묶다
chair	의장직을 맡다 chair a meeting 회의를 진행하다 chairperson 의장
check in	투숙하다, 탑승수속하다
check out	(호텔) 계산 후 나가다, 책을 대출하다
chill	(음료 같은 것을) 차게 하다
condition	(심리) …을 조건 반사적으로 만들다, …하도록 습관화시키다
coop	(좁은 곳에) 가두다 be cooped up …에서 두문불출하다
cow	위협하다, 으르다 (= threaten = intimidate) *ex.* The so-called cold wave of the anticorruption drive has **cowed** prominent legislators who might have been tempted to oppose Kim's policies on political grounds. *(Time Feb. 3, 1994)*
crackdown	징계하다 crack down on …을 단속하다 (= clamp down on)
cripple	절름발이로 만들다, 어렵게 만들다 *cf. paralyze* 마비시키다　*plague* (역병처럼) 괴롭히다
cross	가로지르다 cross the street 길을 건너다
crowd	(사람들) 빽빽이 들어차다 Shoppers crowd the department store.
dawn	(일이) 점점 분명해지다, (생각이) 떠오르다 It never dawned on me that she hated me.
design	…을 설계하다 be designed to… …을 목적으로 하다 (= be intended to = be meant to)
discount	도외시하다, 낮게 평가하다 (= slight)
double	두 배가 되다 *cf. triple* 세 배가 되다
draft	징집하다 draft-dodger 징집기피자
drop out	중퇴하다 He dropped out of school.
dump	(사람을) 차 버리다 (물건을) 버려 버리다 (= throw away)
dwarf	난쟁이로 만들다, 무색케 하다 (= overshadow) be dwarfed by… … 때문에 무색해지다
ease	진정시키다, 편하게 하다 ease one's anxiety/pain

elbow　팔꿈치로 밀다
　　　　　elbow one's way through the crowd 팔꿈치로 군중을 뚫고 가다

> **Tips**
>
> Time 같은 시사 잡지나 영자 신문에는 사전에도 나오지 않는 숙어 비슷한 표현이 많이 나온다. 이는 사전에 등록된 핵심 숙어 표현의 동사를 묘사하고자 하는 상황을 더 잘 묘사하는 다른 동사로 대체한 파생 표현이 사전에 등록되어 있지 않기 때문이다.
>
> 예컨대 The company has rolled out over 100,000 automobiles this year.에서 roll out이란 표현은 사전을 찾아보면 나오지 않는데, 이는 turn out(대량 생산하다 = manufacture)이란 핵심 숙어 표현을 차가 굴러 나오는 모습을 더 생생히 묘사하는 roll로 대체해서 만든 파생 표현이기 때문이다.
>
> 파생 표현의 좋은 예로서 He worked his way through college.에서 work one's way through college(고학하여 대학 공부하다)라는 표현은 make one's way through(길을 헤쳐 나아가다)란 핵심 숙어 표현의 make를 고학을 더 잘 표현하는 work로 대체하여 만든 파생 표현이다. elbow one's way thorough the crowd는 팔꿈치로 군중을 뚫고 가는 모습을 생생하게 전하기 위해 work 대신에 elbow를 사용한 표현이다.
>
> 데모 군중들이 대사관에 난입하는 장면을 묘사할 때 made their way into라고 표현하면 재미없는 글이 되므로 storm을 사용하여 좀 더 생생한 모습을 묘사하여 The demonstrators stormed their way into the embassy.라고 한다. 만일 어떤 글에서 데모 진압대가 데모 군중을 밀거나 발로 차면서 나아갔다는 상황을 묘사한다면 아마도 push/kick their way through the crowd로 표현할 수 있을 것이다. I felt my way to a bed in the dark.는 어둠 가운데 더듬으면서 침대로 가는 모습을 잘 묘사한다.
>
> 이처럼 한 가지 핵심 숙어 표현을 응용하여 여러 상황에 맞는 다양한 파생 표현이 나올 수 있다. 그런데 문제는 이런 모든 파생 표현이 사전에 숙어(볼드 이태릭체로 표기됨)로 등록되어 있지 않기 때문에 시사 영어의 글이나 말을 이해하는데 적지 않은 어려움이 있다는 것이다. 이런 문제를 해결하기 위해서는 먼저 많은 핵심 표현을 습득해야 한다. 다음으로는 글을 읽다가 생소한 파생 표현을 보게 되면 글의 전후 문맥을 통해 파생 표현의 뜻을 유추할 수 있는 능력을 키우는 것이 중요하다.

engineer　조정하다, 공작하다
　　　　　He had powerful enemies who engineered his downfall.

face　직면하다, 직면시키다
　　　　　We are faced with a serious economic problem.
　　　　　Let's face it. 문제를 직시합시다.

fancy　① (구어체) 좋아하다
　　　　　I fancy a swim. I don't fancy going all that way in such bad weather.
　　　　　② (놀람을) 상상하다 (구어체)
　　　　　Fancy working in this heat! = How unpleasant to work in such heat!

farm　경작/사육하다
　　　　　sea-farming 양식업

father　…의 아버지가 되다
　　　　　I fathered you. 내가 네 아버지다.
　　　　　cf. *mother* (엄마처럼) 이래라 저래라 하다

fatigue　과로하게 하다
　　　　　She's fatigued. 그녀는 과로했다.

favor　찬성하다, 지지하다

	명 *favoritism* 특혜
feature	…을 특징으로 하다 featuring... …을 특집으로 하는 (어떤 프로그램 등의 선전문에 많이 나옴) **cf.** starring... …가 주연으로 나오는 (영화 선전문)
file	파일을 보내다, 송고하다 file a story 기사를 보내다　file a suit against... …에게 소송을 제기하다
finance	재정을 지원하다 Building new schools will be financed by the education department.
fish	낚시하다 go fishing / go on a fishing trip
flock	떼거리로 모이다 (= swarm) People flocked to the stadium to watch the final match.
forward	넘기어 전해 주다
function	기능을 하다 social function/gathering 친목회 (= serve)
gear	기어를 변속하다 be geared towards …에 맞추다
glue	접착제로 붙이다
ground	① 지상에 못박아 두다 ground the planes 비행기 이륙을 금지시키다 ② 외출 금지시키다 You're grounded. 너 외출 금지다.
hammer	망치로 치다 hammer the nail into the wall 못을 벽에 박다
hand	손으로 넘겨주다 Hand it over to me.
	ex. *The voters* **hand** *Clinton a historic victory but send a message, not a mandate: Work with the Republicans.* (Time Nov. 18 1996)
harbor	…를 숨기다, (주로 나쁜) 생각을 품고 있다 Harboring criminals is an offense in law.
	ex. *Bill Gates's mother* **harbored** *the belief that he should do what she told him.* (Time Jan. 13 1997)
head	향하게 하다 Where are you headed? 가시는 방향이 어딥니까?
host	주인으로서 역할을 하다, 개최하다 host the 2002 World Cup
hunger	갈구하다 hunger for (= crave = long = yearn = thirst = pine for)
inconvenience	불편을 끼치다 Sorry for the inconvenience.

	I don't want to inconvenience you, but...
iron	다리미로 펴다, (문제를) 없애다 iron out the wrinkles in her skirt 치마의 주름살을 곧게 펴다 iron out the problem 문제를 해결하다 (= straighten out = sort out 사용 빈도 높은 표현)
land	땅에 닿다, 착륙하다
layoff	(불경기로 인해) 해고하다
lecture	강연하다, 훈계하다 Don't lecture me. 나한테 설교하지 마.
litter	길거리에 함부로 쓰레기를 버리다 No littering.
lobby	로비 활동하다
lock	자물쇠로 잠그다 I was locked out of my car. 열쇠를 차 안에 두고 내려 차를 열지 못했다. lock sb up (경찰서에서) 유치장에 집어넣다
long for	학수고대하다
make up	화해하다, 보상하다
match	경쟁 상대가 되게 하다 be matched by (= be rivaled[paralleled] by)
milk	(젖 짜듯이) 쥐어짜다 The dictator milked the helpless people.
mirror	…을 있는 그대로 보여 주다, 반영하다 (= reflect) Do these opinion polls mirror what people are really thinking?
moonlight	월광을 보며 일하다 → 부업하다 (a part-time job(시간제 일)과는 의미가 다름)
mother	엄마처럼 이래라 저래라 하다 Don't mother me. = Don't push me.
mushroom	(버섯같이) 우후죽순으로 불어나다 New houses mushroomed on the edge of the new town.
name	① 이름을 부르다 be named after... …의 이름을 따서 이름이 붙여지다 ② 제안해 보다 You name the price. You name the place and the time.
neck	목을 껴안고 애무하다 (= hug = fondle = caress)
nurse (a baby)	(아기를) 키우다
order	주문하다
pack	(이삿짐/여행짐을) 싸다 I'm busy packing.
paint	(유화) 그림 그리다

cf. *Wet Paint!* 칠 주의!

phone 전화하다
He phoned (me) to say he couldn't attend the meeting.

pig (out) 돼지처럼 마구 먹다
Let's pig out. 자, 먹자.

pioneer 개척하다

plant (a tree) (나무를) 심다

poll [poul] 여론 조사하다

question 심문하다, 질문하다

> **ex.** *Prosecutors investigating the bribes-for-loans scandal of the Hanbo Business Group called in two lawmakers of the ruling New Korea Party (NKP) yesterday for **questioning** over whether they took bribes from the bankrupt conglomerate and helped it obtain bank loans.* (The Korea Herald Feb. 11 1997)

range …의 영역[범위]이다
range from A to B A에서 B까지의 범위이다

railroad (의안을) 일사천리[억지]로 통과시키다, 날치기 통과시키다

> **ex.** *South Korea's ruling New Korea Party issued a muted apology for **railroading** tough new labor laws through the National Assembly.* (Time Jan. 27 1997)

return 돌아오는 것, 이익 환수
tax return 세금 상환

school 훈육하다
schooling 교육

screen 심사하다
screening process 심의/심사 과정

scrap 폐기(처분)하다
scrap the entire project 전체 계획을 폐기하다

seat 앉히다
Be seated. 착석하시오. **cf.** *Have a seat.* 앉으세요.

service 서비스/정비를 하다
I have my car serviced every three months.

shield 막다
He raised his arm to shield himself from the blow.

ship (배나 다른 수단으로) 운송하다
shipping and handling 배달 및 포장

shoulder 짊어지다
Who will shoulder the cross?

side 편들다
side with …의 편을 들다 (= take sides with)

sir   sir라고 부르다
Don't sir me. 나한테 sir, sir하지 마라.
✚ 회화에서는 상대방이 자신에게 부른 말을 그대로 동사로 사용하기도 한다.
    Hi hon! 안녕 여보!
    - Don't you 'Hi hon' me! (화난 투의 어조) 나한테 '안녕 여보!'라고 하지 말아요.

smoke   담배 피우다, 훈제하다

snow   눈으로 덮다
We were snowed in for a whole week.

snowball   눈덩이처럼 불어나다
snowballing suspicion   커져가는 의혹

sort   분류하다
sort out a problem   문제를 해결하다

spider   거미처럼 기다
ex. The warning signals came days in advance: cracks **spidered** up the walls, and water poured from ceiling leaks in a wing of the five-story Sampoong department-store complex in Seoul's fashionable Socho district. *(Time: July 10 1995 leak 새는 것 complex 단지)*

spot   점을 찍다, 위치를 확인하다
The officer spotted the enemy soldier with binoculars.

starring...   …를 주연으로하는(영화 등을 소개하는 홍보문에 자주 사용되는 표현)

stone   돌로 치다
be stoned to death   돌에 맞아 죽다

store   저장하다, 비축하다

storm   난입하다
The demonstrators stormed their way into the embassy.

surface   표면으로 나타나다

swarm   벌떼처럼 모이다, 운집하다

tape   녹음하다 (record보다 더 많이 쓰임)

taste   맛이 나다
(It) Tastes good.

toast   건배하다 (= drink a toast)

trouble   불편을 끼치다
I'm sorry to trouble you with such a trivial matter.

tune   (악기) 음을 맞추다, (전파/방송) 동조회로를 맞추다
Thanks for tuning in. (tune in 방송을 시청하다)

voice   표명하다
voice one's opinion   자신의 의견을 표명하다

waste   낭비하다
Let's not waste waste. 쓰레기를 함부로 버리지 맙시다. (재활용 캠페인)

watch	주의하다 Watch out for the car! Watch your step.
water	① 물을 주다 Please water the plants while I'm away. ② 군침을 돌게 하다 The food is making my mouth water. My water broke. 양수가 터졌다.
weather	(폭풍/어려움을) 이겨내다 weather a storm
weed	잡초를 뽑다 weed out 추려내다
wrap up	결말을 짓다, 정리하다 It's time to wrap up. 정리할 시간이다.
zero in on	(소총, 포) 조준을 목표에 맞추다, (시사영어) …에 초점을 맞추다 *ex. Today we live in the shadow of AIDS - the terrifyingly modern epidemic that travels by jet and **zeros in on** the body's own disease-fighting immune system.* (Time Jan. 6 1997)

●●● 형용사/부사 → 동사

blind	장님으로 만들다 be blinded by the sunlight
brave	용감히 싸우다, 위험을 무릅쓰다 brave the cold wave 한파를 무릅쓰다
cool	시원하게 하다
correct	교정하다 Correct me if I'm wrong. 혹시 틀리면 고쳐주세요. (토론에서 말을 꺼낼 때 쓰는 표현)
dim	어둡게 하다 dim the light 불을 어둡게 하다
elaborate	[ilǽbəreit] 정교하게 만들다 **cf.** *[ilǽbərət]* 형 정교한 Could you elaborate[expand] on that? (격식 있는 표현) 그것에 대해 좀 더 자세히 말씀해 주시겠습니까?
empty	비우다 empty the ash tray 재털이를 비우다
free	자유롭게 하다 (= release) free the hostage 인질을 풀어 주다
further	촉진하다 (= promote)
hurry	급히 서두르다 Hurry back. 서둘러 돌아와/가. Hurry home. 서둘러 집에 와라/가라.

near 다가오다

ex. As the deadline for Hong Kong's handover **nears**, western nations have forged a secret pact to accept mainland dissidents still in the territory. *(Time Feb. 10 1997)*

numb 마비시키다 (= paralyze)

ex. The news seems to keep getting worse out of Bosnia, **numbing** us with its relentlessness. *(ABC News Nightline)*

second 재청하다
second the motion 동의안을 재청하다 *cf. third the motion* 동의안을 삼청하다

secure 확보하다, 안전을 보장하다

signal 신호를 보내다

slight 가볍게 여기다, 우습게 보다, 깔보다 (= downplay 구어체)
I didn't mean to slight you. 당신을 못 본 척 무시하려는 뜻은 없었습니다. (상대방이 인사했는데 못보고 지나친 후에 상대방에게 사과하는 표현)

shy 회피하다
shy away from (= shrink from 문어체)
The president doesn't shy away from starting the risky business.

smart 따끔따끔 쓰리다, 아리다
My shoulders are smarting.

thin 가늘게 만들다
thinning hair 빠지는 머리

tidy up 정돈하다
When are you going to tidy your room up?

time 시간을 재다
We timed our journey; it took us two hours.

warm 따뜻하게 하다
warm up 몸을 풀어 준비하다/시키다

wet 적시다
bed-wetter (침대에 오줌 싸는) 오줌싸개

•••동사 → 명사

addict 명 [ǽdikt] 중독자
a drug addict 마약 중독자 (= junky)
동 [ədíkt] be addicted to …에 중독되다

advance 진격

ex. News reports indicate that members of the Tupac Amaru Revolutionary Movement exploded a grenade and fired shots from inside the residence as a response to what they thought was an **advance** of the Peruvian police onto the residence grounds. *(The Korea Herald Feb. 12. 1997)*

advocate 명 [ǽdvəkət] 옹호자, 지지자 (= champion)
동 [ǽdvəkèit] 옹호하다, 주장하다

ally	명 [ǽlai] 동맹(국) 동 [əlái] 동맹하게 하다 be allied with …와 동맹을 맺다
associate	교제하는 사람, 친분이 있는 사람
bite	한번 깨물어 먹는 것 Let me have[take] a bite. 한번 좀 먹어보자.
break	잠시 쉬는 것 take a break 잠시 쉬다
breakdown	고장, 쇠약 nervous breakdown 신경쇠약
build	체구, 체격 My brother and I are of the same build.
burn	화상(火傷), 볕에 탄 것
can	깡통 Tin cans should be recycled.
care	돌봄, 걱정, 조심
catch	얻고 싶은 것/사람 a good catch 좋은 결혼 상대자
command	구사 have a good command of English 좋은 영어 구사실력을 갖다
cost	원가
cough	기침
cure	치료 cure for a disease
cut	자르는 것 budget cut 예산 삭감
date	① 데이트 He's on a date. ② 데이트 상대 He's my date.
deposit	저축, (축적된 것) 매장량
digest	명 [dáidʒést] 요약 Reader's Digest (잡지 이름) 동 [didʒést] 소화하다
drag	질질 끄는 것, 지긋지긋한 일 Smoking is a drag.
drain	배수, 빠져나가는 것, 낭비 (원래 명사형은 drainage)
drive	강력한 운동 추진 (= movement = campaign)
excuse	명 [ikskjúːs] 용서 동 [ikskjúːz] 용서하다

CHAPTER 02 혼동하기 쉬운 어휘

exhaust	탈진시킨 것, 다 써버리고 남은 것 **exhaust system** 자동차 매연가스 배기 시스템
exhibit	전시회 (= exhibition)
extract	발췌(물)
fail	실패 **without fail** 틀림없이
feel	감각, 감촉, 직감 **get the feel of** (사물의) 감각을 익히다
go	다니는 상태 **be on the go/run** 분주히 움직이다
graduate	[grǽdʒuət] 졸업생, 대학원생 **cf.** *undergrad(uate)* 학부(생) **ex.** The early yuhak (studying abroad) rush started in July 1994 after the government eliminated the foreign language tests which were mandatory for high school **graduates** who wanted to study abroad. *(The Korea Herald Feb. 10 1997)*
grasp	파악, 이해 **have a good grasp of** …을 잘 이해하고 있다
grind	으깨는 행위, 고역 **Now back to the grind.** (직장에서 좀 쉰 후에) 죽으나 사나 또 일해야지.
guess	추측, 추정 **Take a guess.** 알아맞춰 봐.
institute	[ínstətjùːt] 기관/ 단체 **cf.** *institution* 제도
kill	(사냥에서) 잡은 사냥감 **cf.** *game* 일반적 사냥감 *fair/forbidden game* 수렵/금렵 조수
laugh	웃음, 농담 **That's a laugh.** 웃긴다. (= Don't make me laugh. = That's ridiculous.) (That's a laughter.라고 하지 않음)
leak	새는 것, 소변 **take a leak** 소변 보다 (원래 명사형 leakage)
litter	길거리에 함부로 버리는 쓰레기 **The street is full of litter.**
look	봄, 얼핏 봄 **take a look at** …을 얼핏 보다
make	제조 회사 **What year and make is your car?** 당신 차는 몇 년도 어느 회사 자동차인가요?
must	필수적인 것 **It's a must.** 그것은 필수적인 것이다.

neglect	[niglékt] 태만 (= negligence [néglidʒəns])
offer	(금품/물질 일자리 등) 제안, 제공
permit	허가(증), 면허(증) **work permit** 외국인이 국내에서 일하기 위해 정부로 취득해야 하는 허가
pile	쌓아올린 것, 더미 **pile up** 쌓다
plague	역병
print	인쇄, (미) 출판물 **printout** 인쇄물
produce	(집합적) 농산물
reach	손닿는 범위 Keep this medicine out of reach of children.
rebel	명 [rébəl] 반항 동 [ribél] 반항하다
reform	개혁 (원래 명사형 reformation) **social reform** 사회개혁 *ex.* It is essential to follow through with sweeping educational **reform** programs initiated in 1995 in an effort to reinvigorate school education and nurture human resources that will be competitive in the 21st century. *(The Korea Herald Feb. 10 1997)*
remains	잔재, 유골, 유물
say	발언권 **have a say** 발언권을 갖다
sip	한번 마셔보는 것 Let me have[take] a sip. 한번 좀 마셔 보자.
sleep	잠, 졸음 go to sleep = go to bed have a good sleep 잘 자다
spill	엎지름 **oil spill** 기름 유출
steal	(훔친 것처럼) 너무 싸게 산 물건 It's a steal.
step	(연결) 계(繼) **step father/mother** 계부[모]
strike	파업, 스트라이크 (= walkout) **cf.** *sit-in* 연좌 데모
swap	교환하다 (= exchange) (시사영어 어휘)
surprise	놀람 I've got a surprise for you. 너에게 놀랄 만한 선물이 있다.
surface	표면

suspect	용의자 **cf.** *suspicion* 의혹, 의심
track	지나간 자취, 철도 선로 keep track of... …을 잘 추적/기록하다 You're on the right[wrong] track. 잘하고[잘못하고] 있다.
transplant	(수술) 이식 a bone-marrow transplant 골수 이식
travel	여행(하다)
try	시도 Give it a try.
turn	차례, 순서 It's your turn. take turns -ing 돌아가며 …하다
visit	방문 pay a visit to …을 방문하다
wash	세척 car wash 차 세척
wear	의류, 의복(= attire)
wonder	경탄할 만한 것/사람/사건 do/work wonders 기적같이 효험이 있다 a new wonder drug 새로운 기적 같은 약
work	일, 일터, 작품
worry	걱정거리

•••형용사 → 명사

additive	첨가제
adolescent	[ǽdəlésənt] 청년
antecedent	[æntəsíːdənt] 선행자 (보통 개념 사물을 의미) **cf.** *predecessor* [prédisèsər] 선임자(사람)
assistant	조수 Teaching Assistant 강의 조교 (= T.A.) Research Assistant 연구 조교 (= R.A.)
basic	기본적인 것 Back to basics. 기본으로 돌아가자.
blacks	흑인 (= black people)
briefs	(방송) 단신(短信)
characteristic	특징

> **Tip** ...be characterized of...
>
> A is characteristic of B A는 B의 특징이다
> = B is characterized by A (문어체. 사용 빈도 높은 표현)
> Individualism is characteristic of the American culture. 미국문화의 특징은 개인주의이다.

chemical   화학약품

clerical   성직자, 서기

commercial   상업적 광고

comic   코믹물

confidential   [kànfidénʃəl] 대외비(對外秘)

conservative   [kənsə́ːrvətiv] 보수파

contemporary   [kəntémpərèri] 동시대 사람

correspondent   [kɔ̀(ː)rispándənt] 특파원

criminal   범죄자

daily   일간지
weekly 주간지
monthly 월간지

dead   죽은 듯이 고요한 때
in the dead of night 한밤중에

dependent   부양 가족
servicemen and their dependents 군인과 (그들에게 딸린) 부양 가족

descendants   후손 (= offspring 총칭)
반 ancestors = forefathers

dissident   [dísədənt] 반정부주의자

elder   연장자, (장로교 교회) 장로

equivalent   [ikwívələnt] 상응하는 것
What is the equivalent of penpal on the phone? 전화에서 펜팔처럼 사귀는 것을 뭐라고 하지? (회화에서는 be equivalent to보다 be equivalent of를 더 많이 사용함)

explosive   폭발물

extreme   극단
Both extremes meet. 양극단은 만난다.

fugitive   [fjúːʒətiv] 도망자

general   장군

good   선

hopeful	후보자 (= candidate)
informant	제보자
initiative	주도권 take the initiative 주도권을 잡다, 솔선해서 일하다
liberal	진보주의자
major	전공, (군) 소령
manual	사용자 설명서, 매뉴얼
newlyweds	신혼부부
official	공무원 government official 공무원
opponent	반대파 반 proponent 지지자
opposite	반대
perspective	관점, 입장 (= standpoint = viewpoint = point of view)
physical	정기 검진 (= physical checkup)
precedent	[présidənt] 선임자, 전례
preservative	방부제
professional	전문직 종사자
protestant	[prátistənt] 신교도
referral	[rifə́:rəl] 소개소
regular	정규적으로 오는 단골손님 (= regular customers = patrons)
relative	친척
revolutionary	혁명주의자
round	회진 make rounds 회진하다
safe	금고 cf. *vault* 지하금고
shorts	반바지
tutorial	(컴퓨터) 사용 지침 프로그램
valuables	귀중품
whites	백인 (= white people)

•••기타

amateur 아마추어의 (= amateurish)

economy 경제적인, 값싼
economy class (비행기의) 일반석 **cf.** *executive class* 2등석 *first class* 1등석

interest 이익, 관심
interest group 이익 집단 special interest group 특별한 관심 집단

joint 협동의, 합작의
a joint recital 합동 연주회 joint venture 합작 투자

live [laiv] 생방송으로, 산채로

record 기록적인
a record score 기록적인 점수

pilot 예비의, 실험적인
a pilot test 사전 시험

plus 게다가 (= in addition)

quality 품질 좋은
a quality product 질 좋은 상품

rental 임대한
rental cars 렌트카

02 다의어 (Polysemy)

앞의 품사 전이(shift of Parts of Speech)에서 제시된 단어 외에 중요한 다의어를 다음과 같이 소개한다. 여기에 제시된 다의어의 여러 기본 의미를 모를 때는 말이나 글의 의사소통에서 심한 장애를 불러일으키게 되므로 혼동하지 않도록 다의어의 의미를 잘 숙지해야 한다.

account

은행 구좌	savings account 예금 구좌 checking account 당좌구좌
설명하다 (= explain), 비중을 차지하다 (p. 562 참조)	account for
근거, 이유	on account of (= owing to)
평가, 고려	take sth into account (= take sth into consideration)

address

주소	May I have your name and address?
말을 걸다	How should I address him? 그 분을 어떻게 호칭해야 할까요?
제기하다	address the issue 쟁점을 제기하다/다루다
본격적으로 착수하다	address oneself to

admit

인정하다	This, I admit, is true. 명 admittance
입학을 허락하다	He was admitted to the University of Illinois. 명 admission
입장시키다	명 admittance

air

공중	in the air 공중에
	There's every sign of spring in the air. 봄 기운이 완연하다
	cf. *It's still up in the air.* (= *It's still undecided.*)
방송	on the air 방송 중 off the air 방송 끝
방송하다	(= broadcast) This program will be aired next Monday.

allowance

허용, 허가, 승인	make allowance(s) for …을 참작하다
(정기적) 수당, 용돈	Will this allowance last you a month? 이 정도 용돈이면 한 달 정도 쓰겠니?

apply

적용하다	We can't apply this rule to every case.
	명 appliance 기구, 장치 appliances (보통 복수형으로) 전자제품 (= electric appliances)
	명 application 적용 an application of A to B B에 대한 A의 적용
지원하다	I applied to that college.
	I applied for a scholarhip.
	명 application 지원 an application form 지원서
바르다	apply an ointment 연고를 바르다

appreciate

감사하다	I appreciate your help.
감상하다	He doesn't know how to appreciate culture.
좋게 인식하다	His presence is not appreciated at all. He's the black sheep of the family. (black sheep of the family 집안의 골칫덩이)
가치가 올라가다	The value of this property has appreciated.

arm

팔	**cf.** *armpit* 겨드랑이
무기(arms)	Farewell to arms! 무기여 잘 있거라!
무장시키다	be armed with... …으로 무장하다

ex. *The Start II nuclear **arms**-reduction treaty was signed four years ago, but is on a shelf in the Russian parliament.* (The Korea Herald Washington (AP), Feb. 10 1997)

article

품목	articles of clothing
조항, 항목	articles in constitution 헌법 조항
신문기사, 논문	read the articles
관사	definite article 정관사 indefinite article 부정관사

attend

출석하다, 학교 다니다	attend the meeting/class/school
주의를 기울이다	attend to (= pay attention to)

✤ '돌보다'의 표현 기존 영문법책에서는 attend on = serve라고 설명하고 있지만, 거의 사용되지 않는 표현이다. 실제로는 attend를 그냥 사용하거나 wait on, tend to 등을 사용한다. attend the sick = wait on the sick = tend to the sick
The nurses attend the sick day and night.

available

가용한, 구할 수 있는	available on the market 시중에서 살 수 있는
	It's not available here in Korea. 그거 한국에서 못삽니다.
시간이 있는	Is the doctor available?
	I'm available. (남녀 사이에 상대방과 사귀고 싶다고 할 때 사용하는 말)

average

평균	on the average 평균적으로
보통의	(= ordinary) average people 보통 사람

badger [bǽdʒər]

오소리 (짐승)	
악착같이 귀찮게 하다	(= trouble constantly)

balance
균형	strike a balance 균형을 맞추다
	The judges try to strike a balance between justice and mercy.
(은행) 잔고	I don't know how much my balance is on my checking account.

bank
은행	bank teller 출납계원
둑	the river bank 강둑

bar
카운터	snack bar 간이식당(스낵코너란 말은 없음)
법정	be behind bars 투옥된
법조계	Bar Association 변호사 협회
막다, 방해하다	bar A from B B로부터 A를 막다

base
근거하다	be based on... …에 근거하다 be based in …에 근거지를 두다
	cf. *be stationed in...* …에 (군사) 기지를 두다
야비한	(= mean)

battery
배터리	run out of battery 배터리가 방전되다
폭행	assault and battery 폭행 및 구타 ('폭행하다'를 뜻하는 batter의 명사형임)
묶음, 다발	a test battery 여러 가지 작은 시험이 하나의 세트를 이룬 시험. (예컨대 듣기, 읽기, 어휘 등이 모여 하나의 test battery를 이룸)

bear
곰	polar bear
참다	(= put up with) Please bear with me. 불편함을 참아주시기 바랍니다.
낳다	She was born on July 17th. She bore him three children.
(생각, 태도를) 품다	She bears hatred against him.

beat
구타하다	He was beaten black and blue.
이기다	I beat him at tennis. (beat - beat - beaten)
순찰 구역	The policeman is on the beat. 경찰관이 순찰 중이다.

become
…되다	
…에 어울리다	Sarcasm doesn't become you.

beef
소고기	Where's the beef? 햄버거 안에 중요 내용물(소고기)은 다 어디 갔느냐?라는 fastfood 회사의 광고안을 정치가들이 사용해서 유명해진 말. '알짜배기는 어디 있고 껍질만 남았는가? 빛 좋은 개살구 아닌가?'의 의미이다.
beef up	강화/보강시키다 (= step up = strengthen)

Big Apple
미국 New York시의 애칭

bill
법안	pass the bill 법안을 통과시키다
지폐	a ten-dollar bill 10달러짜리 지폐
청구서	pay the bill 청구서를 지불하다
새의 부리	(= beak)

black sheep
말썽꾸러기, 골칫덩이 (= trouble-maker)

blue
푸른	the blue sky
우울한	feel blue (= gloomy)
	cf. blues 우울함 *The Boris Yeltsin Blues* 옐친 대통령의 우울
(주식) 우량 안정주	blue chip

board
넓은 판	across-the-board 천편일률적으로 This rule cannot be applied across-the-board.
탑승하다	board the plane/ship 비행기/배를 탑승하다 boarding pass 탑승권

book
책	read through the book
장부	book-keeping 부기
예약하다	I'd like to book a flight to New York.

boot
장화	boot camp 신병 훈련소
(컴퓨터 용어) 컴퓨터를 켜서 가동시키다	

bottom line
대차대조표의 수입과 지출의 최종 집계가 표기된 마지막 줄

중요 사항	The bottom line is... (= The fact[truth] of the matter is...) 사실 가장 중요한 것은 …이다 (사실을 강조하여 말할 때 사용하는 매우 빈도 높은 표현)

bound

| …행의 | be bound for …로 향하다 |
| …하게 되어 있는 | (bind의 과거분사) be bound to …하게 되어 있다 |

bow

절 (하다)	[bau] a polite bow　bow down 고개를 굽혀 절하다
활	[bou] draw the bow 활을 당기다　rainbow 무지개
선수(船首)	반 stern

box office

(극장) 매표소

branch

| 가지 (치다) | follow the road until it branches |
| 지사(支社) | The company has 100 branches throughout the country. |

break

깨다	Who broke this vase?
잠시 쉼	Let's take a break for ten minutes. (= Let's take ten.)
	Give me a break. (= Let me alone.)
기회	Give me a break. 좀 봐줘라.

breakthrough

| (군) 난관 돌파, 타개(책) | The negotiators made a dramatic breakthrough in the arms control talks. |
| (과학) 큰 발전, 약진 | The doctors have come up with a major breakthrough in the treatment of cancer. |

broke

| break의 과거 | |
| 파산한 | (= bankrupt, empty-handed)　I'm broke. 돈이 없다. |

buck

| dollar의 속어 | |
| 숫사슴 가죽 | The buck stops here. (시사 영어. 원치 않는 것을 서로에게 떠넘기는데, 자신이 더 이상 남에게 넘기지 않는다는 데서 유래한 말로서 정치판에서 많이 사용되는 표현) 책임은 내가 진다. |

butt

| buttock | 엉덩이 살 부분의 줄임말 |
| | It's a pain in the butt[neck]. 거참 골칫거리야. |

담배꽁초   cigarette butt
(소총) 개머리판

bug
벌레	*cf. worm*은 땅에서 기는 벌레
도청하다	(= wire-tap) *cf. eavesdrop* 엿듣다
귀찮게 하다	What's bugging[bothering] you? 너 왜 이렇게 짜증내고 그러니?
	Stop bugging[bothering] me.

business
일	It's none of your business.
사업	Business is business. 공은 공 사는 사.
심각한 일	I mean business. Let's get down to business.

but
이의, 조건   No buts. 자꾸 '그러나, 그러나' 하지 마라. (But me no buts.란 말은 사용하지 않음)

buy
사다   You can't buy it anywhere else.
싸게 산 물건   a good buy 잘 산 물건
믿다/받아들이다 (= believe, accept)
              I don't buy that. 나는 그런 말 안 믿어.(사용 빈도 높은 구어체 표현)
              cf. sell 믿게 만들다
              Are you sold on what I'm saying? 당신은 내 말을 믿게 만들어졌는가? / 내 말에 설득되었습니까?

  ex. *Not everybody was **buying** what he had to sell.* 그가 설득하려고 했던 것을 모든 사람이 다 믿지는 않았다. *(Time Feb. 3 1997)*

buzz
(벌) 윙윙거리는 소리
전화 (= phone call) Give me a buzz/call/ring. 전화 주세요.

cabinet
캐비넷
(정부) 내각 the cabinet members 국무위원 **cf.** *reshuffle* 개각

call
부르다 Abraham Lincoln was called Honest Abe when he was young.
호출 He has a call to the ministry. 목회로 소명을 받다.
전화, 전화하다(up) Why don't you give me a call?

campaign
캠페인 campaign against water pollution
선거운동 a presidential campaign 대통령 선거전
전투, 작전 launch a campaign 작전을 개시하다

can
캔(을 만들다)

capacity
능력, 범위 working at full capacity
This factory has a productive capacity of 200 cars a week.
용량 The fuel tank has a capacity of 12 gallons.
자격, 역할 I'm speaking in my capacity as his academic advisor. (추천할 때 사용하는 표현)

capital
수도 The capital of the U.S.A. is Washington D.C.
자본 Bill Gates started his own business with a capital of $1,000.
주요한 a capital letter 대문자 capital punishment 극형 (= the dealth penalty)

carbon copy
(복사용) 먹지 (= carbon paper)
똑같이 생긴 사람이나 사물 He is a carbon copy of his father.
cf. *chip off the old block* 아버지를 꼭 닮은 아들

care
주의, 걱정 carefree 걱정 없는 careless 부주의한
돌보다 (= take care of = look after)
care for (부정, 의문) 좋아하다 Would you care for...?
care about 걱정하다, 관심을 가지다

carry
지니고 다니다	carry a baby 아기를 데리고 있다 carry a weapon[gun/knife] 무기를 소지하다
(가게에서 물건을) 취급하다	I'm calling to see if you carry.... …을 취급하는지 알기 위해 전화했습니다

case
함, 가방, 케이스	briefcase 서류 가방 attache case 소형 서류 가방 suitcase 여행자 가방 jewel case 보석함
경우	in that case 그 경우라면 That's not necessarily the case. 반드시 그렇지만은 않습니다.
(의료) 환자	a new case of SARS 급성 호흡기 질환의 새로운 환자
(법조) 소송 사건	a criminal case 형사 사건 a civil case 민사 사건

cause
원인	What's the cause of his illness?
…을 야기시키다	The stress caused his illness.
대의명분	The demonstrators fought for the cause of so-called economic justice.

ceiling
천정	on the ceiling 천정에
최고한도	ceiling effect 최고 한계점 이상 나타나지 않기 때문에 볼 수 없는 현상 반 floor effect (p. 478 참조)

certain
확실한	it is certain that...
어떤	A certain man approached me.

champion
우승자/승리자	(= victor)
옹호자, 지지자	(= advocate) a champion of/for peace 평화 옹호자

change
바꾸다	change the subject 화제를 바꾸다 What changed your mind? 왜 마음이 바뀌었나요?
변경, 기분 전환	Let's take a walk for a change.
잔돈	I need some change to use the payphone. Keep the change. 잔돈은 가지세요.

character
인물, 성격	My brothers have quite different characters.
상형 문자	Chinese character 한자

charge
요구하다	How much do you charge for a single room?

요구하는 금액	free of charge 무료로
책임(을 지우다)	Let me talk to the person in charge.
	take charge of 책임을 맡다
고발/비난하다	He was charged with sexual assault.
	on charges[the charge] of... …의 혐의로

charm

매력(적으로 유혹하다)	feminine charms 여성미 charming 매력적인
마법, 부적	work like a charm (구어체) 마법처럼 잘 듣다

charter

선언, 헌장	the Great Charter 대헌장 (= Magna Carta)
(항공기 등) 계약에 의해 전세 내다	a chartered airplane 전세기

chauvinism [ʃóuvənìzm]

맹목적 애국주의	cf. *chauvinist* 맹목적 애국주의자
극단적 배타주의, 우월주의	male chauvinism 남성 우월주의 male chauvinist 남성 우월주의자

check

확인하다	Let me check it out.
	cf. *Let me doublecheck it.* 다시 한번 더 확인하겠습니다. (매우 빈도 높은 표현)
수표	cash the check 수표를 현금으로 바꾸다 bounce/dishonor the check 수표를 부도 처리하다
정지하다, 견제하다	The law must be respected and violence must be checked.

chemistry

화학, (사물) 불가사의한 작용
(사람 사이에) 성격이 잘 맞음, 인화(시사영어 및 구어체 영어 표현)

  *ex. In search of good **chemistry**, Clinton picks a team for personalities rather than policies.* (Time Dec. 16 1996)

chest

가슴	chest pain 가슴 통증
장롱	chest of drawers 서랍장

chicken

병아리, 닭고기	hatch chickens 병아리를 부화하다
(속어) 애송이	(= chick) He is a chicken.

chopper

마늘 등을 잘게 써는 기계	cf. *blender* 믹서
헬리콥터	(= helicopter (잘게 써는 기계에 있는 회전 날개의 모양에서 나온 이름))

civil

민간의, 내정의	civil war 내란
공민적인	civil engineering 토목 공학
예절 바른	(= courteous = polite)

class

수업	We have no class today.
계급, 계층	upper/lower class

climate

기후	a tropical climate 열대 기후
풍토	the present political climate 현재의 정치 풍토

close

닫다	[klouz] close the door
가까운	[klous] a close friend of mine close to …에 가까운 (= near)

coach

코치, 지도원	Coaches help people learn how to play a sport.
철도 객차, (미) 열차 또는 비행기의 2등 칸	(= economy class)
(의식용) 공식 마차	coach-and-four 4두 마차

coin

동전	flip a coin 동전을 튕기다(순서를 정하기 위한)
신조어를 만들다	coin a new word

coke

coca cola의 줄임말
cocain(e)의 속어

command

명령(하다)	The first lieutenant commanded his men to move ahead.
(언어) 구사	The translator has a good command of English.

✚ 기존 문법책에 많이 나와 있는 The room commands a fine view.라는 표현은 거의 사용되지 않는 표현이다.

commit

(죄를) 범하다	Commiting a crime doesn't pay in the end.
다짐하다	She committed herself to helping the poor in need of medical care.

common
공통의	have sth in common 공통점이 …이다　They have nothing in common.
일반적인	common sense 상식　**cf.** *good sense* 양식

company
회사	I'm with ABC company.
동행, 교제	I've enjoyed your company. keep company with… …와 교제하다
손님	Mom, we've got company. 엄마, 손님 왔어요.
단체, 무리	a company of (= a group of = a party of = a band of = an army of)
(군) 중대	company leader 중대장

complimentary
칭찬하는	complimenatry remarks 칭찬하는 말
무료의, 초대의	a complimentary ticket 우대권, 초대권　a complimentary copy 증정본

concern
관련짓다	be concerned with …와 관련되다
	That doesn't concern you. (= It's none of your business. = Mind your own business.)
걱정	of grave concern 중대 관심사인, 걱정거리인

concert
합주, 연주회	give a concert 연주회를 개최하다
협조하다, (노력을) 모으다	make a concerted effort 협조하여 노력하다

concoct
(음료/스프 등을) 섞어서 만들다
(이야기/각본 등을) 날조하다, 조작하다 (= fabricate) concoct a story (= make up a story)

consult
상담하다	consult with an expert 전문가와 상담하다
진찰을 받다	consult a doctor 의사의 진찰을 받다

content
내용(단수, 추상적 의미)	the overall quality of the content 내용의 전반적 질
내용물, 속 알맹이(복수, 구체적 의미)	the (table of) contents 차례, 목차
만족한	be content with …에 만족하다
만족시키다	be contented with (= be satisfied with)

context
문맥	You can guess the meaning of an unknown word from the context.
상황	in the context of …의 상황에서

cool
시원한	get cool 시원해지다
침착한	remain cool 침착하다
멋진	It's cool! 멋지다, 근사하다 (젊은이들이 즐겨 쓰는 속어)

corner
모퉁이	be just around the corner 아주 가까이에 있다 (= be near at hand)
매점하다, 모퉁이에 몰래 두다	corner the market in sth …을 매점하다

count
세다, 쳐주다	Count me in/out. 나 좀 끼어줘./나는 빠질래.
…로 간주하다	count A as B A를 B로 간주하다
중요하다	That's what counts. (p. 46 참조)

counter
반대의/대항하다	counterclockwise 시계 반대방향으로 counterattack 반격
계산대, 판매대	(상점/은행 등의) 카운터, 식당 바, 부엌의 조리대

court
법정	court of law 법정 go to court 법정에 가다
(테니스, 농구) 경기장	tennis court, basketball court
	cf. *The ball is in your court.* (비유)이제는 네가 뭔가 할 차례이다.
구애하다	(= woo)
(집, 건물) 단지 (영식영어)	Hampton Court Hampton 주택단지

courtesy
예절	pay a courtesy call to …를 예우상 방문하다 형 courteous
제공	be courtesy of …의 제공이다 (= be sponsored by)
	This program has been brought to you courtesy of XYZ Inc.

cover
덮다	be covered with 엄호하다
덮개, 책 겉표지	(from) cover to cover 책의 처음부터 끝까지
보호하다, (군) 호위하다	cover the landing 상륙을 엄호하다
은신처, (군) 엄호물	take cover 숨다, 피난하다
(책, 강의, 방송 프로그램이)	…을 다루다 (= include) This book[lecture/program] covers…
(비용/손실 등을) 보상하다, 처리하다	cover expenses[damage]
	명 coverage 적용 범위, 보상 범위, 보도, 취재

crack
균열	a deep crack in the ice berg 빙산의 큰 균열
농담	crack wise 재치있는 농담을 하다
마약	(cocain(e)보다 중독성이 강한)

credit
신용	credit card
영예, 공	give credit to …에게 공을 돌리다
학점	three credit course 3학점짜리 과목
	transfer credits to a new school 새 학교에서 (전학 오기 전에 받은) 학점을 인정받다
	receive credits for a course 과목의 학점을 받다[따다]

critical
비평의	The readers made critical remarks about the obscene novel.
중대한, 결정적인	a critical period 결정적 시기

crook
갈구리, 굽은 것	by hook or by crook 기어코, 어떻게 하든
구부리다	crooked 굽은
사기꾼	(= con-man = fraud = swindler) He's a crook.

curb
재갈, 고삐	put a curb on a horse 말에 고삐를 매다
억제하다	(= restrain) try to curb the crime rate 범죄를 줄이는 노력을 하다
연석	on the curb 길에서

dawn
새벽	from dawn to[till] dusk 새벽부터 해질 때까지
이해되기 시작하다	It never dawned on me that... 나는 … 생각이 나지 않았다
	(= It never occurred to me that...)

decent
정숙한	be decent in manner 태도가 단정하다
옷 입고 있는	Are you decent? (여자 방의 문 밖에서) 옷 입고 있습니까? → 들어가도 괜찮습니까?
괜찮은	a decent living[restaurant/food]

deliver
배달하다, 전달하다	deliver a speech 명 delivery
구조하다	deliver us from evil 명 deliverance

desert
저버리다	[dizə́:rt] (= forsake = abandon = walk out on) (구어체)
	cf. *dessert* 후식과 동음이의어
사막	[dézərt] Sahara Desert

develop

발달하다, 발달시키다, 개발하다
- develop a theory
- Studies develop the mind. 학문은 지성을 개발시킨다.
- develop a reading habit 독서 습관을 들이다

전개하다
- The situation developed rapidly. 국면이 급속히 진전되었다.
- the updates on the current developments 최근 사태 진전에 관한 최신 뉴스

(병이) 발병하다
- (= contract) develop (symptoms of) tuberculosis 폐결핵의 증상을 나타내다

(필름을) 현상하다
- develop a roll of film 필름 한 통을 현상하다

die

죽다, 사라지다
- (= become extinct) die out 소멸하다
- Never say die! 죽는 소리하지 마라, 비관하지 마라.
- The flame died. The engine died.

주사위
- The die is cast[thrown]. 주사위는 던져졌다. (Caesar가 Rubicon강을 건넜을 때 한 말)

diet

식이요법
- I'm on a diet.

음식
- (= food) Their main diet includes rice.

dip

푸다
- dipper 국자 Big Dipper 북두칠성

멱감기, 수영
- take a dip 멱감다 go for a dip 멱감으러/수영하러 가다

disaster

형 disastrous

재난
- a natural disaster 천재(天災) a man-made disaster 인재(人災)

엉망진창의 상황
- How did it go? - It was a disaster! (일이 잘못된 상황을 묘사하는 빈도 높은 표현)

dish

접시
- do[wash] the dishes 설거지하다 dishwashers 접시 닦기 기계

요리
- Have you tried this dish?

domestic

국내의
- domestic production 국내 생산 a domestic airline 국내 항공로 반 foreign

길든
- (= tamed) 반 wild cf. *domesticate* 길들이다

draft

초안, 초벌
- Have you come up with a draft version? 초안[초고] 나왔습니까?

통풍
- (= ventilation)

징집(하다)
- draft-dodger 징집 기피자 be drafted into the army 육군에 징집되다

draw
잡아당기다, 잡아 꺼내다	draw a gun[sword] 총[칼]을 꺼내다
그리다	draw a picture
비기게 하다, 동점	(= tie) The game ended in a draw. 동점으로 끝났다.

duck
오리	ugly duckling 미운 오리 새끼
피하다, 비키다	(= dodge) duck TV cameras TV 카메라를 피하다 duck a question 질문을 피하다

due [p.564 참조]
응당 주어져야 할	with all due respect 외람된 말씀이지만 The bill is due today. 어음이 오늘 만기다.
예정된	be due to+동사원형 …하기로 되어 있다
…에 기인한	due to+명사 … 때문에 (= owing to)

dumb
벙어리의, 말 못하는	dumb creatures 말 못하는 짐승
멍청한	보통 '멍청한'의 뜻으로 쓰이다 보니 말 못하는 장애자를 구태여 묘사할 때는 He's dumb.이라고 하지 않고, He is speech-impaired. 또는 He is unable to speak.나 He's mute.라고 표현한다.

duty
의무	on/off duty 당번/비번인
관세	duty free shop 면세점

earth
지구	the Earth = the earth on the earth 지구상
흙	(= soil) a clayish earth 점토질 토양

economy
경제	domestic economy 가정 경제
경제적인	(= economical) be economical of fuel 연료를 절약하다

edge
끝	on the edge of... …의 가장자리에, 막 …할 찰나에 (= on the brink[point/verge] of)
우세, 강세	cutting edge 최첨단 have an edge over... …보다 우세하다

effect
효과, 결과	cause and effect 인과 in effect 사실상
취지	to the effect that... …라는 취지로
효력	come[go/be brought/be put] into effect (법) 효력을 발생하다[시키다]
	take effect (법) 효력을 발생하다 (= come into operation)
	cf. *effects* (법) 소유물 (= *belongings/personal property*)
(변화 등을) 초래하다, (목적, 계획 등을) 달성하다 (= cause = produce)	

efficiency

능률	an efficiency test 능률 검사
원룸형 아파트	(= studio apartment) 보통 apartment는 생략하고 efficiency라고 한다.

end

끝(나다)	When does it end? at the end 마침내
목적	The end justifies the means. (공산당 표어) 목적이 수단을 정당화시킨다.

endorse [indɔ́:rs]

배서하다, 수표에 이서하다	endorse a check 수표에 이서하다
지지하다, 후원하다	(= support) The famous athlete endorses Nike.

entertain

즐겁게 하다	We're planning to entertain our neighbors this weekend.
(생각, 제안에 대해) 응답하다	I wouldn't entertain such an outrageous idea. (강의나 연설에서 자주 사용되는 문어체 표현)

entitle

…한 자격을 주다	This ticket entitles you to a free seat in the concert.
…라고 명명하다	The book is entitled "War and Peace."

equal

평등한	equal rights 평등권
같다	(= be equal to) …과 동등하다
	I'm not equal to the task. (= The task is beyond me.)

even

심지어는	I didn't even know about it.
평평한	get even with …에게 복수하다 Now we are even. 자, 이젠 공평해졌다. (상대방이 놀린 것에 대해서 자신도 상대방을 놀린 후에 하는 말)
짝수	an even number 반 an odd number
(비교급 강조) 훨씬 더	even more

express

표현하다	Can you express yourself in Korean? (= Can you speak Korean?)
급행	express bus 고속버스 express delivery 급행 배달

eye

눈	in the blink of an eye 눈 깜짝할 사이 (= in a split second)
	More is meant than meets the eye. 보이는 것보다 의미가 심오하다.

	Beauty is in the eye of the beholder. 제 눈의 안경.
주의 깊게 보다	They eyed the interviewee suspiciously.
심미안	have an eye for …에 대한 심미안이 있다
눈 모양의 것, 작은 구멍	an eye of a needle 바늘귀

faculty

재능	The whiz kid has a great faculty for studying medicine. (whiz kid 천재 아동)
교수진 (총칭)	He is on the faculty of ABC University. (= He is a faculty member of ABC University.)
대학	Faculty of Engineering (영) (= College of Engineering (미))

fair

공정한	That's not fair.
	Fair enough! (= It's a deal!) (제안에 대해) 좋아! 됐어!
박람회	the 1997 World's Fair 1997년 국제 박람회
(성적의 5단계 평가에서) 미(美)의	Excellent - Good - Fair - Poor - Fail
살갗이 흰, 금발의	fair hair 금발 a fair complexion 흰 살결

fault

잘못	It's not my fault. I'm not to blame for it.
(지리) 습곡 (지형)	San Andreas Fault California 주의 종방향으로 길게 뻗어 있는 습곡

figure

숫자; 계산하다	He is good at memorizing figures.
몸매	She is concerned about her figure.
인물	The Olympic Games made the player a national figure.
생각하다, 이해하다	I figure... (= I think...)
	figure out 곰곰히 생각하여 알아내다 I just can't figure it out.

fine

좋은	Fine with me. (= OK with me.) (제안에 대한) 나는 좋아요.
미세한	fine line 미세한 선 fine print 미세한 인쇄 (글자)
	You should have read the fine print.
벌금(을 부과하다)	The driver was fined for illegal parking.

fire

불	make[build] a fire 불을 지피다 catch fire 불이 붙다 set sth on fire 불을 붙이다
사격하다	Fire! 사격 개시 Cease fire! 사격 중지
해고하다	The employee was fired because of his sloppy work. (= dismiss = sack)

firm

확고한	I have a firm conviction that...
견고해지다	Take note price is firmed, NO DISCOUNT... thanks! (안내) 주 가격은 확정되었음. 할인 없음.
회사	a law firm 법률 회사

fix

먹을 것을 차려 주다	Let me fix you something to eat.
	(Let me cook you something to eat.이라고 말하지 않음)
고치다	I've had the machine fixed.

flat

납작한 것, (자동차) 펑크난 타이어	Oh no! I've got a flat (tire).
아파트 (영식)	I'm looking for a flat near the campus.
무미건조한, 밋밋한, 김빠진	Their marriage is as flat as yesterday's champagne.
	The taste is flat. 맛이 밋밋하다.

floor

(각) 층	on the 1st floor **cf.** *story* 총 층수를 의미함 *a 63-story-building* 63층짜리 건물
최저 액	floor price 최저가격
	floor effect 최저 한계점 이하에서 나타나지 않기 때문에 볼 수 없는 현상 반 ceiling effect
발언권	You have the floor. 발언권을 드리겠습니다.

flush

얼굴을 붉히다	(= blush) flush with excitement 흥분으로 얼굴을 붉히다
(화장실에서) 물을 틀어 용변을 내려보내다	flush the toilet

fly

날아가다	Time really flies. 시간이 참 빠르다.
날리다	fly a kite 연 날리다
비행기 타고 가다	(go to... by plane보다 자주 사용하는 표현) I flew to New York. 명 flight
도주하다	(= flee)
바지 지퍼의 덮개 부분	Your fly is open. (= Your pants are unzipped. = Your zipper is open/down/undone.)

follow

따르다	Follow this road. 이 길을 쭉 따라 가세요. followers 추종자
이해하다	Do you follow me? (= Are you with me?)

forge

단조(鍛造)하다	hand-forged iron products 손으로 직접 쇠를 가공해서 만든 제품
위조하다, 모조하다, 날조하다	몡 forgery
	forge sb's signature …의 서명을 위조하다 a forged passport 위조된 여권
(쇠를 연마해서) 형성시키다	forge the links of a chain
	forge unity in our political party 정치적 연대를 공고히 하다(수사적 표현)
	The Korean spirit was forged in the hardships of war.

form

형태, 형성하다, 조직하다	form a committee
양식, 서식	Please fill out this form.

found

find의 과거, 과거분사	I found the game very interesting.
설립하다, 건립하다	(= establish) 몡 founder 설립자

free

자유로운, 구애되지 않는	Feel free to... 사양 마시고 …해 주십시오 (= Don't hesitate to...)
자유롭게 하다, 풀어 주다	(= release) free the hostage 인질을 놓아주다 (= set the hostage free)
없는	free from fear 공포가 없는 free from error 오차 없는 free of charge 무료로
무료의	Freedom is not free.

freeze

얼리다	frozen food 냉동 식품 be frozen to death 동사하다
그 자리에서 꼼짝 못하게 하다	Freeze! 꼼짝 마라!

frisk

까부는/까불다	frisk about on the playground 놀이터에서 까불며 놀다
(경관이 범인을) 몸수색하다	Frisk him! 그 친구 몸 수색해!

game

놀이	play children's games 어린이 놀이를 하다
사냥감	fair game 수렵 조수 forbidden game 금렵 조수
	cf. *kill* 죽인 사냥감

garage [gərɑ́ːdʒ]

차고	garage sale (개인 중고품 판매하는) 차고 세일
(차량) 정비소	(미국에는 보통 주유소(service station)와 같이 있음)

good

선, 좋음	do... good …에게 좋다 (= do good to...)
유효한	hold good (= be valid)
	The contract is still good. 계약이 아직 유효하다.
	The milk is good until March 12. 우유의 유효 기간이 3월 12일까지이다.
많은, 상당한	a good deal of 많은 양의 a good distance 먼 거리 (= a long distance)
	cf. *goods* 화물 *imported goods* 수입품 *consumer goods* 소비재

grand

거대한	명grandeur the grand total 총합계
(속어) 1,000달러	5 grand 5000불

grave

무덤	from the cradle to the grave 요람에서 무덤까지
중대한, 엄숙한	be in grave condition 위중한 상태 a matter of grave concern 중대한 우려의 문제

green

녹색의	a green house 온실 green card (미국) 영주권
시샘하는	She was green (with envy) when her sister won the prize.
초심자의	a green hand 초심자

ground

땅	playground 놀이터, 운동장 ground floor (영) 1층 (= 1st floor(미))
근거, 이유	on the grounds of …의 근거로
이륙 금지시키다, 외출 금지시키다	
	You're grounded. 너 외출 금지다.
grind(분쇄하다)의 과거(분사) freshly ground coffee 방금 갈아 놓은 커피 ground beef 잘게 갈아 놓은 쇠고기	

gum

고무질, 껌	chewing gum
잇몸	gum disease 잇몸 질병

hall

회관	the Students' Hall 학생회관, 넓은 집회장 hall way (미) 복도
미국 대학의 독립 교사(校舍)	(기부한 사람의 이름과 함께 건물 이름으로 쓰임)
공회당	city[town] hall 시청

hand

넘겨 주다	Hand it to me. handout 유인물 hand over 양도하다, 넘겨 주다

소유권	5 million stocks changed hands. 5백만 주가 거래되었다.
시계 바늘	hand of a clock
	the hour[minute/second] hand 시/분/초침
손, 도움, 일손	hired hand 막노동, 일용직 farm/ranch worker
	Let me give you a hand. (= Let me help you.)
	The cotton farm needs 50 extra hands.
박수	Let's give her a big hand.

hang

걸다	She hung up on me. 그 여자는 내 전화를 끊어 버렸다.
기다리다	hang on (= wait)
견디다	Hang in there. (= Don't give up.)
요령	Once you get the hang of it, … 일단 요령을 알게 되면, …
	It's a bit tricky until you get the hang of it.
(쓸데없이 시간을 보내며)	빈둥거리며 놀다 (out)
	cf. a hangout (= popular place)
머무르다 (over)	*cf. hangover 숙취*

hard

어려운	(= difficult = tough)
	a hard subject
	be hard of hearing 가는 귀 먹은
심한	(= harsh) Don't be too hard on him.

harness

(마차용) 마구, 장치, (고어) 갑옷	harness for knights 기사를 위한 장비
동력화시키다	harness solar energy (문어체) 태양에너지를 동력화시키다

head

머리/우두머리	head of the household 가장
…을 장이 되다, …을 이끌다	(= lead) be headed by A (= A is the head of…) A가 …의 기관장이다
향하[게 하]다	Where are you headed[heading] for? 어느 방향으로 가십니까?

heart

심장	learn by heart (= memorize)
중심부	the heart of the matter 문제의 핵심
	in the heart of (= in the middle[center] of) …의 중심부에

help

돕다	Heaven helps those who help themselves.

도움이 되다 (vi)	Every little bit helps. 십시일반.
피하다	(= resist = avoid) I just can't help it.
(음식의) 한 그릇	(= helping) I've already had a second helping.

hide

숨기다	I've got nothing to hide from you.
숨다	hide-and-seek 술래잡기
(짐승) 껍질	raw hide 생가죽

history

역사	형 historical 역사의 historic 역사적인
지나간 인물	He's history. 그 친구는 끝났어. (구어체에서 많이 사용되는 표현)
(수치스러운) 과거	She has a history.
	cf. *shady past (= skeletons in the closet)* 수치스러운 과거
	ex. *Diana and Charles are* **history** *but a battle royal looms over her future.* (Time March 11 1996)

honey

꿀	as sweet as honey 꿀처럼 단
여보	사랑하는 사람의 호칭 (주로 부모가 자식을 부를 때 = sweetheart)

hook

갈고리	cf. *by hook or by crook (= one way or the other)* 이런 저런 방식으로 어떻게 해서든
중독되게 하다	be hooked on... (= be addicted to...) …에 중독되다
연결하다	be hooked up to... (전선 등이) …에 연결되다 (connect의 뜻으로서 가장 일반적인 표현)

hurt

(육체) 아프다, 아프게 하다	Where does it hurt? 어디가 아프니?
	- I'm fine. I'm not hurt 다치지 않았어.
(마음) 아프다, 아프게 하다	I'm hurt. 내 마음이 상처받았다. It hurts. 마음이 아파.

industry

산업	heavy industry 중공업 형 industrial
근면	The Korean people are well-known for their industry.
	형 industrious [indʌ́striəs]

interest

흥미(를 유발시키다), 관심(을 불러일으키다)

be interested in (= take an interest in) …에 흥미가 있다
What interests me most is... 내가 가장 관심 있는 것은 …이다

이익	public interests 공익
이자	interest rates 이자율 a 12% annual interest 연리 12%의 이자

irregularity

불규칙	**cf.** *irregularities* 비리 (사건들)
변비	(= constipation)

issue

발행(물)	back issues 과월호
발행하다	issue a statement [warning] 성명[경고]을 발표하다 issue a visa 비자를 주다
쟁점	a social issue 사회문제

jam

먹는 잼	a jam jar 잼 단지, 잼 담은 병
혼잡	traffic jams 교통 체증 (= congestion = jamming)

junk

쓰레기	junk mail 쓸데없는 광고나 우편물 junk food 몸에 좋지 않은 음식 junk yard 폐차장
	It turned out to be a piece of junk. 알고 보니까 고물이야.
마약	**cf.** *junky = drug addict*

just

막	I've just finished writing the article.
단지	(= only) just an ordinary man
바로	Just like that. 그렇게 쉽게.
올바른	a just person **cf.** *justice* 정의

kick

차다	kick a soccerball
없애버리다	(= get rid of) It's hard to kick the habit of smoking.
	ex. *The article says the findings suggest that a one-day test could determine whether an individual was going to be able to **kick** the habit over the long term.* (The Korea Herald Feb. 11 1997)

landslide

산사태	(= avalanche)
선거 압승	The Republicans won in a landslide/had a landslide victory.

lap

허벅지	sit on one's lap 허벅지에 앉다
(car race, skating 등의 경주로) 한 바퀴	3 laps to go 3번 남은 바퀴수

last

마지막	for the last time
마지막으로	since we met last
계속되다	How long does the vacation last?
…에 충분하다, 족하다	Will this allowance last you a month? (관용표현) 이 정도 용돈이면 한 달 쓰겠니?

lead

연결되다	All roads lead to Rome.
이끌다	lead A to B A를 B로 이끌다 lead a busy life 바쁜 인생을 살다
납	[led] **cf.** *leaded gas* [lédid] 유연(有鉛) 휘발유 *unleaded gas* 무연 휘발유

leave

떠나다	leave Seoul for New York = start from Seoul to New York
…하게 놔두다	leave sth on/off/open 켜놓다/꺼놓다/열어 놓다
	leave sth unsaid …에 대해 말하지 않고 내버려두다
	leave sth in/out 포함시키다/생략[배제]하다 (= include/exclude)
(정기) 휴가	take a leave (of absence)

leg

다리	My leg is asleep. 다리가 저리다.
전 행정(行程) 중의 한 구간	

legend

전설	Legend has it that... 전설에 의하면, …
범례	the legend of a map 지도의 범례

level

평면	The garden is arranged on two levels.
	The top of this mountain is 300 meters above sea level. 이 산의 정상은 해발고도 300미터이다.
수준을 맞추다	on a level with …와 동일 수준에 (= on a par with)
	Level with me. 솔직히 말해라. (= Come clean.)
높이	at the level of one's eyes 눈 높이에

liability

책임이 있음, 빠지기 쉬움	휑 **liable** (손해) 자칫하면 …을 받기 쉬운
	cf. *be apt [likely / prone / inclined / disposed] to* (손해의 의미와 상관없이) …할 경향이 있는, …하기 쉽다
부채	**liability**(부채) + **capital**(자본) = **asset** (자산)

light

빛	Light travels much faster than sound. Let there be light.
비치다, 등	Turn[switch] on[off] the light.
불을 붙이다, 불을 켜다	light the fire Light up the room with a candle.
가벼운	반 **heavy** 무거운

line

끈, 줄, 선	stand in line 일렬로 나란히 서다 line up 정렬시키다
전화선	The line's busy. He's on another line. Hold the line, please.
장사, 직업 종류	What line of business are you in?
경계, 한계	draw a line between A and B A와 B의 한계를 긋다
대사	The actor forgot his line.
짧은 편지	Drop me a line[a few lines]. 몇 자 적어 보내.

lip

입술	lick one's lips 입맛을 다시다
수다스러운 말	pay lip service to …에게 듣기 좋으라고 말하다

literature

문학	English literature 영문학
문헌 조사	

live

살다	live a happy life 행복한 삶을 살다
(짐승/사물이) 살아 있는 상태로, 생(生)으로 [laiv]	
	a live snake 살아 있는 뱀 live broadcast 생방송
	Mr. President will be joining us live from the White House. 대통령이 백악관으로부터 생방송으로 출연할 것이다.
	cf. *Ms. Cho is the world's greatest living opera singer.* (사람의 경우는 *living*으로 수식함)

local

국부적인	a local custom 지방의 관습 반 **global**
현지의	local time 현지 시각

log

(여행) 기록	the captain's log 선장의 기록/항해 일지
(컴퓨터 용어) 로그	log on[in] (대형 컴퓨터나 네트워크에) 접속하다 log off 접속을 끝내다

loom

베틀   a power loom 동력 직기
(위험, 불안한 것, 근심거리가) 다가오다, 어렴풋이 나타나다
　　The nuclear war is looming ahead. 핵전쟁의 위협이 도사리고 있다.
　　*ex. Diana and Charles are history but a battle royal **looms** over her future.*
　　(Time March 11 1996)

lot

부지, 땅	parking lot 주차장
제비	lottery 제비 뽑기, 복권
많음, 다량	a lot 많은, 많이
(생산) 로트	lot number 제품단위 번호

lower

low의 비교급	lower class 하층민 反 upper class
낮추다	lower one's voice 목소리를 낮추다 反 speak up[louder]

machine

기계(장치)	*cf. machinery* (총칭) 기계류
기관	the social machine 사회 기구

major

주요한	a major accident 대형 사고 反 minor
전공(하다)	major in... …을 전공하다 (= specialize in) He is an English major. 그는 영어전공자이다. *cf. minor in...* …을 부전공하다
소령 (군대 계급)	ref. 장교 계급 2nd lieutenant 소위 1st lieutenant 중위 captain 대위 major 소령 lieutenant colonel 중령 colonel 대령 brigadier general 준장 major general 소장 lieutenant general 중장 general 대장

mark

점수	The highest mark in the test was eight out of ten.
새기다	Mark my word. 내 말 잘 명심해.
기록하다	Today marks the beginning of WTO.

maintain

유지하다	maintain human relations with
주장하다	He maintains that this is the best method.

mass

큰 덩이	a mass of letters 산더미 같이 쌓인 편지
대중의	mass strikes 대규모 파업 the masses 대중, 서민
미사(m-/M-)	go to mass 참례하다

master

주인	young Master John 존 도련님
정복하다	master English 명 mastery

match

성냥	strike a match 성냥을 켜다
상대(하다)	He's no match for her.
	be unmatched by …에 의해 필적되지 않는다/(주어가) 최고이다
	(= be unequal(l)ed/unparalleled/unrival(l)ed by)
어울리다	The pattern doesn't match the color. (pattern 무늬)

matter

물질	solid matter 딱딱한 물질
문제	a matter of life and death 생사의 문제 What's the matter with you?
중요하다	It doesn't matter (to me) at all. (나와는) 전혀 상관없다.

mean

비열한, 치사한	The boss has been mean to his employees.
수단, 재산	(= means) The end cannot justify the means.
	a means to an end 목적을 위한 수단 man of means 재산가
의미하다	It means a lot to me. 그것은 나에게 많은 것을 의미한다. 즉 나에겐 매우 중요하다. (구어체 필수 표현)
	What is that supposed to mean? 무슨 뜻으로 그런 말을 했습니까?
	(비꼬는 투의 말에 대응하는 질문)
	I mean it. (= I mean business. = I mean what I say. = I'm serious.)
	I meant well. 난 좋은 뜻으로 한 말이야.
의도하다	be meant to[for] …을 위한 것이다
	We're meant for each other. 우리는 천생연분이야.

measure

측정 (하다)	measure English ability 영어 능력을 측정하다
조치	take measures 조치를 취하다

meet

만나다	There's more than meets the eye. 눈에 보이는게 전부가 아니야.
충족시키다	meet the need/demand (= satisfy) (p. 556 참조)

merit
…할 만한 가치가 있다 (= deserve) It merits our attention. 그것은 우리의 주의를 받을 만하다.
(= It deserves our attention.)
공훈　　merits and demerits 공과/득실
일반적인 뜻의 '장단점'은 advantages and disadvantages라고 함

mind
마음　　What's on your mind?　　A sound mind in a sound body.
꺼려하다　　Do you mind opening the window?

mine
나의 것　　What's is mine is yours. 내 것은 당신 것. 마음대로 쓰세요.
광산을 캐다　　cf. *miner* 광부
지뢰　　mine fields 지뢰밭

minister
장관　　the Prime Minister 국무총리　the Minister of Foreign Affairs 외무장관
　　　　cf. *(미국) Secretary of State* 국무장관(우리나라의 외무장관 역할)
성직자, 목사　　(= pastor = clergyman)
섬기다, 봉사하다　　minister to the sick 병자를 보살피다

miss
원래는 '…가 없는 것을 깨닫다'의 뜻이다.
(교통수단을) 놓치다　　I missed the first train. 첫 기차를 놓쳤다.
못 듣다, 못 보다　　I missed the first half of his lecture.
보고 싶어하다　　I miss you.　I'm going to miss you. (인지동사 또는 상태동사이므로 I'm missing you.처럼 진행형은 틀림)

mug
노상강도 짓을 하다　　I was mugged on the street. (= I was held up on the street.)
깡패, 악당 (미 속어)　　mugger 노상강도
손잡이 있는 큰 컵　　a mug of beer 큰 맥주 한잔

nail
못　　　　　　　　　　drive a nail 못을 박다
못을 박다, 못으로 고정시키다　　nail a lid on a box 상자 뚜껑을 못질로 고정시키다
손톱　　　　　　　　　do the[one's] nails

nature
자연   We should do whatever is necessary to preserve nature.
성질   good-natured (= gentle)   of that nature[sort] 그런 성격의, 그런 종류의

neat
잘 정돈된   The room is neat. 방이 잘 정돈되어 있다.
(속어) 근사한   That's neat! 참 근사하다/멋지다!

nerve
담력   What nerve! 참 뻔뻔하구나!
신경   형 nervous   You're really getting on my nerves.

net
그물, 그물 모양으로 짠 것   cast[throw] a net 그물을 던지다   draw in a net 그물을 올리다
통신망   (= network) (internet과 합성어로 많이 사용됨 netizen, netiquette, etc.) (p. 548 참조)
에누리 없는/순(純)-   net income 순수입   NNP (= Net National Product)   반 gross

note
기록   make a note of …을 기록하다   note-taking (강의 듣고) 기록하기
     compare notes 의견을 교환하다
원고, 메모 (복수형)   speak from notes 원고/메모를 보면서 말하다
주목(하다)   take note of …에 주의[주목]하다   Please note that... …을 주목[유념]하세요
증서   a promissory note 약속어음
짧은 편지   a thank-you note 감사의 짧은 편지
어조, (음악) 음조   I can't sing the high notes.
지폐   (= bill (미))
명성 (문어체)   a man of note 명사

notice
알아차리다   Did you notice anything? 눈치챘습니까?
통지   without notice 예고 없이   on short notice 통고한 지 얼마되지 않아서

object
물체, 대상, 객체, 목적어 [ábdʒekt]
     What are the small objects over there?
목적   [ábdʒekt] (= purpose)
     He had no object in life.
반대하다   [əbdʒékt] 명 objection   I don't object to his opinion.
     if you don't object 이의가 없으시다면 (= if you don't have any objections)

objective
객관적인	objective comment
(구체적인) 목표	course objectives 과목 목표

observe
관찰하다	명 observation It's hard to observe the microscopic creatures.
준수하다	명 observance We should observe the law and order.
(명절을) 쇠다	명 observance Do they observe Chuseok in North Korea?

odd
이상한	It's odd. (= strange)
여분의	an odd number 홀수 반 an even number
	an odd month 큰달 (31일이 있는 달) thirty-odd years 30여 년
임시의	odd jobs 임시일 an odd hand 임시 고용인
	be at odds with …와 사이가 안 좋다
	cf. *odds* 불화, 승산 (p. 531 참조)

office
관청, 연구실, 사무실	be in an office
공직	take office 취임하다, 권력을 잡다 hold office 재직하다 be in office 공직에 있다, 집권하고 있다

officer
장교, 무관	commanding officer 지휘관
(고위) 공무원, 관리	immigration officer 이민국 관리/직원 public officers 공무원 (= civil servants)
	government official 공무원
임원, 간부	(특히 영국) 은행 등의 기관에서 사용하는 공식 호칭

operate
작동하다, 작동시키다	(= work) I don't know how to operate this machine.
수술하다	The doctor carefully operated on the old patient.

order
순서	out of order 고장 난 상태 in alphabetical order 알파벳 순서로
	Everything seems to be in order. 모든 게 순서대로 잘 진행되고 있는 것 같다.
질서	law and order 법과 질서 call a meeting to order (회의) 의장이 개회를 선서하다
주문(하다)	give[place] an order for … 을 주문하다 Are you ready to order, sir? 주문하시겠습니까?
명령(하다)	He ordered his men to fight for their home country.
	give orders to …에게 명령을 하다 take orders from …의 명령을 받다

overnight

간밤에	It snowed a lot overnight. 간밤에 눈이 많이 왔다.
갑작스럽게, 하룻밤 사이에	You won't be able to master a foreign language overnight.

page

페이지	Open your books to page 20.
(안내방송을 통해) …를 찾다, 호출하다	
	Please page me when you need to contact me. 연락할 일이 있으면 호출하세요.
	Paging Dr. Smith, paging Dr. Smith, … Smith 박사를 찾습니다. (건물 내 공공 안내방송)
	cf. *pager* 삐삐 (= beeper)

paint

페인트 (칠)	Wet paint! 칠 주의!
페인트칠하다	The house was painted white.
그림 그리다	(특히 서양화) **cf.** *painter* 화가 *painting* 그림

paper

종이(물질/불가산), 서류(가산명사), 신문(가산명사)	
	today's (news) paper 오늘 신문
과제물	term paper 학기말 리포트
	What are you working on? - I'm working on my paper.
도배하다, 벽지를 바르다, 종이에 싸다	

park

공원	the national park 국립 공원
주차하다	**parking lot** (미) 주차장 (= car park(영))

part

부분	Only (a) part of the story is true. (보통 무관사로 사용함) 반 whole
	ex. *These events have raised questions about the quality of South Korean construction and the inspection practices of local authorities. "It is now too universal." wrote the influential Chosun Ilbo newspaper. "It seems to have become* **part** *of our life."* (Time July 10 1995, raise questions 문제를 제기하다 practices 관행)
부품 (복수형)	automobile parts
역할	play a part[role] an important part[role] to play 해야 할 중요한 역할
✚ 나누다/헤어지다	(수사학적 문체로서 일상 대화에서는 자주 사용되지 않음)
	The war parted many men from their families. (part A from B)
	It's not easy to part with one's favorite possessions. (part with sth …의 소유를 버리다)

party

파티	throw a farewell party 환송식을 베풀다

일행	How large is your party?
무리, 당	a party of (= a(n) group[band/ gang/ army] of)
상대방	Your party is on the line. the third party 제3자

파티에 가다, 파티에서 신나게 놀다 Let's party.

pass

통행, 통행허가	a railroad pass 철도 승차권
길	a mountain pass
지나치다	pass by 지나치다 pass away 죽다, 돌아가다 pass out 졸도하다
가결시키다, 통과시키다	pass the bill 법안을 통과시키다
추월하다	No passing. 추월 금지.

patient

인내심 있는	Be patient! (= Have patience!)
환자	in-patient 입원환자 out-patient 외래환자

pay

(vt) 지불하다 (vi) 이익이 되다 (p.51 참조)

peer [piəɾ]

또래	peer pressure 또래 집단 압력
응시하다	peer through a keyhole

picture

그림, 사진	take a picture (= take a photograph)
	Get the picture? 대충 무슨 말인지 이해됩니까?
상상하다	I can't quite picture myself as a mother.
	Just picture the scene. - It must have been a terrible experience.

pie

파이	pie in the sky 그림의 떡
맛있는 것, 이익	one's share/slice of the pie 이익의 몫
	call for an even distribution of pie 이익의 공평한 분배를 요구하다

pilot

비행기 조종사	a pilot of a jumbo jet
사전에 해보는	a pilot test 사전 시험 a pilot project 사전 프로젝트

plain

단순한	plain food
장식이 없는, 무늬가 없는	wear a plain blouse

명백한, 쉬운	Explain it in plain English. 쉬운 영어로 설명하라.
평원 (복수형)	the Great Plains of the US (미국 Rocky산맥 동부의) 대 평원

plane

비행기	(= airplane) by (air)plane 비행기로　a passenger plane 여객기
평면	be on the same plane 동일 평면상에 있다
(도구) 대패	a plane blade 대팻날

pool

풀장	swimming pool
가장자리에 구멍이 나 있는 당구대에서 하는 미식 당구 게임	
모으다	pool our money/wisdom
	car pool 카풀　**cf.** *item bank* 문제 은행

pop

대중 음악의, 통속적인 (popular의 줄임말)	pop culture 대중문화
펑 터지다, 불쑥 나타나다	**cf.** *popcorn*　*pop quiz* 예고 없이 보는 쪽지 시험

pore [pɔːr]

공기구멍(식물/사람 피부의 숨[땀]구멍)	clogged pore 막힌 땀구멍
응시하다	pore over figures 수치들을 응시하다

power

힘, 동력	(= energy) power plants 발전소　solar power
열강들 (복수형)	superpowers 초강대국들

practice

연습(하다)	practice playing the piano
관행	fund-raising practices 모금 관행 unethical practice

prepare

(음식 등을) 조리하다	prepare food 음식을 준비하다 (전치사 for를 쓰면 틀림)
준비하다	prepare for the exam 시험을 대비하다

present

참석한	[préznt]	How many people were present at the meeting?
현재	[préznt]	at present 현재에 for the present 현재로서는 presently (= currently)
선물	[préznt]	a present (= a gift)
주다	[prizént]	present sb with sth
제출/제시하다	[prizént]	present the final report present one's ID 신분증을 제시하다
(강단/무대에서 유명한 인사를) 소개하다 [prizént]		
		I'm honored to present Prof. Bachman to you.

press

(물리적) 누르다	press the button
(정신적) 억압하다	be pressed for time 시간에 쫓기다
	cf. *pressure (= stress) I'm under a lot of pressure.* 나는 스트레스를 많이 받고 있다.
언론	freedom of the press 언론의 자유 the press conference 기자회견 (윤전기(printing press)에서 '언론'이 유래됨)

pronounce

발음하다	The "l" in "half" is not pronounced
공표하다, 선고하다	I pronounce you husband and wife. (결혼식에서 주례의 공표)

proof

증명, 증거	provide the court with proof of ... 법정에 증거를 제출하다
alcohol의 표준 강도	an 80 proof whiskey 표준 강도 80도의 위스키
…을 막는, 내(耐)-, 방(防)- (-proof)	
	bulletproof vest 방탄 조끼 fireproof wall 방화벽 foolproof 바보를 막는→사용하기 쉽고 고장도 잘나지 않는 soundproof wall 방음벽 waterproof watch 방수 시계

race

경주	participate in the car race
인종	different races **cf.** *racism* 인종차별주의 *racist* 인종차별주의자

read

읽다	**read aloud** 소리내어 읽다 **read between the lines** 행간을 읽다, 숨은 뜻을 간파하다
적혀 있다	**The sign reads, 'Stop!'** (p. 60 참조)
(무전 송수신) 듣다	**Do you read me? Over.** 내 말 들립니까? (여기서 Over.는 무전 송수신에서 말의 끝임을 알리는 표현)

refer to

…을 언급하다	**refer to A as B** A를 B라고 부르다
…을 나타내다, 의미하다	(= denote = represent)
	this notation refers to... (notation 표시, 기호)
…을 참조하다	**refer to a dictionary** (= look up in a dictionary)
	refer A to B A를 B에게 조회하다

reference

언급	**No reference was made as to...**
참조	**a reference book** 참고서
조회, 추천(인)	**a letter of reference** 추천(인)의 글 **be given a good reference** 좋은 추천을 받다

refrain

삼가다	**You'd better refrain from smoking.** 흡연은 삼가해야 합니다.
(노래) 후렴	**This song's refrain is beautiful.**

regard

간주하다	**He is regarded as a fair judge.** (regard A as B)
존중, 고려	**with regard to** …에 관하여
안부 (복수형)	**with best regards** 편지글을 마치는 인사말

relative

상대적인	**relative humidity** 상대습도 명 **relativity**
관련된	**facts relative to this question** (= relevant = pertaining)
친척	**distant relatives** 먼 친척 **My uncle is my closest living relative.**

report

record처럼 명전-동후(名前-動後)법칙이 적용되지 않으므로 명사와 동사 모두 [ripɔ́ːrt]로 발음되고, 과제물은 리포트라고 하지 않고 paper로 표현한다.

보도하다, 보고하다	**He was reported to be killed in the war.**
	report to[for] duty[work] at (시각)에 출근하다
신고하다	**report to the police** 경찰에 신고하다 **report the accident to the police** 사고를 경찰에게 신고하다 **report sb to the police** …를 경찰에 고발하다

reserve
예약하다	make a reservation for …를 위해 예약하다
보류하다	have reservations about …에 대해 주저하다
	without reservation[reserve] 주저 없이, 기탄없이, 무조건

resort [riːsɔ́ːrt]
휴양지	a mountain/riverside resort
(수단/방법에) 의존하다	resort to violence 폭력에 의존하다 resort to spanking 아이들에게 매를 들다 (spank 볼기를 때리다)

respect
존경(하다)	respect the old show respect for… …에게 존경을 보이다
존중(하다)	respect the law respect others' opinions
면, 점	in respect of …관련해서 (= concerning = with respect to : 화제를 도입할 때 …점에 관련해서 말하자면)
	in many respects 여러 면에서
	cf. respective 각각의 *respectively* 각각

rest
휴식(을 취하다)	take a rest May he rest in peace. 편히 쉬소서.
…에 달려 있다	The decision rests with you.
나머지	for the rest of your lives 여생 동안

retreat
퇴각, 후퇴, 은퇴	order of retreat 퇴각 명령
후퇴하다	retreat from the front 전선에서 퇴각하다 retreat to the rear 후방으로 퇴각하다
휴양처, 수용소(기독교) 수련회, 묵상회	a summer retreat 피서지 go into retreat 피정에 들어가다

ring
고리, 반지	earrings 귀걸이
범죄 조직	drug ring 마약 조직
전화 걸리는 소리	(의성어 : 따르릉) give sb a ring (= give sb a call/buzz)

right
올바른	That's right. He is the right man for the job. 그는 그 일에 안성맞춤인 사람이다. Who's to say what is right or wrong? 누가 옳고 그름을 말할 것인가?
바로	right next to 바로 …옆에
오른쪽	Turn (to the) right. 오른쪽으로 돌아라.
권리	(보통 복수형으로 씀) human rights 인권 civil rights 시민권 rights to+명사[동사원형] …할 권리

rock

바위	as hard as a rock
흔들다, 요동치다	The news rocked the entire nation. 그 뉴스 때문에 전국이 소란스러웠다.
	a rocking chair 흔들의자 rock and roll 유행 음악장르
독주(liquor)에 넣는 얼음	Scotch on the rocks. 얼음을 넣어서 스카치 한잔 주세요.

room

방	enter a room
공간	make room for …에게 자리를 만들어 주다
	Make room for me, will you? 좀 같이 앉자.
	standing room only 초만원 (= very crowded)
여지	room for doubt/argument/dispute

ruin

파멸시키다, 파멸하다	Don't let alcohol ruin your career.
파멸, 멸망, (복수형) 폐허	(= remains) archaeological ruins 고고학 유적지

ruler

자 (측정도구)	cf. *a tape measure* 줄자
지배자, 통치자	

run (p. 52 참조)

뛰다	run away from home 가출하다
도로가 뻗어 있다, 강이 흘러가다	The river runs from East to West.
운영하다	run a store/school
진행하다	run a class/meeting
운행하다	The bus runs five times a day.
출마하다	running mate 부통령 출마자
(어떤 상태로) 되다	run short[out] of 부족하다 run a fever 열이 나다
(기사를 신문 등에) 싣다	run the story 방송이 기사를 보도하다

sack

자루	hit the sack[hay] 잠자리에 들다
해고(하다)	(= fire, dismiss, discharge) give sb the sack

safe

안전한	safe and sound 무사히, 탈없이
금고	put money in a safe cf. *vault* (은행) 지하 금고

sanction

재가하다, 인가하다	The Congress sanctions the use of military force.
재가, 인가, 허용 (단수형)	The king could not enact laws without the sanction of Parliament.
(국제법상) 제재 조치 (복수형)	impose economic sanctions against Iraq 이라크에 대해 경제 제재 조치를 취하다

save

저축하다	save for a rainy day 어려운 때를 위해 저금하다 **cf.** *savings* 저금, 저축
구출하다, 덜어주다	That will save you a lot of time, money, and energy. 그렇게 하면 시간, 돈, 노력을 많이 줄일 수 있을 것이다. save a person from drowning 물에 빠진 사람을 구출하다
제외한	the last save one 끝에서 둘째

scale

저울 (미) (복수형)	weigh sth on/in the scale bathroom scales
비율, 척도	The force of the wind is measured on a standard scale of 0-12. a ruler with a metric scale
규모	on a large/small scale 대/소규모로
(생선) 비늘	Something like scales fell from Saul's eyes. (the Bible) (회개한) 사울의 눈에서 비늘 같은 것이 떨어졌다.

scene

장면, (희곡) 장, 경치	(= scenery) **cf.** *act* (희곡) 막
현장	The detective rushed to the scene. 그 형사는 현장으로 달려갔다.

school

학교, 수업, 대학원의 전문학부	medical/law school
학파	the Stoic school 스토아 학파 a school of thought 학파
물고기 떼	a school[shoal] of fish

scoop

푸다	scoop the center out of a watermelon cut 수박 한 가운데를 푸다
(아이스크림 퍼 먹는) 큰 숟가락	a scoop of ice cream
(신문기사의) 특종	a news scoop get a scoop on a story

score

점수 (매기다)	He got a record score. (a record score 기록적인 점수)
20	Four score and seven years ago... 87년 전에 (Lincoln 대통령의 게티즈버그 연설 내용 중)
악보	A full score of this symphony was discovered here.

seal

물개, 바다표범	The seal is a mammal.
증표, 증서	Christmas seal
봉하다	seal an envelope 봉투를 붙이다 break the seal 개봉하다

sentence

문장	This sentence is grammatically correct.
언도(하다)	be sentenced to death 사형선고를 받다 death sentence 사형선고
	be sentenced to five years in prison 5년형을 선고 받다
	cf. *life in prison (= life imprisonment)* 무기징역

serious

진지한	I'm serious. 진지하게[심각하게] 말하고 있다. (= I mean what I say. = I mean it.)
심각한	be in serious condition 심각한 상태이다 (= be in a serious situation)
	cf. *I'm serious about her. (= I intend to marry her.)*

service

서비스	repair service 수리 서비스 worship service 예배
복무, 군무	military service 군복무 **cf.** *serviceman* 군인 *(soldier보다 격식을 차린 표현)*

settle

정착하다	settle down
해결하다	settle a case in[out of] court 법정에서[법정 밖에서] 소송 사건을 해결하다
	cf. *settle for(= accept)* *[p.584 참조]*

shame

수치	Shame on you! 창피한 줄 알아라!
딱한 일, 안된 일	What a shame! 참 안됐군요. (= What a pity! = I'm sorry to hear that. = That's too bad.)

share

몫, 할당 몫	do one's fair share (of the work) 응당해야 할 자신의 몫을 하다
주식, 지분	preferred shares 우선주 sharebroker (영) 주식 중매인 (= (미) stockbroker)
공유하다, 나누어 쓰다	share sth with sb
(추상적) 의견이나 경험을 서로 나누다	
	I share your opinion. 전적으로 동감입니다.
	Would you like to share your experience with us? 경험을 좀 이야기해 주시겠어요?
	(방송이나 공식석상에서 의견이나 경험을 이야기해 달라고 부탁할 때 말하는 격식을 차린 관용적 표현)

shell
껍질, 포탄	shell shock (전쟁) 폭격 공포증
폭격하다	shell a village 마을을 폭격하다

shot
shoot의 과거(분사)	Many victims was shot dead.
(shoot의 명사형) 쏘는 것	Good shot! 잘 쐈다.
독주(liquor)를 세는 단위	a shot of whisky 위스키 한 잔 **cf.** *Make it double.* 더블로 주세요.

shower
샤워	take a shower 샤워하다
선물 파티	a wedding shower 결혼 전에 필요한 물건을 선물하는 파티
	a baby shower 출산 전에 필요한 물건을 선물하는 파티

sick
아픈	The child is sick with a fever. 아이가 열이 나며 아프다.
구역질 나는, 신물이 나는	I'm sick and tired of... …는 지긋지긋하다
	get airsick/carsick/seasick 비행기/차/배 멀미하다 **cf.** *morning sickness* 입덧

sleep
잠, 잠자다	I didn't get a wink of sleep last night. (= I didn't sleep a wink last night.)
	sleep on a question 하룻밤 잠을 자며 문제를 생각하다 sleep with 동침하다
발이 저리다	My right leg has gone to sleep.

slip
미끄러지다, 미끄러짐	a slip of the tongue 실언
메모 용지, 전표	doctor's slip 진료 용지

smoke
연기	Where there's smoke, there's fire. 아니 땐 굴뚝에 연기날까?
담배 피우다	I used to smoke a lot, but, I quit smoking this year.
훈제하다	smoked ham 훈제햄

sound
소리, …같이 들리다	He sounded like a politician.
	How does that sound to you? 제안에 대해 어떻게 생각합니까?
건전한	A sound mind in a sound body. 건강한 육체에 건강한 정신이 깃든다.

specific

자세한 [spəsífik]　(= detailed)
　　　　　　　　Please be more specific. (관용적 표현) 좀 더 자세하게/구체적으로 말씀해 주십시오.
특정한　　　　　(= particular)
　　　　　　　　with no specific aim 특별한 목적 없이　specific information 특정 정보

speed

속력, 속도　　　speed limit 속도 제한
과속하다　　　　Officer, I wasn't speeding. 경관님, 전 과속하지 않았습니다.
　　　　　　　　speed up 속도를 높이다　speed up an engine 엔진 회전을 빠르게 하다

spell

철자(를 쓰다)　How do you spell your name?
주문, 마법　　　I'm under your spell. (노래 가사) 나는 당신에게 사로잡혔어요.
기간　　　　　　a spell of rainy weather 우기　rainy[monsoon] season 장마

spoil

망치다, 상하게 하다　The cook spoiled the soup by putting too much pepper in it.
(사람을) 망치다　　Spare the rod, and spoil the child. (격언) 매를 아끼면 아이를 망친다.
　　　　　　　　　　spoiled brat 버릇없는 아이[녀석]

sport

스포츠, 운동　　the school sports 운동회
마음씨 좋은 사람　He is a real sport.

spring

샘(泉), 스프링, 봄	in spring 형vernal vernal equinox 춘분
기원하다	spring from 원천이 …이다 (= stem/originate from)

stage

무대	on the stage
단계	in the first stage
과격한 행동을 행하다	stage a demonstration[strike/coup/robbery] 데모/파업/쿠데타/강도짓을 하다

stake

말뚝	(= the stick)
이해관계	at stake 이해관계가 걸린, 위태로운

ex. South Korean workers take to the streets as the government tries to curb rising labor costs and the future of a young democracy is at **stake**. *(Time Jan. 27 1997)*

stall

마굿간	There are two horses in the stall.
노점, 매점	a flower stall (간이 노점) 꽃 매점
지체하다, 시간 끌다	Don't stall. (구어체) 시간 끌지 마. (Take your time.에 상반되는 표현)

stalk

(꽃, 벼, 보리 등 초질 식물) 줄기, 대	cf. *stem* (장미 등 관목) 줄기 *trunk* (나무 수목) 줄기
(병/재해 등이 지방을) 휩쓸다	Famine is stalking North Korea as well as Africa.

stamp

우표	collect stamps 우표를 모으다
발을 동동 구르다	stamp one's feet cf. *stomp one's feet* 발을 세게 구르다

stand

서다	stand in the bus all the way 버스에서 줄곧 서 있다
	stand up for …의 권리를 위해 싸우다
	stand up to sb (= confront sb) stand behind sb (= support sb)

ex. Bob Doles: "I'm going to sit back for a few days and then I'm going to start **standing up for** what I think is right for America." *(Time Nov. 18 1997)*

입장	take a stand on civil rights 민권을 위해 싸우다
높이가 …이다	The wall stands 10 feet tall. (p. 58 참조)
참다	I just can't stand it any more.
바람맞히다	She stood me up.
서 있는 구조물	news stand 신문 가판대 taxi stand 택시 승강장

state

상태	be in a good state　　state of mind 마음 상태
주, 국가	the United States of America　　The state is falling apart.
진술하다	The president stated that... 명statement

stem

(관목) 줄기	**cf.** *stalk* (초질 식물) 줄기　*trunk* (나무 수목) 줄기
…에서 기원하다	stem from (= originate from)
조류를 막다	stem the tide (시사영어) 시대의 흐름을 막다, 시류를 거스르다
	ex. *At issue is how to **stem** the growth in illicit 'yuhak' by primary and secondary school children.* (The Korea Herald Feb. 10 1997)

step

발을 옮기다	Step over here, please.
계단, 발 움직임	Watch your step.
조치	take steps 조치를 취하다 (= take measures)
(연결) 계(繼)	a stepfather[mother] 계부[모]

stick [다양한 의미의 중요 단어]

막대기	walk with a stick 지팡이를 짚고 걷다
	cf. *magic wand* 요술 지팡이　*staff* 장대　*stake* 말뚝　*cane* (등나무) 지팡이, 매, 회초리
멀리가지 않고 한곳에서 맴돌다	Stick around. (= Stay tuned. = Don't go away.)　We'll be right back.
	(MC들이 광고방송하기 전에 시청자들에게 채널을 바꾸지 말라고 부탁하는 표현)
고수/집착하다 (to)	Stick to the topic. 주제에서 벗어나지 마라.
	be stuck 끼다, 갇히다　I got stuck in heavy traffic.
	stick together 단합하다 (= stay close together)
	stick with sth 인내하다 (= put up with, persevere)

still

여전히	I still love you.
조용한, 가만히	stand still 가만히 서 있다　Still waters run deep.
하지만	Still that doesn't justify your rude behavior. 그래도 너의 무례한 행동은 말이 안 돼.

stock

주식	stock market 주식시장
재고	We're out of stock on that item. 그 품목은 다 떨어졌다.　be in stock 입하된 상태이다
재고로 쌓아 놓다	stock up on sth …을 비축하다

stool

등받이 없는 의자	Stools are less comfortable than regular chairs.
(의학) 대변	go to stool 용변하다

strike

때리다	(= hit) He struck me on the head.	
생각이 마음에 떠오르다	A bright idea struck me.	
(충격이) 타격을 주다	We were struck speechless by the news.	
	be stricken with cholera 콜레라로 쓰러지다	
파업	go on strike[walkout] 파업에 들어가다	

cf. *strike it rich (= become rich suddenly)*

stroke

타격	(= blow) stroke of lightening
(시계, 종) 치는 소리	at the stroke of midnight/noon/5:00
(수영) 손발을 한번 놀리기, 한 획	
쓰다듬다, 어루만지다	stroke a horse
뇌졸중	have a stroke 중풍에 걸리다
기질	different strokes (사람마다) 다른 기질

studio

스튜디오, (미술가, 조각가) 등의 작업실
부엌, 욕실이 한 방에 딸린 아파트 (= studio apartment = efficiency (apartment))

study

공부하다, 연구하다	conduct a study[research]
서재	His study is full of books on philosophy.

stuff [다양한 의미의 중요 단어]

채우다	I'm stuffed. (= I'm full.= I've had enough.) 배부르다.
	a stuffed bird 박제된 새
	My nose is stuffed. 코가 막혔다. stuffy nose 막힌 코
	cf. *stuffy* 공기가 탁한 *This room is stuffy.*
물질, …것	Stuff like that. (= Things like that. = Something like that.)

subject

주제, 화제	change the subject 말을 바꾸다 bring up the subject 말을 꺼내다 be a subject of gossip 동네 이야기/가십거리가 되다
과목	What is your favorite subject?
…을 받기 쉬운	The price is subject to change without prior notice.
…을 받기 쉽다	It is a shame that orphans have been subjected to sexual abuse.
백성	subjects of the king

submit

제출하다	submit the proposal to the council
항복하다	submit to …에게 굴복하다　형 **submissive** 순종적인

succeed

성공하다	반 fail　　If you try hard you'll succeed.
	succeed in life 출세하다
	succeed in solving the mystery
…의 뒤를 잇다 (vt)	Lord Davis succeeded Sir Hugh as chairman of the commission.
(사물)을 떠맡다	succeed to his father's title/estate 아버지의 작위를 계승하다/재산을 상속하다

suit

정장	suit and tie/coat and tie 남자 정장
고소	(= lawsuit) sue(고소하다)의 명사형　bring[file] a suit against …를 고소하다
적절히 맞추다	형 **suitable**　　Suit yourself. 좋을 대로 하십시오.
	Suits me fine. (제안에 대해) 나는 좋아. (= Fine with me.)
동일한 무늬의 카드 한 조	follow suit 전철을 밟다
	Japan had a period of overspending. Korea is following suit.

swallow

삼키다	The Bible says that a big fish swallowed the prophet Jona.
(남의 이야기 등을) 곧이곧대로 듣다, 경솔히 믿다 (속어)	
	I don't swallow it. (= I don't buy it. = I don't believe it.)
제비	One swallow doesn't make a summer. (격언) 하나로 전체를 판단하지 마라.

sweet

달콤한	
친절한(특히 여성 표현)	(= kind) It's very sweet of you.
	I'm sweet on her. (= I like her.)

tap

수도꼭지	tap water 수도물
도청하다	(= bug = wire-tap)　*cf. tap into (energy) (= use)*
살짝 두드리다; 가볍게 두드림	tap dance 탭댄스

tear

눈물 (복수형)	shed tears 눈물 흘리다　tear gas 최루가스
찢다	tear sth into pieces …을 갈기갈기 찢다
	tear down 헐다, 부수다 (= demolish)　　tear up paper

tell
말하다	Could you tell me a little about it?	tell the truth/tell a lie
알다	Can you tell the difference? 차이를 알 수 있습니까?	
	How can you tell? 어떻게 알지요?	
	tell A from B (= distinguish A from B = distinguish between A and B)	

tend
경향이 있다	Fruit and vegetables tend to decay. 과일과 야채는 상하기 쉽다. 명 tendency
돌보다, (가축을) 치다	A shepherd is tending his sheep.

tender
부드러운	tender meat 반 tough 질긴
미숙한, 상하기 쉬운	tender age 철없는 나이
제출하다	The Secretary of State tendered his resignation. (the Secretary of State 국무장관)

term
용어	technical terms 전문용어 (= jargons)
기간, 임기	on a long-term basis 장기적인 관점 a five-year-term 5년 임기
조건	the terms of the contract 계약 조건 in terms of …의 관점에서 (p. 575 참조)
관계	be on good[speaking] terms with… …와 좋은[말 정도 나누는] 관계이다

terrific [tərífik]
무시무시한	terrific speed 맹렬한 속도

구어체에서 '좋다!'의 뜻으로서 great 다음으로 많이 사용되는 형용사이다.

things
것	Things like that.
상황	How are things going?

tide
조류, 조수	Time and tide waits for no man.
	low[ebb] tide 썰물 high[flow] tide 밀물
밀물같이 몰려오는 것 (추상적)	
	A tide of refugees may swarm into South Korea.
(어려움 등을) 이겨내(게 하)다, 극복하다(over)	
	Can you lend me $10 to tide me over?

till
…(할 때)까지 (계속)	Wait till you see this. 이것을 볼 때까지 기다려라. → (뭘 보여주면서) 기다려 봐.
경작하다	(고어체로서 현대영어에서는 잘 쓰이지 않음) (= cultivate) till the land

time

시간, 짬 (무관사)	Do you have time? (= Are you free[available]?)
시각 (정관사/지시어)	Do you have the time? (= What's the time?)
	At that time, I was studying in the library.
시기, 때 (복수형)	hard times 불경기

ex. In normal times, Seoul's Myong-dong Street is a picture of trendiness: shoppers crowd the narrow thoroughfare. (Time Jan. 27 1997)

tip

팁	give a tip to a waiter 웨이터에게 팁을 주다
귀띔(하다)	Thanks for the tips.
	The man tipped off the criminal that the police were coming.
끝	It's on the tip of my tongue. the tip of the iceberg 빙산의 일각

toll

희생(자)	take its toll 손해를 끼치다 death toll 사망자
	The earthquake took a dreadful toll. 지진으로 인해 끔찍한 희생이 초래됐다.
	The tariff has taken a toll on business. 관세 때문에 사업이 많은 타격을 입었다.
장거리 요금	toll-free phone number 미국에서 대고객 서비스용인 수신인 요금 부담 전화 번호(1-800-으로 시작됨.)
종을[이] 울리다	For whom the bell tolls?
통행료	toll gate 통행료 징수하는 곳

tone [toun]

어조	tone-deaf 음치
(근육을) 강화하다	tone one's muscles 근육을 강화하다

tongue

혀	tongue twister 발음하기 힘든 단어/표현 (e.g. Peter Piper picked a peck of pickled peppers.)
말	mother tongue 모국어
	Watch your tongue/language/words/mouth. 말조심 해.

top

꼭대기	on the top of
수석을 차지하다	top the list 필두이다 top the class 반에서 1등하다
…보다 위에 있다	to top it off 한술 더 떠서
팽이	spin a top 팽이 치다

total

총계, 총	a total of 총 …

완전한	a total lack of respect 완전히 무시하는 태도 a total disaster 철저하게 파괴시키는 재난 **cf.** *totally* 완전히, 전체 …이다
전체 …이다	**ex.** *Opposition parties claim government officials were bribed to help the firm secure loans - **totalling** five times Hanbo's net worth – from government-supported banks.* (Time Feb. 10 1997)
완전히 부수다, 박살내다	(= destroy completely) The tail light has been totaled.

touch

연락, 연결	How can I get in touch with you? 당신에게 어떻게 연락하면 되나요? I've lost touch with him. He's out of touch. 연락이 되지 않는다. (비유적으로 '독불장군'이라는 뜻) The company is out of touch with consumers. 그 회사는 소비자의 마음을 읽지 못하고 있다.
손질	final touch 마지막 손질 **cf.** *a touch of*
감동을 주다	I was touched. 감동을 받았다. a touching movie

trade

거래하다	trade A for B (= exchange A for B) **cf.** *barter A for B* 물물교환하다 trade-off 절충
동업자들	trade union (영) 노동조합 (= labor union (미))

traffic

교통, 차량	heavy traffic 혼잡한 교통
거래하다	traffic in (= deal in) 거래하다 drug trafficking 마약 거래

train

열차	a passenger[goods/freight] train 여객[화물] 열차 an express[local] train 급행[완행] 열차
연속, 긴 열	a long train of sightseers 관광객의 긴 열 a train of thought 일련의 생각
훈련시키다	**cf.** *trainer* 훈련자 *trainee* 훈련생

transfer

돌려주다	Please transfer this call to… 이 전화 …에게 돌려주세요 transfer money to another account 다른 구좌로 돈을 보내다
전근시키다	I was transferred to a branch in New York.

transcript

사본/등본/ 녹취록	동 transcribe 녹음된 내용을 받아쓰다, 녹취하다 official transcript of academic record 성적 증명서

(방송) 대본	a transcript of the interview

trigger
방아쇠	pull the trigger 방아쇠를 당기다
야기시키다	The military coup triggered the destruction of the society.

trip
(짧은) 여행	go on a trip
걸려 넘어지다	trip over a nail on the stairway

trunk
(큰) 나무의 (몸통) 줄기; 코끼리의 코	
차 트렁크; 여행용 큰 가방 (= boot 영식)	

try
시도(하다)	Let me give it a try.
시험적으로 해보다	try on 시험 삼아 입어보다 try out 한번 사용해 보다 a tryout 시험해 보기 Are you trying my patience? Have you tried Korean food? I tried my hand at running a grocery store.
재판하다	The former presidents were tried for embezzlement. 전직 대통령들이 (공금) 횡령으로 재판을 받았다.

> **ref.** trial의 여러 가지 뜻
> 시행 trial and error 시행착오 a trial run 시운전
> 재판 be on trial 재판받다 criminal trial 형사 재판 civil trial 민사 재판
> 시련 After many trials and tribulations we finally reached our destination. 시련과 역경을 겪은 후에 우리는 마침내 목적지에 도착했다.

turn (p. 58 참조)

underline
밑줄 긋다	underlined parts 밑줄쳐진 부분
강조하다	(= underscore) The witness underlined that the driver was to blame for the accident. 증인은 운전사가 사고에 대한 책임이 있다고 강조했다.

utility
유용, 실용	utility furniture 실용적인 가구
설비	utility rates (전기/가스/수도) 사용 요금

utter
말하다	He didn't utter a single word.
완전한, 철저한	(= complete = total) It was an utter waste of time. 부 utterly

vehicle [víːikl]

탈것, 운송수단	space vehicle (= spacecraft)
수단, 방법	(= medium)
	The broadcast serves as a crucial vehicle for conveying commercial messages.

version

번역, 역(譯), 판	(The Bible) King James Version (성경) James왕 시대의 번역
	an English version of a German play 독일 희곡의 영국 번역
	abridged version 축소판 draft version 초안 revised version 개정판
	Suneung College Entrance Exam is a Korean version of SAT Scholastic Aptitude Test.
설명, 설	The two newspapers gave different versions of what happened.

vest

조끼	life vest 구명조끼 bulletproof vest 방탄조끼
권리를 주다	vest sth in sb …에게 ~을 주다 vested interest 기득권
	By the power vested in me by God and the State of California, I pronounce you husband and wife. (주례사) 하나님과 캘리포니아 주에 의해 나에게 주어진 권위로 당신들을 부부로 선언합니다.

view

봄	a bird's eye view 조망
관점	point of view (= viewpoint) in my view 내 관점에서는
	in view of …을 고려해 볼 때 (= considering)
목적, 의도, 가망	with a view to -ing (문어체) …할 목적으로 (= with the intention of = for the purpose of)
보다, 간주하다	view A as B (= see A as B) cf. *viewer* 시청자

walk

걷다, 산보	take a walk cf. *sidewalk* 인도 *crosswalk* 횡단보도
	walk all over sb …을 적당히 다루다, 경시하다 (= disrespect)
(걸어서) 바래다주다	Let me walk you home.
인생 여정	people of all walks of life 각계 각층의 사람들

watch

손목시계	(= wrist watch)
주시하다 (자세히 관찰하는 행위)	The scientist watched a beautiful butterfly closely.
	watch out for …을 조심하다
	You'd better watch what you say[eat].
	cf. *see a movie, watch TV* (관용적 표현)

wake

깨다 (vi), 깨우다 (vt)	Wake up! 일어나라! wake him up 그를 깨우다
여파, 궤적	in the wake of ⋯의 여파로
	ex. *Prime Minister Jim Bolger said Monday New Zealand may tighten its gun laws in the **wake** of the weekend rampage in which six people were killed by an armed man in a mountain hamlet.* (The Korea Herald Feb. 11 1997, rampage 광란의 짓 hamlet 조그만 외딴 마을)

wave

파도(波)	cold[heat] wave 한파[기승을 부리는 더위]
유행처럼 번지는 것	a crime wave
	a wave of car thefts 유행처럼 번지는 자동차 절도
(손을) 흔들다	wave one's hands wave the flag

weigh

무게가 나가다 (vi)	How much do you weigh? 미국 여성들은 뚱뚱하다는 사실에 대해 매우 민감하므로 이런 표현은 사용하지 않는 것이 좋다. 만일 이런 질문을 한다면 보나마나 What?! It's none of your god damned business!라고 대답할 것이다.
무게를 재다 (vt)	The grocer weighd the fish.
	명 weight 무게, 추 paper weight 문진(文鎭)
짓누르다 (vi)	This matter weighs heavily on my mind.
신중히 고려하다 (vt)	weigh the consequences

well

우물	oil well 유정
잘, 글쎄	Well, ...
잘된 일	I wish him well. 그 사람이 잘되길 바라요.
	I meant well. 좋은 뜻으로 말한 겁니다.
	Leave well enough alone. 잘된 일은 내버려두어라. 긁어 부스럼내지 마라. (= Play it safe.)

weather

날씨	stormy weather What's the weather like today?
	What's the weather going to be like this weekend? (미래) 이번 주말에 날씨가 어떨 것 같습니까?
(어려움을) 극복하다	weather a storm

will

의지	Where there is a will, there is a way.
	the will of God/the people strong/weak-willed 강한/약한 의지를 가진
유언	make[draw up] one's[a] will 유언장을 쓰다
⋯할 것이다	(조동사)
⋯라는 의지가 있다	(본동사) God wills that human beings should do good things. 하나님은 인간들이 선을 행하기를 원하신다.

의지를 발동해서 …을 시키다
I willed it to move. 의지를 발동하여 그것을 움직이게 했다. (telekinesis [tèləkiníːsis] 염동(念動)에 관련된 표현)

witness
목격하다, 증언하다	Many pedestrians witnessed the traffic accident. witness to the defendant's innocence 피고의 결백이 사실이라고 증언하다
목격자, 증인	(= eyewitness) a witness of the accident
목격담, 증언	The jurors did not believe the plaintiff's witness.

word
단어	in a word 한마디로 **cf.** *vocabulary* 어휘 총칭 (단수 취급)
말 (주로 복수형)	in other words 달리 말하면 You took the words right out of my mouth. 내가 하고 싶은 말을 네가 했다. **cf.** *keep / break one's word* (= keep[break] one's promise)
말로 나타내다	a carefully worded contract 조심스럽게 표현된 계약 **cf.** *wording* 표현 *wordy* 만연체의, 군더더기 말이 많은 (= *verbose*)

work
일(하다)	working conditions 근무 조건 All work and no play makes Jack a dull boy. (격언)
일터	drive to work 운전하여 직장에 가다 I was held up at work. 직장에서 일이 늦게 끝났다.
작품	a piece of work 작품 한 점 a work of art 예술 작품
작동되다	It's not working properly.
작동하다	I don't know how to work this machine.

wound
wind (감다)의 과거, 과거분사 [waund]	wound up with/in/as/-ing 결국 …하게 되다 (= end up with) He was wound up. (= tense) Try to wind down. (= relax)
부상당하게 하다	[wúːnd] a wounded soldier 부상병

yield
양보하다, 항복하다	Yield (the right of way). (교통 표지판) 통행권을 양보하시오.
산출(하다)	His farm yielded bumper crops. 그의 농장은 풍작을 냈다. high/low yield 많은/적은 산출

03 혼동하기 쉬운 단어군 (Confusing Group of Words)

우리나라 학습자들이 쉽게 혼동하는 중요한 단어군들을 여기에서 소개하고자 한다. 아래에 제시한 단어들의 의미를 잘 모른 채 대충 말이나 글을 쓰고 이해하려고 하다 보면 의사소통에 심각한 실수와 오해를 초래할 수 있으므로, 정확한 의미를 파악하기 위해 노력해야 한다.

accident/incident

accident 예기치 않게 발생한 부정적인 일

incident 특별한 의미 없는 중립적인 일

accurate/exact

accurate 정확한, 맞는 (= correct)
Is that watch accurate? 그 시계 정확합니까?

exact 정확한, 정밀한, 엄격한
an exact instrument 정밀기계 **cf.** *Exactly!* 바로 맞다.
What's the exact time? 초까지 정확한 시각은 어떻게 됩니까?

age/ages

age 나이, 시대 at the age of … 살에 in this age 이 시대에
Do you mind if I ask your age? - I'm 38.

ages 오랜 시간 It has been ages since I spoke to her.
> **ref.** 나이를 묻는 질문
> What's his age? (×)   His age is thirty-nine. (×)
> How old is he? - He's thirty-nine (years old). (○)

animation/cartoon/comic strip/caricature

animation 그림이 활동사진화 된만화 영화 (= animated movie = cartoon movie)

cartoon (영화가 아닌 종이에 제시된) 만화

comic strip (신문) 보통 네 개의 박스 안에 그림이 하나의 이야기로 연결된 만화

caricature 사람/사물의 특징을 크게 그려서 재미있게 사회를 풍자한 시사 만화

apartment/flat/condominium/tenement

apartment (미국의 일반적 주거 형태인) 일반 임대 아파트

flat (영국) 아파트

condominium (미국 대도시에서 분양되는 개인 소유의) 고급 고층 아파트

tenement (미국 대도시 도심지에 있는 저급의) 저층 임대 아파트

appointment/promise/engagement/date

appointment 업무 목적이나 의사/변호사 등과 상담 목적으로 만날 약속
I have an appointment with the doctor.
(아는/친한 사람끼리 만나는 것은 보통 meet을 사용함. I'm supposed to meet...)

promise (의도의 의미) 약속
I'm going to buy you a great birthday gift. That's a promise.

engagement (다소 공식적인) 약속, 약혼
The singer has a previous concert engagement.

date (남녀간의) 데이트, 데이트 상대
상대방을 누군지 모르고 만나는 만남 (우리가 보통 말하는 미팅/미팅 상대)은 blind date라고 함.

데이트	I've got a date tonight.
데이트 상대	This[He/She]'s my date.

approve/approve of

approve 승인하다 (= officially accept)
The council is unlikely to approve the plans.

approve of 인정하다, …이 좋다고 생각하다
I don't approve of sending young children abroad to learn English.

awesome/awful

awesome 원래 awe 외경(畏敬)의 형용사. (속어) 너무 멋지다! 끝내주게 좋다!

awful 끔찍한(안된 일을 말할 때 자주 사용됨)
How awful[terrible]!
I'm awfully[terribly] sorry. (I'm greatly sorry.라고는 하지 않음.)

besides/except

besides	…에 더하여 (전치사) (= in addition to = as well as)
	게다가 (부사) (= in addition = plus)
except	…을 제외하고
	Twenty of us passed the test besides Peter. (Peter passed too.)
	All of us passed the test except Peter. (Peter did not pass.)

branch/twig/bough

branch	나뭇가지, (회사) 지사 **cf.** *chapter* 조직 지부
twig	나무의 작은 가지
bough	나무의 큰 가지

bring/take

bring	(물건) 가져오다, (사람) 데리고/모시고 오다
take	(물건) 가져가다, (사람) 데리고/모시고 가다

bring up/grow up

bring up (vt)	키우다
	It's hard to bring up a child.
grow up (vi)	자라다
	He grew up to be a great scholar.

buff/fan/maniac

buff	(가장 일반적인 말) 열광자, …광, 팬
	He's a golf buff. (= He's crazy about golf.)
fan	연예인을 추종하는 사람, 팬(fanatic의 줄임말)
maniac	(부정적인 의미) 광적인 사람

bust/breast/chest

bust	신체의 크기를 측정하는 부위로서 명칭
	bust/waist/hip 가슴/허리/엉덩이 윗부분
	cf. *butt(ocks), rear* 엉덩이(살)
breast	젖가슴
chest	일반적인 신체 부위로서의 명칭
	chest pain 가슴 통증

carefree/careless

carefree 걱정없는
cf. *sugarfree* 무가당의, 몸에 나쁜 설탕없는

careless 부주의한, 조심성 없는
cf. *sugarless* (중립적 의미) 설탕없는
ref. -free (나쁜 것이) 없는 pollution-free 오염 없는 (pollutionless란 말은 없음)
-less (중립적 의미) 없는 colorless 무색의 odorless 무취의

cause (of)/reason (for)

cause (of) (물리적/직접적) 원인(으로 야기시키다)
What's the cause of his cancer? What caused the accident?

reason (for) (추상적/일반적) 이유
What's the reason for his failure?

cellophane/vinyl/plastic

cellophane [séləfèin] 얇은 비닐
vinyl [váinl] (온실용) 두꺼운 비닐
plastic (플라스틱으로 만든) 신용카드 (속어)

chin/jaw

chin 아래턱
jaw 턱뼈(아래턱을 포함한 귀까지의 부위)

clever/smart/wise/prudent

clever 영리한
smart 똑똑한
(= bright = brilliant)

wise 현명한, 현자의 (= sagacious)
명 wisdom **cf.** *wisdom tooth* 사랑니

prudent 사리 분별력이 있는, 세심한
(= judicious = cautious = circumspect 용의 주도한)

coast/beach/shore

coast 해안
from coast to coast 대서양 해안에서 태평양 해안까지, 즉 미국 전역

beach (해수욕을 할 수 있는) 해변
shore (바다 또는 민물) 물가 **cf.** *lakeshore* 호숫가

comfortable/convenient

comfortable (사람의 주관적 감정/느낌) 편안한

convenient (사물/행위의 과정이 주는 느낌) 편리한
When is the most convenient time for you?

✚ Make yourself comfortable.과 Take it easy. 의 의미 차이
Make yourself comfortable. (손님에게) 편히 하세요.
Take it easy.는 작별인사로 많이 쓰임. 손님이 불안 초조한 것처럼 들릴 수 있으므로 손님을 맞이할 때는 Take it easy.라고 하지 않음.

comparable/comparative

comparable 필적할 만한
No jewel is comparable to a diamond. 다이아몬드에 필적할 만한 보석은 없다.

comparative 비교적
comparatively speaking 비교해서 말한다면

complete/perfect

complete 완전한

perfect 완벽한

confident/confidential

confident 자신 있는
be confident of 명 confidence

confidential 은밀한, 비밀의, 대외비의
Keep it confidential. confidential material 대외비 자료
명 confidentiality

considerable/considerate

considerable 상당한 (= sizable)

considerate 사려 깊은 (= thoughtful)
It is considerate of him to make room for the lady.

contemptuous/contemptible

contemptuous 경멸하는
be contemptuous of …을 경멸하다 (= be full of contempt for sb/sth)

contemptible 경멸할 만한 (= worthy of contempt)
명 contempt Familiarity breeds contempt. 친숙해질수록 서로를 멸시하게 된다.

cook/cooker

cook 요리사, (열을 가해서) 요리하다
You're an excellent cook.
She cooked this green salad. (×) → She made this green salad.
cooked meal 열을 가해 요리한 식사

cooker (영) 조리 도구 (미) stove

crime/sin

crime (사회적/법률적) 죄

sin (종교적/도덕적) 죄

critique/critic/criticize/criticism

critique [kritíːk] 비평(하다) (2음절에 강세)

critic [krítik] 비평가 (1음절에 강세)

criticize 비판하다 [형] critical ① 비판적인, ② 중요한

criticism 비판

currency/current

currency 화폐
ex. The U.S. **currency** initially fell sharply against both the Japanese yen and the German mark although it had recovered its losses against the mark. *(The Korea Herald Feb. 10 1997)*

current 흐름
alternating current 교류 (= AC) direct current 직류

customer/client/company/guest/shopper

customer 소비자, 특정 가게의 고객
a regular customer 단골 손님

client 변호사나 회계사 등의 전문 지식의 서비스를 받는 사람
(고급 음식점이나 술집에서 고객을 높이는 의미에서 많이 사용하기도 한다.)

company (집합적) 손님, 방문객
Mom, we've got company. 엄마, 손님 오셨어요.

guest 초대에 온 손님
guest of honor 주빈

shopper 일반 가게에서 물건을 고르는 사람

delusion/illusion/hallucination/allusion

delusion 망상

illusion 환상

hallucination 환각

allusion 암시

desirable/desirous

desirable 바람직한
It is desirable to... ···하는 게 바람직하다

desirous 바라는
be desirous of wealth/fame 부/명성을 강하게 원하다

diploma/degree

diploma 졸업 증서, 학위 수여증

degree ① 학위
B.A. = Bachelor of Arts
M.A. = Master of Arts
Ph.D. = Doctor of Philosophy
② 정도 = extent

doubt/suspect

doubt ···이 아닐 것이라고 의심하다
Do you think he can do that? - I doubt if he can.
The police say that he could have killed his wife, but I doubt if that's true.
(doubt 대신 suspect를 쓰면 틀린다.)

suspect ···일 것이라고 의심하다
She lay dead on the floor and the police suspect murder. (murder 타살)

dressing/sauce

dressing ① salad에 덮어서 먹기 때문에 sauce라고 하지 않고 dressing이라고 함.
Thousand Island dressing, French dressing
② 조류 요리의 속
turkey dressing

sauce 간을 맞추는 것, 양념, 소스
I love ice cream with chocolate sauce.

drug/medicine

drug 약 (마약(narcotics)의 뜻으로도 쓰임.)
drug store 약국   druggist 약사 (= pharmacist)   drug addiction 마약 중독   drug trafficking 마약 거래

medicine   약, 내복약
take medicine (무관사) 약을 먹다 (물약이라도 drink liquid medicine이라고 하지 않음)
ref. be on medication 약을 복용하고 있는 be on drugs 마약에 중독된

early/soon/fast/immediately

early   일, 시기가 빠른
early in the morning
You're early. 일찍 오셨네요.(○)   You're soon. (×)
as early as possible 가능한 한 일찍[빨리] (= as soon as possible)

soon   곧, 바로
Come by again soon.(○)   Come by again early. (×)
as soon as possible 가능한 한 바로[일찍]

fast   빠르게
He runs fast.(○)   He runs early/soon. (×)

immediately   즉시, 지금 당장
If we leave immediately we can catch the last train.

economic/economical

economic   경제의
economic indices 경제지표, 경제지수

economical   경제적인, 절약하는
be economical of …을 절약하다

effective/efficient

effective   효과적인 (절대 결과에 치중한 표현)

efficient	능률적인 (투자에 대한 결과에 치중한 표현으로 상대적인 것)

eligible/qualified

eligible	적격한 (반드시 능력을 의미하지 않으며 능력과 상관없는 나이 같은 조건에 맞는 상황에도 eligible을 씀)
qualified	자격이 있는 (반드시 어떤 능력이 요구됨을 의미함)

embarrassed/confused

be embarrassed	창피하다 I was embarrassed when I realized my fly was open. (fly 바지 지퍼)
be confused	혼동되다 I was confused by her sudden anger.

enviable/envious

enviable	부러워할 만한
envious	부러워하는 be envious of (= envy)

environment/surrounding(s)/circumstance(s)

어떤 기존 문법책에 세 단어의 뜻이 같다고 설명되어 있으나 세 단어는 분명히 다른 의미이다.

environment	환경 social environment
surroundings	(보통 복수) 주위 a peaceful vacation home in beautiful surroundings 아름다운 환경의 별장
circumstances	(보통 복수) 상황 under the circumstances 현(現)상태로서는

especially/specially

especially	특히 (= above all) Air pollution is a serious problem, especially in urban areas. (보통 especially 앞에 comma가 온다.)
specially	특별한 목적 또는 사람을 위하여 I've cooked this food specially for you.

ethnic/racial

ethnic	(문화 언어 관습 등으로 구분한) 인종, 민족의 ethnic cleansing 인종 청소 **ref.** 미국에서는 ethnic group이라면 소수 인종, 즉 유태인계, 흑인, 스페인계, 인디언, 동양계 등의 구분을 의미한다.
racial	(생물학적 관점, 즉 골격, 피부 색깔 등으로 분류한) 인종의

eyebrow/eyelash/eyelid

eyebrow	겉눈썹
eyelash	속눈썹
eyelid	눈꺼풀

fall/decline/plummet/nosedive

fall	(일반적) 떨어지다
decline	하락하다
plummet	(추가 떨어지는 모습) 수직하강하다
nosedive	곤두박질치다 (= take a nosedive)

fat/overweight/obese/heavy/stout/plump/buxom

fat	지방(의), 뚱뚱한 (매우 부정적인 의미)
overweight	(가장 객관적 표현) 체중이 많이 나가는
obese	비만의 명 obesity
heavy	무게가 많이 나가는
stout	(키가 작고 옆으로 체구가 벌어진) 땅딸하고 건장한
plump	포동포동한
buxom	풍만한

find/find out (p. 63 참조)

fitness/health

fitness	① (육체적) 튼튼함 fitness center (=health club) 운동하는 곳 ② 적절한 상태 No one questions her fitness for the job. *cf. He is fit/unfit for duty.*
health	건강 (육체적으로 튼튼하지 않아도 병이 걸리지 않은 상태)

flock/swarm/herd/school/shoal (p.253 참조)

a flock of sheep	양떼
a flock of birds	새떼
a swarm of bees	벌떼
a herd of cattle	소떼
a school[shoal] of fish	물고기떼

freeway/highway

freeway는 free of charge(무료)의 뜻이 아니라 free of stops(멈춤 없이)란 뜻으로, 고속도로를 의미하는 말로서 highway와 동일한 표현으로 사용된다. (참고로 미국의 중서부와 동부 사이에는 고속도로 곳곳에서 통행료를 받으며 중서부에서 서부 사이에는 통행료 징수를 하지 않는다.)

fun/funny

fun 명 재미, 즐거움 형 즐거움을 주는, 재미있는 (형용사의 뜻으로 많이 쓰임)
I had fun. It's a lot of fun.

funny 재미있는, 우스꽝스러운, 이상한
a funny fellow   He is funny. 그는 웃기는 친구다.

gay/lesbian/homosexual

동성연애자는 homosexual이며 남자 동성연애자는 gay, 여자 동성연애자는 lesbian인데 남녀 구별하지 않고 gay라고 통칭하기도 한다. homosexual이 아닌 '이성애자'는 straight라고 한다. 원래 '즐거운'의 뜻이었던 gay는 오해를 불러일으킬 소지가 있기 때문에 '즐거운'이라는 뜻으로는 거의 쓰이지 않는다.

grade/year

grade (미국의 교육제도에서) 학년
(the first grade(1학년)부터 the twelfth grade(12학년, 고3)까지는 '학년'을 grade라고 한다.)
What grade are you in? - I'm in the first[twelfth] grade.

year (고등학교 이후의 고등교육에서) 학년
What year are you in? 몇 년차입니까?
- I'm a freshman/sophomore/junior/senior. 1/2/3/4학년입니다.

✚ 전치사 in을 뺀 구문
실제로 격식 없는 구어체에서는 '몇 학년입니까?'를 What grade[year] are you?라고 in을 생략하고 말한다.

grow/raise

grow ① (식물을) 재배하다
grow plants 식물을 재배하다
② (머리나 수염)을 기르다
grow beard 수염을 기르다

raise (아이나 동물을) 키우다
raise children/animals

hair/fur

hair 머리카락
(총칭일 때는 불가산명사로 단수 취급하고 '낱개의 머리카락'을 의미할 때는 가산명사가 된다. 머리카락뿐 아니라 '몸에 나는 털'도 의미한다.)

fur (일부 동물의) 털

fur coat 털가죽 코트

✛ healthy/healthful
기존 영문법책에서는 healthy는 '건강한'이고 healthful은 '건강에 좋은'의 뜻이라고 설명하고 있지만 현대 영어에서는 healthy로 두 가지 뜻을 다 사용한다. 즉 healthful food(×)라고 하는 원어민은 없다.
healthy : ① (육체) 건강한   healthy children
　　　　 ② (추상) 건강한   healthy society [economy]
　　　　 ③ 건강에 좋은 healthy food 건강에 좋은 음식
healthful : 건강에 좋은 (구식, 문어)
healthful mountain air (요즈음에는 거의 사용되지 않음)

hear/listen

hear　　　　(수동) …가 들리다
　　　　　　　(상대방의 말이 잘 안 들릴 때는 I can hardly hear you.라고 하며 I can hardly listen to you.(×)라고 말하지 않는다.)

listen　　　(능동) 주의 깊게 듣다
　　　　　　　listen to …을 경청하다 listen for …을 유심히 듣다
　　　　　　　(hear와 listen의 능동, 수동 관계는 see와 look의 관계와 흡사하다. hear : listen = see : look)

high/tall

high　　　　지상으로부터 거리가 멀어서 높은
　　　　　　　high ceiling (○) tall ceiling (×)
　　　　　　　high altitude (○) tall altitude (×)
　　　　　　　high mountain/tower/wall (관용표현)

tall　　　　 밑에서부터 연결된 길이가 긴
　　　　　　　a tall man/building/tree (a high man/building/tree(×))

home/house

home　　　가정

house　　　집 (일반 회화에서는 house 대신 home을 쓰기도 한다.)

house/accommodate/seat

house [hauz]　(공간으로) 수용하다
　　　　　　　This new building will house the refugees. 이 새 건물은 난민을 수용할 것이다.
　　　　　　　This building will house the Department of Physics.
　　　　　　　이 건물은 물리과를 위한 공간으로 쓰일 것이다.

accommodate　(객실 등으로) 수용하다
　　　　　　　This hotel can accommodate 1,000 tourists.
　　　　　　　cf. accommodations (호텔 등의) 숙식 및 서비스

seat　　　　(stadium/auditorium/restaurant 등 좌석이 있는 곳에서) 수용하다
　　　　　　　The restaurant can seat about 100 customers.

The mammoth stadium can seat over 100,000 spectators.

enormous/huge/tremendous/colossal/mammoth

huge/enormous/tremendous
막대한, 엄청난 (원래 추상적인 개념을 수식하는 형용사. huge는 추상적 개념 양, 수치뿐 아니라 구체적 사물도 수식한다.)
huge debt 엄청난 빚 enormous difference 엄청난 차이 tremendous amount of 막대한 양의

huge/colossal/mammoth
거대한 (원래는 거대한 사물을 묘사하는 형용사이지만 점차 추상적인 개념을 수식할 때도 사용한다.)
a huge rock 거대한 바위

fit/suit

fit
(크기나 모양이) 딱 맞다, 적절하다
This dress doesn't fit me. This coat's a perfect fit.
cf. *fit in* 화합하다, 어울리다
Judy joined the drama club but didn't seem to fit in, so she left.
fit sb in 짬을 내어 시간을 내주다
Doctor Smith can fit you in on Monday afternoon.

suit
(옷, 직업, 색깔이) 잘 어울리다, 만족시키다
Suit yourself. 좋을 대로 하세요.
Suits me fine. (= Fine[Okay] with me.) (제안에 대해) 나는 좋아.

floor/story

floor
각 층
the 3rd floor   He fell from the 10th floor. 10층에서 떨어졌다.

story
총 층수
102-story-building   He fell 10 stories. 총 10층을 떨어졌다.

historic/historical

historic
역사적인
historic event 역사적인 사건

historical
역사의
historical account of …에 대한 역사적 고찰

ex. *Like Bismarck, Helmut Kohl has presided over a **historic** reunification of Germans, and Kohl's Germany is now, as Bismarck's was then, assuming a star role on the world stage. (Time Dec. 30 1996)*

human/humane

human 인간의

humane [hju:méin] 인간적인

illegal/illegitimate/illicit

illegal 불법의 (가장 일반적인 표현)
(= against the law 서술적, 한정적 용법으로 모두 쓰임)

illegitimate [ìlidʒítəmət] 합법적이 아닌, 정통성이 없는
illegitimate regime 정통성이 없는 정부 illegitimate child 사생아

illicit [ilísit] 불법의, 부정한 (보통 한정적으로 쓰인다.)
illicit games 불법 게임 an illicit affair 간통 (= a love affair = an adultery)

imaginative/imaginary/imaginable

imaginative 상상력이 풍부한
an imaginative novelist 상상력이 풍부한 소설가

imaginary 상상의
imaginary number 허수

imaginable 상상할 수 있는

> **ref.** interesting '재미있다'는 뜻 외에도 좀 '이상하다'는 뜻으로, different/peculiar/unusual과 함께 완곡한 부드러운 표현으로 많이 사용된다.
> He is strange. → He is peculiar. 그는 특이하다
> This food doesn't taste good. → This food is interesting/different/peculiar/unusual. 이 음식은 특이하다.

intellectual/intelligent/intelligible

intellectual [ìntəléktʃuəl] 지적인 (사물 수식), 이지적인 (사람 수식)
Those intellectual topics were beyond me.
그 지적인 주제는 나의 수준 이상이다, 이해가 안 된다.
an intellectual family 이지적인 가족

intelligent [intélədʒənt] 지능의, 영리한 (사람, 동물, 컴퓨터 등의 인지능력을 지닌 주체를 수식함)
Intelligent chimpanzees are fun to play with.
Intelligence Quotient IQ 지능지수
Artificial Intelligence AI 인공지능

intelligible 이해할 만한
His pronunciation was barely intelligible.

interrupt/interfere

interrupt 방해하다
I hope I'm not interrupting anything.

interfere 간섭하다
interfere in (= intervene)

방해하다
interfere with (= interrupt)

intimate/close
intimate 매우 친밀한 (성적인 의미를 내포하므로 조심해야 함)
an intimate friend 깊은 관계의 친구

close '친한'의 일반적인 어휘
a close friend (= a good friend) 친한 친구

invite/visit
invite ① 초대하다, ② (조언, 의견을) 구하다
(= solicit) I would like to invite your opinions. (사용 빈도 높은 문어체 표현)

visit ① 방문하다, ② 점검하다
(= inspect)

janitor/curator
janitor 수위, 관리인

curator [kjuəréitər] (박물관이나 도서관 등의) 관리자, 관장

join/join in
join sb …와 합석하다, …와 같이하다
Can I join you?
Why don't you join us? 합석하시지요.

join in (the activities/movement/cause)
활동/대의명분에 동참하다
Please join in. (하던 활동을) 같이 합시다. (선창을 하며 같이 노래를 부르자고 할 때에도 사용하는 표현)

knife/blade
knife 일반 칼

blade 칼날 (일반 칼이 아닌 juicer, blender 등 기계에 있는 날개 모양의 날)

know/learn/understand/think (p. 82 참조)

know/know of[about]
know 알다
I know her. (다소 친하다는 느낌이 내재된 표현)

know of/about …에 대해 알다
I know about[of] her. (친하지 않고 보거나 들었을 뿐이라는 의미)

lap/knee/thigh

lap 무릎 위의 물건이나 애완동물을 올려놓을 수 있는 허벅지 윗부분
(무릎이라고 번역한 책이 많으나 엄밀히 말해 무릎은 knee이다.)
laptop 허벅지에 올려놓고 작업을 할 수 있는 컴퓨터

thigh 허벅지 살

laugh/smile/grin/chuckle/giggle

laugh (가장 일반적인 표현) 웃다

smile 미소를 짓다

grin 씩 웃다

chuckle 껄껄대며 웃다

giggle 낄낄대며 웃다

leak/piss/pee(-pee)/urinate/shit/crap/dump/pooh(-pooh)/defecate/dung

take a leak/piss 오줌 누다
   cf. *pee(-pee)* 쉬 (어린이용 어휘)   urinate 소변을 보다

take a shit/crap/dump 똥싸다
   cf. *poo(h)(-pooh)* 응가 (어린이용 어휘)   defecate 대변을 보다
   (dung은 말이나 소 등의 똥, 퇴비/거름 = manure)

leave/vacation

leave 비정기 휴가 (고대 영어인 허가의 뜻에서 유래)
a six months' leave 6개월 휴가[휴직] take a leave of absence 휴가를 얻다
on leave 휴가를 얻어, 휴가로
maternity leave 출산휴가 (maternity vacation이라고 하지 않는다.)

vacation 정기 휴가 (놀러가는 휴가의 의미)
be on vacation 휴가 중이다   take a vacation 휴가를 떠나다
summer vacation   the Christmas vacation

letter/character

letter 글자 English letters

character 상형문자(글자 하나마다 의미가 있음)
Chinese character 한자

lessee/lessor/tenant/landlord/landlady

lessee [lesíː] 임차인 (문어체)

lessor 임대인 (문어체)

tenant [ténənt] 세입자

landlord/landlady 집주인

liable/subject/apt/prone/likely/disposed/inclined

be liable to 피해를 받기 쉬운
be liable to get into an accident
cf. be liable for = be responsible for
  be liable for the accident

be subject to (영향을) 받기 쉬운
The prices are subject to change.

be apt/prone/likely to …하기 쉽다

disposed/inclined to …의 성향이 있는

lie/kid

lie 거짓말하다 (부정적인 표현) (= tell a lie)

kid 농담하다
You've got to be kidding. 농담이겠지. No kidding. 설마.
> **ref.** You are a liar. You're lying. You're telling a lie. 등의 표현은 상대방의 감정을 상하게 할 수 있는 매우 부정적인 표현이다. '사실이 아니다'라고 객관적 사실을 말할 때에는 That's not true. 또는 You are wrong.이라고 한다.

love/lust

love 사랑
love affair 정사

lust 육체적 사랑, 육욕 *cf. mate* (짐승) 교미하다

loyalty/allegiance

loyalty 충성 (일반적인 표현)

allegiance 충성 (정치적 문맥)

mandate/dictate

mandate (법적)명령, 지령 형 **mandatory** (법적으로) 의무적인

dictate ① (양심의) 법 ② 받아쓰게 하다
cf. dictation 받아쓰게 하는 것, 받아쓰기

matter/occasion/affair

matter 사고 같은 문제
What's the matter? What does it matter?

occasion 특별한 일
What's the occasion?

affair ① 일거리, 사무, 업무 (보통 복수형으로 쓰임)
private/public affairs 사적(私的)/공적(公的)인 일   family affairs 집안일
② 정사 (= love affair)

misplace/replace/displace

misplace ① 무엇을 …에 잘못 두다 (물리적)
I can't seem to find my bag. I must have misplaced my bag.
② (신용, 애정 등을) 잘못된 대상에 두다 (추상적)
My trust in him was misplaced. 나는 그를 잘못 믿었다.

replace 대체하다
replace A by[with] B = substitute B for A

displace 바꾸어 놓다, 치환하다

moral/morale

moral 도덕적인

morale [məræl] 사기
The soldiers are suffering from low morale.

mumble/murmur

mumble 기도, 중얼거리다 (= speak unclearly)

murmur 중얼거리며 투덜대다 (= grumble)

oath/pledge/vow/swear

oath (법정) 선서
take an oath 법정에서 선서하다 **oath of office** 취임 선서

pledge (정치적) 공약
take a pledge (정치적) 맹세하다, 공약하다
pledge of allegiance 충성의 맹세, 국기에 대한 맹세

vow (의식) 엄숙히 맹세하다, (종교 의식) 서약하다
vow of celibacy (신부나 수녀) 독신으로 살겠다는 서약
vow to take revenge (강한 표현) 죽음을 각오하는 마음으로 다짐하다

swear 맹세하다 (일반적인 표현)
I swear! 맹세한다구!

object/objective

object 목적 (= purpose)
He had no object in life.

objective (활동, 과정의) 목표
course objectives 교과 목표

objectionable/objective

objective 객관적인 [반] **subjective** 주관적인

objectionable 반대할 만한, 못마땅한, 기분을 상하게 하는

odd/odds

odd ① 홀수의
odd number 홀수 [반] **even number** 짝수
② …여(餘)의, … 남짓의
300-odd people 300여명의 사람들

odds ① 승산
The odds against the team are high. 그 팀을 이길 승산이 높다.
[반] poor/bad/low **cf.** *The chances for the team are good[great].*
[반] small/slim
② 불화
be at odds with …와 사이가 좋지 않다

offend/defend

offend 성나게 하다, 범법하다 ('공격하다'의 뜻은 없음)

defend 방어하다 반attack 공격하다

offense/offensive/defense/defensive

offense 무례, 범법, 공격
offensive 불쾌한, 법을 어기는, 공격적인

defense 방어
defensive 방어하는

oil/fat

oil 액체 기름

fat (고형분) 지방, 뚱뚱한 사람의 살

open/close

open 형 열려 있는, 영업을 하는 동 be open 열리다
How late are you open? 몇 시까지 영업합니까?
Banks are open between 9:30 a.m. and 4:30 p.m. on weekdays.
(Banks are opened... (×) be opened는 '영업하다'의 의미가 아니다.)
The safe was opened by a burglar. 강도에 의해 금고가 열렸다.

close 동 [klouz] 닫다 형 [klous] 가까운
The restaurant is closed now. 영업이 끝났다.

parole/probation

parole [pəróul] 가석방 (형기 종료 전에 출소)
out on parole

probation ① 집행유예 (집행을 유예하고 구속하지 않는)
② (미) (낙제, 처벌된 학생의) 가급제(假及第) 기간

paycheck/salary/wage

paycheck 봉급 지불 수표/명세서

salary 봉급 (일반적으로, 월급)

wage 임금 (정신노동보다 육체노동에 대한 시간급, 주급 등을 의미하기도 함), 급여
wage cut 임금 삭감 wage freeze 임금 동결 wage hike 임금 인상

politician/statesman

politician (다소 부정적인 의미가 내포된) 정치가
a politician good at wheeling and dealing 권모술수에 능한 정치가

statesman	(긍정적인 의미가 내포된) 정치가
	a statesman known for his integrity 성실함으로 알려진 정치가

popular/common

popular	① 유행하는, 대중의 (호감의 뜻 내포)
	a popular vote 대중의 투표 (미) (대통령 후보의 선출처럼 일정 자격이 있는 선거인이 하는) 일반 투표
	② 누구에게 인기 있는
	The singer is popular among[with] young girls. (popular to라고 하지 않음)
common	일반적인
	common sense 상식 common[ordinary/average] people 일반인
	AIDS is more common in Africa than in Europe. (popular를 쓰지 않음)

price/cost

price	가격
cost	원가

probably/perhaps/maybe/possibly/conceivably

모두 '아마도'의 뜻으로 가능성의 정도를 나타내면 다음과 같다.

강　← probably > perhaps/maybe > possibly > conceivably →　약

proceed/proceeds/proceedings

proceed	나아가다
proceeds	(자선바자에서 벌어 들인) 수입, 매상고, 수익금 (항상 복수)
proceedings	학술 발표회의 프로그램 책자 (발표 내용 포함)

pushy/bossy

pushy	이래라 저래라 하는
	Don't be so pushy.
bossy	두목 행세하는, 으스대는

rear/posterior/buttocks/hip

rear/posterior	엉덩이, 둔부 (점잖은 표현)
buttocks	엉덩이 살 부분 (일반적인 표현. 줄임말은 butt)
hip	엉덩이 윗부분

red tape/bureaucracy

red tape	비효율적인 관료주의 행정 (무관사)
bureaucracy	[bjuərάkrəsi] 관료주의

regrettable/regretful

regrettable 후회할 만한
cf. deplorable (= lamentable) 개탄할 만한

regretful 후회하는

rent/fee/fare/rate/due

rent 임대료

fee 수수료
doctor's fee 진찰비 parking fee 주차비

fare 교통 요금, 운송료

rate 공공 요금
utility rates 전기, 수도, 가스 요금 room rates 숙박 요금

due 회비
membership dues (회원으로서의) 회비

reservation/reservations

make a reservation for ···을 예약하다

without reservation 주저없이

have reservations about ···을 유보하다
I have some reservations about the truth of these claims.
(= I find it hard to believe them.)

respect/admire

respect ① 존경하다 respect the old
② 존중하다 respect your opinion

admire 탄복하다, 존경스러워하다
I admire you! 대단하십니다, 존경스럽습니다.
(= I'm impressed.)

respectable/respectful/respective

respectable 존경받을 만한
cf. a respectable income 상당한 수입

respectful 존경하는
be respectful to[toward] ···을 존경하다 be respectful of tradition 전통을 존중하다

respective	각각의
	cf. *respectively* 각각

resume/resume

resume	재개하다 _명 resumption
résumé	[rézumèi] 이력서
	cf. *biodata* 자기소개서　*curriculum vita(e)* (= CV) 전문적 목적의 이력서

rise/hike/soar/skyrocket

rise	(vi) (일반적) 올라가다
	cf. *raise (vt)* 올리다, 인상
soar	치솟다 (= hike)
skyrocket	(하늘 높은 줄 모르고) 천정부지로 치솟다

rubbish/trash/garbage/litter/refuse

rubbish(영식), **trash/garbage** (미식) 쓰레기, 말도 안 되는 이야기 (= nonsense)	
litter	길에 함부로 버린 쓰레기
refuse	[réfjuːs] (추상적, 종합적) 쓰레기

saying/what... say

saying	옛말 (= an old saying), 속담, 격언
	I don't understand his saying. (×)
	→ I don't understand what he's saying. (○)

schedule/plans

schedule	일정, 진행 순서
	Do you have a schedule in the afternoon? (×)
	→ Do you have a busy schedule in the afternoon? (○)
plan	계획
	Do you have any plans for this evening?

security/stock

security	보안
	Security Council UN 안전보장 이사회
	cf. *securities (= stocks and bonds)* 주식과 채권
	ABC Securities Corp. ABC 증권회사 (채권도 처리하는 회사)
stock	주식
	stock market 주식시장

see/look at/watch/gaze/glimpse/stare/glare

see (눈에 들어오는 수동적인 행위) 보다
I saw a beautiful bird flying in the woods.

look at (일반적인 보는 행위) 보다
I looked at a beautiful bird sitting on a branch.

watch (자세히 관찰하는 행위) 보다
I watched the beautiful bird in a cage.

gaze 물끄러미 보다
gaze at

glimpse 한 번 힐끗 보다
catch a glimpse of

stare 응시하다
Why are you staring at him?

glare 노려보다
He's glaring at his opponent.

sensible/sensitive/sensual/sensuous

sensible 현명한
It was sensible of you to bring your umbrella.

sensitive ① 민감한, 예민한
a sensitive issue 민감한 문제
Don't be so sensitive. I wasn't criticizing you.
Don't mention that he's put on weight. He's very sensitive about it.
② 상냥한 (= considerate 긍정적 표현)
He's very sensitive to his students' need for encouragement.

sensual 관능적인
sensual lips   a sensual woman

sensuous 쾌락적인
sensuous music

shoes/sneakers/boots

shoes 신발 (보통 구두를 의미)

sneakers (고무 밑창인) 운동화 图 sneak 몰래 다니다
cf. *sneak[run] around with* …와 바람피우다

boots 장화
cf. *boot camp* 신병 훈련소

sign/autograph

sign 공식적인 사인을 하다
명 signature   Please sign your name here.

autograph (유명 인사의) 자필 서명

sleep/slumber

sleep (일반적인 표현) 잠, 자다

slumber (문어체, 수사적 표현) 잠, 자다
slumber party 여자 친구들끼리 한 아이의 집에서 밤새 놀며 잠을 같이 자는 파티

slender/slim/thin/skinny

slender 날씬한 (= slim)

thin, skinny 바싹 여윈, 피골이 상접한 (건강하지 않다는 부정적 어감)

sofa/couch

sofa 높은 등과 팔걸이가 있는 거창하고 화려한 긴 의자

couch sofa보다 등이 낮고 팔걸이가 낮아서 누워서 잠을 잘 수 있는 긴 의자
(실제 회화에서는 일반 가정에 많은 평범한 소파를 sofa 또는 couch라고 부른다.)

spatial/spacious

spatial 우주의, 공간의
This part of the brain judges spatial relationships between objects.

spacious 공간이 넓은
a spacious office

spree/binge

spree [spri:] 야단법석, 마구잡이로 하기
(go on a) shooting spree 총기 난사(하다) (shooting binge라는 표현은 없다.)
(go on a) shopping spree 마구잡이 쇼핑

binge [bindʒ] 흥청망청하는 판, 주연, 과도한 열풍
go on a shopping/eating/drinking binge 마구 사다/먹다/마시다

square/circus/plaza

square 정사각형, 네모난 광장
the town square 마을 광장

circus 원형 광장
Piccadilly Circus London 번화가의 중심 광장

plaza (스페인어) 큰 광장 (미국 shopping mall보다 작은 상점가를 의미함)

stammer/stutter

stammer	당혹함 등의 격한 감정 때문에 말을 더듬다
stutter	습관적으로 말을 더듬다

steal/bargain

bargain	싸게 산 물건
steal	bargain보다 더 싸게 산 물건

successful/successive

successful	성공의 명 success
successive	연속적인 명 succession

take/catch/get in[on]/board/disembark

take	일정한 노선의 교통수단을 타다 take a bus[subway/train/plane]
catch	① 불러서 타야 하는 교통수단을 타다 catch a taxi[cab] ② 특정 시간에 특정 장소에 가는 교통수단을 타다
get in	소형차에 타다 Get in! (= Hop in!) 어서 타! cf. *hop on the bus/train/plane* 버스/기차/비행기에 오르다
get on	대형 교통수단 버스, 기차에 올라타다
board	(공식적, 안내방송에서) 탑승하다 Please board the plane.
disembark	(공식적, 안내방송에서) 내리다 Make sure you don't leave anything behind when you disembark.

talk/talks

talk	대화하다, 대화 Can I talk to you for a minute? talk sb into -ing 설득해서 …하도록 하다 have a talk with sb …와 대화하다
talks	(격식을 갖춘) 협상 peace talks ex. Peru's president said Sunday that preliminary **talks** between the government and leftist rebels holding 72 hostages could begin as soon as Tuesday. *(The Korea Herald Feb. 11 1997)*

tired/bushed/pooped/exhausted/weary/burned out/worn out/wiped out/down and out/fatigued

tired	(가장 일반적 표현) 피곤한
bushed/pooped	(속어) 피곤한
exhausted	기진맥진한
weary	싫증이 나며 피곤한
burned out	정력이 다 소진되어 지친 (특히 젊은이들이 파티에서 실컷 놀고 난 후에 하는 말)
worn out	탈진 상태의 지친
wiped out	(속어) 기진맥진한, 녹초가 된
down and out	좌절감+힘듦
fatigued	과로로 인해 지친

trip/travel/tour/voyage/cruise

trip (다소 짧은) 여행
take a trip to Italy   go on a trip

travel ① (특히 먼 곳이나 외국을) 여행하다
travel abroad 해외로 여행하다 travel to Italy
How was your travel?(×)   I went on a travel. (×)
② 빛, 소리가 전도되다
Light travels much faster than sound.

tour 관광, (관광의 의미가 강한) 여행
cf. tourist 관광객 *tourism* 관광

voyage (긴 여정의 바다나 우주) 항해
Life can be compared to a voyage.

cruise (관광) 항해

used to/be used to

used to+동사원형 과거의 습관
I used to stay up late at night.

be used to+명사 (= be accustomed to)
I'm not used to staying up late.

vocabulary/word/alphabet/letter

vocabulary (= a group of words) (집합명사) 어휘

alphabet (= the group of letters used in writing a language) (집합명사) 알파벳
ref. words, letters 보통명사 vocabularies나 alphabets처럼 복수형으로 표현하면 틀린다.

wallet/purse/handbag/pocketbook/shoulderbag

wallet	(남성) 돈지갑
handbag(영)/**purse**(미)	
	여성용 돈지갑과 작은 물건을 집어 넣기 위한 핸드백
pocketbook(미)	여성용 핸드백(old-fashioned 표현)
shoulderbag	어깨에 메고 다닐 수 있는 가방

waterfall/cataract/cascade

waterfall	폭포 (가장 일반적으로 많이 쓰이는 단어로서 fall이라고도 함) Niagara Falls
cataract	큰 폭포
cascade	작은 폭포

whiskers/sideburns/m(o)ustache/beard/goatee

whiskers	귀에서 뺨에 걸쳐 나는 백인들에게 많은 수염 (Lincoln 대통령이 기른 수염으로 유명하다.) **ref.** 어떤 사전에 구레나룻이라고 설명되어 있는데 이는 틀린 표현이다. 귀 옆의 짧은 수염을 지칭하는 말이 구레나룻이며 sideburns라고 한다. whiskers는 고양이 같은 동물의 코와 입가에 난 수염도 의미한다. 뺨에 나는 것까지 beard라고 한다.
sideburns	귀 옆에 짧게 기른 수염으로 일명 구레나룻
mustache	콧수염
beard	턱수염
goatee	(염소 수염 같은) 턱 밑에 난 긴 수염

04 줄임말(Clipped Words)

실용주의를 표방하는 미국인 문화를 잘 반영해 주는 것이 영어 단어를 줄여서 말하는 언어습관이다. 일반 단어뿐만 아니라 고유명사까지도 줄여서 말하는 경향이 있다.

●●● 일반

다음 줄임말들은 의미를 기억 효과를 높이기 위해서 단어들이 많이 사용되는 유사한 상황별로 한 줄로 묶어서 제시한다.

❶ 학교

- dorm ▶ dormitory
- gym ▶ gymnasium
- undergraduate ▶ undergrad 학부(생)
- prom ▶ promenade 고등학교 졸업 파티
- lab ▶ laboratory
- exam ▶ examination
- co-ed ▶ co-educational 남녀공학
- stats ▶ statistics

❷ 의료

- doc ▶ doctor
- flu ▶ influenza
- vet ▶ veterinarian/veteran
- med student ▶ medical student

❸ 사람

sub ▶ submarine/substitute
　　　대리자; 대신하다

champ ▶ champion

ex-con ▶ ex-convict

fan ▶ fanatic

pro ▶ professional

veep ▶ vice-president

ex ▶ ex-wife/ex-husband

hon ▶ honey　bro ▶ brother　sis ▶ sister

❹ 사업

biz ▶ business

Inc. ▶ Incorporated

promo ▶ promotion

Corp. ▶ Corporation

ad ▶ advertisement

spec ▶ specification 명세 (사항)

❺ 출판

paper ▶ newspaper

sci-fi ▶ science fiction

photo ▶ photograph

typo ▶ typographical error 인쇄 오류, 오타

pop ▶ popular

porn ▶ pornography

❻ 공고

info ▶ information

Q ▶ queue 줄서기 표시 팻말

❼ 방송

recap ▶ recapitulation

confab ▶ confabulation

❾ 집

pub ▶ public house (영) (= bar)

condo ▶ condominium

❿ 도구

fridge ▶ refrigerator

TV ▶ television

⓫ 교통

gas ▶ gasoline　bike ▶ bicycle　plane ▶ airplane　auto ▶ automobile

⓬ 음식/음료

coke ▶ Coca Cola/cocain

veggie ▶ vegetable

decaf ▶ decaffeinated 카페인 없는 커피

deli ▶ delicatessen

burger ▶ hamburger   BarBQ, BBQue ▶ barbeque

❸ 신체/의복

butt ▶ buttocks   tie ▶ necktie   bra ▶ brassier

⓮ 동물

rhino ▶ rhinoceros   chimp ▶ chimpanzee
hippo ▶ hippopotamus

⓯ 발음나는 대료 표기하는 속어표현(영화 자막이나 만화에서 많이 사용됨)

hi ▶ high	lo ▶ low	tho ▶ though
thru ▶ through	nite ▶ night	gonna ▶ going to
wanna ▶ want to	gotta ▶ (have) got to	useta ▶ used to
hafta ▶ have to	dunno ▶ don't know	gimme ▶ give me
lemme ▶ let me	whodunit ▶ Who's done it? 일반 명사화된 추리 소설	
lot o' ▶ lot of	See ya! ▶ See you!	Catch ya! ▶ Catch you!
Gotcha! ▶ Got you!	sorta/sorter ▶ sort of	

kinda/kinder ▶ kind of 말하자면, 좀, 약간   fella/feller ▶ feller = fellow

약어 Abbreviations

일상 영어에서 흔히 보게 되는 약어를 다음과 같이 제시한다. 원래 약어는 글자 뒤에 점(period)을 찍는 것이 원칙이지만, 요즈음은 보통 생략하는 경향이 강하다.

❶ 일상어

AD 기원후 (= Anno Domini)
cf. *BC* 기원전 (= Before Christ)

AI 인공지능 (= Artificial Intelligence)

AIDS 후천성 면역 결핍증
(= Acquired Immune Deficiency Syndrome) 이렇게 한 단어처럼 발음할 수 있는 약어를 acronym이라고 함

ASAP 가능한 한 빨리
(= As Soon As Possible) [eisæp]으로 읽음

AWOL 무단 탈영자
(= Absentee Without Leave)

B&B 숙식
(= Bed & Breakfast) (영국) 민박

CC 복사지, 꼭 닮은 사람[것]
(= Carbon Copy) He is a CC of his father. 아버지를 꼭 빼 닮았다.
ref. 공식 서신 좌측 하단에 'cc 사람이름'의 의미는 명시된 사람들에게 복사본을 보냈다는 의미임

CEO 대표이사
(= Chief Executive Officer)

CV 전문적 직종을 위한 이력서 (= Curriculum Vitae)
cf. *résumé* 일반적인 이력서 *biodata*(= biographical data) 자기소개서

DM 우편물을 통한 직접 선전 (= Direct Mail)

DUI 취중 운전
(= Driving Under the Influence (of intoxication))

EQ 감성 (지능) 지수
(= Emotional Intelligence Quotient) **cf.** *IQ*

FY 회계연도
(= Fiscal Year) 미국 정부 9월 30일, 영국 정부 3월 31일에 끝남

FYI 참고가 되시도록
(= For Your Information) '혹시 잘 모르시는 것 같은데 …'라는 의미의 표현

G.O.P. 미국 공화당의 별명 (= Grand Old Party)
ref. 참고로 영어 방송에서 국회의원이 나오면 소속과 이름이 caption으로 제시되는데 약어는 다음과 같다. Sen. 상원의원(= Senator) Rep. 하원의원(= Representative)
보통 이름 아래 줄에 나오는 출신 주 앞에 명시된 (R)은 Republican(공화당)을 의미하고 (D)는 Democrat(민주당)을 의미한다.
예 Sen. So-and-so (R) Illinois 일리노이 주 공화당 상원의원 모모씨

HIV	인체 면역결핍 바이러스, AIDS 바이러스 (= Human Immunodeficiency Virus)	
ID	card 신분증 (= Identification Card)	
IQ	지능지수 (= Intelligence Quotient)	
IOU	차용증 (= I Owe You.)	
KIA	전사자 (= Killed In Action) 한 글자씩 [kei ai ei]로 발음함	
MC	사회/진행자 (= Master of Ceremony)	
MIA	전투 중 행방불명자 (= Missing In Action) 한 글자씩 발음함	
NSF	결제할 자금 불충분 (= Not Sufficient Funds) 부도수표(dishonored check)에 찍히는 도장 내용	
OK	All Correct.의 발음상 약어라는 설이 있으나 확실치는 않음	
OTC	처방전 없이 살 수 있는 약 (= Over The Counter medication) 계산대 너머로 살 수 있는 약	
PD	프로그램 제작 담당자 (= Program Director/Producer)	
POW	전쟁 포로 (= Prisoner Of War) 한 글자씩 읽음	
PS	(편지) 추신 (= Post Script)	
QC	품질 관리 (= Quality Control) **cf.** *TQC (= Total Quality Control)*	
RA	연구 조교 (= Research Assitant)	
RAM	읽고 쓸 수 있는 기억장치 (= Random Access Memory)	
ROM	읽을 수만 있는 기억장치 (= Read Only Memory) **cf.** *CD-ROM (= Compact Disk ROM)*	
R&D	연구 개발 (= Research and Development)	
RSVP	초대에 응할 수 있는지 연락 바람. (불어: Repondez S' il Vous Plait. = Respond Please.)	
RV	휴가에 사용하는 침실 및 부엌 등이 장착된 대형 차량 (= Recreational Vehicle)	
SOS	응급 구조 요청 (= Save Our Ship)	
STD	성병 (= Sexually Transmitted Disease) VD(= Venereal Disease)보다 더 일반적 표현이다.	

TA	강의 조교 (= Teaching Assistant)
TBA	추후 공표 (= To Be Announced)
TGIF	금요일이 되어서 좋다. (= Thank God[Goodness/Gosh/Golly] It's Friday)
3R's	초등교육에서 익혀야 할 세가지 기술: 읽기, 쓰기, 산수 (= Reading, Writing and Arithmetic)
UFO	미확인 비행물체 (= Unidentified Flying Object) flying saucer 비행접시
VIP	주요 인사 (= Very Important Person)
WASP	백인 개신교 (= White Anglo-Saxon Protestant) 미국 문화의 주류를 이끈다는 계층
WC	Water Closet(영) 이 표현은 현대 영어에서는 안 쓰임

❷ 국제 기구

G7	선진 7개국 (= Conference of Ministers of Group Seven)
IOC	국제 올림픽 위원회 (= International Olympic Committee)
ILO	국제 노동 기구 (= International Labor Organization)
IMF	국제 통화 기금 (= International Monetary Fund)
NAFTA	북미 자유 무역 협약 (= North American Free Trade Agreement)
NATO	북대서양 조약 기구 (= North Atlantic Treaty Organization)
OECD	경제 협력 개발 기구 (= Organization for Economic Cooperation and Development)
OPEC	석유 수출국 기구 (= Organization of Petroleum Exporting Countries)
UN	국제연합 (= United Nations)
UR	자유무역을 위한 국제회의 (= Uruguay Round)
GR	환경보호를 위한 국제회의 (= Green Round)
BR	노동보호를 위한 국제회의 (= Blue Round)

WTO 세계 무역 기구
(= World Trade Organization)

❸ 기관/지명

AFKN	American Forces Korea Network 한국 주둔 미군들의 한국 방송
FBI	Federal Bureau of Investigation
CIA	Central Intelligence Agency
IRS	Internal Revenue Service 관세청
USA	United States of America
Washington D.C	Washington District of Columbia
YMCA	Young Men's Christian Association
YWCA	Young Women's Christian Association

고유명사

다음과 같은 예에서 볼 수 있듯이 이름까지 줄여서 말한다.

❶ 남

Andrew	▶ Andy
Charles	▶ Charlie, Chuck
Christopher	▶ Chris
Edward	▶ Ed, Eddy [i]발음이 들어가는 이름이 더 강한 느낌의 애칭
James	▶ Jim, Jimmy
Jackson	▶ Jack
Thomas	▶ Tom, Tommy
Richard	▶ Rick, Ricky
Robert	▶ Bob, Bobby, Rob
William	▶ Bill, Billy, Willy

❷ 여

Allison	▶ Al, Alli
Elizabeth	▶ Liz, Betty, Beth

Jennifer	▶	Jen, Jenny
Katherine	▶	Kathy, Kay, Kate
Susan	▶	Susie, Sue
Victoria	▶	Vicky, Vic

•••합성어

biodata	▶	biographical data 자서전적인 자료, 자기소개서
brunch	▶	breakfast + lunch 아침 겸 점심
gasohol	▶	gasoline + alcohol 가소홀 (알코올을 넣은 휘발유 대체 연료)
infomercials	▶	information + commercials 순수 광고만을 위해서 제작된 TV 프로그램
internet	▶	international + network 인터넷
modem	▶	modulator + demodulator 컴퓨터 모뎀
motel	▶	motorist + hotel 모텔
netizen	▶	(inter) net + citizen 인터넷을 사용하는 사람들
netiquette	▶	(inter) net + etiquette 인터넷상에서의 예절
sitcom	▶	situation + comedy 시트콤, TV 단막 희극
smog	▶	smoke + fog 스모그, 연무
	▶	work + alcoholic 일에 미친 사람
		cf. *officetel, resortel, remocon* 등은 일본식 영어 표현임

05 잘못 쓰이고 있는 외래어 (Broken English Borrowings)

다음은 우리가 틀리게 사용하는 외래어들로서 회화에서 오해의 소지가 높으므로 정확한 뜻과 표현을 잘 숙지하여야 한다.

•••일/거래

after service 애프터 서비스	▶	warranty/after-sales service, customer service
a.m. 9 - p.m. 5	▶	9 a.m. - 5 p.m. 오전, 오후는 항상 시간 다음에 쓴다.
Arbeit (독일어) 일	▶	part-time job 시간제 일

bargain sale 바겐세일	▶	a sale It's a bargain. 싸게 산 물건이다.

ref. 미국에는 sale 앞에 시기에 알맞는 이름을 붙여서... sale이라고 함.
Christmas/Boxing Day/Thanksgiving Day/Back-to-School sale 크리스마스/크리스마스 다음 날/추수감사절/개학 기념 세일

eye shopping	▶	window shopping
circle 대학생 서클	▶	club
circle activities	▶	club activities academic circle(학계), political circle(정계) 등에서처럼 계(界)를 의미하는 circle을 잘못 사용한 표현
cunning 교활한	▶	cheating 부정 행위
apart 아파트	▶	apartment 임대 아파트 condominium 고급 분양 아파트 apartment building 아파트 건물
villa 빌라	▶	tenement 저층 임대 아파트 (villa는 '별장'을 의미함)
super 수퍼	▶	supermarket
sign 해 주세요	▶	May I have your autograph? sign은 공식적인 서명을 의미하며, 유명인이 fan들에게 사인해 주는 것은 autograph라고 함. Please sign your name here.는 서류에 서명을 부탁하는 말이다.

파마	▶	permanent의 줄임말은 perm. Could I get a perm/trim? 파마해 주시겠어요?/머리를 좀 쳐주시겠어요?
도찌볼(피구)	▶	dodgeball (dodge 피하다)
classic 클래식 음악	▶	classical music
snack corner 스낵 코너	▶	snack bar

•••일상용품/도구

ball-pen	▶ ball-point pen
본드	▶ glue (sniff glue 본드를 흡입하다)
크레파스/크레용	▶ crayon
sharp pencil 샤프 (회사이름)	▶ mechanical pencil
호치키스 (회사이름)	▶ stapler (staple 알)
flash	▶ flashlight 손전등
mixer	▶ blender (mixer 밀가루 혼합 반죽기)
펜치	▶ pliers
전기 콘센트	▶ outlet/(wall) socket

cf. 플러그는 영어에서도 *plug*임. *Plug it in.* 플러그를 꽂아라. *Unplug it.* 플러그를 빼라. (*Put it out.*(×)이란 표현은 없음.)

VTR (Video Tape Recorder)	▶ VCR (Video Cassette Recorder) (VTR은 reel tape을 사용하는 기계임)
hand phone	▶ cellular/mobile phone
BB 삐삐	▶ beeper/pager (beep은 '삐--' 하는 신호음의 의성어)
Sand Watch 모래시계	▶ hourglass
cup/glass	▶ cup은 뜨거운 음료를 담는 용기 (glass는 찬 음료를 담는 용기)
vinyl bag	▶ plastic bag 비닐봉지 (vinyl은 온실에서 사용하는 두꺼운 수지)
신나 (페인트 용제)	▶ thinner 희석제/액
beach parasol	▶ (beach) umbrella (parasol은 여자용 양산)
demo (데모)	▶ demonstration (미국영어에서 '보여 준다'는 뜻으로 demo를 써서 program demo라고는 함)
placard (프랭카드란 말은 없음)	▶ banner 현수막
picket	▶ placard 시위대 피켓/게시판 (picket은 '시위대원/시위하다')

•••의류/신발

자크	▶ zipper
콤비	▶ jacket 양복 상의, 윗저고리
pants (속옷의 의미로)	▶ underwear 내의 pants (미) 바지 여성 panties, underpants, briets 삼각 남성 (jockey) shorts 삼각형 boxer shorts 권투선수가 입는 것 같은 짧은 원통형

런닝구	▶ undershirt, T-shirt (미국인들은 보통 undershirt를 입지 않음)
셔츠 (shirts)	▶ a shirt 셔츠 (하나일 때는 단수로 표시함)
Y셔츠	▶ (dress) shirt (아마도 white shirt를 Y shirt로 잘못 들은 듯함)
노슬리브	▶ sleeveless
깁스/기브스	▶ plaster cast
free 사이즈	▶ one size (fits all)
원피스 (one piece) / 투피스 (two piece)	▶ dress / skirt and blouse
blue color (푸른색)	▶ color blue (색을 나타낼 때는 'color+색상 이름' 으로 표현한다.)

●●● 음식

cider (사과즙; nectar 넥타 (진한 과즙 의 일종))	▶ soda pop/seven-up 보통 '사이다' 라고 부르는 탄산음료
pine juice	▶ pineapple juice (pine은 소나무, pine apple은 파인애플)
코코아	▶ cocoa [kóukou] cf. coco [kóukou] 야자 열매
sauce 양념	▶ dressing (salad와 함께 먹는 Thousand Island 등의 소스)
오바이트	▶ vomit/ throw up 토하다
one shot	▶ bottoms up 술을 한번에 들이키다

●●● 자동차

오토바이 autobi	▶ motor cycle
handle	▶ (steering) wheel 운전대
펑크	▶ a flat tire 펑크난 타이어 punc는 puncture를 줄여서 하는 말 같은데 puncture는 동사로 '펑크를 내다' 이며 명사로는 '구멍, 상처, 펑크'의 물리적 현상을 의미하기 하지만 일반적으로 타이어에 펑크났다는 말은 반드시 I've got a flat.이라고 해야 그 의미가 통한다.
window wiper	▶ windshield wiper 앞유리 닦개
back mirror	▶ rear view mirror 후방 거울
klaxon (크락숀, 회사이름)	▶ horn 경적 장치 honk 경적을 울리다
마후라	▶ muffler
mission (미숑, 동력전달장치)	▶ transmission

•••구/절 표현

in my pocket	▶ pocket 착복하다 He pocketed part of the slush funds. 그는 비자금의 일부를 착복했다.
Fighting!	▶ Go for it! 잘 해 보세요! 잘 해 봐라!
Bye-bye!	▶ 어린아이들(또는 여성)의 작별 인사 (남자)어른들은 보통 Bye-bye! 라고 하지 않고 그냥 한 번만 Bye! 라고 하든지 See you! Take care! Take it easy! 등의 작별 인사 표현을 주로 쓴다.
Nice!	▶ 제안에 대해 '좋다!'고 동의할 때는 보통 Good idea! Great! Terrific!으로 표현함

American Culture | 의료 관련

▶▶▶ 약국(Drug Store)

감기 같은 가벼운 병에 대한 OTC약(Over-The-Counter Medicine)은 의사의 처방전(prescription) 없이 약국(drugstore)이나 수퍼마켓에서 구입할 수 있지만, 중한 병에 대한 약은 처방전 없이 구할 수 없다. 급한 경우에는 개인 주치의가 약국에 전화를 해주면 약을 구할 수 있다. 참고로, 미국의 약국에는 약과 함께 일반 잡화용품을 판매한다.

▶▶▶ 병원 진료

일반 병원 진료 시에는 예약이 반드시 필요하며, 거의 누구나가 개인 주치의(family doctor)의 진료를 받는다. 개인 주치의의 개인 병원(1차 진료 기관) 이상의 고급 진료시설이 필요할 때에는 주치의가 종합병원(2,3차 진료 기관)에 환자를 데리고 가서 계속 치료를 하기도 하거나, 종합병원에 상주하는 의사에게 진료를 의뢰한다. 즉, 지역에 따라 다르긴 하지만, 미국의 진료 체제는 보통 개인 의사가 개인 진료실(doctor's office)을 운영하며, 주위에 있는 종합병원과 계약을 맺고 중환자의 경우일 때에는 자신이 직접 치료하거나 종합병원에 상주하는 의사에게 의뢰하여 종합병원의 고급 시설을 활용한다.

SECTION 04 어휘편

03_ 관용 표현
Idiomatic Expressions

01 연어 (連語 : Collocation)

연어(Collocation)와 숙어(idiom)는 모두 관용적 표현이란 점에서는 같다. 그러나 collocation은 각 단어의 의미로 관용적인 표현의 뜻을 쉽게 유추할 수 있다. 예컨대 make friends는 make와 friends의 뜻만 알면 '친구를 사귀다'의 뜻이라고 유추할 수 있다. 그러나 put off는 put과 off의 의미를 알고 있어도 postpone의 뜻을 유추하기란 불가능하다. collocation도 보면 쉽게 이해할 수 있지만, 막상 말하려면 생각이 나지 않기 때문에 결국 숙어처럼 기어하는 것이 중요하다.

•••동사 + 명사

address the issue 문제/쟁점을 거론하다
administer first-aid 응급조치를 취하다
answer the phone/door 전화를 받다/(초인종 소리를 듣고) 문을 열어주다 (= get the phone/door)
apply ointment 연고를 바르다
attract[draw] sb's attention 주의를 끌다 **cf.** *give/pay sb attention* 눈길을 주다
attract tourists 관광객을 유치하다

bear fruit 과실을 맺다 **cf.** *fruitful* 결실을 맺는, 보람찬
bid farewell to …에게 작별 인사를 하다
bounce/dishonor a check 수표 부도 처리하다
break one's fast 금식을 깨다 (옛날에는 저녁식사부터 아침식사까지는 일종의 금식이었으므로 아침을 금식을 깨는 것으로 표현하여 breakfast라고 함)
break the silence 침묵을 깨다
bring[file] a suit against …에게 소송을 걸다
cast a vote 투표를 하다
catch cold 감기 걸리다
catch a glimpse of …을 한 번 힐끗 보다
catch a train[bus/plane] 기차[버스/비행기]를 타다

catch one's eyes 눈을 끌다

change the subject 말을 바꾸다
    cf. *bring up the subject* 말을 꺼내다 *Let's drop it.* 그 말 그만 둡시다.

conclude[sign] a contract 계약을 체결하다

contract disease[cancer/AIDS] 병[암/에이즈]에 걸리다

deliver[reach] a verdict (배심원) 판결을 내리다

draw[make out] a check/will 수표를 끊다[쓰다]/유언을 쓰다

draw a conclusion 결론에 도달하다

draw a curtain 커튼을 치다

draw an inference 유추하다

draw a line 선을 긋다, 한계를 긋다 It's hard to draw a line between arts and obscenity.

drive a nail 못을 박다

earn a degree 학위를 취득하다 (= receive a degree)

ease pain 고통을 덜어주다

eat soup 스프를 먹다 (drink soup이라고 하지 않음)

enjoy longevity 장수하다

entertain questions 질문에 응하다

exercise the right (to...) (…할) 권리를 행사하다

exercise caution 주의하다

exhaust all measures 모든 조치를 다 써보다 → 강구해보다
    cf. *an exhaustive list* 모든 것을 총 망라한 목록
    ex. *"We will **exhaust all** pacific **measures** so that the way out will not be using force."* said Peru's President. *(The Korea Herald Feb. 11 1997)*

file[place] an order 주문을 하다

fill an order[prescription] 주문을 받다, 처방전에 맞추어 조제하다

follow suit 전철을 밟다, 전례를 따르다

forge a relationship/unity/alliance 관계를 구축하다, 연대/동맹을 형성하다

form/organize a committee 위원회를 구성하다

formulate a hypothesis 가설을 수립하다

gain[put on] weight 살찌다 [반] **lose weight** 살 빼다

give an answer/a reply 대답하다

give an example 예를 들다 **cf.** *take sth for example* …를 예로 들어보다

give[lend] a help to …를 도와주다

give a ride[lift] to …에게 차를 태워주다

give a test 시험을 치르게 하다
    cf. *take a test* 시험을 치르다

give thanks[praise/offense] 감사하다/칭송하다/기분을 상하게 하다
    cf. *Thanks-giving Day* 추수감사절

handle finances 살림[재정] 문제를 다루다

hold one's breath 숨을 죽이다

hold a meeting[conference] 회의를 열다

host the Olympic Games in 1988 1988년 올림픽을 개최하다

identify the problem 문제를 찾아내다

impose a ban/curfew 규제/통행금지를 시행하다 반 **lift a ban**

invade privacy 사생활을 침범하다

issue a statement/communique 성명을 발표하다

keep it a secret 비밀로 지키다

keep one's word[a promise] 자신의 말[약속]을 지키다 반 **break one's word[a promise]**

keep a diary 일기를 습관적으로 쓰다 (일회적인 일은 write a diary)

launch an attack[a project] 공격[프로젝트]을 개시하다

lift a ban 규제를 풀다

make a bed 침구를 정돈하다

make a fuss[noise] 소란을 피우다, 시끄럽게 하다

make friends 친구를 사귀다

make fun[a fool] of …를 우스꽝스럽게 만들다 Don't make a fool of yourself.

make love to sb …와 (육체적으로) 사랑하다

make money[a profit/a fortune/megabucks/a killing] 돈을 벌다/이익을 얻다/떼돈을 벌다

make way 길을 만들다, 길을 비켜주다

meet[satisfy/fulfill] the demand[need/expectation/deadline] 요구[필요/기대]를 충족시키다[마감일을 맞추다]

merit[deserve] one's attention 주의를 기울일 만하다

    ex. *Talking openly about problems is not in North Korea's character. Neither is appealing for foreign assistance. So when the proudly self-reliant hermit state admits that its 23 million people are suffering "temporary food problems" and asks for help, it* **merits attention**. *(Time Feb. 17 1997)*

✦ **동일한 지칭 referent 다양하게 묘사하기** 앞의 ex.에서 the proudly self-reliant hermit state (hermit 은둔자)는 북한을 의미하는데 (hermit kingdom : 한국의 별명에서 유래함), 여기에서 hermit의 뜻이나 hermit kingdom을 모른다면 이해하기 어려운 표현이다. 더욱이 그 표현이 의미하는 바를 행간을 잘 읽어서(read between the lines) 추론하지 않으면 지칭하는 것이 무엇인지 이해하기 어렵다. the … state를 간단히 North Korea라고 지칭하면 매우 쉽겠지만 문어체의 고급 영어에서는 그렇게 단순하게 표현하지 않는다. 즉, 같은 표현을 계속 사용하여 지루한 느낌을 주는 것을 매우 꺼리며 다양하게 표현함으로써 보다 정확한 묘사와 아울러 언어의 맛과 멋을 내는 것을 매우 중요한 표현력으로 간주한다. Time같은 고급 시사영어에는 이렇게 다양한 수식어로 지칭 (reference)을 다양하게 묘사하기 때문에 이런 동의표현(paraphrasing)에 익숙하지 않으면 고급 시사 영어를 정복하기 어렵다. 따라서 표현력을 부단히 늘림과 동시에 동일한 지칭을 다양하게 묘사하는 고급 영어의 표현 기법에 익숙하도록 살아 있는 고급 영어를 많이 접하기 위해 신문과 잡지를 꾸준히 읽어야 한다.

pass judgment[sentence] 판단을[언도를] 내리다
pay the price 희생을 치르다, 가격/희생을 지불하다
play a part[role] 역할을 하다
pool money[power/wisdom] 돈[권력/지혜]를 모으다
pull the trigger 방아쇠를 당기다
pose a problem 문제를 제기하다 (= raise a question)
practice law[medicine] 변호사 개업하다[개인병원 개업하다]
　cf. *practitioner*　개업의
pull[play] a trick on …에게 장난을 치다

raise a question[issue] 문제를 제기하다 (= moot a question (영))
raise fund 기금을 모으다, 모금하다 **cf.** *a fund-raising party* 모금 파티
reach a conclusion[an agreement/a compromise] 결론을 도출하다[의견의 일치를 보다/타협을 하다/협상타결을 보다]
run[take] the risk 위험을 무릅쓰다

seek membership[professional help] 회원가입을 신청하다/전문적인 도움을 구하다
set a date for the wedding 결혼 날짜를 잡다
set the alarm clock 자명종 시계를 맞추다
set the record 기록을 세우다
shed tears[leaves/blood/light] 눈물 흘리다/(나무가) 낙엽을 떨어뜨리다/피를 흘리다/빛을 발하다
sign a pact[treaty] 조약을 체결하다
stage a demonstation[protest] 데모[항의 시위]하다 **stage a sit-in strike[walkout]** 연좌 데모[파업]하다
stifle one's creativity 창의성을 말살시키다, 질식시키다
strike a balance between A and B A와 B사이의 균형을 맞추다

take action[steps/measures] 조치를 취하다

take advice[precautions] 충고를 듣다/조심하다

take[offer/audit/drop/add] a course 과목을 수강하다/설강하다/청강하다/수강 취소하다/추가하다

take a picture[photograph] 사진을 찍다

take a walk[stroll] 산보하다

take back one's promise 약속을 취소하다
  cf. *make a[one's] promise* 약속을 하다
  keep[break] a[one's] promise 약속을 지키다[어기다]

take chances 모험을 하다 I don't want to take any chances.

take medicine 약을 먹다

take revenge 복수하다

throw[give/have] a party 파티를 열다/잔치를 베풀다 (회의를 개최하다(hold a meeting)에서처럼 hold a party라고는 하지 않음)

try one's patience 인내심을 시험하다
  Are you trying my patience? (= Are you trying to make me lose my patience?)

wage war 전쟁을 하다

watch one's weight 체중 조절하다

watch one's step 발조심하다

watch one's language[words/mouth] 말조심하다

wear clothes[glasses/shoes/a hat/a wig/a long beard/a long hair/a bright smile/a sad look/perfume] (상태 의미) 옷을 입다/안경을 쓰다/신발을 신다/모자를 쓰다/가발을 쓰다/수염[머리]을 길게 기르다/밝게 미소를 짓다/슬픈 표정을 짓다/향수를 뿌리다

weigh the consequences 결과를 신중히 고려하다

win a game/a prize/a victory/an election/a war/one's heart[love/favor/a congress seat] 경기에서 이기다/상을 타다/승리를 얻다/선거에서 승리하다/전쟁에서 이기다/…의 마음을 사로잡다/사랑을 차지하다/동의를 얻다/국회의원 지위를 얻다

work out a solution 해결책을 강구하다

wring one's neck 목을 비틀어 버리다

•••형용사/명사 + 명사

a(n) affordable[reasonable/prohibitive] price 저렴한[적당한/엄두가 나지 않는] 가격

in big[deep] trouble 큰 문제에 빠진 You're in deep trouble. 너 큰일 났다.

a big day 중요한 날 (주로 결혼식을 의미함) When's the big day? 결혼식이 언제야?

a blank check 백지수표

a close call[shave] 위기 일발, 일촉 즉발

common[good] sense 상식, 양식(良識)

downright lie 새빨간 거짓말 (= outright lie)

drastic[dramatic] changes/measures 급격한 변화/조치

an exhaustive list 총 망라한 목록

extensive reading 다독 **cf.** *intensive reading* 정독

a(n) extreme[fierce] competition 극심한[치열한] 경쟁

> **ex.** There are a large number of parents who want to send their children to foreign schools because of ever-increasing educational expenses and pressure their children feel as a result of **extreme competition** at domestic schools. *(The Korea Herald Feb. 10 1997)*

a final touch 마지막 손질

firm belief[conviction] 강한 믿음[신념]

firm reality 엄연한 현실

a fixed price 정찰제

a foregone conclusion 뻔한 결과

a full understanding 완전한 이해

a golden rule 황금률   Do to others as you would have them do to you.

heavy traffic[rain/snow] 교통 체증/호우/폭설

비가 억수로 온다는 It's pouring heavily.라고 하며 실제로 It's raining cats and dogs.라는 표현은 잘 쓰지 않음

historical account of …의 역사적 고찰

a hung jury 판결을 내리지 못하는 배심원

> **ex.** It is possible, in other words, that the jury may have indicated to U.S. District Judge John Davies that its members are unable to reach a verdict, that is to say, it could be **a hung jury**. *(ABC News Nightline)*

implicit faith 맹목적 신앙

the inner circle 내원, 핵심 세력, 권력 중우부의 측근 그룹 **cf.** *outer circle* 외원

an intensive program 집중적인 훈련 프로그램

keen interest 첨예한 관심

a long face 시무룩한/짜증난 얼굴 Why the long face? 왜 그리 시무룩해?

majestic view 웅장한 모습

morning sickness 입덧

naked eyes 육안(肉眼)

a natural disaster[enemy] 천재지변/천적

natural resources 천연자원 **cf.** *human resources* 인적자원

a nuclear family 핵가족 반 **an extended family** 대가족

an open question 미결의 문제

outer space 외계(外界)

a perfect stranger 완전히 낯선 사람

plain Engish 쉬운 영어, 평범한 영어

a popular vote 대중의 투표(의미가 통하지 않는 '인기있는 투표'의 뜻이 아님), (미) (대통령 후보의 선출처럼 일정 자격이 있는 선거인이 하는) 일반 투표

a prestigious school[college] 명문학교[대학] **cf.** *prestige* 품격

a quick question[drink/learner] 간단한 질문/잠깐 하는 한잔/빨리 배우는 학습자

real estate 부동산 **cf.** *personal estate* 동산

the sheer immensity[amount] of 정말 엄청난 양[정도]

a shrewd businessman 약삭빠른 사업가 **cf.** *an unscrupulous businessman* 파렴치한 사업가

a small world 좁은 세상 **It's a small world.** 세상 참 좁다. (It's a narrow world.라고 하지 않음)

one's sincere[profound] gratitude[appreciation] 심심한 사의

side effects 부작용 (= ill/adverse effects)

social[educational/political] reform 사회[교육/정치] 개혁

solid evidence 확실한 증거, 구체적 증거

a sore throat[point] 목이 따가운 통증[아픈 점]

split screen 나눠진 화면 **cf.** *split second* 눈 깜짝할 사이

strenuous exercise[workout] 심한 운동

strong coffee[alcohol] 진한 커피[독주] 반 **weak coffee/alcohol**

a thorny issue 매우 까다로운 문제/쟁점

a total failure[fiasco] 완전한 실패

a tourist attraction 유명 관광지

unwanted weight 원치 않는 체중, 군살

an upset stomach (먹은 게) 체한 위, 체기

a weak point 약점 반 **a strong point** 강점
  cf. *weaknesses = limitations = drawbacks*

a wide variety[range] of 아주 다양한 (= an array of)

wild life 야생 생물

wishful thinking 희망사항
  Their hopes of a peace settlement are nothing more than wishful thinking.

•••부사 + 형용사/분사

awfully[terribly/deeply/really/truly] sorry 너무나도 미안한   I'm awfully[terribly] sorry.

desperately[badly] in need of …이 절실히 필요한   I'm desperately in need of money.

deeply concerned 심각하게 고민하는

openly hostile 노골적으로 적대적인

readily available 손쉽게 얻을 수 있는

sexually explicit 성적으로 노골적인, 선정적인

theoretically sound 이론적 근거가 확실한

absolutely[perfectly/incredibly/extremely] + 형용사 (강한 수식어) 완전히/ 믿겨지지 않을 정도로/ 극단적으로/예외적으로 …한
  absolutely true   perfectly correct   incredibly fast   extremely cold
  I'm absolutely positive. 완벽하게 긍정적이다. →정말 그렇다고 생각한다.
  The whiz kid's incredibly brilliant. 그 신동은 믿겨지지 않을 정도로 명석하다.
  The math problem is extremely difficult. 그 수학 문제는 극단적으로[무척] 어렵다.

exceptionally[unusally] + 형용사 예외적으로[유난히] …한
  an exceptionally bright student It's been unusually warm these days.

commonly[frequently/빈도부사] + **used[discussed/raised]** + 명사 (사용 빈도 높은 구문임)
  This is a commonly used expression. 이것은 일반적으로 사용되는 표현이다.
  This is a frequently asked question. 이것은 사람들이 자주 묻는 질문이다.

•••동사 + 부사

deeply (= profoundly) (문어체) 감정을 수식함
  She is deeply hurt/ troubled by... 그녀는 …으로 심한 마음의 상처를 받았다

strongly/firmly 신념을 수식함
  I strongly recommend (that)... 강력히 추천한다
  I firmly believe (that)... 확고히 믿는다 (= It is my firm conviction that...)

sincerely 희망/소망을 수식함
  I sincerely hope that... 정말 …이기를 바란다
  cf. *I'd like to express[extend] my most sincere[warmest] gratitude.*

02 필수 숙어 (Idiomatic Expressions)

다음의 숙어 목록은 살아있는 말과 글 모두의 의사소통 능력 배양을 위해 가장 필수적이라고 생각되는 표현들을 모은 것으로서 완벽하게 자기 것으로 소화해 내길 바란다. 앞에서도 누차 강조한 바대로 기본 어휘만 공식처럼 외우지 말고 의미있는 단락/문장을 통해 표현을 익히는 것이 바람직하다. 예컨대 'familiar with + 사물, familiar to + 사람'처럼 외우면 시험 시간을 많이 주는 엉터리 문법[시간적인 제약을 극대화시킴으로서 학습된 언어학적 지식 learning(linguistic competence)을 억제시키고 자동적으로 사용할 수 있도록 습득된 의사소통 능력 acquisition(communicative competence)을 측정하는 속도화 시험이 바람직한 의사소통 능력 시험임]에서는 도움이 될지 모르지만 실제 회화할 때 도움이 전혀 안된다(Choi, 1994). 따라서 'familiar with + 사물, familiar to + 사람'이 들어있는 의미 있는 문장의 예, I'm familiar with this method. This method is not familiar to me.를 기억하는 것이 현명한 학습 방법이다.

abide by 지키다 (= observe = go by 회화에서는 go by를 자주 씀)
- You should abide/go by the traffic regulations.

account for
① 설명하다 (= explain)
- He is irresponsible that accounts for his failure.
② 비중을 차지하다
- The seas account for 70% of all the water on the earth.

ask for 요구하다
- ask sth of sb …을 …에게 묻다
- Let me ask him for permission.
- Can I ask a favor of you?

agree with + 사람 …와 의견이 같다

✚agree to/with + 사물/개념 …의 생각에 동의하다(실제로 agree to your idea보다 agree with your idea를 선호함)
- I'm afraid I don't agree with you.
- The food here does not agree with me. 여기 음식이 입에 맞지 않는다.

and so on 등등 (= and so forth = and the like = and what not = you name it = what have you)
- He raises dogs, cats, parrots, lizards, and so on.
  (raise (동물/가축) 등을 키우다 grow (식물을) 재배하다, (머리/수염 등을) 기르다)

apart from …은 별도로 (= aside from = outside of)
- Apart from the question of budget the plan is feasible. (feasible 실용성 있는 (= practicable))

✚apply for a job opening[position] 일자리에 응모하다
- apply to a company[college] 회사[학교]에 응시하다

apply A to B A를 B에 적용시키다
- A applies to B A가 B에 적용되다
- He applied for a job opening.
- She applied to ABC University. (apply for a school이란 표현은 틀린 것임)
- We can apply the principle to the current market.

as a matter of fact 사실상 (= in fact = the fact (of the matter) is... = the truth is...)
- As a matter of fact, I don't support his plan.

as usual 평소와 같이, 여느 때처럼
- As usual, he showed up late.
- Business as usual. 평소대로 영업합니다. (복잡한 사건이 있은 후에 다시 여느 때처럼 하던 일상으로 다시 돌아간다는 뜻으로 많이 사용되는 표현)

at hand 가까이 (= near = around the corner)
- Christmas is near at hand.

at (long) last 드디어 (= in the end = in the long run = finally = eventually)

at stake 위태로운 (= in danger[jeopardy])
- My investment is at stake. 내 투자가 위험한 상태이다.

at least 적어도 (빠른 발음에서는 at은 항상 약화되어 / [올리씨] / 처럼 들림)
- This brandnew machine will cost at least $1,000.

at (the) most 많아야 [반] at least 적어도
- I can give you $100 at most.

at once 곧 (= immediately)
- I want you to leave at once.

at random 무작위로
- It is hard to select good players at random.

attend on (= serve) (**cf.** attend to = be attentive to = pay attention to)
- The servant attended on his master.

be ahead of schedule 시간 계획보다 앞서다 [반] be behind schedule
- We're far ahead of[behind] schedule.

be badly off 경제적으로 어렵다 (= be worse off (than before))
- [반] be well off (= be better off (than before)) 유복하다

- The entrepreneur is badly[well] off now.

be about to + 동사원형 막 …할 순간이다
- The meeting is about to start. Please close the door.

be accustomed to …에 익숙하다 (= be used to)
- I'm still not accustomed to the foreign culture here.

be anxious about …에 대해 걱정하다

be anxious to + 동사원형 **/for** + 명사 몹시 …하고 싶어하다
- They are anxious about their child's safety.
- She is anxious to enter XYZ University.

be bound for …로 향하다

be bound to …하게 되어 있다

be crazy about …을 무척 좋아하다 (= be mad/nuts/wild about)
- They are crazy about the singer. 홀딱 반하다
  cf. *have a crush on* 홀딱 반하다 (= be infatuated with)

✚ **be designed to** + 동사**/for** + 명사 …을 할 목적이다 (= be intended to/for = be meant to/for)

be due to + 명사 …에 기인하다 (= be caused by)
be due to + 동사원형 …할 예정이다 (= be expected to)
be due at + 장소 …에 가봐야 한다
due to … 때문에 (= owing to)
- The forest fire was due to the hunter's carelessness.
- The plane is due to arrive at five p.m.
✚ - I'm due at my hairdresser's in half an hour. 30분 내에 미용사에게 가봐야 한다. (due 언제까지 제출 기간이거나 언제까지 약속 시간에 맞추어 어디 어디에 가봐야 한다고 할 때 빈도 높게 사용하는 표현)
- When's the paper due? 숙제 언제까지 내야 하니?
- The paper's due today. 숙제 오늘까지 내야 한다.
- overdue notice 미납 통지서
- Due to heavy snow, all schools will be closed down temporarily.

✚ **be good at** …을 잘하다
be poor at …을 못하다

be an expert at …을 매우 잘 한다(↔be poor at …을 못하다)
- be a beginner[novice] at... …에 초심자이다 (회화 필수 표현)
- He is good at math.

be exposed to …에 접하다, (감각기관을 통해) …을 경험하다 (p. 168 참조)

be[stand] in the one's way 방해하다
- Am I in your way? (공간적, 추상적 개념에 다 사용된다.)

✚**be in charge of** …을 책임지다 (= be responsible for)
- Who's in charge of this department? 누가 이 부서 책임자입니까?
  (부당한 서비스를 당할 때 Who's in charge? Let me talk to the manager.라고 하여 매우 요긴한 표현이다.)

be involved in (활동)에 관련하다, 참여하다 (p. 169 참조)
be involved wih (사람, 단체)와 관계하다

be known to/for/by …에 알려지다, …으로 유명하다, …으로 알 수 있다 (p. 168 참조)

be likely to + 동사원형 …하기 쉽다
- The weatherman said that it is likely to snow tonight.

be obliged to + 동사원형 …를 해야 한다 (= be forced to = be compelled to)
- The members are obliged to follow the guidelines.

✚**be short for** …을 줄인 것이다 (= stand for = represent)

   cf. *for short* 줄여서 ('~는 …을 줄인 말이다'의 의미를 나타내는 말은 여기에 나온 표현이 전부이다.)
- AIDS is short for Acquired Immune Deficiency Syndrome.
- AIDS stands for[represents] Acquired Immune Deficiency Syndrome.
- Acquired Immune Deficiency Syndrome is AIDS, for short.

be subject to (영향을) 받기 쉽다, …되기 쉽다
- The current price is subject to change without prior notice.
  사전 통지 없이 현재 가격이 바뀔 수 있다.

be up to
① 일을 궁리하다
- What are you up to? 무슨 일을 꾸미고 있니?
- What're you up to these days? 요즘 어떠니?

② …에게 달려있다
- It's up to you. 너에게 달려 있다.

belong to   …의 것이다
- This real estate belongs to my uncle. (real estate 부동산)
- I don't seem to belong here. 여기에 속한 것 같지 않다. → 여기에서 적응하지 못할 것 같다. (새로 온 사람 newcomer이 하는 말)

blow up   폭발하다 (= explode)
- The gas tank could blow up any minute.

break into   침입하다 (= intrude into)
- I saw somebody break into the bank last night.

break out   (전쟁이나 돌발 사고가) 발발하다
- The Gulf War broke out back in 1990.

✚ bring up
① 키우다 (= rear = foster) (grow up은 성장하다는 의미의 자동사이므로 be grown up이란 말은 없음)
- The foster child was brought up in a religious family. (foster child 양자)

② 말[화제]을 꺼내다
- Don't bring up the subject again. 그런 말을 다시 꺼내지 마세요.

burst into tears   울음을 터뜨리다
- burst into laughter 웃음을 터뜨리다 (구어체 break up)
- They burst into tears/laughter at the meeting.

by accident   우연히 (= by chance)
- They made such a great discovery by accident.

by and by   곧 (= soon)
- They will be able to learn how to use this machine by and by.

by and large   대개, 일반적으로 (= in general)
- By and large, the test fails to measure overall oral proficiency.

by way of   …을 경유해서 (= via)
- He came to Seoul by way of Tokyo.

call for   요구하다 (= demand)
- The laborers call for better working conditions.

care for/to   좋아하다 (보통 의문문, 부정문에서 쓰임)
- Would you care for a cup of coffee?
- I don't care to walk in such cold weather.

carry out　수행하다 (= accomplish)
- He successfully carried out the plan.

catch up with　따라잡다
- We have to work hard to catch up with the advanced nations.

➕**check on**　…가 잘 있는지 알아보다
- Let me go check on them[the kids].

check it out　점검하다, 확인하다 (out은 부사)
- Let me check it out.

check with　…에게 가서 알아보다
- Why don't you check with her[the front desk]?

cheer up　(vi) 힘내다 (vt) 격려하다
- Cheer up! (= Keep your chin up!) 힘내라!
- They cheered me up.

come across　우연히 마주치다 (= run across, run[bump] into)
- I came across an old friend of mine on my way home.

come by
　① 얻다 (= obtain)
- Jobs are hard to come by in a recession. 불경기 때는 일자리를 구하기 힘들다.
  (= It is hard to come by jobs…)
　② 들르다 (= drop by) (visit의 구어체 표현)
- Why don't you come by when you're free?

➕**come up with**　생각해 내다, 고안해 내다 (회화에서 빈도 높게 사용되는 필수 표현)
- I've come up with a solution to our thorny problem. (thorny 가시같이 찌르는, 골치 아픈)

➕**commit oneself to + 명사**　…에 다짐하다 (= be committed to)
- You should commit yourself to improving your English and computer skills before you finish school. (확약을 해야 하는 상황에서 자주 사용되는 표현)
- Thank you for your job offer. Give me time to think about it before I commit myself to it. (누가 좋은 일자리를 제안했을 때의 응답 표현)

compare to 비유하다, 비교하다
compare with 비교하다
>(실제로 비교하다의 뜻으로 compare with보다 compare to를 더 즐겨 씀)
>- Death is compared to sleep in the Bible.
>- It's foolish of you to compare yourself with/to others in appearance.

✚**consist in** …에 있다 (= lie in)
consist of …으로 구성되다
>- Happiness consists in realizing the true purpose of life.
>- Humanitarianism consists in never sacrificing a human being to a purpose.
>- Alcohol consists of carbon hydrogen and oxygen.
>(consist는 자동사이므로 be consisted of란 말은 없음)

count on 의지하다, 믿다 (= depend on = turn to)
>- You can count on me. 내 말 믿어 주세요.

crack[clamp] down on …을 단속하다
>- The police cracked down on smuggling drugs. (smuggling drugs 마약 밀수)

deal with 다루다 (= treat, cover)
deal in …을 거래하다 (= traffic in)
>- This book deals with the most up-to-date issues in language learning.
>- They deal in electronic goods.

dedicate oneself to + 명사 …에 헌신하다 (= be dedicated to = devote oneself to = be devoted to)
>- It is worthwhile to dedicate yourself to discovering a cure of AIDS.

distinguish A from B A와 B를 구별하다 (= distinguish between A and B = tell A from B)
>- Movies make it difficult for some people to distinguish fantasy from reality.

do without …없이 살다 (= live without = dispense with)
>- We cannot do without computers in the information age.

drop in at + 장소 …에 잠깐 들르다 (= call at)
drop in on + 사람 …를 잠깐 방문하다 (= call on)
>- Why don't you drop in at my place[on me]?

✚**drop off** (사람) 내려주다, (사물) 내려놓다, …에 갖다 주다
>[반] **pick up** '차로 가서 사람을 태워 오다[가다], (차로 가서) 물건을 찾아 오다[가다], (사람이나 물건을) 갖다 주다'는 의미로서 사용 빈도가 매우 높은 표현 (p. 582 참조)

- Drop me off at the next stop. 다음 정거장에서 내려 주세요.
- Drop this off at the next office. 옆 사무실에 이것 좀 갖다 줘라.

every now and then 때때로 (= now and then = occasionally)
- Every now and then, I climb up the hill near my house.

fall for
① 속아 넘어가다
- You didn't think I'd fall for an old trick like that, did you? 내가 그런 장난에 속아 넘어갈 줄 알았니? (상대방이 장난을 치려고할 때 속아 넘어가지 않으면서 하는 표현)
② 홀딱 반하다
- The musician fell for the beautiful music.

fall short of …이 부족하다
- The sales fell short of the annual goal. 판매량이 연간 목표에 미달되었다.

✚**familiar with + 사물 / familiar to + 사람** …에 익숙하다, …에 낯이 익다.
- I'm not familiar with this. This isn't familiar to me.
- I'm new to this. This is all new to me. 이건 나한테 너무 생소한데. (실제로 not familiar보다는 사물/사람에 상관없이 쓸 수 있는 new to 표현을 많이 쓰고, new to에서 t는 보통 약화되어 [뉴드] 정도로 발음된다.)

feel like -ing …하고 싶다
- I feel like listening to some classical music.

figure out 알다
- I just can't figure out what the author is trying to say in this book.

fill in 빈칸을 채우다
- Fill in the blank with a suitable word.

fill out (양식지의 빈칸을) 채우다
- Please fill out this form. 이 양식지를 작성하세요.

for all …에도 불구하고 (= in spite of = with all) (의미상 '모든 …을 위해서'라는 뜻으로 쓰일 때도 있다.)
- For all his riches, he is not satisfied.

for all I know 아마도
- She may be living in Chicago for all I know.

for ever 영원히 (= forever = for good)
- God bless you for ever.

for example 예컨대 (= for instance)
- In order to survive fierce competition of the WTO, there are some essential tools with which we should be equipped - foreign language and computer skills, for example.

for free 공짜로 (= free of charge)
- **cf.** *free from fear* 공포로부터 자유로운 *free of* …이 없는
- I got this cap for free. (= I got this cap free of charge.)

for nothing 헛되이, 공짜로 (= in vain)
- The man burned himself to death for nothing.

for sure 확실히
- That's for sure. 그건 확실해.
- I don't know for sure.

for the purpose of …을 할 목적으로
- I'm planning to go to France for the purpose of studying fine arts. (fine arts 미술)

for the sake of …을 위하여 (= for the benefit of)
- He's thinking of living by the coast for the sake of his health.

for convenience('s) sake 편의상

for the time being 당분간
- She's going to stay with her aunt for the time being.

from time to time 가끔 (= once in a while)
- I miss my hometown from time to time.

✚ get along with …와 잘 지내다
- I'd like to get along with you all. 여러분 모두와 잘 지내고 싶습니다. (자신의 소개를 끝낼 때 사용하는 인사말로서 가장 자연스러운 표현)

get at (구어체) 말하려 하다 (= drive at = try to say)
- What're you getting at? (= What're you trying to say?)

✚ get away with (잘못하고서도) 벌 받지 않다
- You won't get away with this. 어디 두고 보자! (복수를 다짐하는 말)
  (= You'll be sorry for this. = You'll pay for this.)
- The President could get away with anything in that underdeveloped country.

get in touch with 연락하다 (= touch base with = reach = contact)
- How can I get in touch with you? 어떻게 연락할 수 있을까요?

get on (버스나 기차 등의 큰 교통수단을) 타다
- Let's get on the bus.

get in (승용차 등 소형 교통수단을) 타다
- Get/Hop in. 어서 타라. (hop은 '깡충 뛰다'의 의미로 깡충 뛰어서 타는 것처럼 어서 타라는 표현)

get off 내리다
- Where do I have to get off the bus?

get rid of …을 제거하다 (= remove = eliminate)
- I just can't seem to get rid of this bad cold. 아무리 해도 독감이 잘 안 떨어진다.

✚ **get together** 모이다, 모으다
- **cf.** *put together* 모으다
- Why don't we get together at least once a month? 한번 모입시다. (모임을 제안할 때 사용하는 가장 자연스러운 표현)

get through with …을 끝내다 (= finish)
- Let's get through with the work and go grab a bite. (grab a bite 요기하다)

get to + 동사원형 …하게 되다
- How did you get to know her?

get to + 명사 …에 도착하다

give away 주다, 분배하다
- Why don't we give away this clothing to the poor?

give birth to 낳다
- You know what? She gave birth to a gorgeous baby girl.

give in
① 제출하다
- Give your exam papers in to the teacher when you're finished.
② 굴복하다, 무너지다 (= surrender = collapse)
- The government won't give in to the terrorists' demands.

give up 포기하다 (= abandon)
- Let's not give up hope till the end.

go ahead 전진하다 (= advance = continue)
- Go ahead. 어서 하세요.
- Go straight ahead. 곧장 가세요.

✚**go on** 계속하다 (= continue)
- There's something fishy going on here. 여기 뭔가 수상한 일이 일어나고 있다.
- What's going on? (= What's this about?) 도대체 무슨 일이 있는 거야?
  (자신이 새로운 장소에 가서 보니까 영문을 모를 일이 있을 때 묻는 표현. 강조 표현은 here와 all을 첨가하며 here와 all을 매우 강하게 발음함)
  → What's going on *here*? What's this *all* about?

go out of one's way to + 동사원형 모처럼 …하다
- She went out of her way to treat him gently.

go over 다시 훑어보다, 복습하다 (= review)
- Let's go over what we've learned so far.

✚**go through** 겪다 (= experience 매우 사용 빈도 높은 표현)
- I know what you've been going through. 네가 요즈음 얼마나 힘들었는지 잘 안다.

hand down 유산으로 전해 주다 반 inherit 유산으로 받다
- This porcelain has been handed down as a heirloom in my family.
  이 도자기는 우리집의 가보로서 전해 내려왔다.

hand in 제출하다 (= submit)
- Hand in your paper by tomorrow.

hand out 나누어 주다, 분배하다 cf. *handout* 유인물
- Hand out the pencils to everyone in the auditorium.

hand over 넘겨주다, 인계하다, 양도하다 (= turn over) 반 take over 인수하다
- The tycoon handed over his ownership to his only son.
  재벌 총수는 소유권을 아들에게 인계했다.

have access to
① …에 접근할 수 있다
- Her ex-husband has access to the children on weekends.
② …(물건, 정보를) 쓸 수 있다
- She can have access to the confidential material.

✚have sth in mind
- What do you have in mind? 무슨 좋은 생각 있니?
- Do you have any particular restaurant in mind? 좋은 음식점 생각나는 데 있니?
  (상대방에게 좋은 생각이 있는지 물어볼 때 매우 요긴하게 사용할 수 있는 표현)
  cf. *What's on your mind?* 무슨 꿍꿍이 속이야?

✚have something[nothing] to do with ⋯과 상관이 있다[없다]
- What has that got to do with this? 그게 이것과 무슨 상관입니까?
  (= What does that have to do with this?)
- What does that have to do with anything? 지금 얘기하는 것과 그게 무슨 상관입니까? (상호 관계를 말할 때에 매우 빈도 높게 사용되는 요긴한 표현이다. something을 생략하고 have to do with라고도 함)

hear from ⋯로부터 직접 이야기를 듣다
hear of ⋯에 관한 소식을 듣다
- I've never heard from him since.
- I've heard of him since.

hit the books/road/roof/sack[hay]/bottle 열심히 공부하다/길을 떠나다/크게 화내다/잠자리에 들다/술을 마시다 (속어로서 구어체에서 많이 사용된다.)
- Let's go to the library and hit the books. 도서관 가서 열심히 공부하자.

hit upon 우연히 생각나다
- I hit upon a good idea. (= A good idea struck me.)
  cf. *It has never dawned on me.*

hold good 유효하다 (= remain valid)

hold on 기다리다, 고수하다, 꽉 잡다 (= wait = stick to)
- Hold on. 기다려요/꽉잡아.
- Hold on tight to your dream.

✚hold up
① 노상강도짓하다 (= mug), 강탈하다 (= rob) (여러 가지 뜻으로 회화에서 빈도 높게 사용되는 표현)
- I was held up on the street.   The shop was held up last night.

② 지체시키다 (= delay)
- I was held up at work. 퇴근이 늦어졌다.

in a word 간단히 말해서, 한마디로 (= in short = to make a long story short = to sum up = in a nutshell)
- In a word, her life is falling apart.

in addition (to) (…에) 더하여, (그 외에) 덧붙여
- He owes me $500. In addition, he still wants to borrow $1,000 from the bank.

in advance 미리
- The customers are expected to pay in advance at fast food restaurants.

in all 전부 다해서 (= altogether)
- Last year the businesswoman made approximately $100,000 in all.

in behalf of …을 위해서 (= in the interest of)
- **cf.** *on behalf of* …을 대표하여, …을 위해서 (= in behalf의 뜻으로도 많이 쓰임)
- I'm writing this letter of recommendation in behalf of….
  …를 위해서 이 추천서를 씁니다

in case of …의 경우 (= in the event of)
- In case of emergency, break this cover and push the button.
- **cf.** *just in case* 혹시 어떨지 모르니까 Take an umbrella with you, just in case.

in connection with …와 관련하여 (= in association with = in relation to = with reference to)
- The politician made a comment in connection with the current issue of labor dispute.

in detail 상세하게
- go into details 자세히 설명하다
- Let me explain it to you in detail.
- I won't go into details now. 지금은 너무 자세히 설명하지 않겠습니다.
- **cf.** 명detail 상세한 조목/내용 형detailed a detailed history 자세한 과거 기록

in effect 사실상 (= practically) (in effect는 1음절에 강세가 없으므로 보통 약화되고 연음되어 [inəfékt]로 발음된다.)
- Now that you passed the college entrance exam, you are in effect a college student.

in fact 사실 (= actually = as a matter of fact)
- Learning a foreign language is, in fact, creating another ego. (ego 자아)

in favor of …을 지지하여
- All the congressmen were in favor of the bill. (bill 법안)

in general 대개, 경향, 일반적으로 (= on the whole = by and large)
- **cf.** *as a whole* 전체적으로
- In general, people put money before honor. (= People in general put money before honor.)

➕in honor of　…에게 경의를 표하며
- A farewell party was held in honor of the former director.
- **cf.** *in memory of* 고인(故人)을 기리며

in particular　특별히　반 **in general**
- I like all kinds of sports. And I enjoy swimming in particular.

in person　손수
- The president inspected the legal procedures in person.

in place of　…을 대신하여
in one's place　…의 입장에
- The chairman sent me in place of my senior officer.
- Put yourself in my place. 제 입장도 생각해 보세요.

in private　개인적으로　반 **in public** 공개적으로
- I'd like to talk to you in private.

in pursuit of　…을 추구하여
- The lawyer and statesman has long been in pursuit of peace on Earth.

➕in response to　…에 응하여 (reaction/reply는 모두 to를 취함)
- She rushed to the window in response to a shriek.

in return (for)　(…의) 보답으로
- The witness testified against the criminal in return for a guarantee of protection.

in search of　…을 찾아서 (= searching for)
- The police have long been in search of the suspect.

in sight　보이는(↔ out of sight 보이지 않는)
- The plane was still in sight.

in spite of　…에도 불구하고
- The lazy student flunked the test again in spite of his high IQ.

➕in terms of　…의 견지[관점]에서 볼 때 (= from the viewpoint[perspective] of)
- 무엇을 설명하거나 무엇에 대한 견해를 피력할 때 빈도 높게 사용하는 중요한 표현이다.
- The man thinks of everything in terms of money.

in the first place 우선 (= to begin[start] with)
- **cf.** *in the second place* 다음으로, 두 번째로
- In the first place, let me briefly give you an overview of our project.

in the presence of …의 앞에서, …의 면전에서 (= in the face of)
- How can you say such a thing in the presence of my fiance?

in turn 차례로, 그다음에
- I taught Jack how to use the computer. And he in turn taught my sister.

in vain 헛되이
- I've tried to learn the technique, but only in vain.

keep an eye on …을 주시하다
- Could you keep an eye on my dog while I'm gone?
  제가 없는 동안에 강아지 좀 봐 주시겠습니까?

keep company with …와 교제하다 (= associate with)
- How long have you kept company with him?

keep...in mind …을 명심하다 (= bear...in mind)
- I'd like you to keep this old saying in mind.

keep in touch (with) …와 연락하다
- Let's keep in touch. (멀리 떠나는 사람에게 하는 작별인사) 계속 연락합시다.

keep off …에 가까이 가지 않다
- Keep off the grass. 잔디에 들어가지 마시오.
- Keep your hands off me. 내 몸에 손대지 마세요.

keep on -ing 계속하다 (keep -ing보다 좀 강한 느낌)
- She kept on practicing the piano.

lay off (불경기 때문에) 해고하다 (일반적인 의미의 '해고하다'는 fire, dismiss, sack을 사용함)
- Serious recession forced the company to lay off many employees.

lay out
① 돈을 쓰다 (= spend money)
- I laid out hard-earned dollars to help him pay off his debt. (hard-earned 어렵게 번)
② 설계하다 (= layout)
- The architect laid out a beautiful restaurant.

lead to
① 길을 이끌다
- All roads lead to Rome.

② …을 야기하다 (= cause = result in = bring about)
- Greed always leads to destruction.

learn by heart 암기하다 (= memorize) (learn by mind가 아님)
- You should concentrate in order to learn all these useful expressions by heart.

leave out 생략하다 (= omit)
- I'm sorry to have left out your name.

lend itself to …에 도움이 되다, …을 야기하다 (= be conductive to)
- The room lends itself well to summer eating with its light, airy atmosphere.

let alone …은 말할 것도 없이 (= not to mention = not to speak of = to say nothing of)
- He doesn't speak English, let alone Russian.

let go (of) (쥐고 있는 것을) 놓다 (= release)
- Let go of my hand. 내 손 놔요.
- Let me go. 보내 줘요.
- Let go! 놔라!

let up 누그러지다 (= slacken)
- The rain has let up.

lie in …에 있다 (= consist in)
- Genuine freedom lies in realizing the meaning of the truth.

little by little 조금씩 (= gradually = bit by bit)
- The child learned to speak English little by little.

live on …을 먹고 살다 **feed on** (짐승 등이) …을 먹고 살다
- **cf.** *thrive on* …을 먹고 번성/번창하다
- Most Asians live on rice.

live off …를 등쳐먹고 살다
- He's the last person who would live off others.

long for 갈망하다 (= yearn = crave = hunger = pine for)
- The slaves have longed for freedom.

look after 돌보다 (= take care of)
- Who's going to look after the kid?

look down on 멸시하다 (= despise)
- You are not supposed to look down on those who are inferior to you in social economic status.

look for 찾다 (= search for = seek) (seek은 문어체)
- What are you looking for?

look forward to +명사 고대하다 ('(사람)을 만나고 싶다, 사물이나 사건을 기대하다, 일에 참여하고자 하다' 등으로 다양하게 사용되는 표현)
- I'll be looking forward to hearing from you.

look into 조사하다 (= investigate)
- The fact-finding committee will look into the problem. (fact-finding committee 진상 조사 위원회)

look out for …을 조심하다 (= watch out (for))
- Look out for the train.

look to A for B A에게 B를 바라다 (문어체)
- Let us look to the future for our prosperity.

✚**look up** 찾아보다 ('사전에서 단어를 찾아보다'라고 할 때만 사용하는 표현이 아니고 '누구를 방문하다'는 뜻으로도 많이 사용하는 표현)
- You'd better look up words in your dictionary when you're in doubt. (look up in the dictionary = refer to the dictionary)
- Please look me up when you visit Seoul.

look up to 존경하다 (= respect)
- The senior professor has been looked up to by his colleagues.

✚**make a difference** 중요하다 (= matter)
- What difference does it make? (= What does it matter?)

make a fool of 조롱하다 (= make fun of = ridicule)
- Don't make a fool of yourself. 바보짓 하지 마라.

make believe …체 하다 (= pretend)
- She made believe she didn't see me.

make light of   ···을 경시하다 (= think light of)
- The foolish man made light of his doctor's advice.

make one's way   ···향해 나아가다
- He made his way through the crowd.
  cf. *He worked his way through college.* 그는 고학해서 대학을 다녔다.

make room for   ···에게 자리를 내다
- Make room for me, will you? 같이 좀 앉읍시다.

✚**make sense**   일리 있다
- What you're saying doesn't make any sense to me. (= This is ridiculous! = This is nonsense!)
- (It) Makes some sense. 어느 정도 말 된다.

✚**make sure**   확실히 하다 (= be sure = make[be] certain)
- Make sure you hand it in by tomorrow. (make sure 다음에는 접속사 that을 생략한 절을 사용한다. 사용 빈도 매우 높은 필수구문)

make the most of   ···을 최대한 활용하다
- Try to make the most of your college life.
  ref. make the best of와의 의미 차이
  - make the most of what you've got 있는 것을 최대한 활용하다
  - make the best of a bad situation 나쁜 상태를 최선으로 이용하다

✚**make up**
① 화해하다
- I want you two to make up.
② 조작하다, 꾸미다
- You made up that story, didn't you?
③ 보충하다 (for)
- I've got to work hard to make up for lost time.   makeup class 보강
④ 화장하다 (회화에서 빈도 높게 사용되는 필수 표현)
- She spends too much time making up.
  cf. *put on makeup* 화장하다 (동작)
   wear makeup 화장하다 (상태)
   I don't wear makeup. 나는 원래 화장 안 한다.

manage to   겨우···해내다
- How could you manage to survive the accident?

may well …하는 게 당연하다 (= have good reason to)
- She may well be proud of herself.

may as well …하는 것이 낫다 (p. 103 참조)
- I may as well stay home and take a rest.

mess up 망치다 (= screw up)
- How stupid of him to mess up again!

more often than not 흔히 (= as often as not)
- During winter many people catch cold more often than not.

more or less 다소간 (= somewhat)
- I was more or less surprised at his ignorance.

no less than (= as much as)
- **cf.** *not less than* (= at least)
- I made no less than $1000.

no more than (= only)
- **cf.** *not more than* (= at most)
- I made no more than $10.

now that …이므로 (that이 보통 약하게 발음된다.)
- Now that autumn has come, the tree leaves are turning yellow and red.

occur to 마음에 떠오르다 (= dawn on)
- It never occurred to me that the machine might be a piece of junk.

off and on 간간이 (= on and off and는 [n]처럼 발음되어 항상 연음됨)
- It snowed off and on.

off duty 비번의 (↔ on duty 당번의)

off hand 즉시
- I can't think of it off hand.

on account of …때문에 (= because of = owing to)
- The man got fired on account of his delinquency. (delinquency 태만)

on a first-name basis 이름을 부르는 관계인
- We're on a first-name basis. 이름을 부르는 친한 사이다.

on hand 수중에
- in hand 고려 중인
- We have some brand-new products on hand.
- problem in hand 현안

on the contrary 오히려
- to the contrary 반대로
- On the contrary, he said nothing. 오히려, 그는 아무 말도 하지 않았다.
- He said nothing to the contrary. 그는 반대되는 아무 말도 하지 않았다.

on the other hand 반면에
- This efficient system is expensive. On the other hand, that average system is inexpensive.

on the whole 대체로 (= in general)

on the spot
① 현장에서 (= redhanded)
- The criminal was caught on the spot.

② 곤경에 처한
- Come on. Don't put him on the spot.

once and for all 단연코
- I'll put a stop to this noise once and for all.

out of date 오래된, 구식의 (= old-fashioned) 반 up to date 신식의
- The new fashion will be out of date in no time.

out of order 고장난
- The pay phone has long been out of order.

out of place 부적절한 (= unsuitable)
- I feel out of place in such a big fancy restaurant. (fancy restaurant 고급 식당)

out of the question 불가능한 (impossible)
- The improvement of our economy is out of the question.

  cf. *out of question*은 죽은 표현임 *(p. 273참조)*

over and over again 계속 반복적으로 (= time and (Time) again = repeatedly)
- It'd be wise of you to practice pronouncing new words over and over again.

pass away 돌아가다, 서거하다
- One of our senior officers passed away.

pick out 고르다 (= choose = select; pick up은 …을 특별히 선발하다)
- Which computer did you pick out?

✚pick up
① (차로 가서 사람을) 태워 오다[가다], (차로 가서) 물건을 찾아 오다[가다], (사람이나 물건을) 갖다 주다 (사용 빈도 매우 높은 표현)

[반] **drop off** 사람을 내려 주다, 사물을 내려놓다, …에 갖다 주다
- Why don't I pick you up at six? 6시에 데리러 갈게요.

② 개선되다 (= improve)
- Business is going to pick up sooner or later. 경기가 조만간에 호전될 것이다.

③ 쉽게 습득하다
- Children tend to pick up foreign languages.

point out 지적하다
- The scholar pointed out many mistakes I have made.

provide for
① (…을 위해서 필요한 것을) 제공하다, 대비하다
② …을 부양하다
- He works hard to provide for his family.

✚put in
① spend의 빈도 높은 구어체 표현
- I put in a lot of time studying in the school library.

② (말로) 거들어 주다
- Could you put in a good word for me?

put off 연기하다 (= postpone)
- It would not be foolish of you to put off till tomorrow what you can do today.

put on (동작) 입다, 쓰다, 신다, 살이 찌다 [반] **take off** 벗다
- Put on your coat/glasses/shoes.
- You probably put too much perfume on tonight.
- I have put on a couple of pounds. 살이 좀 쪘다.

put out (불을) 끄다 (= extinguish)
- The fire fighters are trying desperately to put out the forest fire.

put together 모으다 (vt) (= assemble (vi) 모이다 = get together)
- Do you know how to put these pieces together?

put up with 인내하다 (= endure)
- I know it's hard to put up with such an ordeal.

reach out 뻗치다 (= stretch out)
- The boy reached out his hand for the cookies in the cupboard.

read through 통독하다, 대충 읽다 (= browse)
- You can read through this kind of magazine once.

✚**refer to**
① 의미하다 (= represent)
- The UK refers to the United Kingdom of Great Britain and Northern Ireland.

② 언급하다
- The president refused to refer to the matter.

③ 조회하다, …에게 의뢰하다
- Dr. Johnson referred the patients to Dr. Smith.
- The old lawyer referred the case to his assistant.

refer to A as B A를 B로 부르다 (구어체나 문어체에서 사용 빈도 높은 표현)
- Korea used to be referred to as the Land of the Morning Calm.

refrain from -ing …을 삼가다
- Thank you in advance for refraining from smoking. 금연해 주셔서 미리 감사하다. → 금연해 주시기 바랍니다.

regardless of …와는 상관없이 (= irrespective of)
- The president is determined to build the high-rise regardless of the cost.

rely on …을 믿다 (= depend on = count on) (p. 568 참조)

resort to (수단/방법)을 의존하다
- It is necessary for parents to resort to spanking when rearing children. (spank 엉덩이를 때리다, 매를 들다)

result from …에서 기인하다 (= be caused by)
반 **result in** 결국 …이 되다, …을 야기시키다 (= cause = lead to = bring about)
- Cancer can result from stress.
- Stress can result in cancer.

ring a bell to …에게 연상나게 하다
- Does it ring a bell to you? 생각나는 것 없습니까?

rule out 배제하다 (= exclude)
- We cannot rule out the possibility that... 우리는 …라는 가능성을 배제할 수 없다 (관용적 의미 단락)

run into 부닥치다, 우연히 마주치다 (= bump into = come[run] across)
- I ran into an old friend of my brother's.

run out of 바닥나다
run short of …이 부족하다
- Due to the serious drought, we're running out of drinking water.

see (to it) that …을 확실히 하다 (격식을 차린 표현으로 make sure와 같은 뜻)
- Please see to it that the light is turned on all day long.

send sb in …를 들여보내다 (윗사람이 비서 같은 아랫사람에게 손님을 들여보내라고 할 때 사용하는 표현으로 show in와 같은 의미이다.)
- Send him in. (= Show him in.) 들여보내요. (him 은 약화되어 'm처럼 발음됨)

set up 설치하다, 설립하다 (= establish)
- Let's set up a tent here.

✚**settle for** (… 정도가 되어야) 받아들이다 (= accept) (다소 어려운 표현이지만 협상을 하는 내용의 시사영어에서 많이 사용되는 중요한 표현)
- We're not going to settle for anything less than... 우리는 … 이하는 받아들일 수 없다

settle down 정착하다
- It's about time you settled down with a nice woman.

show off 뽐내다, 자랑하다
- **cf.** *brag about = boast of*
- No one likes him because he shows off too much.

show up 나타나다 (회화체에서 '오다'의 뜻으로 많이 사용된다.)
- Why didn't you show up yesterday? - I'm sorry, but something came up.

✚**stay away from** …로부터 떨어져 있다, …에게 가까이 가지 않다
- You'd better stay away from those hoodlums. (hoodlum 깡패)
  ('…에 가까이 가지 마라'는 표현을 보통 우리나라 학생들은 You should not go near...라고 표현하는데 You should stay away from...이 자연스러운 표현임)

subscribe to (신문이나 잡지 등을) 구독하다 (기존 영문법책에서 동의어라고 하는 take in이란 표현은 보통 사용하지 않음)
- Do you subscribe to the New York Times?

take after 닮다 (= resemble)
- He takes after his father. (= He is a carbon copy of his father.)
  cf. *a chip off the old block* (구어) 아버지를 꼭 빼닮은 아들

take away 빼앗아 가다
- He promised to help me out. Don't take away my helper.

take care of 돌보다 (= look after)
- Take good care of yourself. 몸조리 잘하세요.

take charge of …를 책임 지다, …를 맡다/담당하다 (= take responsibility of)
- I have taken charge of this department since last year.

take...for granted …를 당연한 일로 생각하다
- We take it for granted that... 우리는 …를 당연하게 생각한다
- Don't take me for granted. 나를 당연하게 여기지 마시오. (자신의 존재를 당연시하여 부당하게 대우를 받는 경우에 불평하는 말)

take off
① 이륙하다
- The plane is taking off.
② 떠나다 (회화체 = leave)
- I'd better take off now. See you.

✚**take on**
① 성격/모습을 띠다
- The lizard takes on the colors of its background.
② 떠맡다, 겨루다 (구어체나 문어체에서 모두 빈도 높은 표현)
- I'm ready to take on the world. 세상과 겨룰 준비가 되어 있다. (영화 Cocoon에서)

take one's time 천천히 하다
- Take your time.

take over 인수하다 [반] hand over
- The newcomer took over the retiree's duties.

take part in 참여하다 (= participate in = get involved in)
- It's a great pleasure to be able to participate in such a great show.

take place 일어나다 (= happen)
- When did the accident take place?

✚ **is taken place 또는 has taken place**
일상적인 회화에서는 It has taken place.에서 has는 약화되어 It's taken place.로 발음하므로 It is taken place.라고 잘못 이해하는 학습자들이 의외로 많은데, take place는 자동사이므로 당연히 is taken place란 수동태는 존재할 수 없다. 머리속에서는 교통사고가 일어난 장면을 그리며 The traffic accident has taken place.를 생각하고 동시에 발음은 The accident's taken place.라고 하면서 조동사 has와 발음 [s]를 연결하는 연습을 하는 것이 말과 글을 동시에 정복하는 살아 있는 의사소통 능력이 배양하는 정도이다.

take turns -ing 번갈아 가며 …하다
- We took turns driving all the way to New York.

take up (일/연구에) 착수하다
- The researcher is taking up the important project.

tell A from B (= distinguish A from B)

tend to …하는 경향이 있다 (= have a tendency to = be inclined/disposed to)
- Girls tend to have better pronunciation than boys.

think light/little of 가볍게 보다 (= make light of = slight)

turn over 인계하다 (= hand over)

think over 숙고하다 (= contemplate)
- Think it over before you make a final decision.

throw away 던져 버리다 (= dump)
- It's a shame that we still throw away waste into the river.

✚**try on** 한번 입어 보다 **try out** 한번 사용해 보다
(우리나라 학습자들은 주로 try on은 잘 알지만 try out은 잘 모른다. 물건을 사기 전에 한번 사용해 볼 때 요긴하게 사용할 수 있는 필수 표현이다.)
- Can I try this on? (이 옷 등을) 한번 입어/신어/써 봐도 될까요?
- Can I try this out? (기계 등을 사기 전에) 한번 사용해 봐도 될까요?

✚**turn down** 거절하다 (= reject) (회화체에서는 매우 많이 사용되는 표현)
- I got turned down. 내 생각[제안]이 거절되었다.

turn down/up (볼륨 등을) 낮추다/올리다
- Could you turn down the volume? I can't concentrate.
- Could you turn up the volume? I can hardly hear it.

✚ **turn off/on** 불을 끄다/켜다 (= switch off/on) 기분을 나쁘게/좋게 하다
- Turn off/on the light.

　　ref. turn off/on은 '불을 끄다/켜다'의 뜻 말고도 회화체에서 '…의 기분을 나쁘게/좋게 하다'의 뜻으로 많이 쓰인다.
- He turns me off. 그 사람은 밥맛이다.
- He turns me on. 그 사람만 보면 기분이 좋아진다.

turn out
① 입증하다 (= prove)
- The rumor turned out to be false.

② 생산해 내다 (= manufacture)
- The factory turns out 1000 automobiles a day.

✚ **'알고 보니까'의 뜻으로 요긴한 표현**

It turned out to be … 알고 보니까 … 였다
as it turns out 알고 보니까 말이야 / 어떻게 됐냐 하면

wait for …을 기다리다
- I'll wait for you to finish your job.

wait on 시중들다
- Are you being waited on? (식당에서) 주문했습니까?

✚ **walk out on** …를 저버리다 (= run out on = forsake = desert)
- His wife walked out on him.

wear out 닳아 버리다, 지쳐버리게 하다
- Now that the party is over, I'm worn out.

well off 잘 되어가고 있는 반 badly off

with all …에도 불구하고 (= for all)

with regard to …에 관하여 (= in respect to = in this regard)
- With regard to your recent application, we regret to say that we are unable to offer you the job.

✚ **work on** …을 열심히 하다 (매우 사용 빈도 높은 표현)
- What are you working on? - I'm working on my paper.
  (누군가 무엇을 열심히 하고 있을 때 가까이 가서 무엇을 하는지 묻는 표현)
- I'm still working on it. 아직 좀 남았습니다.

✚ **work out**
(vi) ① 일이 잘되어 나아가다　② 운동을 하다 (= exercise)
(vt) ① 강구해내다 (= come up with)　② 해결하다 (= solve)

SECTION 04 어휘편

미식영어 (American English) 와 영식영어 (British English)의 차이

01 철자법 (Spelling)

미식영어	영식영어
aluminum	aluminium
behavior	behaviour
canceled	cancelled
center	centre
cop	bobby
color	colour
curb	kerb
defense	defence
favorite	favourite
gray	grey
humor	humour
laborer	labourer
meter	metre
neighbor	neighbour
pajamas	pyjamas
practice	practise
program	programme
story (건물의 '층' 수)	storey
theater	theatre
tire	tyre
traveled	travelled

02 어휘 (Words)

미식영어	영식영어
antenna	aerial
apartment	flat
baggage	luggage
bathroom	toilet
bathtub	bath
can	tin, can
check (V 표시)	tick
cookie	biscuit/crumpet
do the dishes	do the washing-up, do the dishes
drapes	curtains
elevator	lift
eraser	rubber
fall	autumn
faucet	tap (tap water 수돗물)
first floor	ground floor
french fries	chips
gas	petrol
garbage	rubbish
go the movies	go to the pictures
hood	bonnet
line	queue
liquor store	off-licence
movie	film
muffin	bun
pants	trousers
pharmacy	chemist's
pictures	photo(graph)s
Scotch tape	sellotape
sidewalk	pavement

store	shop
take a bath	have a bath
take a shower	have a shower
track and field	athletics
trash can	litter bin
truck	lorry
trunk	boot
waste basket	rubbish bin
windshield	windscreen
wrench	spanner

SECTION 05

발음편

Pronunciation

SECTION 05 발음편

01 _ 문자-발음 규칙
Sound-spelling Correspondence

역사언어학적으로 볼 때 영어도 독일어나 우리말처럼 문자와 소리의 규칙성이 있었는데, 영어는 오랜 기간 여러 언어의 영향을 많이 받게 되어서 그 규칙성을 많이 잃게 되었다. 그러나 아직까지 어느 정도 남아 있는 발음의 규칙성을 알아두면 요긴할 때가 많으므로 아래에 설명한다.

●●● 장모음: a/e/i/o/u + 자음 + e

영어모음 a, e, i, o, u는 다음에 자음이 온 후 e가 오면, 즉, 'a/e/i/o/u + 자음 + e'의 구조가 되면 모음들은 자체의 알파벳 소리 즉 /ei/ /iː/ /ai/ /ou/ /uː/등으로 발음된다. a의 예를 보면, base, date, shake, shame, same, tape 등의 단어에서 a가 /ei/로 발음된다. e의 예를 보면, Chinese, Steve, eve 등에서 e가 /iː/로 긴 모음 발음되며, i의 예를 보면, cite(인용하다), mine, pipe, rice, site(지대, 장소)등에서 i가 /iː/로 길게 발음된다. o의 예를 보면, hole, nose, rose, coke(콜라의 구어체 표현) 등에서 o가 /ou/로 긴 모음으로 발음된다. u의 예를 보면, excuse, refuse, amuse, sugar, luxurious 등에서 u가 /juː/로 발음된다.

●●● 단모음: a/e/i/o/u + 자음(+ 자음)

이렇게 길게 발음되는 모음과는 대조적으로 발음되는 규칙성이 있다. 즉, 영어모음 a, e, i, o, u는 다음에 자음하나로 끝나거나 자음이 중첩되면, 즉, 'a/e/i/o/u + 자음(+ 자음)'의 구조가 되면, 일반적으로 /æ/ /e/ /i/ /ɑ/ /ʌ/ 등의 모음으로 발음된다. a의 예를 보면, bass(육식 물고기), dad, shack, sham(가짜, 사기), Sam, tap등에서 a가 /æ/로 발음된다. e의 예를 보면, bet, deck, pen, settle 등에서 e가 /e/로 발음된다. i의 예를 보면, bit, pin, kick, pick, rich 등에서 i가 우리나라 사람들이 발음하기 어려운 짧은 /i/의 발음으로 발음된다. o의 예를 보면, cot, rock, october, opposite등에서 o가 /ɑ/로 발음되며, u의 예를 보면, hurry, fun, refund, sudden, luxurious 등에서 u가 /ʌ/로 발음된다. 또한, 영어에서 food, moon에서 처럼 oo는 /uː/로, geese, beat에서 처럼 ee나 ea는 /iː/로 발음되는 규칙성은 주지하는 바이다. 이렇게 모음의 구성이나 뒤에 오는 철자에 따라서 모음이 다르게 발음되는 규칙성은 초등학생 정도의 초보자도 알아두면 요긴할 것이다.

●●● a/e/i/o/u + r

강세가 없는 음절의 ar, er, ir, or , ur은 거의 /ər/로 발음된다.
particular, louder, teacher, corner, supeiror, tutor, murmur

거의 예외없는 강세 규칙

일반적으로 -tion으로 끝나는 명사에 강세가 있다고 하는데, 그것은 하나의 예일 뿐이고, 사실은 i 다음에 모음이 오면 바로 앞 음절에 제1강세가 온다. 즉, ia, ie, io, iu라는 철자들 바로 앞에 강세가 오는 데, 예를 들면, Italian, immediately, official, efficient, adaptation, election, multiplication, tutorial(자습용), auditorium(강당) 등의 단어에서 볼 수 있듯이, ia, ie, io, iu 철자의 조합 바로 앞에 강세가 오는 규칙은 거의 예외가 없다.

예외 television

oo: 장모음 /uː/

oo는 /uː/로 발음된다.

boom, cool, food, fool, moon, soon, tool

단, good /u/는 /우/를 짧게 발음하는 것보다는, /으/에 가깝게 발음되므로, /굳/보다는 /귿/에 가깝게 발음된다.

예외 blood, flood

ee/ea: 장모음 /iː/

ee나 ea는 /iː/로 발음된다.

bee, fee, leeway, meet, meat, pea, see, sea, seam, seem, tea

예외 break, great, steak

oa: 장모음 /ou/

oa는 /ou/로 발음된다.

boat, coat, foam, goal, loan, moan, roam, soap, toad

-ay: 장모음 /ei/

day, may, gay, pay, ray, say, way, fray, play, pray, clay, tray

●●● -ow : /ou/ 또는 /au/

/ou/ : rainbow, borrow, sow, snow, know, low
/au/ : bow(절하다), cow, crown, down, fowl, gown, how, now, owl, sow(암퇘지), town, vow

●●● 이중자음

2중자음은 자음하나만 발음한다.
- 단어 내에서 자음이 겹칠 때: tennis, comma, grammar, summer(/썸머/보다는/써머/에 가깝게 발음됨)
- 단어와 단어가 연결될 때: since Sunday; gas station; ghost story(/고우쓰 쓰또리/보다는 /고우 쓰또리/에 가깝게 발음됨)

●●● g: /dʒ/ 또는 /g/

g 다음에 /i/나 /ai/등의 발음이 되는 i, e, y 등의 철자가 오면 /dʒ/로 발음되며, 그 외의 경우에는 /g/로 발음된다. 예를 들면, charge, average, college, strange, biology, giant, giraffe 등의 단어에는 g 다음에 /i/나 /ai/를 나타내는 소리가 오므로 g가 /dʒ/로 발음되며, 그 외의 경우인 girl, gas, greet, leg, argument 등의 단어에서는 g가 /g/로 발음된다.

●●● c: /s/ 또는 /k/

c 다음에 /i/나 /ai/등의 발음이 되는 i, e, y 등의 철자가 오면 /s/로 발음되며 그 외의 경우에는 /k/로 발음된다. 예를 들면, ceiling, cent, cider, circle, cycle에서 ei, e, i, y 등의 앞에 온 c는 /s/로, 기타의 경우인 car, comb, cup 등에서 c는 /k/로 발음된다.

●●● l의 발음

❶ -lk, -lf, -lm: l의 묵음

-lk, -lf, -lm에서 l은 묵음된다.

walk, talk, half, calf; calm, balm, psalm, salmon

❷ clear(명료한) l과 dark(둔탁한) l

모음 앞에 있는 l은 clear l로 '조개껍질 묶어' 같은 노래에 나오는 가사 '랄랄 랄랄랄랄…' 할 때 나는 소리처럼, 혀를 윗니 바로 뒤에 붙였다 떼면서 나는 깨끗한 소리이다. 반면에, 음절 끝이나 /j/이외의 자음 앞에 오는 /l/을 dark l이라고 하는데, /l/ 앞에 마치 schwa /ə/가 삽입되는 듯한 발음으로서 청해를 매우 어렵게 만드는 까다로운 소리이다.

e.g. film, realm, overwhelm, milk, help, golf, gulf, field, sail, sale, canal, you'll, I'll, we'll, he'll, etc.

feel [fi:l] 〉 [fiə], fear [fiə*r*] 〉 [fiə]

feel은 /ə/가 삽입되어 약한 모음으로 발음되고, 빠른 발음에서 fear의 /r/은 보통 약화된다. 따라서 약화된 빠른 발음에서 I feel that …과 I fear that …은 발음만으로는 식별이 어렵다. 같은 이유로 다음과 같은 단어군들은 발음만으로는 혼동이 될 수 있다.

e.g. old, or; bail, bale, bear; bill, Bill, beer; deal, deer, dear; fail, fair, fare; goal, gold, go; heal, heel, hill, hear; pale, pail, pair; roll, role, row; soul, sole, Seoul, soar; steel, steal, still, steer; told, toll, tow; where, well(well(저어…)은 빈도가 높은 표현이라서 보통 /wel/ 〉 /weə/ 〉 /wə/ 정도로 들린다.)

•••k, t, p 의 경음(된소리)화

k, t, p 등의 파열음은 약음절에 오거나, s 다음에 오면, 된소리로 발음되는 경향이 강하다. 예로서, people에서 강세가 오는 1음절의 p는 /ㅍ/에 가깝게 발음되지만, 강세가 없는 2음절의 p는 /ㅃ/에 가깝게 발음되어 /피:쁠/에 가깝게 발음된다. 또한, s 다음에 k, t, p가 오는 sky, sty(눈다락기), spy 등의 단어는 /ㅋ/, /ㅌ/, /ㅍ/보다는 /ㄲ/, /ㄸ/, /ㅃ/에 가깝게 발음된다.

•••ph, gh, sh, ch, th

ph: /f/: graph, philosophy　　　　　/p/: shepherd(유일한 단어)
gh: /f/: rough, tough　　　　　　　/묵음/: through, bough　　　　/g/: ghost
sh: /ʃ/: she, share, dish
ch: /tʃ/: church
　　/ʃ/(불어) chef 요리사, 주방장, chauffeur 자가용 운전사, champagne 샴페인
th: /ð/: with, father, mother　　　　/θ/: three, bath, think

•••kn-: k의 묵음

kn-에서 k는 묵음된다.

knife, knee, knight, knock, knuckle

p의 묵음

❶ ps-
ps-에서 p는 묵음된다.
psalm(찬송가, 시편), psychology, psychotic

❷ pn-
pn-에서 p는 묵음된다.
pneumonia(폐렴)

wr-: w의 묵음

wr-에서 w는 묵음된다.
write, wrist, wrinkle(주름살), wreck(차 파손), wring

x: /ks/

box, ax, fox

SECTION **05** 발음편

02 _ 빠른 발음 변이 현상
Fast Speech Phenomena: Sandhi

01 살아 있는 영어 발음 (Authentic English Pronunciation)

자신의 의사 표현을 하는 데는 정확하게 음소를 구분하여 발음을 할 수만 있으면 문제가 별로 없지만, 원어민의 정상 속도의 발음을 청취하기 위해선, 공식적인 언어(연설 등)를 포함한 일상생활의 언어 중 거의 90% 이상 차지하는 자연스러운 발음 현상(sandhi)을 숙지해야 한다. 발음 현상 정도는 상황의 격식(formality)정도, 발음의 속도, 표현의 빈도수, 강세 등의 변수에 달려 있다. 정상 속도(160-190 단어/분) 이상에서는 자연스러운 발음 현상이 더욱 많이 나타난다.

이런 자연스러운 상황에서 나타나는 빠른 발음 현상은 어느 언어에서나 나타나는데(예: 그러니까 말이야 → /긍까 마리야/ → /응까 마리야/ → /까 마리야/), 영어와 우리말과는 음운론적 속성상 근본적인 차이가 있으므로 영어의 빠른 발음은 우리에게는 매우 어렵게 느껴진다. 국어는 음절(syllable-timed) 리듬의 언어인 반면에 영어는 강세(stress-timed) 리듬의 언어이다. 영어에서는 2음절 이상의 단어에서도 강약의 리듬이 존재하여 강세가 없는 음절은 매우 약하게 발음하므로 강세에 익숙하지 않은 우리나라 학생들에겐 매우 어렵다. 좋은 예로서, interpret(통역하다)라는 단어의 1음절은 강세가 없으므로 빠른 속도의 발음에서는 매우 약하게 발음되어서 우리 귀에는(/인/이 없는) 마치 /터프릿/럼 들리기까지 한다.

기능어 / 내용어 및 강략 리듬

문장의 차원에서도 내용어(명사, 동사, 형용사, 부사, 중요한 뜻의 기능어 등)는 강하게 발음되고, 반면에 기능어(전치사, 접속사, 관사, 조동사, 대명사 등)는 약하게 발음되는 강약의 리듬이 존재하여 청해에 어려움을 준다. 빠른 발음상황에서는 and, in, on, an, 그리고, than까지도 거의 모두 /n/처럼 약화되어, 예컨대 'less than …'의 경우에는 /lésdn/처럼 들린다. 즉, 음성언어의 내용(문맥)을 생각하지 않고 발음만으로 기능어를 청취하기란 매우 어렵다.

이에 대해서 '기능어는 중요하지 않으므로, 내용어만 청취하면 된다.'라는 주장이 있는데, 이는 빠른 발음 상황에서는 항상 그렇지만은 않다. 예컨대, want it, I'm in은 한꺼번에 발음되므로 실제로 자연스러운 빠른 대화에서는 wanted, I mean과 발음만으로는 구별이 어렵다. 약한 발음의 기능어가 앞뒤의 내용어와 연음되어 내용어까지 이상한 단어처럼 들리게 만든다. 즉, 내용어와 기능어로 구성된 문장의 강약 리듬에서 필연적으로 생기는 연음 현상으로 인해 예상한 대로 발음되지 않기 때문에 잘 들리지 않는 것이다. 결국, 영어 발음의 가장 중요한 요소는 단어와 문장의 강약 리듬이므로 강약을 정확하게 소리내어 연습하는 것이 가장 효과적인 발음 학습 방법이다.

• • • 시각 이미지(Visual Image) 와 청각 이미지(Auditory Image)

독해 과정에선 많은 시각적 정보가 인지 과정을 거쳐 이해되고 반복적으로 학습됨으로써 수많은 시각 이미지가 기억되어, 독해의 가장 기본 요소인 saccade(의미 단락의 문자群을 뭉뚱그려 읽기 위한 眼球의 도약)가 가능하게 된다. 청해에서도 같은 원리로, 반복적인 학습을 거쳐서 수많은 연음의 청각 이미지가 기억되어 기본 인지 과정인 chunking이 가능하게 된다. 시각 이미지가 없을 때 문맹자가 되는 것처럼, 청각 이미지가 없을 때 음성언어의 귀머거리가 되는 것이다. 예로서, have, of, a, has, he's, is, as, was, does, why, well, while, what, where 등은 완전히 상이한 시각 이미지이지만, 빠른 발음에서는 각기 /ə/, /z/, /wə/로 동일한 청각 이미지로서 문맥없이 발음만으로는 식별이 거의 불가능하다.

우리가 어렸을 때 우리나라말을 배우면서 학교에서 받아쓰기를 하는 과정 중에 문자(시각 이미지)와 그에 상응하는 소리(청각 이미지)를 연결시켜 기억했기 때문에 우리말을 읽고 듣는데 전혀 문제가 없는 것이다. 문맹자들이 말은 잘 알아들을 수 있는 것도 /이러케 함꺼버네 여음되는 바르믈/(이렇게 한꺼번에 연음되는 발음을) 기억하고 있기 때문이다. 이처럼 연음되는 발음을 뭉뚱그려서 꾸준히 공부하고 새로운 단어처럼 외우지 않으면 완전한 청해가 불가능하다. 청해가 특히 어렵고 오랜 기간이 소요되는 것도 바로 이런 이유 때문이다. 어린이가 우리나라말을 처음 배우는 과정에서, 자연스럽게 읽을 수 있기 위한 시각 이미지가 생길 때까지(물론, 개인적인 차이가 있겠지만) 최소한 몇 년 이상 걸리는 것을 생각해 볼 때, 외국어의 청각 이미지가 생기는 데 얼마나 오랜 시간이 소요될 것인지에 대한 답은 자명해진다. 우리나라 유학 준비생들이 TOEFL 청해력 시험 성적이 타영역에 비해 부진한 이유는 우선 청해력 배양을 위해 투자한 시간과 노력이 절대적으로 부족하기 때문이다. 따라서 진정한 회화 능력을 배양하기 위해서는 청해 능력의 초석인 발음 식별력을 배양해야 하며, 이를 위해선 몇 달이 아닌 최소한 몇 년간의 여유를 갖고 공부하는 마음 자세가 필요하다.

02 Sandhi 규칙

발성기관 운동량의 경제 원칙에 의해 일어나는 자연스러운(빠른) 발음 현상 규칙에 대한 지식은 청해력에 필수적이므로, 본서에서는 간단한 음운론 용어와 함께 다양한 예를 중심으로 설명한다. 편의상 사용한 전문용어(jargon)에 신경 쓰지 말고, 빠른 발음의 변이 현상에만 주의를 기울이기 바란다. 물론, 빠른 발음 현상에 관한 지식이 곧 완전한 청해 능력을 의미하는 것은 아니지만, 이런 지식이 없이는 아는 단어라도 예상 밖의 발음 때문에 못 듣게 되는 경우가 허다하다. 따라서 아래에 설명된 발음 현상을 이론이라고만 생각지 말고, 몸에 배도록 여러번 듣고 (말하기 위해서가 아니라 듣기 위해서) 발음 연습을 해보며 살아있는 영어의 자연스러운 빠른 발음 규칙을 습득하기 바란다.

• • • 동화(Assimilation)

한 음소가 인접한 다른 음소에 영향을 받아서 비슷하게 발음되는 현상이다.
주로 두 가지 이상의 현상이 동시에 일어난다.

🔸 조음점(발음이 조성되는 점)의 측면에서 동화되는 현상

❶ 순행(progressive, forward): 앞에 인접한 음소에 영향을 받음

Is that ...?/ 〉/iz ðæt/ 〉/iz zæt/ 〉/izǽt/
Why's that? / 〉/wai zæt/ 〉/waizǽt/ 왜 그렇지?
(**e.g.** as though, How's that?, Who's that?, etc.)
want to 〉/wʌ́ntə/ 〉/wʌ́nnə/ 〉/wʌ́nə/
trying to 〉 tryin' to 〉/tráinnə/ 〉/tráinə/
twenty 〉/twénti/ 〉/twénni/ 〉/twéni/
center 〉/séntər/
(**e.g.** dental, interview, international, granted, counter, Atlantic, advantage, etc.)

❷ 역행(regressive, anticipatory): 구개음화(palatalization)가 대표적인 현상

/s/, /z/, /t/, /d/ + /j/ ⇒ /ʃ/, /ʒ/, /tʃ/, /dʒ/
/tr/, /dr/ ⇒ /tʃr/, /dʒr/
this year 〉/ðis jəːr/ 〉/ðiʃjə́ːr/
this used to be 〉/ðis justə-/ 〉/ðisʃústə-/
I'm going to miss you. 〉/- mis ju/ 〉/- míʃju/ 보고싶을 거야.
what are you ..., what do you ..., 〉/wʌ́rəu/ 또는 /wʌ́tju/
next year 〉/nekst jəːr/ 〉/nékstʃjə́ːr/
last year 〉/læst jəːr/ 〉/lǽstʃjə́ːr/ (우리말에서도 '올해'는 /오래/로 '작년'은 /장년/으로 발음하는 것이 자연스럽다.)
what you... 〉/wʌ́tju/ (what you do, what are you, what do you는 모두 극단적으로 빠른 발음 상황에서는 거의 비슷하게 들린다.)
Nice to meet you. 〉/- míːtʃju/ (방금 위에서 설명한 next year의 /nékstjəːr/나 last year의 /lǽstʃjəːr/ 같은 발음은 좀 어색하게 느껴졌지만, 우리가 자주 듣는 meet you의 /míːtʃju/ 발음은 오히려 자연스럽게 느껴질 것이다. 바로 이런 차이가 청각 이미지의 존재 유무를 말해 주는 것이다. 즉, 우리 머릿속에 어떤 소리의 청각 이미지가 생겼으면 그 소리가 자연스럽게 느껴지며, 그렇지 않으면 그 소리를 들을 때 매우 어색하게 느껴진다.)
that you 〉/ðət ju/ 〉/ðǽtʃju/
that she 〉/ðæt ʃi/ 〉/ðǽtʃi/
Suit yourself 〉/suːt juərself/ 〉/súːtʃjuərsélf/ 좋을대로 하세요.
(**e.g.** bet you, sent you, won't you, couldn't you, etc.)
did you 〉/didʒju- /
(**e.g.** would you, could you, made you, paid you, hide you, etc.)
He says you were here. 〉/-séʒju-/
give me 〉/gimi/ (만화나 영화자막에선 gimme라고 발음나는 대로 쓰기도 한다.)
clothes 〉/klouz/ (/ð/은 거의 발음되지 않고, 동사 close처럼 들린다.)

❸ 상호(reciprocal, coalescent): 앞뒤 인접한 음소가 서로 영향을 받는 현상으로 구개음화(palatalization)를 상호동화로 볼 수도 있다.

🔵 조음방법(발음이 조성되는 방법)의 측면에서 동화되는 현상

in there 〉 /in ðɛər/ 〉 /in néər/
and then 〉 /æn ðen/ 〉 /æn nén/
even though 〉 /ivən ðou/ 〉 /ivən nou/ 〉 / ívn nou/
plan this 〉 /plæn ðis/ 〉 /plǽn nis/ 이것을 계획하다
doing that 〉 /dú:iŋ ðæt/ 〉 /dú:iŋ næt/
(**e.g.** down there, in the, and they, even though, etc.)
is that 〉 /iz ðæt/ 〉 /iz zæt/ 〉 /zæt/
What's that? 〉 /wʌ́ts ðæt/ 〉 /wʌtsǽt/ 그게 뭐지? 이게 무슨 소리지? (**e.g.** notice that)
all that 〉 /ɔl ðæt/ 〉 /ɔlæt/ (**e.g.** all the way, etc.)
at least 〉 /æli:st/ 〉 /əí:st/ (보통 /t/는 들리지 않음)

•••이화(Dissimilation)

비슷한 소리의 생략이나 통합을 방지하기 위하여 다른 소리를 첨가시키거나 중복되는 소리를 생략하는 현상이다. 청취에 어려운 것은 주로 중복되는 음절이나 음소의 하나를 생략하는 현상이다.

rural〉 /rúərəl/ 〉 /rú:əl/
sufferer 〉 /sʌ́fərər/ 〉 /sʌ́fəːr/ (빠른 발음에서 /r/은 두 번 발음하지 않고 하나의 /r/만을 좀 더 길게 발음되는 경향이 있다. **e.g.** horror, mirror)
pretty 〉 /príti/ 〉 /pəri/ 〉 /pri/ (pre- 〉 per- 의 음위(소리위치) 전환이라 보는 견해도 있다.)
probably 〉 /prábəbli/ 〉 /prábəli/ 〉 /prábli/
similarly 〉 /síміləli/ 〉 /síməli/
library 〉 /láibreri/ 〉 /láiberi/
literature 〉 /lirəritʃər/ 〉 /lirətʃər/
temperature 〉 /témpəritʃər/ 〉 /témpərtʃər/

•••약화(Reduction)

🔵 모음 약화(Vowel Reduction)

모든 모음이 강세를 받지 않을 때는 schwa로 약화되어 발음되는 빠른 영어 발음의 가장 전형적인 음운현상이다.

admit, emit, omit 〉 /əmít/ ('인정하다, 발산하다, 생략하다'의 다른 뜻을 문맥으로 구별하여야 한다.)
an, in, on, and, than 〉 /ən/
possible 〉 /pásəbl/
below 〉 /bəlóu/(**e.g.** belief, beneath, before, behind, belong)
eleven 〉 /əlévn/(**e.g.** eliminate, event, elite, estate, efficient, immune, identify, electric, etc.)
going to 〉 goin' to 〉 /góuinə/ 〉 /gə́nə/

See you! 〉 /siːjə/ (만화나 영화자막에서는 See ya!라고도 쓴다.)
Why 〉 /wai/ 〉 /wa/ (Why don't you 〉 /wərə́ntʃju/처럼 들린다.)
→ (빠른 발음에서 why, well, while, what, where 모두 /wə/로 들린다.)
about an hour ago 〉 (/au/가 단모음화되어 /əbát/ 처럼 들린다.)
Soup or salad? 〉 /súpər sǽləd/ (스프와 샐러드 중 어느것으로 하시겠습니까? super salad처럼 들으면 곤란하다.)
win or lose 〉 /wínərlúːz/ (winner lose처럼 들림)
→ (빠른 발음에서는 or에서 r이 탈락되어 /ə/처럼 들리므로 청해에 어려움을 준다.)
side effect /sai dəfékt/ (부작용 sider fact처럼 들린다.)
Cash, check or charge? 〉 /- tʃékətʃárdʒ/ (checker charge처럼 들린다.)
(**e.g.** more or less, believe it or not, etc.)

◯ 성절음및 성문 폐쇄음화(成節音/聲門閉鎖音化, Syllabication & Glottalization)

주로 /t/, /d/ 다음에 오는 강세가 없는 음절에서 /l, n/등이(사이모음 없이도 음절을 이루는) 성절음(syllabic: 성대에서 끊어주는 음)이 되며, 미식 영어에선 성절음 앞의 /t/는 성문 폐쇄음(glottal stop) /?/으로 발음된다.(/?/ 발음은 목젓이 코로 바람이 나오는 것을 막다가 열리면서 콧소리가 나는 발음으로 마치 코가 답답하여 /킁킁/할 때 일어나는 현상과 비슷함)
영식 영어 발음에선 /t/가 입밖으로 파열(plosive)이 되므로 입 앞의 종이가 흔들리나, 미식 영어에선 /t/가 파열되지 않고 콧소리로 나오므로 입 앞의 종이가 흔들리지 않는다.

mountain 〉 /máuntən/ 〉 /máun?n/
important 〉 /impɔ́ːrtən/ 〉 /impɔ́ːr?n/
captain 〉 /kǽptən/ 〉 /kǽp?n/
(**e.g.** fountain, sentence, gotten, cotton, rotten, button, mutton, eaten, written, kitten, Manhattan, bitten, Latin, burden, pardon, sudden, hidden, ridden, hadn't, couldn't, wouldn't, didn't, little, middle, settle, beatle, kettle, slightly, currently, recently, lately, partly, justly, fluently, etc.)
certainly 〉 /sə́ːrtnli/ 〉 /sə́ːr?nli/ (발음상 suddenly와 혼동될 수 있다.)
partner 〉 /pártnər/ 〉 /pár?nər/
kidding 〉 kiddin' 〉 /kídən/ 〉 /kídn/ 〉 /kíɾn/
getting 〉 gettin' 〉 /gétən/ 〉 /gétn/ 〉 /gé?n/
putting up 〉 puttin' up 〉 /pútn -/ 〉 /pú?n -/
hit and run 〉 hit' n run 〉 /hítn -/ 〉 /hí?n -/

◯ 탄음화(彈音化, tapification)

강모음과 약모음, 약모음과 약모음 사이에서 /t, d/가 flap(tap; 탄음, 단타음)이 되는 현상이다. 탄음은 원래 /r/이 아니고 다른 기호/ ɾ /등으로 표시되나, 편의상 /r/을 사용한다.

Italy 〉 /ítəli/ 〉 /íɾəli/ 〉 /írli/ (**e.g.** metal, medal, meddle; petal, pedal, peddle은 발음상 구별하기 어렵다.)
Italian 〉 /itǽliən/ (강세가 있는 음절의 /t/는 그대로 발음된다. **e.g.** total, title)
should [would/ could/ might] have been /- dəv biːn/ 〉 /- rəv biːn/ 〉 /-rəbiːn/

I don't know. 〉/- doun -/ 〉/- dən -/ 〉/- rən -/ 〉/- ən -/ 〉/- n -/
(극히 빠른 발음에서는 tap도 탈락되어 I don't know.는 /ai n nou/ 정도로 들림)
how to 〉/háutu/ 〉/háudu/ 〉/háurə/(I don't know how to ...는 보통 /airən nou hauru/로 매우 빨리 발음된다.)
have got to 〉(have가 약화되어 탈락됨) got to 〉/gátə/ 〉/gárə/
I got it. 〉/- gat it/ 〉/- gárit/알았다!
What happened? 〉/wət hǽpnd/ 〉/wərǽpn/ (happened 의 /h/가 탈락되고 /d/는 거의 들리지 않는다.)
Let's get out of of here. 〉/- arə -/ (/áutə/가 /áurə/ 또는 /árə/처럼 들린다.)
ought to 〉/ɔ́tə/ 〉/ɔ́rə/

탈락(생략, Deletion/Elision)

모음 탈락(Vowel Deletion)

모음 약화 현상이 아주 빠른 발음에서 더 발전하여 주로 schwa가 탈락되는 현상이다.

admit, emit, omit 〉/əmít/ 〉/mit/(아주 빠른 발음에서는 세 단어의 식별이 매우 어려우므로, 내용 파악이 필수 조건이다.)
except 〉/iksépt/ 〉/əksépt/ 〉/ksépt/
accept 〉/əksépt/ 〉/ksépt/(except와 accept는 발음상 매우 흡사하게 들린다. 1음절에 강세가 없어서 schwa의 발음으로 시작하는 모든 단어의 1음절은 거의 안 들리므로, 청해를 매우 어렵게 한다.)

e.g. alleged > 'leged, agreed > 'greed, according to > 'cording to, assault > 'sault(salt처럼 들림), assemble, assess, appeal(peel처럼 들림), advance, afford, alive, awake, asleep, away, again, afresh, appointed, assign, amazed, etc.

an, in, on, and, than 〉/ən/ 〉/n/(and는 bread and butter(버터 바른 빵), suit and tie(양복 정장), sick and tired(지긋지긋한), back and forth(앞뒤로), wait and see(시간을 두고 보다), check and see if(...인지 알아보겠다) 등의 관용적 표현에서 뿐만 아니라, 보통 경우에서도 거의 항상 /n/으로 약하게 발음됨을 유의하여야 한다.)
excuse me 〉/ikskjúz-/ 〉/(k)skjúz -/
finally 〉/fáinəli/ 〉/fáinli/(발음상 finely와 구별이 어렵다.)
e.g. luckily 〉/lʌ́kli/, heavily 〉/hévli/
Come on! 〉/kʌm-/ 〉/kəm-/ 〉/km-/(발음 나는 대로 C'mon! 으로 표기하기도 한다.)

자음 탈락(Consonant Deletion)

주로 기능어의 첫머리 /h, ð, w/ 또는 /əv/의 /v/ 등이 탈락되는 현상으로 기능어(대명사, 조동사)에서 나타나므로 빈도수가 매우 높아서 청해를 어렵게 한다.

them 〉/ðəm/ 〉/əm/ 〉/m/
him 〉/im/ 〉/əm/ 〉/m/(I like him.과 I like them.은 빠른 발음에서는 구별이 어렵다.)
than 〉/ən/ 〉/n/(빠른 발음에서는 than, and, an, in, on는 모두 /n/ 처럼 들린다.)
let her 〉/lédər/(발음상 led her, letter와 구별이 어렵다. 또한 ladder(사다리)와도 비슷하게 들린다. 물론 /e/보다

/æ/는 아래턱이 더 내려와서 입모양이 더 동그랗기 때문에 입모양을 보면 다른 발음임을 쉽게 알 수 있으나, 입모양을 보지 않고 빠른 발음 속에서 귀로만 들어서는 구별하기가 어렵다.)

tell her 〉 /télər/(teller(금전출납계원) 처럼 들린다.)
give her 〉 /givər/(giver처럼 들린다.)
have 〉 /əv/ 〉 /ə/(빠른 발음에서는 have, of, a는 모두 /ə/처럼 들린다.)
has 〉 /əz/ 〉 /z/
was 〉 /əz/ 〉 /z/(빠른 발음에서는 has, as, is, does, was는 모두 /əz/나 /z/처럼 들린다.)
who(관계대명사) had[have/ has] been 〉 /hwu hæd[v]z biːn/ 〉 /wuəd[v]z biːn/
kind of 〉 /káinə/; sort of 〉 /sɔ́rə/좀, 약간, 말하자면(자기의 주장을 약하게 할 때 사용하는 표현이다. 만화나 영화자막 등의 구어체에선 kinda, kinder; sorta, sorter로 표기하기도 한다.)
lot of 〉 /lɔ́rə/(of는 관용적인 표현에서 뿐만 아니라, 일반 표현에서도 거의 /ə/ 로 발음된다. 만화나 영화자막에서는 of를 o'로 표기하기도 한다.)
couple of 〉 /kʌ́plə/
in front of 〉 /infrʌ́nə/(in은 매우 약하게 들린다.)
in spite of 〉 /inspáirə/···에도 불구하고
plenty of 〉 /pléniə/많은···
full of 〉 /fúlə/···으로 가득한
a cup of 〉 /əkʌ́pə/한잔의···

⊙ 자음군(群) 탈락(Consonant Cluster Simplification: CLS)

셋 이상의 자음군 중 가운데 소리나 발음하기 어려운 소리, 특히 폐쇄음이 생략되는 현상이다.

landlord〉/lǽndlɔrd/ 〉 /lǽnlɔrd/집 주인, 지주(여자 지주: landlady)
handful 〉 /hǽndful/ 〉 /hǽnful/한 손의, 몇몇의
grandpa 〉 /grǽndpɑ/ 〉 /grǽnpɑː/
just like 〉 /jʌst laik/ 〉 /jʌ́slaik/
fast food 〉 /fæst fuːd/ 〉 /fǽsfuːd/
bestman 〉 /béstmæn/ 〉 /béstmæn/신랑 들러리
postman 〉 /póustmən/ 〉 /póusmən/
postpone 〉 /poustpóun/ 〉 /pouspóun/
asked 〉 /æskt/ 〉 /æst/
attempts 〉 /ətémpts/ 〉 /ətémps/
cents 〉 /sents/ 〉 /sens/(sense와 구별이 어렵다.)
prints 〉 /prints/ 〉 /prins/(prince와 구별이 어렵다.)
(e.g. faults와 false, sects와 sex, lens와 lends, bands와 bans는 발음으로 구별하기 어렵다.)
analysts 〉 /ǽnəlysts/ 〉 /ǽnəlis/ (분석가, 전문가)
scientists 〉 /sáiəntists/ 〉 /sáiəntis/(e.g. artists)
exactly 〉 /igzǽktli/ 〉 /igzǽkli/(e.g. directly, perfectly, strictly)
mostly 〉 /móustli/ 〉 /móusli/(e.g. justly, softly)
next door 〉 /nekst d-/ 〉 /neks d-/이웃, 옆집
nuclear test ban 〉 /- test bæn/ 〉 /- tésbæn/핵 실험 금지

⊃ 중복자음군(群) 탈락(Geminate Cluster Simplification: GCS)

중복자음이나 인접한 자음군 중 하나의 자음이 생략되는 현상이다.

mammoth 〉/mǽməθ/, summer 〉/sʌ́mər/, running 〉/rʌ́niŋ/
letter 〉/létər/, grammar 〉/grǽmər/, tennis 〉/ténis/
(**e.g.** winner, sinner, comma, dinner, banner n이 두 개 겹쳐 있어도 하나만 발음한다.)
months 〉/mʌnθs/ 〉/mʌns/ (단수와 복수의 차이는 내용으로 파악한다.)
sixth(six) 〉/siksθ/ 〉/siks/ (서수와 기수의 차이는 내용으로 파악한다.)
ghost story 〉/goust stɔry/ 〉/góustɔ́ri/ 유령 이야기
tennis shoes 〉/ténis ʃjuz/ 〉/téniʃjuz/
police say 〉/pəlís sei/ 〉/pəlísei/ 경찰 당국에 의하면, …
source says 〉/sɔːrs sez/ 〉/sɔ́ːrsez/ 소식통에 의하면, …
next stop 〉/neks stap/ 〉/nekstáp/ 다음 정거장
police station 〉/pəlíːs stéiʃən/ 〉/pəlístéiʃən/ 경찰서
next time 〉/nekst taim/ 〉/nékstáim/
had to 〉/hæd tə/ 〉/hǽd du/ 〉/hǽrə/
since Sunday 〉/sins sʌ́ndei/ 〉/sinsʌ́ndei/ (**e.g.** since Saturday)
about to 〉/əbáut tə/ 〉/əbáutə/
meant to 〉/ment tə/ 〉/méntə/ …를 하려고 했다
space station 〉/speis stéiʃən/ 〉/spéistéiʃən/ 우주 정거장
service station 〉/sə́ːrvis stéiʃən/ 〉/sə́ːrvistéiʃən/ 주유소
What's she like? 〉/wʌts ʃi -/ 〉/wʌ́t ʃi -/ (What she like?처럼 들림)
I guess so. 〉/- ges sou/ 〉/- gésou/ 그런 것 같습니다.
Hopefully. 〉/hóupfəli/ 〉(/ə/가 탈락하여) /hóufli/ (/p/는 거의 발음되지 않는다.)
helpful 〉/hélfəl/ 〉(/ə/가 탈락하여) /hélfl/

•••연음(Linking, Liason)

빠른 발음에서 전후의 자모음이 연결되어 마치 생소한 표현처럼 들리게 하는 현상으로 구어체 언어에서 가장 광범위하게 나타나는 발음 현상이다.

단어 하나만 독립적으로 들어 보면 별로 어렵지 않게 느껴질지 모르나, 실제 상황에서 쓰여지는 대로 문장 내에서 들어보면, 전후 단어와 연음되어 문맥을 생각하지 않으면 예상 외로 이상하게 들리는 경우가 많다. 앞의 말이 자음으로 끝나고, 뒤의 말이 강세 없는 모음으로 시작되면 보통 그 자음은 뒤따르는 모음과 붙어서 한꺼번에 발음된다.

in effect 〉/in ifékt/ (비문법적인 in a fact, in affect 처럼 들린다.)
It's all over. 〉/sɔlóuvər/ (It의 /i/가 약화·탈락되어 'tsall over처럼 들린다.)
e.g. It's all right. 〉'tsall right.
It's all yours. 〉'tsall yours. 이젠 당신 차례니까 쓰세요.
It's up to you. 〉'tsup to you. 좋을대로 하세요.
It's too bad. 〉'ts too bad. 그거 안됐네요.

as a matter of fact 〉 /əzə mǽrər/
not at all 〉 /náræt/전혀 아니다.
one of the most ... 〉 /wʌ́nɔ/(wanna처럼 들린다.)
pick it up 〉 /píkirʌ́p/ (pi ki rup처럼 들린다.)
an aim 〉 /ənéim/(a name처럼 들린다.)
stick around 〉 /stíkəráund/주위에서 맴돌다 (sticker round처럼 들린다.)
rip off 〉 /ripɔ́f/바가지(씌우다) (ri poff 처럼 들린다.)

(k, t, p 는 강세가 있을 때는 우리말의 거센소리(격음), 즉 ㅋ, ㅌ, ㅍ에 가깝게 발음되며, 강세가 없을 때나 s로 시작할 때는 우리말의 된소리(경음), 즉 ㄲ, ㄸ, ㅃ에 가깝게 발음된다. 예로서, people은 1음절에 강세가 있으므로, 비록, 영어로는 /pi:pl/로 같은 /p/이지만, 우리말 표기로는 /피:쁠/와 /피:쁠/의 중간음에 가깝게 발음된다. 또한 sky, stop, spy의 k, t, p, 는 /ㄲ/, /ㄸ/, /ㅃ/ 에 가깝다.)

stop it 〉 /stápit/그만 해!
Knock it off! 〉 /nákirɔ́f/집어 치워!
Cut that out! 〉 /kʌ́ðæráut/집어 치워!
off and on 〉 /ɔ́fnɔ́n/간헐적으로 (on and off라고도 함)

•••-ING 〉 -IN'

일반 대화에서 아주 흔하게 나타나는 현상이다. -ing 가 -in'이 되는 것 자체가 중요한 것이 아니라, 뒤에 따라오는 단어와 연음이 되어서 듣기 어려운 발음이 되는 점에 유의하여야 한다.

We're goin'. 〉 /góuin/ 〉 /góuən/(We're gone.처럼 들리기도 한다.)
going to 〉 goin' to 〉 /gónə/
trying to 〉 tryin' to 〉 /tráinə/
No kidding! 〉 No kiddin' 〉 /- kídin/ 〉 /- kírn/농담 마!(d는 tap(단타음)이 되고 n은 syllabic n이 되므로 마치 /키른/ 에 가깝게 들린다.)
getting 〉 gettin' 〉 /gé?n/
looking 〉 lookin' 〉 /lúkn/
putting it up 〉 puttin' it up 〉 /pú?nirʌ́p/매달다, 걸다
hitting it off 〉 hittin' it off 〉 /hí?nirɔ́f/마음이 맞다
What are you doing? 〉 What are you doin'? 〉 /- dúin/ 〉 /- dúən/
something 〉 somethin' 〉 /sʌ́mθn/(/썸흠/처럼 들린다.)
nothing 〉 nothin' 〉 /nɔ́θn/

SECTION 05 발음편

03 _ 억양과 강세
Intonation & Stress

문장의 억양과 강세에 관해 꼭 알아둘 필요가 있는 중요한 내용만 정리하여 설명하면 다음과 같다.

01 억양 (Intonation)

••• 평서문 형태의 의문문

평서문 형태이면서 끝을 올려서 말하여 의문문의 기능을 나타내는 구문이다. 틀린 문장이 아니라 완벽히 문법적인 문장으로서, 격식을 덜 차린 일상 회화에서는 매우 자주 사용되는 구문이다.

 You're hungry?(↗) (= Are you hungry?)
 You want to join us?(↗) (= Do you want to join us?)

••• 부가의문문(Tag Question)

부가의문문은 끝을 올리면 말하는 이의 불확실한 어조를 나타내고, 끝을 내리면 확실한 어조를 나타낸다.

 You're hungry, aren't you?(↗) (= I really wonder if you're hungry.) 배고프니?
 You're hungry, aren't you?(↘) (= I bet you're hungry.) 배고프지, 그렇지?

부정 명령문과 의문문

'절대 …하지 마라'는 뜻의 Don't you …로 시작하는 강한 부정 의미의 명령문은 끝을 올렸다 내려서 발음하고, '당신은 …하지 않습니까?'의 뜻인 의문문은 당연히 끝을 올려서 말한다. 이 두가지는 문장 구조가 동일하나, 끝의 억양이 달라짐에 따라 뜻이 정반대가 됨을 모르는 학생이 많은데, 유의하여 기억하길 바란다.

 Don't you ever give up!(↗↘) 절대 포기하지 마라.
 Don't you ever give up?(↗) 너는 포기하지 않니?

02 강세 (Stress)

내용어와 기능어

일반적으로 내용어에는 강세가 오며 기능어에는 강세가 오지 않는데, 내용어의 조합에 적용되는 강세 규칙은 다음과 같다.

동사+부사	Let's get **out**.
동사+전치사	What are you **lo**oking for?
명사+명사	The **gas** station is over there.
부사+형용사	It's very impr**e**ssive

의미가 있는 기능어: 대(代)동사와 대(代)부정사

기능어는 일반적으로 강세가 오지 않지만, 의미를 내포하고 있는 기능어는 내용어의 역할을 하므로 강세가 온다.
  You don't have to do this if you don't want **to**. 원하지 않는다면 이걸 하지 않아도 된다.

want to의 to는 to do that의 줄임말이므로 to는 소위 대(代)부정사로서 내용어이므로 약화되어 발음되지 않는다. to의 t는 약화될지언정 모음은 /u/이지 /ə/로 약화되지 않으므로 /원투/나 /워누/처럼 발음되지만, /워너/(wanna)처럼 약화되지 않는다.

  I'm not leaving. 나는 떠나지 않을 겁니다.
   - Yes, you **are**. 아니야, 떠나야 할 거야.

Yes, you are.에서 are는 are leaving.의 뜻을 대신하는 소위 대(代)동사이다. Yes, you are leaving.의 의미는 '아니야, 너는 떠날 것이다.' 즉, 떠나야 한다는 뜻이므로, be동사인 are는 이런 의미에서는 내용어의 역할을 하여, 강하게 발음된다.

문장 끝에 오는, 즉, 대동사의 역할을 하는 be동사/have조동사 및 일반 조동사는 강세가 있다.
  Yes, I **ám**.   Yes, they **háve**.
  Yes, I **cán**.   No, I **cán't**.

✚ 긍정의 can는 항상 /kən/으로만 발음된다고 생각하는 사람이 많은데, 그렇지 않다. 강조가 되면 얼마든지 /kæn/으로 발음된다.

의미의 초점 단어 강조

어느 언어처럼, 영어에서도 강조하는 말은 강세가 온다.
  Who was it, John or Mary?
   - It was **John**. (의문사 Who의 초점인 John을 강하게 발음함. not Mary의 의미.)

When was it? Fifteenth?
- No, it was sixt**ee**nth.(의문사 When의 초점인 sixteenth를 강하게 발음함.)

도치된 문장에서는 강조된 부사에 강세가 오며 동사에는 강세가 오지 않는다.

D**o**wn came the rain.

It ... that 강조구문에서는 강조되는 단어가 강세를 받는다.

It was that m**a**n who rescued five people.

강조의 do동사 구문에서는 do가 강세를 받는다.

I d**o** believe that ...

•••강세와 억양 조합

다음과 같은 안부 인사의 대화에서는 의미에 따라서 How are you?의 억양이 바뀌는 것이 원칙이다.

A: How are you?(are는 올렸다 you는 내림)
B: Fine, thank you. And, how are you?(나는 괜찮은데, 당신은 어떠냐고 묻는 말이므로 you에 강세를 주며, you를 올리면서 내려 말함.)
A: Pretty good. Thanks.

그러나, 실제 회화에서는 How are you? - Fine, thanks.처럼 일방적으로 안부를 묻고 답하는 대화에서 are보다 you를 올리고 내리면서 발음하는 경향이 강하다.

•••사실의 진위 강조

사실인지 아닌지를 분명히 밝힐 때 동사에 강세를 준다.

Who is he?
- He's my brother. 그는 나의 형이다.
Is he really your brother?
- Yes, he **is** my brother.(is에 강세를 줌)
= Of course, he's my brother.

SECTION 05 발음편

04 _ 발음 혼동에 주의할 어휘

우리나라 학생들이 살아 있는 영어 음성언어를 청취하는 데 특히 어려움을 겪는 동음이의어와 기타 발음 혼동 어휘들을 망라하여 아래와 같이 제시하였다. 앞에서 설명한 자연스러운 빠른 발음 현상(Sandhi) 규칙을 기억했다고 곧바로 청해 실력이 완벽해지지는 않으나, 모르면 완전히 바보짓을 하게 되는 것처럼, 여기서 제시하는 발음 혼동의 주의를 요하는 어휘들에 대한 지식을 습득하지 않으면 청해력 향상에 많은 걸림돌이 된다. 살아 있는 청해력의 기본 요소인 이런 발음 혼동 주위 어휘들을 잘 습득하여 청해력의 발판을 다지기 바란다.

01 동음이의어 (Homonyms)

[ədɔ́ːr]	adore	사모하다(1음절에 강세가 없기 때문에 door /dɔːr/처럼 들리기도 함)
[eid]	aid	돕다, 도움
	aide	조수, 보좌관
[ɛər]	air	공기, 대기
	heir	상속인
[əláud]	allowed	허락하다(allow의 과거, 과거분사)
	aloud	큰 소리로
[ɔ́ːltər]	altar	제단
	alter	변경시키다
[ænt]	ant	개미
	aunt	아주머니
[əsént]	ascent	상승, 오름(ascend의 명사형)
	assent	승낙(하다), 동의(하다)
[əslíːp]	asleep	자고 있는(1음절에 강세가 없기 때문에 sleep[slíːp]처럼 들리기도 함.
[ai]	aye	(회의 상황) 찬성(= yes)
	eye	눈, 시력
	I	1인칭 주격 대명사

[bɛər]	bare	벗은, 노출된	
	bear	곰, 참다, 견디다	

[bǽrən] baron 남작
barren (열매, 자식)을 생산 못하는, 척박한

cf. 작위 순위: 공작(duke - duchess) → 후작(marquis - marchioness) → 백작(count / earl - countess) → 자작(viscount - viscountess) → 남작(baron - baroness)

[béisik] basic basic을 /bézik/으로 발음하는 사람이 많은데, /-zik/이란 발음은 없다.
마찬가지로 increase나 decrease도 모두 /-z/가 아니라 /-s/이다.

[béri] berry (딸기과) 열매
bury 파묻다, 감추다

[bluː] blue 푸른, 우울한
blew blow(바람이 불다)의 과거

[bɔːrd] board 판자, 널판지; 탑승하다, 하숙치다
bored bore의 과거, 과거분사; 싫증난 I feel bored.

[bau] bough 큰 나뭇가지
bow 절하다, 뱃머리(船首) **cf.** *stern* 船尾

[bou] bow 활
beau 멋장이, 애인

[breik] brake 브레이크(를 걸다)
break 깨다, 부수다; (짧은) 휴식, 기회

[brauz] browse 구경하다; 새싹
brows (겉눈썹)(eye)brow의 복수형 **cf.** 속눈썹 *eyelash*

[bai] buy 사다
by …옆
by(e) 안녕!

[kǽnən] cannon 대포(를 쏘다)
canon 법전, 교회법

[kǽpitəl] capital 주요한, 수도, 자본, 대문자
Capitol (미국) 국회의사당

[kæʃ] cash 현금
cache 감추다, 저장하다; 비밀금고

[síːliŋ]	ceiling	천장, 한계
	sealing	봉인, 날인
[sel]	cell	세포, 감방
	sell	팔다
[sénsər]	censor	검열(하다); 검열관
	sensor	감지 장치
[sent]	cent	센트 (미국 화폐단위)
	scent	향, 냄새
	sent	send의 과거, 과거분사
[sens]	cents	cent의 복수형
	sense	감각, 감지하다
[síə(ː)riəl]	cereal	곡분으로 만든 인스턴트 음식
	serial	연속물(의)
[sait]	cite	인용하다
	sight	광경
	site	(건물) 대지, 장소
[klɔːz]	clause	조항, 조목, 절(주어+동사)
	claws	claw(발톱)의 복수형
[klouz]	close	막다, 닫다; 끝
	clothes	의복, 옷 (/ð/는 거의 발음하지 않는다.)
[kɔːrs]	coarse	거친,
	course	진행, 경과, 과목
[kóukou]	cocoa	코코아 (chocolate 맛이 나는 음료)
	coco	야자(열매)
[kə́ːrnl]	colonel	대령
	kernel	핵심, 낟알
[kámpləmənt]	complement	보조(물), 보충하다
	compliment	칭찬, 찬사
[kuː]	coo	(비둘기) 구구 울다
	coup	쿠데타(= coup d'etat), 일격, 대성공
[kup]	coop	닭장/우리(에 가두다)(be cooped up in…에 갇히다)
	coupe	(문이 둘 달린) 소형 승용차

[kɔːr]	core	핵심, 속	
	corps	반, 대, 군단 (복수일 때는 철자는 같고 발음만 /kɔːrz/이다.)	
[káunsəl]	council	주[시]의회, 평의회	
	counsel	상담(하다), 조언(하다)	
[kruːz]	cruise	순항하다	
	crews	crew(선원, 반[팀]원)의 복수형 (camera crew: 촬영반[팀])	
[kjuː]	cue	단서, 힌트	
	queue	(길게 서있는) 줄, 편발 (queue up: 줄서다)	
[deiz]	days	day의 복수형	
	daze	눈부시게 하다, 현란하게 하다	
[diər]	dear	친애하는	
	deer	사슴	
[dizə́ːrt]	desert	저버리다 **cf.** *desert* [dézərt] *사막*	
	dessert	후식, 디저트	
[djuː]	dew	이슬, 물방울	
	due	만기의, 당연한, 회비	
[dai]	die	죽다 (동명사 형태는 dying)	
	dye	염색(하다) (동명사 형태는 dying)	
[diskríːt]	discreet	현명한, 지각있는, 신중한	
	discrete	별개의, 불연속적인	
[djúː(ː)əl]	dual	2중의	
	duel	결투(하다)	
[ilísit]	elicit	(대답 등을) 유도해내다	
	illicit	불법의	
[feint]	faint	기절하다; 희미한	
	feint	…인 척하다	
[fɛər]	fair	공정한, 정당한, 예쁜; 박람회	
	fare	(교통) 요금	

[fiːt]	feat	공적, 행위, 묘기
	feet	foot(발)의 복수형
[fiːɑnséi/ fiɑ́ːnsei]	fiance	남자 약혼자
	fiancee	여자 약혼자
[flɛər]	flair	육감, 재능
	flare	섬광; 이글이글 빛나다, 나팔 모양의
[fliː]	flea	벼룩
	flee	도망가다
[fláuər]	flour	밀가루
	flower	꽃
[fluː]	flu	influenza(독감)의 축약형
	flew	fly의 과거형
[faul]	foul	더러운, 반칙의
	fowl	가금(家禽)
[friːz]	freeze	얼다, 얼리다
	frees	free의 3인칭 단수형
[dʒiːn]	gene	유전자
	jean	청바지
[gərílə]	gorilla	고릴라
	guerrilla	게릴라(전의)
[griːs]	grease	기름
	Greece	그리스
[groun]	groan	신음(하다)
	grown	grow의 과거분사
[gest]	guessed	guess의 과거, 과거분사
	guest	손님
[ges]	guess	추측
	guests	guest의 복수형
[hɛər]	hair	모발, 털
	hare	토끼

[hɔːl]	hall	홀, 복도	
	haul	끌다	
[hiːl]	heal	(병을) 고치다	
	heel	발뒤꿈치	
[hiər]	hear	듣다	
	here	여기(에서)	
[həːrd]	heard	hear의 과거, 과거분사	
	herd	(특히 소의) 무리, 떼 (a herd of cattle: 소떼)	
[hérouin]	heroin	(마약) 헤로인	
	heroine	여주인공, 여걸	
[hjuː]	hew	자르다	
	hue	색조	
[him]	him	he의 목적격	
	hymn	찬송가	
[hɔːrs]	hoarse	목쉰	
	horse	말	
[houl]	hole	구멍	
	whole	전체의, 완전한	
[áuər]	hour	시간	
	our	we의 소유격	
[hauz]	how's	= how is	
	house	수용하다 cf. *house* [haus] 집	
[ail]	isle	작은 섬 (s는 묵음)	
	aisle	복도 (s는 묵음)	
[kiː]	key	열쇠	
	quay	부두 (= wharf, pier)	
[læks]	lax	느슨한, 애매한	
	lacks	lack(부족하다)의 3인칭 단수형	
[liːst]	least	최소의	
	leased	lease(임대하다)의 과거, 과거분사	
[list]	list	목록	

[lésn]	lesson	수업, 교훈
	lessen	줄이다
	less than	빠른 발음 상황에서의 th의 소리가 탈락함
[loun]	loan	융자, 대부
	lone	혼자의
[meid]	maid	하녀, 미혼여성
	made	make의 과거, 과거분사
[meil]	mail	우편(을 부치다)
	male	남성(의)
[mein]	main	주된, 주요한
	mane	(사자의) 갈기
	Maine	미국 북동부의 주
[máːrʃəl]	marshal	원수
	martial	군사의, 용감한
[meiz]	maze	미로, 혼란
	maize	옥수수
[miːt]	meat	(짐승) 고기
	meet	만나다
[máinər]	minor	더 작은, (음악) 단조의; 부전공(하다), 미성년자
	miner	광부
[mɔːrn]	morn	morning(아침)의 시적 표현
	mourn	슬퍼하다
[néivəl]	naval	해군의
	navel	배꼽, 중앙
[niːd]	need	필요, 결핍
	knead	반죽하다
[nait]	night	밤
	knight	기사(騎士)
[nʌn]	nun	수녀
	none	부정주어(= no one)

[ɔːr]	oar	노, 젓는 배	
	or	또는	
	ore	광석	
[ɔ(ː)rəl]	oral	입의, 구두(口頭)의 (실제 보통 /ɔːrəl/로 발음함)	
	aural	귀의, 청각의 (실제 보통 /ɑːrəl/로 발음함)	
[ɔːt]	ought to	…해야 한다 (= should)	
	aught	영, 제로	
[peil]	pail	양동이	
	pale	창백한, 엷은	
[pein]	pain	고통, 아픔	
	pane	창유리	
[pɛər]	pair	한 벌[쌍]	
	pare	(과일) 껍질을 벗기다	
	pear	서양배	
[pɔːz]	pause	중지, 휴지	
	paws	(동물의) 발(톱)	
[piː]	pea	완두(콩)	
	pee	오줌 (누다)	
[piːs]	peace	평화, 안녕	
	piece	조각	
[piːk]	peak	절정, 끝	
	peek	(몰래) 엿보다	
[plein]	plain	평평한, 명백한	
	plane	비행기, 평면	
[pliːz]	pleas	plea(탄원, 변명)의 복수형	
	please	즐겁게하다	
[poul]	pole	막대기	
	poll	(여론)조사, 투표(소)	
[prei]	pray	기도하다	
	prey	먹이	
[praid]	pride	자랑, 오만	
	pried	pry(엿보다, 캐다)의 과거, 과거분사	

[prínsəpl]	principal	교장, 주요한
	principle	원리, 원칙
[práfit]	profit	이익, 소득
	prophet	예언자
[prouz]	prose	산문, 평범
	pros	pro(찬성)의 복수형
	pros	pro(= professional)의 복수형
[rein]	rain	비
	reign	통치(하다), 지배(하다)
	rein	고삐, 구속
[reiz]	raise	올리다, 기르다,(모금)하다; (임금) 인상
	rays	ray의 복수형
	raze	지우다, 파괴하다
[ræp]	rap	비난(하다)
	wrap	포장하다, 싸다
[ri:d]	read	읽다
	reed	갈대
[ri:k]	reek	악취(가 나다); 증기
	wreak	성을 내다
[rait]	right	올바른, 우측의; 권리
	rite	의식, 관례
	write	쓰다
	wright	제작자 cf. *playwright* 희곡 작가
[riŋ]	ring	반지, 원형
	wring	짜다, 비틀다
[roud]	road	길, 도로
	rode	ride의 과거
	Rhode Island	미국 북동부의 주
[roum]	roam	방랑하다, 거닐다
	Rome	로마
[roul]	roll	구르다; 명단 (on the payroll: 월급 명단에 있는, 취직되어 있는)
	role	역할, 배역

[rou]	row	열, 줄; (노를) 젓다 (roll, role 어두운 /l/소리 때문에 비슷하게 들린다.)
[seil]	sail	항해(하다)
	sale	판매
[séivər]	saver	구조자
	savor	맛, 흥미
[siːn]	scene	장면,(사고) 현장
	seen	see의 과거분사
[siːm]	seam	봉합선
	seem	…으로 보이다
[siːz]	seize	잡다, 파악하다
	seas	sea(바다)의 복수형
	sees	see(보다)의 3인칭 단수형
[ʃiər]	shear	(양털) 베다, 자르다, 빼앗다
	sheer	순전한, 얇은
[said]	side	면, 쪽
	sighed	sigh(한숨짓다)의 과거, 과거분사
[slei]	slay	죽이다, 암살[학살]하다
	sleigh	썰매(= sled(ge))
[soul]	sole	유일한; 신발 밑창
	soul	영혼
[sʌm]	some	약간
	sum	총액, 총계, 개요
[sʌn]	son	아들
	sun	태양
[sɔːrd]	soared	soar(상승하다)의 과거, 과거분사
	sword	검
[sɔːr]	sore	아픈, 쓰라린
	soar	높이 날다, 급증하다
[stɛər]	stair	계단
	stare	응시(하다)

[steik]	stake	말뚝, 막대기
	steak	스테이크
[stéiʃənèri]	stationary	정지된, 움직이지 않는
	stationery	문방구
[streit]	strait	해협
	straight	곧바른
[sʌ́kər]	succor	구조, 원조자
	sucker	빠는 것, 젖먹이, 멍청이
[suːt]	suit	소송, 정장
	soot	검댕이, 매연
[swiːt]	suite	수행원, 호텔의 귀빈용 아파트식 숙소
	sweet	감미로운, 귀여운, 친절한.
[sʌ́nd(e)i]	Sunday	일요일
	sundae	과일, 과즙 등을 얹은 아이스크림
[səːrf]	surf	파도(타기)
	serf	농노(노예와 같은 농부)
[teil]	tail	꼬리, 말단
	tale	이야기
[tiːm]	team	팀, 조
	teem	풍부하다
[tiːz]	tease	놀리다, 괴롭히다
	teas	tea의 복수형
[ðɛər]	there	거기(에)
	their	그들의
	they're	they are의 줄임말
[θroun]	throne	왕좌, 군주
	thrown	throw의 과거분사
[θruː]	through	…을 통해서
	threw	throw의 과거
[taid]	tide	조수, 간조
	tied	tie의 과거, 과거분사

[tu]	to	…까지
	too	…도 역시
	two	둘
[toud]	toad	두꺼비
	towed	two(끌다, 견인하다)의 과거, 과거분사
[tou]	toe	발가락
	tow	끌다, (자동차를) 견인하다
[tru:p]	troop	군대, 무리
	troupe	(배우, 곡예사) 일단, 일행
[vein]	vain	헛된, 공허한
	vein	정맥, 광맥
[weist]	waist	허리
	waste	낭비하다, 소비하다
[wɛər]	ware	상품, 공작품 **cf.** *hardware* 철물, *silverware* 은제품
	wear	입다
[weiv]	waive	포기하다, 피하다
	wave	파도, 물결; (손을) 흔들다
[wi:k]	weak	약한, (음료가 진하지 않은)연한
	week	주
[wéðər]	weather	일기, 기후
	whether	…인지 어떤지
[wei]	weigh	무게가 …나가다, 무게를 재다, 신중히 고려하다
	way	길
[weit]	weight	무게
	wait	기다리다
[witʃ]	which	어떤 것
	witch	마녀, 마법사 **cf.** *wizard* (남자) 마법사
[hu:z]	whose	누구의…
	who's	who is[has]의 축약형
[wud]	wood	나무, 목재
	would	will의 과거형

| [jouk] | yoke | 멍에, 속박 |
| | yolk | 노른자위 |

02 기타 발음 혼동 어휘

[əksépt]	accept	받아들이다 (모음이 탈락되어 /sépt/처럼 들림)
[iksépt]	except	제외하다, 제외한 (모음이 탈락되어 /sépt/처럼 들림)
[ǽdikt]	addict	중독자 (끝 /t/가 거의 탈락되므로 /ǽrik/처럼 들림)
[ədíkt]	addict	중독시키다. be addicted to …에 중독되다
[ǽtik]	attic	다락방
[əfékt]	affect	영향을 주다
[ifékt]	effect	결과, 효과, 취지 (in effect(사실상)는 in a fact처럼 혼동됨)
[ǽli]	ally	동맹
[əlái]	ally	동맹을 맺다, 제휴하다
[əláiv]	alive	살아있는 (/v/가 워낙 약하므로 /əlai/처럼 들림)
[əménd]	amend	수정하다 (1음절에 강세가 없으므로 거의 탈락된다.)
[mend]	mend	고치다, 수선하다
[əpíːl]	appeal	탄원(하다) (1음절에 강세가 없으므로 거의 탈락된다.)
[piːl]	peel	껍질(을 벗기다)
[əpíər]	appear	나타나다 (1음절에 강세가 없으므로 거의 탈락된다.)
[piər]	peer	같은 나이 또래, 동료
[piər]	pier	부두
[əplái]	apply	지원하다, 적용하다 (1음절에 강세가 없으므로 거의 탈락된다.)
[plai]	ply	부지런히[열심히] 일하다; 주름
[ərést]	arrest	체포(하다) (1음절에 강세가 없으므로 거의 탈락된다.)
[rest]	rest	휴식(하다)
[əsɔ́ːlt]	assault	기습(하다), 폭행(하다) (1음절에 강세가 없으므로 탈락된다.)
[sɔːlt]	salt	소금
[bəzáːr]	bazaar	(노천) 시장
[bizáːr]	bizarre	이상한, 괴상망칙한 (실제로 /bəzáːr/에 가깝게 발음된다.)

[biːtʃ]	beach	해변 (/iː/는 /이/를 길게 발음하는 것과 비슷함)
[bitʃ]	bitch	암캐 (/i/는 /이/와 /에/의 중간 발음에 가까움)
[bout]	boat	보트
[vout]	vote	투표(하다)
[kɔst]	cost	비용(이 얼마이다); 대가
[koust]	coast	해안
[disíːs]	decease	사망(하다)
[dizíːz]	disease	병
[díːsənt]	decent	점잖은, 정숙한, 품위있는
[disént]	descent	하강(descend의 명사형)
[dikríːs]	decrease	동 감소하다 (basic, increase와 마찬가지로 /-z/란 발음은 없다.)
[dikríːs]	decrease	명 감소
[dræft]	draught	초안, 통풍, 징병(= draft)
[draut]	drought	가뭄, 한발
[íːðər] [aíðər]	either	어느 한쪽(의)
[níːðər]	neither	어느 …도 ~아니다
[éməgreit]	emigrate	이주해 가다
[íməgreit]	immigrate	이주해 오다
[invéləp]	envelop	(봉투에) 싸다, 봉하다
[énvəlòup]	envelope	봉투, 싸개
[dʒə́ːrmən]	German	독일의
[dʒəːrméin]	germane	관련된 (germane to…과 관계있는)
[glá[ɔ]səri]	glossary	용어 해설집
[gróusəri]	grocery	청과물
[hǽpli]	haply	우연히
[hǽpili]	happily	행복하게
[hóuli]	holy	신성한
	wholly	전혀, 완전히
[háli]	holly	감탕나무; Hollywood: (미국 지명) 할리우드
[hjúmən]	human	인간(의), 인간적인
[hjuméin]	humane	자비로운

[áid[r]l]	idle	게으른, 태만한	
[áid[r]l]	idol	우상	
[insáit]	incite	선동하다, 자극하다	
[ínsait]	insight	통찰력	
[inkrí:s]	increase	동 증가하다 (basic, decrease와 마찬가지로 /-z/라는 발음은 없다.)	
[ínkri:s]	increase	명 증가	
[dʒju:]	Jew	유태인	
[zu:]	zoo	동물원	
[lǽtər]	latter	후자의 (실제 빠른 발음에서는 letter와 구별하기 어려움)	
[lǽdər]	ladder	사다리	
[li:d]	lead	인도(하다)	
[led]	lead	납	
[led]	led	lead의 과거, 과거분사	
[láiəbl]	liable	(손해보기) 쉬운, 책임져야 할	
[láibəl]	libel	명예훼손(죄)	
[lu:s]	loose	헐거운, 느슨한	
[lu:z]	lose	잃다	
[mǽgneit]	magnate	거물, …왕 (an oil magnate: 석유왕)	
[mǽgnit]	magnet	자석	
[mǽri]	marry	…와 결혼하다	
[méri]	merry	명랑한	
[médəl]	medal	메달	
[medl]	meddle	간섭하다, 참견하다	
[métəl]	metal	금속	
[métl]	mettle	기상, 기개, 용기	
[mil]	mill	맷돌, 방앗간	
[mi:l]	meal	식사	
[ɔ́:rdənəns]	ordinance	법령 (보통 모음 약화로 /ɔ́:rdəns/로 발음됨)	
[ɔ́:rdnəns]	ordnance	병기, 군수품	
[pǽriʃ]	parish	교구, 본당	
[périʃ]	perish	멸망하다	

[pédl]	pedal	페달, 발판	
[pédl]	peddle	행상하다	
[pétl]	petal	꽃잎	

[pə́ːrsikjuːt]	persecute	학대하다, 박대하다
[prɑ́sikjuːt]	prosecute	기소하다

[pə́ːrsənəl]	personal	개인의
[pə̀ːrsənél]	personnel	직원, 인원

[póliʃ]	polish	윤내다
[póuliʃ]	Polish	폴란드(사람/말)의, 폴란드말

[puər]	poor	가난한, 불쌍한 (보통 /pɔːr/처럼 발음함)
[pɔːr]	pore	숙고하다, 주시하다, 기공(공기구멍)
[pɔːr]	pour	붓다, 따르다

[ræk]	rack	선반
[rek]	wreck	파선(시키다); 파괴, 파멸

[rǽʃənəl]	rational	이성적인
[ræ̀ʃənǽl]	rationale	이유, 근거

[ríːəl]	real	진실의
[riːl]	reel	원반, 물레 (어두운 l소리 때문에 /riːəl/에 가깝게 들리기도 함)

[ru(ː)t]	root	뿌리, 근원; 응원하다
[ruːt]	route	노선, 수단

[sɔː]	saw	see(보다)의 과거; 톱(질하다)
[sou]	sew	바느질하다, 깁다
[sou]	sow	씨 뿌리다 (As you sow, so shall you reap. 뿌린대로 거둔다.)
[sau]	sow	암퇘지 (make a silk purse out of sow's ear 개천에서 용나다)

[ʃiːt]	sheet	얇은 판/천 (/iː/는 길게 발음함. a sheet of paper)
[ʃit]	shit	대변, 욕설 (/i/는 /이/와 /에/ 중간 정도로 발음함)

[stiːl]	steal	훔치다
[stiːl]	steel	강철
[stil]	still	여전히 (어두운 l 때문에 /ə/의 삽입으로 인해 steal, steel과 비슷하게 발음된다.)

[ə́ːrbən]	urban	도시의
[əːrbéin]	urbane	세련된

03 발음에 주의해야 할 단어 (Dangerous Words)

발음을 잘못하여 오해를 불러일으킬 수 있는 단어를 모아 보면 다음과 같다. 이는 발음 오해의 가능성을 과장한 단어들이 아니다. 우리 주위에서 얼마든지 자주 일어나는 것을 볼 수 있기 때문에 발음에 특히 조심해야 할 위험한 단어들이다.

① impórtant → ímpotent[ímpətənt] : impórtant는 2음절에 제1강세가 있는데, 1음절에 제1강세를 주어 발음하면, ímpotent(성불구)라는 의미가 된다. 실제로 이렇게 발음하는 사람이 많으니, 조심하기 바란다.

② coke[kouk] → cock[kɔk] : 콜라의 구어체 표현인 coke를 잘못 발음하면 cock처럼 들릴 수 있으므로 주의해야 한다. 보통 cock은 속어로 남성의 성기를 의미하므로, 수탉을 의미할 때는 cock보다는 rooster를 많이 쓴다.

③ unique[ju:ní:k] 강세를 1음절에 주면 éunuch[jú:nək](고자/내시)로 착각할 수 있다.

④ peanuts(땅콩) t발음을 정확히 하지 않으면 penis[pí:nəs](남자 성기)로 착각할 수 있다.

⑤ a sheet of paper의 sheet[ʃi:t]를 장음이 아닌 단음으로 짧게 발음하면 shit[ʃit]로 들려 의미가 불분명해진다.

⑥ God's peace be with you.의 peace[pi:s]를 장음이 아닌 단음으로 짧게 발음하면 piss[pis]로 들려 의미가 불분명해진다.

⑦ part의 p를 f로 발음하면 fart(방귀뀌다)로 오해받을 수 있다.

⑧ city의 c를 /ㅆ/보다 /ㅅ/에 가깝게 발음하면 shitty(taboo시 되는 표현 : 싫은, 고약한)로 오해받을 수 있다.

American Culture | 기타

▶▶▶ 세관 통과 시 Seaweed와 Grass

세관원이 특별히 신고할 품목 없냐는 뜻으로 Do you have anything to declare?라고 물으면, 만 달러 이상의 현금이나 일정액이 넘는 보석 등을 소지하고 있지 않으면, 간단히 No, nothing.이라고 말하면 된다. 그러면, 일반적으로 대충 짐을 검사하고 난 후 통과시킨다. 그런데, 만일 세관원이 낯설게 생긴 김이나 미역에 대해 물어 본다면 seaweed라고 설명해야지, 만일 해초(海草)의 풀(草)란 뜻에서 grass라고 말하면 곤란한 사태가 벌어질 수 있다. grass는 marijuana(마리화나, 또 다른 속어로는 pot)를 의미하는 속어이기 때문이다. 참고로, coke은 cocain의 속어이며, cocain보다 중독성이 강한 crack도 심각한 마약이다.

▶▶▶ 시선 처리

우리나라에서는 상대방(특히, 윗사람)의 눈을 피하는 것이 예의바르다고 생각되지만, 영어 원어민들은 상대방의 눈을 피하는 행위는 뭔가 숨기고 있거나, 거짓말을 하고 있는 표시로 여겨진다. 그렇다고 빤히 쳐다보거나(stare), 노려보는 것(glare)은 영미 문화에서도 좋지 않게 여겨진다.

▶▶▶ Gay(동성 연애자) or Straight(정상) or Bisexual(두 가지 모두)

미국은 gay의 권리를 많이 옹호하는 사회이지만, 그래도 taboo시하는 경향이 강하다. 우리나라에서는 특히 여학생들끼리 손을 잡거나 팔짱을 끼고 길을 가는데, 미국에서는 이럴 경우는 영락없이 gay(lesbian을 포함하는 표현)로 오해를 받게 된다. 정상적인 경우는 straight라고 하며 gay와 straight 두 가지 성격을 지닌 경우는 bisexual이라고 한다.

▶▶▶ Holidays(미국의 경축일)

날짜로 경축일을 정한 우리나라와 달리 그네들은 특별한 경우를 제외하고는 변하는 날짜에 구애받지 않고 매년 일정한 휴가계획을 세울 수 있도록 요일별로 정한 경축일이 많다.

- New Year's Day : January 1st
- Easter(부활절) : the first Sunday following the vernal equinox(춘분 후의 첫 번째 일요일)
- Mother's Day : the second Sunday of May
- Memorial Day(현충일) : the last Monday of May
- Father's Day : the third Sunday of June
- Independence Day = Fourth of July(독립기념일) : July 4th
- Labor Day(노동절) : the first Monday of September
- Thanksgiving(추수감사절) : the fourth Thursday of November
- Christmas : December 25th

▶▶▶ England vs. the United Kingdom

영국을 England라고 하는 사람이 많은데, 이에 대해 영국의 England 이외의 지역, 특히 Scotland 출신 사람들은 기분 나쁘게 생각한다. 이는 Scotland가 England에 의해 부당한 대우와 침략을 오랫동안 받았기 때문에 적대적인 지역인 England로 영국 전체를 지칭하는 것을 못마땅하게 생각하기 때문이다.(England와 Scotland의 갈등의 역사가 Brave Heart라는 영화에도 잘 나타나 있다.) 우리가 영국이라고 부르는 나라의 정확한 국명은 the United Kingdom이며, England, Scotland, Wales(이 세 지역을 합쳐서 Britain이라고 함), Northern Ireland의 4지역을 포함한다.

정답과 해설

ANSWERS

ANSWERS
정답과 해설

SECTION 01 구문
Chapter 01 문장의 종류

1 (A)
해석 | 본론으로 들어갈까요?
해설 | Let's의 부가의문문은 **shall we?**
어휘 | **get down to business** 본론으로 들어가다(= get to the bottom of things)

2 (D)
해석 | 그 단정치 못하게 생긴 남자가 얼마나 아름다운 집을 소유하고 있는지를 알고는 많은 사람들이 놀란다.
해설 | 감탄을 나타낼 때 How 구문은 쓰지 않음
어휘 | **sloppy** 단정치 못한

3 (D)
해석 | A : 로라 아줌마! 참, 오랜만이군요.
　　　B : 조셉! 너 멋진 젊은이로 자랐구나!
해설 | **Haven't you grown into...!**는 부정의문문의 형태로 감탄문의 역할을 한다.
어휘 | **Long time, no see.** 참으로 오랜만이다.
　　　grow into... …로 자라다(into는 결과를 의미하는 전치사)
　　　e.g. turn into... …으로 바뀌다; turn[transform/build] A into B A를 B로 바꾸다

4 (C)
해석 | A : 어젯밤에 어쩐일로 내 사무실에 들렸니?
　　　B : 너에게 중요한 할 말이 있었어.
해설 | '**How come**+평서문' 어순이 되어야 한다. **What...for?**는 '무슨 일 때문에…?'
어휘 | **drop by** 잠시 방문하다

5 (A)
해석 | A : 이제 어떻게 하면 좋지?
　　　B : 진정해! 해결책이 있을 거야.
해설 | **What am I supposed to**+부정사…? 내가 어떻게 …해야 하지?
어휘 | **Calm down!** 진정해라! **way out** 해결책

6 (C)
해석 | A : 이것 사는 데 얼마나 들었을 것 같습니까?
　　　B : 글쎄요, 한 500달러요?
해설 | **How much do you suppose/guess/think it cost me?**는 사고동사가 삽입된 문장에서 의문사가 문두에 위치한 구문이다. 이때 **cost**는 과거형.
어휘 | **stuff** 물건, 것

7 (A)
해석 | A : 얼마나 있어야 시작합니까?
　　　B : 약 5분 있으면요.
해설 | **How soon...?** 얼마나 있어야 …합니까?

8 (C)
해석 | A : 어젯밤에 왜 전화하지 않았니?
　　　B : 오, 미안해. 깜빡 잊었어.
해설 | **How come**+평서문 어순 = **Why**…?

9 (C)
해석 | 그 어려운 과업에서 그들이 얼마나 어려움을 겪었는지를 상상하기는 쉽지 않을 것이다.
해설 | **what difficulties have they had**
→ **what difficulties they have had**
목적절에서는 평서문 어순이 된다는 점을 유의할 것.
어휘 | **have difficulty[problem/trouble] with...** …에서 어려움을 겪다 **challenging task** 어려운 일, 과업

10 (C)
해석 | 사람들은 자기들이 가장 좋아하는 계절에 대한 다른 생각을 가지고 있다.
해설 | **what kinds of seasons → what season**
'어떤 종류의 계절이 좋습니까?' 라는 말은 우리말로도 어색하며 **season**이나 **month**는 같은 종류의 개념이므로 **kind/sort**를 쓰는 것은 틀린 표현이다.

11 (B)
해석 | 이 일을 끝마치는 데 얼마나 오래 걸렸을 것 같습니까?
해설 | **did it take → it took**
어휘 | **get this work completed** 이 일이 완성되도록 하다

정답과 해설 | ANSWERS

12 (A)

해석 | 우리가 제출한 그 제안에 대해 모든 사람이 다 적극적으로 지지한 것은 아니다.
해설 | Not of them all → Not all of them
어휘 | be supportive of... …을 지지하다

13 (B)

해석 | 당신이 누구라고 생각합니까? 내 사장쯤 됩니까? (상대방의 무례한 태도를 따지는 말)
해설 | are you → you are

14 (D)

해석 | 내 반의 새로 전학온 학생이 어떤 아이인지 많은 학생들이 궁금해한다.
해설 | liked → like
　　　 is sb like? 어떤 (인격의) 사람인가?

Chapter 02 동사

1 (D)

해석 | 중요한 것은 우리가 그 일을 다음날까지 완료하는 것이다.
해설 | count (자동사) 중요하다, (타동사) 세다,
　　　 cf. Count me in/out. 나를 (그 모임에) 끼워줘/빼줘.
어휘 | have sth completed …을 완료시키다

2 (D)

해석 | 가까운 장래에 큰 도전이 있을 겁니다.
해설 | lie ahead (앞에) …이 놓여 있다, …가 올 것이다
어휘 | foreseeable future 가까운 장래

3 (A)

해석 | 나이가 들어감에 따라, 점점 더 지혜로워질 것이다.
해설 | grow older 나이가 더 들다

4 (A)

해석 | 나이가 50세가 되자 그의 머리는 백발이 되었다.
해설 | turn 50 (나이가) 50세가 되다　(hair) turn grey 백발이 되다

5 (A)

해석 | 제가 당신에게 한 말을 용서해 주십시오.
해설 | forgive sb for sth …에게 ~을 용서하다

6 (A)

해석 | 대통령은 각료들에게 놀랄 소식을 발표했다.
해설 | announce는 '직접목적어+to+간접목적어' 의 어순을 취함

7 (D)

해석 | 이제는 우리가 그 일을 완벽하게 해내야 할 때가 되었다.
해설 | get the job done 일을 해내다 (get sth p.p. …을 ~되도록 만들다)
어휘 | It's about time...(가정법 과거동사) 이제는 …해야 할 때가 되었다(다소 늦은 감이 없지 않다)
　　　 cf. it is high time ...(가정법) 이제는 …해야 할 때가 되었다(이미 한참 때가 되었다)

8 (A)

해석 | 냉장고는 사용되지 않을 때도 계속 작동시키는 것이 낫다.
해설 | get sth -ing 계속 …하게 하다
어휘 | be being used 사용되고 있다(진행형 수동태)

9 (A)

해석 | 그 학생들은 숲속에서 아름다운 새 한 마리가 빠르게 날아가는 것을 봤다.
해설 | see는 지각동사이므로 목적보어로서 동사원형(일반적 의미)이나 진행형(진행의 의미)을 취한다.

10 (A)

해석 | 갑자기 나는 뒤에서 누군가 나를 만지는 것을 느꼈다.
해설 | feel oneself touched는 '… 자신이 만져지는 것을 느끼다' 즉, '누군가가 자신을 만지는 것을 느끼다' 라는 의미이다. 만져지는 것은 수동의 의미이므로 p.p. 형태.

11 (A)

해석 | 이 컴퓨터를 내가 사는 데 얼마 들었을 것이라고 생각합니까?
해설 | think, believe, suppose, imagine, guess, say 등의 인지동사는 의문사가 문두에 온다.
어휘 | it costs sb 금액 to... ~가 …하는 데 얼마가 들다

12 (A)

해석 | 당신이 이 아름다운 경치를 보기 위해서 나와 같이 바로 여기에 있다면 얼마나 좋을까!
해설 | wish 가정법. 이때 과거시제를 쓸 때 be는 were로 사용하는 것이 원칙이다.

13 (D)

해석 | 아빠, 제 옛친구 마이크와 인사하세요.
해설 | would like sb to... ~가 …하기를 바라다(want sb to...보

정답과 해설 | ANSWERS

다 부드러운 표현)
어휘 | **an old friend of mine** 내 옛 친구 (이중소유격)

14 (D)
해석 | 내 부모님은 그 여자와 가까이 지내지 말라고 정말 충고했다.
해설 | **did**는 강조의 조동사이며 **tell sb to...**가 '~에게 …하라고 말[명령, 충고하다]' 라는 의미가 된다. **speak[talk/say] sb to...**라는 구문은 쓰지 않는다.
어휘 | **stay away from** …로부터 멀리하다, …와 가까이 지내지 않다

15 (C)
해석 | 잭이 말도 안되는 말을 하는 것 같다.
해설 | **speak nonsense** 말도 안되는 말을 하다

16 (A)
해석 | 그가 얼마나 많은 언어를 구사하는지를 알면 사람들은 놀란다.
해설 | **speak language** 언어를 구사하다
cf. **speak good English** 영어를 잘하다 (= speak English well)

17 (D)
해석 | 속담에 이르기를, 뜻이 있는 곳에 길이 있다.
해설 | 진리나 현재 습관을 나타낼 때 현재시제를 사용한다.
어휘 | **as the proverb goes** 속담에 이르기를

18 (A)
해석 | A : 엄마, 나가서 놀게 해주세요.
B : 안 돼. 너 어디 가면 안 돼. 할 일이 얼마나 많은지 잘 알지?
해설 | 진행형은 가까운 미래의 뜻으로 많이 사용되므로 화자의 의지를 나타내는 의지미래 **shall**(고어/문어체) 대신 진행형을 많이 사용한다.

19 (D)
해석 | A : 너는 그 남자 혹은 어떤 사람과도 결혼할 수 없어. 너는 아직 결혼할 나이가 안됐어.
B : 엄마, 제발. 나는 그를 사랑한단 말이에요.
해설 | 진행형은 가까운 미래의 뜻으로 사용되므로, 현대 영어에서 화자의 의지를 나타낼 때 별로 사용되지 않는 의지미래 **shall**(고어체/법률문서체) 대신 진행형이 사용된다.

20 (A)
해석 | A : 감사합니다만, 그건 별거 아닙니다.
B : 겸손하십니다.
해설 | 동작의 느낌을 나타내는 형용사는 진행형을 쓸 수 있다.
어휘 | **There is nothing to it.** (그것은) 별거 아니다. **modest** 겸손한 명 modesty

21 (A)
해석 | A : 피터, 어떻게 된 거야?
B : 음, 나는 조심해서 했는데, 쾅하는 소리가 났어.
해설 | 동작을 나타내는 형용사의 진행형. *ex.* **I was being careful backing my car.** 조심스럽게 차를 후진시켰다.
어휘 | **What happened?** 무슨 일이 일어났습니까?
crunch 쾅 부딪치는 소리

22 (D)
해석 | 우리는 일출의 장관을 보기 위해 일찍 일어났다.
해설 | **so (that) sb can/may...** '…하기 위하여', 과거의 일이므로 **could**.
어휘 | **sunrise** 일출 ↔ **sunset** 일몰

23 (D)
해석 | 당신이 무엇을 하든지, 외국어를 일 년 정도에 정복할 수는 없을 겁니다.
해설 | **may**는 양보의 뜻을 나타낸다.
어휘 | **won't be able to...** …를 할 수 없을 것이다 **or so** 약 (항상 수식하는 표현 뒤에 위치함)

24 (A)
해석 | 나이가 많은 사람은 젊은 사람과는 다른 인생관을 갖기 마련이다.
해설 | **will**은 '…하기 마련이다' 라는 의미를 나타내며 구어체에서는 뜻을 명확하게 하기 위해서 보통 **will tend to...**라고 한다.
어휘 | **views of life** 인생관(= outlook on life) those = the views of life **be likely to...** …할 가능성이 높다

25 (A)
해석 | A : 빅토리아가 이제 올 때쯤 안됐습니까?
B : 네. 뭐 때문에 이렇게 늦는지 모르겠네요.
해설 | 추측을 나타내는 **should**가 들어갈 자리이다.
어휘 | **What's keeping her?** 무엇 때문에 늦는 거지?

26 (A)
해석 | A : 농담이지!
B : 아니야. 정말이야.
해설 | **have got to**(= must)는 의무뿐만 아니라 강한 추측이나 단정의 뜻이 있다.
어휘 | **I'm serious. = I mean it. = I mean business. = I mean what I say. = I'm telling you.**

27 (A)
해석 | A : 뭔가 실수가 있음에 틀림없다.
B : 응, 그런 것 같아.

정답과 해설 | ANSWERS

해설 | have got to(= must)는 의무뿐만 아니라 강한 추측이나 단정의 뜻이 있다.
어휘 | I guess. = I guess so.

28 (D)
해설 | A : 그런 사기꾼을 믿다니 나도 바보지!
B : 응. 아무도 그를 믿지 않아.
A : 진작 알았어야 했는데.
해설 | should have p.p.는 '…했어야 했는데' 이며 must have p.p.는 '…했음에 틀림없다' 라는 의미이다.
어휘 | crook 구부러진 사람[것], 사기꾼, 형 crooked

29 (A)
해설 | A : 그거 좋은 영화라고 하던데. 안타깝게도 못 봤어.
B : 정말 대단한 영화였어. 그런 영화는 봤어야 했는데.
해설 | should have p.p는 '…했어야 했는데' 이다.
어휘 | movie = film

30 (A)
해설 | 약 20년 전에 저기에 다리가 있었다.
해설 | there used to be… …가 있었다
어휘 | some(수치 앞에서) = about = approximately = roughly

31 (D)
해설 | A : 초조한데요.
B : 그것에 대해 절대 걱정 마세요. 성공할 겁니다.
해설 | 부정 명령문에서 Don't you…는 …Don't보다 강한 표현
어휘 | I bet = I'm sure   make it 성공하다, 해내다

32 (D)
해설 | 당신이 하는 무엇이든 최선을 다하시오. 그러면 인생에서 성공할 겁니다.
해설 | '명령형+and' 는 '…해라. 그러면 ~'

33 (A)
해설 | 아무리 노력해도, 당신의 수명을 무제한 연장할 수는 없을 겁니다.
해설 | try as you may = however hard you may try
어휘 | extend life span 수명을 연장시키다

34 (A)
해설 | 내가 지금 짬이 있다면, 물론 함께 소풍을 갈 겁니다.
해설 | be free = have free time
주절의 시제가 would join으로 가정법 과거라는 것을 알 수 있다.

35 (A)
해석 | 내가 그 당시에 좀더 열심히 노력했다면, 나는 그 대회에서 일등을 할 수 있었을 텐데.
해설 | 가정법 과거완료 구문이다.
어휘 | win first prize 일등을 하다   competition 경쟁, 경기, 대회

36 (A)
해석 | 당신의 귀중한 충고가 없었다면, 지금의 내가 될 수 없었을 겁니다.
해설 | if it had not been for… …이 없었다면 (가정법 과거완료)
어휘 | what I am now 현재의 나

37 (D)
해석 | 내일 비가 온다면, 피크닉을 취소해야 할 겁니다.
해설 | if절에서 현재시제는 조건을, 'should+동사원형' 은 가정을 의미한다.

38 (A)
해석 | 몇몇 회원은 브라운 씨가 차기 의장으로 선출되는 것에 동의했다.
해설 | 여기서 move는 미래를 가정하는 당위적 의미의 동사이므로 목적절에서 '(should)+동사원형' 을 취한다.
어휘 | move 동의하다

39 (D)
해석 | 각자 성인은 자신의 참정권을 행사하는 것이 중요합니다.
해설 | 'It is essential that (should)+동사원형' 은 당위성을 의미하는 구문이다.
어휘 | exercise a right 권리를 행사하다   suffrage 참정권(= a right to vote)

40 (A)
해석 | 재정적인 도움을 요청할 필요가 있을 때는, 서슴치 말고 989-1234로 전화를 걸어서 스미스 씨를 찾으십시오.
해설 | Should you = If you should (if절에서 if가 생략되면서 조동사가 문두에 위치한 형태이다.)
어휘 | financial help (개인) 경제 문제 cf. (국가 차원의) 경제 문제는 economic problem이다. do not hesitate to… 서슴치 말고 …하다(= feel free to…)

41 (A)
해석 | 내가 만일 부자라면, 가난한 자를 도울 텐데.
해설 | 가정법 if절에서 if가 생략되어 조동사(be동사)가 문두에 위치한 형태이다.
어휘 | the poor 가난한 자 (불특정다수) cf. the poor people 특정다수

정답과 해설 | ANSWERS

42 (A)
해석 | A : 폴이 유럽에 가본 적이 없다는 것을 나는 잘 알아.
B : 나도 마찬가지야. 그런데, 그는 마치 거기 가 봤던 것처럼 말해.
해설 | **as if** 절로 가정법 과거완료를 나타낸다.
어휘 | **know for a fact that...** …를 확실히 알다

43 (A)
해석 | 더 좋은 때 태어났더라면, 신디는 더 좋은 교육을 받았을 것이다.
해설 | **born** 앞에 **having been**이 생략된 형태이다.

44 (D)
해석 | 그 불쌍한 아이들은 자신의 의지에 반해서 무대에 나가서 춤을 추도록 강요받았다.
해설 | 사역동사 **make**의 수동태 구문이다.

45 (D)
해석 | 부상당한 군인은 친절한 간호사에게 간호를 잘 받았다.
해설 | **The kind nurse took good care of the wounded soldier.**의 수동태이다.

46 (A)
해석 | 이 역사적으로 중요한 사건을 잊혀지지 않도록 해야 한다.
해설 | 원형동사를 보어로 취하는 동사는 **let**이며 **allow, force, expect**는 모두 **to**부정사를 목적격보어로 취하는 동사이다.
어휘 | **historic** 역사적으로 중요한 *cf.* **historical** 역사의

47 (A)
해석 | 전반적인 언어 능력에 기본이 되는 어휘력을 계속 배양하는 것은 가치있는 일이다.
해설 | **is paid → pays**
pay는 '수지맞다, 가치 있는 일이다' 라는 뜻의 자동사.
어휘 | **enrich** 풍요롭게 하다 **be essential to...** …에 기본이다

48 (C)
해석 | 지난 시간에 다루었던 것을 다시 훑어본 후, 여러분 중 한 분이 방금 제기한 그 까다로운 문제에 대해 언급을 하고자 합니다.
해설 | **address about → address**
address는 '…에 대해 언급하다' 라는 뜻의 타동사이다.
어휘 | **go over** 훑어보다 **cover** 다루다 **thorny** 가시가 난, 까다로운 **raise a question** 문제를 제기하다

49 (C)
해석 | 두 나라는 8년간 서로 전쟁을 했기 때문에, 그들은 세계 경제 무대에서 매우 뒤쳐졌다.
해설 | **felled → fell**
fall behind 뒤쳐지다 (과거는 fell behind)

50 (D)
해석 | 무슨 일이 일어났는지 당신이 얘기하니까, 그 사람이 어제 왜 그렇게 기분 나쁜 투로 말했는지 이해가 갑니다.
해설 | **bitterly → bitter**
sound bitter는 '기분이 매우 나쁜 투로 말하다' 라는 뜻으로, 감각동사(**sound**)의 주격보어는 형용사가 온다.
어휘 | **now that** 이제 …하니까 **get the idea of/as to...** …에 대해 대충 이해하다 *cf.* **give sb the idea...** …에 대해 ~에게 대충 알려주다

51 (B)
해석 | 도서관 사서가 우리에게 도서관에서 공부할 때는 대화하지 말라고 친절히 제안했다.
해설 | **us → to us**
suggest to sb that... …라고 ~에게 제안하다

52 (D)
해석 | 그 건축 문제를 그 기술자에 의해서 해결되게 하는 것이 더 좋은 생각이라고 보시지 않습니까?
해설 | **to be** → 생략
사역동사 **have**는 목적격보어로서 **to**부정사를 취하지 않는다.
어휘 | **work out**
(타동사)~을 해결하다(**work a problem** 문제를 해결하다, **work a solution** 해결책을 강구하다)
(자동사) 운동하다(I work out a lot. 나는 운동을 많이 한다.), 잘 되어 나아가다(Everything is going to work out fine. 모든 것이 잘 되어갈 것이다.)

53 (A)
해석 | 당신 친구들과 친척들 앞에서 당신이 나를 창피를 주었을 때, 내 기분이 어떠했을 것 같습니까?
해설 | **What → How**
do you think는 삽입된 말이며, 의문사 **how**는 **felt**에 연결되는 것이다.

54 (B)
해석 | 나는 그 성마른 사람이 가능한 한 빨리 내 시야에서 사라지기를 진정 바란다.
해설 | **to get out → would get out**
hope는 **that**절을 목적어로 취한다. 따라서 동사가 필요하다. 단, 주어와 목적어가 같을 때는 **that**절 대신 **to**부정사를 사용할 수 있다. (I hope to be a doctor.)

55 (C)
해석 | 당신이 목적지에 도착한 후 나에게 반드시 전화를 걸어주십시오.

정답과 해설 | ANSWERS

해설 | will get → get
시간의 부사절에서 미래의 뜻으로 현재시제를 사용한다.
어휘 | **make sure (that)...** 반드시 …하다 **give sb a ring[call/buzz]** …에게 전화를 걸다

56 (A)
해설 | 작년에 나는 내가 보기에 하와이보다 더 아름다운 제주도에 가 봤다.
해설 | have been → went
작년(last year)이라는 과거 시점과 현재완료시제(have been to 가 본 적이 있다)를 같이 사용하지 못한다.
어휘 | **...which I found~** ~라고 생각된…

57 (A)
해설 | 매리가 불가능한 것처럼 보인 그 일을 도대체 언제 스스로 끝낼 수 있었습니까?
해설 | has managed → managed
시점을 나타내는 when과 완료시제를 함께 사용하지 못한다.
어휘 | **When was it that...?** …는 도대체 언제였는가?(강조 구문) **manage to** 겨우[가까스로] 해내다 **seemingly** 얼핏 보기에 **on one's own** 스스로

58 (A)
해설 | 개정된 조례 하에서 나는 군대에서 제대하기 전까지는 외국에 나갈 수 없었다.
해설 | have → had
until 다음의 시제가 과거이므로 그 전의 시제는 현재완료가 될 수 없고 대과거가 되어야 한다.
어휘 | **under the ordinance/law** 조례/법 아래서 **go abroad** 해외로 나가다 **get discharged/released from the army** 제대하다

59 (C)
해설 | 어쩐지 그녀가 내 남자 친구를 오랫동안 알고 있었다는 느낌이 든다.
해설 | has been knowing → has known
상태의 동사인 know는 진행형을 쓸 수 없다.
어휘 | **somehow** 어쩐지(감정), 어떻게 해서든지(의지) **get the feeling that...** …라는 느낌이 들다

60 (B)
해설 | 모든 사람은 평등하게 태어난 것이 아니라, 평등하게 화장된다(죽을 때 평등하다)고 말하는 것이 일리가 있다고 어떤 철학자는 말했다.
해설 | makes sense → make sense
강조의 조동사 do 다음에는 원형동사가 나와야 한다. all men are that 이하를 진리처럼 말했기 때문에 that절의 시제는 현재라도 무방하다.
어휘 | **be created equal** 평등하게 태어나다(equal은 주격보어) **cremate** 화장하다 *cf.* **crematory** 화장터

61 (C)
해설 | 나는 뺑소니(급히 달아나는) 트럭에 거의 치일 뻔 했다. 정말 죽을 수도 있었다.
해설 | should → could
'…할 수 있었다(그러나, 그렇게 되지 않았다)' 는 의미는 could have p.p.로 나타낸다.
should have p.p. …했어야 했다(그러나 못했다)
어휘 | **run over** (타동사) …를 치다

62 (A)
해설 | 그런 화제는 꺼내지 않는 것이 좋겠다. 그것은 심각한 사생활 침해로 간주될 수도 있다.
해설 | not better → better not
had better의 부정은 had better not이다.
어휘 | **bring up a subject** 화제를 꺼내다 **invasion of privacy** 사생활의 침해 *cf.* **invade privacy** 사생활을 침해하다

63 (C)
해설 | 당신이 내 입장이라면, 이 집요한 사회 문제를 해결하기 위해서 지금 당장 어떻게 하겠습니까?
해설 | have done → do
가정법 과거이다.
어휘 | **be in one's place[shoes]** …의 입장이다 **attack[tackle] a problem** 문제를 해결하다(solve보다 강한 문어체 느낌) **persistent** 집요한 ⑧ **persist**

64 (A)
해설 | 나의 지도교수가 그 당시에 나를 지도해 주지 않았다면, 박사학위 논문을 마치지 못해서 박사과정을 끝내지 못했을 것이다.
해설 | did not guide → had not guided
가정법 과거완료이다.
어휘 | **mentor** 지도교수(스승) **Ph.D.** Doctor of Philosophy의 줄임말 *cf.* **M.A.** Master of Arts, **M.S.** Master of Science

65 (B)
해설 | 그 불쌍한 소년이 그 비극적인 사고로 죽지 않았다면, 그는 지금 대학에 다닐 나이일 것이다.
해설 | have been → be
내용상 혼합 시제의 가정법이 와야 한다. if절은 가정법 과거완료이며 주절은 가정법 과거이다.

66 (B)
해설 | 그 전과자가 우리 지역사회의 새로운 구성원으로 다시 태어나는 것은 우리의 진정한 희망이다.
해설 | turns → turn
it is wish/hope that... 당위적인 내용을 전달하는 구문이

정답과 해설 | ANSWERS

므로 that절은 (should) 원형동사가 사용되어야 한다.
어휘 | **turn into...** …로 변하다 *cf.* **turn A into B** A를 B로 변화시키다

67 (A)
해석 | 내일 비가 온다면, 그 회의를 비가 그칠 때까지 연기해야 할 것이다.
해설 | **rains → rain**
If it should rain에서 if가 생략되어 Should it rain …이다.

68 (A)
해석 | 로버트 브래드포드는 미시간 고등학교 학생회 16대 회장직을 맡았을 때는 가장 총명한 학생 중의 하나였다고 보도되었다.
해설 | **to be → to have been**
학생이었던 시제는 보도되는 시점보다 앞선 시제이다.
어휘 | **serve as...** …로서 봉사하다, …직을 맡다

69 (D)
해석 | 놀림을 당하는 것을 좋게 생각할 사람은 전혀 없다는 사실은 당연하다.
해설 | **made fun → made fun of**
'…를 놀리다'는 한 의미 단락인 make fun of이므로 전치사 of를 붙여야 한다.
어휘 | **it is no doubt that...** …라는 사실은 의심할 바 없다 **not a single person...** …인 사람은 한 명도 없다

70 (C)
해석 | 적지 않은 부모들이 자신들이 겪은 것을 자녀들에게 겪게 하고 싶어하지 않는다.
해설 | **set their children through → put their children through**
어휘 | **quite a few** 꽤 많은 **put...through** (…에게) 겪게 하다 *cf.* **go through** 겪다

71 (A)
해석 | 최근에 비행기 추락 참사로 인해, 승객과 승무원 전원, 그리고 추락 지점에 가까이 있었던 사람들을 포함해서 수백 명의 인명이 죽었다.
해설 | **costs → cost**
과거에 일어난 사고의 내용이므로 과거시제가 되어야 한다.
어휘 | **cost** (희생) 요구하다, (생명) 앗아가다(= claim) **crash site** 추락 지점, 추락 현장

72 (B)
해석 | 최근 산불로 인해서 산에서 사는 많은 사람들이 집을 잃고, 무일푼이 되었다.
해설 | **put → left**

물주 구문의 내용상 동사가 바뀌어야 한다.
어휘 | **penniless** 무일푼의

73 (B)
해석 | 부대통령은 경험 없는 행정 관료를 진상 조사 위원회의 책임을 맡게 하여 심각한 실수를 저질렀다.
해설 | **making → putting**
물주 구문의 내용상 동사가 바뀌어야 한다.
어휘 | **put sb in charge of...** ~를 …의 책임자로 임명하다 **novice** 신참(= beginner) **fact-finding committee** 진상 조사 위원회

74 (C)
해석 | 목적을 달성하도록 하기 위해서라면, 어떤 것이 요구되더라도 개의치 않고 하려는 양심이 불량한 사람들이 있다.
해설 | **whatever takes → whatever it takes**
whatever 절에 주어가 없다.

75 (A)
해석 | 그 고용주는 그의 피고용인들이 하루에 15시간 일할 것을 계속 강요하고 있다. 많은 사람들은 그의 행동이 비합리적이라고 생각한다.
해설 | **to work → working**
insist on -ing 구문이다.
어휘 | **be being irrational** (현재 하는 행동이) 불합리하다

76 (D)
해석 | 그 청년은 돈이 좀 더 있었다면, 새로운 오토바이를 살 수 있었을 거라고 말했다.
해설 | **could have bought → could buy**
가정법의 내용은 전달동사의 시제에 영향을 받지 않는다.

Chapter 03 준동사

1 (A)
해석 | 그는 우리에게 등을 돌릴(배신할) 사람이 아니다.
해설 | **be the last person to...** …할 사람이 아니다
어휘 | **turn one's back on...** 저버리다 **desert = forsake**

2 (A)
해석 | 그 숙련공이 제 차를 고치게 할 수 있겠습니까?
해설 | **have sb 동사원형:** …가 ~을 하도록 하다(have는 사역동사)
어휘 | **experienced mechanic** 경험이 많은 차 정비사 *cf.* **inexperienced** 경험이 적은 두칸 **fix = repair**

정답과 해설 | ANSWERS

3 (B)
해석 | 나는 그 우스운 광경을 보고 웃지 않을 수 없었다.
해설 | **cannot but** 원형동사 = **cannot help -ing**이며 이때의 **help**는 avoid(= resist)의 의미이다.

4 (C)
해석 | 제임스 브라운 씨, 휴식을 위해서 낚시와 사냥 중 어떤 것을 하시겠습니까?
해설 | **prefer to/ -ing** …하기를 선호하다
어휘 | **go fishing/hunting** 낚시/사냥하러 가다
for relaxation 여가선용으로

5 (D)
해석 | 영업사원들은 다음 주에 잠재 고객과 만날 약속을 기억해야 한다.
해설 | **remember to…**는 '…할 것을 기억하다' 이고 **remember -ing**는 '…한 것을 기억하다' 라는 의미이다.
어휘 | **sales representative** 영업사원 **potential customer** 잠재 고객

6 (D)
해석 | 당신이 이 중요한 일을 처리하는 것에 전념해 주길 바랍니다. 그렇지 않다면, 이 일자리를 수락하지 않는 게 좋습니다.
해설 | **commit oneself to** 명사/-ing …하는 데 전념하다, …하는 데 헌신하다 *cf.* **be devoted/dedicated to**+명사/-ing도 같은 의미이다.
어휘 | **otherwise** 그렇지 않다면

7 (C)
해석 | 우리 클럽에 가입하도록 그들을 설득하는 데 어려움을 겪었다.
해설 | **have a hard/difficult/tough time -ing = have trouble/difficulty -ing** …하는 데 애먹다
어휘 | *cf.* **have a good time -ing** 즐겁게 …하다 **talk sb into sth** ~에게 설득하여 …를 하도록 하다

8 (B)
해석 | 압도적인 장면을 보고 나는 매우 흥분되었다.
해설 | **thrill**은 타동사로서 '흥분시키다, 흥분되다' 라는 의미이므로 **be thrilled**는 '흥분하다' 라는 의미가 되며 **be exited**보다 강한 뜻이다.
어휘 | **overwhelm** 압도하다 **overwhelming** 압도적인 **be overwhelmed** 압도되다

9 (B)
해석 | 버스를 타고 수원까지 줄곧 서서 갔다.
해설 | 동시 상황을 나타내는 분사구문이 되어야 하므로 **standing**이 적절하다.
어휘 | **ride a bus** 버스를 타다 **all the way** 줄곧, 내내

10 (A)
해석 | 내가 보기에는, 브라운 씨의 이 이야기는 말하지 않는 편이 나을 텐데요.
해설 | **be better unsaid** (그것을) 말하지 않는 편이 낫다

11 (C)
해석 | 그녀가 정문에서 누군가를 기다리는 것을 보았다.
해설 | 지각동사가 목적격보어로 동사의 진행형 또는 원형을 취한 구문이다. **wait**의 의미상 진행형이 자연스럽다.

12 (D)
해석 | 나의 어머니는 너무 이해심이 많으셔서 나는 어떤 것도 어머니와 토론할 수 있다.
해설 | 여기서 **understanding**은 분사가 아니라 **understand**의 형용사 형태이다.

13 (C)
해석 | 나를 짜증나게 하는 것은 그 사람이 자신의 잘못에 책임을 진 적이 전혀 없다는 점이다.
해설 | **annoy**는 '짜증나게 하다' 라는 의미의 타동사이므로 보어는 **p.p.** 형태가 와야 한다.
어휘 | **take/assume responsibility for…** …에 대한 책임을 지다

14 (B)
해석 | 어떻게 해야 할지 몰라서, 사장은 은행에 융자를 요청했다.
해설 | 분사구문의 부정문에서는 **not**이 문두에 온다.
어휘 | **loan** 융자, 빌려주다

15 (A)
해석 | 잭은 눈을 붕대로 감은 채 사무실로 천천히 걸어들어왔다.
해설 | **with…p.p.**는 '…가 ~하게 된 채로' 의 의미이며 수동의 뜻으로 부대 상황을 나타내는 것이다.

16 (B)
해석 | 날씨가 개어서, 야구선수들은 경기를 속개했다.
해설 | **with…-ing**는 '…하게 되어서' 라는 능동의 의미로 이유를 나타낸다.
어휘 | **clear up** (날씨가) 개다 **resume** 재개하다
cf. [rézəmei] 이력서

17 (C)
해석 | 6개월 동안 날씨가 건조했기 때문에 물을 절약하기 위해서 모든 노력을 경주해야 한다.
해설 | 위의 문장은 **As it has been dry for six months**, …라

정답과 해설 | ANSWERS

는 뜻이다. 따라서 주절 주어와 종속절 주어가 다른 경우, 종속절에서 주어를 명시하며, 종속절의 시제가 주절의 현재시제 이전이므로 완료형 분사구문을 사용한다.
어휘 | **every effort should be made** 모든 노력이 경주되어야 한다

18 (D)
해석 | 대략적으로 말해서, 그는 연 5만 달러를 벌고 있다.
해설 | **roughly speaking** 대략적으로 말해서

19 (C)
해석 | 그가 외교면에서 경험이 부족한 사실을 고려해 볼 때, 그를 우리의 대표로서 국제 회의에 내보내지 않는 것이 좋겠다.
해설 | **considering the fact that...**(= given the fact that ...) …라는 사실을 고려해 볼 때
어휘 | **representative** 대표자

20 (A)
해석 | 메리가 비록 10살 짜리 어린이지만, 그 아이는 어려운 미적분 문제들을 풀 수 있다.
해설 | **granting that...** …을 인정한다고 해도
어휘 | **calculus** 미적분

21 (A)
해석 | 케이트와 같이 미숙한 비서가 그 일을 1~2주 만에 끝낸다는 것은 불가능할 것이다.
해설 | **finishing → to finish**
다음과 같이 두 가지 구문이 가능하다.
1) **for sb to...** 구문으로서 '~가 …을 하다'를 의미하는 표현이 되기 위해서는 **finishing → to finish**
2) **For~like Kate**를 부사구로 생각해 콤마(,)로 분리시킨 후 동명사 주어로 보면, **For an inexperienced secretary like Kate, finishing the job...would be...**가 되어 'Kate와 같이 경험이 없는 비서에게는, 그 일을 1~2주 만에 끝낸다는 것은 불가능할 것이다.' 라는 의미가 될 수도 있다. 이 경우 **finshing**을 쓰면 된다.
어휘 | **a week or two** 1~2주 *cf.* **two or three weeks** 2~3주 **out of the question** 불가능한(= impossible) **out of question** 의심할 바 없는(= unquestionable)

22 (C)
해석 | 음악회가 시작되기 전에 두 시간 정도 남았으니 무엇을 해야 좋을까?
해설 | **killed → to kill**
'보내야 할 두 시간'의 뜻으로서 **to**부정사를 사용해야 한다.

23 (D)
해석 | 이 외딴 곳을 도대체 어떻게 알게 되었는지 잠시 말씀해 주실 수 있겠는지요?
해설 | **knowing → to know**
'**get to**부정사'는 '…를 하게 되다'의 뜻이다.
어휘 | **in the world**(= on earth) 도대체(= the heck/hell(속어)) **remote** 외딴

24 (B)
해석 | 마크는 부모의 기대와는 달리 자라서 장안에서 가장 훌륭한 정신과 의사가 되었다.
해설 | **being → to be**
소위 부사절의 결과적 용법으로서 '**grew up to**부정사'는 '자라서 …하게 되다'라는 뜻이다.
어휘 | **against one's expectation** 기대와는 달리 **psychiatrist** 정신과 의사 *cf.* **psychiatry** 정신과

25 (D)
해석 | 바닥에 엎질러진 그 화학 물질은 냄새가 너무 고약하여서 우리는 가까이 접근할 수 가 없었다.
해설 | **close to → close to it**
문장은 두개의 절로 구성되어 있으므로 **that**절이 독립적인 절로서 역할을 하려면 목적어가 있어야 한다.
어휘 | **substance** 물질 **spill** 엎지르다 **close to** = near

26 (D)
해석 | 시끄럽게 하는 저 추하게 생긴 남자를 이 조용한 사무실에서 내보내는 게 가능하겠습니까?
해설 | **leave → to leave**
'**get sb to**부정사'는 '~를 …하게 하다'의 뜻이다.
would it be possible for~to...? 도움 또는 허락을 요청하는 매우 격식을 갖춘 표현이다.

27 (B)
해석 | 나는 그 욕심 많은 주인 밑에서 노예처럼 사는 것보다 이 일을 그만 두는 게 낫겠다.
해설 | **to work → work**
would rather A than B는 'B하기 보다는 A를 하고 싶다'라는 의미이다. 이때 동사는 원형이 와야 한다.

28 (C)
해석 | 과격분자들은 말할 것도 없이, 성직자들은 파렴치한 대통령이 하야할 것을 요구했다.
해설 | **speaking → to speak**
'…는 말할 것도 없이'라는 표현은 **let alone = not to speak of = not to mention = to say nothing of**이다. 참고로 '**demand**는 당위성을 나타내는 동사이므로 목적절에 가정법 (should+)동사원형'을 취한다.

정답과 해설 | ANSWERS

어휘 | **protestant** 항의의, 항의자(1음절에 강세) **radical** (형) 과격한, (명) 과격자 *cf.* **the conservative** 보수파 **the moderate** 온건파 **the liberal** 진보파

29 (B)

해석 | 당신의 시간제 일은 두 달 이상 입원하고 있는 그 고령의 부인을 간호하는 것이다.

해설 | **take care → taking care** 또는 **to take care**
job의 주격보어는 -ing나 to부정사(명사적 용법)의 형태를 취해야 한다.

어휘 | **part-time job** 시간제 근무 (t는 하나만 발음함) *cf.* **full-time job** 전임 근무 **senile** 고령의 **senility** 노쇠, 노령 **hospitalize** 입원시키다

30 (A)

해석 | 직원들은 그들의 주식회사가 세계에서 자동차 산업 분야에서 최고의 기업중 하나임에 긍지가 대단하다.

해설 | **their corporation to be → their corporation('s) being**
의미상의 주어가 소유격 또는 목적격이며, 다음에 동명사 구문을 취한다.

어휘 | **leading company** 최고/선진 기업 **auto = automobile** 자동차 **around the globe** 전 세계적으로(= all over the world = around the world)

31 (A)

해석 | 비흡연자들은 공공장소뿐만 아니라 사적인 장소에서도 위험한 간접 흡연에 노출되는 것을 강력히 반대한다.

해설 | **be → being**
object to(전치사)는 명사나 동명사를 목적어로 한다.

어휘 | **be exposed to** (전치사) …에 노출되다 **second-hand smoking** 간접 흡연

32 (B)

해석 | 검사에 의해 심문을 받을 때, 그 용의자들은 극악한 범죄들을 저질렀다고 결국 자백했다.

해설 | **to commit → committing**
admit은 목적어로 동명사를 취한다.

어휘 | **interrogate** 심문하다 **prosecutor** 검사(미국은 DA District Attorney) **a series of...** 일련의 **heinous** 극악한

33 (A)

해석 | 그 2억 달러 계약을 체결하기 위해 대표이사가 유럽여행에서 언제 돌아오리라고 예상합니까?

해설 | **coming → to come**
expect 는 **sb to...**의 구문 형태를 취한다.

어휘 | **CEO**(= Chief Executive Officer) 대표이사 **trip to...** …에의 여행 **conclude/[sign] a contract** 계약을 체결하다

34 (B)

해석 | 사업에 너무 바빠서 지난달에 청구서 비용을 지불했다는 것을 까맣게 잊었었다. 청구서 비용을 다시 냈으니 나는 얼마나 바보인가!

해설 | **to have paid → paying**
forget은 지난 일을 표현할 때 동명사 형태를 취한다.

어휘 | **be busy with...** …로 바쁘다 **pay the bill** 청구서의 비용을 지불하다

35 (A)

해석 | 대통령이 오랫동안 구상해왔던 사회 개혁을 위한 구체적인 안을 마련하기 위해 특별 운영위원회를 구성하는 것이 어떻겠습니까?

해설 | **form → forming**
What do you say to...?에서 **to**는 전치사로 목적어(명사 상당어구)를 취한다.

어휘 | **steering committee** 운영위원회 **work out**(a solution) 해결책을 마련하다

36 (B)

해석 | 전투에서 가장 중요한 시점임을 깨닫고, 대대장은 그의 부하들에게 철수하지 말고 요새에서 꼼짝하지 말고 끝까지 싸우라고 명령했다.

해설 | **putting → put**
계사(copula)인 **stay**는 주격보어로서 타동사 **put**을 취할 때 p.p. (수동태 의미) 형태를 취한다.

어휘 | **battalion commander** 대대장 **fortress** 요새 *cf.* **squad** 분대 **platoon** 소대 **company** 중대 **battalion** 대대 **regiment** 연대 **division** 사단 **corps** 군단 **fight it out** 끝까지 싸우다

37 (D)

해석 | 수많은 의학 연구에 의하면, 심장 관련 병이 적은 비결은 이 매혹적인 한 잔의 적포도주에 있는 것 같다.

해설 | **invited glass → inviting glass**
invite가 어원이 '매료하는, 매혹적인' 이라는 의미의 형용사는 **inviting**이다.

어휘 | **secret to...** …에 대한 비결, …에 대한 해결 (solution/answer/reply/key/clue/response/reply 등의 명사처럼 전치사 **to**를 취한다.)
lie in... …에 있다

38 (A)

해석 | 긴 우기가 지나고 해가 나서 많은 사람들은 해변이나 공원에서 일광욕을 즐기기를 원했다.

해설 | **Being → It being**
분사구문에서 종속절의 주어와 주절의 주어가 상이할 때는 주어를 생략하지 못한다. 소위 현수구문(dangling structure)으로 영어 원어민도 잘 틀리는 구문이며 영어 시험에서 많이 다루

어지는 구문이다.
어휘 | **sunbathe** 일광욕하다

39 (D)

해석 | 비록 불법이지만, 홍콩의 공산주의자들은 1997년 이후의 그들의 역할을 준비하는 데 열심히 일하고 있다.
해설 | **prepared for → preparing for**
'준비하면서' 를 의미하는 분사구문이다.
뜻을 명확하게 하기 위해서 현대 영어에서는 **(Al)though, while, once, after/before** 등의 접속사를 그대로 두는 경향이 강하다. 단, 이유를 의미하는 **as, because, since** 등은 그대로 두지 않고 생략한다.

40 (A)

해석 | 건물이 붕괴된 후에, 경찰은 건물 주인과 그 건물을 설계한 건축가를 체포했다.
해설 | **having collapsed → the building having collapsed**
주절의 주어와 다르므로 주어를 명시해서 **After the building having collapsed**라고 해야 한다.

Chapter 04 법

1 (C)

해석 | 그 학생이 현명하다면, 수업을 빼먹지는 않을 텐데.
해설 | 가정법 과거 문장
어휘 | **skip classes** 수업을 빼먹다(= cut classes) *cf.* **play hooky** 땡땡이치다

2 (D)

해석 | 그녀의 교육에 대한 가정교사의 절대적인 헌신이 없었다면, 헬렌 켈러 여사는 위대한 인물이 되지 못했을 것이다.
해설 | 가정법 과거완료 문장
어휘 | **tutor** 가정교사

3 (C)

해석 | 만일 내일 눈이 온다면, 우리의 등산 계획을 취소해야 할 것이다.
해설 | 가정법 미래 문장으로써, 가정법 조동사 **should/would**를 사용하면 가능성이 약한 상황을 의미하며 직설법을 사용하면 가능성에 대하여 중립적인 입장을 나타낸다.
가정 **If it should snow tomorrow, ...** (만일 …한다면) 눈이 올 것 같지 않은 화자의 마음 상태를 나타낸다.
조건 **If it snows tomorrow, ...** (…한다면) 눈이 올지 안 올지 확실치 않은 화자의 마음 상태를 나타낸다.

4 (C)

해석 | 제2차 세계대전 중에 원자폭탄이 만들어지지 않았다면, 현재 세상에 우리가 가지고 있는 것만큼 많은 핵폭탄이 없을 것이다.
해설 | 소위 혼합 가정법 시제가 쓰인 문장이다.
어휘 | **nuclear weapons** 핵폭탄

5 (A)

해석 | 몇몇 이사들은 스미스 씨를 차기 사장으로 임명되기를 강력하게 추천하였다.
해설 | **recommend that** 절에는 (should)+원형동사를 쓴다.
어휘 | **be appointed as...** …로 임명되다 **board member** 이사

6 (B)

해석 | 모든 이사들은 차기 이사회를 가능한 빨리 소집할 것을 제안했다.
해설 | 당위성을 의미하므로 '(should)+원형동사' 의 구문을 취한다.
어휘 | **board meeting** 이사회

7 (D)

해석 | 세계 지도자들이 환경 공해라는 세계 문제를 해결하기 위한 좀 더 철저한 조치를 취했었다면, 전 세계 사람들은 종류의 공해로 지금보다 훨씬 덜 모든 피해를 입을 것이다.
해설 | **Had the world leaders taken = If the world leaders had taken**

8 (C)

해석 | 복권에 당첨되면, 어떻게 하겠니?
해설 | **were to**는 가능성이 약한 의미의 가정법 표현이다.
어휘 | **lottery** 복권

9 (B)

해석 | 잭슨 씨가 그 부서장이라면, 그 상황에 완전히 달리 대처할 텐데.
해설 | **Were Mr. Jackson the head... = If Mr. Jackson were the head...**

10 (D)

해석 | 톰은 여행을 좋아한다. 만일 그렇지 않다면, 지금 여행을 하지 않을 것이다.
해설 | **otherwise... = if he did not love to travel, ...**이므로 가정법 과거의 주절 동사 형태.

11 (C)

해석 | 아무리 열심히 일했어도, 그 가난한 남자는 그의 가족을 부양할 수 없었다.
해설 | **As hard as he worked, ... = Although he worked**

hard, ... 참고로, 말할 때는 as...as 구문에서 앞에 나오는 접속사 as가 매우 약화되어서 거의 들리지 않으므로 Hard as he worked라고 말하고 그런 구문이 맞다고 생각하는 교양있는 원어민들도 많이 있다.

12 (A)

해석 | 한 걸음만 더 갔다면, 그 등산가는 절벽에서 떨어졌을 것이다.
해설 | one more step and... = If he had taken one more step, ...

13 (C)

해석 | 그 선수가 이 경기에서 이길 수 있었다면 그는 수십만 달러를 탔을 것이다.
해설 | hundred of thousand → hundreds of thousands
hundreds of thousands of 수십만의
참고로, 기존 영문법 책에서는 가정법 과거완료는 'had+p.p., should/would/could/might+have+p.p.' 의 구문이라고 설명하고 있으나 내용상 if절에서 had+p.p.가 아닌 다른 형태의 구문이 나올 수 있다. could have won은 능력을 나타내는 can win의 과거완료 형태로서 '만일 이 경기에서 이길 수 있었다면,'의 뜻이 된다.

14 (B)

해석 | 결혼은 모든 것을 공유할 것을 요구한다. 일단 결혼을 하면 내 것이란 것은 없다.
해설 | were shared → be shared
앞으로 되어야 한다는 당위성을 주장, 요구하는 동사이므로, (should)+동사 원형 형태를 취한다.

15 (A)

해석 | 구어체 영어의 구술 입력에 노출되었다면, 많은 한국 학생들은 청해실력에 어려움이 없었을 것이다.
해설 | Expose to → Exposed to
분사구문, Exposed to...를 원래 문장으로 써보면, If they had been exposed to more oral input of spoken English, ...와 같다.

16 (B)

해석 | 정치 지도자들이 현재 경제 위기에 보다 근본적인 해결책을 강구할 때가 한참 지났다.
해설 | work out → worked out
가정법 과거. it is high time that...가정법이 와야 한다.
어휘 | work out 강구하다 solution to... ...에 대한 해결책

17 (A)

해석 | 질문이 더 있으시다면, 전화번호 555-2120로 스미스 씨에게 주저말고 연락하시기 바랍니다.

해설 | Should have you → Should you have
가정법에서 if가 생략되어 도치된 구문이다.

18 (A)

해석 | 아무리 그 학생이 총명했다고 해도 그는 지원했던 일류 대학에 입학할 수 없었다.
해설 | Intelligent as → As intelligent as...(= Although the student was intelligent, he...)
as intelligent as...는 although the student was intelligent, he...라는 의미이다. 참고로 원어민들이 말할 때 as...as 구문에서 앞에 나오는 접속사 as가 매우 약화되어서 거의 들리지 않으므로 Intelligent as he was라고 말하고 그런 구문이 맞다고 생각하는 교양있는 원어민들도 많이 있다.
어휘 | be admitted to... ...에 입학되다 prestigious 격조 높은 prestigious university 일류 대학 apply to a school/company 학교/회사에 지원하다 cf. apply for a job 일자리에 지원하다

Chapter 05 수동태

1 (C)

해석 | 디킨슨 씨는 대학 시절에 똑똑한 학생이었다고 말합니다.
해설 | when she was in college는 '그녀가 대학 다닐 때' 로 말이 전해지는 것은 현재이며 디킨슨 씨가 대학 다녔던 시점은 과거이므로, 앞선 시제를 표현하는 완료 부정사를 사용해야 한다.

2 (D)

해석 | 많은 사람들이 실종된 소년이 잘 돌봐져왔다는 소식을 듣고 안도했습니다.
해설 | take good care of... ...를 잘 돌보아 주다
소년은 돌보아진 것(수동)이므로 be taken good care of가 되어야 하고 of의 목적어는 boy이므로 써주지 않는다. 들은 내용의 시제가 앞서므로 B had benn p.p.

3 (A)

해석 | 이 중요한 업무를 즉시 완성합시다.
해설 | Let...be는 '...하도록 하자' 는 완곡한 명령의 뜻인 문어체 표현이다.

4 (C)

해석 | 사람들은 위험한 화학물질이 가득 들어 있는 거대한 상자를 발견하고 공포에 질렸다.
해설 | be filled with ...로 가득 차다(= be full of)

정답과 해설 | ANSWERS

5 (D)
해석 | 브라운 씨는 YMCA에 오랫동안 관여해 왔다.
해설 | **be involved with...** …단체에 관여하다 *cf.* **get involved in** …일에 참여하다
ex. Why don't you get involved in some extracurricular activities? 과외 활동에 참여하는 게 어때?

6 (D)
해석 | 치명적인 부상을 입은 군인들은 지금 산소와 혈액을 공급받고 있다.
해설 | 현재진행의 수동태를 사용해야 한다.

7 (A)
해석 | 그 사고가 왜 일어났는지에 대한 아무런 언급이 없다.
해설 | '어떤 …도 아니다' 라는 의미를 영어에서는 Any...not으로 표현하지 않고, No로 시작하는 부정 주어를 사용하여 표현한다.
어휘 | **reference[statement] be made as to...** …에 대해 언급이 되다

8 (B)
해석 | A : 주문하셨나요?
B : 아니요. 메뉴 좀 볼 수 있을까요?
해설 | **wait on**은 '시중들다' 라는 뜻으로 식당에서 손님에게 주문했냐고 묻는 표현이다.
어휘 | **Are you being waited on? = Are you being served? = Are you being helped? = May I take your order?** 주문하셨습니까?

9 (C)
해석 | A : 불어로 의사소통을 할 수 있습니까?
B : 네, 조금이요.
해설 | **make oneself understood** 자신을 표현하다 (= express oneself)

10 (D)
해석 | A : 메리가 까다로운 상황에 처해 있어요.
B : 그거 안됐군요.
해설 | **be/get caught in the middle of a sticky situation** 중간에 끼어 난처한 상태이다(진퇴양난)

11 (A)
해석 | 그 철학자는 비극적인 사고를 당한 후에도 심지어 대단한 침착성을 보였다고들 합니다.
해설 | **had been said → is said**
사고를 당한 것은 과거이고 침착성을 보였다고 말해지는 것은 논리적으로 과거보다 더 이전의 일이 될 수 없으므로 말해지는 사건은 현재시제를 써야 한다.
어휘 | **composure** 평온, 침착 **be involved in an accident** 사고를 당하다

12 (B)
해석 | 지하철의 엉망인 유지보수 때문에, 사고는 조만간에 날 수 밖에 없었다.
해설 | **bounded → bound**
be bound to... …할 수밖에 없다

13 (C)
해석 | 군병원의 간호원으로서, 그녀는 전쟁 중에 많은 극단적인 위험에 노출되었다.
해설 | **exposed by → exposed to**
be exposed to...는 '(상황)에 접하게 되다' 라는 의미로 감각기관으로 느끼며 경험하는 것을 나타내는 뜻으로 많이 사용되는 표현이다.

14 (A)
해석 | 스미스 씨가 선거에서 승리한 것은 행운에 기인한 것으로 볼 수 있다는 점에 대부분이 동의한다.
해설 | **generally agreed to → generally agreed**
'대부분이 …라고 동의한다' 는 의미가 되려면 **It is generally agreed that...**이 되어야 한다.
어휘 | **be attributed to...** …의 탓으로 돌려지다, …에 기인하다

15 (D)
해석 | 더운 한여름에도, 와이오밍 주에는 여전히 눈에 덮인 산이 많이 있다.
해설 | **covering → covered**
어휘 | **the State of Wyoming** 와이오밍 주

16 (A)
해석 | 이 과목은 여러분의 문법뿐만 아니라 회화 실력까지 도와주기 위한 목적으로 개설된다.
해설 | **designs → is designed**
be designed to = be intended to

17 (C)
해석 | 대부분의 정부 사무실은 직원수가 부족한데, 그로 인해 서류처리가 매우 늦어지고 있다.
해설 | **result in → results in**
which의 선행사는 앞의 절의 내용이므로, 단수로 취급해야 한다.
어휘 | **be understaffed** 직원의 수가 부족하다

정답과 해설 | ANSWERS

18 (B)

해석 | 캐나다의 록키산맥의 장관은 전 세계의 어느 다른 산의 아름다움과 비교가 되지 않는다.

해설 | unparalleled with → unparalleled by

어휘 | majestic beauty 아름다운 장관 the Rockies 록키 산맥 cf. the Alps (산맥은 the를 붙임) that = the beauty
unparalleled by = not be comparable to ↔ be not matched by = be unrivaled/unparalleled/unequalled by... …에 의해 필적이 안되다

19 (B)

해석 | 전반적으로 그 나라는 21세기의 많은 도전에 직면하고 있다.

해설 | faced by → faced with
faced with...는 '…에 직면하다'라는 의미로 be confronted with와 같은 의미이다. cf. The nation as a whole is faced with many challenges of the 21 century. = There are many challenges facing/confronting the nation as a whole.

Chapter 07 관계사

1 (A)

해석 | 강에서 다시 낚시를 시작했다. 이는 물의 오염 문제가 해결되었다는 것을 의미하는 것이다.

해설 | 관계대명사 which의 선행사는 앞의 절. cf. 상대방의 말을 잘 이해 못했을 때는 Which means?(그 말의 뜻은요?)라고 묻는다.

2 (B)

해석 | 우리는 모든 나라가 전 세계의 자유시장 체제하에서 서로 경쟁을 해야하는 시대에 살고 있다.

해설 | an age in which...는 '…하는 시대'라는 의미로 that은 전치사를 취하지 못하므로 in that은 틀린 표현이다.

3 (B)

해석 | 상식이 있다면 누가 공중 앞에서 그런 말을 하겠습니까?(설교 같은 문어체, 고어체)

해설 | 의문사 who

어휘 | good sense 양식 common sense 상식

4 (D)

해석 | 집에 가는 길에, 우리는 그가 말하던 바로 그 여자와 우연히 마주쳤다.

해설 | the very 등의 한정을 강하게 받는 선행사의 관계대명사는 that이다.

어휘 | run into 우연히 마주치다(= bump into = come across)

5 (D)

해석 | 제인은 내 평생에서 본 가장 아름다운 여인이다.

해설 | 최상급의 한정을 강하게 받는 선행사의 관계대명사는 that이다

6 (A)

해석 | 내가 말하려는 바는 그가 말하는 것이 내게는 전혀 말이 안된다는 것이다.

해설 | 선행사가 포함된 관계대명사는 what이다.

어휘 | make sense 일리가 있다

7 (A)

해석 | 성실하다고 생각했던 비서는 일을 완전히 망쳐 놓았다.

해설 | secretary는 thought의 목적어이므로 목적격 관계대명사 whom이 적절하다.

어휘 | mess up 엉망으로 만들다(= screw up = goof up)

8 (A)

해석 | 그들은 여름에도 산정상이 여전히 눈에 덮힌 산을 등반할 마음의 각오가 되어 있었다.

해설 | 사람 및 사물의 소유격 관계대명사 whose

어휘 | be determined to... …를 할 각오가 되어 있다

9 (A)

해석 | 나는 되어져야 할 일은 다했다.

해설 | all that there is에서 주격 관계대명사 that이 생략된 형태.

10 (A)

해석 | 이것이 내가 잃어버린 것과 같은 가방이다. 이 가방은 내 것임을 확신한다.

해설 | the same...that ~은 '~와 같은 …[것]'라는 의로 문맥상으로 볼 때 빈칸에는 that이 적절하다.

11 (A)

해석 | 그림에서는 눈에 보이는 것 이외에 더 많은 것을 의미한다는 점을 이해하는 것이 중요하다.

해설 | more is meant than meets the eye는 관용적 표현이다.

12 (B)

해석 | 그 국회의원은 흔히 그렇듯이, 그는 회의가 진행 중일 때 잠들었다.

정답과 해설 | ANSWERS

해설 | as is often the case with는 관용적 표현이다.
어휘 | fall asleep 잠들다 in session 회의중

13 (C)
해석 | 브라운 씨는 정직한 사람이다. 더욱더 좋은 것은 잘생겼다는 점이다.
해설 | what is better still 더욱더 좋은 점은 (관용적 표현)

14 (D)
해석 | 우리는 남녀평등을 성취하기 위해 필요한 어떤 제도적 변화라도 이룩해야 한다.
해설 | whatever institutional changes는 '어떤 제도적 변화라도' 라는 의미이며 whatever는 관계형용사이다.
어휘 | equality 평등

15 (B)
해석 | 우리는 최선의 결정을 하기위해 우리의 이성을 의존해야하는 매우 어려운 상황에 처하게 되었다.
해설 | 장소뿐만 아니라 시간을 포함한 상황의 개념은 관계부사 where와 함께 쓰인다.
어휘 | be faced with... ...에 처하다 resort/turn to A for B B를 위해서 A(방법/수단)에 의존하다(= depend on A for B)

16 (D)
해석 | 당신은 아무리 총명하다고해도, 이 어려운 수학 문제는 풀 수 없을 겁니다.
해설 | 'however+형용사+주어+may be'는 '(양보) 아무리 ...하다고 해도' 라는 의미로 may be 대신 주어와 일치하는 be동사만을 쓰기도 한다.

17 (A)
해석 | 수업 시간에 교수님이 말한 모든 중요한 요점들을 기록해 둔 노트북을 어디에다 두었는지 모르겠어.
해설 | in that → in which
관계대명사 that 앞에는 전치사가 올 수 없다.
어휘 | misplace... ...을 어디에 잘못 두다, 어디에다 두었는지 모르다 keep record of... ...을 기록하다 make a point 요점을 말하다

18 (D)
해석 | 톰 존스가 군에 입대한 이후 그는 용감한 군인으로 탈바꿈했다. 그는 과거의 그 겁쟁이가 더 이상 아니다.
해설 | whom → 생략
be동사의 보어인 coward를 선행사로 취하는 것은 목적격이 아닌 주격관계 대명사이므로 whom이 아니라 who가 맞다. 그러나 일반적으로 who를 생략한다.
어휘 | join the army 군에 입대하다 turn into... ...으로 탈바꿈하다 turn A into B A를 B로 바꾸다 coward 겁쟁이 刨 cowardly 阁 cowardliness, cowardice

19 (B)
해석 | 정직하고 성실하다고 생각한 그 잘 생긴 남자는 그의 약속을 어겼고 내 기분을 상하게 했다.
해설 | whom → who
I thought는 '내가 생각하기에' 라는 뜻의 삽입절이므로 I thought를 생략하여 보면 쉽게 목적격 관계대명사가 틀린 것을 알 수 있다. The ~ man whom was honest and sincere broke his word (×)
어휘 | break one's word 약속을 어기다 hurt one's feelings 기분을 상하게 하다(feelings가 복수임에 유의할 것.) = offend sb

20 (D)
해석 | 네가 소유하고 싶으면서 지금 갖고 있지 않은 것이 있는지 너에게 물어보자.
해설 | what → that
선행사 anything을 꾸며주는 관계대명사이므로 that이 와야 한다.
이론적으로는 여러 개의 관계대명사가 동시에 나올 수 있지만, 인간의 제한된 기억 때문에 보통 관계대명사 2개까지만 사용한다.

21 (C)
해석 | Fulbright는 자기의 유언에서 분명히 밝히기를 자신의 부동산을 인류 문명의 발전을 위한 학문에 헌신할 누구에게나 기증하고자 한다고 했다.
해설 | whomever → whoever
복합관계대명사는 풀어서 이해하면 쉽다. whomever = anyone whom, whoever = anyone who로 풀어서 문장에 대입시켜보면 is dedicated 앞의 주어가 되어야 하므로 주격인 whoever인 것을 알 수 있다.
어휘 | make it clear that...(that...)을 분명히 밝히다 will 유언(장), 의지 donate 기증하다 estate 재산(= personal estate(동산) 및 real estate(부동산)을 포함) be dedicated to... = be devoted to... advancement 발전 동 advance

22 (C)
해석 | 신디 브라운은 평사원으로서 그 대기업을 위해 열심히 일했는데, 그곳에서 그녀는 고위 경영자 중 한 명이 될 운명이었다.
해설 | which place → in which place
관계형용사 다음에 명사가 나온 형태로서, 장소의 개념이므로 장소의 전치사가 필요하다.
어휘 | be destined to... ...할 운명이다 high-ranking 고위의

정답과 해설 | ANSWERS

23 (A)

해석 | 그 유명한 철학자는 바로 이렇게 그의 수제자 중 한 명을 설득하여 민주주의의 고귀한 목적을 위해 헌신하도록 만들었다.

해설 | how → 생략
the way how는 연결하여 쓰지 못한다.

어휘 | eminent 유명한(= distinguished, celebrated, well-known) talk sb into... …를 설득하여 …하게 하다 ↔ talk sb out of... 설득하여 …못하게 하다, cf. encourage sb to... 격려하여 …하게 하다 discourage sb from -ing ~를 만류하여 …하지 못하게 하다 commit oneself to 명사/ -ing …에 헌신하다(= devote/dedicate oneself to) cause (주의, 주장, 운동의) 목적

24 (A)

해석 | 그 잡지 발행인은 그가 생각하기에 충분히 열심히 일하지 않은 직원들을 해고하고, 더 많은 구독자를 유치할 것으로 생각되는 새로운 아이디어를 도입하기로 결심했다.

해설 | whom → 생략
주격 관계대명사 자리이며, 생각, 희망 등 사고(思考)동사를 포함한 삽입절 앞에 오는 주격 관계대명사는 생략된다.

어휘 | fire 해고하다 attract (사람, 고객을) 유치하다, 유혹하다 subscriber 구독자 cf. subscribe to... …을 구독하다

Chapter 08 접속사

1 (A)

해석 | 일단 요령만 익히면 이 기계 작동하는 것은 어렵지 않을 겁니다.

해설 | 문맥상 once가 적절하다.

어휘 | get the hang of it 요령을 터득하다 (관용표현)

2 (B)

해석 | 학생들은 졸업을 하고 입사 응시를 할 때 비로소 영어능력의 중요성을 깨닫는다.

해설 | not...until의 구문이다.

어휘 | apply to(기관) …에 응모하다 cf. apply for a job 구직 신청하다

3 (D)

해석 | 내가 사는 동안, 당신의 재정적 문제를 돕겠습니다.

해설 | as long as... …하는 동안

4 (C)

해석 | 심사원이 평가절차를 시작할 때까지 당신은 이 일을 수행할 수 있어야 한다.

해설 | by the time... …까지

어휘 | assessment process 평가 절차

5 (C)

해석 | 나의 부모님은 내가 고등학생일 때 돌아가셨다. 그래서, 나는 고학하여 대학을 다녔다.

해설 | 결과를 유도하는 so가 적절하다.

어휘 | pass away 돌아가다 work one's way through college 고학하여 대학을 나오다

6 (D)

해석 | 우리의 후손들이 조상들의 땀과 노고를 잊지 않게 하기 위해 이 중요한 날을 기념해야 한다.

해설 | lest...(should) 동사원형 …하지 않도록 toil 노고

7 (A)

해석 | 메리는 너무 약해서 이 작은 박스 하나라도 움직일 수가 없다.

해설 | so 형용사 that... 너무 ~해서 …하다

8 (B)

해석 | 내가 보기에는 존스 씨가 모든 문제를 일으킨 장본인이다.

해설 | as I look at it은 '내가 보기에는' 의 의미이다. as I see it = the way I look at[see] it

9 (B)

해석 | 사람들 하는 말이 있지? 녹이 쇠를 갉아먹듯이, 걱정은 마음을 좀먹는다.

해설 | as..., so~ …하듯이 ~하다

어휘 | You know what they say? 이런 옛말이 있지?

10 (C)

해석 | 마크는 고아라는 사실에도 불구하고, 자수성가한 정치가가 되었다.

해설 | despite the fact that ... …라는 사실에도 불구하고

어휘 | turn out to be 결국 …하게 되다 self-made 자수성가한

11 (D)

해석 | 그가 구제불능의 범죄자였다고 해도, 그는 장기를 장애자에게 기증할 것이라고 말했다.

해설 | 양보 의미의 절에서는 even if[though]

어휘 | donate organs to... 장기를 …에게 기증하다 the handicapped 장애자

12 (C)

해석 | 앞의 제안은 가난한 자들을 돕는 목적이었으나, 뒤의 제안은 부

647

정답과 해설 | ANSWERS

자들을 돕는 것이다.
해설 | 상반되는 내용이므로 whereas가 적절하다.
어휘 | be designed to... ···목적이다

13 (A)
해석 | 당신 은행 구좌에 돈이 그렇게 많은데 돈에 대한 걱정을 왜합니까?
해설 | 문맥상 '···인데' 라는 의미이므로 when이 적절하다.
어휘 | bank account 은행 구좌

14 (B)
해석 | 회사가 광고에 많은 돈을 썼으나 이윤은 증가하지 않았다.
해설 | 상반되는 내용이므로 while이 적절하다.
어휘 | spend time/money/energy on (명사) ···에 시간/돈/노력을 쓰다 spend time/money/energy -ing ···하는 데 시간/돈/노력을 쓰다

15 (C)
해석 | 우리는 교육계에서 오직 작은 발전을 거두었다. 하기야, 이렇게 어려운 교육 환경 하에서 우리가 무엇을 성취할 수 있겠습니까?
해설 | but then (again)은 '하기야' 라는 의미이다.
어휘 | possibly 가능성이 약한 부사로 공손한 표현에 사용 adverse 역경의, 어려운

16 (D)
해석 | A : 그 사람은 뭐하는 사람이지?
B : 시인이라던가.
해설 | or something은 '뭐 그런 거' 라는 의미로 확실치 않을 때 사용하는 요긴한 표현이다.

17 (A)
해석 | 전체 인구 중 3분의 1, 즉, 천만 명이 좀 넘는 인구가 수도에 살고 있다.
해설 | or는 '즉' 이라는 의미.
어휘 | a third 3분의 1 cf. 분수를 읽을 때 분자는 기수 분모는 서수 (분자가 복수일 때 서수에 s를 붙임). 단, 분자가 10단위 이상의 큰 수치일 때는 보통 '기수(분자) over 기수(분모)' 로 읽는다.

18 (B)
해석 | 당신 부모 말을 듣는 게 좋을 거다. 그렇지 않으면, 당신 자신의 결정에 후회할 것이다.
해설 | 내용상 '그렇지 않으면' 이 적절하다.
어휘 | be sorry for ① 미안하다 ② 안됐다(유감이다) ③ 후회하다

19 (C)
해석 | 그 교육 프로그램은 연수자들의 영어 의사소통 능력을 배양하도록 마련되었다. 더 나아가서 그 프로그램은 연수자들이 컴퓨터 사용능력을 갖추도록 도움을 주기도 한다.
해설 | be designed to... ···하도록 설계/마련되어 있다, 목적이 ···이다 furthermore = Moreover = in addition
어휘 | computer literacy 컴퓨터 이해 능력, 사용 능력 cf. computer illiteracy 컴퓨터 문맹(소위 컴맹)

20 (A)
해석 | 당신이 내입장이라면, 어떤 조치를 취하겠습니까?
해설 | suppose... ···라고 가정해 보자
어휘 | be in one's place/shoes ···의 입장이다 take an action 조치를 취하다

21 (B)
해석 | 혹시 현금이 떨어질지 모르니까, 돈을 좀 더 가지고 오는 것이 좋겠습니다.
해설 | in case... ···경우를 대비하여, ···할지 모르니까
어휘 | run out of... ···이 떨어지다 cf. run short of... ···이 부족하다

22 (D)
해석 | 케이크를 먹으면서 동시에 갖고 있을 수는 없다. (케이크를 먹으면 갖고 있을 수 없고, 갖고 있으면 먹을 수 없다는 의미. (속담) 두 가지 모두 다 좋을 수만은 없다. 꿩 먹고 알 먹을 수는 없다.)
해설 | not A and B A와 B 둘 중 하나만 부정(즉, 두 가지가 동시에 성립 안됨). 논리적으로 not (A and B)의 뜻이다.

23 (C)
해석 | 잭슨 씨는 과격하지도 않고 보수적이지도 않다. 아마도 온건주의자라고 해야 할 것이다.
해설 | not A or B A와 B 모두 아니다(논리적으로 not (A or B)의 뜻임)
어휘 | radical 과격한, 과격분자 conservative 보수적인, 보수주의자 moderate 온건한, 온건주의자

24 (A)
해석 | 신디는 피아노뿐만 아니라 바이올린도 연주할 수 있다.
해설 | as well은 문장 끝에 온다.

25 (B)
해석 | 내가 지시한 대로 하든지 아니면 그것을 즉시 중지하십시오.
해설 | either...or 중간에 구나 절 어떤 것도 위치할 수 있다.
어휘 | told you to = told you to do to는 대부정사

정답과 해설 | ANSWERS

26 (C)
해석 | 그가 그런 터무니없는 진술을 했다는 것이 너무 놀랍다.
해설 | it = that he should...
어휘 | preposterous = absurd

27 (D)
해석 | 일본에서의 그 지진이 거의 5000명의 인명을 앗아갔다는 뉴스가 전 세계를 뒤흔들어 놓았다.
해설 | the news that...은 '…라는 뉴스' 라는 의미로 동격의 명사절을 이끄는 that이 필요한 자리이다.
어휘 | claim …을 앗아가다 rock 흔들다 cf. a rocking chair 흔들의자 rock the nation 전국을 떠들썩하게 하다

28 (C)
해석 | 우리의 양도할 수 없는 권리를 주장해야 하며 우리의 행동에 대한 책임을 져야 한다고 생각한다.
해설 | 뒤에 나오는 절도 I think의 목적절이므로 that이 필요하다.
어휘 | inalienable 양도할 수 없는, 천부의(= untransferable)

29 (D)
해석 | 민원을 접수시키기 위해서는, 법원에 가든지 아니면 인권위원회에 가야합니다.
해설 | either A to B의 구조로 A, B에 들어가는 표현은 원칙적으로 같은 형태의 품사이어야 한다. (병렬 원칙 parallelism). 실제로 좀 길어지는 표현이 삽입될 때는 엄격히 지켜지지 않는다는 것도 알아두자.
어휘 | file a citizen complaint/lawsuit 민원/소송을 제기하다

30 (C)
해석 | 돈이면 다되는 배금주의의 시대에서, 우리는 도덕적 가치를 잃고 나서야 그 중요성을 깨닫게 될 것이다.
해설 | after → until
it is not until...that...의 구문이다.
어휘 | mammonism 배금주의 money talks 돈이 말한다 / 돈이면 다 된다

31 (A)
해석 | 스미스 씨는 댈러스에서 열렸던 작년 전당대회에서 내가 했던 기조연설을 들었던 것처럼 말을 한다.
해설 | heard → had heard
as if 절에서 과거시점에 관한 내용이므로 과거완료시제를 사용한다.
어휘 | a key note address 기조연설

32 (A)
해석 | 그가 밤낮 열심히 일을 하지 않았다면, 그는 정치 분야에서 자수성가한 사람이 되지 못했을 것이다.
해설 | Unless he had → If he had not
unless는 가정법에서는 사용될 수 없다.
어휘 | day and night 밤낮 self-made 자수성가한

33 (A)
해석 | 클린턴 상원의원은 어제 열린 기자회견에서 받은 질문에 대해 부인도 시인도 하지 않았다.
해설 | or → nor
neither...nor ~
어휘 | senator 상원의원 cf. representative 하원의원
cf. TV뉴스에서 미 국회의원이 나올 때 자막에 나오는 'Sen. 이름' 은 상원의원을, 'Rep. 이름' 은 하원의원을 의미함. 이름 바로 아래 (R) 또는 (D)라고 나오는데, 이는 소속 정당인 Republican(공화당)과 혹은 Democrat(민주당)의 첫 글자임.
press conference 기자회견(reporter interview라고는 하지 않음) neither confirm nor deny 시인도 부인도 하지 않다 (관용표현)

34 (A)
해석 | 그 마술사가 기적을 행하든지 말든지 그것은 나와는 상관없는 일이다.
해설 | That → Whether
'…이든 아니든' 의 의미는 whether 접속사를 사용한다.
어휘 | perform a miracle 기적을 행하다 make difference 상관이 있다, 중요하다 cf. What difference does it make? 그게 무슨 상관인가?, 그게 무엇이 중요한가?(= What's the difference? = What does it matter?)

35 (C)
해석 | 협상테이블에서 우리는 바이어들이 우리의 제안을 받아들일 용의가 없다는 인상을 받았다.
해설 | of → that
동격의 명사절을 이끄는 접속사는 that이다.
어휘 | be under the impression that... …라는 인상을 받다

36 (C)
해석 | 한가한 시간만 나면 래리는 여행하고 모든 종류의 음악을 듣고 등산하는 것을 즐긴다.
해설 | to climb → climbing
주어가 즐기는 것의 내용을 병렬구조로 연결하고 있다.

정답과 해설 | ANSWERS

Chapter 09 특수 구문

1 (A)
해석 | 비록 장애자이지만, 헬렌은 일반인보다 훨씬 더 지적 능력이 좋다.
해설 | 형용사+as...is[may be] 비록 …하더라도

2 (B)
해석 | 그 사실에 대해 알았더라면, 그런 불공평한 결정을 하지는 않았을 텐데.
해설 | Had I known... = If I had known...
If가 생략되면 조동사가 문두에 위치함.

3 (C)
해석 | 아름다운 엽서 몇장과 여기에서 찍은 내 사진 몇 장을 동봉합니다.
해설 | Enclosed are...는 '…을 동봉한다' 라는 뜻이며, 보통 주어가 술부 (are enclosed)보다 길므로 도치됨 (편지글에서 관용적으로 사용되는 도치구문)

4 (A)
해석 | 심슨 박사는 같은 병원에서 일하는 동료들보다 훨씬 더 명석하다.
해설 | than절에서 술어(are)보다 주어(his brethren...hospital)가 길 때 도치된다.
어휘 | **brethren** brother (형제의 뜻 외)의 복수형. ① 같은 직장/직업의 또래 동료 (colleague 보다 강한 뜻) ② 동포

5 (C)
해석 | 보도에 의하면, 수십 명의 죄없는 피해자를 목졸라 죽인 사람은 바로 그 남자 용의자입니다.
해설 | it...that/who 강조 구문(사람은 보통 who)
어휘 | **reportedly** 보도에 의하면 **strangle sb to death** 목졸라 죽이다 *cf.* **be stranged/sentenced/stabbed/crushed/trampled/burned/starved/bored to death** 목졸려/사형언도받아/칼에 찔려/깔려서(압사하다) /밟혀/불에 타/굶어서/지루해 죽다 **It was so crowded that I was almost trampled to death.** 너무 사람이 많아서 밟혀 죽을 뻔 했다. **The lecture was so boring. I was almost bored to death.** 강연이 너무 지루했다. 지루해서 죽을 뻔했다.

6 (D)
해석 | 왜 도대체 정직한 사람이 양심없는 사람보다도 더 나쁜 조건에서 살아야 합니까?
해설 | **Why is it that...should...?**는 **Why should...?**의 강조 구문

7 (A)
해석 | 어떻게 그 두 소년들이 그 암벽의 산 정상까지 올라갈 수 있었습니까?
해설 | **How was it that...?**은 강조구문
어휘 | **manage to...** 어렵게 …하다

8 (B)
해석 | 우리가 아파서 몸져 누워봐야만 건강의 중요성을 인식하다.
해설 | **We do not realize the importance of our health until we get sick in bed.**의 강조구문이다.
cf. **it is not until...that** 구문에서 **that**이 맞으나, 그 대신 **when**도 가능하다고 생각하는 교양있는 원어민들도 있다는 것도 알아두자.

9 (C)
해석 | 대법원에서 그 부정직한 증인은 진실만을 말할 것이라고 분명히 맹세했다.
해설 | 강조의 **do**가 쓰인 것이며 시제가 과거이므로 **did**가 적절하다.
어휘 | **the supreme court** 대법원 **take an oath** 맹세하다 **nothing but = only**

10 (D)
해석 | 도대체 자신이 누구라고 생각하길래 우리한테 그렇게 무례하게 말합니까?
해설 | **in the world = on earth**

11 (A)
해석 | 존슨 킹 씨가 우리나라를 21세기로 영도해갈 바로 그 정치가라고 여러분께 자신 있게 말씀드립니다.
해설 | '바로 그' 라는 의미의 **very**가 적절하다.

12 (B)
해석 | 그의 주인에게 충성스럽기 때문에, 그 개는 물에 뛰어들어 그를 안전하게 끌고 나왔다.
해설 | **Being loyal**에서 **Being**이 생략된 형태이다.

13 (B)
해석 | 그가 방금 말한 것이 거짓으로 판명된다면 어떻게 될 것인가?
해설 | 조건절에서 현재가 미래를 대신한다.

14 (C)
해석 | 그 비영리 기관에서 경영의 효율성을 거의 평가하지는 않는다.
해설 | **if ever**는 '한다손 치더라도' 라는 뜻으로 양보의 의미를 강조하는 구문이다.
어휘 | **assess = evaluate** 평가하다 **non-profit** 비영리

정답과 해설 | ANSWERS

15 (D)
해석 | 대변인에 의하면, 정부는 통행금지를 해제할 계획이라고 합니다.
해설 | according to 다음에는 누구의 말이란 뜻이 포함되어 있으므로 statement 등의 단어가 오지 않는 것이 원칙이다.
어휘 | lift the curfew 통행금지를 해제하다

16 (D)
해석 | 쿡 박사보다 현대 의학에 더 큰 이바지를 한 의사는 없다.
해설 | is → has
앞의 has made를 대신 하는 동사이다.
어휘 | no other...than ···보다 더한 ···는 없다 make a contribution to... ···에 이바지하다 physician 내과 의사, 일반적 의사

17 (D)
해석 | 그 초로의 과부들은 자신들의 재정 문제를 스스로 해결할 수 있을 것이란 사실을 (걱정 말고) 믿으셔도 됩니다.
해설 | them → themselves
어휘 | You may rest assured that... ···를 (편하게) 믿어도 괜찮습니다. elderly 초로의, 중년이 넘은 financial matters (개인적) 경제 문제

18 (B)
해석 | 제임스 스튜어트는 지지난 주에 ABC 병원에서 그가 침대에 누워 있는 것을 봤을 때보다 훨씬 건강해 진 것처럼 보인다.
해설 | was → he was 또는 생략
than 다음에 절이 오든지 아니면 동사구만은 생략되어야 한다.
어휘 | a lot 비교급 훨씬 더 (구어체) the week before last 지지난 주

19 (A)
해석 | 그 프로젝트가 성공적으로 끝나자, 그 직원들은 각자 보너스를 받았고, 그일의 완수를 자축했다.
해설 | having → having been 또는 생략
the project가 주어인 분사구문에서 complete는 수동태가 되어야 한다.
어휘 | congratulate oneself on... ···에 대해 자축하다

20 (C)
해석 | 모든 정당의 정치가들은 그들이 믿기에 가장 타당하고 실현가능한 대책을 정부에서 실행하기로 만장일치로 결정했다.
해설 | which → what
선행사를 포함한 관계대명사가 와야 한다.
미래 일의 당위성을 의미하는 동사 determine 때문에 목적절에서 (should) implement가 나온 것이다.
어휘 | plausible 그럴 듯한, 타당한 feasible 실행 가능한, 실현 가능한

21 (A)
해석 | 본 개혁 조치가 물가 상승을 초래하리라고 누구도 걱정하지 않게 하기 위해서, 제가 그들에게 사실은 그렇게 안 될 것이라고 재차 확신시키겠습니다.
해설 | should not → should
'···하기 않기 위해서'의 뜻인 lest...should 안에 부정의 뜻이 포함되어 있으므로 not을 다시 사용할 수 없다.
어휘 | drastic measures (과감한) 개혁 조치 lead to = bring about = create = invite = produce = trigger = prompt
reassure 재차 확신시키다 that will not be the case 사실은 그렇지 않을 것이다

정답과 해설 | ANSWERS

SECTION 02 품사
Chapter 01 명사 및 관사

1 (B)
해석 | 우리는 살인 벌떼들로부터 있을 수 있는 공격을 조심해야한다.
해설 | a swarm of bees 벌떼 *cf.* a herd of cattle, a school/shoal of fish, a flock of sheep(양 한떼)

2 (C)
해석 | 우유 한잔을 주실 수 있을런지요?
해설 | glass 찬 것을 담는 용기 cup 뜨거운 것을 담는 용기
어휘 | get sb sth …에게 …을 가져오다

3 (C)
해석 | 오늘날 대부분 사람들은 자동차를 필수품으로 간주한다.
해설 | a necessity는 '(하나의) 필수품' 이라는 의미로 추상명사의 보통명사화이다.
어휘 | necessities (여러 가지) 필수품 look upon A as B A를 B로 간주하다 (= think of/regard/consider/view /see A as B)

4 (A)
해석 | 엄마, 이 내 친구들과 인사하세요.
해설 | these friends of mine은 '나의 이 친구들' 이며 이중소유격이다. 따라서 these my friends는 틀린 표현이다.

5 (D)
해석 | 이것은 짐과 마이크의 오토바이이다.
해설 | 주어가 단수이므로 Jim과 Mike의 공통 소유물이다. Jim's and Mike's는 독립적인 소유이다.

6 (D)
해석 | 로버트 브라운은 일리노이 주의 10번째 주지사로 선출되었다.
해설 | the state of Illinois는 '일리노이 주' 를 의미한다. 지명은 동격의 의미인 of가 사용되어야 한다.
cf. the city/town/village/county/state/country/nation of…

7 (C)
해석 | 서울시의 인구는 천만이 넘는다.
해설 | the city of Seoul은 '서울 시' 이다. 지명에서 동격의 of로 사용한다.

8 (B)
해석 | 나는 허리케인으로 생긴 산 같은 그런 파도는 내 평생 본 적이 없다.
해설 | a mountain of a wave 산 같은 파도(수사적 표현) = a mountainous wave
동격의 of를 쓴다.

9 (A)
해석 | 그런 심각한 사회 문제를 해결하기 위해서는 수천만 달러의 예산이 필요할 것이다.
해설 | tens of millions of… 수천만의 … *cf.* the hundreds of thousands of…
어휘 | budget 예산

10 (A)
해석 | 작년에 이 도시에서 80층짜리 건물을 준공하였다.
해설 | 형용사 역할을 하는 명사는 항상 단수로 취급한다.
Last year saw/witnessed… 과거(작년)에 …일이 있었다. (물주 구문)

11 (C)
해석 | 내가 알기에는 그는 인격자이기 때문에 그런 무례한 행동은 그 사람에게 어울리지 않는다.
해설 | of+추상명사 = 형용사 (*ex.* a man of character 인격자)
어휘 | become sb …에게 어울리다

12 (D)
해석 | 그가 나에 얼굴을 쳤을 때, 나는 바닥에 쓰러졌다.
해설 | 신체 일부를 강조하여 정확히 표시할 때는 '전치사 the 신체부위' 의 구조이다. hit sb in the face는 '…의 얼굴을 치다' 라는 의미이며 hit sb's face라고 해도 틀리 않는다.
어휘 | knock down 쓰러지게 하다

13 (A)
해석 | 당신은 오전 9시부터 오후 5시까지 근무를 하며 시간급을 받게 될 것인 점을 확실히 합니다.
해설 | by the hour는 '시간당으로' 라는 표현이며 단위 표시에 the를 사용한다.
어휘 | nine to five 9시에서 5시까지 get paid 급여를 지불받다

14 (A)
해석 | 나는 영국인들이 실제적인 국민이라는 느낌이 든다.
해설 | 'the 국민' 은 복수로 취급하지만 단수인 a practical people과 같이 쓸 수 있다.
어휘 | get the feeling that… …느낌이 들다

정답과 해설 | ANSWERS

15 (B)

해석 | 경찰들은 차를 타고 현장으로 달려갔다.
해설 | 교통수단은 'in+관사+교통수단' 혹은 'by+무관사 교통수단' 으로 표시한다. (ex. in a car = by car)

16 (B)

해석 | 원고와 피고는 소송을 해결하기 위해 법정에 가야 한다.
해설 | 본래 목적을 위하여 학교나 법정에 가는 경우에는 관사를 사용하지 않는다. (ex. go to school 학교에 (공부하러) 가다 go to court (소송사건 때문에) 법정에 가다
어휘 | court = court of law 법정 plaintiff 원고 defendant 피고 law suit 법적 소송

17 (C)

해석 | 수잔이 수학을 아주 잘하는데 나는 영어를 잘한다.
해설 | 문장에서 앞부분의 내용과 대조를 이루고 있으므로 영어 과목 (English)에 대응하는 '수학' 이라는 의미의 math가 적절하다. 과목 이름 앞에는 관사를 쓰지 않는다.
어휘 | be good at... ...을 잘하다

18 (B)

해석 | 회장은 그것이 그렇게 좋은 기회인지 전혀 몰랐다.
해설 | 'that+형용사+관사+명사' 의 어순.
어휘 | chairperson 회장 have no idea of... ...을 전혀 모르다 the fact that... ...라는 사실

19 (D)

해석 | 참으로 예쁜 새구나! 내 평생 그렇게 예쁜 새는 본 적이 없다.
해설 | What a...!는 감탄문으로 보통 it is는 생략한다.

20 (C)

해석 | 유엔에 의해 그 테러 국가에게 가해진 경제제재를 국회는 지지했다.
해설 | imposing → imposed
UN에 의해서 가해진 제재 조치이므로 수동의 뜻이다.
어휘 | be in favor/support of... ...을 지지하다 impose sanctions against... ...에 제재조치를 취하다 the National Assembly (한국) 국회 cf. the Parliament 영국 국회 the Congress 미국 국회(상원 the Senate; 하원 the House of Representatives) the Diet (덴마크, 스웨덴, 헝가리, 옛 프로이센 등의) 의회

21 (B)

해석 | (전화 대화) 죄송합니다만, 우리 사무실에는 스미스 씨가 두 분 있습니다. 어떤 스미스 씨와 통화하시길 원하십니까?
해설 | Smith → Smiths

사람 이름도 여러 명을 의미할 때는 복수형이 되어야 한다.

22 (B)

해석 | 신혼부부가 새 아파트로 이사들어온 이래 그들은 많은 새 가구와 옷을 샀다.
해설 | many new furnitures → a lot of new furniture
가구(furniture)는 물질명사 취급하고 much보다는 보통 a lot of를 사용한다.
어휘 | newlyweds 신혼부부 move into... ...로 이사 들어오다

23 (B)

해석 | 최근에 개점한 주류상에는 다양한 종류의 포도주와 맥주를 취급한다고 들었다.
해설 | wide variety of → a wide variety of 다양한
물질명사라도 종류를 말할 때는 복수로 취급한다.
어휘 | carry 취급하다 liquor 술

24 (C)

해석 | 모든 현대 기업들은 능률을 극대화하여 무한 경쟁 시대에 살아남기 위해서 많은 최신 정보에 접근하려고 노력하고 있다.
해설 | informations → information
정보는 복수가 될 수 없다.
어휘 | get access to... ...에 접근하다 update 최근 것으로 만들다 maximize 극대화하다 era 시대 boundless 무한의

25 (C)

해석 | 최소한 그들 나라 같은 저개발국가에서는 그런 고급차는 사치품이라고 나는 믿어 의심치 않는다.
해설 | luxury → a luxury
'사치' 라는 추상명사를 '사치품' 이라는 가산명사화시키기 위해서는 관사를 붙이거나 복수형으로 만들어야 한다.
어휘 | I have no doubt in my mind that... ...라는 의심은 내 마음속에 전혀 없다. a fancy car 고급차 fancy 환상, 고급, 상상하다 cf. decent 괜찮은 정도의 cheap 싼 theirs = their country

26 (A)

해석 | 건물 앞에 있는 버스정거장 바로 옆에 위치한 신문가판대에서 오늘 신문을 살 수 있을 겁니다.
해설 | today paper → today's paper
시간, 가격, 의인화 등 무생물의 소유격에는 's(apostrophe)을 붙이기 때문에 오늘 신문도 소유격을 붙여야 한다.
어휘 | newsstand 가판대 (which is) located ...에 위치한 next to... ...옆에 bus stop 버스 정거장

정답과 해설 | ANSWERS

27 (D)
해석 | 피터 제닝스 씨는 그가 그렇게 오랫동안 너무도 소중히 간직했던 그의 가보를 누군가가 훔쳐갔다는 사실을 알고 매우 화가 나 있었다.
해설 | has cherished → had cherished
시제로 볼 때 간직한 것이 훔쳐간 것보다 이전에 일어난 일이므로 현재완료가 아닌 대과거로 써야 한다.
어휘 | family heirloom 가보 cherish (소중히) 간직하다

28 (A)
해석 | 십만 명의 사람들이 그 테러 국가에 의해서 자행된 테러 행위를 비난하기 위해서 대광장에 운집했다.
해설 | thousands → thousand
명사를 수식하는 수치는 단수형을 취한다.
어휘 | turn out(on the street) (거리에) 운집하다 condemn 정죄하다, 비난하다 명 condemnation perpetrate 자행하다

29 (B)
해석 | 굿먼 부인은 스무 명의 7살짜리 아이들과 교장 선생님이 조용히 앉아서 그녀를 빤히 바라보고 있는 교실에서 무슨 말을 해야 할지 몰랐다.
해설 | seven-year-old → seven-year-olds
'몇 살짜리 사람들'은 명사화된 표현이므로 복수일 때 복수형 -s를 붙여야 한다.

30 (B)
해석 | 두 나라의 대표들은 무기협정을 체결하고 핵실험 금지에 대해 자세히 토론하기로 동의했다.
해설 | arm treaty → arms treaty
무기는 arms이다.
어휘 | representative는 대표하는, 대표자 sign/conclude a treaty/pact/contract 조약/계약을 체결하다 nuclear test ban 핵실험 금지

31 (C)
해석 | 테일러 씨는 매우 총명해서 그 나라에서 10명의 현대 천재들 중에 한 명으로 꼽힌다.
해설 | genii → geniuses
genius는 두 가지 뜻을 가지는데, '수호신'과 '천재'의 복수형태는 각각, genii, geniuses이다.
어휘 | versatile 다재다능한 count 세다, 꼽다 contemporary 형 현대의, 동시대의 명 동시대 사람

32 (B)
해석 | 서양 장기 역사상 제임스 더글라스라는 천재 소년이 40회 이상의 게임을 연속 이김으로써 20년간 패권을 쉽게 유지했다는 사실은 유명하다.

해설 | by → with
'with+추상명사'가 부사로 사용된다.
어휘 | whiz kid 천재 소년, 신동 in a row 연속해서

33 (D)
해석 | 태양이 우주에서 수십억 개의 별 중에 하나에 불과하다는 사실을 알고 있었습니까?
해설 | universe → the universe
유일한 물체에는 정관사를 붙인다.
어휘 | the fact that... …라는 사실

34 (A)
해석 | 내가 그 강도의 옷자락을 잡는 순간, 그는 나를 그의 칼로 죽이려고 위협했다.
해설 | The moments → The moment
정해진 한 순간이므로 the monment로 단수를 써야 한다. 참고로, 신체의 일부를 명시할 때는 정관사를 사용하므로 the sleeve가 원칙이지만, 실제로 현대 영어에서는 his sleeve라고 써도 원어민들은 틀렸다고 생각하지 않는다.
어휘 | threaten 위협하다 명 threat 위협

35 (C)
해석 | 우리나라와는 달리, 이 나라에서는 심지어 주유소에서도 석유가 배럴당 팔린다.
해설 | a barrel → the barrel
단위를 표시할 때 정관사를 사용한다.
어휘 | unlike... …와는 달리 petroleum 석유 gas station 주유소

36 (C)
해석 | 저는 나일 강이 세계에서 가장 긴 강으로 배웠습니다.
해설 | rivers → river
any other는 단수 명사를 취한다.
어휘 | I learned... …라고 알고 있습니다 the Nile 강 이름에는 정관사를 붙임

37 (D)
해석 | 의사는 내가 어젯밤에 저녁으로 무엇을 먹었는지 심각하게 물었다.
해설 | a dinner → dinner
식사는 원칙적으로 무관사로 사용된다.
어휘 | cf. have ... for dinner 저녁식사로 …을 먹다 What did you have for dinner? 저녁식사로 무엇을 먹었습니까? What's for dinner? 저녁식사 뭡니까?

38 (A)
해석 | 시위대는 그 테러국의 대사관 앞에서 서로서로 팔짱을 낀 채 그

정답과 해설 | ANSWERS

들의 구호를 외치고 있었다.
해설 | **arms in arms → arm in arm**
관용적 표현은 무관사 단수로 표시한다. (ex. hand in hand, side by side 등)
어휘 | **chant** (구호를) 외치다 **distort** 왜곡하다 **historical fact** 역사적 사실

39 (C)
해석 | 이번이 놓치기에는 너무도 좋은 기회라는 점을 인식하라고 내가 몇 번이나 충고했니?
해설 | **a good opportunity → good an opportunity**
too 다음에는 '형용사+관사'의 어순이다.
어휘 | **pass up** 지나치다, 놓치다(= miss out, lose out)

40 (A)
해석 | 그 가수는 너무도 아름다운 목소리를 갖고 있기 때문에 그 대회에서 대상을 수상했다.
해설 | **a such → such a**
such는 부정관사 앞에 위치한다.
어휘 | **competition** 대회, 경쟁 图 **compete** 图 **competitive** cf. **competitor**(= contestant) 경쟁자, 대회 참가자

41 (B)
해석 | 그 영화는 너무도 감동적이어서 모든 관람객이 다시 보기를 원했다.
해설 | **the all viewers → all the viewers**
all은 정관사를 취한다.

Chapter 02 대명사

1 (A)
해석 | A : 당신의 아버지는 어떻습니까?
　　　B : 좋으십니다. 당신 아버지는요?
해설 | your father가 중복되는 것을 피하기 위해 **yours**를 사용한다.

2 (B)
해석 | 그 프로그램은 다 끝장났다.
해설 | **It's all over with...** ···는 다 끝장났다 (관용적 표현)

3 (B)
해석 | 지원서를 가능한 빨리 보내주시면 대단히 감사하겠습니다.
해설 | it은 가목적어, 진목적어는 if 이하 절

어휘 | **application form** 지원서 (application의 1음절에는 강세가 없기 때문에 /어/가아니라 /애/인점에 유의) **asap** as soon as possible의 약어

4 (C)
해석 | 나는 무엇인가 남에게 빚지고, 신세를 갚아야 한다는 의무감을 느끼는 것이 싫다.
해설 | it은 가목적어 when 이하가 진목적어.
어휘 | **hate/like it when** ···하는 것이 싫다/좋다(관용적 표현) **feel obligated to...** ···을 해야 한다는 의무감을 느끼다 **return/reciprocate one's favor** ···의 신세를 갚다

5 (C)
해석 | 어젯밤 길에서 강도를 잡은 것은 다른 사람이 아닌 바로 데이빗이었다.
해설 | **none other than** 다른 사람이 아닌 바로 ···

6 (D)
해석 | 중국의 인구는 세계에서 다른 어느 나라보다 많다.
해설 | that = the population

7 (A)
해석 | 오늘날 사용되고 있는 개인용 컴퓨터는 1980년대 초에 제작되던 것들보다 훨씬 다양하고 강력한 기능을 갖추고 있다.
해설 | those = the personal computers
어휘 | **be equipped with...** ···을 갖추다 **versatile** 다재다능한 **the early 1980's** 1980년대 초 cf. **the mid/late 1980's** 80년대 중/후반

8 (D)
해석 | 이렇게 하는 겁니다. 첫 번째, 이 단추를 누릅니다. 다음엔 뚜껑을 엽니다.
해설 | 앞으로 나올 것을 지칭할 때는 **this**, 앞에 나온 것을 지칭할 때는 **that**.

9 (D)
해석 | 잭슨 씨는 인지심리학의 대가이며 그렇게 대우를 받고 있다.
해설 | **as such** 그렇게
어휘 | **authority** 대가, 석학

10 (C)
해석 | 그건 너무도 멋진 훌륭한 연주여서 모든 청중은 기립박수를 보냈다.
해설 | **such+a 형용사** (강조하는 표현)
어휘 | **give a standing ovation** 기립박수를 보내다

정답과 해설 | ANSWERS

11 **(B)**
해석 | 나는 컴퓨터 두 대가 있는데 하나는 개인용 PC이며 다른 하나는 맥이다.
해설 | '두 가지 중 하나'는 one, '다른 하나'는 the other로 표현한다.

12 **(A)**
해석 | 영문법에 관해 아는 것과 진정한 영문법을 아는 것은 별개의 문제라고 이해하고 있습니다.
해설 | **A is one thing, B is another**(A와 B는 별개의 문제)

13 **(A)**
해석 | 그 어머니는 5명의 자식들에게 각각 한 달에 10달러의 용돈을 주겠다고 약속했다.
해설 | **each** 각기
어휘 | **allowance** 용돈, 여유(분)

14 **(B)**
해석 | 모든 직원은 각자의 책임을 지는 법을 알아야 한다고 사장은 분명히 밝혔다.
해설 | **employee**를 수식하면서 단수 취급하는 것은 **every**이다.
어휘 | **make it clear that...** ···을 분명히 하다 **assume/take one's responsibility** 책임을 지다

15 **(C)**
해석 | 안됐지만 나는 돈을 거의 가지고 있지 않아서 빌려줄 수 없다.
해설 | 돈이 없다는 내용이 되어야 하므로 **littel**로 **money**를 수식.

16 **(D)**
해석 | A : 이 단어와 저것 중에 어떤 것이 맞습니까?
       B : 둘 다 맞습니다.
해설 | **both** 둘 다 (복수 취급)

17 **(D)**
해석 | A : 이것과 저것 중에 어느 것이 올바른 표현입니까?
       B : 어느 것도 좋습니다.
해설 | **either** 둘 중 하나 (단수 취급)

18 **(D)**
해석 | 나는 레이저 프린터 두 대를 샀으나, 둘 다 믿을 만하지 않다.
해설 | **neither** 둘 다 아닌
but이 있어 앞의 절과 상반되는 내용이 되어야 한다.

19 **(B)**
해석 | A : 누구도 내가 한 일에 만족하는 것 같지 않아.
       B : 힘내. 결국 모든 사람을 항상 다 만족시킬 수는 없어.
해설 | **not ~ every** 모두 ···인 것은 아니다 (부분 부정)

20 **(A)**
해석 | 당신이 부주의했으므로, 그 사고에 대해 당신이 비난받는 것이 마땅합니다.
해설 | 동일한 절 내에서 주어와 같은 목적어는 재귀대명사를 사용하여 나타낸다.

21 **(C)**
해석 | 건물의 정문이 저절로 닫히는 것을 보고 우리는 두려웠다.
해설 | 현대 영어에서는 **of itself**는 잘 사용하지 않으므로 **by itself**(저절로)를 써야 한다.

22 **(D)**
해석 | 내 펜을 어디에 두었는지 기억이 나질 않는다. 어디에 잘못 둔 게 틀림없다. 그거 어디에 있는지 혹시 아니?
해설 | **one → it**
정해져 있는 사물을 지시하는 것은 부정대명사 **one**이 아니라 **it**이다.
어휘 | **misplace** 어디에 잘못 두다 **Do you happen to know...?** 혹시 압니까?

23 **(D)**
해석 | 스미스 박사는 차가 두 대 있다. 하나는 사무실에 출근용이고, 다른 하나는 여행용이다.
해설 | **Another → The other**
둘 중에 하나와 나머지 하나를 일컬을 때는 **one, the other**를 사용한다.

24 **(D)**
해석 | 젊은 사람들은 사랑과 결혼은 별개의 문제라고 믿는 경향이 있다.
해설 | **the other → another**
별개의 문제는 **...one thing, ...another**의 구문을 사용한다.

25 **(B)**
해석 | 여러분 모두 각자가 자신의 과제물을 다음주 월요일까지 내 사무실에 제출해야 합니다.
해설 | **are → is**
each(각각의)라는 주어에 맞는 동사는 단수형이다.
어휘 | **each and every one** 모든 사람 각자가 **submit = hand/turn in**
his or her 남녀 차별을 피하기 위해 사용하는 표현

정답과 해설 | ANSWERS

26 (A)

해석 | 특별 훈련을 받지 않았다면 누구라도 극히 격렬한 운동들은 하지 말아야 한다.

해설 | **Any one is not → No one is**
any로 시작하는 부정문은 틀린 표현이며 반드시 no로 시작하는 부정문으로 시작해야 한다.

어휘 | **get/take exercise** 운동하다 **strenuous type of exercise** 심한/격렬한 종류의 운동

27 (A)

해석 | ABC 협회의 창립을 기념하는 10주년 행사의 개회식에 참석한 사람이 별로 없었다.

해설 | **was → were**
few로 시작하는 명사는 '거의 없는' 이라는 뜻이지만 복수로 취급한다.

어휘 | **opening ceremony** 개회식

28 (A)

해석 | 뿌리 깊은 정치의 부패 문제에 대해서는 많은 것들이 얘기가 되었지만, 실행된 것은 거의 없다.

해설 | **have → has**
much는 단수 취급한다.

어휘 | **deep-rooted** 뿌리 깊은 **corruption** 부패

29 (B)

해석 | 이 날카로운 도구를 사용할 때 조심하지 않으면, 결국 베일 수 있습니다.

해설 | **you → yourself**
하나의 절 안에서 주어와 같은 목적어로서 재귀대명사를 사용하여야 한다.

어휘 | **wind/end up -ing** 결국 …하게 되다

30 (B)

해석 | 그 대통령 후보가 그런 터무니없는 말을 하는 것을 보면 제정신이 아님에 틀림없다.

해설 | **out of → beside**
'제정신이 아닌' 은 **beside oneself** 또는 **out of one's mind**이다.

어휘 | **talk nonsense** 말도 안되는 이야기를 하다

Chapter 03 형용사 및 부사

1 (D)

해석 | 고인이 된 회장은 모든 직원들에게 오랫동안 존경을 받았다.

해설 | **late** 고인이 된(故)(= deceased)

2 (D)

해석 | 이 높은 벽돌 건물 두 동은 500년 전에 지어졌지만 아직도 좋은 상태이다.

해설 | 명사 수식어의 위치는 '수사, 높낮이, 재료' 의 어순이다.

3 (A)

해석 | 고객들이 그 제품에 대해 좋아하지 않는 것은 그것의 높은 가격이다.

해설 | **high price**는 '높은 가격' 의 의미이다. 제품이 비싼 것이지 가격 자체가 비싸지 않기 때문에 **expensive/costly/valuable price**라고는 하지 않는다.

4 (B)

해석 | 대도시를 괴롭히는 가장 심각한 문제는 많은 인구 문제이다.

해설 | 많은 '수' 나 '인구' 는 **large**가 수식한다.

어휘 | **plague** 통 괴롭히다 명 역병

5 (B)

해석 | 만일 괜찮으시다면 내일 오후 5시에 여기서 만날 수 있을까요?

해설 | **if it is convenient to you**는 '괜찮으시다면' 이라는 관용 표현이다. 주어 it은 상황을 의미하는 막연한 it, 사람이 주어로서 convenient할 수 없기 때문에 쓰는 주어이다.

6 (C)

해석 | 최근에 그 학생이 지각하는 것을 보지 못했다.

해설 | **lately** 최근에(= recently)

어휘 | **come late for = be late for**

7 (D)

해석 | 잘 안 들립니다. 크게 말씀해 주시겠습니까?

해설 | **hardly** 거의 …아니다

8 (A)

해석 | 오늘 보고서에 따르면 사고는 어제 저 주변에서 일어났다.

해설 | 원칙적으로 장소부사가 시간부사보다 먼저 온다.

어휘 | **today's report says...** 오늘 보고서에 의하면 …라고 적혀 있다.

9 (B)

해석 | 제인은 1969년 2월 28일에 ABC 병원에서 태어났다.

해설 | 시간이나 공간을 나타내는 부사의 어순에서 비교적 작은 것을 나타내는 개념이 선행한다.

정답과 해설 | ANSWERS

10 (C)
해석 | 그는 아직 자신의 일을 끝내지 못했다.
해설 | **have[has] yet to...** 아직 …하지 못했다.

11 (D)
해석 | 며칠 전에 차고에서 그가 일하는 것을 봤다.
해설 | 현재 시점에서 과거시제를 말할 때는 **ago**를, 과거시점에서 훨씬 이전에 일어난 일 즉, 대과거를 말할 때는 **before**를 사용한다.

12 (A)
해석 | 이 푸른 상자는 저 붉은 상자보다 세 배가 크다.
해설 | **that red one**에서 **one**은 **box**를 가리킨다. '~배' 는 **times**를 쓴다.

13 (C)
해석 | 그 사업가는 매우 영리하다.
해설 | **as cunning as a fox** 매우 영리한 (수사적 표현)

14 (B)
해석 | 그는 벌처럼 열심히 일한다.
해설 | **as busily as a bee** 매우 부지런하게 (수사적 표현)

15 (C)
해석 | 그는 계산기를 사용할 수 없으며, 컴퓨터는 더욱 아니다.
해설 | **much less...** …는 물론 아니다
　　cf. **much more...** 를 '…는 물론이며' 라고 설명하는 경우도 있지만 현대영어에서는 사용되지 않는 표현이다.

16 (C)
해석 | 두 남자아이들 중에 피터가 더 똑똑하다.
해설 | **the+비교급+of the two** 둘 중에 더 …한

17 (D)
해석 | 신디의 심각한 결점에도 불구하고 나는 신디를 좋아한다.
해설 | **...none the less~** ~에도 불구하고 더 …한

18 (A)
해석 | 그는 그녀보다 두 살 위이다.
해설 | **be senior to...** 는 '…보다 나이가 위이다' 라는 표현으로, 라틴 계통의 형용사 **junior, superior, inferior**는 전치사 **to**를 취한다.

19 (D)
해석 | 태평양에서 이 근처 어딘가가 가장 깊다고 밝혀졌다.
해설 | 동일 인물이나 동일 물건에 대하여 비교할 때는 최상급이라도 **the**를 붙이지 않는다.

20 (C)
해석 | 이 기계는 단연코 가장 품질 좋은 제품인 것을 당신에게 보증합니다.
해설 | **by far** 단연코 (최상급 수식)

21 (B)
해석 | 세계 어느 산도 에베레스트 산보다 높지 않다.
해설 | 부정 주어(**no other** 단수 명사)로 시작하는 비교급 문장으로서 최상급의 의미를 나타낸다.

22 (A)
해석 | 흔히 그렇듯이 그는 오늘 회의에 늦었다.
해설 | **as is often the case** 흔히 있는 일이지만

23 (A)
해석 | 애스턴 박사는 자신의 비참했던 과거가 너무 수치스러워서 동료로 부터 멀리 떨어져 있기를 항상 원했다.
해설 | **ashamed a woman → ashamed**
　　so 다음에 형용사 관사의 어순이나, **ashamed**는 한정 형용사가 아니므로(She is an ashamed doctor.(×)) 이런 구문에 적용되지 않는다.
어휘 | **stay away from...** …로 부터 멀리 떨어져 있다, …에 가까이 가지 않다

24 (A)
해석 | 참석한 위원회 위원들은 많은 현안들을 나흘 동안 연속해서 토론하고 있다.
해설 | **presented → present**
　　참석한 누구를 말하고 있으며 **present**가 뒤에서 수식하는 것이다.
어휘 | **four days straight** 나흘 연속해서(**straight**는 후치) = **four consecutive days = four days in a row/clip**

25 (A)
해석 | 쇠로 만든 이 두 다리는 100년 전에 외국의 침략자들에 의해 지어졌지만 아직도 좋은 상태이다.
해설 | **steel two bridges → two steel bridges**
　　형용사는 '지시, 수량, 대/소, 재료' 의 순서로 온다.

정답과 해설 | ANSWERS

26 (A)
해석 | 자본주의라고 불리는 자유시장 체제에서는 소기업들은 대기업과 경쟁하는 것이 불가능하다.
해설 | Small companies are impossible → it is impossible for small companies
impossible, difficult, easy 등의 불가능, 어려움, 쉬움을 의미하는 형용사는 it is impossible/difficult for sb to...의 구문을 취한다. 단, 동사의 목적어가 주어 위치에 오는 구문은 가능하며 구어체에서 많이 사용되는 구문이다. *ex.* He is impossible to please.(He는 동사 please의 목적어) = It is impossible to please him. That's easy for you to say.(That은 동사 say의 목적어) = It is easy for you to say that.
어휘 | refer to A as B   A를 B로 부르다

27 (A)
해석 | 비키는 명문 대학에 입학하기 위해 3년 동안 열심히 공부했지만 실패로 끝나고 말았다.
해설 | hardly → hard
hardly는 '거의 아니다' 의 뜻이다.
어휘 | be admitted to... school/hospital …에 입학/입원하다
prestigious college 명문대학   in vain 헛되이, 실패로 끝난

28 (B)
해석 | 내가 듣기에는, 그 게으른 직원은 직장에 항상 지각하는데, 교통혼잡이라는 똑같은 핑계를 댄다.
해설 | always is → is always
빈도부사는 be/조동사 다음에 본동사 앞에 위치한다.
어휘 | always의 예를 들면 He is always late for work. = He always comes late to work.
from what I hear 내가 듣기에는(인지동사는 현재시제를 많이 사용한다.) *cf.* From what I see/know/understand/have experienced 내가 보기에는/알기에는/이해하기에는/경험한 바로는

29 (D)
해석 | 질이 어렸을 때, 그녀는 미국 일리노이 주의 샴페인 카운티의 작은 마을에 있는 누추한 집에서 살았다.
해설 | Champaign County in a small town → a small town in Champaign County
공간 및 시간의 부사는 작은 개념부터 큰 개념 순으로 나열한다.
해설 | When young = When she was young(주절의 주어와 동일하고 be동사이면 생략가능) shanty 허름한

30 (D)
해석 | 가능한 빨리 제게 답을 해주시면 대단히 감사하겠습니다.
해설 | possible you can → possible 또는 you can
as early as possible = as early as you can이다.

어휘 | reply to... …에 응답하다

31 (D)
해석 | 예전 모델은 새 모델보다 세 배나 무겁기 때문에 고객들은 구식 모델보다 새 모델을 선호한다.
해설 | as weight as → as heavy as 또는 the weight of
~의 몇 배이다 = ...times as 형용사 as ~ = ...times the 명사 of ~
어휘 | prefer A to B   B보다 A를 선호하다   one = model

32 (C)
해석 | 실망스럽게도, 우리팀은 상대(적) 팀보다 2분 더 늦게 목적지에 도착했다.
해설 | latter → later
later는 '더 늦은' 의 뜻이며 latter는 전후에서 '전' 의 뜻이다.
어휘 | to one's 추상명사 (감정) …하게도
opponent = enemy, adversary, foe

33 (A)
해석 | 스포츠가 더 위험할수록, 더 많은 사람들이 그 스포츠 관람하는 것을 즐기는 것 같다.
해설 | is the sport → the sport is
the 비교급 구문에서는 주어, 동사가 도치되지 않는다.

34 (C)
해석 | 너무 적게 자는 것이 바람직하지 않듯이 너무 많이 자는 것도 바람직하지 않다는 것은 상식이다.
해설 | less → more
A is no more... than B는 'A가 …아닌 것은 B가 …아닌 것과 같다, B가 …아닌 것처럼 A도 …아니다' 라는 의미이다.
(*ex.* We are no more satisfied with the results than you are.   A whale is no more a fish than a horse is.)

Chapter 04 전치사

1 (D)
해석 | 토요일 오후에 소풍을 가기로 결정했다.
해설 | 특정한 날의 아침, 오후, 저녁은 in이 아니라 on을 쓴다.

2 (B)
해석 | 회계년도가 미국에서는 10월 1일에 영국에서는 4월 1일에 시작된다.
해설 | 특정 날짜는 전치사 on을 사용한다.
어휘 | fiscal year 회계년도

정답과 해설 | ANSWERS

3 (C)
- 해석 | 이 호텔에서 정오까지 머물러도 괜찮겠습니까?
- 해설 | 상태의 계속적인 연속이므로 until이 적절하다.
- 어휘 | **Would it be possible for...to~?** …가 ~하는 것이 가능하겠습니까?(관용표현) = **Would it be okay if...**

4 (A)
- 해석 | 자본주의의 문제점은 그 제도 때문에 모든 사람이 돈만을 추구하도록 강요받는다는 점이다.
- 해설 | **be after...**는 '…을 추구하다' 라는 의미이다.
- 어휘 | **the problem with...** …의 문제 **force/compel/oblige/coerce sb to...** ~에게 …을 하도록 강요하다 (force가 가장 일반적인 표현)

5 (D)
- 해석 | WTO 체제에서 생존하기 위해서는, 제조업체는 양보다 질을 더 중시해야 한다.
- 해설 | **put A before B**는 'B보다 A를 더 중시하다' 라는 의미이다.

6 (A)
- 해석 | 우리 가족과 나는 여름방학 동안 몇몇 유럽 국가들을 여행했다.
- 해설 | **the summer vacation**같은 '특정 기간 중에' 는 during을 사용한다. **during the summer vacation**을 하나의 의미 단락으로 기억하는 것이 바람직하다.

7 (B)
- 해석 | 이번 이상 난동에서 온도는 영상으로 올랐다.
- 해설 | **above/below zero**는 '영상/영하' 라는 의미이다.

8 (C)
- 해석 | 내가 없는 동안에 내게 전할 게 있으면, 문 밑으로 넣어 주세요.
- 해설 | **underneath the door** 문 밑에[으로]
- 어휘 | **hand to sb** …에게 건네주다 **while I'm gone** 내가 없는 동안 **slip** 미끄러지다, 미끄러지게 하다

9 (D)
- 해석 | 피카소의 진품 그림이 벽에 거꾸로 걸려있다.
- 해설 | **on the wall** 벽에
- 어휘 | **upside down** 거꾸로 *cf.* **inside out** 안팎이 거꾸로

10 (A)
- 해석 | 이 길로 가면 찾고 계신 시청에 갈 수 있습니다.
- 해설 | **lead sb to...** …로 인도하다 (공간적 및 추상적 개념)

11 (C)
- 해석 | 부산행 첫 급행 고속버스는 출구 4번에서 오전 5시에 출발합니다.
- 해설 | '**for**+지명' 은 '…행' 을 나타낸다. **for**는 방향을 나타내서 **be bound for...**라고 하면 '…행이다' 라는 의미이고 **be headed for...**는 '…로 향하다', **Where are you headed for?**는 '어느 방향으로 가십니까?' 라는 의미이다.

12 (D)
- 해석 | 파렴치한 사업가는 빈한한 사람들을 이용함으로써 많은 돈을 벌었다.
- 해설 | **by -ing** …함으로써
- 어휘 | **unscrupulous** 양심 없는, 파렴치한 **the underprivileged** (사회·경제적으로) 소외된 사람들, 빈곤한 사람들

13 (A)
- 해석 | 의사는 치명적인 병을 지닌 환자의 가족에게 조용한 목소리로 위로하려고 노력했다.
- 해설 | **in a low voice** 조용한 목소리로
- 어휘 | **a fatal/deadly disease** 치명적인 병

14 (B)
- 해석 | 왜 그래! 친구 좋다는 게 뭐야? 네게 부탁하는 건 이번이 마지막일 거야.
- 해설 | **What are friends for?** 친구가 무엇을 위해 있느냐?, 친구 좋다는 게 뭐야? (관용표현)
- 어휘 | **ask sb a favor** 부탁하다 **a favor** 호의

15 (B)
- 해석 | 10쌍의 결혼 중 8쌍이 이혼으로 끝이 난다는 사실을 보는 것은 참으로 안타깝다.
- 해설 | **eight (out) of ten** 10개 중 8개
- 어휘 | **it is deplorable to...** …하는 것은 개탄스럽다 **deplore** 개탄하다

16 (C)
- 해석 | 십중팔구, 내일 비가 올 것이다.
- 해설 | **in nine cases out of ten** 십중팔구

17 (D)
- 해석 | 마약 거래를 막기 위해서는 훨씬 더 엄격한 형벌 제도가 필요하다.
- 해설 | **deter~from -ing** ~로 하여금 …못하게 하다
- 어휘 | **penal** 형 형벌의 **penalty** 명 벌 **penalize** 동 벌을 주다

정답과 해설 | ANSWERS

18 (A)
해석 | 악천후 때문에 사람들은 퍼레이드에 참여하지 못했다.
해설 | discourse~from -ing ~가 …하려는 마음을 못 먹게 하다
어휘 | inclement weather 악천후

19 (A)
해석 | 용의자는 보석을 훔쳤다고 기소되었다.
해설 | be charged with... …에 대해 기소되다, …에 대해 비난받다(= be accused of = be blamed for)

20 (A)
해석 | 따끈한 마실 것 좀 드릴까요?
해설 | care for = like

21 (C)
해석 | 내가 보기엔, 메리가 잭에게 너무 심하게 대했던 것 같다.
해설 | for me = to me = as far as I'm concerned = the way I see/look at it = as I see/look at it
어휘 | be hard on... …에게 심하게 대하다

22 (D)
해석 | 네가 이 수학 문제의 대답을 아는지 궁금하다
해설 | the answer to the problem은 '문제의 대답'이라는 의미이다.
어휘 | answer[solution/key/clue/approach/response/reply/reaction] to... to를 연결해서 기억할 것

23 (A)
해석 | 현안 문제에 대한 적절한 대책에 관해 잘 모르겠다.
해설 | the approach to the problem은 '문제에 대한 대책'이라는 의미로 approach가 동사(접근하다)일 때는 타동사로서 to를 쓰지 않는다.
어휘 | at hand 현안의, 가까운

24 (C)
해석 | 그레이 브라운 씨는 대통령의 보좌관 중 한 명이다.
해설 | aide to...는 '…의 보좌관'이라는 의미로 소속을 나타내는 to를 쓴다.(ex. a advisor to... …의 고문)

25 (B)
해석 | 존스 박사는 정치와 경제의 관계에 대해 매우 흥미로운 강연을 했다.
해설 | a lecture on... …에 대한 강연
어휘 | thought-provoking 생각을 자극하는, 매우 흥미로운

a book[lecture/seminar/symposium/hearing/expert/authority] on... (on까지 연결하여 한꺼번에 기억할 것)

26 (B)
해석 | 군살을 빼기 위해 다이어트를 하라고 담당 의사가 강력히 제안했다.
해설 | go on a diet 다이어트를 하다

27 (A)
해석 | 최신 개발된 자동차는 최대 시속 200마일로 달릴 수 있다.
해설 | at a maximal speed of 최대 …의 속도로

28 (D)
해석 | 그런 이름의 사람은 여기에 없는데요.
해설 | by that name 그런 이름의 (ex. I know him by face. 그 사람 얼굴은 안다.)

29 (C)
해석 | 그 사람이 어느 회사에 소속되어 있는지[근무하는지] 궁금하다.
해설 | be (affiliated) with... …에 소속되어 있다, …에서 근무하다 cf. I'm with... = I work for ...

30 (C)
해석 | 커피 한잔 하면서 얘기를 하는 게 어때?
해설 | over a cup of coffee는 '커피 한잔 하면서', have a talk/chat는 '담소를 나누다'

31 (B)
해석 | 그 운전자는 정지신호를 무시하고 운전했다고 소환장[경고장]을 받았다.
해설 | against the red light 정지신호를 무시하고
어휘 | motorist 운전자 citation 소환장, 표창장, 인용문

32 (A)
해석 | 스미스 씨의 요트는 당신 것과 같은 색깔입니다.
해설 | be of 색깔/형태 …의 색깔/형태이다 (보통 of를 생략하기도 함)
어휘 | yours = your yacht

33 (D)
해석 | 초청 연사와 모든 참석자들은 오후 6시까지 대집회장에 입장하도록 되어 있다.
해설 | until → by

정답과 해설 | ANSWERS

enter라는 동작 동사의 내용상 계속이 아닌 완료의 의미이다.
어휘 | **guest speaker** 초청 연사 **convention center** 대집회장 *cf.* **convene** 회의를 소집하다

34 (D)
해석 | 그 여행객들은 아름다운 산에 있는 작지만 아늑한 산장에서 일주일 동안 더 머무르겠다고 결정했다.
해설 | during → for
특정 기간이 아니다.
어휘 | **...yet~** ~하지만 …한 **lodge** 산장

35 (C)
해석 | 비극적인 배 난파사고에서 그 가엾은 아이들은 그 부모들을 여의게 되었다는 슬픈 소식을 듣고 모든 사람들은 마음이 찢어지는 듯이 아팠다.
해설 | by → of
'(가족을) 여의다'라는 표현은 be bereft[bereaved] of 이다.
어휘 | **be devastated to...** …을 보니 마음이 너무 아프다

36 (C)
해석 | 세계 인구는 한 달에 대략 5천만의 비율로 증가한다고 알려져 있다.
해설 | by the rate → at the rate
'…의 비율로'는 at the rate of이다.
어휘 | **on the increase** 증가하는

37 (B)
해석 | 새로운 프로그램은 노인들을 건강하도록 하기 위한 목적을 가지고 있다.
해설 | on → at
be aimed at... …을 목적으로 하다(= be designed to = be intended to = be geared towards)

38 (D)
해석 | 로저스 씨가 증언대에서 한 말이 피고가 범행을 저지른 진짜 동기와는 상관이 없다고 모든 배심원들은 생각했다.
해설 | by → with
have nothing to do with...는 '…와 상관이 없다' 이며 have (something) to do with는 '…와 상관이 있다' 라는 의미이다.
어휘 | **juror** 배심원 한 사람 (jury 배심원 (총칭)) **witness** 증언하다, 증언, 증인 **witness stand** 증언대 **defendant** 피고 *cf.* **plaintiff** 원고

39 (C)
해석 | 상속인으로서, 미쉘은 그의 아버지가 죽은 후, 그의 아버지의 작위를 이어받았다.
해설 | in → to
succeed to...는 '…를 승계하다' 이다.
어휘 | **heir apparent** 후계자, 상속인

40 (D)
해석 | 형사는 자기의 동료에게 그 방은 아무도 잔 것 같지 않다고 속삭였다.
해설 | been slept → been slept in
'방 안에서' 잔 것이므로 in을 써야 한다.

41 (B)
해석 | 그의 대통령직을 시작한 지 6개월이 채 못돼서, 그의 현재 인기율이 30퍼센트 이하이다.
해설 | of → into
into …한 지 얼마가 지나서
어휘 | **presidency** 대통령직

42 (D)
해석 | 나의 가족과 나는 여름방학 동안에 시카고 근교에 사시는 할머니를 방문하곤 했다.
해설 | on → during
during 다음에 구체적인 기간(the summer vacation)이 와서 '여름방학 동안에' 라는 의미이다.

43 (D)
해석 | 내 집 뒤에 위치한 공원 안에 아름다운 연못이 있었다.
해설 | after → behind
물리적 공간에서 뒤에 있다고 할 때는 after보다는 behind를 쓴다.
cf. shut the door after you → shut the door behind you

44 (C)
해석 | 현재 상황으로서는, 의회는 법안을 통과시킬 수밖에는 없어 보인다.
해설 | but → than
have no other choice than to... = have no choice but to...이므로 but이 아니라 than이 적절하다.
어휘 | **under the circumstances** 현재 상황으로서는

45 (A)
해석 | 일본 문부성에 의해 승인된 몇몇 역사 교과서에 묘사된 근대 아시아 역사의 왜곡된 기술을 수정하기 위한 방안에 대한 열띤 토론이 일어났다.
해설 | about → over
debate[quarrel/battle/controversy] over …에 대한

정답과 해설 | ANSWERS

논쟁[언쟁/싸움/논란]
어휘 | **distorted version of...** 왜곡된 …

46 (B)

해석 | 나폴레옹의 명령에 따라서 러시아 영토를 침범했을 때 수만 명의 프랑스 군인들이 동사했다.
해설 | **over → under**
under the command/rule/reign of...는 '…의 명령/통치하에'이다.

47 (C)

해석 | 그 영업사원이 별 어려움 없이 그 부유한 고객을 설득해서 그 회사의 가장 비싼 제품 중 하나를 사도록 하였다.
해설 | **to → into**
talk sb into -ing는 '~를 설득해서 …하도록 하다' *cf.*
talk sb out of -ing는 '~를 설득해서 …하지 못하게 하다'이다.
어휘 | **sales representative** 영업사원

REFERENCES

참고 문헌

Akmajian, A. et al. (1979). *An Introduction to Language and Communication.* The MIT Press.

Bachman, Lyle F. (1990). *Fundamental Considerations in Language Testing.* UK: Oxford University Press.

Bachman, Lyle F., Fred Davidson, Katherine Ryan, & Inn-Chull Choi. (1995). *Studies in Language Testing 1: An investigation into the comparability of two tests of English as a Foreign Language.* United Kingdom: Cambridge University Press

Bolinger, Dwight. (1977). *Meaning and Form.* London: Longman Inc.

Brown, Douglas. (1994). *Principles of Language Learning and Teaching.* 3rd ed. NJ: Prentice Hall Regents.

Brown, R. (1973). *A First Language.* Cambridge, MA: Harvard University Press.

Celce-Murcia, M. & Larsen-Freeman, D. (1983). *The Grammar Book: An ESL/EFL Teacher's Course.* Rowley, MA: Newbury House.

Choi, Inn-Chull. (1992). Interplay of natural phonology and sociolinguistic variable of formality. *English Teaching,* 44, 65-88.

Choi, Inn-Chull. (1994). Content and Construct Validation of a Criterion-Referenced English Proficiency Test. *English Teaching,* 48. (311-348).

Chomsky, Noam. (1965). *Aspects of the Theory of Syntax.* Cambridge, MA: MIT Press.

Collins. (1993). *Collins COBUILD English Language Dictionary.* London & Glasgow: Collins.

Longman Group (1983). *Longman Dictionary of English Language and Culture.* London: Longman Inc.

Cummins, J. P. 1983. Language proficiency and academic achievement. In John W. Oller, Jr. (ed.), *Issues in language testing research.* Rowley, MA: Newbury House. 108-26.

Greenbaum Sindney & Quirk, Randolph. (1990). *A Student's Grammar of the English Language.* London: Longman Inc.

Hwkins, J. A. (1978). *Definiteness and Indefiniteness.* NJ: Humanities Press.

Higgins, John & Tim Johns. (1984). *Computers in Language Learning.* Copublication of Collins ELT & Addison-Wesley Publishing Co.

참고문헌 | REFERENCES

Hymes, D. H. (1972). On communicative competence. In J.B. Pride and J. Homes (eds) *Sociolinguistics*. Harmondsworth: Penguin.

Joos, Martin. (1961). *The Five Clocks*. New York: Harcourt, Brace & Word, Inc.

Krashen, Stephen D. (1981). *Second Language Acquisition and Second Language Learning*. Oxford: Pergamon.

Krashen, Stephen D. (1985). *The Input Hypothesis*. London: Longman.

Leech & Starvik (1994). *Communicative Grammar*. London: Longman Inc.

Master, P. A. (1990). Teaching the English Articles as a Binary system. *TESOL Quarterly,* 24 (3), 461-478.

Newmark (1971). A minimal language teaching program. In P. Pimsleur and T. Quinn. (eds.) *The Psychology of Second Language Learning*. 11-18, Cambridge University Press.

O'Grady, William D. (1980). The Derived Intransitive Construction in English. *Lingua*, 52. 57-72.

Quirk, R., Greenbaum, S., Leech, G., & Starvik, J. (1985). *A Comprehensive Grammar of English Language*. London: Longman Inc.

Rivers Wilga. (1980). *Teaching foreign language skills*. MA: Harvard Univ. Press.

Rivers, Wilga and Mary Temperley. (1978). *A Practical Guide to the Teaching of English*. NY: Oxford Univ. Press.

Turton, Nigel D. (1995). *ABC of Common Grammatical Errors*. London: Macmillan Education Ltd.

Ur, Penny. (1984). *Teaching listening comprehension*. Cambridge: Cambridge Univ. Press.

Wales, K. (1989). *A Dictionary of Stylistics*. London: Longman Inc.

Whorf, Benjamin L. (1956). *Language, Thought, and Reality; Selected Writings of Benjamin Lee Whorf*, J. Carroll (ed). Cambridge: MIT Press.

최인철. (1995). TOEIC Master. 중앙교육진흥연구소.

최인철. (1996). 단어·숙어 테마 여행, 중앙교육진흥연구소.

최인철. (2004). Essential English Expressions. Vol. 1, Vol. 2. GY Intech.

최인철. (2005). Ins and Outs of Vocabulary. 박문각.

참고문헌 | REFERENCES

<참고 자료: 신문/잡지/방송>

Time (weekly magazine)

The Korea Herald (daily)

The Korea Times (daily)

Dear Ann Landers

ABC News Nightline

CBS News 60 Minutes

Phil Donahue Show (TV Talk Show)

Oprah Winfrey Show (TV Talk Show)

Cosby Show (TV Situation Comedy)

Family Ties (TV Situation Comedy)

Three's a Crowd (TV Situation Comedy)

기타 영화대본

기존 영문법 참고서: S 종합/기본영문법; M 영문법; N 고교영문법; D 독해-영문법

INDEX 색인

가산 명사 250

가정법-if와 혼동되는 접속사 154
    if절 대신 사용되는 어구 153
    if절 이외의 가정법 152
    가정법 147
    가정법 if의 생략구문 152
    가정법 과거 147
    가정법 과거완료 147
    가정법 현재/ 미래 148
    혼합 시제 148
    회화에서 가정법 활용 표현 154

간투사 39
감탄문 37
강세 609
강조 224
고유명사 252
과거완료 89
과거완료진행 92
과거진행 91

관계대명사 182
    that 183
    what 184
    which 183
    who 182
    관계대명사 생략 186
    관계대명사 역할하는 as, than 189
    전치사+관계대명사 185
    혼동되는 격

관계부사 192
관계사 182
관계형용사 191
관사 264
관사의 위치 273
관용 표현 554
기능어/내용어 및 강약리듬 599
기원문 42

다양한 기능을 하는 it 284
다의어 460
대명사 280
도치 218

동명사-125
    관용적 표현 128
    동명사를 목적어로 취하는 동사 126
    동명사만을 목적어로 취하는 동사 126
    동명사와 부정사 모두 목적어로 취하는 동사 127
    숙어 구문 130
    의미상 주어 125
    준동사에 따라 의미가 다른 동사 127

동사 생략 후 전치사만 남는 표현 352
동사별 기본 문형 46

동사의 시제 81
동사의 시제-과거 82
동사의 시제-미래 85
동사의 시제-현재 81

동음이의어 611
동화 600
등위접속사 212
메아리 의문문 35
명령문/감탄문 34
명령문 36

명사-관용적 표현 263
    복수용법 260
    복수형 261
    소유격 259
    숫자 260
    이중소유격 259

명사의 종류 및 수 250
명사절 접속사 209
목적 보어가 필요한 타동사 64
무관사 269

문자-발음규칙 594
문장 형태와 의사소통 기능 157
문형이라는 것 45

물주구문의 동사 68
물주구문의 동사-감정 표현의 타동사 68
물주구문의 동사-사용 빈도가 높은 물주구문의 기본 동사 69
물주구문의 동사-주의해야 할 동사 72

물질명사 253
미래완료 89
미래완료진행 92
미래진행 91
미식영어와 영식영어 558
발음 주의해야 할 단어 627
발음 혼동 어휘 625

법-146
   명령법 146
   직설법 146

병렬 212
병렬아닌 등위접속 213

보어가 필요한 자동사 57
   감각 59
   관용적 표현 60
   변화 58
   상태유지 57

보통명사 250
복합관계대명사 191
부분부정-전체부정 28

부사 311
   to 부정사 315
   기타 중요 표현 320
   부사의 기능 311
   주어/보어로 쓰이는 형용사/부사어구 317

부사가 필수적인 동사 61
부사의 순서 314
부정 의문문 35
부정관사 265
부정대명사 290
부정문 만드는 규칙 28

분사 133
   감정표현의 타동사 136
   과거분사 135
   단순 분사구문 138
   분사구문 137
   비인칭 독립분사구문 140
   완료 분사구문 138
   전치사처럼 쓰이는 과거분사 141
   특수형태 138
   현수구문 140
   현재분사 134
   형용사화한 분사 134

분사파생어 428
불가산 명사 252
불필요한 중복 표현 239

비교 325
비교/최상급 형태 327
비교급 327
비교급 강조 328
비논리적인 표현 240
빈도부사 314
빠른 발음 변이 현상 599
사역동사 67
삽입 237
상관접속사 207
상관접속사 212
생략 227
선택 의문문 34
소유격 283
소유대명사 283

수동태 164
    관용적 표현 167
    명령문 166
    사역동사, 지각동사 166
    의문문 166

수량형용사 307
수사 309
수사 의문문 34
수여동사로 착각하기 쉬운 타동사 63
약화 602
어근 411
억양 608

연어 554
    동사+명사 554
    동사+부사 561
    부사+형용사/분사 561
    형용사/명사+명사 558

연음 606
원급 325
의문대명사 who 283

의문문 29
    Wh 의문문 30
    Yes/No 의문문 29
    간접 의문문 32
    긍정 의문문 29
    부가 의문문 33
    부정 의문문 29

이중언어 모델 360
이화 602
인칭 대명사 280
인칭대명사 순서 283
일치 및 화법 179
잘못 쓰고 있는 외래어 548
재귀대명사 295

전치사 335
    전치사 생략 351
    전치사+부사 352
    기타 중요 표현 343
    방법, 도구 342
    시간 336
    원인/이유/목적 342
    이동 방향 340
    장소/공간 338

접두사 400

접미사 400
    동사형 접미사 424
    부사형 접미사 426
    형용사형 접미사 424

접속사 196
    생략 211
    결과 200
    목적 199
    방법 200
    시간 196
    양보, 대조 201
    원인/이유 199
    조건 206
    첨가, 추가 202

정관사 266

조동사 95
    can/ could 95
    do 95
    may/ might 96
    must/ need 98
    shall/ should 98
    will/ would 97
    would/ could 101
    가정법 조동사 would/could를 활용한 표현 102
    기타 조동사구 102

유사 조동사 104
조동사 have p.p. 99
조동사 may/ will/ must/ can의 조합 100

종속접속사 212

준동사 114
줄임말 541
지각동사 67
지시 형용사 309
지시대명사 288
진행형으로 쓸 수 없는 동사 93
집합명사 250
최상급 330
추상명사 255
타동사로만 알기 쉬운 자동사 46
탈락 604
특수 구문 218
특수 동사 67
특수 형용사 305
파생어 400
평서문 33
필수 숙어 562
현재완료 86
현재완료진행 91
현재진행 90

형용사 302
   형용사 위치 303
   한정적 및 서술적 형용사 302
   혼동하기 쉬운 형용사 305

형용사의 순서 303
형용사의 전용 306
혼동하기 쉬운 단어군 513
혼동하기 쉬운 부사형태 318

혼동하기 쉬운 어휘 444
   동사→명사 452
   명사→동사 444

형용사/부사→동사 451
형용사→명사 456

혼동하기 쉬운 자동사/타동사 47
   put을 활용한 타동사 55
   기타 중요 타동사/자동사+전치사 54
   자동사→타동사 50
   전치사 필요없는 타동사 47
   타동사→자동사 48
   타동사의 의미≠자동사의 의미 52

회화에서 많이 활용되는 '기본동사 +명사' 구문 75
후응적 지시관계 297

2개 목적어를 취하는 동사 61

to 부정사 114
   부정사를 목적어로 취하는 동사 122
   관용적 구문전환 120
   독립 부정사 122
   명사적 용법 114
   부사적 용법 117
   부정사 시제 118
   원형 부정사 121
   의미상의 주어 120
   형용사에 근거한 구문 118
   형용사적 용법 115

Sandhi 규칙 600

-ING 〉 -IN' 607